Das Buch

Stephen King hat seiner erstmals 1982 erschienenen Novellensammlung das Motto IT IS THE TALE, NOT HE WHO TELLS IT vorangestellt. Die Geschichte zählt, nicht der Erzähler. Jede dieser längeren Geschichten ist kurz nach Fertigstellung eines Romans geschrieben worden, und jede enthält Elemente von Horror, auch wenn sie sich nicht alle vier gleichermaßen dem Genre zuordnen lassen.

Atemtechnik ist die grausige Geschichte einer Frau, die ihr Kind zur Welt bringen will, ganz gleich, was geschieht. *Der Musterschüler* beschreibt die Faszination, die das Böse ausübt, am Beispiel eines netten aufgeweckten Jungen, der unversehens mit den Greueltaten der Nazis konfrontiert wird und dann selbst zu morden beginnt. *Pin-up* erzählt von einem ungewöhnlichen Gefängnisausbruch. Höhepunkt in Kings bisherigem Schaffen aber stellt der stark autobiographisch gefärbte Kurzroman *Die Leiche* dar, der vier Großstadtjungen auf Entdeckungsreise in den Mittelpunkt stellt. Der Protagonist wird später Schriftsteller, der glücklich verheiratet ist und mit Horrorgeschichten Millionen verdient – wie sein geistiger Vater.

Der Autor

Stephen King alias Richard Bachmann gilt weltweit unbestritten als der Meister der modernen Horrorliteratur. Seine Bücher haben eine Weltauflage von 100 Millionen weit überschritten. Seine Romane wurden von den besten Regisseuren verfilmt. Geboren 1947 in Portland/Maine, schrieb und veröffentlichte er schon während seines Studiums Science-Fiction-Stories. 1973 gelang ihm mit *Carrie* der internationale Durchbruch. Alle folgenden Bücher (*Friedhof der Kuscheltiere, Es, Sie, Christine* u. v. a.) wurden Bestseller, die meisten davon liegen als Paperbacks oder Taschenbücher im Wilhelm Heyne Verlag vor. Stephen King lebt mit seiner Frau, der Schriftstellerin Tabitha King, und drei Kindern in Bangor/ Maine. »Stephen King ist ein Geschichtenerzähler, ein intelligenter, gewitzter, hochspezialisierter Handwerker – der Handwerker des Schreckens.« Süddeutsche Zeitung

STEPHEN KING

DIE VERURTEILTEN
FRÜHLING, SOMMER, HERBST UND TOD

Vier Kurzromane

Aus dem Englischen
von Harro Christensen

WILHELM HEYNE VERLAG
MÜNCHEN

HEYNE ALLGEMEINE REIHE
Nr. 01/9628

Titel der Originalausgabe
DIFFERENT SEASONS

Dem Film »Die Verurteilten« liegt die Geschichte
»Frühlingserwachen« (Pin-up) zugrunde.

Dieser Band ist auch unter dem Titel »Frühling,
Sommer, Herbst und Tod« (01/8403) lieferbar.

12. Auflage dieser Ausgabe

Copyright © 1982 by Stephen King
Copyright © der deutschen Ausgabe by Bastei-Verlag
H. Lübbe GmbH & Co., Bergisch-Gladbach
Copyright © dieser Ausgabe 1992 by Wilhelm Heyne
Verlag GmbH & Co. KG, München
Printed in Germany 1999
Umschlaggestaltung: Atelier Ingrid Schütz, München
Druck und Bindung: Elsnerdruck, Berlin
ISBN 3-453-09057-8

Inhalt

Die Verurteilten

Pin-up

In jedem Gefängnis oder Zuchthaus in Amerika gibt es wahrscheinlich einen wie mich – ich bin der Mann, der alles besorgen kann. Zigaretten, Marihuana, wenn jemand darauf scharf ist, eine Flasche Brandy, falls einer das Universitätsexamen seines Sohnes oder seiner Tochter feiern will, und auch sonst fast alles... in vernünftigem Rahmen, versteht sich. Es war nicht immer so.

Ich war gerade zwanzig, als ich nach Shawshank kam, und ich bin einer der wenigen in unserer glücklichen kleinen Familie, der zu dem steht, was er getan hat. Ich habe gemordet. Ich schloß eine hohe Lebensversicherung auf meine drei Jahre ältere Frau ab, und dann präparierte ich die Bremsen an dem Chevrolet Coupé, das ihr Vater uns zur Hochzeit geschenkt hatte. Es lief genau wie geplant, außer daß sie auf dem Weg in die Stadt am Castle Hill anhielt, um eine Nachbarin mit ihrem kleinen Sohn mitzunehmen. Die Bremsen versagten, und der Wagen raste durch das Gebüsch am Stadtpark. Passanten sagten aus, daß er mindestens achtzig draufgehabt haben mußte, als er gegen das Bürgerkriegsdenkmal knallte und in Flammen aufging.

Auch, daß ich erwischt wurde, war nicht eingeplant, aber ich wurde erwischt. Ich bekam eine Dauerkarte für diesen Schuppen. In Maine gibt es keine Todesstrafe, aber der Staatsanwalt sorgte dafür, daß ich wegen dreifachen Mordes angeklagt wurde, und ich bekam dreimal lebenslänglich. Das schloß jede bedingte Haftentlassung für lange Zeit aus. Der Richter nannte meine Tat ›ein gräßliches und abscheuliches Verbrechen‹, und das war es auch, aber jetzt gehört es der Vergangenheit an. Man kann es in den vergilbten Archivexemplaren des Castle Rock *Call* nachschlagen, wo die dicken Schlagzeilen, die meine Verurteilung meldeten, sich neben den Nachrichten über Hitler und Mussolini und neben Präsident Roosevelts Geschwätz fast komisch ausnahmen.

Ob ich mich rehabilitiert habe, fragen Sie? Ich weiß nicht

einmal, was das Wort bedeutet, jedenfalls nicht im Zusammenhang mit Gefängnissen oder Besserung. Ich halte es für ein von Politikern geprägtes Wort. Es mag eine andere Bedeutung haben, und vielleicht komme ich noch dahinter, aber das liegt in der Zukunft... und ein Sträfling gewöhnt es sich ab, an die Zukunft zu denken. Ich war jung, sah gut aus und war in einem ärmeren Stadtviertel aufgewachsen. Ich lernte ein hübsches, launisches und eigensinniges Mädchen kennen, das in einem der vornehmen Häuser in der Carbine Street wohnte. Ihr Vater hatte nichts gegen unsere Verbindung, aber ich mußte in seine Firma eintreten, die optische Instrumente herstellte, und ›mich hocharbeiten‹. Ich merkte bald, was er wirklich wollte. Er wollte mich unter Kontrolle halten wie ein lästiges Haustier, das noch nicht ganz stubenrein ist und vielleicht sogar beißt. Am Ende hatte sich in mir so viel Haß aufgestaut, daß ich die Tat beging. Wenn ich noch einmal die Chance hätte, würde ich es nicht wieder tun. Bedeutet das Rehabilitation? Ich bin nicht ganz sicher.

Aber ich will nicht von mir reden. Ich will über einen Mann namens Andy Dufresne berichten. Bevor ich über ihn berichte, muß ich allerdings einiges über mich selbst erzählen. Das ist schnell erledigt.

Wie schon gesagt, bin ich in Shawshank seit knapp vierzig Jahren der Mann, der alles besorgen kann. Und damit sind nicht nur verbotene Sachen wie Zigaretten und Schnaps gemeint, obwohl die auf der Wunschliste immer ganz oben stehen. Nein, ich habe für Leute, die hier einsitzen, tausend andere Dinge besorgt, einige davon völlig legal, aber schwer zu beschaffen an einem Ort, wo man sich ja eigentlich nur aufhält, um bestraft zu werden. Einmal saß hier einer, der ein kleines Mädchen vergewaltigt und sich ein paar Dutzend anderen unsittlich gezeigt hatte. Ich besorgte ihm drei Stücke rosa Marmor aus Vermont, und er machte daraus drei schöne Statuen – ein Baby, einen Knaben von ungefähr zwölf und einen bärtigen jungen Mann. Er nannte sie *Die Drei Lebensalter Jesu*, und diese Skulpturen stehen jetzt im Salon eines Mannes, der früher Gouverneur dieses Staates war.

Wer nördlich von Massachusetts aufgewachsen ist, erinnert sich vielleicht noch an einen anderen Namen – Robert

Alan Cote. 1951 versuchte er, die First Mercantile Bank in Mechanic Falls auszurauben, und bei diesem Überfall kam es zu einem Blutbad – am Ende sechs Tote, zwei davon Bandenmitglieder, drei Geiseln und ein junger Beamter von der State Police, der zur falschen Zeit den Kopf hochnahm und eine Kugel ins Auge kriegte. Cote hatte eine Münzensammlung. Natürlich konnte er sie hierher nicht mitnehmen, aber mit Hilfe seiner Mutter und eines Mittelsmannes, der den Wäschereiwagen fuhr, konnte ich sie ihm besorgen. Ich sagte ihm noch, Bobby, du mußt verrückt sein. Was soll deine Münzensammlung in einem steinernen Hotel voller Diebe? Er sah mich lächelnd an und sagte, ich weiß schon, wo ich sie aufbewahre. Da ist sie sicher. Mach dir keine Sorgen. Und er hatte recht. Bobby Cote starb 1967 an einem Gehirntumor, aber seine Münzensammlung wurde nie gefunden.

Zum Valentinstag habe ich den Männern Pralinen besorgt; am St-Patricks-Tag habe ich für einen verrückten Iren namens O'Malley drei von diesen grünen Milkshakes kommen lassen, die bei McDonald's serviert werden; in einer Mitternachtsvorstellung habe ich zwanzig Leuten sogar *Deep Throat* und *The Devil in Miss Jones* gezeigt. Die Männer hatten zusammengelegt, um die Filme zu leihen... allerdings trug mir die kleine Eskapade eine Woche Verschärften ein. Das Risiko eines Mannes, der alles besorgen kann.

Ich habe Nachschlagewerke und Pornomagazine beschafft, Scherzartikel wie Handsummer und Juckpulver, und mehr als einmal habe ich dafür gesorgt, daß ein Langjähriger einen Schlüpfer seiner Frau oder seiner Freundin kriegte, und ich glaube, Sie wissen, was die Jungs mit diesen Sachen tun, wenn die Nächte sich endlos hinziehen. Das ist natürlich alles nicht umsonst, und einiges wird sogar ziemlich teuer. Aber ich tue es nicht *nur* wegen des Geldes. Was soll ich mit Geld? Ich werde nie einen Cadillac besitzen oder im Februar für zwei Wochen nach Jamaika fliegen. Ich habe ähnliche Gründe wie ein Schlachter, der seinen Kunden nur frisches Fleisch verkauft. Ich habe einen Ruf, und den will ich behalten. Die einzigen Dinge, von denen ich die Finger lasse, sind Waffen und harte Drogen. Ich werde keinem dazu verhelfen, sich oder andere umzubringen. Vom Töten habe ich genug. Es reicht mir bis ans Ende meiner Tage.

Ja, ich bin schon ein Künstler. Und als Andy Dufresne 1949 zu mir kam und fragte, ob ich ihm Rita Hayworth in den Knast schmuggeln könne, sagte ich, das sei kein Problem. Und es war keins.

Als Andy 1948 nach Shawshank kam, war er dreißig Jahre alt. Er war ein kleiner gepflegter Mann mit rotblondem Haar und schmalen, geschickten Händen. Er trug eine Brille mit Goldrand, und seine Fingernägel waren immer sauber und gepflegt. Eigenartig, daß man sich an so etwas bei einem Mann erinnert, aber es war für Andys ganze Persönlichkeit typisch. Er sah immer aus, als müßte er eigentlich eine Krawatte tragen. Draußen war er Leiter der Wertpapierabteilung einer großen Bank in Portland gewesen. Nicht schlecht für einen so jungen Mann, besonders, wenn man bedenkt, wie konservativ die meisten Banken sind ... und diesen Konservativismus muß man mit zehn multiplizieren, wenn man nach Neu-England kommt, wo die Leute einem Mann nur dann ihr Geld anvertrauen, wenn er eine Glatze hat, lahmt und sich ständig an der Hose zupft, um sein Bruchband geradezurücken. Andy saß wegen Mordes an seiner Frau und ihrem Geliebten.

Ich glaube, ich sagte schon, daß nur Unschuldige im Knast sitzen. Oh, den Text verlesen sie dir wie die Pfaffen im Fernsehen die Offenbarung. Sie waren alle Opfer von Richtern mit Herzen aus Stein und dazu passenden Eiern, von unfähigen Anwälten oder von Polizisten, die ihnen was anhängen wollten. Einige hatten ganz einfach Pech gehabt. Sie jammern dir etwas über die Ungerechtigkeit der Welt vor, aber in ihren Visagen steht etwas ganz anderes geschrieben. Die meisten Sträflinge sind schäbige Typen, die weder sich selbst noch anderen nützen. Ihr Pech ist, daß ihre Mütter sie nicht abgetrieben haben.

Während all der Jahre in Shawshank hat es vielleicht zehn Männer gegeben, denen ich glaubte, wenn sie mir erzählten, sie seien unschuldig. Zu denen gehörte Andy Dufresne, obwohl es einige Jahre dauerte, bis ich von seiner Unschuld überzeugt war. Wenn ich der Jury angehört hätte, vor der sein Fall 1947–1948 in Portland einige stürmische Wochen lang verhandelt wurde, hätte auch ich seiner Verurteilung zugestimmt.

Der Fall hatte es wirklich in sich. Er hatte genau die richtigen Zutaten. Ein schönes Mädchen aus besseren Kreisen (tot), eine örtliche Sportskanone (auch tot), und auf der Anklagebank ein bekannter junger Geschäftsmann. Hinzu kamen die von den Zeitungen angedeuteten Skandalgeschichten. Für die Anklage war der Fall klar. Der Prozeß dauerte nur deshalb so lange, weil der Staatsanwalt für das Repräsentantenhaus kandidieren wollte und es ihm wichtig war, daß die Öffentlichkeit sich sein Gesicht einprägte. Es war ein herrlicher Justizzirkus, und trotz Temperaturen unter Null standen die Leute schon morgens um vier Schlange, um sich ihren Platz im Zuschauerraum zu sichern.

Die von der Anklage vorgetragenen Fakten, die Andy nicht bestritt, waren folgende: Seine Frau Linda Collins Dufresne hatte im Juni 1947 ein Interesse daran bekundet, im Falmouth Hill Country Club Golf spielen zu lernen. Sie nahm auch tatsächlich vier Monate lang Unterricht. Ihr Lehrer war der Golfprofi Glenn Quentin, und Ende August 1947 erfuhr Andy, daß Quentin und seine Frau ein Verhältnis hatten. Am Nachmittag des 10. Septembers 1947 hatten Andy und Linda Dufresne einen heftigen Streit; Gegenstand dieses Streits war Lindas Untreue.

Andy sagte aus, Linda sei froh darüber gewesen, daß er es erfahren hatte. Die Heimlichtuerei sei unerträglich gewesen. Sie habe von Andy eine Scheidung in Reno verlangt. Andy habe geantwortet, er wolle sie lieber in der Hölle sehen als in Reno. Sie sei dann weggegangen, um die Nacht mit Quentin in dessen gemietetem Bungalow in der Nähe des Golfplatzes zu verbringen. Am nächsten Morgen hatte seine Haushälterin beide tot im Bett gefunden, beide von vier Kugeln getroffen.

Diese Tatsache schadete Andy mehr als alles andere. Der Staatsanwalt mit den politischen Ambitionen schlachtete sie zu Prozeßbeginn und später in seiner Schlußrede weidlich aus. Andrew Dufresne, sagte er, sei kein betrogener Ehemann, der sich im Affekt an seiner Frau gerächt habe. Das, so sagte er, wäre noch zu verstehen, wenn auch nicht zu billigen gewesen. Er aber sei viel kaltblütiger vorgegangen. Bedenken Sie! brüllte er die Jury an. Vier und vier! Nicht sechs Schuß, sondern acht! *Er feuerte die Waffe leer... und dann lud er sie wieder, um noch einmal auf die beiden schießen zu können!* VIER FÜR IHN UND VIER FÜR SIE kreischten die Schlagzeilen der Portland *Sun*.

Ein Angestellter der Pfandleihe Wise in Lewiston sagte aus, er habe Andy Dufresne zwei Tage vor dem Doppelmord einen Achtunddreißiger Police Special verkauft. Der Barmixer vom Country Club bezeugte, Andy sei am 10. September um ungefähr sieben Uhr hereingekommen und habe innerhalb von zwanzig Minuten drei Whiskey getrunken – als er aufstand habe er dem Barmixer gesagt, er wolle zu Glenn Quentins Haus, und den Rest könne er, der Barmixer, ›in der Zeitung lesen‹. Ein Angestellter des Handy-Pik, eines etwa eine Meile von Quentins Haus entfernten Ladens, erzählte dem Gericht, Andy sei am selben Abend etwa um Viertel vor neun hereingekommen. Er habe Zigaretten, drei Dosen Bier und einige Geschirrtücher gekauft. Der Gerichtsmediziner gab an, Quentin und die Dufresne seien zwischen dreiundzwanzig und zwei Uhr in der Nacht vom 10. zum 11. September getötet worden. Der mit dem Fall betraute Kriminalbeamte sagte aus, weniger als sechzig Meter vom Bungalow entfernt habe die Straße eine Ausweichbucht. An dieser Ausweichbucht habe man am Nachmittag des 11. September drei Beweisstücke sichergestellt: Erstens zwei leere Bierdosen der Sorte Narrgansett (mit den Fingerabdrücken des Angeklagten), zweitens zwölf Zigarettenstummel (der Marke Kool, die der Angeklagte raucht), drittens Gipsabdrücke von Reifenspuren (die genau dem Abnutzungsmuster der Reifen am 1947er Plymouth des Angeklagten entsprechen).

Im Wohnzimmer von Quentins Bungalow waren vier Geschirrtücher gefunden worden. Sie wiesen Schußlöcher und Pulverspuren auf. Der Detektiv stellte die Theorie auf (gegen die Andys Anwalt gequält protestierte), der Mörder habe die Tücher um die Mündung der Mordwaffe gewickelt, um das Geräusch der Schüsse zu dämpfen.

Als Andy gehört wurde, erzählte er seine Geschichte ruhig, kühl und leidenschaftslos. Er sagte, er habe schon in der letzten Juliwoche beunruhigende Gerüchte über seine Frau und Glenn Quentin gehört. Im August sei er so besorgt gewesen, daß er beschlossen habe, der Sache nachzugehen. Eines Abends, als Linda nach ihrer Unterrichtsstunde eigentlich in Portland hätte einkaufen wollen, sei er ihr und Quentin zu Quentins gemietetem Bungalow gefolgt (den die Zeitungen mit schöner Regelmäßigkeit ›das Liebesnest‹ nannten). Er habe an der Ausweichbucht geparkt, bis Quentin sie drei Stunden später zum Country Club zurückfuhr, wo ihr eigener Wagen stand.

»Wollen Sie dem Gericht etwa weismache, Sie seien Ihrer Frau in Ihrem nagelneuen Plymouth-Sedan gefolgt?« fragte der Staatsanwalt ihn beim Kreuzverhör.

»Ein Freund und ich haben für den Abend die Wagen getauscht«, sagte Andy. Und dieses kühle Eingeständnis, wie gut er seine Ermittlungen geplant hatte, brachte ihm bei der Jury keine Vorteile.

Nachdem er seinem Freund den Wagen zurückgebracht und seinen eigenen geholt hatte, war er nach Hause gefahren. Linda hatte im Bett gelegen und ein Buch gelesen. Er hatte sie über ihre Fahrt nach Portland befragt. Es sei ganz nett gewesen, hatte sie gesagt, aber sie habe nichts gefunden, was sie hätte kaufen mögen. »In diesem Augenblick wußte ich es genau«, erzählte Andy den atemlosen Zuhörern. Er sprach in dem gleichen ruhigen und distanzierten Ton, in dem er auch alle übrigen Aussagen machte.

»Wie war Ihre Gemütsverfassung in den siebzehn Tagen zwischen jenem Tag und dem Abend, an dem Ihre Frau ermordet wurde?« fragte ihn der Anwalt.

»Ich war sehr niedergeschlagen«, antwortete Andy ruhig und kalt. Wie ein Mann, der eine Einkaufsliste vorliest, berichtete er, daß er an Selbstmord gedacht und sich am 8. September in Lewiston sogar einen Revolver gekauft habe.

Sein Anwalt bat ihn dann, der Jury zu erzählen, was geschah, als seine Frau am Abend des Mordes wegfuhr, um sich mit Glenn Quentin zu treffen. Andy erzählte... und er machte mit seinem Bericht den denkbar schlechtesten Eindruck.

Ich habe ihn dreißig Jahre lang gekannt, und ich habe noch nie einen Mann mit mehr Selbstbeherrschung kennengelernt. Ganz gleich, was in ihm vorging, man sah es ihm nicht an. Wenn je in seiner Seele finstere Nacht herrschte, wie es irgendein Schriftsteller mal ausgedrückt hat, würde man es ihm nicht anmerken. Wenn dieser Mann Selbstmord begehen wollte, würde er es tun, ohne eine Nachricht zu hinterlassen, aber nicht, ohne vorher seine Angelegenheiten zu regeln. Wenn er im Zeugenstand geweint oder mit belegter Stimme und zögernd gesprochen hätte, selbst wenn er den auf Washington versessenen Staatsanwalt angeschrien hätte, ich glaube nicht, daß auf lebenslänglich erkannt worden wäre. Und selbst wenn... 1954 hätte man ihn auf Bewährung entlassen. Aber er erzählte seine Geschichte, als hätte er sie vorher auf Band gesprochen. Er schien der Jury zu sagen: Das wär's. Glaubt es oder laßt es bleiben. Sie ließen es bleiben.

Er sagte, er sei an jenem Abend betrunken gewesen, wie seit dem 24. August fast jeden Tag, und daß er keinen Alkohol vertrüge. Schon das hätte kaum eine Jury geschluckt. Sie konnten sich einfach nicht vorstellen, daß dieser kühle und beherrschte junge Mann im eleganten Zweireiher sich wegen der läppischen Affäre seiner Frau mit einem Golfprofi aus der Provinz sinnlos besaufen würde. Ich aber konnte es mir vorstellen, denn ich hatte, im Gegensatz zu den sechs Männern und sechs Frauen von der Jury, Gelegenheit gehabt, Andy zu beobachten.

Solange ich Andy Dufresne kannte, trank er nur viermal im Jahr. Jedes Jahr trafen wir uns etwa eine Woche vor seinem Geburtstag im Hof und dann wieder ungefähr zwei Wochen vor Weihnachten. Für jede dieser Gelegenheiten bestellte er eine Flasche Jack Daniel's. Er kaufte sie wie alle Sträflinge ihren Schnaps kauften – er nahm den Hungerlohn, den man ihm hier zahlte, und legte von seinem eigenen Geld dazu. Bis 1965 gab es zehn Cent die Stunde. Dann wurde der Lohn auf fünfundzwanzig angehoben. Meine Provision betrug immer und beträgt heute noch zehn Prozent, und wenn man die hinzurechnet, kann man ermessen, wie lange Andy Dufresne in der Gefängniswäscherei schwitzen mußte, um sich viermal im Jahr seinen Black Jack zu leisten.

Am Morgen seines Geburtstages, am 20. September, nahm er einen guten Schluck und dann noch einen, nachdem abends die Lichter ausgeschaltet waren. Am nächsten Tag gab er mir die Flasche, und ich verteilte den Rest. Am Weihnachtsabend und zu Silvester gönnte er sich ebenfalls einen Drink. Auch dann gab er mir die Flasche zurück, damit ich den Rest verteilen sollte. Vier Drinks im Jahr – und das ist das Verhalten eines Mannes, dem der Alkohol schwer zugesetzt hat.

Er erzählt der Jury, daß er am Abend des zehnten so betrunken gewesen sei, daß er sich an die Ereignisse nur bruchstückhaft erinnern könne. Er hatte sich schon am Nachmittag vollaufen lassen – ich trank mir mit einer doppelten Dosis Mut an, waren seine Worte –, bevor er Linda hinterherfuhr.

Nachdem sie gegangen war, um sich mit Quentin zu treffen, beschloß er die beiden zur Rede zu stellen. Das wußte er noch. Auf dem Weg zu Quentins Bungalow fuhr er beim Country Club vor, um noch ein paar zu trinken. Er könne sich nicht daran erinnern, sagte er, dem Mann an der Bar erzählt zu haben, »den Rest könne er in der Zeitung lesen«. Er wisse nicht einmal, ob er überhaupt mit dem Mann gesprochen habe. Er erinnere sich daran, im Handy-Pik Bier gekauft zu haben, nicht aber an die Geschirrtücher. »Was sollte ich mit Geschirrtüchern anfangen?« fragte er, und eine Zeitung berichtete, drei der Damen von der Jury seien bei diesen Worten entsetzt zusammengezuckt.

Später, viel später äußerte er mir gegenüber Vermutungen über den Angestellten, der das mit den Geschirrtüchern bezeugt hatte, und ich sollte seine Worte vielleicht notieren. »Nehmen wir an«, sagte Andy eines Tages auf dem Hof, »daß sie bei ihrer Suche nach Zeugen auf den Mann stoßen, der mir an dem Abend das Bier verkauft hat. Bis dahin sind drei Tage vergangen. Die äußeren Umstände des Falles sind in allen Zeitungen berichtet worden. Vielleicht haben fünf oder sechs Kriminalbeamte und die Vertreter der Staatsanwaltschaft sich den Mann vorgenommen. Die Erinnerung ist eine sehr subjektive Sache, Red. Sie haben vielleicht gesagt: ›Könnte es nicht sein, daß er auch vier oder fünf Geschirrtücher gekauft hat?‹ Und von da aus haben sie dann weitergemacht. Wenn genügend Leute *wollen*, daß man sich an etwas erinnert, kann das sehr überzeugend sein.«

Darin stimmte ich ihm zu.

»Aber es gibt etwas noch Überzeugenderes«, fuhr Andy auf seine nachdenkliche Art fort. »Es ist immerhin möglich, daß er sich nur allzugern überzeugen ließ. Er stand im Rampenlicht. Reporter befragten ihn, und sein Bild erschien in allen Zeitungen... das Ganze natürlich gekrönt durch seinen großen Auftritt vor Gericht. Ich behaupte nicht, daß er absichtlich eine falsche Geschichte erzählt hat. Wahrscheinlich hätte er sogar einen Test mit dem Lügendetektor glänzend bestanden, oder er hätte beim Namen seiner Mutter geschworen, ich hätte die Geschirrtücher tatsächlich gekauft. Dennoch... die Erinnerung ist eine *verdammt* subjektive Sache.

Eins steht fest: Mein Anwalt hielt zwar die Hälfte meiner Geschichte für erlogen, aber das mit den Geschirrtüchern hat er keine Sekunde geglaubt. Es war ganz offensichtlich, daß es nicht stimmen konnte. Ich war stinkbesoffen, viel zu besoffen, als daß ich an das Geräusch der Schüsse gedacht hätte. Wenn ich der Täter gewesen wäre, hätte ich einfach losgeknallt.«

Andy fuhr zur Ausweichbucht und parkte dort. Er trank Bier und rauchte Zigaretten. Er sah ein einzelnes Licht im Obergeschoß angehen... und fünfzehn Minuten später wieder ausgehen. Den Rest habe er sich denken können, sagte er.

»Mr. Dufresne«, donnerte sein Anwalt, »sind Sie in Glenn Quentins Haus gegangen und haben die beiden umgebracht?«

»Nein, das habe ich nicht getan«, sagte Andy. Gegen Mitternacht sei er wieder etwas nüchterner gewesen, sagte er. Gleichzeitig habe sich ein schrecklicher Kater angekündigt. Er habe beschlossen, nach Hause zu fahren und am nächsten Tag in Ruhe über alles nachzudenken. »Auf dem Heimweg habe ich mir überlegt, daß eine Scheidung in Reno wahrscheinlich das Beste wäre.«

»Danke, Mr. Dufresne.«

Der Staatsanwalt trat in Aktion.

»Sie haben sich nach der schnellsten Methode scheiden lassen, die Ihnen einfiel, nicht wahr? Sie haben sich mit Hilfe eines in Geschirrtücher eingewickelten Revolvers, Kaliber 38, scheiden lassen, nicht wahr?«

»Nein, Sir, das habe ich nicht getan«, sagte Andy ruhig.

»Und dann haben Sie den Geliebten Ihrer Frau erschossen.«

»Nein, Sir.«

»Sie meinen, Sie haben Quentin zuerst erschossen?«

»Ich meine, daß ich keinen von beiden erschossen habe. Ich habe zwei Dosen Bier getrunken und die Zigaretten geraucht, die die Polizei an der Ausweichbucht gefunden hat. Dann bin ich nach Hause gefahren und ins Bett gegangen.«

»Sie haben der Jury gesagt, daß Sie zwischen dem vierundzwanzigsten August und dem zehnten September an Selbstmord gedacht hätten.«

»Ja, Sir.«

»So ernsthaft, daß Sie sich einen Revolver kauften.«

»Ja.«

»Würde es Sie sehr stören, Mr. Dufresne, wenn ich Ihnen sagte, daß Sie mir nicht der Typ zu sein scheinen, der Selbstmord begeht?«

»Nein«, sagte Andy, »aber Sie machen nicht den Eindruck eines sehr einfühlsamen Mannes, und *wenn* ich Selbstmordgedanken hätte, würde ich mich mit meinem Problem wahrscheinlich nicht ausgerechnet an Sie wenden.«

Unter den Zuschauern entstand unterdrückte Heiterkeit, aber bei der Jury gewann er keine Punkte.

»Hatten Sie am Abend des zehnten September Ihren Achtunddreißiger bei sich?«

»Nein; wie ich bereits aussagte –«

»Oh, ja!« Der Staatsanwalt lächelte sarkastisch. »Sie haben ihn in den Fluß geworfen. In den Royal River. Am Nachmittag des neunten September.«

»Ja, Sir.«

»Das kam aber sehr gelegen, nicht wahr?«

»Es kam weder gelegen noch ungelegen. Es ist nur die Wahrheit.«

»Ich nehme an, Sie haben Lieutenant Minchers Aussage gehört?« Mincher hatte die Männer befehligt, die in der Nähe der Pond Road Bridge den Grund des Royal abgesucht hatten. Von dieser Brücke wollte Andy die Waffe in den Fluß geworfen haben. Die Polizei hatte sie nicht gefunden.

»Ja, Sir. Die habe ich gehört.«

»Dann wissen Sie auch, daß die Leute trotz dreitägiger Suche keine Waffe gefunden haben. Auch das kam Ihnen sehr gelegen, nicht wahr?«

»Gelegen oder nicht, es ist eine Tatsache, daß die Waffe nicht gefunden wurde«, erwiderte Andy ruhig. »Aber ich möchte Sie und die Jury darauf hinweisen, daß der Royal River in der Nähe der Pond Road Bridge in die Bucht von Yarmouth fließt. Die Strömung ist dort sehr stark und kann die Waffe in die Bucht hinausgetragen haben.«

»Und jetzt können die Spuren an den Geschossen aus den blutigen Leichen Ihrer Frau und Mr. Glenn Quentin nicht mehr mit den Zügen im Lauf Ihrer Waffe verglichen werden. Das stimmt doch, Mr. Dufresne?«

»Ja.«

»Auch das kommt Ihnen sehr gelegen, nicht wahr?«

Bei diesen Worten zeigte Andy eine der wenigen Gefühlsregungen, die er sich während der ganzen sechs Prozeßwochen gestattete, wie die Zeitungen schrieben. Ein leises bitteres Lächeln lief über sein Gesicht.

»Da ich an diesem Verbrechen unschuldig bin, Sir, und da ich die Wahrheit sage, wenn ich Ihnen erzähle, daß ich die Waffe einen Tag bevor sich das Verbrechen ereignete, in den Fluß warf, kommt es mir entschieden ungelegen, daß sie nicht gefunden wurde.«

Der Staatsanwalt hämmerte zwei Tage lang auf ihn ein. Er verlas noch einmal die Aussage des Angestellten von Handy-Pik. Andy wiederholte, daß er sich nicht erinnern könne, die Geschirrtücher gekauft zu haben. Aber er mußte zugeben, daß er sich auch nicht erinnern konnte, sie *nicht* gekauft zu haben.

Ob es wohl stimme, daß Andy und Linda Dufresne 1947 gemeinsam eine Lebensversicherung abgeschlossen hätten? Ja, das stimmte. Stimme es etwa nicht, daß Andy im Falle eines Freispruchs fünfzigtausend Dollar kassieren würde? Es stimmte. Und stimme es nicht, daß er mit Mordgedanken zu Glenn Quentins Haus gefahren sei, und stimme es nicht auch, daß er tatsächlich einen Doppelmord begangen habe? Nein, das stimmte nicht. Was, glaube er, sei dann geschehen, da keine Anzeichen eines Raubes vorlägen?

»Ich habe keine Ahnung, Sir«, sagte Andy ruhig.

Um ein Uhr an einem verschneiten Mittwochnachmittag ging der Fall an die Jury. Die sechs Männer und die sechs Frauen von der Jury waren um halb vier wieder im Saal. Der Gerichtsdiener sagte, sie wären früher zurückgekommen, wenn sie nicht auf Staatskosten noch rasch ein schönes Brathuhn aus Bentley's Restaurant gegessen hätten. Sie erkannten auf schuldig, und bei Gott, wenn es in Maine die Todesstrafe gegeben hätte, wäre ihm der Tanz auf dem heißen Stuhl sicher gewesen, bevor noch die ersten Krokusse die Köpfe aus der Erde steckten.

Der Staatsanwalt hatte ihn gefragt, was denn nach seiner Ansicht geschehen sei, und Andy hatte auf eine Antwort verzichtet – aber er hatte sehr wohl seine Vorstellungen, und die erzählte er mir eines Abends im Jahre 1955. Wir hatten volle sieben Jahre gebraucht, um von flüchtigen Bekannten zu recht guten Freunden zu werden. Eng befreundet aber waren wir erst seit etwa 1960, und ich war wahrscheinlich der einzige, der ihm überhaupt nahestand. Da wir beide eine lebenslängliche Straße zu verbüßen hatten, waren wir von Anfang bis Ende im selben Zellentrakt, wenn meine Zelle auch im Korridor ein gutes Stück von seiner entfernt lag.

»Ob ich weiß, was geschehen ist?« Er lachte, aber in seinem Lachen lag nicht der geringste Humor. »An jenem Abend gab es eine solche Verkettung von ungünstigen Umständen, wie sie in so kurzer Zeit wohl nie wieder eintreten wird. Ich glaube, es war irgendein durchreisender Fremder. Vielleicht jemand, der unten auf der Straße eine Reifenpanne hatte, nachdem ich nach Hause gefahren war. Vielleicht ein Psychopath. Er hat sie getötet, das ist alles. Und ich sitze hier.«

So einfach ist es. Und er wurde dazu verurteilt, den Rest seines Lebens in Shawshank zu verbringen – oder jedenfalls den Teil, auf den es ankam. Fünf Jahre später fingen für ihn die Anhörungen vor dem Begnadigungsausschuß an, aber mit der Regelmäßigkeit eines Uhrwerks wurden seine Anträge abgelehnt, obwohl er ein Musterhäftling war. Einen Paß zum Verlassen Shawshanks zu bekommen, wenn der Einlieferungsschein mit *Mord* gestempelt ist, dauert so lange, wie ein Fluß braucht, um sich durch Fels zu fressen. Der Ausschuß ist mit sieben Männern besetzt, zwei mehr als bei den meisten anderen Staatsgefängnissen, und die Ärsche aller sieben sind so hart wie Wasser aus einer Mineralquelle. Da hilft kein Schmeicheln und kein Weinen, und kaufen kann man die Kerle auch nicht. In Andys Fall gab es noch besondere Gründe, aber von denen wird später die Rede sein.

Es gab einen Sträfling, der wegen guter Führung gewisse Vorrechte genoß. Der Mann hieß Kendricks und hatte mir in den fünfziger Jahren ziemlich viel Geld geschuldet. Er brauchte vier Jahre, um es zurückzuzahlen. Als Zinsen forderte ich Informationen – in meiner Branche ist man erledigt, wenn man keine Möglichkeiten findet, verschiedene Dinge in Erfahrung zu bringen. Dieser Kendricks hatte zum Beispiel Zugang zu Akten, die ich selbst nie zu Gesicht bekommen würde, denn ich bediente eine Stanze unten in der verdammten Nummernschilderfabrikation.

Kendricks berichtete, der Ausschuß habe 1957 7–0 gegen Andy Dufresnes gestimmt, 1958 6–1, 1959 wieder 7–0 und 1960 5–2. Danach weiß ich die Zahlen nicht mehr, aber ich weiß, daß er sechzehn Jahre später immer noch im Zellentrakt V in Zelle 14 saß. Zu der Zeit, 1975, war er siebenundfünfzig. Wahrscheinlich hätten sie ihn großzügigerweise 1983 rausgelassen. Sie geben dir lebenslänglich, und das ist das Leben, das sie dir nehmen – jedenfalls den Teil, der zählt. Vielleicht lassen sie dich irgendwann raus, aber... Ich kannte einen Mann, Sherwood Bolton hieß er, und der hatte eine Taube in der Zelle. Von 1945 bis 1953, als sie ihn rausließen, hatte er diese Taube. Er war kein Vogelmann von Alcatraz; er hatte nur diese Taube. Er nannte sie Jake. Er ließ sie einen Tag vor seiner Entlassung fliegen, und gesund und munter flog Jake davon. Aber ungefähr eine Woche nachdem Sherwood Bolton unsere glückliche kleine Familie verlassen hatte, rief ein Freund mich in die Westecke des Hofs, wo Sherwood sich oft aufgehalten hatte. Wie ein sehr kleiner Haufen dreckiger Bettwäsche lag dort ein Vogel. Er sah verhungert aus. Mein Freund sagte: »Ist das nicht Jake, Red?« Es war Jake. Die Taube war so tot wie ein Haufen Scheiße.

Ich erinnere mich an das erste Mal, als Andy Dufresne etwas von mir wollte. Ich erinnere mich, als ob es gestern gewesen wäre. An diesem Tag wollte er allerdings nicht Rita Hayworth haben. Das kam später. An diesem Tag im Sommer 1948 bat er mich um etwas anderes.

Die meisten meiner Geschäfte wickle ich auf dem Hof ab. Auch dieses. Unser Hof ist groß, viel größer als die meisten anderen. Er ist genau quadratisch mit einer Seitenlänge von achtzig Metern. Die Nordseite bildet die äußere Wand, die an jedem Ende einen Wachturm hat. Die Wachen dort oben sind mit Ferngläsern und Schrotflinten ausgerüstet. An der Nordseite liegt auch das Haupttor. Die Rampen für das Be- und Entladen der Lastwagen liegen an der Südseite. Es gibt insgesamt fünf. Während der Arbeitswoche ist in Shawshank viel Betrieb. Ständig wird etwas abgeholt oder angeliefert. Wir haben die Nummernschilderfabrikation und eine große, industriell betriebene Wäscherei, die die Naßwäsche für das Gefängnis, für das Kitty Receiving Hospital und für das Elliot-Pflegeheim macht. Es gibt auch eine große Autoreparaturwerkstatt, wo die Autoschlosser unter den Insassen staatliche und städtische Fahrzeuge und die Gefängniswagen reparieren – von den Privatwagen der Arschlöcher von Verwaltungsbeamten ganz zu schweigen ... und gelegentlich schikken auch die Mitglieder des Begnadigungsausschusses ihre Fahrzeuge.

Die Ostseite besteht aus einer dicken Mauer mit winzigen schmalen Fenstern. Jenseits dieser Mauer liegt der Zellentrakt V. An der Westseite liegen Verwaltung und Krankenstation. Shawshank war nie so überfüllt wie die meisten anderen Gefängnisse, und damals im Jahre 1948 war es nur bis zu zwei Dritteln seiner Kapazität belegt. Gelegentlich hielten sich zwischen achtzig und hundertzwanzig Sträflinge auf dem Hof auf – sie bolzten mit Fußbällen, würfelten, stritten sich, und machten ihre kleinen Tauschgeschäfte. An Sonntagen war es noch voller. Dann hätte es auf dem Hof ausgesehen wie bei einer Landpartie... wenn Frauen dabeigewesen wären. Andy sprach mich zum ersten Mal an einem Sonntag an. Ich hatte mich gerade mit Elmore Armitage, der mir gelegentlich gefällig war, über ein Radio unterhalten, als Andy auf uns zukam. Ich wußte natürlich, wer er war; er galt als Snob, weil er sich immer sehr distanziert gab. Einige Leute sagten, daß er sich dadurch Ärger einhandeln würde. Einer der Leute, die das sagten, war Bogs Diamond, ein übler Kerl, wenn man ihn gegen sich hatte. Andy hatte keinen Ansprechpartner, und ich hatte gehört, daß er es sich nicht anders wünschte, wenn auch die Ein-Mann-Zellen im Trakt V wenig größer als Särge waren. Aber mich interessieren keine Gerüchte über einen Mann, wenn ich mir selbst ein Bild machen kann.

»Hallo«, sagte er. »Ich bin Andy Dufresne.« Wir gaben uns die Hand. Er verschwendete seine Zeit nicht auf Höflichkeiten, sondern kam gleich zur Sache. »Ich habe gehört, daß du das eine oder andere besorgen kannst.«

Ich bestätigte, daß ich hin und wieder gewisse Dinge beschaffen könne.

»Wie machst du das?« fragte Andy.

»Manchmal«, sagte ich, »bekomme ich die Dinge einfach irgendwie in die Hände. Ich kann es nicht erklären. Außer es passiert, weil ich Ire bin.«

Er lächelte ein wenig. »Ich wüßte gern, ob du mir einen Gesteinshammer besorgen kannst.«

»Was ist das und warum willst du einen haben?«

Andy schien erstaunt zu sein. »Gehört es zu deinem Geschäft, daß du die Motive erfährst?« Diese Worte erklärten, warum er als Snob galt, als Mann, der sich gern wichtig machte – aber ich erkannte den leisen Humor, der in seiner Frage lag.

»Hör zu«, sagte ich. »Wenn es um eine Zahnbürste ginge, würde ich keine Fragen stellen. Ich würde einfach einen Preis nennen. Eine Zahnbürste ist schließlich keine tödliche Waffe.«

»Der Gedanke an tödliche Waffen geht dir wohl an die Nieren?«

»So ist es.«

Ein alter geflickter Baseball flog auf uns zu. Katzenschnell drehte sich Andy um und holte den Ball aus der Luft. Auf eine solche Reaktion wäre jeder Profi stolz gewesen. Andy schickte den Ball dorthin zurück, woher er gekommen war. Es war nur eine rasche, scheinbar mühelose Bewegung aus dem Handgelenk, aber hinter dem Wurf saß dennoch einige Wucht. Ich sah, daß einige Männer uns aus den Augenwinkeln beobachteten. Die Wachen im Turm beobachteten uns wahrscheinlich ebenfalls. In jedem Gefängnis gibt es Leute von einigem Gewicht, in einem kleinen vielleicht vier oder fünf, in einem großen möglicherweise zwei oder drei Dutzend. In Shawshank gehörte ich zu diesen Leuten, und was ich von Andy Dufresne hielt, konnte mitentscheidend dafür sein, wie er seine Zeit hier verbrachte. Das wußte er wahrscheinlich selbst, aber er machte vor mir keinen Kotau, und das imponierte mir.

»Gut«, sagte er. »Ich will dir sagen, was es ist und warum ich das Ding haben will. Ein Gesteinshammer sieht aus wie eine Miniaturspitzhacke – ungefähr so groß.« Er deutete mit den Händen eine Länge von etwa dreißig Zentimeter an, und dabei bemerkte ich zum ersten Mal, was für gepflegte Fingernägel er hatte. »Er hat an der einen Seite eine Spitze, an der anderen einen stumpfen Hammerkopf. Ich brauche ihn, weil ich mich für Mineralien interessiere.«

»Mineralien«, sagte ich.

»Setz dich doch einen Augenblick«, sagte er.

Ich tat ihm den Gefallen. Wir hockten uns auf den Boden wie die Indianer.

Andy nahm eine Handvoll Sand vom Hof und siebte ihn mit seinen gepflegten Händen, daß eine feine Staubwolke entstand. Kleine Steinchen blieben übrig, von denen zwei glitzerten, während die anderen stumpf waren. Aber sie blieben es nicht, wenn man sie abrieb. Dann nahmen sie einen hübschen milchigen Glanz an. Es war Quarz. Andy warf mir ein Steinchen zu. Ich fing es und nannte die Bezeichnung.

»Richtig, es ist Quarz«, sagte Andy. »Und hier ist Glimmer. Schiefer. Zerriebener Granit. Dies ist ein Stück Kalkstein.« Er warf die Steine weg und säuberte sich die Hände. »Ich bin Amateurmineraloge. Wenigstens... *war* ich Amateurmineraloge. In meinem früheren Leben. Ich möchte mich gern wieder damit beschäftigen, wenn auch in begrenztem Ausmaß.«

»Sonntägliche Expeditionen auf dem Hof?« fragte ich und stand auf. Der Gedanke war lächerlich, und doch... der Anblick dieses kleinen Quarzstücks hatte mir einen Stich ins Herz gegeben. Wahrscheinlich nur eine Assoziation zur Welt draußen. An diese Dinge dachte man nicht im Zusammenhang mit einem Gefängnishof. Quarz fand man in einem kleinen, schnellfließenden Strom.

»Besser sonntägliche Expeditionen hier als gar keine«, sagte er.

»Du könntest mit einem Gegenstand wie einem Gesteinshammer jemanden den Schädel einschlagen«, bemerkte ich.

»Ich habe hier keine Feinde«, sagte er ruhig.

»Nein?« Ich lächelte. »Wart's nur ab.«

»Wenn es Ärger gibt, werde ich auch ohne Hammer damit fertig.«

»Vielleicht willst du versuchen auszubrechen? Unter der Wand durch? Aber falls du –«

Er lachte höflich. Als ich drei Wochen später den Gesteinshammer sah, wußte ich, warum.

»Weißt du«, sagte ich, »wenn jemand dich damit sieht, bist du ihn los. Wenn jemand einen Löffel bei dir findet, bist du den auch los. Was willst du also tun? Dich hier auf den Hof setzen und loshämmern?«

»Oh, ich werde es schon geschickter anstellen.«

Ich nickte. Dieser Teil der Angelegenheit ging mich nichts an. Ein Mann bittet mich, ihm etwas zu besorgen. Ob er es behalten kann, ist seine Sache.

»Was kann so ein Ding kosten?« fragte ich. Seine ruhige und unterkühlte Art begann mir zu gefallen. Wenn man zehn

Jahre im Knast verbracht hat wie ich damals, ist man die Schreihälse und Aufschneider und Krakeeler herzlich leid. Man kann schon sagen, daß ich Andy von Anfang an mochte.

»Acht Dollar in einem Mineraliengeschäft«, sagte er. »Ich bin mir natürlich klar darüber, daß du auf die Kosten etwas aufschlägst.«

»Mein Satz ist Kosten plus zehn Prozent, aber bei einem gefährlichen Gegenstand verlange ich einen Zuschlag. Für so etwas wie dein kleines Werkzeug muß man ein wenig besser schmieren, damit sich die Räder drehen. Sagen wir zehn Dollar.«

»Mit zehn Dollar bin ich einverstanden.«

Ich sah ihn an und lächelte. »*Hast* du denn zehn Dollar?«

»Ich habe«, sagte er nur.

Viel später stellte ich fest, daß er mehr als fünfhundert hatte. Er hatte das Geld mit hereingebracht. Wenn man in dies Hotel eingeliefert wird, sagt einer der Hotelpagen, daß du dich bücken sollst, und dann inspiziert er deinen Arsch – aber da ist reichlich Platz, und ein wirklich entschlossener Mann kann einen ziemlich großen Gegenstand ziemlich weit reinschieben – weit genug, daß er nicht mehr zu sehen ist, wenn der Page, an den man gerät, sich nicht einen Gummihandschuh anzieht und ein wenig tiefer schürft.

»Das ist in Ordnung«, sagte ich. »Du mußt aber wissen, was ich von dir erwarte, wenn du erwischt wirst.«

»Das muß ich wohl«, sagte er, und ich merkte an der leichten Veränderung in seinen grauen Augen, daß er genau wußte, was ich sagen wollte. Ganz leicht hellten sie sich auf, und ich erkannte in ihnen einen Schimmer seines speziellen ironischen Humors.

»Wenn sie dich erwischen, wirst du sagen, daß du das Ding gefunden hast. Das wär's schon ungefähr. Sie werden dich für drei oder vier Wochen in die Isolierzelle stecken... natürlich bist du auch dein Spielzeug los, und außerdem kommt es in deine Akte. Wenn du meinen Namen nennst, werden wir nie wieder ein Geschäft machen. Auch nicht wenn es um ein paar Schnürsenkel oder ein Paket Tabak geht. Und ich werde ein paar Jungs schicken, die dich zusammenschlagen. Ich hasse Gewalttätigkeiten, aber du mußt dich in meine Lage hineinversetzen. Wenn es sich hier rumspricht, daß ich meine Angelegenheiten nicht im Griff habe, bin ich erledigt.«

»Das kann ich mir vorstellen. Ich habe kapiert. Du brauchst dir keine Sorgen zu machen.«

»Ich mache mir nie Sorgen«, sagte ich. »Dafür gibt es in einem solchen Laden keine Prozente.«

Er nickte und ging weg. Drei Tage später trat er während der Frühstückspause der Wäscherei auf dem Hof neben mich. Er sagte weder etwas noch sah er mich überhaupt an, aber er drückte mir so rasch eine Zehndollarnote in die Hand wie ein Illusionist einen Kartentrick vorführt. Er war ein Mann, der sich auf jede Situation rasch einstellen konnte. Ich besorgte ihm seinen Gesteinshammer. Ich bewahrte ihn eine Nacht in meiner Zelle auf, und er sah genau so aus wie er ihn beschrieben hatte. Für einen Fluchtversuch war das Werkzeug nicht geeignet (ein Mann hätte ungefähr sechshundert Jahre gebraucht, um damit die Wand zu untertunneln, wie ich meinte), aber ich hatte immer noch ein ungutes Gefühl. Wenn man einem Mann diese Spitzhacke in den Kopf schlug, würde der ganz bestimmt nie mehr Radio hören. Und Andy hatte schon Ärger mit den Schwestern. Ich konnte nur hoffen, daß es nicht sie waren, für die er den Hammer brauchte.

Aber am Ende verließ ich mich auf mein Urteil. Am nächsten Morgen, zwanzig Minuten bevor die Wecksirene losheulte, gab ich den Hammer mit einer Packung Camel an Ernie weiter, den alten wegen guter Führung Privilegierten, der im Zellentrakt fünf die Korridore fegte, bis er 1956 entlassen wurde. Wortlos ließ ich beides in seinen Kittel gleiten, und dann sah ich den Gesteinshammer neunzehn Jahre lang nicht wieder. Nach dieser Zeit war er so abgenutzt, daß er kaum noch wiederzuerkennen war.

Am nächsten Sonntag traf ich Andy wieder auf dem Hof. Er sah an dem Tag nicht besonders gut aus, das können Sie mir glauben. Seine Unterlippe war so dick angeschwollen, daß sie aussah wie eine Dauerwurst, sein rechtes Auge war halb geschlossen, und über seine Wange lief ein häßlicher Riß. Er hatte Schwierigkeiten mit den Schwestern, aber er erwähnte sie nie. »Danke für das Werkzeug«, sagte er und ging davon.

Neugierig beobachtete ich ihn. Er ging ein paar Schritte, sah etwas im Sand, bückte sich und sammelte es auf. Es war ein kleiner Stein. Abgesehen von denen der Schlosser, haben unsere Arbeitsanzüge keine Taschen. Aber es gibt Möglichkeiten, diesen Mangel auszugleichen. Der Stein verschwand in Andys Ärmel und blieb da. Ich staunte ... und ich bewunderte ihn. Trotz seiner Probleme lebte er sein Leben weiter. Es gibt Tausende, die das nicht tun oder nicht wollen oder nicht können, und viele von ihnen sind nicht einmal im Gefängnis. Und ich bemerkte, daß sein Gesicht zwar so aussah, als sei ein Tornado darüber hinweggegangen, daß seine Hände aber immer noch sauber, die Nägel gepflegt waren.

Während der nächsten sechs Monate sah ich ihn nicht sehr oft. Andy verbrachte einen großen Teil dieser Zeit in der Isolierzelle.

Ein paar Worte über die Schwestern.

In vielen Anstalten nennt man sie Bullenschwule oder Knastsusies – in jüngster Zeit ist die Bezeichnung ›Mörderköniginnen‹ in Mode gekommen. Aber in Shawshank hießen sie immer die Schwestern. Ich weiß nicht, warum, aber abgesehen vom Namen gab es wohl keinen Unterschied.

Es wird die meisten nicht überraschen, daß innerhalb der Mauern schwule Aktivitäten an der Tagesordnung sind. Überrascht sind vielleicht nur diejenigen Neuen, die das Pech haben, jung, schlank, hübsch und vertrauensselig zu sein. Aber wie Hetero-Sex tritt auch Homosexualität in hundert verschiedenen Formen auf. Es gibt Männer, die es nicht ertragen, ohne irgendeine Art von Sex zu leben, und bevor sie verrückt werden, wenden sie sich an einen anderen Mann. Was folgt, ist gewöhnlich ein Arrangement zwischen zwei im Grunde heterosexuellen Männern, obwohl ich mich manchmal gefragt habe, ob sie wirklich noch so heterosexuell sind, wie sie gern sein wollen, wenn sie erst wieder bei ihren Frauen oder Freundinnen sind.

Es gibt auch Männer, die im Gefängnis ›umgedreht‹ werden. In der gängigen Ausdrucksweise heißt es, sie ›werden schwul‹ oder ›sie kommen aus dem Schrank‹. Meistens (aber nicht immer) spielen sie die Frau, und um ihre Gunst wird heftig geworben.

Und dann gibt es die Schwestern.

Sie sind für die Gefängnisgesellschaft das, was für die Gesellschaft draußen die Vergewaltiger sind. Es sind gewöhnlich Langjährige, die wegen brutaler Verbrechen verurteilt wurden. Ihre Beute sind die Jungen, die Schwachen und die Unerfahrenen... oder, wie in Andy Dufresnes Fall, diejenigen, die schwach wirken. Ihre Jagdgründe sind die Duschen, die verstopften tunnelähnlichen Gänge hinter den industriellen Waschanlagen in der Wäscherei und manchmal die Krankenstation. Mehr als einmal wurde im Auditorium in der schrankgroßen Box mit dem Projektionsgerät jemand vergewaltigt. Meistens hätten die Schwestern auch freiwillig bekommen, was sie sich mit Gewalt nahmen, denn diejenigen, die ›umgedreht‹ wurden, scheinen immer eine Vorliebe für die eine oder andere Schwester zu haben, wie junge Mädchen ihre Sinatras, Presleys und Redfords anhimmeln. Aber für die Schwestern liegt das Vergnügen gerade darin, es sich mit Gewalt zu nehmen... und ich denke, das wird immer so bleiben.

Wegen seiner schmächtigen Gestalt und seines recht guten Aussehens (und vielleicht auch wegen seiner Selbstbeherrschung, die ich an ihm so bewunderte) waren die Schwestern seit seiner Einlieferung hinter Andy her gewesen. Wenn dies ein Märchen wäre, würde ich Ihnen erzählen, daß Andy sich erfolgreich wehrte, bis sie ihn in Ruhe ließen. Ich wünschte, ich könnte das sagen, aber ich kann es nicht. Das Gefängnis ist keine Märchenwelt.

Keine drei Tage, nachdem er sich unserer glücklichen Shawshank-Familie angeschlossen hatte, erlebte Andy die erste Belästigung. Es war in der Dusche, und, soweit ich weiß, ging es mit ein wenig Fummeln und Kitzeln ab. Sie versuchen, ihr Opfer einzuschätzen, bevor sie Ernst machen, so wie Schakale zuerst prüfen, ob ihre Beute wirklich so schwach und lahm ist, wie sie aussieht.

Andy schlug zurück und verpaßte einer kräftigen und brutalen Schwester namens Bogs Diamond – der seit Jahren weg ist, wer weiß, wohin – eine blutige Lippe. Ein Aufseher trat dazwischen, bevor etwas passieren konnte, aber Bogs versprach, es ihm heimzuzahlen – und Bogs hielt Wort.

Beim zweiten Mal war es hinter den Waschanlagen in der Wäscherei. In diesem langen, staubigen und schmalen Gang ist über die Jahre eine Menge passiert. Die Aufseher wissen es, aber sie lassen es auf sich beruhen. Es ist dort dunkel und vollgestopft mit Wäschesäcken und Bleichmitteln, großen Trommeln mit Hexlite-Katalysator, harmlos wie Salz, wenn man trockene Hände hat, aber mörderisch wie Batteriesäure, wenn das Zeug naß ist. Die Wachen gehen nicht gern in diesen Gang. Dort gibt es keinen Manövrierraum und das erste, was man ihnen beibringt, wenn sie in einem Schuppen wie diesem arbeiten wollen, ist, sich von den Sträflingen nie in die Enge treiben zu lassen.

Bogs war an dem Tag nicht da, aber Henley Backus, der seit 1922 Wäschereivorarbeiter gewesen war, erzählte mir, daß vier seiner Freunde dagewesen seien. Eine Weile hielt Andy sie mit einer Schaufel voll Hexlite in Schach. Er drohte, es ihnen in die Augen zu werfen, wenn sie auch nur ein Stück näher kämen, aber er stolperte, als er versuchte, sich hinter eine der großen Waschmaschinen mit vier Trommeln zurückziehen. Das reichte. Sie hatten ihn.

Ich denke, der Ausdruck gemeinschaftliche Vergewaltigung ändert sich in seiner Bedeutung von einer Generation zur anderen nicht sehr. Und das taten diese vier Schwestern mit Andy. Er mußte sich über einen Getriebekasten bücken, und einer hielt ihm einen Phillips-Schraubenzieher an die Schläfe, während die anderen ihn bearbeiteten. Es reißt einen ein bißchen auf, aber es ist nicht so schlimm – ob ich aus eigener Erfahrung spreche, fragen Sie? – ich wollte, das wäre nicht der Fall. Man blutet eine Weile. Wenn man nicht will, daß irgendein Witzbold einen fragt, ob man gerade seine Tage hat, knüllt man Toilettenpapier zusammen und stopft es sich dahin, bis es aufhört. Es blutet tatsächlich wie bei einer Menstruation; es ist ein langsames Tröpfeln und hält zwei, vielleicht drei Tage an. Dann hört es auf. Weiter passiert nichts, wenn sie nichts Schlimmeres mit einem gemacht haben. Es entsteht kein *physischer* Schaden – aber eine Vergewaltigung ist eine Vergewaltigung, und irgendwann muß man sich vor dem Spiegel wieder ins Gesicht sehen und sich fragen, was aus einem geworden ist.

Andy stand das alles allein durch, wie er in jenen Tagen überhaupt alles allein durchstand. Er mußte zu dem Schluß gekommen sein, zu dem andere vor ihm schon gekommen waren: den Schwestern gegenüber hat man nur zwei Möglichkeiten, nämlich sich mit ihnen prügeln und dann stillhalten, oder gleich stillhalten.

Er entschloß sich zur Gegenwehr. Als Bogs und zwei seiner Kumpel ihn etwa eine Woche nach dem Zwischenfall in der Wäscherei stellten (»Ich habe gehört, du bist zugeritten worden«, sagte Bogs laut Ernie, der Zeuge war), boxte Andy es mit ihnen aus. Er brach einem Burschen namens Rooster McBride das Nasenbein. Dieser McBride war ein schwergewichtiger Farmer, der einsaß, weil er seine Stieftochter zu Tode geprügelt hatte. Ich kann mit Vergnügen mitteilen, daß Rooster hier im Knast gestorben ist.

Sie vergewaltigten ihn alle drei. Als das erledigt war, zwangen Rooster und der andere Scheißkerl – es kann Pete Verness gewesen sein, aber das weiß ich nicht mehr genau – Andy in die Knie. Bogs Diamond trat vor ihn hin. Er hatte damals ein Rasiermesser mit Perlmuttgriff, auf dessen Schneide die Worte *Diamond Pearl* eingraviert waren. Er klappte es auf und sagte: »Ich mach mir jetzt die Hose auf, Mister, und du wirst alles schlucken was ich dir zu schlucken gebe. Und wenn du meins geschluckt hast, dann schluckst du Roosters. Du hast ihm das Nasenbein gebrochen, und das sollst du ihm bezahlen.«

Andy sagte: »Alles von dir, das du mir in den Mund steckst, wirst du verlieren.«

Bogs sah Andy an, als hielte er ihn für verrückt, erzählte Ernie.

»Nein«, sagte Bogs zu Andy und sprach dabei ganz langsam, als sei Andy ein zurückgebliebenes Kind. »Du hast mich nicht richtig verstanden. Wenn du das tust, stoße ich dir acht Zoll von diesem Stahl ins Ohr. Kapiert?«

»Ich habe verstanden was du gesagt hast, aber du hast *mich* nicht verstanden. Ich werde in alles beißen, was du mir in den Mund steckst. Du kannst mir wahrscheinlich dein Rasiermesser ins Gehirn stoßen, aber du solltest wissen, daß bei einer plötzlichen ernsthaften Hirnverletzung das Opfer gleichzeitig uriniert, kotet... und zubeißt.«

Er schaute zu Bogs auf und lächelte wieder dieses leise Lächeln. Ernie sagte, es habe eher ausgesehen, als diskutierten die drei Aktienkurse. Man hätte denken mögen, Andy trüge einen eleganten Anzug mit Weste, wie ihn Banker tragen, anstatt mit runtergelassener Hose auf dem dreckigen Fußboden der Besenkammer zu knien, während das Blut ihm an den Innenseiten der Schenkel herablief.

»Tatsächlich«, fuhr er fort, »soll der Beißreflex gelegentlich so stark sein, daß man die Kiefer des Opfers mit einem Brecheisen öffnen muß.«

Bogs hat Andy an jenem Abend Ende Februar 1948 nichts in den Mund gesteckt, und auch Rooster MacBride nicht. Soweit ich weiß, tat es auch sonst niemand. Was die drei allerdings taten, war dies: Sie schlugen Andy halbtot, und alle drei gingen in die Isolierzelle, Andy und Rooster auf dem Umweg über die Krankenstation.

Wie viele Male sie Andy auf diese Weise behandelten? Ich weiß es nicht. Ich glaube, Rooster verlor schon sehr bald den Geschmack daran – ein Monat mit einer Nasenschiene kann einen Kerl schon dazu veranlassen –, und Bogs Diamond war in jenem Sommer ganz plötzlich verschwunden.

Es war seltsam. An einem Morgen Anfang Juni wurde Bogs, nachdem er zum Morgenappell nicht aufgetaucht war, übel zusammengeschlagen in seiner Zelle aufgefunden. Er wollte nicht sagen, wer es getan hatte oder auf welche Weise sie zu ihm gelangt waren, aber in meinem Gewerbe weiß ich, daß die Wärter fast alles tun, wenn man sie besticht. Einzige Ausnahme: Schußwaffen besorgen sie dir nicht. Sie haben damals nicht viel verdient, und das tun sie auch heute nicht. Und damals gab es keine elektronischen Sperren, keine Fernsehüberwachung, keine Hauptschalter, die ganze Trakte kontrollierten. Damals im Jahre 1948 hatte jeder Trakt seinen eigenen Schließer. Man konnte einen Wärter durch Bestechung ziemlich leicht dazu bringen, jemand oder mehrere Jemands in einen Trakt einzulassen und, ja, sogar in Diamonds Zelle.

Natürlich mußte so etwas eine Menge Geld gekostet haben. Nicht nach Maßstäben, wie sie draußen gelten, das nicht. Aber im Knast gilt eine andere Ökonomie, da ist der Maßstab verkleinert. Da sieht eine Dollarnote aus wie zwanzig Dollar draußen. Ich vermute, daß, wenn Bogs aufgemischt wurde, jemand dafür ganz schönes Wechselgeld gezahlt haben muß – sagen wir mal fünfzehn Dollar für den Schließer und zwei oder drei für jeden der Schläger.

Ich behaupte nicht, daß Andy Dufresne es war, aber ich weiß, daß er fünfhundert Dollar hatte, als er reinkam, und er war draußen Banker gewesen – ein Mann, der besser als wir anderen wußte, wie man mit Geld Macht erlangen kann. Und ich weiß auch: Nachdem Bogs Diamond zusammengeschlagen wurde – drei gebrochene Rippen, ein zugeschwollenes Auge, der Rücken verstaucht und eine Hüfte ausgerenkt –, ließ er Andy in Ruhe. Er war nur noch wie ein leichtes Sommergewitter, harmlos und rasch vorbei. Man kann sogar sagen, daß er zu einer ›schwachen Schwester‹ wurde.

So endete Bogs Diamond, ein Mann, der Andy vielleicht eines Tages umgebracht hätte, wenn Andy nicht Maßnahmen getroffen hatte, das zu verhindern (wenn Andy es *war*, der diese Maßnahme traf). Aber damit endete Andys Ärger mit den Schwestern nicht. Es gab eine kleine Pause, und dann fing es wieder an, aber es geschah nicht mehr so oft und auch nicht mehr so brutal. Schakale ziehen leichtere Beute vor, und es gab leichtere Beute als Andy Dufresne.

Er hörte nicht auf, sich zu wehren, daß weiß ich noch. Wahrscheinlich wußte er, daß man es nicht ein einziges Mal ohne Widerstand geschehen lassen durfte, wollte man sie nicht geradezu einladen. Deshalb tauchte Andy immer mal wieder mit lädiertem Gesicht auf, und sechs oder acht Monate nachdem Diamond zusammengeschlagen wurde, hatte er zwei gebrochene Finger. O ja – und irgendwann Ende 1948 landete der Mann mit einem gebrochenen Jochbein in der Krankenstation. Wahrscheinlich hat jemand mit einem Rohr auf ihn eingedroschen. Jedenfalls schlug er immer zurück, und deshalb saß er damals oft in der Isolierzelle. Aber ich glaube, daß die Isolierzelle für Andy nicht so schlimm war wie für die meisten anderen. Andy konnte gut allein sein.

Er mußte die Schwestern in Kauf nehmen, und das tat er auch – und dann, 1950, war damit fast völlig Schluß. Aber auf diesen Teil meiner Geschichte komme ich noch zu sprechen.

Im Herbst 1948 traf ich Andy einmal morgens auf dem Hof, und er fragte mich, ob ich ihm vielleicht ein halbes Dutzend Gesteinstücher beschaffen könne.

»Was, zum Teufel, ist das?« fragte ich.

Er erklärte mir, daß sie unter Mineraliensammlern so genannt werden; es seien Poliertücher von der Größe eines Geschirrtuchs. Dicke Tücher mit einer glatten und einer rauhen Seite – die glatte Seite wie feinkörniges Schmirgelleinen, die rauhe fast so grob wie Stahlwolle (von der Andy auch welche hatte, wenn ich sie ihm auch nicht besorgt hatte – wahrscheinlich hatte er sie in der Wäscherei geklaut).

Ich sagte ihm, daß ich sie besorgen könne, und ich bekam sie bei demselben Mineralienhändler, bei dem ich den Gesteinshammer hatte kaufen lassen. Diesmal zahlte Andy nur zehn Prozent Provision und keinen Penny mehr. In einem Dutzend Poliertücher dreißig mal dreißig Zentimeter konnte ich wirklich keine gefährlichen, geschweige denn tödlichen Waffen sehen. Gesteinstücher, daß ich nicht lache.

Etwa fünf Monate später fragte Andy mich, ob ich ihm Rita Hayworth besorgen könne. Dieses Gespräch fand während einer Filmvorführung im Gemeinschaftsraum statt. Heute gibt es solche Vorführungen ein oder zweimal die Woche, aber damals nur einmal im Monat. Gewöhnlich vermittelten die Filme, die wir sehen durften, eine Botschaft, die uns moralisch aufrichten sollte. Bei *The Lost Weekend* war es nicht anders. Hier lag die Moral darin, daß Saufen gefährlich ist. In dieser Moral fanden wir einigen Trost.

Andy schaffte es irgendwie, sich neben mich zu setzen, und als der Film halb zu Ende war, beugte er sich zu mir herüber und fragte, ob ich ihm Rita Hayworth besorgen könne. Um ehrlich zu sein, ich war sehr erstaunt. Er war sonst immer so ruhig und beherrscht, aber an dem Abend war er so zappelig und verlegen, als hätte er etwas besonders Unanständiges verlangt. Er war so aufgedreht, als würde er jeden Augenblick explodieren.

»Die kann ich besorgen«, sagte ich. »Und jetzt beruhige dich. Willst du die große oder die kleine?« Zu der Zeit war Rita meine Favoritin (ein paar Jahre früher war es Betty Grable gewesen). Es gab sie in zwei Größen. Für einen Dollar gab es die kleine, für zwei Dollar fünfzig die große Rita, ein Meter zwanzig und nichts als Frau.

»Die große«, sagte er und sah mich dabei nicht an. Ich sage Ihnen, an dem Abend war der Mann nicht wiederzuerkennen. Er wurde rot wie ein Junge, der mit dem Musterungsbescheid seines Bruders eine Porno-Show besuchen will. »Schaffst du das?«

»Keine Angst. Natürlich schaffe ich das. Scheißt ein Bär in den Wald?« Die Leute klatschten und pfiffen, als die riesige Wanze aus der Wand kroch, um Ray Milland zu erwischen, der gerade einen üblen Anfall von Delirium tremens hatte.

»Wann?«

»In einer Woche. Vielleicht schon eher.«

»Okay.« Ich merkte, daß er enttäuscht war. Hatte er gedacht, ich hätte so ein Ding in der Hose stecken? »Was kostet das?«

Ich nannte ihm den Großhandelspreis. Ich konnte es mir erlauben, ihm das Ding zum Selbstkostenpreis zu verkaufen; er war ein guter Kunde. Er hatte den Gesteinshammer und die Gesteinstücher gekauft. Außerdem hatte er sich vernünftig verhalten. Ich hatte schon gefürchtet, daß er irgendwann mit seinem Gesteinshammer jemand den Schädel einschlagen würde.

Poster machen einen großen Teil meines Geschäfts aus. Sie rangieren gleich hinter Schnaps und Zigaretten und noch vor Marihuana. In den Sechzigern explodierte das Geschäft geradezu. Viele wollten ihren Jimmy Hendrix, Bob Dylan oder dieses *Easy Rider*-Poster an der Wand hängen haben. Aber meistens sind es Girls, eine Pin-up-Königin nach der anderen.

Ein paar Tage nachdem Andy mit mir gesprochen hatte, brachte ein Wäschereifahrer, mit dem ich damals Geschäfte machte, über sechzig Poster, die meisten mit Rita Hayworth.

Vielleicht erinnern Sie sich an das Bild; ich jedenfalls. Rita ist mit einem Badeanzug bekleidet – wenn man es bekleidet nennen kann – hält eine Hand hinter den Kopf, die Augen halb geschlossen, den vollen roten Schmollmund geöffnet. Sie nannten es Rita Hayworth, aber sie hätten es genauso gut Geiles Weib nennen können.

Die Gefängnisverwaltung weiß von diesem schwarzen Markt, falls Sie sich das gefragt haben. Natürlich weiß sie davon. Die Leute kennen meine Geschäfte wahrscheinlich genausogut wie ich selbst. Sie dulden sie, weil sie wissen, daß ein Gefängnis wie ein großer Druckkessel ist, der ein Ventil braucht, durch das Dampf abgelassen werden kann. Sie greifen gelegentlich ein, und ich habe im Laufe der Jahre mehr als einmal in der Isolierzelle gesessen, aber wenn es um Dinge wie Poster geht, drücken sie ein Auge zu. Leben und leben lassen. Und wenn in einer Zelle plötzlich eine große Rita Hayworth an der Wand hing, galt die Annahme, daß irgendein Freund oder Verwandter sie mit der Post geschickt hatte. Natürlich werden alle Liebesgabenpakete von Freunden oder Verwandten geöffnet und der Inhalt in Listen eingetragen, aber wegen eines harmlosen Posters mit Rita Hayworth oder Ava Gardner macht sich niemand die Mühe, in den Listen nachzusehen. Wenn man in einem Dampfkessel lebt, lernt man es, Zugeständnisse zu machen, wenn man nicht will, daß irgend jemand einem eines Tages die Fresse poliert.

Wieder war es Ernie, der Andy das Poster in die Zelle brachte. Und Ernie brachte mir einen Zettel in die Zelle, auf dem in Andys sorgfältiger Schrift nur ein Wort stand: ›Danke.‹

Ein wenig später, als wir zum Frühstück geführt wurden, warf ich einen Blick in seine Zelle und sah Rita in ihrer ganzen Pracht über dem Bett hängen, eine Hand hinter dem Kopf, die Augen halb geschlossen, die weichen Satinlippen geöffnet. Dort konnte er sie, wenn abends das Licht ausging, im Schein der Bogenlampen vom Hof betrachten.

Aber im Licht der Morgensonne hatte sie dunkle Streifen im Gesicht – die Schatten der Gitterstäbe an seinem Fenster.

Und jetzt werde ich Ihnen erzählen was sich Mitte Mai 1950 ereignete und Andys drei Jahre dauernde Serie von Kämpfen mit den Schwestern beendete. Dieser Zwischenfall führte außerdem dazu, daß er die Wäscherei verließ, um in Zukunft in der Bibliothek zu arbeiten, und dort hat er gearbeitet, bis er Anfang dieses Jahres unsere glückliche kleine Familie verließ.

Sie werden bemerkt haben, wie viel von dem, was ich Ihnen bereits erzählt habe, auf Hörensagen beruht – jemand erfährt etwas und berichtet es mir, und ich gebe es an Sie weiter. In einigen Fällen habe ich Dinge vereinfacht dargestellt und Informationen aus vierter oder fünfter Hand weitergegeben, und das werde ich auch in Zukunft gelegentlich tun. So ist es hier nun einmal. Hier erfährt man manches nur in Form von Gerüchten, und die muß man richtig deuten, wenn man auf dem laufenden bleiben will. Man muß schon wissen, wie man aus einem Wust von Lügen, Klatsch und Wunschdenken das Körnchen Wahrheit herausfiltert.

Vielleicht haben Sie das Gefühl, daß ich eher über eine Legende als über einen wirklich existierenden Menschen berichte, und daran ist etwas Wahres. Für uns Langjährige, die Andy über viele Jahre kannten, war vieles an ihm fantastisch, fast mythisch, wenn Sie wissen, was ich meine. Dazu gehört die Geschichte, wie Andy sich weigerte, Bogs Diamond einen zu blasen, und wie er sich überhaupt ständig gegen die Schwestern wehrte. Dazu gehört auch die Geschichte, wie er den Job in der Bibliothek bekam... aber mit einem wichtigen Unterschied: Ich war dabei und sah, was geschah, und ich schwöre beim Namen meiner Mutter, daß es die Wahrheit ist. Der Eid eines verurteilten Mörders mag nicht viel wert sein, aber glauben Sie mir, ich lüge nicht.

Zu der Zeit waren Andy und ich schon so gut miteinander bekannt, daß wir uns gelegentlich unterhielten. Der Kerl faszinierte mich. Wenn ich an die Poster-Episode zurückdenke, fällt mir etwas ein, was ich Ihnen nicht erzählt habe, und das sollte ich vielleicht nachholen. Fünf Wochen nachdem er Rita aufgehängt hatte (ich dachte schon gar nicht mehr an die Sache und befaßte mich mit anderen Geschäften), reichte Ernie mir eine kleine weiße Schachtel durch die Gitterstäbe meiner Zelle.

»Von Dufresne«, sagte er und versäumte dabei keinen einzigen Besenstrich.

»Danke, Ernie«, sagte ich und steckte ihm eine halbe Schachtel Camel zu.

Was, zum Teufel kann das sein, fragte ich mich, als ich den Deckel abnahm. Innen lag eine Menge weiße Watte und darunter...

Ich sah sie mir lange an. Minutenlang wagte ich sie kaum anzufassen, so schön waren sie. Im Knast gibt es so wenig schöne Dinge, und das Schlimme ist, daß so viele Männer sie nicht einmal zu vermissen scheinen.

In der Schachtel lagen zwei kleine Stücke Quarz, beide sorgfältig poliert. Sie waren zu Treibholzform geschnitten, und kleine Einsprengsel von Eisenpyrit schimmerten wie Gold. Wenn sie nicht so schwer gewesen wären, hätte man sie als Manschettenknöpfe verwenden können – sie waren genau aufeinander abgestimmt.

Wieviel Arbeit steckte in diesen kleinen Stücken. Stunde um Stunde mußte Andy abends nach Verlöschen der Lichter daran gearbeitet haben. Zuerst das Zurechtschneiden und Formen und dann die endlose Polierarbeit mit den Gesteinstüchern. Als ich sie betrachtete, wurde mir ganz warm ums Herz, wie es wohl jeder Mensch erlebt, wenn er einen Gegenstand betrachtet, der von Hand *bearbeitet* und *hergestellt* wurde – ich glaube, das eigentlich ist es, was uns von Tieren unterscheidet – und ich empfand noch etwas anderes. Ich empfand Bewunderung für die zähe Hartnäckigkeit dieses Mannes. Aber wie hartnäckig Andy Dufresne sein konnte, erfuhr ich erst sehr viel später.

Im Mai 1950 beschloß die Verwaltung, das Dach der Werkstatt, in der die Nummernschilder hergestellt wurden, neu zu teeren. Sie wollten es gemacht haben, bevor es dort oben zu heiß wurde, und suchten Freiwillige für die Arbeit, die ungefähr eine Woche dauern würde. Mehr als siebzig Männer meldeten sich, denn es war Außenarbeit, und für Außenarbeit ist der Mai ein verdammt schöner Monat.

Neun oder zehn Namen wurden aus einem Hut gezogen, und zwei davon waren Andys und meiner.

Während der nächsten Woche wurden wir jeden Morgen nach dem Frühstück auf den Hof geführt. Zwei Wärter gingen voran und zwei folgten uns... die Wärter, die uns von den Türmen aus mit ihren Feldstechern beobachten, nicht gerechnet.

Mit vier Mann trugen wir eine Ausziehleiter, die wir gegen das lange flache Gebäude stellten. Dann bildeten wir eine Kette und hievten Eimer mit heißem Teer auf das Dach. Begieß dich mit der Scheiße und du tanzt Jitterbug bis in die Krankenstation.

Sechs nach Dienstalter ausgesuchte Wärter bewachten das Projekt. Es war fast so gut wie eine Woche Urlaub. Statt in der Wäscherei oder in der Nummernschilderfabrikation zu schwitzen, verbrachten sie Ferien in der Sonne. Den Rücken gegen das niedrige Geländer gelehnt, saßen sie ganz einfach da und ließen es ruhig angehen.

Sie brauchten uns auch kaum zu bewachen, denn der Wachturm an der Südwand war so nahe, daß die Jungs uns mit ihrem Kaugummi hätten bespucken können. Hätte einer von der Dachreparaturmannschaft auch nur eine falsche Bewegung gemacht, wäre er in vier Sekunden von Maschinengewehrgeschossen Kaliber 45 durchsiebt worden. Die Wärter konnten es sich also gemütlich machen. Es fehlten nur ein paar Dosen Bier auf Eis, und sie wären die Herren der Schöpfung gewesen.

Einer von ihnen war ein Bursche namens Byron Hadley, der damals, 1950, schon länger in Shawshanks gewesen war als ich. Sogar länger als die beiden anderen Aufseher zusammen. Der Mann, der 1950 die Wachmannschaft befehligte, war George Dunahy, ein affektiert wirkender Yankee aus dem südlichen Osten. Er hatte Gefängnisverwaltung studiert. Außer den Leuten, die ihm den Job besorgt hatten, mochte ihn, so weit ich weiß, niemand. Er war, wie ich erfahren hatte, nur an drei Dringen interessiert: statistisches Material für ein Buch zusammenzustellen (das später in New England von einem kleinen Verlag, der sich Light Side Press nennt, herausgebracht wurde und für dessen Veröffentlichung er wahrscheinlich sogar hatte zahlen müssen), welche Mannschaft in jedem September die Gefängnismeisterschaft im Baseball gewann, und an der Wiedereinführung der Todesstrafe in Maine. Darauf war George Dunahy besonders scharf. Er wurde 1953 gefeuert, als herauskam, daß er in der Gefängnisgarage Autos hatte reparieren lassen, um sich den Profit mit Byron Hadley und Greg Stammas zu teilen. Hadley und Stammas kamen ungeschoren davon – sie hatten es geschickt verstanden, sich im Hintergrund zu halten – aber Dunahy mußte gehen. Das bedauerte niemand, aber andererseits war auch keiner froh darüber, daß Greg Stammas seinen Job übernahm. Er war ein kleiner dicker Mann und hatte die kältesten braunen Augen, die ich je gesehen habe. Er trug ständig ein gequältes Lächeln zur Schau, als hätte er auf die Toilette gemußt und es nicht ganz geschafft. Während Stammas' Amtszeit gab es in Shawshank viel Brutalität, und ich glaube, wenn ich auch keine Beweise habe, daß es in dem kleinen Wäldchen östlich das Gefängnisses vielleicht ein halbes Dutzend Beerdigungen bei Mondschein gegeben hat. Dunahy war schlimm, aber Greg Stammas war ein grausamer und kaltherziger Mann.

Er und Byron Hadley waren gute Freunde. Als Oberaufseher war Dunahy nur das Aushängeschild. In Wirklichkeit waren es Stammas und durch ihn Hadley, die das Gefängnis verwalteten.

Hadley war ein großer Mann mit einem Watschelgang, und sein rotes Haar lichtete sich schon. Er bekam leicht einen Sonnenbrand. Er sprach laut, und wenn man sich für seinen Geschmack nicht schnell genug bewegte, schlug er mit dem Stock zu. An jenem Tage, es war unser dritter auf dem Dach, unterhielt er sich mit einem anderen Wärter namens Mert Enthwistle.

Hadley hatte eine erstaunlich gute Nachricht bekommen, und dennoch meckerte er. Das war sein Stil – er war undankbar, und nie fand er für jemand ein gutes Wort. Der Mann war überzeugt davon, daß sich die ganze Welt gegen ihn verschworen hatte. Die Welt hatte ihn um die besten Jahre seines Lebens betrogen, und sie würde ihn nur allzugern auch um den Rest bringen. Ich habe Wärter gekannt, die ich fast für Heilige hielt, und ich glaube ich weiß, warum das so ist – sie sind in der Lage, den Unterschied zwischen ihrem eigenen Leben zu erkennen, wie erbärmlich es auch sein mag, und dem der Männer, für deren Bewachung sie vom Staat bezahlt werden. Diese Wachen können sehr wohl einen Unterschied zwischen ihrem eigenen Elend und dem der Gefangenen formulieren. Andere können oder wollen das nicht.

Bei Byron Hadley fehlte für einen solchen Vergleich jede Basis. Er brachte es fertig, locker und bequem in der warmen Maisonne zu sitzen und dabei sein Glück auch noch zu beklagen, während keine drei Meter weiter die Männer schufteten und schwitzten und sich an den Eimern mit kochendem Teer die Finger verbrannten, Männer, die an normalen Tagen so hart arbeiten mußten, daß dies für sie fast eine *Erholung* war. Sie erinnern sich vielleicht an die alte Frage, mit deren Beantwortung man seine Einstellung zum Leben kundtut. Für Byron Hadley würde die Antwort immer *halb leer* lauten. *Das Glas ist schon halb leer.* Gäbe man ihm ein Glas eisgekühlten Apfelmost, würde er an Essig denken. Sagte man ihm, daß seine Frau ihm immer treu gewesen sei, würde er antworten, das sei nur auf ihre verdammte Häßlichkeit zurückzuführen.

Da saß er also und redete so laut mit Mert Enthwistle, daß wir alle es hören konnten, während seine breite weiße Stirn schon anfing sich unter der Sonne zu röten. Eine Hand lag am Geländer, das um das Dach herumlief, die andere am Griff seiner Achtunddreißiger.

Zusammen mit Mert bekamen auch wir die Geschichte mit. Hadleys älterer Bruder war anscheinend vor etwa vierzehn Jahren nach Texas gegangen, und seitdem hatte die Familie von dem Scheißkerl nichts mehr gehört. Sie hatten alle geglaubt, er sei tot und waren froh, ihn loszusein. Dann, vor anderthalb Wochen, hatte ein Rechtsanwalt aus Austin sie angerufen. Anscheinend war Hadleys Bruder vor vier Wochen gestorben, dazu noch als reicher Mann (»Verdammt unglaublich, daß diese Arschlöcher so ein Glück haben«, sagte dieser Ausbund an Dankbarkeit). Das Geld hatte er im Ölgeschäft verdient, und insgesamt waren es fast eine Million Dollar.

Nein, Hadley war kein Millionär – das hätte vielleicht sogar ihn glücklich gemacht, wenigstens für eine Zeitlang – aber der Bruder hatte jedem Familienmitglied zu Hause in Maine immerhin fünfunddreißigtausend Dollar vermacht, falls die Erben gefunden würden. Nicht schlecht. Als ob man das Glück hat, in der Lotterie zu gewinnen.

Aber für Byron Hadley war das Glas schon halb leer. Den ganzen Morgen beschwerte er sich bei Mert über den Anteil, den die verdammte Regierung ihm abzwacken würde. »Sie lassen mir gerade so viel, daß ich mir einen neuen Wagen kaufen kann«, klagte er. »Und was passiert dann? Dann muß ich auch noch für den Wagen die verdammten Steuern zahlen und die Haltungskosten. Und die verdammten Gören soll man dann dauernd mit zurückgeklapptem Verdeck durch die Gegend fahren...«

»Und wenn sie alt genug sind, wollen sie selbst fahren«, sagte Mert. Der alte Mert Enthwistle wußte schon, wo sein Vorteil lag, und deshalb hütete er sich, das auszusprechen, was ihm genauso auf der Zunge liegen mußte wie uns: Wenn du dir um das Geld solche Sorgen machst, Byron, alter Junge, werde ich es dir gern abnehmen. Wozu hat man schließlich Freunde?

»Das stimmt. Sie wollen selbst fahren, sie wollen darauf sogar fahren *lernen*, verdammt noch mal«, sagte Byron angewidert. »Und was passiert am Ende des Jahres? Wenn man die Steuer falsch berechnet und nicht mehr genug hat, den Rest zu bezahlen, geht es aus der eigenen Tasche, oder vielleicht muß man sogar bei irgendwelchen Kredithaien Geld leihen. Und überprüft wird man ohnehin. Und wenn das Finanzamt erst prüft, muß man immer mehr als sonst bezahlen. Wer kommt gegen Onkel Sam an? Er steckt dir die Hand in die Tasche und nimmt was er kriegen kann. Er quetscht dich aus, bis du blau im Gesicht bist. Verdammte Scheiße.«

Er verfiel in mürrisches Schweigen und dachte über das Pech nach, fünfunddreißigtausend Dollar geerbt zu haben. Drei Meter weiter hatte Andy Dufresne mit einer Quaste den heißen Teer verteilt. Jetzt warf er sie in den Eimer und ging zu Mert und Hadley hinüber.

Wir waren entsetzt, und ich sah Tim Youngblood, einen anderen Wärter, schon die Hand an die Pistole legen. Einer der Burschen auf dem Wachtturm schlug seinem Partner mit der Hand auf den Arm. Einen Augenblick dachte ich, sie würden Andy erschießen oder niederknüppeln oder beides.

Dann sagte er ganz leise zu Hadley: »Trauen Sie Ihrer Frau?«

Hadley starrte ihn nur an. Er wurde rot im Gesicht, und ich wußte, daß dies ein schlechtes Zeichen war. In ungefähr drei Sekunden würde er seinen Knüppel ziehen und Andy den Griff in den Solar Plexis rammen, wo die Nerven zusammenlaufen. Wenn der Schlag hart genug geführt wird, kann man einen Menschen auf diese Weise umbringen, aber trotzdem wählen sie immer diese Stelle. Wenn es einen nicht umbringt, lähmt es einen lange genug, daß man vergißt, was man eben noch vorgehabt hat.

»Junge«, sagte Hadley, »du hast noch die Chance, die Quaste aufzunehmen, sonst gehst du kopfüber vom Dach.«

Andy sah ihn kühl und gelassen an. Sein Blick war eisig. Es war, als hätte er nichts gehört. Und ich hätte ihm am liebsten gesagt, daß man es sich *nie* anmerken lassen darf, wenn man eine Unterhaltung zwischen Wärtern gehört hat. Schon gar nicht darf man sich ungefragt in ihre Unterhaltung einmischen (und dann sagt man ihnen, was sie hören wollen, und hält wieder das Maul). Ein Schwarzer, ein Weißer, ein Roter, ein Gelber, diese Unterschiede spielen im Knast keine Rolle. Wir haben unsere eigene Art von Gleichheit. Im Knast ist jeder Sträfling ein Nigger. An den Gedanken muß man sich gewöhnen, wenn man Männer wie Hadley und Greg Stammas überleben will, denen es nichts ausmacht, einen Mann umzubringen. Wenn man sitzt, gehört man dem Staat, und wehe, man vergißt das. Ich kenne Männer, die Augen verloren haben, Männer, die Zehen und Finger verloren haben; ein Mann verlor die Spitze seines Penis und schätzte sich noch glücklich, daß es nicht mehr war. Ich hätte Andy gern gesagt daß es schon zu spät sei. Selbst wenn er jetzt zurückging und seine Quaste aufnahm, würde abends in der Du-

44

sche ein Schläger auf ihn warten, um ihm in die Beine zu treten und ihn schmerzgekrümmt auf dem Beton liegen zu lassen. Man konnte einen solchen Schläger für eine Schachtel Zigaretten kaufen. Und besonders dringend wäre es gewesen, ihm zu sagen, er solle die Sache bloß nicht noch schlimmer machen, als sie schon war.

Aber ich tat nichts dergleichen. Ich strich weiter meinen Teer auf das Dach, als sei nichts geschehen. Wie alle anderen kümmere ich mich zuerst um meinen eigenen Arsch. Ich muß es. Er hat schon einen Sprung, und in Shawshank hat es nie an Hadleys gefehlt, die nur darauf warteten, ihn mir total zu zertreten.

Andy sagte: »Vielleicht habe ich mich falsch ausgedrückt. Ob Sie ihr trauen oder nicht, tut nichts zur Sache. Das Problem ist, ob Sie glauben, daß Ihre Frau Ihnen jemals in den Rücken fallen würde oder ob Sie das nicht glauben.«

Hadley stand auf. Mert stand auf. Tim Youngblood stand auf. Hadleys Gesicht war so rot wie eine Tomate. »Dein einziges Problem«, sagte er, »ist, wie viele Knochen du noch nicht gebrochen hast. Du kannst in der Krankenstation nachzählen. Komm, Mert, wir schmeißen diesen Trottel über die Kante.«

Tim Youngblood zog seine Pistole. Wir anderen teerten wie wild. Die Sonne brannte vom Himmel. Sie würden es tun; Hadley und Mert würden ihn einfach vom Dach stoßen. Schrecklicher Unfall. Dufresne, der Gefangene 81433-SHNK brachte ein paar leere Eimer nach unten und rutschte von der Leiter. Sehr bedauerlich.

Sie packten ihn, Mert am rechten Arm, Hadley am linken. Andy leistete keinen Widerstand. Er hielt den Blick auf Hadleys rotes Pferdegesicht gerichtet.

»Wenn Sie sie im Griff haben, Mr. Hadley«, sagte er mit derselben ruhigen und gelassenen Stimme, »sehe ich keinen Grund, warum Sie nicht jeden Cent selbst kassieren sollten. Endresultat: Mr. Byron Hadley fünfunddreißigtausend, Onkel Sam Null.«

Mert zerrte ihn zur Dachkante hinüber. Hadley stand einfach nur so da. Einen Augenblick lang hing Andy zwischen ihnen wie das Seil beim Tauziehen. Dann sagte Hadley: »Eine Sekunde, Mert. Was meinst du damit, Junge?«

»Ich meine, wenn Sie Ihre Frau im Griff haben, können Sie es ihr geben«, sagte Andy.

»Du mußt dich schon deutlicher ausdrücken, Junge, sonst gehst du über die Kante.«

»Die Regierung läßt ein einmaliges Geschenk an die Ehefrau zu«, sagte Andy. »Bis zu sechzigtausend Dollar.«

Hadley sah Andy wie vor den Kopf geschlagen an. »Nee, das stimmt nicht«, sagte er. »Steuerfrei?«

»Steuerfrei«, sagte Andy. »Das Finanzamt kriegt keinen Cent.«

»Und wie kannst du so was wissen?«

»Er war mal Banker, Byron«, sagte Youngblood. »Er könnte recht –«

»Halt's Maul, Forelle«, sagte Hadley, ohne den andern anzusehen. Tim Youngblood wurde rot und hielt das Maul. Wegen seiner dicken Lippen und seiner hervorstehenden Augen nannten die anderen Wärter ihn Forelle. Hadley sah immer noch Andy an. »Du bist doch der schlaue Banker, der seine Frau erschossen hat. Warum sollte ich einem schlauen Banker wie dir glauben? Dann ende ich so wie du. Ich geh in den Knast und klopf mit dir zusammen Steine. Das könnte dir so passen, was?«

»Wenn man Sie wegen Steuerhinterziehung einsperrt«, sagte Andy ganz ruhig, »Kommen Sie in ein Bundesgefängnis, nicht nach Shawshank. Aber das kann Ihnen nicht passieren. Das steuerfreie Geschenk an die Ehefrau ist eine völlig legale Möglichkeit, Steuern zu sparen. Ich habe Dutzende... nein Hunderte solcher Fälle durchgezogen. Es ist hauptsächlich für Leute gedacht, die einen kleinen Betrieb weitergeben wollen, oder für Leute, die einmalig zu einem unerwarteten Gewinn kommen, wie Sie.«

»Ich glaube, du lügst«, sagte Hadley, aber er glaubte es nicht wirklich – das konnte man sehen. In seinem Gesicht war eine Emotion zu lesen, die auf groteske Weise seine häßlichen Züge und seine fliehende, jetzt von der Sonne gerötete Stirn überlagerte. Eine fast obszöne Emotion, wenn sie in Byron Hadleys Gesicht geschrieben stand. Es war Hoffnung.

»Nein, ich lüge nicht. Aber natürlich haben Sie keinen Grund mir zu glauben. Nehmen Sie sich einen Anwalt –«

»Ihr verdammten Straßenräuber und Arschlöcher!« rief Hadley. Andy zuckte die Achseln. »Dann gehen Sie doch zum Finanzamt. Dort wird man Ihnen dasselbe erzählen. Umsonst. Außerdem brauchte ich Ihnen das alles gar nicht zu erzählen. Sie hätten sich doch selbst erkundigt.«

»Du verfluchtes Dreckschwein. Ich brauche keinen Frauenmörder und Banker, der mir sagt, wo der Bär in den Buchweizen scheißt.«

»Sie brauchen einen Steueranwalt oder einen Banker, der Ihnen die Sache aufsetzt, und das wird etwas kosten«, sagte Andy. »Oder... wenn Sie interessiert sind, würde ich sehr gern die Unterlagen für Sie zusammenstellen, das Ganze fast umsonst. Ich verlange nur drei Bier für jeden der Mitarbeiter hier.«

»Mitarbeiter«, sagte Mert und brach in schallendes Gelächter aus. Er schlug sich auf die Schenkel. Der alte Mert war ein richtiger Schenkelklopfer, und ich hoffe, daß er an Darmkrebs gestorben ist, und zwar in einer Gegend, wo das Morphium noch nicht entdeckt wurde. »Mitarbeiter, wie nett. Mitarbeiter! Du hast noch nicht mal –«

»Halt die Fresse, du Großmaul«, brüllte Hadley, und Mert gehorchte. Wieder sah Hadley Andy an. »Was sagtest du noch?«

»Ich sagte, daß ich nur drei Bier für jeden der Mitarbeiter verlange«, sagte Andy. »Ich glaube, ein Mann, der im Frühling im Freien arbeitet, fühlt sich besser, wenn er eine Flasche Bier hat. Das ist meine private Meinung. Es wird ihnen schmecken, und ich bin sicher, daß die Jungs Ihnen das danken werden.«

Ich habe mit einigen der Männer gesprochen, die an diesem Tag dort oben waren – Rennie Martin, Logan St. Pierre und Paul Bonsaint waren drei von ihnen – und wir sahen alle dasselbe... *fühlten* dasselbe. Plötzlich gewann Andy die Oberhand. Es war Hadley, der die Kanone an der Hüfte trug und den Knüppel in der Hand hatte, Hadley, der seinen Freund Greg Stammas hinter sich wußte und die ganze Gefängnisverwaltung hinter Stammas, hinter dieser wiederum die ganze Macht des Staates, aber in der strahlenden Maisonne spielte das alles plötzlich keine Rolle mehr. Ich bekam ein solches Herzklopfen, wie ich es seit 1938 nicht mehr gehabt hatte, als der Lastwagen mich und vier andere durch das Tor fuhr und ich zum ersten Mal diesen Hof betrat.

Andy sah Hadley an, und sein Blick war kalt und klar und ruhig. Es ging nicht mehr um die fünfunddreißigtausend Dollar, darüber waren wir uns alle klar. Ich habe die Szene immer wieder im Geiste Revue passieren lassen, und ich *weiß* es. Es ging jetzt Mann gegen Mann, und Andy *zwang* ihn ganz einfach, so wie ein starker Mann beim Armdrücken den Arm des schwächeren Gegners auf den Tisch zwingt. Es gab keinen Grund, warum Hadley nicht in diesem Augenblick Mert hätte zunicken können, damit dieser Andy vom Dach stieß, um dann doch Andys Rat zu befolgen.

Es gab keinen Grund. *Aber er tat es nicht.*

»Wenn ich wollte, könnte ich euch allen ein paar Bier beschaffen«, sagte Hadley. »Ein Bier schmeckt gut bei dieser Arbeit.«

Das kolossale Arschloch brachte es sogar fertig, seine Worte großzügig klingen zu lassen.

»Ich möchte Ihnen noch einen Rat geben, den Sie von der Finanzbehörde nicht bekommen«, sagte Andy, und sah Hadley dabei unverwandt an. »Machen Sie Ihrer Frau das Geschenk nur, wenn Sie ganz *sicher* sind. Wenn Sie die leiseste Chance sehen, daß sie Sie betrügen oder hintergehen könnte, müßten wir uns etwas anderes einfallen lassen –«

»Mich betrügen?« fragte Hadley rauh. »*Mich* betrügen? Hören Sie zu, Sie Meisterbanker. Sie könnte eine Familienpackung Abführmittel fressen und würde noch nicht mal furzen, bevor ich es ihr gestatte.«

Mert, Youngblood und die anderen Wärter lachten pflichtgemäß. Andy lächelte nicht einmal.

»Ich werde Ihnen aufschreiben, welche Formulare Sie brauchen«, sagte er. »Die bekommt man beim Postamt. Ich werde sie für Ihre Unterschrift vorbereiten.«

Das klang sehr wichtig, und Hadley warf sich in die Brust. Dann sah er uns wütend an und brüllte: »Was habt ihr hier zu glotzen, ihr Stinksäcke? Bewegt eure verdammten Ärsche!«

Er wandte sich wieder Andy zu. »Komm her, du Schlaukopf, und hör gut zu: Wenn du mich irgendwie verscheißerst, kannst du vor Ende der Woche in Dusche C deinen eigenen Kopf suchen.«

»Ich habe verstanden«, sagte Andy leise.

Und er hatte verstanden. Wie sich zeigen sollte, verstand er eine Menge mehr als ich – mehr als irgendeiner von uns.

So kam es, daß zwei Tage vor Beendigung der Arbeit die zum Teeren des Daches abgestellten Sträflinge an einem Frühlingsmorgen um zehn Uhr in einer Reihe saßen und Bier der Marke Black Label tranken, das ihnen der schärfste Hund geliefert hatte, der je im Shawshank-Staatsgefängnis eine Runde drehte. Das Bier war pisswarm, aber es war das beste, das ich je im Leben getrunken habe. Wir saßen und tranken und spürten die Sonne auf unseren Schultern, und nicht einmal Hadleys halb amüsierter, halb verächtlicher Gesichtsausdruck – als ob er nicht Männer, sondern Affen Bier trinken sah – konnte die Stimmung verderben. Diese Bierpause dauerte zwanzig Minuten, und während dieser zwanzig Minuten fühlten wir uns wie freie Männer. Als tränken wir Bier und teerten das Dach eines unserer eigenen Häuser.

Nur Andy trank nichts. Ich habe Ihnen schon über seine Trinkgewohnheiten berichtet. Er hatte sich in den Schatten gekauert und ließ die Hände zwischen den Knien hängen. Er beobachtete uns und lächelte. Es ist erstaunlich, wie viele Männer ihn so in Erinnerung haben, und es ist erstaunlich, wie viele Männer zu unserer Arbeitsgruppe gehörten, als Andy Dufresne sich gegen Byron Hadley durchsetzte. Ich dachte, es seien neun oder zehn gewesen, aber um 1955 müssen es schon zweihundert oder mehr gewesen sein... wenn man alles glauben wollte, was man hörte.

Nun, wenn ich Ihnen eine klare Antwort auf die Frage geben müßte, ob ich versuche, über einen Mann zu berichten oder über die Legende, die sich um ihn gewoben hat, wie um ein Sandkorn herum eine Perle entsteht, müßte ich sagen: Die Antwort liegt irgendwo in der Mitte. Das einzige, was ich sicher weiß, ist, daß Andy Dufresne ganz anders war als ich oder jeder andere, den ich während meiner Zeit hier gekannt habe. Er hatte fünfhundert Dollar im Arsch stecken, als er reinkam, aber irgendwie hat der Kerl noch etwas anderes mit reingebracht. Vielleicht ein gesundes Selbstwertgefühl oder die Ahnung, daß er auf lange Sicht gewinnen würde... vielleicht war es auch nur ein Gefühl der Freiheit, das ihn selbst innerhalb dieser gottverdammten grauen Mauern nicht verließ. Er trug eine Art inneres Licht mit sich herum. Soweit ich weiß, ist ihm dieses Licht nur einmal abhanden gekommen, und auch das ist Teil meiner Geschichte.

Zur Zeit der Weltserie im Jahre 1950 – Sie erinnern sich vielleicht, daß die Philadelphia Whiz Kids die Meisterschaft gewannen – hatte Andy mit den Schwestern keinen Ärger mehr. Dafür sorgten Stammas und Hadley. Wenn Andy Dufresne zu einem von ihnen oder zu einem anderen Mitglied dieses erlesenen Zirkels kam und auch nur den kleinsten Blutstropfen in der Unterwäsche vorweisen konnte, gingen an dem betreffenden Abend sämtliche Schwestern in Shawshank mit Kopfschmerzen ins Bett. Sie muckten nicht auf. Wie ich schon sagte, es gab immer einen achtzehnjährigen Autodieb oder einen Brandstifter oder einen Kerl, der es mit kleinen Kindern getrieben hatte. Nach jenem Tag auf dem Dach der Nummernschilderwerkstatt ging Andy seiner Wege und die Schwestern ließen ihn unbehelligt.

Er arbeitete damals in der Bibliothek unter einem alten Sträfling namens Brooks Hatlen. Hatlen hatte den Job Ende der zwanziger Jahre bekommen, weil er eine College-Ausbildung hatte. Brooksie hatte ein Diplom in Tierhaltung, aber in Instituten geringerer Gelehrsamkeit, wie dem Shank, waren College-Abschlüsse so selten, daß man nicht besonders wählerisch sein durfte. Brooksie, der während Coolidges Präsidentschaft nach einer Pechsträhne im Poker Frau und Tochter umgebracht hatte, wurde 1952 begnadigt. Wie gewöhnlich hatte der Staat in seiner Weisheit ihn erst gehen lassen, als jede Chance, vielleicht noch einmal ein nützliches Glied der Gesellschaft zu werden, für ihn vertan war. Er war achtundsechzig und hatte Arthritis, als er in einem polnischen Anzug und französischen Schuhen durch das Haupttor nach draußen wankte, in einer Hand den Begnadigungsbescheid, in der anderen ein Greyhound-Busticket. Er weinte, als er ging. Shawshank war seine Welt. Was jenseits seiner Wände lag, war für ihn so schrecklich wie die westlichen Meere für die abergläubischen Seeleute des fünfzehnten Jahrhunderts. Im Gefängnis war Brooksie ein Mann von einiger Bedeutung gewesen. Er war Leiter der Bibliothek und ein relativ gebildeter Mann. Wenn er aber jetzt zur Kittery-Bibliothek ginge und um einen Job nachsuchte, würden sie ihm nicht einmal eine Leihkarte geben. Ich habe gehört, daß er 1953 in der Nähe von Freeport in einem Heim für mittellose Alte gestorben ist, und damit hat er sechs Monate länger durchgehalten, als ich gedacht hätte. Ja, an Brooksie hat sich der Staat ganz schön gerächt. Sie brachten ihn dazu, daß es ihm in diesem Scheißhaus gefiel, und dann schmissen sie ihn raus.

Andy trat Brooksies Nachfolge an und blieb dreiundzwanzig Jahre lang Leiter der Bibliothek. Die gleiche Willenskraft, die schon Byron Hadley zu spüren bekommen hatte, setzte er ein, um zu bekommen, was er sich für die Bibliothek wünschte. Ich konnte beobachten, wie er einen kleinen, mit Ausgaben von Reader's Digest und *National Geographic Magazine* vollgestellten Raum (der noch nach Terpentin roch, weil er bis 1922 als Farbenlager gedient hatte und nie gründlich gelüftet worden war) in die beste Gefängnisbücherei in ganz New England verwandelte.

Er schaffte es Schritt für Schritt. Er brachte an der Tür einen Kasten für Vorschläge an und sortierte geduldig humoristische Versuche aus wie *Bitte mehr Fickbücher* oder *Die Flucht in 10 leichten Lektionen.* Er nahm sich der Wünsche an, mit denen es den Gefangenen ernst war. Er schrieb an die größeren Buchklubs in New York und konnte zwei von ihnen, The Literary Guild und The Book-of-the-Month Club dazu veranlassen, uns alle wichtigen Ausgaben zu Vorzugspreisen zu schicken. Er stellte ein besonderes Informationsbedürfnis im Zusammenhang mit Hobbys wie Seifenschnitzen, Holzarbeiten, Zaubertricks und Card Solitaire fest. Er beschaffte zu diesen Themen so viel Literatur, wie er bekommen konnte. Außerdem natürlich Standard-Gefängnisliteratur wie Erle Stanley Gardner und Louis L'Amour. Vom Gerichtssaal und der freien Wildnis bekommen Sträflinge offenbar nie genug. Und natürlich hatte er auch einen Karton mit recht pikanten Taschenbüchern unter seinem Schreibtisch. Er verlieh sie sehr vorsichtig und achtete darauf, daß sie zurückgegeben wurden. Dennoch wurden sie so eifrig gelesen, daß jede Neuerwerbung nach kurzer Zeit in Fetzen ging.

1954 fing Andy an, Eingaben an den Senat in Augusta zu machen. Stammas war zu der Zeit schon Oberaufseher, und er tat immer so, als sei Andy eine Art Maskottchen. Er hielt sich ständig in der Bibliothek auf, scherzte mit Andy und legte ihm manchmal sogar gönnerhaft den Arm um die Schultern. Er konnte den Leuten nichts vormachen. Andy war niemandes Maskottchen.

Er meinte einmal, Andy sei draußen vielleicht Banker gewesen, aber dieser Teil seines Lebens gehöre endgültig der Vergangenheit an, und Andy solle sich lieber mit den Realitäten des Gefängnislebens vertraut machen. Für diese hochnäsige Bande von republikanischen Rotariern in Augusta gäbe es auf dem Gebiet des Strafvollzugs nur drei vernünftige Zwecke, für die das Geld des Steuerzahlers ausgegeben werden könne: erstens mehr Mauern, zweitens mehr Gitter und drittens mehr Wärter. Was den Senat anbeträfe, erklärte Stammas, seien die Leute in Thomastan und Shawshank und South Portland der Abschaum der Menschheit. Sie sollten ihre Zeit auf die harte Tour absitzen, und, bei Gott und Söhnchen Jesus, die harte Tour würden sie bekommen. Und wenn es wirklich mal ein paar Getreidekäfer im Brot gäbe, dann wäre das eben verdammtes Pech.

Andy lächelte sein leises gelassenes Lächeln und fragte Stammas, was wohl mit einem Betonblock geschehen würde, wenn eine Million Jahre lang jedes Jahr ein Tropfen Wasser auf ihn fiele. Stammas lachte und klopfte Andy auf die Schulter. »Du hast keine Million Jahre, alter Junge, aber wenn du sie hättest, würdest du sie wahrscheinlich mit diesem kleinen Grinsen im Gesicht erleben. Schreib nur weiter deine Briefe. Ich bringe sie sogar für dich zur Post, vorausgesetzt du bezahlst die Briefmarken.«

Das tat Andy. Und er war es, der zuletzt lachte, obwohl Stammas und Hadley es nicht mehr erlebten. Andys Anträge auf Zuschüsse für die Bibliothek wurden bis 1960 routinemä-

ßig abgelehnt. Erst dann erhielt er einen Scheck über zweihundert Dollar – der Senat wies das Geld wahrscheinlich in
der Hoffnung an, daß er jetzt Ruhe geben würde. Die Hoffnung war vergebens. Andy hatte jetzt den Fuß in der Tür
und verdoppelte seine Anstrengungen. Statt einen schrieb
er jetzt zwei Briefe in der Woche. 1962 erhielt er vierhundert
Dollar, und bis zum Ende des Jahrzehnts wurden der Bibliothek jedes Jahr siebenhundert Dollar überwiesen. Ab 1971
betrug die Summe glatte tausend Dollar. Verglichen mit den
Mitteln, die einer durchschnittlichen Kleinstadtbibliothek
zur Verfügung gestellt werden, war das nicht viel, aber für
tausend Dollar kann man eine Menge Krimis und Wildwestromane kaufen. Als Andy uns verließ, konnte man in die Bibliothek gehen (die mittlerweile in drei Räumen untergebracht war) und praktisch alles finden, was man suchte.
Und wenn man es nicht fand, bestand immer noch die
Chance, daß Andy es besorgen konnte.

Und jetzt werden Sie fragen, ob das alles darauf zurückzuführen war, daß Andy Byron Hadley erzählt hatte, wie er
die Erbschaftsteuer sparen konnte. Die Antwort heißt ja...
und nein. Sie werden sich selbst vorstellen können, wie die
Dinge sich entwickelten.

Es sprach sich herum, daß Shawshank in seinen Mauern
sein eigenes Finanzgenie beherbergte. Ende Frühjahr und
im Sommer 1950 gründete Andy zwei Treuhandfonds für
Wärter, die für ihre Kinder eine College-Ausbildung sicher-
stellen wollten. Er beriet ein paar andere, die in kleinem
Maßstab an der Aktienbörse mitmischen wollten (und es
stelle sich heraus, daß sie verdammt erfolgreich waren; einer sogar so erfolgreich, daß er zwei Jahre später vorzeitig in
den Ruhestand gehen konnte), und ich will verdammt sein,
wenn er nicht den Oberaufseher selbst, George Dunahy,
das alte Zitronenmaul, beriet, wenn der Steuern sparen
wollte. Das war kurz bevor Dunahy gefeuert wurde, und ich
glaube, er muß schon von den Millionen geträumt haben,
die er mit seinem Buch zu verdienen hoffte. Im April 1951
machte Andy die Steuererklärungen für die Hälfte der Wärter, und 1952 machte er sie fast alle. Sein Lohn wurde ihm in

der im Gefängnis vielleicht wertvollsten Währung ausgezahlt: er wurde gut behandelt.

Später, als Greg Stammas die Leitung übernahm, baute Andy seine Position sogar noch aus – aber Einzelheiten darüber kann ich Ihnen nicht erzählen, ich kann nur raten. Es gibt Dinge, die ich weiß, und andere, die ich nur vermuten kann. Ich weiß, daß es Gefangene gab, die alle möglichen Vorrechte genossen – Radios in den Zellen, zusätzliche Besuchsgenehmigungen und dergleichen –, und es gab draußen Leute, die für diese Privilegien bezahlten. Solche Leute wurden von den Gefangenen ›Engel‹ genannt. Wenn z. B. plötzlich jemand jeden Samstagvormittag von der Arbeit freigestellt wurde, wußte man, daß dieser Junge einen Engel hatte, der einen Haufen Geld hingeblättert hatte, um das zu erreichen. Meistens läuft es so ab, daß der Engel die Bestechungssumme an einen Wärter der mittleren Ebene auszahlt, und der schmiert dann die Verwaltungsleiter nach oben und nach unten.

Dann gab es noch den Autoreparaturdienst, der Dunahy zum Verhängnis wurde. Die Jungs gingen zunächst in den Untergrund, aber in den späten Fünfzigern blühte das Geschäft mehr als je zuvor. Und einige der Unternehmer, die hin und wieder für das Gefängnis arbeiteten, schmierten die höheren Verwaltungsbeamten. Da bin ich ganz sicher, und das gleiche galt für die Firmen, deren Maschinen gekauft und in der Wäscherei oder der Nummernschilderfabrikation installiert wurden.

Aber in den späten Sechzigern gab es außerdem einen schwunghaften Tablettenhandel, und auch daran verdienten die Leute von der Verwaltung. Aus alledem ergab sich ein ansehnlicher Strom an illegalen Einkünften. Natürlich nicht so viel wie die Dollar, die in den wirklich großen Anstalten wie Attica und St. Quentin anfallen, aber es war eben auch kein Mäusedreck. Und nach einiger Zeit wird das Geld selbst zum Problem. Die Leute können es nicht einfach in die Brieftasche stecken und ein Bündel Banknoten rausholen, wenn sie ihr Haus vergrößern oder einen Swimming-pool im Garten bauen lassen wollen. Wenn man einen gewissen Punkt überschritten hat, muß man erklären, woher das Geld stammt...

und wenn die Erklärungen nicht überzeugend klingen, trägt man eines Tages selbst eine Nummer.

Andys Dienste waren also sehr gefragt. Sie holten ihn aus der Wäscherei und setzten ihn in die Bibliothek. Aber genaugenommen haben sie ihn gar nicht aus der Wäscherei geholt. Er mußte jetzt lediglich statt dreckiger Bettlaken dreckiges Geld waschen. Er ließ es in Aktien, Hypotheken und steuerfreien kommunalen Schuldverschreibungen verschwinden, und was es da sonst noch so alles gibt.

Etwa zehn Jahre nach jenem Tag auf dem Dach der Nummernschilderwerkstatt sagte er mir, daß er sehr wohl wisse, was er tue, aber es belaste sein Gewissen nicht sonderlich. Diese Betrügereien wären auch ohne ihn über die Bühne gegangen. Er habe nicht darum gebeten, nach Shawshank gebracht zu werden, fuhr er fort; er sei ein unschuldiger Mann, der einer Verkettung unglücklicher Umstände zum Opfer gefallen sei, aber er sei kein Missionar und auch kein Musterknabe.

»Außerdem, Red«, sagte er mit seinem berühmten leichten Grinsen, »was ich hier tue, ist nicht *so sehr* verschieden von dem, was ich draußen tat. Es gibt einen Grundsatz, und vielleicht hältst du mich für zynisch: Individuen oder Firmen brauchen um so mehr Rat von Experten in finanziellen Dingen, je mehr Leute sie betrügen.

Die Leute, die diesen Schuppen verwalten, sind zum größten Teil stupide und brutale Ungeheuer. Die Leute, die draußen die anständige Welt verwalten, sind genauso brutale Ungeheuer, aber sie sind nicht ganz so stupide, denn draußen wird mehr Kompetenz verlangt. Nicht sehr viel mehr, aber mehr.«

»Aber die Tabletten«, sagte ich. »Ich sage dir nicht, was du zu tun hast, aber sie machen mich nervös. Aufputschmittel, Beruhigungsmittel, Nembutal – und jetzt gibt es welche, die Vierphasentabletten genannt werden. Ich besorge so etwas nicht. Das habe ich noch nie getan.«

»Nein«, sagte Andy. »Mir gefallen diese Tabletten auch nicht. Sie haben mir noch nie gefallen. Aber ich halte auch nicht viel von Zigaretten und Schnaps. Außerdem habe ich mit dem Tablettenunfug nichts zu tun. Ich bringe sie nicht rein, und wenn sie einmal hier sind, bin nicht ich es, der sie verkauft. Das tun meistens die Wärter.«

»Aber –«

»Ja, ich weiß. Da gibt es einen feinen Unterschied. Worum es geht, Red, ist doch, daß einige Leute sich die Hände überhaupt nicht dreckig machen wollen. Das sind Heilige, und die Tauben landen auf ihren Schultern und scheißen ihnen das Hemd voll. Das andere Extrem ist, in der Scheiße zu baden und mit allem zu handeln, was auch nur einen Dollar einbringt – Revolver, Messer, Heroin und weiß der Teufel was sonst noch. Hat dir schon jemals ein Sträfling solchen Handel angeboten?«

Ich nickte. Das war im Laufe der Jahre oft der Fall. Man ist schließlich der Kerl, der alles besorgen kann. Und sie denken, wenn man ihnen Batterien für ihre Transistorradios, eine Stange Lucky Strike oder ein paar Marihuanazigaretten beschaffen kann, gibt es auch bei einem Messer keine Schwierigkeiten.

»Das ist dir bestimmt schon passiert«, meinte Andy. »Aber du läßt die Finger davon. Denn Leute wie wir, Red, wissen, daß es einen Mittelweg gibt. Wir gehen durch den Schweinepfuhl und fragen uns, was wir dabei gewinnen. Wir wägen ab und wählen das geringere Übel. Dabei versuchen wir, uns an unsere guten Vorsätze zu halten, und ob uns das gelungen ist, merken wir daran, ob wir nachts gut schlafen... und an dem, was wir träumen.«

»Gute Vorsätze«, sagte ich und lachte. »Die kenne ich, Andy. Auf diesem Pflaster kann man direkt in die Hölle reisen.«

»Stimmt nicht«, sagte er ernst. »Die Hölle ist hier. Hier in Shawshank. Sie verkaufen Tabletten, und ich sage ihnen, was sie mit ihrem Geld machen sollen. Aber ich habe auch noch die Bibliothek, und ich kenne zwei Dutzend Männer, die sich hier schon für ein Universitätsstudium qualifiziert haben. Wenn sie rauskommen, schaffen sie es vielleicht, aus der ganzen Scheiße rauszukriechen. Als ich damals 1957 den zweiten Raum brauchte, bekam ich ihn, denn sie wollten mich bei Laune halten. Ich arbeitete billig. Das war ein glattes Geschäft.«

»Und du hast deine privaten Räume.«

»Natürlich. Und so wollte ich es haben.«

Die Zahl der Gefangenen war während der fünfziger Jahre langsam gestiegen, und in den Sechzigern gab es eine geradezu explosionsartige Entwicklung. Das war die Zeit, als jeder junge Mann in Amerika Drogen probierte und schon wegen ein bißchen Marihuana zu völlig lächerlich hohen Strafen verurteilt wurde. Aber während der ganzen Zeit hatte Andy nur ein einziges Mal einen Zellengenossen, einen großen wortkargen Indianer namens Normaden (wie jeden Indianer in Shawshank nannten wir ihn Häuptling), und Normaden blieb nicht lange. Viele der zu langjährigen Strafen Verurteilten hielten Andy für verrückt, aber darüber lächelte Andy nur. Er lebte allein, und das war ihm nur recht... wie schon gesagt, sie wollten ihn bei Laune halten. Er arbeitete billig.

Im Knast vergeht die Zeit langsam, manchmal hätte man schwören können, daß sie stillsteht. Aber sie vergeht. Sie vergeht. Als George Dunahy die Szene verließ, überschlugen sich die Zeitungen mit ihren Schlagzeilen. SKANDAL und NESTBESCHMUTZUNG tönte es. Stammas löste ihn ab, und während der nächsten sechs Jahre war Shawshank die Hölle. Während Greg Stammas regierte, waren die Betten in der Krankenstation und die Zellen im Isoliertrakt ständig belegt.

Eines Tages, 1958, betrachtete ich mich in dem kleinen Rasierspiegel, den ich in meiner Zelle hatte, und sah, daß mich ein vierzig Jahre alter Mann anschaute. 1938 war ein Junge mit einem dichten roten Haarschopf reingekommen, der alles bereute und an Selbstmord dachte. Diesen Jungen gab es nicht mehr. Das rote Haar wurde grau und fing schon an auszufallen. Um die Augen Krähenfüße. An jenem Tag sah ich schon den alten Mann in mir, der nur noch seine Zeit abwartete. Ich hatte Angst. Kein Mensch will im Knast alt werden.

Stammas verschwand 1959. Reporter kamen und schnüffelten herum. Einer saß sogar unter fremdem Namen eine Strafe ab. Sie wollten den SKANDAL und die NESTBESCHMUTZEREI wieder in die Schlagzeilen bringen, aber bevor sie sich auf ihn einschießen konnten, war Stammas schon weit weg, und das kann ich gut verstehen. Wenn man ihm den Prozeß gemacht hätte und er verurteilt worden wäre, hätte er gleich in Shawshank bleiben können. Einer von uns. Er hätte vielleicht noch fünf Stunden gelebt. Byron Hadley war schon zwei Jahre früher verschwunden. Der Scheißkerl kriegte einen Herzinfarkt und ging vorzeitig in den Ruhestand.

Durch die Stammas-Affäre änderte sich für Andy nichts, aber Anfang 1959 kam ein neuer Anstaltsleiter mit einem neuen Assistenten, und auch die Wachmannschaft bekam einen neuen Boß. Während der nächsten acht Monate war Andy wieder ein gewöhnlicher Häftling. In dieser Zeit teilte er seine Zelle mit Normaden, dem hochgewachsenen Passaquoddy-Halbblut. Aber bald darauf war alles wieder wie vorher. Die Namen an der Spitze ändern sich, aber die schmutzigen Geschäfte bleiben die gleichen.

Ich sprach mit Normaden über Andy. »Netter Kerl«, sagte Normaden. Er war schwer zu verstehen, denn er hatte eine Hasenscharte und einen Wolfsrachen; ich mußte den Wortbrei erst sortieren. »Es gefiel mir da. Er war aber immer nur ernst, und er wollte mich da nicht haben, das merkte ich.« Ein Achselzucken. »Ich war froh, da wieder rauszukommen. In der Zelle zog es so stark, und immer war es kalt. Niemand durfte seine Sachen anfassen. Das ist okay. Netter Kerl, er war nur immer so ernst. Und dann die Zugluft.«

Rita Hayworth hing bis 1955 in Andys Zelle, wenn ich mich recht erinnere. Dann war es Marilyn Monroe, dieses Bild aus *Das verflixte siebente Jahr*, wo sie über dem vergitterten U-Bahn-Schacht steht und die warme Luft ihr den Rock hochbläst. Marilyn hielt sich bis 1960 und war schon ziemlich abgegriffen, als sie Jane Mansfield weichen mußte. Jane war, verzeihen Sie bitte den Ausdruck, ein einziges Paar Titten. Nach nur einem Jahr trat eine englische Schauspielerin an ihre Stelle – es könnte Hazel Court gewesen sein, aber das weiß ich nicht mehr genau. Sie wurde 1966 abgenommen, und Raquel Welch kam an Andys Zellenwand, wo sie die Rekordzeit von sechs Jahren verbrachte.

Das letzte Poster, das dort hing, war eine hübsche Country-Rock-Sängerin namens Linda Ronstadt.

Ich fragte ihn einmal, was die Poster für ihn bedeuteten, und er sah mich sonderbar erstaunt an. »Sie bedeuten für mich wahrscheinlich das, was sie für jeden Sträfling bedeuten«, sagte er. »Freiheit. Man betrachtet diese hübschen Frauen und hat das Gefühl, daß man fast... nicht ganz aber *fast* hinausgehen und bei ihnen sein könnte. Und frei sein. Deshalb hat mir Raquel Welch auch immer am besten gefallen. Es war nicht nur sie; es war der Strand, auf dem sie stand. Es könnte irgendwo in Mexiko gewesen sein. Irgendein ruhiger Ort, wo ein Mann seine eigenen Gedanken hören kann. Hast du bei einem Bild nicht manchmal die gleichen Gefühle, Red? Daß man fast durch das Bild hindurchgehen kann?«

Ich sagte ihm, daß ich es so noch nie gesehen hätte.

»Vielleicht wirst du eines Tages verstehen, was ich meine«, sagte er, und er sollte recht behalten. Jahre später wußte ich genau was er meinte... und als ich es wußte, mußte ich zuerst an Normaden denken und an das, was er über Andys kalte Zelle gesagt hatte.

Ende März oder Anfang April 1963 mußte Andy eine entsetzliche Erfahrung machen. Ich habe Ihnen schon erzählt, daß er etwas hatte, was den meisten Gefangenen und auch mir offensichtlich fehlte. Nennen wir es vielleicht Gleichmut oder ein Gefühl inneren Friedens, vielleicht war es sogar der unerschütterliche Glaube, daß dieser Alptraum eines Tages enden werde. Wie man es auch nennt, Andy Dufresne wirkte immer ausgeglichen. An ihm erkannte man keine Anzeichen dieser dumpfen Verzweiflung, die nach einiger Zeit fast jeden Lebenslänglichen befällt. Nie zeigte er Hoffnungslosigkeit. Bis zum Winter 1963.

Inzwischen hatte ein neuer Mann die Leitung des Gefängnisses übernommen. Er hieß Samuel Norton, und soweit ich weiß, hat niemand ihn je lächeln sehen. Er trug eine Anstecknadel für dreißigjährige Zugehörigkeit zur Baptistenkirche. Eine bedeutende Neuerung, die er als Vorstand unserer glücklichen kleinen Familie veranlaßte, war, dafür zu sorgen, daß jeder ein Neues Testament bekam. Auf seinem Tisch stand ein kleines Schild mit goldenen, in Teakholz eingelegten Buchstaben. Die Inschrift lautete: CHRISTUS IST MEIN ERLÖSER. An der Wand hing ein von seiner Frau gearbeitetes Stücktuch, auf dem stand: SEIN URTEIL KOMMT, UND ES KOMMT SCHNELL. Diese letztere Sentenz konnte keinen von uns erwärmen. Wir hatten alle das Gefühl, das Urteil schon hinter uns zu haben, und selbst die Besten unter uns hätten schwören mögen, daß der Fels uns nicht schützen noch der abgestorbene Baum uns Schatten spenden würde. Er hatte für jeden Anlaß ein Bibelzitat, dieser Norton, und wann immer man einen solchen Mann trifft, sollte man, das ist mein Rat, nur grinsen und sich beide Hände vor die Eier halten.

Die Krankenstation war nie so voll wie in den Tagen eines Greg Stammas, und soweit ich weiß, hörten die Beerdigungen bei Mondschein völlig auf, aber das bedeutete nicht, daß Norton kein Verfechter strenger Bestrafung war. Die Isolierzellen waren immer gut besetzt. Die Männer verloren ihre Zähne nicht mehr, weil sie zusammengeschlagen wurden, sondern wegen der Wasser- und Brotdiät. Die Leute nannten diese Diät Nortons Kornsuppe. Zum Beispiel: ›Ich muß wieder Sam Nortons Kornsuppe saufen, Jungs.‹

Der Mann war der widerlichste Heuchler, den ich je in einer höheren Stellung erlebt habe. Die Geschäfte, von denen ich erzählte, blühten nach wie vor, aber Sam Norton fügte noch eigene Schnörkel hinzu. Andy kannte sie alle, und, da wir inzwischen recht gute Freunde geworden waren, erzählte er mir einiges darüber. Wenn Andy über diese Dinge redete, las man in seinem Gesicht Ekel und eine Art amüsierte Verwunderung, so als berichtete er über ein häßliches und beutegieriges Ungeheuer, das schon durch seine Häßlichkeit und seine Gier eher komisch als schrecklich war.

Norton war es auch, der das Programm für Außenarbeiten entwickelte, über das Sie vielleicht vor sechzehn oder siebzehn Jahren gelesen haben; darüber stand sogar etwas in *Newsweek*. In der Presse hörte es sich an wie ein wahrer Fortschritt im Strafvollzug. Einige Gefangene fällten Bäume für die Papierherstellung, andere reparierten Brücken und besserten Straßen aus. Wieder andere bauten Keller zum Einlagern von Kartoffeln. Norton nannte das Projekt ›Von-Drinnen-Nach-Draußen‹ und mußte es jedem Rotary- und Kiwanis-Klub in New England erklären, besonders nachdem sein Bild in *Newsweek* erschienen war. Die Gefangenen nannten die Arbeitstrupps ›Straßenbanden‹, aber ich erinnere mich nicht, daß auch nur einer von ihnen jemals gebeten wurde, seine Ansichten über die Außenarbeitsprogramme vor irgendeinem Forum darzulegen.

Und mitsamt seiner Anstecknadel für dreißigjährige Kirchenzugehörigkeit war Norton an jedem Projekt finanziell beteiligt: Ob nun Bäume gefällt, Entwässerungsgräben gezogen oder an Bundesstraßen Abzugskanäle gebaut wurden, immer sahnte Norton ab. Er hatte unzählige Möglichkeiten. Er verdiente an der Arbeit der Männer und am Material. Aber sein Geld floß auch aus anderen Quellen. Die Bauindustrie hatte mörderische Angst vor Nortons Außenarbeitsprogrammen. Gefangenenarbeit ist schließlich Sklavenarbeit, und seine Preise konnte kein Mitbewerber unterbieten. Also erhielt Sam Norton, der mit dem Neuen Testament und mit der Kirchenanstecknadel für dreißig Jahre Frömmigkeit, während seiner sechzehnjährigen Dienstzeit in Shawshank eine ganze Menge praller Briefumschläge zugesteckt. Und immer, wenn er einen solchen erhielt, überbot er die anderen oder er lieferte gar kein Angebot ab. Manchmal machte er auch geltend, daß alle seine Männer anderweitig beschäftigt seien. Ich habe mich immer darüber gewundert, daß Norton nicht eines Tages irgendwo in Massachusetts in einem abseits der Landstraße geparkten Thunderbird aufgefunden wurde, die Hände auf dem Rücken gefesselt und ein halbes Dutzend Kugeln im Kopf.

Jedenfalls rollte der Rubel, wie es in dem alten Lied heißt. Norton glaubte wohl an die alte Puritanerweisheit: Wie gnädig Gott einem Menschen ist, stellt man am besten fest, wenn man sein Bankkonto betrachtet.

Bei alledem fungierte Andy Dufresne als seine rechte Hand und als sein stiller Teilhaber. Die Gefängnisbücherei war Andys Pfand auf die Zukunft. Norton wußte das und nutzte es aus. Andy erzählte mir einmal, daß *Eine Hand wäscht die an-*

dere zu Nortons Lieblingsaphorismen gehörte. Andy gab ihm also guten Rat und machte nützliche Vorschläge. Ich weiß nicht genau, ob er die Programme für Norton selbst organisierte, aber ich bin verdammt sicher, daß er diesem Jesus schreienden Hurensohn das Geld anlegen half. Er gab guten Rat und machte nützliche Vorschläge, und... verdammt noch mal! Plötzlich hatte die Bibliothek einen ganzen Satz Handbücher für die Reparatur von Automobilen, eine neue Ausgabe der Grolier-Enzyklopädie und Bücher, mit denen man sich für die Zulassung zur Universität qualifizieren konnte. Und natürlich weitere Krimis und Wildwestromane.

Und ich bin überzeugt, dies geschah alles, weil Norton seine rechte Hand nicht verlieren wollte. Ich gehe sogar noch weiter: Es geschah, weil Norton Angst vor dem hatte, was vielleicht passieren konnte – und was Andy gegen ihn vorzubringen hätte – wenn er jemals das Staatsgefängnis von Shawshank verlassen sollte.

Ich erfuhr die Geschichte nur bruchstückweise, einiges – aber nicht alles – von Andy selbst. Über diesen Teil seines Lebens redete er nicht gern, und das kann ich ihm nicht verübeln. Ich erfuhr alles aus vielleicht einem Dutzend verschiedener Quellen. Ich erwähnte schon, daß Strafgefangene nichts anderes sind als Sklaven, und deshalb haben sie auch die Sklavengewohnheit sich dumm zu stellen, aber die Augen und Ohren offenzuhalten. Ich erfuhr das Ende, den Anfang und die Mitte, aber ich erzähle es Ihnen von A bis Z, und vielleicht verstehen Sie dann, warum der Mann zehn Monate in tiefsten Depressionen zubrachte. Wissen Sie, ich glaube, er kannte die Wahrheit erst 1963, fünfzehn Jahre nachdem er in dieses wunderschöne kleine Höllenloch gekommen war. Bevor er Tommy Williams kennenlernte, wußte er wahrscheinlich gar nicht, wie schlimm es noch kommen sollte.

Tommy Williams schloß sich November 1962 unserer glücklichen kleinen Shawshank-Familie an. Tommy hielt sich für einen Mann aus Massachusetts, aber darauf war er nicht stolz; er hatte mit seinen siebenundzwanzig Jahren schon in

ganz New England im Knast gesessen. Er war Gewohnheits-
dieb, und wie Sie sich denken können, bin ich der Ansicht,
daß er einen anderen Beruf hätte wählen sollen.

Er war verheiratet, und seine Frau besuchte ihn jede Woche. Sie war auf den Gedanken gekommen, daß es Tommy –
und folglich auch ihr und dem dreijährigen Sohn – bessergeh-
hen würde, wenn Tommy einen Universitätsabschluß hätte.
Sie überredete ihn dazu, und so kam es, daß Tommy Williams anfing, regelmäßig die Bibliothek aufzusuchen.

Dergleichen war für Andy zu der Zeit schon Routine. Er
besorgte Williams Tests, die den Anforderungen der Auf-
nahmeprüfung für die Universität entsprachen. Tommy
frischte seine Kenntnisse in den Fächern auf, die er für seinen
Schulabschluß belegt hatte – es waren nicht viele –, und
machte dann den Test. Andy sorgte auch dafür, daß er in den
Fächern, die er in der Schule nicht bestanden oder gar nicht
erst gewählt hatte, Fernunterricht nahm.

Wahrscheinlich war er nicht der beste Schüler, dem Andy
je über die Hürden half, und ich weiß auch nicht, ob er sein
Hochschuldiplom später geschafft hat, aber das gehört auch
nicht zu meiner Geschichte. Wichtig war, daß er Andy nach
einiger Zeit gut leiden konnte, was auch bei den meisten andern der Fall war.

Bei verschiedenen Gelegenheiten fragte er Andy ›was hat
denn ein so intelligenter Mann wie du in diesem Schuppen
zu suchen‹ – eine Frage, die ungefähr jener anderen Frage
entsprach: ›was hat denn ein so nettes Mädchen wie du hier
zu suchen‹. Aber Andy war nicht der Typ, der darüber redete. Er lächelte immer nur und lenkte das Gespräch in eine
andere Richtung. Es war ganz normal, daß Tommy andere
Leute fragte, und als er endlich die Geschichte erfuhr, bekam
er wahrscheinlich den Schock seines jungen Lebens.

Der Mann, den er fragte, bediente mit ihm zusammen die
Heißmangel in der Wäscherei. Die Insassen nannten das
Ding den Zerquetscher, und genau das passiert einem, wenn
man unaufmerksam ist und mit den Fingern zwischen die
Rollen gerät. Sein Partner war Charlie Lathrop, der wegen
Mordes verurteilt war und schon zwölf Jahre saß. Er war nur
zu gern bereit, Tommy die Einzelheiten des Mordprozesses

gegen Dufresne zu erzählen; es unterbrach die Monotonie, die es bedeutete, die gemangelten Bettlaken aus der Maschine zu ziehen und zusammengefaltet in Körbe zu legen. Er war gerade bei der Mittagspause der Jury angekommen, bevor diese ihr ›schuldig‹ sprach, als die Alarmsirene loslärmte und die Mangel knirschend zum Stillstand kam. Am anderen Ende waren frisch gewaschene Laken aus dem Eliot-Pflegeheim eingegeben worden. An Tommys und Charlies Ende kamen sie, eins alle fünf Sekunden, trocken und sauber gemangelt raus. Ihre Aufgabe war es, sie zusammenzufalten und in die mit sauberem braunem Papier ausgelegten Körbe zu packen.

Aber Tommy Williams stand ganz einfach mit offenem Mund da und starrte Charlie Lathrop an. Er stand in einem Haufen Laken, die sauber aus der Maschine gekommen waren und jetzt den Dreck vom Fußboden aufsogen – und in einer Wäscherei gibt es eine Menge Dreck.

Sofort kam Homer Jessup, der Oberbulle, herbeigerannt und brüllte wie am Spieß. Tommy bemerkte ihn gar nicht. Er setzte sein Gespräch mit Charlie fort, als sei der alte Homer überhaupt nicht da. Dabei hatte Homer schon mehr Leute mit dem Knüppel auf den Kopf gedroschen, als er je hätte zählen können.

»Wie heißt dieser Golfprofi noch?«

»Quentin«, antwortete Charlie, der inzwischen ganz durcheinander war. Später erzählte er, daß der Junge plötzlich ganz blaß geworden sei. »Glenn Quentin, glaube ich. Oder so ähnlich –«

»Was ist hier los?« brüllte Homer Jessup, und sein Gesicht war rot wie ein Hahnenkamm. »Schmeißt die Laken in kaltes Wasser! Macht schnell oder ich –«

»Glenn Quentin, o Gott«, sagte Tommy Williams, und mehr konnte er nicht sagen, denn Homer Jessup, der alles andere als friedfertig war, hatte ihm den Knüppel über den Hinterkopf gezogen. Tommy schlug so hart auf, daß ihm drei Vorderzähne abbrachen. Als er wieder zu sich kam, hockte er in der Isolierzelle und hatte jede Menge Wasser und Brot. Und eine Eintragung in seine Akte.

Die Frau des Bankangestellten Andy Dufresne (Tim Robbins) und ihr Liebhaber sind ermordet worden. Andy hat man sturzbetrunken am Tatort aufgegriffen. Jetzt steht er vor Gericht.

Die Indizienlast ist erdrückend. Andy wird zu lebenslanger Haft ver-urteilt.

Als Neuzugang wird Andy in das berüchtigte Shawshank-Gefängnis eingeliefert.

Shawshank ist eine wahrhaft geschlossene Gesellschaft – mit eigenen Gesetzen, Hierarchien, Aufstiegschancen. Vor der Außenwelt werden die Häftlinge bewahrt. Doch vor dem brutalen Überlebenskampf im Innern gibt es kein Entrinnen.

Herrscher über Shawshank ist Direktor Norton (Bob Gunton). Mit den Knüppeln seiner Henkersknechte macht er unmißverständlich klar, daß es hier nur ein Gesetz gibt. Und das heißt Norton.

Aber auch die Häftlinge leben unter sich in einer klar definierten Hackordnung. Kaltblütig schließen die Lebenslänglichen Wetten ab, welcher der Neuangekommenen zuerst unter dem rigorosen Regime des Gefängnisalltags zusammenbrechen wird.
Der kaltschnäuzige Heywood (William Sadler) gibt dem milchgesichtigen Andy keine Chance.

Nur der hartgesottene Red (Morgan Freeman, links) spürt sofort, daß hinter Andys unscheinbarer Fassade ein ungewöhnlicher Charakter steckt. Die beiden freunden sich an.

Rechte Seite unten:
Viele Jahre gehen ins Land. Die Lebenslänglichen arrangieren sich mit ihrer Existenz hinter Gittern. Die Freundschaft zwischen Andy und Red entwickelt sich zu einer unzerstörbaren Gemeinschaft.

Erstaunlich schnell paßt sich Andy an das harte Leben im Knast an. Dennoch kann er nicht verhindern, daß er mit seiner höflichen, nicht korrumpierbaren Zurückhaltung einer Gang von Rüpeln ein Dorn im Auge ist. Mehrfach wird er brutal vergewaltigt.

Brooks Hatlen (James Whitmore) hat mehr als die Hälfte seines Lebens in Shawshank verbracht. Gegen seinen Willen wird er als alter Mann entlassen. Doch die Hektik des modernen Lebens draußen frißt ihn auf: Kurze Zeit später erhängt er sich in seinem Hotelzimmer.

Rechte Seite unten:
Die Häftlinge sind dankbar, wenn sie zur Arbeit an der frischen Luft herangezogen werden. Beim Teeren eines Daches kommt es fast zu einer Katastrophe.

Brook's Tod trifft Andy tief. Er hat von Brooks die Leitung der schäbigen Gefängnisbücherei übernommen und setzt mit zahllosen Petitionen an Politiker durch, daß das Gefängnis Mittel zur Aufstockung des Buchbestands bekommt.

In einer überraschenden Aktion provoziert Andy den von allen gehaß-
ten Wärter Captain Hadley.

Fast stößt der wütende Hadley (Clancy Brown, rechts) Andy vom
Dach, bevor der klarmachen kann, was er will: Er als Finanzexperte
bietet den Wärtern die Erledigung ihrer Steuererklärungen an. Die
Schließer erkennen schnell den Vorteil dieses Arrangements.

In einer ungewohnten Geste lassen die Wärter daraufhin Andys Gruppe ein paar Biere zukommen.

Spätestens jetzt hat Andy sich den Respekt auch des letzten Mitgefangenen verdient.

In einem sehr persönlichen Gespräch erzählt Andy Red von seiner unglücklichen Ehe, aber auch von dem einsamen Baum, unter dem er mit
seiner Frau einst eine unvergeßliche Liebesnacht verbracht hat.
Durch Zufall erfährt Andy von Tommy Williams (Gil Bellows), daß
der in einem anderen Gefängnis den wahren Mörder von Andys Frau
kennengelernt hat, der sich mit dieser Tat gebrüstet hat.

Andy will durch Norton ein Wiederaufnahmeverfahren seines Falls erreichen und mit Tommy als Zeugen seine Unschuld beweisen. Doch er
ist für Norton als Steuerfachmann inzwischen unentbehrlich. Deswegen schmettert Norton jeden Antrag ab und läßt Tommy sogar ermor-
den.

Andy empfiehlt Red, falls er je begnadigt werden sollte, unter jenem Baum zu graben, von dem nur er und Red wissen. Wird Red jemals dazu Gelegenheit haben?

Rechte Seite unten:
Regisseur Frank Darabont hat bisher einige TV-Filme inszeniert und ist als Drehbuchautor in Hollywood aufgefallen (»Mary Shelleys Frankenstein« mit Kenneth Branagh und Robert De Niro, »Die Fliege 2«, »Blob«, »Nightmare 3 – Freddy Krueger lebt«.

»Essen fassen, zum Vierten!« Dreharbeiten im Eßsaal des State Reformatory in Mansfield, Ohio, das die Filmemacher nach fünfmonatiger Suche entdeckten und das im Film für das Shawshank-Gefängnis doubelt.

Experten unter sich: Frank Darabont im Gespräch mit seinem Star Morgan Freeman, dem Darsteller des Red, der bereits zweimal für den Oscar nominiert worden ist.

Das war Anfang Februar 1963, und Tommy Williams ging noch zu ein paar anderen länger Einsitzenden, die ihm ungefähr dieselbe Geschichte erzählten. Ich weiß es, denn ich war einer von denen, die er befragte. Aber als ich ihn fragte, warum er das alles wissen wollte, äußerte er sich nicht.

Dann ging er eines Tages in die Bibliothek und gab Andy ein paar verdammt interessante Informationen. Und zum ersten und letzten Mal seit er mich wie ein Junge, der seine ersten Präservative kauft, auf ein Poster von Rita Hayworth angesprochen hatte, verlor Andy seine Gelassenheit... aber diesmal drehte er völlig durch.

Ich traf ihn noch am gleichen Tag, und er sah aus wie ein Mann, der auf die Zinken einer Harke getreten ist und sich den Stiel zwischen die Augen geknallt hat. Seine Hände zitterten, und als ich ihn ansprach, antwortete er nicht. Noch am Nachmittag wandte er sich an den wachhabenden Aufseher und vereinbarte für den nächsten Tag einen Termin mit Billy Hanlon, dem Leiter der Anstalt. Er erzählte mir später, daß er in der Nacht kein Auge zugetan hätte. Er lag nur da und hörte draußen den eisigen Wind heulen und beobachtete das Kreisen der Scheinwerfer, sah die Schatten, die sich über die Betonwände des Käfigs bewegten, den er seit Harry Trumans Präsidentschaft sein Zuhause nannte, und dachte über alles nach. Er sagte, es sei, als habe Tommy ihm einen Schlüssel zu einem Käfig in seinem Kopf gegeben, der so war wie seine Zelle. Aber in diesem Käfig saß kein Mann, sondern ein Tiger, und dieser Tiger hieß Hoffnung. Williams hatte den Schlüssel gebracht, und jetzt war der Tiger frei und streifte durch seine Gedanken.

Vor vier Jahren war Williams in Rhode Island festgenommen worden, weil er ein gestohlenes Auto voll gestohlener Ware fuhr. Tommy verpfiff seinen Komplizen, der Staatsanwalt spielte mit, und er wurde nur zu zwei bis vier Jahren unter Anrechnung der Untersuchungshaft verurteilt. Elf Monate nachdem er seine Strafe angetreten hatte, wurde sein Zellengenosse entlassen, und er bekam einen anderen, einen Mann namens Elmar Blatch. Blatch war bei einem bewaffneten Einbruch erwischt worden und hatte sechs bis zwölf Jahre bekommen.

»Ich habe noch nie einen so nervösen Kerl gesehen«, erzählte Tommy mir. »So ein Mann ist für einen Einbruch nicht zu gebrauchen, schon gar nicht, wenn er auch noch eine Kanone hat. Beim geringsten Geräusch geht der Kerl an die Decke... und wahrscheinlich schießt er dann auch. Einmal hätte er mich fast erwürgt, weil weit unten im Gang jemand mit einer Blechdose gegen das Zellengitter schlug.

Ich saß sieben Monate mit ihm in einer Zelle, bis ich entlassen wurde. Sie hatten mir ja die Untersuchungshaft angerechnet, und der Rest wurde mir geschenkt. Ich kann nicht sagen, daß wir uns unterhalten haben, denn mit El Blatch konnte man sich gar nicht unterhalten. Er redete immer nur selbst. Sein Maul stand nie still. Wenn man versuchte, auch mal ein Wort zu sagen, drohte er mit der Faust und rollte mit den Augen. Dabei kriegte ich immer 'ne Gänsehaut. Ein riesiger Kerl, fast kahlköpfig und ganz tiefliegende grüne Augen. Mein Gott, ich hoffe, daß ich den nie wiedersehe.

Er redete mich jeden Abend besoffen. Wo er aufgewachsen ist, aus welchen Heimen er weggelaufen ist, welche Dinger er gedreht, welche Frauen er gebumst und wie viele Leute er mit Falschspiel aufs Kreuz gelegt hat. Ich ließ ihn einfach quatschen. Mein Gesicht mag nicht besonders hübsch sein, weißt du, aber ich wollte nicht, daß er es mir aufpolierte.

Er behauptete, er hat über zweihundert Einbrüche gemacht. Ich konnte es kaum glauben, ein Kerl wie er, der hochgeht wie eine Rakete, wenn einer nur laut furzt, aber er schwört, daß es stimmt. Und jetzt hör mal zu, Red, ich weiß, daß einige Leute übertreiben, wenn sie einem etwas erzählen was sie wissen, aber schon bevor ich die Sache mit diesem Golfprofi Quentin erfuhr, dachte ich mit Grauen daran, was passiert wäre, wenn dieser Blatch in meine Wohnung eingestiegen wäre. Dann könnte ich von Glück sagen, daß ich noch lebe. Stell ihn dir doch mal vor, wenn er im Schlafzimmer irgendeiner Lady das Schmuckkästchen inspiziert, und die hustet im Schlaf oder dreht sich schnell um. Ich mag gar nicht daran denken.

Er hat sogar gesagt, daß er Leute umgebracht hat. Leute, die ihm dumm kamen. Sagte er wenigstens. Und ich hab' es ihm geglaubt. Ihm konnte man es schon zutrauen. Er war so verdammt nervös! Wie eine Pistole mit einem abgesägten Schlagbolzen. Ich kannte mal einen, der hatte eine Smith & Wesson Police Special mit abgesägtem Schlagbolzen. Die war zu nichts zu gebrauchen, außer vielleicht zum Angeben. Wenn dieser Kerl, er hieß Johnny Callahan, seinen Plattenspieler voll aufdrehte, und die Waffe auf eine der Lautsprecherboxen legte, ging sie schon los. So empfindlich war das Ding. Genauso war El Blatch. Besser kann ich es nicht erklären. Ich zweifle nicht daran, daß er schon ein paar Leute umgelegt hat.

Und eines Abends, bloß um was zu sagen, fragte ich: ›Wen hast du umgebracht?‹ Nur so aus Spaß, weißt du. Er lacht und sagt: ›Oben in Maine sitzt ein Kerl im Knast wegen der zwei Leute, die ich umgelegt hab’. Es war dieser Kerl und die Frau von dem Idioten, der da jetzt sitzt. Ich bin in ihr Haus eingestiegen, und der Kerl wollte frech werden.‹«

»Ich weiß nicht mehr, ob er mir den Namen der Frau genannt hat«, fuhr Tommy nach einer Weile fort. »Vielleicht hat er es getan. Aber in New England ist Dufresne so häufig wie anderswo Smith und Jones, denn da oben gibt es sehr viele Franzosen. Dufresne, Lavesque, Ouelette, Poulin, wer kann schon französische Namen behalten? Aber den Namen von dem Mann hat er mir gesagt. Er sagte, der Mann hieß Glenn Quentin und war ein großes Arschloch, ein reiches Arschloch, ein Golfprofi. Er dachte, der Kerl könnte Geld im Haus haben. Vielleicht sogar fünftausend Dollar. Das war damals eine Menge Geld, sagte er. Also frage ich: ›Wann war das?‹ Und er sagt: ›Nach dem Krieg. Gleich nach dem Krieg.‹

Er ging also rein und durchsuchte die Bude. Und da machte der Kerl Schwierigkeiten. Sagt *El*. Ich glaube, daß der Mann vielleicht nur angefangen hat zu schnarchen. Wie dem auch sei, dieser Quentin hatte ein Verhältnis mit der Frau eines bekannten Anwalts, und diesen Anwalt haben sie ins Shawshank-Staatsgefängnis geschickt. Das erzählte El mir, und dann lachte er wieder so gräßlich. Mein Gott, war ich froh, als ich meine Entlassungspapiere kriegt.«

Ich kann gut verstehen, daß Andy wackelig in den Knien wurde, als Tommy ihm diese Geschichte erzählte, und daß er sofort mit dem Anstaltsleiter sprechen wollte. Als Tommy ihn vor vier Jahren kennenlernte, saß Elwood Blatch eine Strafe von sechs bis zwölf Jahren ab. Als Andy die Geschichte 1963 erfuhr, konnte er kurz vor der Entlassung stehen... oder schon entlassen sein. Das waren die beiden Enden des Spießes, an dem Andy röstete – einerseits der Gedanke, daß Blatch noch einsaß, und andererseits die sehr reale Möglichkeit, daß er schon längst irgendwohin verschwunden war.

Tommys Geschichte enthielt einige Ungereimtheiten, aber gibt es die im wirklichen Leben nicht immer? Blatch erzählte Tommy, der Mann, der nach Shawshank geschickt worden war, sei Anwalt gewesen und Andy war Banker, aber das sind zwei Berufe, die von primitiven Leuten leicht verwechselt werden können. Und von dem Zeitpunkt, als Blatch die Zeitungsberichte über den Prozeß las, bis zu dem Zeitpunkt, als er Tommy die Geschichte erzählte, waren zwölf Jahre vergangen. Er sagte Tommy auch, daß er aus einer Kiste, die in Quentins Schrank stand, mehr als tausend Dollar genommen hätte, aber bei Andys Prozeß behauptete die Polizei, es habe keine Anzeichen für einen Einbruch gegeben. Darüber mache ich mir meine eigenen Gedanken. Erstens, wenn man Geld mitnimmt, und der Mann, dem es gehörte, ist tot, wie soll dann einer wissen, ob etwas geklaut wurde? Es sei denn, ein anderer wußte, daß das Geld da war. Zweitens, wer kann wissen, ob Blatch, was das Geld anbetrifft, nicht gelogen hat? Vielleicht wollte er nur nicht zugeben, daß er zwei Menschen für nichts und wieder nichts ermordet hat. Drittens, vielleicht gab es sogar Indizien für einen Einbruch, und die Bullen haben sie entweder übersehen – Bullen können ziemlich blöd sein – oder sie haben die Spuren absichtlich verwischt, um dem Staatsanwalt nicht die Tour zu vermasseln. Immerhin strebte der Mann ein öffentliches Amt an, und er brauchte einen Täter und ein Urteil. Ein unaufgeklärter Doppelmord anläßlich eines Einbruchs hätte ihm nur schaden können.

Aber von diesen drei Gedanken gefällt mir der zweite am besten. Während meiner Zeit in Shawshank habe ich ein paar solcher Typen wie Elwood Blatch kennengelernt – die Jungs mit den verrückten Augen, die nur allzu geil darauf sind, am

Abzug zu fingern. Die Leute erzählen dir, daß sie bei jedem Scheißding den Hope-Diamanten erbeutet haben, obwohl man sie mit einer billigen Timex-Uhr und neuen Dollar erwischt hat, und sie dann für so einen Schwachsinn ihre Zeit abreißen müssen.

Und eins an Tommys Geschichte überzeugte Andy endgültig. Blatch war nicht zufällig an Quentin geraten. Er hatte Quentin ein ›reiches Arschloch‹ genannt, und er hatte *gewußt*, daß Quentin Golfprofi war. Zwei oder dreimal die Woche hatten Andy und seine Frau den Country Club aufgesucht, um dort zu essen und ein paar Drinks zu nehmen, und das über einen Zeitraum von ein paar Jahren. Als Andy dann erfuhr, daß seine Frau ihn betrog, trank er dort öfter und reichlich. Dem Country Club war eine Tankstelle angeschlossen, und dort hatte 1947 ein Aushilfstankwart gearbeitet, auf den die Beschreibung zutraf, die Tommy von Elwood Blatch gegeben hatte. Ein sehr großer Mann mit einer Halbglatze und tiefliegenden grünen Augen. Dieser Mann hatte eine unangenehme Art, einen anzuschauen, als ob er einen taxierte. Er war nicht lange da, sagte Andy. Entweder ging er von selbst oder Briggs, sein Boß, hat ihn gefeuert. Aber einen solchen Mann vergaß man nicht so leicht. Dafür war er zu auffällig.

An einem regnerischen und windigen Tag, als große graue Wolken am Himmel über den grauen Mauern aufzogen und als auf den Feldern jenseits dieser Mauern der letzte Schnee zu schmelzen anfing und das tote Gras vom vorigen Jahr freigab, suchte Andy den Anstaltsleiter Norton auf.

Der Mann hatte ein ziemlich großes Büro im Verwaltungstrakt, und hinter seinem Schreibtisch gab es eine Tür, durch die man in das Büro seines Stellvertreters gelangen konnte. Der Assistent war zwar an dem Tag nicht da, aber einer der Privilegierten hatte seine Stelle eingenommen. Der Mann lahmte, und seinen richtigen Namen habe ich vergessen. Alle Insassen und ich auch nannten ihn Chester, nach dem Kumpan von Marshall Dillon aus dem Fernsehen. Chester sollte die Pflanzen begießen, Staub wischen und den Fußboden bohnern. Ich fürchte allerdings, daß die Pflanzen an diesem Tag dürsten mußten, und das einzige, was gebohnert wurde, war vermutlich das Schlüsselloch der genannten Verbindungstür, das Chester mit seinem schmierigen Ohr polierte.

Er hörte, wie sich die vordere Tür zum Zimmer des Anstaltsleiters öffnete und wieder schloß und wie Norton sagte: »Guten Morgen, Dufresne, was kann ich für Sie tun?«

»Herr Direktor«, sagte Andy, und Chester sagte uns, daß er Andys Stimme kaum wiedererkannt hätte, so anders habe sie geklungen. »Herr Direktor... da ist etwas... es ist etwas geschehen, das... ist so... ich weiß gar nicht, wo ich anfangen soll.«

»Fangen wir doch ganz einfach am Anfang an«, sagte der Anstaltsleiter und sprach dabei wahrscheinlich in seinem schönsten, salbungsvollsten Ton. »Das funktioniert gewöhnlich am besten.«

Und das tat Andy dann auch. Er rief Norton die Einzelheiten des Verbrechens, für das man ihn verurteilt hatte, ins Gedächtnis zurück. Dann berichtete er ihm ganz genau, was Tommy ihm erzählt hatte. Er gab dabei Tommys Namen preis, was man im Lichte der späteren Entwicklung für unklug halten mag, aber ich frage Sie, wie anders er hätte handeln können, wenn seine Geschichte glaubwürdig sein sollte.

Als er fertig war, schwieg Norton eine ganze Weile. Ich sehe ihn direkt vor mir, wahrscheinlich in seinem Bürosessel zurückgelehnt, hinter ihm das Bild von Gouverneur Reed an der Wand, die gespreizten Finger aneinandergelegt, die dicken Lippen geschürzt, die Stirn bis mitten auf den Kopf gerunzelt, dazu der helle Schimmer seiner Ansteckernadel für dreißigjährige Kirchenzugehörigkeit.

»Ja«, sagte er endlich. »Das ist die verrückteste Geschichte, die ich je gehört habe. Aber ich will Ihnen sagen, was mich dabei am meisten überrascht, Dufresne.«

»Und das wäre, Sir?«

»Daß Sie darauf reingefallen sind.«

»Sir? Ich verstehe nicht, was Sie meinen.« Und Chester sagte, daß Andy Dufresne, der vor dreizehn Jahren auf dem Dach der Nummernschilderfabrikation sogar mit Byron

70

Hadley fertig geworden war, in diesem Augenblick nach Worten suchte.

»Nun«, sagte Norton. »Es ist mir ziemlich klar, daß dieser junge Bursche Williams von Ihnen beeindruckt ist. Er schwärmt direkt für Sie. Nun hört er Ihre Leidensgeschichte, und da ist es doch ganz natürlich, daß er Sie... trösten will, sagen wir mal. Das ist ganz natürlich. Er ist noch jung und nicht besonders gescheit. Kein Wunder, daß er nicht wußte, in welchen Zustand er Sie damit versetzte. Was ich Ihnen jetzt vorschlage, ist...«

»Glauben Sie, daran hätte ich nicht selbst gedacht?« fragte Andy. »Aber ich habe Tommy nichts von dem Mann gesagt, der damals da arbeitete. Das habe ich *niemand* erzählt – ich habe nicht mal daran gedacht! Aber Tommys Beschreibung seines Zellengenossen und dieser Mann... das *ist* er!«

»Nun gut, Sie unterliegen da wahrscheinlich einer Art selektiver Wahrnehmung«, sagte Norton und kicherte. Phrasen wie ›selektive Wahrnehmung‹ gehören zum ständigen Repertoire der Leute, die sich von Berufs wegen mit Kriminalstrafkunde und Rehabilitation beschäftigen, und sie gebrauchen diese Vokabeln, so oft sie können.

»Darum geht es überhaupt nicht, Sir.«

»So sehen Sie es«, sagte Norton, »aber ich sehe es anders. Und vergessen Sie doch nicht, daß Sie lediglich *behaupten*, daß im Falmouth Hill Country Club damals der Mann, den Sie beschreiben, gearbeitet hat.«

»Nein, Sir«, unterbrach ihn Andy. »Nein, das stimmt nicht. Denn –«

»Wie auch immer«, sagte Norton und hob die Stimme, »schauen wir doch einmal durch das andere Ende des Fernrohrs. Nehmen wir an – nur mal angenommen – daß es diesen Elwood Blotch wirklich gibt.«

»Blatch«, sagte Andy und kniff die Lippen zusammen.

»Meinetwegen Blatch. Und nehmen wir an, er hat tatsächlich in Rhode Island mit Thomas Williams in einer Zelle gesessen. Dann stehen die Chancen gut, daß er inzwischen entlassen wurde. Sehr gut sogar. Wir wissen ja nicht einmal, wie lange er schon gesessen hat, als er bei

Williams landete, nicht wahr? Wir wissen nur, daß er zu sechs bis zwölf Jahren verurteilt wurde.«

»Nein, wir wissen nicht, wie lange er schon gesessen hatte. Aber Tommy hielt ihn für einen schlechten Schauspieler, für einen Angeber. Es ist gut möglich, daß er noch sitzt. Selbst wenn er inzwischen entlassen wurde, steht in den Anstaltsakten seine letzte Adresse, und sie kennen bestimmt die Namen einiger Verwandter.«

»Und beides würde nur in eine Sackgasse führen.«

Andy schwieg eine Weile, und dann brach es aus ihm heraus: »Es ist aber doch eine *Chance* oder etwa nicht?«

»Es ist natürlich eine Chance. Aber, Dufresne, wenn wir annehmen, daß es diesen Blatch wirklich gibt, und daß er immer noch im Staatsgefängnis von Rhode Island sitzt. Was wird er wohl sagen, wenn wir ihm diese faulen Fische auf den Tisch legen? Wird er in die Knie sinken, mit den Augen rollen und sagen: ›Ich hab's getan! Ich hab's getan! Gebt mir doch obendrein noch lebenslänglich!‹?«

»Wie können Sie nur so beschränkt sein?« sagte Andy so leise, daß Chester es kaum hören konnte. Aber den Anstaltsleiter verstand er um so besser.

»Was? Wir haben Sie mich genannt?«

»*Beschränkt*«, rief Andy. »Sind Sie wirklich so dumm oder tun Sie nur so?«

»Dufresne, Sie haben fünf Minuten meiner Zeit gestohlen – nein sieben – und ich habe heute sehr viel zu tun. Ich denke, wir lösen diese kleine Versammlung auf und –«

»Der Country Club hat doch bestimmt noch die alten Stempelkarten. Begreifen Sie das denn nicht?« schrie Andy. »Sie haben die Unterlagen für die Lohnsteuer und die Arbeitslosenversicherung, und auf all diesen Formularen steht sein Name! Es gibt dort noch Angestellte, die auch damals schon da waren, vielleicht sogar Briggs selbst! Es ist doch erst fünfzehn Jahre her und keine Ewigkeit! *Sie werden sich an Blatch erinnern!* Wenn Tommy bezeugt, was Blatch ihm gesagt hat, und wenn Briggs bezeugt, daß Blatch da war und tatsächlich im Country Club *gearbeitet* hat, kriege ich einen neuen Prozeß! Ich kann –«

»Wache! *Wache!* Schaffen Sie den Kerl raus!«

»Was ist denn *los* mit Ihnen?« schrie Andy. Und Chester sagte mir, daß er fast kreischte. »Es ist mein Leben, meine Chance rauszukommen! Begreifen Sie das denn nicht? Und Sie wollen noch nicht mal ein Ferngespräch führen, um Tommys Geschichte zu überprüfen? Hören Sie zu, ich bezahle das Gespräch! Ich zahle für —«

Chester hörte, daß die Wachen auf Andy einschlugen und ihn wegzerrten.

»Isolierzelle«, sagte Direktor Norton trocken, und wahrscheinlich fingerte er dabei an seiner Nadel für dreißigjährige Kirchenzugehörigkeit. »Wasser und Brot.«

Und sie schleiften Andy davon, der jetzt jede Selbstbeherrschung verloren hatte. Selbst als sich die Tür schon hinter ihm geschlossen hatte, hörte Chester ihn immer noch die Wörter anschreien: »*Es ist doch mein Leben! Es ist mein Leben, könnt ihr das denn nicht verstehen? Mein Leben!*«

Zwanzig Tage lang mußte Andy unten in der Isolierzelle Kornsuppe saufen. Es war für ihn die zweite Isolierperiode, und nach seiner Auseinandersetzung mit Norton wurde die erste wirklich schlechte Beurteilung in seine Akte geschrieben.

Da wir gerade beim Thema sind, werde ich Ihnen ein wenig über Shawshanks Isolierhaft erzählen. Sie erinnert ein wenig an die Pionierzeiten des Staates Maine Anfang bis Mitte des achtzehnten Jahrhunderts. Damals verschwendete man keine Zeit mit Dingen wie ›Kriminalstrafkunde‹ und ›Rehabilitation‹ und ›selektive Wahrnehmung‹. Damals wurde man nach einem absoluten Schwarz-oder-weiß-Prinzip behandelt. Man war entweder schuldig oder unschuldig. War man schuldig, wurde man gehängt oder wurde eingesperrt. Wer zu einer Freiheitsstrafe verurteilt war, ging nicht etwa in eine Anstalt. Nein, er mußte sich sein eigenes Gefängnis graben. Man grub es so breit und tief, wie man es in der Zeit zwischen Sonnenaufgang und Sonnenuntergang schaffte. Dann kriegte man ein paar Felle und einen Eimer, und dann ging es nach unten. Der Wärter verschloß dann das Loch mit einem Gitter und warf dem Gefangenen ein- oder zweimal die Woche ein paar Handvoll Korn oder ein Stück madiges Fleisch hinunter. Am Sonntagabend gab es möglicherweise eine Kelle voll Gerstenbrei. Man pißte in den Eimer und reichte denselben Eimer nach oben, wenn der Wärter morgens um sechs Wasser brachte. Wenn es regnete, benutzte man den Eimer, um das Wasser aus dem Loch zu schöpfen... außer man wollte ersaufen wie eine Ratte in der Regentonne.

Niemand hielt es lange in dem Loch aus; dreißig Monate galten schon als ungewöhnlich, und soweit ich weiß, waren sieben Jahre die längste Zeit, die je ein Mann in einem solchen Loch verbracht hat, um dann noch lebend herauszukommen. Es handelte sich um den sogenannten ›Durham-Jungen‹, einen vierzehnjährigen Psychopathen, der einen Schulfreund mit einem rostigen Stück Blech kastriert hatte. Er saß sieben Jahre, aber er war natürlich als gesunder junger Bursche hineingegangen.

Hatte man Schlimmeres begangen als kleine Diebereien oder Gotteslästerung oder am Sonntag ohne Rotzlappen angetroffen zu werden, wurde man gehängt. Für die erwähnten oder ähnlichen Vergehen ging man für drei oder sechs oder neun Monate ins Loch, und wenn man rauskam, war man weiß wie ein Fischbauch, die Augen halb blind, und von Skorbut wackelten einem die Zähne, vom Fußpilz ganz zu schweigen. Gutes altes Maine. *Yo-ho-ho and a bottle of rum*...

Shawshanks Isoliertrakt war nicht annähernd so schlimm... nehme ich an. Ich glaube, menschliche Erfahrungen lassen sich in drei Hauptkategorien einteilen. Es gibt gute, schlechte und entsetzliche, und wenn man in die immer tiefere Dunkelheit des Entsetzlichen hinabtaucht, verwischen sich die Unterschiede mehr und mehr.

Um den Isoliertrakt zu erreichen, wurde man über dreiundzwanzig Stufen nach unten in den Keller geführt, wo man als einziges Geräusch das Tropfen von Wasser hörte. Einige Sechzigwattbirnen, die von der Decke hingen, waren die einzige Beleuchtung. Die Zellen sahen wie große Fässer aus, ähnlich den Safes, die reiche Leute manchmal hinter einem Bild versteckt in die Wand einbauen lassen. Wie bei einem Safe hingen die runden Türen an Scharnieren und bestanden nicht aus Gittern sondern waren solide. Belüftet wurden die Zellen von oben, aber außer der in jeder Zelle angebrachten Sechzigwattbirne gab es kein Licht, und dieses Licht wurde um acht Uhr abends, eine Stunde früher als in den normalen Zellen, über einen Zentralschalter ausgeschaltet. Die Birne war frei zugänglich, und man konnte sie zu jeder Tageszeit herausdrehen, wenn man im Dunkeln sitzen wollte. Aber das taten nicht viele. Nach acht Uhr hatte man natürlich keine Wahl. Es gab eine an die Wand geschraubte Liege und einen Eimer ohne Toilettensitz. Man hatte drei Möglichkeiten, die Zeit zu verbringen. Man konnte sitzen, scheißen oder schlafen. Ein gewaltiges Angebot. Zwanzig Tage konnten einem wie ein Jahr vorkommen, dreißig wie zwei und vierzig wie zehn. Manchmal hörte man in den Belüftungsschächten Ratten. In einer solchen Situation unterscheidet man nicht mehr zwischen entsetzlich und noch entsetzlicher.

Wenn überhaupt etwas Positives über die Isolierzelle zu sagen ist, dann einzig und allein die Tatsache, daß man dort in Ruhe nachdenken kann. Andy hatte zum Nachdenken zwanzig Tage Zeit, während er seine Kornsuppe genoß, und als er wieder rausgelassen wurde, beantragte er sofort ein weiteres Gespräch mit dem Anstaltsleiter. Sein Antrag wurde abgelehnt. Ein solches Gespräch, bedeutete ihm der Anstaltsleiter, wäre ›unproduktiv‹. Eine weitere Phrase, die einem geläufig sein muß, wenn man im Knast arbeiten und an der Besserung der Jungs mitwirken will.

Geduldig stellte Andy noch einen Antrag. Und noch einen. Und noch einen. Dieser Andy Dufresne hatte sich verändert. Als der Frühling des Jahres 1963 um uns erblühte, hatte er plötzlich Falten im Gesicht, und in seinem Haar zeigten sich graue Strähnen. Er lächelte nicht mehr, und öfter als früher schaute er wie verloren in die Ferne, und wenn man das bei einem Mann beobachtet, dann weiß man, daß er die Jahre zählt, die er schon abgesessen hat, und die Monate und die Wochen und die Tage.

Erneut stellte er Anträge. Immer wieder. Er war geduldig. Er hatte Zeit, Zeit, Zeit, nichts anderes. Es wurde Sommer. In Washington versprach Präsident Kennedy, endgültig die Armut abzuschaffen und jedermann die Bürgerrechte zu garantieren, ohne dabei zu wissen, daß er nur noch ein halbes Jahr zu leben hatte. In Liverpool tauchte eine Musikgruppe auf, die sich die Beatles nannte und die schon bald in der britischen Musikszene von sich reden machte. Aber in diesem Staat hatte wohl noch niemand von ihnen gehört. Die Boston Red Sox standen vier Jahre vor dem Wunder von 1967, wie man es in New England nannte, und hockten derzeit im Keller der amerikanischen Liga. Alle diese Dinge geschahen in einer größeren Welt, in der jeder frei umherlief.

Norton sprach Ende Juni 1963 mit ihm, und über diese Unterhaltung hat mir Andy sieben Jahre später berichtet.

»Wenn es um die Geldgeschäfte geht«, sagte Andy leise zu Norton, »haben Sie nichts zu befürchten. Darüber werde ich nicht reden. Ich liefere mich doch nicht selbst ans Messer –«

»Das reicht«, unterbrach ihn Norton. Sein Gesicht war so lang und kalt wie ein Grabstein aus Schiefer. Er lehnte sich in seinem Sessel zurück bis sein Kopf fast an das Sticktuch mit dem Bibelspruch stieß: SEIN URTEIL KOMMT, UND ES KOMMT SCHNELL.

»Aber –«

»Reden Sie zu mir nie wieder über Geld«, sagte Norton. »Weder in diesem Büro noch anderswo. Es sei denn, Sie wollen, daß die Bibliothek wieder zu einem Lagerraum für Farben gemacht wird. Haben wir uns verstanden?«

»Ich wollte Sie doch nur beruhigen.«

»Wenn ich es nötig hätte, mich von einem Hurensohn wie Ihnen beruhigen zu lassen, würde ich auf der Stelle in Pension gehen. Ich habe dieser Unterhaltung zugestimmt, weil ich es leid bin, noch länger belästigt zu werden, Dufresne. Das muß aufhören. Lassen Sie mich mit Ihrer albernen Geschichte in Ruhe. Solche Geschichten würde ich zweimal in der Woche hören, wenn ich darauf einginge. Jeder Sünder in diesem Haus würde sich an meiner Schulter ausweinen. Ich hätte mehr von Ihnen erwartet. Aber jetzt ist Schluß. Schluß. Haben Sie kapiert?«

»Ja«, sagte Andy. »Aber ich werde mir einen Anwalt nehmen.«

»Wozu in aller Welt?«

»Ich glaube, wir könnten es schaffen«, sagte Andy. »Mit Tommys und meiner eigenen Aussage, mit zusätzlichen Aussagen der Angestellten des Country Clubs und anhand der dort vorhandenen Unterlagen. Ich glaube, wir könnten es schaffen.«

»Tommy Williams befindet sich nicht mehr in dieser Anstalt.«

»Was?«

»Er ist verlegt worden.«

»Verlegt *wohin*?«

»Nach Cashman.«

Andy sagte nichts mehr. Er war intelligent, aber ein Mann mußte ungewöhnlich dumm sein, wenn er nicht sofort merkte, daß hier etwas faul war. Cashman war eine halboffene Anstalt ganz im Norden in Atoostook County. Die Insassen müssen Kartoffeln sammeln, und das ist schwere Arbeit, aber sie werden dafür anständig bezahlt, und, wenn sie wollen, können sie Kurse bei der CVI belegen, einem sehr guten Institut für berufliche Fortbildung. Außerdem gab es in Cashman ein Urlaubsprogramm, was für einen Mann wie Tommy, einen Mann mit einer jungen Frau und einem kleinen Kind noch wichtiger war... es bedeutete, daß er wenigstens an den Wochenenden wie ein normaler Mann leben konnte. Er konnte zusammen mit seinem Jungen Flugzeugmodelle bauen, mit seiner Frau schlafen und vielleicht sogar Ausflüge machen. Mit Sicherheit hatte Norton das alles Tommy unter die Nase gehalten, und zwar mit einer Auflage: kein Wort mehr über Elwood Blatch, weder jetzt noch in Zukunft. Oder Sie gehen wieder zurück nach Thomaston an der schönen Route 1 und anstatt mit Ihrer Frau zu verkehren, werden Sie das mit irgendeinem Bullenschwulen tun.

»Aber warum?« fragte Andy. »Warum sollte –«

»Aus Entgegenkommen Ihnen gegenüber«, sagte Norton ruhig, »habe ich in Rhode Island nachgefragt. Es gab dort tatsächlich einen Strafgefangenen namens Elwood Blatch. Seine Reststrafe wurde auf Bewährung ausgesetzt. Es gibt ja diese liberalen Wahnsinnsprogramme, nach denen man die Verbrecher wieder auf die Menschheit losläßt. Seitdem ist er verschwunden.«

»Der Anstaltsleiter dort«, sagte Andy, »ist das ein Freund von Ihnen?«

Sam Nortons Lächeln war so kalt wie die Uhrkette eines Geistlichen. »Wir kennen uns«, sagte er.

»*Warum?*« wiederholte Andy. »Können Sie mir sagen, warum Sie das getan haben? Sie wußten, daß ich nicht über das reden würde, was... was hier vielleicht vorgegangen ist. *Sie wußten* es. *Warum* also?«

»Weil Leute wie Sie mich anwidern«, sagte Norton boshaft. »Ich bin sehr froh, daß Sie hier sind, Dufresne, und solange ich Anstaltsleiter in Shawshank bin, werden Sie hier auch bleiben. Wissen Sie, früher dachten Sie immer, Sie seien etwas Besseres. So etwas kann ich im Gesicht eines Mannes erkennen. Ihnen sah ich das an, als ich zum ersten Mal die Bibliothek betrat. Es hätte genausogut in Blockbuchstaben auf Ihrer Stirn stehen können. Dieser Ausdruck ist aus Ihrem Gesicht verschwunden, und das gefällt mir sehr gut. Sie dürfen keinen Augenblick glauben, daß Sie nur ein nützliches Werkzeug sind. Leute wie Sie müssen ganz einfach Demut lernen. Früher gingen Sie über den Hof, als befänden Sie sich in einem Salon und nähmen an einer dieser Cocktail-Partys teil, auf denen die für die Hölle Bestimmten herumlaufen und sich gegenseitig die Ehefrauen und Ehemänner ausspannen wollen, wobei sie sich besaufen wie die Schweine. Das tun Sie jetzt nicht mehr. Ich werde genau darauf achten, ob Sie sich diesen Gang wieder angewöhnen. Über eine Reihe von Jahren werde ich Sie mit dem größten Vergnügen beobachten, und jetzt scheren Sie sich zum Teufel.«

»Okay. Aber alle außerplanmäßigen Aktivitäten hören jetzt auf, Norton. Die Anlageberatung und die kostenlose Steuerberatung. Das hört alles auf. Bei Ihrer Einkommenssteuererklärung soll Ihnen helfen wer will.«

Nortons Gesicht wurde ziegelrot... und dann wich alle Farbe daraus. »Dafür gehen Sie in die Isolierzelle. Dreißig Tage. Wasser und Brot. Und einen Vermerk in Ihrer Akte. Und während Sie dort hocken, denken Sie gut nach: Wenn *irgend etwas* aufhört, verschwindet die Bibliothek. Ich werde persönlich dafür sorgen, daß sie wieder das wird, was sie früher war: ein Lagerraum. Und ich werde Ihnen das Leben...

sehr schwermachen. Sehr schwierig. Sie werden so schlecht behandelt werden wie nur möglich. Sie werden Ihre Hilton-Suite unten in Trakt 5 verlieren und die Steine auf Ihrem Fensterbrett. Und die Wärter werden Sie nicht mehr vor den Schwulen schützen. Sie werden... alles verlieren. Klar?«

Ich denke, es war völlig klar.

Die Zeit lief weiter – der älteste Trick der Welt, und wahrscheinlich der einzige, der Wunder wirkt. Aber Andy Dufresne war härter geworden. Anders kann ich es nicht ausdrücken. Er machte weiterhin Nortons Dreckarbeit, und er behielt seine Bibliothek. Nach außenhin blieb also alles beim alten. Er trank wie immer an seinem Geburtstag seinen Schnaps, und er trank ihn auch zum Jahresende. Wie immer ließ er den Rest an andere verteilen. Von Zeit zu Zeit besorgte ich ihm neue Polierlappen, damit er seine Steine bearbeiten konnte, und 1967 besorgte ich ihm einen neuen Gesteinshammer – ich sagte Ihnen ja schon, daß der, den ich ihm vor neunzehn Jahren besorgt hatte, total abgenutzt war. *Neunzehn Jahre!* Wenn man das plötzlich einmal ausspricht, klingt es, als schlösse sich mit einem dumpfen Laut die Tür zu einer Gruft. Der Gesteinshammer, der damals zehn Dollar gekostet hatte, war 1967 nicht unter zwanzig Dollar zu haben. Als ich ihm den Preis nannte, lächelten wir beide traurig.

Andy bearbeitete und polierte immer noch die Steine, die er auf dem Hof fand, aber der Hof war kleiner geworden. 1962 war schon die Hälfte asphaltiert. Dennoch fand er wahrscheinlich noch genügend Material, um sich zu beschäftigen. Jeden fertig bearbeiteten Stein legte er sorgfältig in sein Fenster, das nach Osten zeigte. Er liebte es, diese kleinen Stücke des Planeten, die er aus dem Sand geholt hatte, in der Sonne glänzen zu sehen, wie er mir sagte. Es waren Schiefer, Quarze, Granite. Seltsam geformte kleine Figuren aus Glimmer, die er zusammengeleimt hatte. Sedimentäres Trümmergestein, das er so geschnitten und poliert hatte, daß man verstand, warum Andy diese Stücke Jahrtausend-Sandwiches nannte – Schichten von verschiedenem Material, die sich in Jahrtausenden herausgebildet hatten.

Von Zeit zu Zeit verschenkte Andy einige seiner Steine

und Felsskulpturen, um Platz für neue zu schaffen. Die meisten gab er mir. Von den Steinen, die wie Manschettenknöpfe zusammenpaßten, hatte ich allein fünf. Ich hatte auch die Skulptur aus Glimmer, von der ich Ihnen schon erzählt habe, die sorgfältig so bearbeitet war, daß sie aussah wie ein Speerwerfer, und ich hatte auch zwei Stücke von dem sedimentären Trümmergestein, an denen glattpoliert die verschiedenen Schichten im Querschnitt zu erkennen waren. Ich habe sie immer noch und nehme sie oft in die Hand und denke darüber nach, was ein Mann schaffen kann, wenn er Zeit genug hat und diese Zeit auch nutzen will, Tropfen für Tropfen.

Nach außen hin lief jedenfalls alles wie gewohnt. Wenn Norton Andy so hätte zerbrechen wollen, wie er es angekündigt hatte, hätte er wohl ein wenig genauer hinschauen müssen, um die Veränderung zu erkennen. Aber wenn er *gemerkt* hätte, wie anders Andy geworden war, hätte Norton nach meiner Meinung mit den vier Jahren nach dem Zusammenstoß der beiden ganz zufrieden sein können.

Er hatte Andy gesagt, daß dieser über den Hof gegangen sei, als nähme er gerade an einer Cocktail-Party teil. Ich hätte es anders ausgedrückt, aber ich weiß, was er damit gemeint hat. Er meinte genau das, was ich Ihnen über Andy schon erzählt habe. Er trug seine Freiheit wie einen unsichtbaren Mantel und entwickelte niemals eine Gefängnismentalität. Seine Augen hatten nie diesen stumpfen Blick angenommen, und er hatte auch nicht diesen besonderen Gang entwickelt, den die Männer haben, wenn sie am Ende eines harten Arbeitstages wieder in ihre Zellen gehen, einer weiteren endlosen Nacht entgegen – diesen schlurfenden geduckten Gang. Andy ging aufrecht und mit leichten Schritten, als sei er auf dem Heimweg und als erwarte ihn eine nette Frau mit einem gut zubereiteten Essen und nicht fades, matschiges Gemüse, klumpiger Kartoffelbrei und ein oder zwei Scheiben fettes und knorpeliges Fleisch. Außerdem hatte er ein Bild von Raquel Welch an der Wand hängen.

Aber während jener vier Jahre war er, obwohl er nie genauso wurde wie die anderen, doch schweigsam, in sich gekehrt und nachdenklich geworden. Wer könnte das nicht verstehen? Vielleicht war Norton also tatsächlich zufrieden... wenigstens eine Zeitlang.

Seine gedrückte Stimmung hellte sich während der Meisterschaftsserie des Jahres 1967 ein wenig auf. Es war das Traumjahr, in dem die Red Sox den Wimpel gewannen, anstatt auf Platz neun zu landen, wie die Buchmacher in Las Vegas vorausgesagt hatten. Als es geschah – als sie den Wimpel der amerikanischen Liga gewannen – wurde dieser Sieg in der Anstalt überschwenglich gefeiert. Die Leute hatten das verrückte Gefühl, daß, wenn die Dead Sox wieder zum Leben erwachen konnten, es vielleicht jeder schaffen könnte. Ich kann dieses Gefühl heute genausowenig erklären wie ein früherer Beatles-Fan heute *seine* damalige Verrücktheit erklären könnte. Aber dieses Gefühl existierte. Jedes Radiogerät im ganzen Knast war eingeschaltet, als die Red Sox einen Gegner nach dem anderen erledigten. Alle waren niedergeschlagen, als die Sox in Cleveland kurz vor Schluß im Rückstand lagen, aber die Freude war riesengroß, als Rico Petrocelli das Spiel noch herumriß. Und dann die Verzweiflung, als im siebenten Spiel der Serie Lonborg geschlagen wurde und der Traum vom endgültigen Sieg vorerst ausgeträumt war. Wahrscheinlich hatte Norton, dieser Hurensohn, seine Freude daran. Er liebte es, wenn die Sträflinge in Sack und Asche gingen.

Aber Andy versank nicht wieder in Trübsinn. Er war ohnehin kein Baseball-Fan, und das mag dabei eine Rolle gespielt haben. Dennoch ließ auch er sich offensichtlich von der allgemeinen Begeisterung anstecken, aber für ihn war dieses Hochgefühl nach dem letzten Spiel der Serie nicht plötzlich verflogen. Er hatte den unsichtbaren Mantel aus dem Schrank genommen und wieder angezogen.

Ich erinnere mich an einen klaren sonnigen Herbsttag Ende Oktober, ein paar Wochen nach dem Ende der Meisterschaft. Es muß ein Sonntag gewesen sein, denn der Hof wimmelte von Männern, die versuchten, die ›Woche abzuschütteln‹. Sie spielten Frisbee, traten einen Fußball hin und her und tauschten, was sie zu tauschen hatten. Andere saßen unter den wachsamen Blicken der Wärter an dem langen Tisch in der Besucherhalle, unterhielten sich mit ihren Angehörigen, rauchten Zigaretten, erzählten aufrichtige Lügen und nahmen ihre vorher genau durchsuchten Liebesgabenpakete in Empfang.

Andy hatte sich wie ein Indianer gegen die Wand gehockt. Er hielt zwei kleine Gesteinsbrocken in den Händen und hatte das Gesicht der Sonne zugewandt, die für diese Jahreszeit noch überraschend viel Wärme abgab.

»Hallo, Red«, rief er. »Setz dich doch einen Augenblick.« Ich setzte mich zu ihm.

»Willst du das haben?« fragte er und reichte mir eins der sorgfältig polierten ›Jahrtausendsandwiches‹, von denen ich Ihnen eben erzählt habe.

»Gern«, sagte ich. »Ein sehr schönes Stück. Vielen Dank.«

Er zuckte die Achseln und wechselte das Thema. »Nächstes Jahr kommt ja ein großes Jubiläum auf dich zu.«

Ich nickte. Im nächsten Jahr hatte ich meine dreißig Jahre voll. Sechzig Prozent meines Lebens würde ich dann im Shawshank-Staatsgefängnis verbracht haben.

»Glaubst du, daß du jemals rauskommst?«

»Klar. Wenn ich einen langen weißen Bart habe und mit dem Kopf wackle.«

Er lächelte leise und wandte sein Gesicht wieder der Sonne zu. Er schloß die Augen. »Ein schönes Gefühl.«

»Besonders dann, wenn der verdammte Winter vor der Tür steht.«

Er nickte, und wir schwiegen eine Weile.

»Wenn ich hier rauskomme«, sagte Andy, »werde ich dahin gehen, wo es immer warm ist.« Er sprach mit so gelassener Zuversicht, daß man hätte glauben können, er habe nur noch einen Monat abzusitzen.

»Weißt du, wohin ich gehe, Red?«

»Nein.«

»Zihuatanejo«, sagte er und ließ das Wort auf der Zunge zergehen. Es klang wie Musik. »Unten in Mexiko. Es ist ein kleiner Ort, vielleicht zwanzig Meilen von Playa Azul und dem Mexico Highway siebenunddreißig entfernt. Er liegt hundert Meilen nordwestlich von Acapulco am Pazifik. Weißt du, was die Mexikaner über den Pazifik sagen?«

Ich wußte es nicht.

»Sie sagen, er hat kein Gedächtnis. Und dort will ich mein Leben beschließen. An einem warmen Ort, der kein Gedächtnis hat.«

Während er sprach, hatte er eine Handvoll Steine aufgesammelt und warf einen nach dem anderen fort. Er schaute zu, wie sie über den Innenraum des Baseballfelds hüpften, auf dem schon bald zwölf Zentimeter Schnee liegen würden.

»Zihuatanejo. Dort werde ich ein kleines Hotel aufmachen. Sechs Cabanas am Strand und sechs weitere landeinwärts für den Verkauf an der Durchgangsstraße. Ich werde einen Mann anheuern, der mit meinen Gästen Angelfahrten unternimmt, und wer den größten Schwertfisch der Saison fängt, bekommt einen Preis, und sein Bild wird im Empfangsraum aufgehängt. Es wird kein Familienhotel sein, eher eins für Leute, die dort ihre Flitterwochen verbringen... die ersten oder meinetwegen auch die zweiten.«

»Und woher willst du das Geld für dieses fabelhafte Ding nehmen?« fragte ich. »Aus deinen Kapitalkonten?«

Er sah mich an und lächelte. »Das ist nicht ganz falsch«, sagte er. »Manchmal überraschst du mich, Red.«

»Wovon redest du?«

»Wenn es um ernsthafte Schwierigkeiten geht, verhalten sich die Menschen verschieden«, sagte Andy. »Es gibt da eigentlich nur zwei Typen.« Er nahm ein Streichholz und zündete sich eine Zigarette an. »Nehmen wir mal an, irgendwo steht ein Haus voll wertvoller Gemälde, Skulpturen und herrlicher antiker Möbel, Red. Und nehmen wir an, der Mann, dem dies Haus gehört, erfährt, daß ein gewaltiger Orkan Kurs auf dieses Haus nimmt. Einer der beiden Typen hofft das Beste. Der Orkan wird die Richtung ändern, sagt er sich. Kein vernünftiger Orkan würde es wagen, meine Rembrandts, die beiden Pferde von Degas, meine Grant Woods und meine Bentons zu zerstören. Außerdem würde Gott es nicht zulassen. Und im schlimmsten Fall sind sie versichert. Das ist der eine Typ. Der andere Typ nimmt einfach an, daß der Orkan direkt durch sein Haus fahren wird. Wenn der

Wetterdienst sagt, daß der Orkan sich gedreht hat, nimmt dieser Mann an, daß er sich noch einmal drehen wird, um sein Haus dem Erdboden gleichzumachen. Dieser Typ weiß, daß es nichts schadet, das Beste zu hoffen, solange man nur auf das Schlimmste vorbereitet ist.«

Ich zündete mir auch eine Zigarette an. »Willst du damit sagen, daß du dich auf diese Eventualität vorbereitet hast?«

»Ja. Ich habe mich auf den Orkan vorbereitet. Ich wußte, wie schlecht es um mich stand. Ich hatte nicht viel Zeit, aber diese Zeit habe ich genutzt. Ich hatte einen Freund – einer der wenigen, die zu mir hielten –, der für eine Investmentgesellschaft in Portland arbeitete. Er ist vor ungefähr sechs Jahren gestorben.«

»Das tut mir leid.«

»Ja.« Andy warf seine Kippe weg. »Linda und ich hatten etwa vierzehntausend Dollar. Keine Riesensumme, aber verdammt, wir waren doch jung. Unser Leben lag noch vor uns.« Er verzog das Gesicht. Dann fing er an zu lachen. »Als die Scheiße in den Ventilator flog, fing ich an, meine Rembrandts vor dem Orkan in Sicherheit zu bringen. Ich verkaufte meine Aktien, und wie ein guter kleiner Junge zahlte ich die Kapitalertragsteuer. Ich legte alles offen. Alles lief völlig korrekt ab.«

»Haben sie dein Vermögen nicht gesperrt?«

»Ich war wegen Mord angeklagt, Red. Ich war noch nicht verurteilt. Man kann das Vermögen eines unschuldigen Mannes nicht sperren. Und es dauerte eine Weile, bis sie sich dazu aufrafften, mich dieses Verbrechens zu bezichtigen. Jim – mein Freund – und ich hatten etwas Zeit. Ich hatte natürlich Verlust, weil ich alles auf einmal abstoßen mußte. Ich wurde ganz schön gerupft. Aber zu der Zeit hatte ich andere Sorgen als ein paar Verluste an der Börse.«

»Das kann man wohl sagen.«

»Aber als ich nach Shawshank kam, war alles in Sicherheit. Das ist es immer noch. Außerhalb dieser Mauern, Red, gibt es einen Mann, den keine lebende Seele je zu Gesicht bekommen hat. Er hat einen Sozialversicherungsausweis und einen im Staate Maine ausgestellten Führerschein. Er hat eine Geburtsurkunde und heißt Peter Stevens. Ein schön unauffälliger Name, was?«

»Wer ist das?« fragte ich und ahnte schon, was er antworten würde, aber ich konnte es nicht glauben.

»Ich.«

»Du willst mir doch nicht erzählen, daß du noch Zeit hattest, dir eine falsche Identität zu schaffen, während die Bullen dich in der Mangel hatten«, sagte ich erstaunt, »oder daß du es geschafft hast, als du schon vor Gericht standest wegen –«

»Nein, das wollte ich damit nicht sagen. Mein Freund Jim war es, der mir diese falsche Identität verschafft hat. Er fing damit an, nachdem meine Berufung erfolglos geblieben war, und schon im Frühjahr 1950 war die Sache so gut wie erledigt.«

»Er muß ein sehr guter Freund gewesen sein«, sagte ich. Ich war mir nicht sicher, wieviel davon ich glauben konnte – ein wenig, viel oder gar nichts. Aber der Tag war warm, und die Sonne schien, und immerhin war es eine verdammt gute Geschichte. »Auf diese Weise eine falsche Identität aufzubauen, ist doch hundertprozentig illegal.«

»Er war ein guter Freund«, sagte Andy. »Wir waren Kriegskameraden. Frankreich, Deutschland, die Besatzungszeit. Er war wirklich ein guter Freund. Er wußte, daß es illegal war, aber er wußte auch, daß es in diesem Land sehr leicht und ziemlich ungefährlich ist, eine falsche Identität aufzubauen. Er nahm mein Geld – weil die Steuern bezahlt waren, interessierte die Finanzbehörde sich nicht dafür – und investierte es für Peter Stevens. Das tat er in den Jahren 1950 und 1951. Heute beläuft sich mein Vermögen auf dreihundertsiebzigtausend und einiges.«

Ich bekam das Maul nicht mehr zu, und er lächelte.

»Denk doch nur an die Leute, die heute bedauern, damals nicht in dieses oder jenes Projekt investiert zu haben. Peter Stevens *hat* aber in zwei oder drei dieser Objekte investiert. Wenn ich nicht hier gelandet wäre, hätte ich heute gut und gern meine sieben oder acht Millionen. Ich hätte einen Rolls... und wahrscheinlich ein Magengeschwür so groß wie ein Transistorradio.«

Seine Hände griffen in den Sand, und er siebte einige weitere Steine heraus. Der Sand lief ihm durch die Finger.

»Ich habe das Beste gehofft und war auf das Schlimmste vorbereitet, weiter nichts. Den falschen Namen brauchte ich nur, um mein bißchen Kapital sauberzuhalten. Ich habe lediglich die Bilder vor dem Orkan in Sicherheit gebracht. Aber ich hatte keine Ahnung, daß der Orkan... daß er so lange anhalten könnte.«

Ich sagte eine Weile nichts. Ich versuchte, die Vorstellung einsickern zu lassen, daß dieser schmächtige kleine Mann in der grauen Gefangenenkleidung mehr Geld haben könnte als Anstaltsleiter Norton in seinem ganzen elenden Leben verdienen würde, seine dreckigen Geschäfte eingeschlossen.

»Als du sagtest, du würdest dir einen Anwalt nehmen, war das also kein Witz«, sagte ich endlich. »Für das Geld hättest du Clarence Darrow nehmen können oder einen Mann, der heute seinem Format entspricht. Warum hast du das nicht getan, Andy? Mein Gott! Du hättest wie eine Rakete aus diesem Knast fahren können.«

Er lächelte. Es war dasselbe Lächeln, das ich in seinem Gesicht gesehen hatte, als er mir sagte, er und seine Frau hätten ihr Leben noch vor sich gehabt. »Nein«, sagte er.

»Ein guter Anwalt hätte diesen Williams aus Cashman rausgeholt, ob es ihm recht gewesen wäre oder nicht«, sagte ich. Ich fing an mich aufzuregen. »Du hättest einen neuen Prozeß bekommen. Du hättest Privatdetektive beauftragt, Blatch zu suchen, und obendrein hättest du Norton hochgehen lassen können. Warum hast du es nur nicht getan, Andy?«

»Weil ich mich dann selbst überlistet hätte. Sobald ich versuche, von hier aus Peter Stevens' Geld in die Hände zu bekommen, verliere ich jeden Cent. Mein Freund Jim hätte das arrangieren können, aber er ist tot. Siehst du nicht das Problem?«

Ich sah es. Das Geld nützte Andy so wenig, als gehörte es jemand anders. Und in gewisser Weise war das ja auch der Fall. Und wenn die Objekte, in die Andy investiert hatte, plötzlich umkippten, müßte er tatenlos zusehen, wie sein Vermögen zusammenschmolz. Dann könnte er höchstens seinen eigenen finanziellen Niedergang im Börsenteil des *Press-Herald* verfolgen. Das Leben ist hart, wenn man nicht weich wird.

»Ich werde dir sagen, wie die Dinge stehen, Red. In der Stadt Buxton liegt eine große Wiese. Du weißt doch, wo Buxton liegt?«

Ich wußte es. Es liegt ganz in der Nähe von Scarborough.

»Stimmt. Und im Norden wird dieses Feld von einer Mauer begrenzt, die aus einem Gedicht von Robert Frost stammen könnte. Und irgendwo unten am Fuß der Mauer steckt ein Stein, der da nicht hingehört. Es ist ein Stück vulkanische Glaslava, und bis 1947 lag es als Briefbeschwerer auf meinem Schreibtisch. Mein Freund Jim hat es in diese Mauer eingebaut. Darunter liegt ein Schlüssel. Der Schlüssel. Der Schlüssel paßt zu einem Schließfach in der Portland-Filiale der Casco Bank.«

»Dann sieht es für dich nicht gut aus«, sagte ich. »Als dein Freund Jim starb, haben die Finanzbehörden bestimmt seine sämtlichen Fächer öffnen lassen. Natürlich in Anwesenheit seines Testamentvollstreckers.«

Andy lächelte und tippte mir an die Schläfe. »Nicht schlecht. Du hast nicht nur feuchte Luft im Kopf. Aber wir haben an die Möglichkeit gedacht, daß Jim sterben könnte, während ich im Knast sitze. Das Fach wurde unter Peter Stevens' Namen gemietet, und einmal jährlich überweist die Anwaltsfirma, die Jim mit der Testamentsvollstreckung betraut hatte, die Miete dafür.

In diesem Schließfach liegt Peter Stevens und wartet darauf, rausgelassen zu werden. Seine Geburtsurkunde, sein Sozialversicherungsausweis und sein Führerschein. Der Führerschein ist seit Jims Tod vor sechs Jahren ungültig, aber für eine Gebühr von fünf Dollar kann man ihn jederzeit erneuern lassen. Seine Kapitalanteilscheine liegen dort, die steuerfreien kommunalen Schuldverschreibungen und ungefähr achtzehn Inhaberobligationen über je zehntausend Dollar.«

Ich pfiff durch die Zähne.

»Peter Stevens liegt in einem Schließfach in der Casco Bank in Portland, und Andy Dufresne sitzt in einem Schließfach in

Shawshank«, sagte er. »Wie du mir, so ich dir. Und der Schlüssel zum Fach, zum Geld und zu einem neuen Leben liegt unter einem Brocken schwarzer Glaslava auf einer Wiese in Buxton. Nachdem ich dir schon so viel erzählt habe, will ich dir noch etwas sagen, Red: während der letzten plus minus zwanzig Jahre habe ich die Zeitungen sehr gründlich auf Nachrichten über etwaige Bauprojekte in Buxton durchgesehen. Immer wieder denke ich, daß sie dort eines Tages eine Umgehungsstraße oder ein Krankenhaus oder ein Shopping Center bauen werden. Daß sie mein neues Leben unter drei Metern Beton begraben oder mit einer Geröllladung in den nächsten Sumpf kippen.«

»Mein Gott, Andy«, fuhr es aus mir heraus, »wenn das alles stimmt, wie schaffst du es denn nur, nicht verrückt zu werden?«

Er lächelte. »Soweit im Westen nichts Neues.«

»Aber es kann noch Jahre dauern bis –«

»Es wird Jahre dauern. Aber vielleicht nicht so viele, wie der Staat und Anstaltsleiter Norton glauben. So lange zu warten, kann ich mir einfach nicht erlauben. Ich denke dauernd an Zihuatanejo und das kleine Hotel. Das ist alles, was ich mir noch vom Leben wünsche, Red, und ich glaube nicht, daß es zuviel verlangt ist. Ich habe Glenn Quentin nicht umgebracht, und ich habe meine Frau nicht umgebracht, und das kleine Hotel... das ist nicht zuviel verlangt. Schwimmen, sich bräunen zu lassen, in einem Zimmer mit offenen Fenstern zu schlafen, die Weite zu spüren... das ist nicht zuviel verlangt.«

Er schleuderte die Steine fort.

»Weißt du, Red«, sagte er wie nebenbei. »Ein solcher Laden... ich würde einen Mann brauchen, der weiß, wie man Dinge beschafft.«

Ich dachte lange darüber nach. Und das größte Hindernis war nicht einmal, daß wir von bewaffneten Wärtern beaufsichtigt auf einem beschissenen kleinen Gefängnishof Luftschlösser bauten. »Ich könnte das nicht«, sagte ich. »Ich könnte mich draußen nicht mehr zurechtfinden. Ich bin hier das, was man eine Institution nennt. Hier bin ich der Mann, der alles beschaffen kann, ja. Aber da draußen kann das je-

der. Wenn du da draußen ein Poster brauchst oder Gesteinshämmer oder eine bestimmte Schallplatte oder einen Bausatz
für ein Flaschenschiff, dann schlägst du einfach die verdammten gelben Seiten auf. Hier bin *ich* die verdammten gelben Seiten. Ich wüßte nicht, wie ich anfangen sollte. Oder
wo.«

»Du unterschätzt dich«, sagte er. »Du bist Autodidakt. Du
bist Selfmademan. Ein recht bemerkenswerter Mann, finde
ich.«

»Zum Teufel, ich habe nicht mal ein Hochschuldiplom.«

»Das weiß ich«, sagte er. »Aber ein Stück Papier macht
nicht den Mann aus. Und es ist nicht nur das Gefängnis, das
einen zerbricht.«

»Ich würde es draußen nicht schaffen, Andy. Das weiß
ich.«

Er stand auf. »Denk darüber nach«, sagte er, und in diesem
Augenblick ertönte aus dem Gebäude die Sirene. Er schlenderte davon, als sei er ein freier Mann, der soeben einem anderen freien Mann einen Vorschlag gemacht hatte. Und das
allein reichte aus, daß ich mich für eine Weile wenigstens frei
fühlte. Das konnte Andy. Er konnte mich für eine Zeitlang
vergessen lassen, daß wir beide Lebenslängliche waren, aus-
geliefert der Gnade eines schwielenärschigen Begnadigungsausschusses, der Gnade auch eines psalmensingenden Anstaltsleiters, dem es sehr gefiel, daß Andy Dufresne hier war.
Schließlich war Andy ein Schoßhund, der Steuererklärungen
ausfüllen konnte. Was für ein wunderbares Tier!

Am Abend in der Zelle fühlte ich mich wieder wie ein Ge-
fangener. Der Gedanke allein schien absurd, und wenn man
sich das blaue Meer und die weißen Strände vorstellte, war
das eher grausam als närrisch. Diese Vorstellung zerrte an
meinem Verstand wie ein Angelhaken. Ich konnte diesen unsichtbaren Mantel einfach nicht so tragen wie Andy es tat. Ich
schlief an diesem Abend ein und träumte von einem großen
gläsernen Stein mitten auf einer Wiese, und dieser Stein war
wie ein riesiger Schmiedeamboß geformt. Ich versuchte, den
Stein umzukippen, um den Schlüssel zu bekommen, der darunter lag, aber der Stein rührte sich nicht. Er war so verdammt groß.

Und in der Ferne hörte ich das Bellen von Bluthunden, das rasch näher kam.

Und das führt uns wohl zum Thema Ausbruchsversuche.

Gewiß, die gibt es von Zeit zu Zeit in unserer glücklichen kleinen Familie. Man geht natürlich nicht über die Mauer, nicht in Shawshank und nicht wenn man schlau ist. Die Suchscheinwerfer kreisen die ganze Nacht, und ihre weißen Finger bestreichen das freie Feld auf drei Seiten und das faulige Sumpfgelände auf der vierten. Gelegentlich steigen Sträflinge über die Mauer und werden fast immer von den Scheinwerfern erwischt. Wenn nicht, greift man sie auf Highway 6 oder auf Highway 99, wo sie versuchen, per Anhalter wegzukommen. Wenn sie über das freie Feld verschwinden wollen, sieht irgendein Farmer sie und ruft beim Gefängnis an. Wer über die Mauer geht, ist dumm. Shawshank ist nicht Canon City, aber wenn in einer ländlichen Gegend ein Mann in einem grauen Pyjama seinen Arsch durch die Gegend schiebt, fällt er so auf wie ein Kakerlak auf einer Hochzeitstorte.

Die Jungs, die im Laufe der Jahre am erfolgreichsten waren – was merkwürdig ist, vielleicht aber auch gar nicht so –, sind diejenigen, die einer plötzlichen Eingebung folgten. Einigen gelang die Flucht zwischen Bettwäsche versteckt auf einem Wagen; ein Sträflingssandwich auf Weiß, könnte man sagen. Als ich herkam, gab es das öfter, aber seitdem wurde dieses Schlupfloch so ziemlich geschlossen.

Nortons berühmtes ›Außenarbeitsprogramm‹ führte ebenfalls zu Fluchtversuchen, die manchmal sogar gelangen. Das waren die Leute, die fanden, daß das, was rechts vom Bindestrich lag, ihnen besser gefiel als das auf der linken Seite. Und auch hier geschahen die Versuche eher beiläufig. Man läßt die Harke fallen und schlägt sich in die Büsche, wenn einer der Wärter am Wagen ein Glas Wasser trinkt, oder wenn ein paar andere sich über den Tabellenstand der alten Boston Patriots streiten.

1969 sammelte ein Arbeitstrupp in Sabbatus Kartoffeln. Es war der dritte November, und die Arbeit war fast getan. Ein Wärter namens Henry Pugh – und Sie dürfen mir glauben,

daß er nicht mehr zu unserer glücklichen kleinen Familie gehört – saß auf der hinteren Stoßstange des Kartoffelwagens
und aß sein Lunch, den Karabiner auf den Knien, als plötzlich ein kapitaler Zehnender aus dem kalten Nebel des frühen Nachmittags auftauchte (so hat man es mir erzählt, aber
natürlich werden diese Dinge manchmal übertrieben). Pugh
dachte daran, wie schön sich eine solche Trophäe in seinem
Wohnzimmer ausmachen würde und verfolgte den Bock.
Währenddessen spazierten drei seiner Schützlinge einfach
davon. Zwei wurden in einer Spielhalle in Lisbon Falls wieder aufgegriffen. Von dem dritten fehlt bis heute jede Spur.

Ich glaube, der berühmteste Fall war der von Sid Nedeaus.
Das war 1958, und dieser Streich wird wahrscheinlich nie
übertroffen werden. Sid zog auf dem Hof die Kreidelinien für
ein Baseballspiel, das am Samstag dort stattfinden sollte, als
um drei Uhr die Sirene für den Schichtwechsel der Wachmannschaft losheulte. Der Parkplatz liegt jenseits des Hofes
auf der anderen Seite des elektrisch betriebenen Haupttores.
Um drei Uhr wird das Tor geöffnet, und die Wärter der ersten
Schicht mischen sich mit denen der zweiten. Dabei gibt es
eine Menge Schulterklopfen oder Geflachse und natürlich
die abgestandenen Neger- oder Judenwitze.

Sid rollte die Maschine, mit der er die Linie zog, direkt
durch das Tor nach draußen und hinterließ eine drei Zoll
breite Linie, die vom Baseballfeld auf dem Hof bis an den
Chausseegraben jenseits der Route 6 führte, wo man das Gerät später umgestürzt auf einem Kreidehaufen fand. Fragen
Sie mich nicht, wie er das gemacht hat. Er trug seine Anstalts-
kleidung, war fast ein Meter neunzig groß und zog eine
Wolke von Kreidestaub hinter sich her. Ich kann es mir nur so
vorstellen: weil es Freitagnachmittag war, waren die abgelö-
sten Wärter so froh, daß sie gehen konnten, und die anderen
so deprimiert, weil sie ihren Dienst antreten mußten, daß die
ersteren ihren Kopf nicht von ihren Stiefelspitzen losreißen
konnten... und der alte Sid Nedeau marschierte ganz einfach zwischen den beiden Gruppen hindurch.

Soweit ich weiß, ist Sid immer noch auf freiem Fuß. Im
Laufe der Jahre haben Andy und ich mehr als einmal über
Sids herrliche Flucht gelacht, und als wir von der Flugzeug-

entführung hörten, bei der der Entführer, das Lösegeld in der Tasche, mit dem Fallschirm absprang, wollte Andy darauf schwören, daß dieser D. B. Cooper in Wirklichkeit Sid Nedeau hieß.

»Und wahrscheinlich hatte er als Glücksbringer eine Handvoll Kreidestaub in der Tasche«, sagte Andy. »Hat der Kerl ein Glück gehabt.«

Aber man muß verstehen, daß Fälle wie Sid Nedeau oder der Mann, der auf dem Kartoffelacker in Sabbatus aus dem Arbeitstrupp abhaute, als Gefängnisversion eines Gewinns in der Lotterie zu bezeichnen sind. Sechs verschiedene Arten von Glück müssen alle im gleichen Augenblick zusammentreffen. Ein vorsichtiger Mann wie Andy könnte neunzig Jahre warten und würde doch keine ähnliche Chance bekommen.

Vielleicht wissen Sie noch, daß ich vorhin einen Mann namens Henley Backus erwähnte, den Vorarbeiter in der Wäscherei. Er kam 1922 nach Shawshank und starb einunddreißig Jahre später in der Krankenstation. Fluchtversuche, geglückte und erfolglose, waren sein Lieblingsthema. Vielleicht, weil er sich selbst nie getraut hat, einen zu unternehmen. Er konnte einem hundert verschiedene Möglichkeiten nennen, alle total verrückt, und alle waren in Shawshank schon irgendwann ausprobiert worden. Am besten gefiel mir die Geschichte von Beaver Morrison, der versuchte, im Keller der Nummernschilderfabrikation ein Segelflugzeug zu bauen. Die Pläne, nach denen er arbeitete, stammten aus einem um die Jahrhundertwende erschienenen Buch mit dem Titel *The Modern Boy's Guide to Fun and Adventure*. Beaver baute das Flugzeug, ohne entdeckt zu werden, um dann feststellen zu müssen, daß es in dem Keller keine Tür gab, die groß genug war, so daß er das verdammte Ding nicht nach draußen schaffen konnte. Wenn Henley die Geschichte erzählte, hielt man sich vor Lachen die Seiten, und er kannte ein ganzes Dutzend – nein zwei Dutzend – die genauso lustig waren.

Wenn es darum ging, über die Ausbruchsversuche aus Shawshank zu berichten, dann kannte Henley die Einzelheiten mit Kapitel und Vers. Er erzählte mir einmal, während seiner Zeit habe es in Shawshank über vierhundert Ausbruchsversuche gegeben, *von denen er wußte*. Darüber sollten Sie einen Augenblick nachdenken, bevor Sie mit dem Kopf nicken und weiterlesen. *Vierhundert* Ausbruchsversuche! Auf jedes Jahr, das Henley Backus in Shawshank verbracht hatte, entfielen also 12,9 Ausbruchsversuche. Der Ausbruchsversuch-des-Monats-Club. Die meisten von ihnen waren natürlich schlampig durchgeführte Unternehmen, die damit endeten, daß ein Wärter irgendeinen Trottel, der sich aus dem Staub machen wollte, am Arm packte und knurrte: »Wo willst du denn hin, du hirnloses Arschloch?«

Henley hielt nur sechzig von ihnen für ernsthafte Ausbruchsversuche, darunter den ›Gefängnisausbruch‹ von 1937, dem Jahr vor meiner Einlieferung in Shawshank. Der neue Verwaltungstrakt wurde gerade gebaut, und vierzehn Häftlinge kamen frei, wobei sie Bauwerkzeug benutzten, das sie aus einem schlecht gesicherten Schuppen geholt hatten. Das ganze südliche Maine geriet wegen dieser ›Schwerverbrecher‹ in Panik. Dabei standen die meisten von ihnen Todesangst aus und wußten genausowenig wohin wie ein von Scheinwerfern geblendeter Eselhase, auf den ein Lastwagen zurast. Nicht einem der vierzehn gelang die Flucht. Zwei von ihnen wurden erschossen – von Zivilisten, nicht von Polizeibeamten oder Gefängnispersonal –, aber keiner konnte entkommen.

Wie vielen *war* die Flucht gelungen zwischen 1938, als ich herkam, und jenem Oktobertag, als Andy mir zum erstenmal von Zihuatanejo erzählte? Wenn ich meine Informationen und Henleys Berichte zusammennehme, würde ich sagen, zehn. Und obwohl man das nicht sicher wissen kann, vermute ich, daß mindestens die Hälfte der Leute inzwischen wieder einsitzt, und zwar in einer Anstalt von geringerer Gelehrsamkeit als Shawshank. Denn man gewöhnt sich an den Knast. Wenn man einem Mann die Freiheit nimmt und ihn daran gewöhnt, in einer Zelle zu leben, scheint er die Fähigkeit zu verlieren, in mehreren Dimensionen zu denken. Er ist wie der erwähnte Eselhase, der wie hypnotisiert im Scheinwerferlicht des Lastwagens sitzen bleibt, der ihn töten wird.

Sehr häufig dreht ein Sträfling, der gerade draußen ist, irgendein ungeschicktes Ding, das nicht die geringste Aussicht auf Erfolg hat, nur um wieder reinzukommen. Dann ist er wieder an einem Ort, an dem er sich zurechtfindet.

Andy war nicht so, aber ich war es. Der Gedanke, den Pazifik zu sehen, hörte sich gut an, aber wenn ich wirklich dort wäre, würde seine Weite mich zu Tode erschrecken. An dem Tag jedenfalls, an dem die Unterhaltung über Mexiko und Mr. Peter Stevens stattfand... an dem Tag fing ich an zu glauben, daß Andy einen Ausbruchsversuch plante. Ich hoffte nur, daß er vorsichtig sein würde. Dennoch, ich hätte kein Geld auf einen Erfolg gesetzt. Anstaltsleiter Norton beobachtete Andy nämlich besonders scharf. Andy war für Norton nicht einfach ein weiterer blinder Passagier mit einer Nummer, sondern man könnte sagen, sie hatten Arbeitsbeziehungen. Außerdem hatte Andy Verstand und Mut. Norton war entschlossen, das erste zu nutzen und das zweite zu brechen.

Wie es draußen ehrliche Politiker gibt – solche, die für Bestechungsgelder auch etwas tun –, so gibt es auch ehrliche Gefängniswärter, und wenn man gute Menschenkenntnis und einiges zu verteilen hat, dann dürfte es möglich sein, so viel Wegschauen zu erkaufen, daß man einen Ausbruch wagen kann. Ich bin nicht der Mann, der Ihnen sagt, daß so etwas noch nie geschehen ist, aber Andy Dufresne war nicht der Mann dafür. Und, wie gesagt, Norton beobachtete ihn. Andy wußte das, und die Wärter wußten es auch.

Niemand würde Andy für Außenarbeiten einteilen, nicht solange Norton die jeweilige Einteilung überwachte. Und Andy war nicht der Typ, der eine Flucht à la Sid Nedeau versucht hätte.

Wenn ich Andy gewesen wäre, hätte mich der Gedanke an den Schlüssel entsetzlich gequält. Ich weiß nicht, ob ich nachts auch nur zwei Stunden lang vernünftig hätte schlafen können. Buxton war keine dreißig Meilen von Shawshank entfernt. So nah und doch so weit weg.

Einen Anwalt zu nehmen und zu versuchen, ein Wiederaufnahmeverfahren zu erreichen, hielt ich immer noch für die beste Lösung. Ich hätte alles getan, Norton zu entkommen. Vielleicht war Williams schon mit einem angenehmen Urlaubsprogramm zum Schweigen zu bringen, aber da war ich nicht ganz sicher. Vielleicht konnte ein ausgebuffter Anwalt aus Mississippi ihn knacken... vielleicht brauchte sich dieser Anwalt gar keine so große Mühe zu geben. Williams hatte Andy wirklich gemocht. Immer wieder brachte ich Andy gegenüber diese Punkte vor, aber er lächelte dann nur. Den Blick in die Ferne gerichtet, sagte er dann, er wolle darüber nachdenken.

Anscheinend hatte er außerdem an eine ganze Menge anderer Dinge gedacht.

1975 brach Andy Dufresne aus Shawshank aus. Er ist nicht wieder ergriffen worden, und ich glaube, das wird auch nie der Fall sein. Aber ich glaube, in Zihuatanejo, unten in Mexiko, lebt ein Mann namens Peter Stevens. Wahrscheinlich hat er ein sehr neues kleines Hotel in diesem Jahre des Herrn 1976.

Am 12. März 1975 öffneten sich die Zellentüren in Trakt 5 morgens um sechs Uhr dreißig, wie jeden Morgen außer Sonntags. Und wie jeden Morgen außer Sonntags traten die Insassen der Zellen auf den Korridor hinaus und bildeten zwei Reihen, während die Zellentüren hinter ihnen ins Schloß fielen. Dann marschierten sie durch das Haupttor des Trakts, wo sie von zwei Wärtern gezählt wurden, bevor sie in die Cafeteria hinuntergingen, wo ein Frühstück aus Hafergrütze, Rühreiern und sehr fettem Speck auf sie wartete.

Bis auf die Zählerei am Haupttor lief dies alles routinemäßig ab. Es hätten siebenundzwanzig sein müssen. Statt dessen waren es sechsundzwanzig. Der Wachhabende wurde angerufen, und der Zellentrakt 5 durfte frühstücken.

Der Wachhabende, ein gar nicht so übler Bursche namens Gonyar und Burkes, ein ganz besonders großes Arschloch, rannten sofort in den Zellentrakt 5. Gonyar und Burkes gingen den Korridor entlang und öffneten alle Zellentüren. Sie hatten ihre Pistolen gezogen und ließen ihre Schlagstöcke über die Gitterstäbe rasseln. In einem Fall wie diesem ist gewöhnlich jemand nachts krank geworden, so krank, daß er morgens nicht einmal aus seiner Zelle heraustreten kann. In seltenen Fällen ist jemand gestorben... oder hat Selbstmord begangen.

Aber diesmal stießen sie auf ein Geheimnis und nicht auf einen Kranken oder einen Toten. Sie fanden überhaupt keinen Mann. In Trakt fünf gab es vierzehn Zellen, sieben auf jeder Seite, alle ziemlich ordentlich – für nicht aufgeräumte Zellen gab es in Shawshank Entzug der Besuchserlaubnis – und alle sehr leer.

Gonyars erste Annahme war, daß man sich verzählt hatte oder daß jemand ihnen einen Streich spielen wollte. Die Insassen von Trakt 5 wurden also nach dem Frühstück nicht an die Arbeit, sondern wieder in ihre Zellen geschickt. Sie scherzten und lachten und freuten sich. Eine Unterbrechung der Routine war immer sehr willkommen.

Zellentüren öffneten sich, Gefangene gingen hinein, Zellentüren schlossen sich. Irgendein Witzbold schrie: »Ich verlange meinen Anwalt. Ich verlange meinen Anwalt. Ihr führt dies Hotel ja wie ein verdammtes Gefängnis.«

Burkes: »Halt's Maul, oder ich mach' dich fertig.«

Der Witzbold: »Ich hab's deiner Frau besorgt, Burkie.«

Gonyar: »Ruhe da, oder ihr bleibt den ganzen Tag in den Zellen.«

Er und Burkes gingen wieder den Korridor entlang und zählten Nasen. Sie brauchten nicht weit zu gehen.

»Wer gehört in diese Zelle?« fragte Gonyar seinen Gehilfen.

»Andrew Dufresne«, antwortete der Mann, und das genügte. Nun war nichts mehr Routine. Der Ballon ging hoch.

In allen Gefängnisfilmen, die ich gesehen habe, heult die Alarmsirene los, wenn ein Ausbruch stattgefunden hat. Das passiert in Shawshank niemals. Zuerst setzte sich Gonyar mit dem Anstaltsleiter in Verbindung. Als zweites wurde eine Durchsuchung des Gefängnisses veranlaßt. Als drittes wurde die Polizei in Scarborough verständigt und auf die Möglichkeit eines Ausbruchs hingewiesen.

Das war die Routine. Sie verlangte nicht, daß die Zelle des Ausbrechers durchsucht wurde, und deshalb tat das auch niemand. Nicht gleich. Warum sollten sie auch? Was man sieht, das hat man. Es war ein kleiner quadratischer Raum mit Eisenstäben vor den Fenstern und an der Schiebetür. In der Zelle eine Toilette und eine Schlafpritsche. Auf dem Fensterbrett einige hübsche Steine.

Und natürlich das Poster. Zu der Zeit war es Linda Ronstadt. Das Poster hing direkt über seinem Bett. Sechsundzwanzig Jahre lang hatte an genau derselben Stelle ein Poster gehangen. Und als jemand – es war Anstaltsleiter Norton selbst, eine wahrhaft dichterische Gerechtigkeit, wenn es je eine gab – hinter das Poster schaute, erlebten die Leute einen gewaltigen Schock.

Aber das geschah erst um sechs Uhr dreißig abends, zwölf Stunden nachdem man Andy vermißt hatte und wahrscheinlich zwanzig Stunden nach seiner eigentlichen Flucht.

Norton ging an die Decke.

Ich weiß es aus zuverlässiger Quelle – von Chester, dem privilegierten Häftling, der an jenem Tag im Verwaltungsflügel den Fußboden bohnerte. Diesmal brauchte er keine Schlüssellöcher zu polieren; er sagte, man konnte den Anstaltsleiter noch in der Registratur deutlich hören, als er Rich Gonyar fürchterlich zusammenschiß.

»Was heißt das, daß er nicht auf dem Anstaltsgelände ist? Was bedeutet das? Das bedeutet, daß Sie ihn nicht gefunden haben! Suchen Sie ihn, und wehe Sie finden ihn nicht! Der Mann muß wieder her! Haben Sie verstanden? Der Mann muß wieder her!«

Gonyar sagte etwas.

»Es ist nicht während Ihrer Schicht passiert? Das sagen *Sie*. Soweit *ich* es beurteilen kann, weiß niemand, wann es passiert ist. Oder wie. Oder ob überhaupt. Bis heute nachmittag um drei Uhr ist der Mann in meinem Büro, oder hier werden einige Köpfe rollen. Das kann ich Ihnen versprechen, und ich *halte* meine Versprechen.«

Wieder ein paar Worte von Gonyar, die Norton zu noch größerer Wut zu reizen schienen.

»Nein? Dann sehen Sie sich das an! *Sehen Sie es sich an!* Erkennen Sie es? Der Zählappell für Trakt 5. Von gestern abend. Alle Gefangenen waren da. Dufresne wurde abends um neun Uhr eingeschlossen, und es ist unmöglich, daß er jetzt verschwunden ist! *Es ist unmöglich! Und jetzt finden Sie ihn!*«

Aber um drei Uhr nachmittags wurde Andy immer noch vermißt. Norton selbst raste zum Zellentrakt 5 hinunter, wo wir anderen den ganzen Tag eingesperrt gewesen waren. Ob man uns verhört habe? Wir waren den ganzen Tag lang von gehetzten Wärtern verhört worden, die den Atem des Drachen im Genick spürten. Wir sagten alle dasselbe: wir hätten nichts gehört und nichts gesehen. Und soweit mir bekannt ist, sagten wir alle die Wahrheit. Was mich betrifft, stimmte das auf jeden Fall. Wir konnten lediglich aussagen, daß Andy beim Einschließen in seiner Zelle gewesen sei und eine Stunde später, als die Lichter ausgingen, ebenfalls.

Ein Witzbold meinte, Andy sei wohl durch das Schlüsselloch geflossen. Dieser Spruch trug ihm vier Tage Isolierhaft ein. Die Wärter waren empfindlich.

Norton kam also herunter – stolzierte herunter – und blitzte uns aus seinen blauen Augen an, als hätte er damit Funken aus den Stahlstäben unserer Käfige schlagen können. Er sah uns an, als ob er glaubte, wir hätten alle etwas damit zu tun. Wahrscheinlich glaubte er das wirklich.

Er ging in Andys Zelle und sah sich um. Sie sah genauso aus, wie Andy sie zurückgelassen hatte. Die Decken auf seiner Pritsche waren aufgeschlagen, aber es sah nicht aus, als hätte jemand dort geschlafen. Steine auf dem Fensterbrett... aber nicht alle. Die ihm am besten gefielen, hatte er mitgenommen.

»Steine«, zischte Norton und fegte sie von der Fensterbank. Gonyar, der jetzt Überstunden machte, zuckte zusammen, aber er sagte nichts.

Nortons Blick fiel auf das Poster mit Linda Ronstadt. Linda schaute über die Schulter zurück und hatte die Hände in die hinteren Taschen ihrer hellbraunen und sehr engen Hosen gesteckt. Sie trug ein rückenfreies Oberteil und war von der kalifornischen Sonne braungebrannt. Das Poster mußte Nortons Baptistenempfindlichkeit tief beleidigt haben. Als ich sah, wie er es anstarrte, mußte ich daran denken, daß Andy einmal gesagt hatte, er habe oft das Gefühl, er könne direkt durch das Bild hindurchgehen, um bei dem Mädchen zu sein.

Und genau das hatte er auch tatsächlich getan, wie Norton schon in wenigen Sekunden erfahren sollte.

»Elendes Ding«, knurrte er und riß mit einem Griff das Poster von der Wand.

Und legte das klaffende unregelmäßige Loch im Beton dahinter frei.

Gonyar wollte nicht in das Loch kriechen.

Norton befahl es ihm – mein Gott, sein Geschrei mußte im ganzen Gefängnis zu hören gewesen sein, als er Gonyar befahl, hineinzugehen – und Gonyar lehnte es glatt ab.

»Das kostet Sie Ihren Job!« kreischte Norton. Er war fast hysterisch und hatte jede Selbstbeherrschung verloren. Sein Gesicht lief dunkelrot an, und die Adern an seiner Stirn traten hervor. »Sie können sich darauf verlassen, Sie... Sie Franzose! Das kostet Sie Ihren Job, und ich werde dafür sorgen, daß Sie in New England in keinem Gefängnis einen neuen bekommen!«

Gonyar hielt Norton schweigend seine Dienstpistole hin, den Griff zuerst. Er hatte die Nase voll. Es war, als hätte Andys Flucht Norton über irgendeine Grenze hinweg in ein irrationales Verhalten hineingetrieben, das schon lange in ihm geschlummert hatte... an diesem Abend war er mit Sicherheit verrückt.

Ich weiß natürlich nicht, worin diese private Irrationalität bei ihm begründet lag, aber ich weiß, daß bei Nortons kleinem Streit mit Gonyar an diesem Abend, als das letzte Licht aus einem trüben Winterhimmel schwand, sechsundzwanzig Sträflinge zuhörten, und wir waren alle Langjährige, die viele Verwaltungsleiter hatten kommen und gehen sehen, die scharfen Hunde und die sanfteren, und wir wußten alle, daß Anstaltsleiter Norton das erreicht hatte, was die Ingenieure gern den ›Bruchpunkt‹ nennen.

Und, bei Gott, es kam mir fast so vor, als hörte ich irgendwo Andy Dufresnes Gelächter.

Norton brachte schließlich einen schmächtigen kleinen Kerl von der Nachtschicht dazu, in das Loch zu steigen, das man hinter Andys Poster mit Linda Ronstadt gefunden hatte. Der dünne Wärter hieß Rory Tremont, und in seinem Hirnkasten brannte alles andere als ein Feuerwerk. Vielleicht hoffte er auf eine Medaille oder so etwas Ähnliches. Wie sich herausstellte, war es nur gut, daß Norton einen Mann von Andys Statur hineingeschickt hatte. Hätte er einen fettärschigen Mann ausgewählt – und das schienen die meisten Gefängniswärter zu sein –, wäre der Mann so sicher in dem Loch steckengeblieben wie Gott das Gras wachsen läßt... und vielleicht säße er dort immer noch.

Tremont nahm eine Nylonschnur mit hinein, die irgend jemand im Kofferraum seines Autos gefunden hatte. Er hatte sich das Seil um die Hüften gebunden, und in einer Hand hielt er eine Taschenlampe mit sechs Batterien. Inzwischen hatte Gonyar, der seinen Dienst offenbar nicht mehr quittieren wollte, Blaupausen und Pläne besorgt. Er schien überhaupt der einzige zu sein, der noch klar denken konnte. Ich wußte genau, was auf den Plänen zu sehen war – eine Wand, die im Querschnitt wie ein Sandwich aussah. Die ganze Wand war drei Meter dick. Die innere und die äußere Sektion waren beide ein Meter zwanzig breit. In der Mitte war Raum für eine Rohrleitung mit einem Durchmesser von gut sechzig Zentimetern, und Sie können mir glauben, daß dieser Raum das Fleisch zwischen den beiden Sandwichhälften war... in mehr als einer Beziehung.

Hohl und tot klang Tremonts Stimme aus dem Loch. »Hier riecht etwas ganz fürchterlich, Herr Direktor.«

»Kümmern Sie sich nicht darum! Nur weiter.«

Tremonts Unterschenkel verschwanden in dem Loch. Einen Augenblick später waren auch seine Füße verschwunden. Trübe sah man den Strahl seiner Lampe hin und her huschen.

»Herr Direktor, es riecht hier aber verdammt schlecht.«

»Kümmern Sie sich nicht darum, habe ich gesagt!« schrie Norton.

Tremonts weinerliche Stimme war wieder zu hören. »Riecht wie Scheiße. O Gott, es ist Scheiße, o mein Gott, laßt mich hier raus. Mir kommt die Suppe hoch, o Scheiße, es ist Scheiße, o mein Gott –«

Und dann kam ein unverkennbares Geräusch aus dem Loch: Rory Tremont entledigte sich seiner letzten paar Mahlzeiten.

Das reicht mir. Ich konnte mir nicht mehr helfen. Der ganze Tag – ach, zum Teufel, die letzten *Jahre* – alles stand mir plötzlich vor Augen, und ich fing gellend an zu lachen. Ich lachte wie ich noch nie gelacht hatte, seit ich in diesen trostlosen Mauern eingesperrt war. Und, mein Gott, war das ein gutes Gefühl!

»Schaffen Sie diesen Mann raus!« brüllte Anstaltsleiter Norton, und ich lachte so laut, daß ich nicht wußte, ob er mich meinte oder Tremont. Ich lachte einfach weiter und stampfte mit den Füßen und hielt mir den Bauch. Ich hätte nicht aufhören können, und wenn Norton gedroht hätte, mich auf der Stelle zu erschießen. *»Schaffen Sie ihn RAUS!«*

Nun, Freunde und Nachbarn, ich war derjenige, der ging. Und zwar direkt in die Isolierzelle, wo ich fünfzehn Tage blieb. Eine lange Zeit. Aber hin und wieder mußte ich an den alten, nicht besonders gescheiten Rory Tremont denken, der *o Scheiße, es ist Scheiße* brüllte. Und dann dachte ich an Andy Dufresne, der im eigenen Wagen und in einem eleganten Anzug nach Süden fährt, und ich mußte ganz einfach lachen. Während der fünfzehn Tage in der Isolierzelle stand ich praktisch ständig Kopf. Vielleicht weil die Hälfte von mir bei Andy Dufresne war, bei Andy Dufresne, der durch Scheiße gewatet war, um auf der anderen Seite sauber rauszukommen, Andy Dufresne auf dem Weg zum Pazifik.

Was sonst noch an diesem Abend vor sich ging, hörte ich aus einem Dutzend Quellen. Es war ohnehin nicht mehr sehr viel. Nachdem er schon seine letzten beiden Mahlzeiten verloren hatte, fand Rory Tremont wahrscheinlich, daß hier nicht mehr viel zu verlieren sei, und machte weiter. Die Gefahr, daß er in dem Rohr zwischen der äußeren und der inneren Sektion der Wand nach unten sauste, bestand nicht, denn das Rohr war so eng, daß Tremont sich hineinzwängen mußte. Er sagte später, daß er nur mühsam habe atmen können und daß er jetzt wisse, wie es sei, lebendig begraben zu werden.

Unten fand er ein Hauptabflußrohr für die vierzehn Toiletten im Zellentrakt 5 und ein Keramikrohr, das dreißig Jahre vorher verlegt worden war. Es war aufgebrochen worden. Neben dem gezackten Loch im Rohr fand Tremont Andys Gesteinshammer.

Andy war freigekommen, aber es war nicht leicht gewesen.

Das Rohr war noch enger als der Schacht, den Tremont gerade passiert hatte. Rory Tremont stieg nicht hinein, und soweit ich weiß, tat es auch kein anderer. Es muß fast unglaublich gewesen sein. Als Tremont das Loch inspizierte sprang eine Ratte heraus, und er beteuerte später, daß sie so groß gewesen sei wie ein junger Cocker-Spaniel. Wie ein Affe auf einer Stange kroch er durch den Schacht wieder zu Andys Zelle hinauf.

Andy aber war in das zweite Rohr gekrochen. Vielleicht wußte er, daß es 450 Meter weiter in der sumpfigen Westseite in einen Strom mündete. Er muß es gewußt haben, denn es gab die Blaupausen, und er mußte eine Möglichkeit gefunden haben, sie zu studieren. Der Kerl ging immer methodisch vor. Andy muß gewußt haben, daß das Abflußsystem von Zellentrakt 5 das letzte war, das man noch nicht an die neue Abwasseranlage angeschlossen hatte. Er muß gewußt haben, daß er es bis Mitte 1975 schaffen mußte oder nie, denn für August 1975 war der Anschluß an die neue Anlage geplant.

450 Meter. Die Länge von fünf Fußballfeldern. Und er kroch diese Strecke vielleicht nur mit einer dieser kleinen Stablampen in der Hand, vielleicht sogar nur mit ein paar Streichhölzern. Er kroch durch einen Moder, den ich mir kaum vorstellen kann und den ich mir auch nicht vorstellen will. Vielleicht scheuchte er die Ratten vor sich auf, oder vielleicht griffen sie ihn auch an, wie es diese Tiere gern tun, wenn sie in der Dunkelheit ihre Scheu verloren haben. Seine Schultern müssen gerade noch so viel Spielraum gehabt haben, daß er sich weiterbewegen konnte, und an den Stellen, wo die einzelnen Rohre miteinander verbunden waren,

mußte er sich wahrscheinlich mit Gewalt hindurchzwängen. Wenn ich es gewesen wäre, hätte das Gefühl eingeschlossen zu sein mich Dutzende Male in den Wahnsinn getrieben. Aber Andy schaffte es.

Am Ende des Rohrs wurden im Schlamm Fußspuren gefunden, die aus dem träge fließenden verunreinigten Bach herausführten, in den die Abwässer der Anstalt geleitet wurden. Zwei Meilen weiter fand man seine Gefangenenkleidung – das war einen Tag später.

Wie Sie sich denken können, brachten die Zeitungen die Story in großer Aufmachung, aber niemand im Umkreis von fünfzehn Meilen konnte über einen gestohlenen Wagen oder über gestohlene Kleidung berichten, und niemand hatte im Mondschein einen nackten Mann gesehen. Nirgends hatte ein Hund gebellt. Er kam aus dem Abflußrohr und löste sich in Luft auf.

Aber ich bin sicher, daß er in Richtung Buxton verschwand.

Drei Monate nach diesem denkwürdigen Tag. Anstaltsleiter Norton trat von seinem Amt zurück. Er war ein gebrochener Mann, wie ich mit großem Vergnügen berichten kann. Sein Gang hatte jede Elastizität verloren. An seinem letzten Tag schlurfte er mit gesenktem Kopf davon, wie ein alter Sträfling, der in die Krankenstation schleicht, um seine Kodeintabletten in Empfang zu nehmen. Gonyar übernahm sein Amt, und das muß Norton als besonders schmerzliche Kränkung erschienen sein. Vermutlich ist er jetzt unten in Eliot, nimmt jeden Sonntag in der Baptistenkirche am Gottesdienst teil und fragt sich, wie, zum Teufel, Andy Dufresne es geschafft hat, ihn aufs Kreuz zu legen.

Ich hätte es ihm sagen können; die Antwort auf die Frage ist die Einfachheit selbst. Einige haben's, Sam. Und einige nicht, und sie werden's auch nie haben.

So weit das, was ich weiß; und jetzt werde ich Ihnen sagen, was ich glaube. In einigen Einzelheiten mag ich irren, aber ich bin bereit, meine Uhr samt Kette zu verwetten, daß ich im großen und ganzen ziemlich richtig liege. Denn da ich weiß, was für ein Mann Andy ist, gibt es nur eine oder zwei Möglichkeiten. Und hin und wieder, wenn ich mir alles überlege, muß ich an Nomaden, den halbverrückten Indianer denken. »Netter Kerl«, hatte er gesagt, nachdem er acht Monate lang mit Andy die Zelle geteilt hatte. »Ich war froh, daß ich da rauskam. Es zieht in der Zelle. Immer kalt. Keiner darf seine Sachen anfassen. Das ist okay. Netter Kerl, war nie lustig. Und die Zugluft.« Der arme Trottel. Er wußte mehr als alle anderen, und er wußte es früher. Und acht lange Monate mußten vergehen, bevor Andy ihn loswurde und seine Zelle wieder für sich allein hatte. Wenn die acht Monate, die Nomaden in seiner Zelle verbrachte, nicht gewesen wären, wäre Andy schon frei gewesen, bevor Nixon zurücktrat. Davon bin ich überzeugt.

Ich glaube heute, daß es 1949 anfing, schon damals – nicht mit dem Gesteinshammer, aber mit dem Poster von Rita Hayworth. Ich habe Ihnen doch erzählt, wie nervös er mir vorkam, als er darum bat. Nervös und voll unterdrückter Erregung. Damals dachte ich, es sei nur Verlegenheit. Ich hielt Andy für einen Mann, der verheimlichen will, daß er eine Frau braucht... auch wenn es nur eine Fantasiefrau ist. Heute glaube ich, daß das ein Irrtum war. Heute glaube ich, daß seine Aufregung ganz andere Gründe hatte.

Wie kam das Loch zustande, das Anstaltsleiter Norton schließlich hinter dem Poster eines Mädchens entdeckte, das noch gar nicht geboren war, als das Foto von Rita Hayworth aufgenommen wurde? Andy Dufresnes Beharrlichkeit und harte Arbeit, ja – das muß man ihm zugestehen. Aber es gab zwei andere Elemente in der Gleichung: eine Menge Glück und WPA-Beton.

Glück brauche ich Ihnen wohl nicht zu erklären. Was es mit dem WPA-Beton auf sich hatte, habe ich selbst geprüft. Ich habe einige Zeit und ein paar Briefmarken investiert und habe erst an das historische Seminar der Universität von Maine geschrieben und dann an einen Mann, dessen Adresse sie mir zur Verfügung stellen konnten. Dieser Mann hatte bei der Errichtung des Hochsicherheitstrakts in Shawshank das WPA-Projekt geleitet.

Dieser Flügel, in dem die Zellentrakte 3, 4 und 5 untergebracht sind, wurde von 1934 bis 1935 gebaut. Nun denken die meisten Leute im Zusammenhang mit Zement und Beton nicht an irgendwelche ›technologischen Entwicklungen‹, wie es bei Automobilen, Ölöfen oder Raketenzerstörern der Fall ist, und doch gibt es dort solche Entwicklungen. Vor 1870 gab es keinen Zement im heutigen Sinne, und modernen Beton gibt es erst seit der Jahrhundertwende. Eine Betonmischung herzustellen läßt sich mit Brotbacken vergleichen. Die Mischung kann zuviel oder zuwenig Wasser enthalten. Die Sandmischung zu reich oder nicht reich genug sein, und dasselbe gilt für die Kiesmischung. Damals im Jahre 1934 hatte man die verschiedenen Mischungsverhältnisse noch nicht so genau analysiert wie heute.

Die Wände des Zellentrakts 5 waren zwar solide, aber sie waren nicht ganz trocken, und der Zement hatte nicht ganz fest abgebunden. Tatsächlich waren und sind sie noch heute verdammt feucht. Nach einer längeren Nässeperiode schwitzten sie und tropften manchmal sogar. Gelegentlich zeigten sich Risse, manche einen Zoll tief, die dann routinemäßig mit Mörtel verstrichen wurden.

Und jetzt wird Andy Dufresne in den Zellentrakt 5 eingeliefert. Der Mann hat ein Diplom in Volkswirtschaft der Universität von Maine. Aber er hatte gleichzeitig Geologie studiert. Geologie war sogar zu seinem wichtigsten Hobby geworden. Ich kann mir vorstellen, daß diese Wissenschaft genau das richtige war für einen so geduldigen und gewissenhaften Mann. Eine zehntausend Jahre während Eiszeit. Die Entstehung von Gebirgsformationen in vielen Millionen Jahren. Gesteinsschichten, die tief unter der Erdrinde seit undenklichen Zeiten gegeneinander mahlen. *Druck*. Andy sagte mir, daß das Studium der Druckverhältnisse in der Geologie das Wichtigste ist.

Und natürlich Zeit.

Er hatte Zeit, sich mit diesen Wänden zu beschäftigen. Viel Zeit. Wenn die Zellentür zugeschlagen wird und die Lichter ausgehen, sieht man nichts anderes.

Neulinge haben gewöhnlich Schwierigkeiten, sich an die Enge des Gefängnislebens anzupassen. Sie kriegen den

Knastkoller. Manchmal müssen sie gewaltsam in die Krankenstation geschafft werden, wo man ihnen einige Beruhigungsspritzen verpaßt. Es geschieht oft, daß ein neues Mitglied unserer glücklichen kleinen Familie an den Gittern seiner Zelle rüttelt und schreit, daß man ihn rauslassen soll. Und er hat noch nicht lange geschrien, da ertönt auch schon der Chor der übrigen: »Frischer *Fisch*, kleiner *Fisch*, heut sind frische *Fische* da!«

Andy flippte nicht auf diese Weise aus, als er 1948 nach Shawshank kam, aber das bedeutet nicht, daß er nicht ähnliche Empfindungen gehabt hätte. Auch er mag oft dem Wahnsinn nahe gewesen sein. Das geht vielen so, aber einige drehen gleich ganz durch. Auf einen Schlag ist ihr früheres Leben wie ausgelöscht, und ein ungewisser Alptraum liegt vor ihnen, ein langer Urlaub in der Hölle.

Was tat er also, fragen Sie? Er suchte verzweifelt nach irgend etwas, auf das er seine ruhelosen Gedanken konzentrieren konnte. Selbst im Gefängnis kann man sich auf jede erdenkliche Weise ablenken. Was Ablenkung anbetrifft, scheint der menschliche Geist unbeschränkte Möglichkeiten zu haben. Ich habe Ihnen von den Skulpturen erzählt, mit denen jemand die *Drei Lebensalter Jesu* dargestellt hatte. Es gab Münzensammler, denen ihre Sammlungen immer wieder geklaut wurden, Briefmarkensammler, einen Burschen, der Postkarten aus fünfunddreißig Ländern besaß – und ich sage Ihnen, er hätte jedem den Hals umgedreht, der es wagte, seine Postkarten anzurühren. Andy fing an, sich für Steine zu interessieren. Und für die Wände seiner Zelle.

Ich denke, seine ursprüngliche Absicht könnte es gewesen sein, einfach nur seinen Namen an der Stelle in die Wand zu ritzen, wo bald Rita hängen würde. Seine Initialen oder vielleicht ein paar Zeilen aus einem Gedicht. Statt dessen stellte er fest, daß der Beton nicht sehr hart war. Vielleicht fiel ein großer Brocken aus der Wand, als er seine Initialen einritzen wollte. Ich sehe ihn förmlich auf seiner Pritsche liegen und den Brocken Beton in den Händen drehen. Egal, ob dein Leben ruiniert ist, egal, ob ein ganzer Waggon voll Pech dich hierher gefahren hat. Vergiß das alles und schau dir dieses Stück Beton an.

Einige Monate weiter hat er sich möglicherweise überlegt, daß es ganz lustig wäre, einmal festzustellen, wieviel von der Wand er herausholen könne.

Man kann natürlich nicht einfach anfangen, ein Loch in die Zellenwand zu graben und während der wöchentlichen Inspektion (oder den unangemeldeten Inspektionen, bei denen ständig interessante Verstecke für Schnaps, Drogen, Pornohefte und Waffen gefunden werden) dem Wärter sagen: ›Das hier? Ach, ich schachte in meiner Zellenwand nur ein kleines Loch aus. Kein Grund zur Besorgnis, guter Mann.‹

Nein, das konnte er nicht tun. Er kam also zu mir und fragte mich, ob ich ihm nicht ein Poster von Rita Hayworth besorgen könne. Kein kleines, sondern ein großes.

Und er hatte natürlich den Gesteinshammer. Ich weiß noch genau, was ich damals dachte, als ich ihm 1948 das Ding besorgte. Ich dachte: ein Mann braucht sechshundert Jahre, um sich damit durch die Wand zu arbeiten. Das mag alles sein. Aber Andy *hat* sich durch die Wand gearbeitet – und trotz des weichen Betons brauchte er zwei Gesteinshämmer und siebenundzwanzig Jahre, um ein Loch zu schlagen, durch das sein schlanker Körper paßte und das nur ein Meter zwanzig tief war.

Natürlich verlor er durch Nomaden fast ein ganzes Jahr, und er konnte nur nachts arbeiten, vorzugsweise spät in der Nacht, wenn die andern Gefangenen und auch die Wärter der Nachtschicht schliefen. Aber ich vermute, am meisten wurde die Arbeit dadurch verzögert, daß er, was er aus der Wand geschlagen hatte, auch loswerden mußte. Er konnte den Hammer mit seinen Poliertüchern umwickeln, um das Geräusch zu dämpfen, aber was sollte er mit dem Betonstaub anfangen und den gelegentlichen größeren Brocken, die aus der Wand herausfielen?

Ich denke, er hat die Brocken zerkleinert und...

Ich erinnere mich an den Sonntag, nachdem ich ihm den Hammer besorgt hatte. Ich erinnere mich, daß er über den Hof ging, das Gesicht noch geschwollen von seinem letzten Tanz mit den Schwestern, und daß er sich bückte und einen Stein aufhob... und der Stein verschwand in seinem Ärmel.

Die Taschen in den Ärmeln sind ein alter Gefängnistrick. In den Ärmeln oder unten in den Hosenbeinen. Und ich habe noch eine andere Erinnerung, die Erinnerung an etwas, was ich mehr als einmal gesehen haben muß: Andy Dufresne geht über den Hof. Es ist ein heißer Sommertag und fast windstill. Windstill, ja... außer der kleinen Brise, die Sand um Andys Füße zu blasen schien.

Wahrscheinlich hatte er in seiner Hose eben unter dem Knie ein paar Säckchen hängen, die durch starke Fäden mit den Hosentaschen verbunden waren. Er füllte also den Staub in die Säckchen, und wenn er mit den Händen in den Taschen über den Hof ging, gab er den Säckchen mit Hilfe der Fäden gelegentlich einen kleinen Ruck, und der Staub ergoß sich beim Gehen aus dem Hosenbein. Die Kriegsgefangenen des Zweiten Weltkriegs bedienten sich ähnlicher Tricks, wenn sie versuchten, einen Fluchttunnel zu graben.

Die Jahre vergingen, und Andy trug seine Wand Stück für Stück auf den Hof hinaus. Er war einem Anstaltsleiter nach dem anderen gefällig, und sie glaubten, das sei, weil er seine Bibliothek behalten wollte. Ich glaube schon, daß auch das eine Rolle gespielt hat, aber Andys Hauptmotiv war, daß er in Zelle 14 im Zellentrakt 5 allein bleiben wollte.

Ich bezweifle, ob er schon zu Anfang wirklich den Ausbruch plante, geschweige denn auf einen Erfolg hoffte. Vielleicht glaubte er damals, die Wand bestünde aus drei Meter Beton, und wenn es ihm gelänge, sie zu durchbrechen, würde er neun Meter über dem Hof herauskommen. Aber wie schon gesagt, ich glaube nicht, daß er ernsthaft an einen Ausbruchsversuch dachte. Seine Gedanken mögen ungefähr diese gewesen sein: Ich schaffe in sieben Jahren nur etwa zwölf Zentimeter. In siebzig Jahren hätte ich gerade die Hälfte geschafft und wäre über hundert Jahre alt.

Ich hätte noch etwas anderes angenommen, wenn ich Andy gewesen wäre: Irgendwann werde ich erwischt und gehe für lange Zeit in die Isolierzelle, von einem sehr üblen Vermerk in meiner Akte ganz abgesehen. Schließlich gab es die regelmäßige wöchentliche Inspektion und etwa jede zweite Woche eine nicht angekündigte Durchsuchung, die meistens nachts erfolgte. Er muß sich gesagt haben, daß es nicht lange dauern könnte. Früher oder später würde irgendein Wärter einen Blick hinter Rita Hayworth werfen, um sich zu vergewissern, daß Andy weder einen angespitzten Löffelstiel noch Marihuanazigaretten an der Wand kleben hatte.

Er mag diese Befürchtung gehabt und sich gesagt haben: *zum Teufel damit*. Vielleicht hat er sogar mit sich selbst gewettet: wie weit komme ich in die Wand, bevor sie mich erwischen? Im Gefängnis kann es verdammt langweilig sein, und die Gefahr, eines Tages mitten in der Nacht von Wärtern überrascht zu werden, während sein Poster nicht an der Wand hing, bedeutete anfangs für ihn vielleicht sogar einen gewissen Nervenkitzel.

Daß er nur durch Glück unbehelligt bleiben würde, erscheint unmöglich. Das funktioniert nicht siebenundzwanzig Jahre lang. Dennoch muß ich glauben, daß er wenigstens während der ersten zwei Jahre – bis Mitte Mai 1950, als er Byron Hadley half, die Steuern auf seine plötzliche Erbschaft zu sparen – dieses Glück gehabt hat.

Aber vielleicht half ihm schon damals nicht nur das Glück. Er hatte Geld und kann irgendwem jede Woche eine Kleinigkeit zugesteckt haben, um weniger streng überwacht zu werden. Wenn der Preis stimmt, machen die meisten Wärter mit. Ein bißchen Geld in ihre Taschen, und der Häftling darf seine Pornobilder oder seine maßgeschneiderten Zigaretten behalten. Außerdem war Andy ein Musterhäftling – ruhig, höflich, zuvorkommend und in keiner Weise gewalttätig. Nur bei den Verrückten und den Randalierern werden mindestens alle zwei Monate die Zellen auf den Kopf gestellt, die Matratzen geöffnet, die Kissen aufgeschnitten und die Abflußrohre der Toiletten sorgfältig untersucht.

Ab 1950 war Andy dann mehr als ein Musterhäftling. Er wurde zu einem höchst wertvollen Artikel. Er war ein Mörder, der Steuererklärungen ausfüllen konnte. Er gab kostenlosen Rat in Sachen Vermögensbildung, zeigte Möglichkeiten auf, Steuern zu sparen, und füllte Darlehensanträge aus (manchmal recht kreativ). Ich weiß noch, wie er an seinem Schreibtisch saß und zusammen mit einem Wärter geduldig jeden einzelnen Paragraphen eines Ratenkaufvertrages für ein Auto durchging. Der Mann wollte einen DeSoto kaufen, und Andy erklärte dem Kerl, was er an dem Vertrag für gut hielt und was nicht. Er sagte ihm, daß es besser sei, ein Darlehen aufzunehmen, da es zinsgünstiger sei, und er warnte ihn vor den Finanzgesellschaften, die damals wenig besser waren als legal zugelassene Kredithaie. Als er fertig war, streckte der Wärter die Hand aus... und riß sie schnell wieder zurück. Verstehen Sie, er hatte für einen Augenblick vergessen, daß er es mit einem Maskottchen zu tun hatte und nicht mit einem Menschen.

Andy hielt sich hinsichtlich der Steuergesetzgebung und der Veränderungen auf dem Aktienmarkt auf dem laufenden, und deshalb war er immer noch nützlich, nachdem er für eine Weile ins Kühlfach gesteckt worden war, was sonst vielleicht nicht der Fall gewesen wäre. Er bekam jetzt auch Zuschüsse für seine Bibliothek, der ständige Krieg gegen die Schwestern hörte auf, und niemand filzte seine Zelle allzu gründlich. Er war der nützliche Nigger.

Sehr viel später – etwa im Oktober 1967 – verwandelte sich sein langjähriges Hobby plötzlich in etwas ganz anderes. Eines Nachts, als er bis an die Hüften in seinem Loch steckte und Raquel Welch ihm über den Arsch hing, muß die Spitze seines Gesteinshammers plötzlich mitsamt dem Griff in den Beton gefahren sein.

Er muß wohl einige Betonbrocken herausgeholt haben, aber vielleicht hörte er andere in den Schacht hinabfallen und klappernd von den Wänden des Standrohrs abprallen. Wußte er damals schon, daß er auf dieses Rohr stoßen würde, oder war er völlig überrascht? Ich weiß es nicht. Er könnte die Blaupausen damals schon gesehen haben, vielleicht aber auch nicht. Wenn nicht, da können Sie verdammt sicher sein, hat er sich weniger später Zugang zu ihnen verschafft.

Auf einen Schlag muß ihm klargeworden sein, daß es nicht mehr ein harmloses Spiel war, sondern daß es um einen hohen Einsatz ging... um den höchsten denkbaren, da es um sein Leben und seine Zukunft ging. Selbst zu der Zeit konnte er es noch nicht genau gewußt haben, aber er muß schon ziemlich klar umrissene Vorstellungen gehabt haben, denn ungefähr um diese Zeit sprach er mit mir zum erstenmal über

Zihuatanejo. Ganz plötzlich war das blöde Loch in der Wand kein Spielzeug mehr. Ganz plötzlich beherrschte es seine Gedanken. Wenn er damals schon von dem unteren Rohr gewußt hat und daß es unter der äußeren Mauer hindurchführt, muß das der Fall gewesen sein.

Jahrelang hatte er sich um den Schlüssel, der in Buxton unter einem Stein lag, Sorgen gemacht. Jetzt mußte er sich Sorgen darum machen, daß ein übereifriger neuer Wärter hinter sein Poster schauen könnte, oder daß er einen Zellengenossen bekommen würde, oder daß man vielleicht daran dachte, ihn zu verlegen. Während der nächsten acht Jahre waren diese Gedanken eine ständige Belastung für ihn. Ich kann nur sagen, daß er einer der gelassensten Männer gewesen sein muß, die je gelebt haben. Wenn ich in dieser Ungewißheit hätte leben müssen, wäre ich schon nach kurzer Zeit total verrückt geworden. Aber Andy machte ganz einfach weiter wie bisher. Acht weitere Jahre mußte er mit der Möglichkeit leben, daß sein Loch entdeckt wurde – mit der *Wahrscheinlichkeit* muß man sogar sagen, denn wie sorgfältig er auch die Karten zu seinen Gunsten mischte, als Insasse einer staatlichen Strafvollzugsanstalt hatte er nicht viel zu mischen... und die Götter waren ihm schon sehr lange gnädig gewesen. Neunzehn Jahre lang.

Die gespenstischste Ironie, an die ich denken kann, wäre gewesen, wenn man ihm Haftverschonung auf Bewährung angeboten hätte. Können Sie sich das vorstellen? Drei Tage bevor der Betroffene tatsächlich auf freien Fuß gesetzt wird, verlegt man ihn in den Freitrakt, wo er sich einer gründlichen Untersuchung und einer ganzen Batterie von Tests unterziehen muß. Während das vor sich geht, wird seine Zelle total ausgeräumt. Statt auf Bewährung entlassen zu werden, wäre Andy für lange Zeit nach unten in die Isolierzelle gegangen und hätte oben weitere Zeit absitzen müssen... allerdings in einer anderen Zelle.

Wenn er schon 1967 den Schacht erreichte, warum ist er dann erst 1975 geflohen?

Ich weiß es nicht genau, aber ich kann mit ein paar Vermutungen aufwarten, die wohl den Kern treffen.

Erstens war er anschließend vorsichtiger als je zuvor. Er war zu intelligent, als daß er im Eiltempo weitergearbeitet hätte, um zu versuchen, schon in acht Monaten oder auch achtzehn rauszukommen. Er muß die Öffnung zum Schacht ganz langsam und vorsichtig erweitert haben. Als er in jenem Jahr zu Neujahr seinen Drink nahm, mag die Öffnung so groß wie eine Teetasse gewesen sein, an seinem Geburtstag 1968 so groß wie ein Teller. Als 1969 die Baseballsaison begann, mochte es die Größe eines Serviertabletts gehabt haben.

Eine Zeitlang dachte ich, daß es viel schneller hätte gehen müssen, als es anscheinend der Fall war – ich meine, nach dem Durchbruch zum Schacht. Mir schien, er hätte die Brokken einfach in den Schacht fallen lassen sollen, anstatt sie zu pulverisieren und in den schon beschriebenen Geheimtaschen auf den Hof zu schaffen. Die lange Zeit, die er noch brauchte, läßt mich vermuten, daß er das nicht wagte. Vielleicht hatte er Angst, daß die Geräusche irgend jemandes Mißtrauen wecken könnten. Oder, wenn er schon von dem Abflußrohr wußte, was ich fast annehme, hatte er vielleicht Angst, ein fallender Brocken könnte das Rohr zerbrechen, bevor er mit seiner Arbeit fertig war, oder er könnte das Abwassersystem des Zellentrakts selbst beschädigen, was eine sofortige Untersuchung zur Folge gehabt hätte. Und daß eine solche Untersuchung zur Aufdeckung seines Plans geführt hätte, braucht nicht erwähnt zu werden.

Alles in allem meine ich aber, daß zu der Zeit als Nixon für seine zweite Amtsperiode vereidigt wurde, das Loch schon groß genug gewesen sein muß, wahrscheinlich schon früher. Andy hätte sich hindurchschlängeln können. Er war ein kleiner und schmaler Kerl.

Warum tat er es dann nicht?

Und hier bin ich mit meinen klugen Vermutungen am Ende, Leute. An diesem Punkt werden sie zu wilden Spekulationen. Vielleicht klebte auch im Standrohr Scheiße, die Andy erst wegräumen mußte. Aber dadurch wäre die lange Zeit nicht erklärt. Was war es also?

Ich habe Ihnen so gut ich kann erklärt, wie man Teil der Institution werden kann. Zuerst kann man die vier Wände nicht ertragen, dann nimmt man sie in Kauf, später akzeptiert man sie... und endlich, wenn Körper, Geist und Seele in hohem Maße angepaßt sind, liebt man sie. Einem wird gesagt, wann man essen muß und wann man Briefe schreiben oder rauchen darf. Wenn man in der Wäscherei oder in der Schilderfabrikation arbeitet, hat man jede Stunde fünf Minuten Zeit zum Austreten. Fünfunddreißig Jahre lang war meine Zeit fünfundzwanzig Minuten nach der vollen Stunde, und nach fünfunddreißig Jahren und natürlich schon früher ist das die einzige Zeit, wo ich je das Bedürfnis habe, zu pissen oder zu scheißen: fünfundzwanzig Minuten nach der vollen Stunde. Und wenn ich aus irgendeinem Grund nicht gehen kann, verschwindet das Bedürfnis und stellt sich fünfundzwanzig Minuten nach der nächsten Stunde wieder ein.

Mit diesem Tiger muß auch Andy gerungen haben – mit diesem institutionellen Syndrom – und mit der wachsenden Angst, daß alles vergebens gewesen sein könnte.

Wie viele Nächte mag er unter seinem Poster wachgelegen und an das Abflußrohr gedacht haben, in dem Bewußtsein, daß er nur diese eine Chance hatte. Aus den Blaupausen hatte er vielleicht den Durchmesser des Rohres ersehen, aber eine Blaupause konnte ihm nicht sagen, wie es innen aussah – ob er dort atmen konnte, ohne zu ersticken, ob die Ratten groß und bösartig genug waren, ihn anzugreifen, anstatt sich zurückzuziehen... und eine Blaupause konnte ihm auch nicht sagen, was ihn am anderen Ende erwartete, falls er es überhaupt erreichte. Und hier liegt ein Witz, der sogar noch komischer ist, als es eine Entlassung auf Bewährung gewesen wäre: Andy zwängt sich in das Abflußrohr, kriecht vierhundertfünfzig Meter weit durch erstickende, nach Scheiße stinkende Dunkelheit und findet das andere Ende mit einem festen Maschendraht versiegelt. Ha, ha, ha. Sehr komisch.

Auch daran wird er gedacht haben. Und wenn der Schuß tatsächlich im Ziel saß und Andy rauskam, würde er sich Zivilkleidung beschaffen und unentdeckt die Umgebung des Gefängnisses verlassen können? Und schließlich: angenommen, er würde aus dem Rohr kriechen, Shawshank weit hinter sich lassen, bevor der Alarm ausgelöst würde, Buxton erreichen, den richtigen Stein umdrehen... und nichts darunter finden? Nicht unbedingt etwas so Dramatisches wie die richtige Wiese zu finden und plötzlich vor einem riesigen Wohnblock oder einem Supermarkt zu stehen. Es könnte doch sein, daß ein kleines Kind, das Freude an Steinen hat, das Stück vulkanische Glaslava gesehen, umgedreht, den Schließfachschlüssel entdeckt und beides als Souvenir mit nach Hause genommen hat. Vielleicht hat ein Novemberjäger den Stein beiseite getreten und den Schlüssel freigelegt, und eine Krähe oder ein Eichhörnchen mit einer Vorliebe für glitzernde Dinge hat ihn weggetragen. Vielleicht hat es Unwetter mit schweren Wolkenbrüchen gegeben, und der Schlüssel wurde fortgespült. Alles mögliche kann geschehen sein.

Ich glaube also – wilde Vermutung oder nicht –, daß Andy ganz einfach eine Weile stillhielt. Wenn man nicht wettet, kann man auch nicht verlieren. Was hatte er zu verlieren, fragen Sie? Zum einen seine Bibliothek. Zum anderen den giftigen Frieden des Lebens in der Institution. Und jede zukünftige Chance, von seiner neuen Identität Gebrauch zu machen.

Aber er tat es doch. Genau wie ich es Ihnen erzählte. Er hat es versucht... und bei Gott, war das kein spektakulärer Erfolg? Das müssen Sie doch selbst sagen!

Aber ist er auch wirklich weggekommen, fragen Sie? Was passierte anschließend? Was passierte, als er zu der Wiese ging und den Stein umdrehte... immer angenommen, der Stein war noch da?

Die Szene kann ich Ihnen leider nicht beschreiben, denn ihr institutioneller Erzähler befindet sich immer noch in seiner Institution und denkt, daß er noch einige Jahr dort bleiben wird.

Aber eines kann ich Ihnen sagen. Im Spätsommer 1975, am 15. September, um genau zu sein, erhielt ich eine Postkarte, die in der winzigen Stadt McNary in Texas aufgegeben worden war. Diese Stadt liegt auf der amerikanischen Seite der Grenze, direkt gegenüber von Porvenir. Die Textseite der Karte war nicht beschrieben. Aber ich weiß es. Ich fühle es im innersten Herzen. Ich weiß es so sicher wie ich weiß, daß wir alle sterben müssen.

Bei McNary hat er die Grenze überquert. McNary, Texas.

Das ist also meine Geschichte, Jack. Ich hätte nie geglaubt, daß es so lange dauern würde, alles aufzuschreiben, und daß ich so viel Papier benötigen würde. Ich fing gleich nachdem ich die Postkarte bekommen hatte mit dem Schreiben an, und heute, am 14. Januar 1976, bin ich damit fertig. Ich habe drei Bleistifte bis auf den letzten Stummel verschrieben und jede Menge Papier verbraucht. Ich habe die Seiten sorgfältig versteckt... nicht, daß es viele gibt, die mein Gekritzel lesen könnten.

Es hat mehr Erinnerungen wachgerufen, als ich für möglich gehalten hätte. Über sich selbst zu schreiben ist, als steckte man einen Zweig in klares Flußwasser und rührte damit den schlammigen Boden auf.

Sie haben doch gar nicht über sich selbst geschrieben, höre ich jemand von einem der billigen Plätze rufen. *Sie haben über Andy Dufresne geschrieben. Sie selbst waren nur eine Randfigur in Ihrer eigenen Geschichte.* Aber glauben Sie mir, so ist es nicht. Es handelt *alles* von mir, jedes gottverdammte Wort. Andy war der Teil von mir, den sie niemals einsperren konnten, der Teil von mir, der sich freuen wird, wenn sich die Tore endlich für mich öffnen, und ich hinausgehe in meinem billigen Anzug und mit zwanzig Dollar in der Tasche. Der Teil von mir wird sich freuen, ganz gleich, wie alt und zerbrochen und angsterfüllt der andere Teil von mir ist. Ich denke, das liegt daran, daß Andy mehr von jenem Teil hatte als ich und ihn besser gebraucht hat.

Es gibt mehr Leute wie mich, Leute, die sich an Andy erinnern. Wir sind froh, daß er weg ist, aber auch ein wenig traurig. Einige Vögel sind für die Gefangenschaft nicht geeignet. Ihr Gefieder ist zu bunt und ihr Gesang zu wild und schön. Darum läßt man sie fliegen, oder wenn man ihren Käfig öffnet, um sie zu füttern, fliegen sie irgendwie an einem vorbei. Der Teil von uns, der weiß, daß es falsch war, sie einzusperren, freut sich zuerst, aber wo man lebt ist es, wenn sie weg sind, nur um so trauriger und leerer.

Das ist die Geschichte, und ich bin froh, daß ich sie erzählt habe, auch wenn sie nicht recht schlüssig ist und die Erinnerungen, die mein Bleistift ans Licht geholt hat (wie jener Stock im schlammigen Flußgrund), mich ein wenig traurig machten und ich mich dabei älter fühlte, als ich wirklich bin. Danke, daß Sie zugehört haben. Und Andy, wenn du wirklich dort unten bist, und ich glaube es, schau, wenn die Nacht sinkt, zu den Sternen auf und berühre den Sand und wate im Wasser und fühle dich frei.

Ich hätte nie gedacht, daß ich den Faden dieser Geschichte wieder aufnehmen würde, aber hier sitze ich, und vor mir auf dem Tisch liegen die mit Eselsohren verzierten zusammengefalteten Seiten. Und hier füge ich weitere drei oder vier Seiten hinzu, und ich schreibe auf einen nagelneuen Notizblock. Den Notizblock habe ich in einem Geschäft gekauft – ich ging einfach in ein Geschäft in der Congress Street in Portland und kaufte ihn.

Ich dachte, ich hätte an einem trüben Januartag des Jahres 1976 in einer Gefängniszelle in Shawshank die letzten Zeilen meines Buches geschrieben. Jetzt haben wir Ende 1977, und ich sitze in einem kleinen billigen Zimmer des Brewster Hotels in Portland und schreibe weiter.

Das Fenster ist offen, und der Verkehrslärm, der heraufdringt, hat etwas Gewaltiges, Aufregendes und Erschreckendes. Dauernd muß ich zum Fenster hinüberschauen, um mich zu vergewissern, ob es auch keine Eisenstäbe hat. Nachts schlafe ich schlecht, denn das Bett in diesem Zimmer, so bescheiden es ist, scheint mir dennoch viel zu groß und luxuriös. Jeden Morgen um Punkt sechs Uhr dreißig fahre ich hoch, fühle mich völlig desorientiert und habe Angst. Ich habe schlechte Träume. Ich habe dabei das Gefühl, in die Tiefe zu stürzen. Das Gefühl ist genauso beängstigend wie erheiternd.

Was hat sich in meinem Leben verändert? Erraten Sie es nicht? Ich wurde auf Bewährung entlassen. Nach achtunddreißig Jahren routinemäßiger Anhörungen und routinemäßiger Ablehnungsbescheide (drei Anwälte sind darüber hinweggestorben), wurde meine Entlassung genehmigt. Ich denke, man war der Ansicht, daß ich im Alter von achtundfünfzig Jahren verbraucht genug sei, um als harmlos zu gelten.

Ich war nahe daran, das Dokument, das Sie eben gelesen haben, zu verbrennen. Entlassene Häftlinge werden genauso gründlich durchsucht wie neu eingelieferte ›Fische‹. Meine ›Memoiren‹ enthielten nicht nur genügend Dynamit, um mir die sofortige Rückgängigmachung meiner Entlassung zu garantieren und mir weitere sechs bis acht Jahre einzutragen, sie enthielten noch etwas anderes: den Namen der Stadt, in der ich Andy Dufresne vermutete. Die mexikanische Polizei arbeitet bereitwillig mit der amerikanischen zusammen, und ich wollte nicht, daß meine Freiheit – Andys Freiheit kostete, bloß weil ich nicht bereit war, mich von der Geschichte zu trennen, an der ich so lange und hart gearbeitet hatte.

Dann erinnerte ich mich daran, wie Andy 1948 seine fünfhundert Dollar reingebracht hatte, und ich brachte meine Geschichte auf die gleiche Weise nach draußen. Um ganz sicherzugehen, schrieb ich jede Seite um, auf der Zihuatanejo erwähnt wurde. Wenn die Papiere bei meiner Durchsuchung gefunden worden wären, hätte man mich zwar zurückgeschickt, aber die Polizei hätte Andy in einer peruanischen Küstenstadt namens Las Intrudres gesucht.

Der Begnadigungsausschuß besorgte mir beim Food Way Market in der Spruce Mall in South Portland einen Job als ›Lagerassistent‹ – die Leute hatten also jetzt einen weiteren Einkaufskarrenschieber, wenn auch einen alternden. Es gibt nur alte und junge, und kein Mensch beachtet sie. Falls Sie bei Spruce Mall Food Way einkaufen, habe ich vielleicht auch Ihnen die Lebensmittel zum Auto gerollt... allerdings nur, wenn Sie zwischen März und April 1977 dort eingekauft haben, denn länger habe ich dort nicht gearbeitet.

Erst glaubte ich nicht, daß ich es draußen überhaupt schaffen würde. Ich habe Ihnen die Gefängnisgesellschaft als ein Modell der Außenwelt in kleinerem Maßstab beschrieben, aber ich hatte keine Ahnung, wie *schnell* draußen alles abläuft; die *reine Geschwindigkeit*, mit der die Leute sich bewegen. Sie reden sogar schneller. Und lauter.

Es war die schwierigste Anpassung, zu der ich je gezwungen war und die mir noch immer nicht ganz gelungen ist... noch lange nicht. Frauen zum Beispiel... Nachdem ich vierzig Jahre lang kaum noch gewußt hatte, daß sie die halbe Menschheit ausmachten, arbeitete ich plötzlich in einem Laden, in dem es von ihnen wimmelte. Alte Weiber, schwangere Frauen, die T-Shirts mit nach unten zeigenden Pfeilen trugen, auf die der Spruch BABY HIER gedruckt war, magere Frauen, deren Brustwarzen oben am Hemd herausschauten – eine Frau, die damals, als ich in den Knast ging, so etwas getragen hätte, wäre verhaftet und auf ihren Geisteszustand untersucht worden – Frauen jeder Größe und Gestalt. Ich lief fast die ganze Zeit mit einem Halbsteifen herum und verfluchte mich als schweinischen alten Kerl.

Zur Toilette zu gehen, war noch so eine Sache. Wenn ich mußte (und das Bedürfnis hatte ich fünfundzwanzig Minuten nach jeder vollen Stunde), konnte ich kaum dem Impuls widerstehen, meinen Boß um Erlaubnis zu bitten. Zu wissen, daß ich das in dieser viel zu hellen Welt einfach tun durfte, war eine Sache; dieses Wissen innerlich umzusetzen, nachdem ich in all den Jahren immer den nächsten Wärter hatte bitten müssen, wenn ich mir nicht zwei Tage Isolierzelle einhandeln wollte... das war etwas völlig anderes.

Mein Boß mochte mich nicht. Er war ein junger Kerl von sechs- oder siebenundzwanzig, und ich erkannte, daß ich ihn auf die gleiche Weise anekelte wie ein serviler, geduckter Hund, der auf dem Bauch kriecht, einen anwidern kann. Mein Gott, ich ekelte mich doch vor mir selbst. Aber... ich konnte mich kaum zurückhalten. Ich hätte ihm so gern gesagt: *Das macht ein ganzes Leben im Knast aus einem Menschen, junger Mann. Jeder Arsch, der auch nur das geringste erreicht hat, ist dein Herr, und für jeden dieser Ärsche bist du der Hund. Du weißt vielleicht, daß du zum Hund geworden bist, aber jeder andere im Knastpyjama ist auch ein Hund, und deshalb ist es nicht so wichtig. Aber draußen ist es wichtig.* Aber das konnte ich einem so jungen Mann nicht sagen. Er hätte es nie begriffen. Auch mein Bewährungshelfer, ein gutmütiger rotbärtiger Kerl, der früher in der Navy war und jede Menge polnische Witze auf Lager hatte, würde es nie begreifen. Einmal in der Woche besuchte er mich und blieb fünf Minuten. »Bleibst du auch aus den Kneipen raus, Red?« fragte er mich, wenn er gerade mal keinen polnischen Witz wußte. Ich sagte ja, und dann ging es nächste Woche weiter.

Musik im Radio. Die Funk Bands hatten Saison. Jedes Stück hört sich jetzt an, als ob es vom Ficken handelt. So viele Autos. Immer wenn ich über die Straße ging, hatte ich Angst um mein Leben.

Da waren noch andere Dinge – *alles* war fremd und erschreckend – aber vielleicht verstehen Sie, was ich meine. Wenigstens ein bißchen. Ich dachte schon langsam daran, irgend etwas zu tun, um wieder reinzukommen. Wenn man auf Bewährung entlassen ist, reicht dazu jeder Scheißdreck. Ich schäme mich, aber ich dachte daran, Geld zu klauen oder aus dem Food Way was mitzunehmen. Irgend etwas. Ich wollte wieder dahin, wo es ruhig ist und wo man weiß, was einem im Laufe des Tages erwartet.

Wenn ich Andy nie gekannt hätte, wer weiß, ob mir nicht ziemlich schnell etwas eingefallen wäre. Aber ich mußte immer an ihn denken. Ich mußte daran denken, wie er in all diesen Jahren mit seinem Gesteinshammer geduldig den Beton wegschlug, um frei zu sein. Und wenn ich daran dachte, schämte ich mich. Gut, er hatte bessere Gründe als ich, die Freiheit zu suchen – er hatte eine neue Identität, und er hatte viel Geld. Aber das stimmte eigentlich gar nicht. Denn er wußte doch nicht, ob es die neue Identität noch gab, und ohne diese neue Identität war das viele Geld für ihn unerreichbar. Nein, er brauchte ganz einfach nur seine Freiheit. Und wenn ich meine aufgab, dann wäre das ein Schlag ins Gesicht eines Mannes, der Übermenschliches geleistet hatte, um das zu erreichen, was ich mit Füßen trat.

Ich fing also an, in meiner Freiheit immer wieder in die kleine Stadt Buxton zu fahren. Das war Anfang April 1977, als die Luft schon wärmer war und der Schnee auf den Feldern dahinschmolz. Als die Baseball Teams zur neuen Saison nach Norden kamen, um das vermutlich einzige Spiel zu spielen, das Gott gefällt. Bei diesen Ausflügen hatte ich immer einen Silva-Kompaß in der Tasche. *In der Stadt Buxton liegt eine große Wiese*, hatte Andy gesagt, *und im Norden wird*

dieses Feld von einer Mauer begrenzt, die aus einem Gedicht von Ro-
bert Frost stammen könnte. Und irgendwo unten am Fuß der Mauer
steckt ein Stein, der da nicht hingehört.

Ein vergeblicher Gang, werden Sie sagen. Wie viele Wiesen gibt es in einer ländlichen Kleinstadt wie Buxton? Fünfzig? Hundert? Da ich aus persönlicher Erfahrung spreche,
würde ich die Zahl eher höher ansetzen, wenn man die Felder einbezieht, die heute unter dem Pflug sind, damals aber
vielleicht Wiesen waren. Und selbst wenn ich die richtige
fand, würde ich sie vielleicht nicht erkennen. Ich könnte das
schwarze Stück vulkanische Glaslava übersehen oder, eine
sehr naheliegende Vermutung, Andy hat es in die Tasche gesteckt und mitgenommen.

Deshalb stimme ich Ihnen zu. Ein vergeblicher Gang, kein
Zweifel. Schlimmer noch, ein gefährlicher Gang für einen auf
Bewährung Freigelassenen, denn an einigen dieser Wiesen
standen nicht zu übersehende Schilder BETRETEN VERBO-
TEN. Und, wie schon gesagt, die geringste Kleinigkeit genügt. Die Schweine sind nur allzu froh, wenn man wieder
mit dem Arsch im Knast sitzt. Vergeblich, ja... aber das trifft
auch zu, wenn einer siebenundzwanzig Jahre lang eine Be-
tonwand bearbeitet. Und wenn man nicht mehr der Mann
ist, der alles besorgen kann, sondern ein alter Karrenschie-
ber, ist es ganz gut, wenn man ein Hobby hat, das einen das
neue Leben vergessen läßt. Mein Hobby war, Andys Stein zu
suchen. Ich ließ mich also nach Buxton fahren und suchte die
Straßen ab. Ich lauschte den Vögeln und dem Tauwasser, das
durch die Kanäle abfloß. Ich inspizierte die Flaschen, die der
Schnee freigab – Wegwerfflaschen, wie ich leider bemerken
mußte; seit ich in den Knast ging, scheint die Welt entsetzlich
verschwenderisch geworden zu sein – und suchte die richtige Wiese.

Die meisten konnte ich gleich ausklammern. Keine Mauern. Andere hatten Mauern, aber mein Kompaß sagte mir,
daß die Richtung nicht stimmte. Dennoch ging ich die falschen Mauern ab. Es ergab sich so, und bei diesen Ausflügen
fühlte ich mich *wirklich* frei. Ein Gefühl der Ruhe. An einem
Samstag begleitete mich ein alter Hund. Und ein paar Tage
später sah ich ein wintermageres Reh.

Dann kam der 23. April, ein Tag, den ich nie vergessen werde, und wenn ich noch mal achtundfünfzig Jahre lebe. Es war ein milder Samstagnachmittag, und ich ging eine Straße entlang. Ein kleiner Junge, der an einer Brücke angelte, hatte mir gesagt, daß es die Old Smith Road sei. In einer braunen Food Way-Tasche hatte ich mir Frühstück mitgenommen, und ich aß es auf einem Felsblock neben der Straße. Als ich fertig war, vergrub ich sorgfältig die Reste, wie ich es von meinem Vater gelernt hatte, bevor er starb, als ich noch nicht älter war als der kleine Angler, der mir den Namen der Straße genannt hatte.

Gegen zwei Uhr erreichte ich ein großes Feld. Es lag zu meiner Linken, und am jenseitigen Ende sah ich eine Mauer, die ungefähr in nordwestlicher Richtung verlief. Meine Schuhe verursachten schmatzende Geräusche auf dem sumpfigen Boden, als ich mich der Mauer näherte. Vom Ast einer Eiche beschimpfte mich ein Eichhörnchen.

Als ich drei Viertel des Weges zurückgelegt hatte, sah ich den Stein. Es war kein Irrtum möglich. Schwarzes Glas und glatt wie Seide. Ein Stein, der auf einer Wiese in Maine nichts zu suchen hatte. Ganz lange betrachtete ich ihn und hätte weinen mögen, aus welchem Grund auch immer. Das Eichhörnchen war mir gefolgt und plapperte vor sich hin. Mein Herz schlug wie wild.

Als ich mich wieder in der Gewalt hatte, trat ich an den Stein und hockte mich hin – meine Knie knickten ein wie eine doppelläufige Flinte – und strich mit der Hand darüber. Es gab ihn wirklich. Ich nahm ihn nicht deshalb hoch, weil ich glaubte, es läge etwas darunter. Es wäre mir leichtgefallen, wegzugehen, ohne zu erfahren, was unter dem Stein lag. Ganz gewiß hatte ich nicht die Absicht, ihn mitzunehmen, denn das stand mir nicht zu – diesen Stein mitzunehmen, wäre ein besonders schändlicher Diebstahl gewesen. Nein, ich hob ihn nur auf, weil ich wissen wollte, wie er sich anfühlt, weil ich ihn in den Griff kriegen wollte. Und wahrscheinlich mußte ich seine seidenglatte Oberfläche auf der Haut spüren, um endgültig von seiner Existenz überzeugt zu sein.

Was darunter lag mußte ich lange ansehen. Meine Augen

sahen es, aber mein Verstand brauchte länger. Es war ein Umschlag, zum Schutz gegen die Feuchtigkeit sorgfältig in einer Plastikhülle verpackt. Quer über die Vorderseite stand in Andys schöner klarer Schrift mein Name geschrieben.

Ich nahm den Umschlag und ließ den Stein, wo Andy ihn gelassen hatte und sein Freund vor ihm.

Lieber Red!

Wenn Du dies liest, bist Du draußen. So oder so, aber Du bist draußen. Und wenn Du schon so weit gekommen bist, hast Du vielleicht Lust, noch ein wenig weiter zu kommen. Du hast den Namen der Stadt doch wohl nicht vergessen? Ich könnte einen guten Mann gebrauchen, der mir hilft, mein Projekt in Gang zu bringen. Du kannst inzwischen einen auf mein Wohl trinken – und überleg es Dir. Ich werde nach Dir Ausschau halten. Hoffnung ist etwas Schönes, Red, vielleicht das Schönste, was es gibt, und Schönes stirbt nie. Ich hoffe, daß dieser Brief Dich erreicht und daß es Dir gutgeht.

Dein Freund
Peter Stevens

Ich las den Brief nicht auf der Wiese. Eine Art Entsetzen hatte mich gepackt. Ich mußte hier weg, bevor jemand mich sah. Um mal ein vielleicht passendes Wortspiel zu bringen, ich hatte Angst, ergriffen zu werden.

Ich las den Brief erst in meinem Hotelzimmer, während unten den alten Männern das Abendessen serviert wurde. Der Dunst zog über die Treppe nach oben – Beefaroni, Reis-a-Roni, Nudel-Roni. Jede Wette, was die alten Knacker in Amerika heute abend essen, endet mit großer Sicherheit auf *roni*.

Ich öffnete den Umschlag und las den Brief, und dann legte ich den Kopf auf den Tisch und weinte. In dem Umschlag waren zwanzig neue Fünfzigdollarnoten.

Und hier sitze ich jetzt im Brewster Hotel und bin technisch gesehen schon wieder ein Justizflüchtling – eine Gesetzesübertretung ist mein Verbrechen. Aber für solche Lächerlichkeiten werden keine Straßensperren errichtet – und ich frage mich, was nun.

Ich habe dieses Manuskript. Ich habe ein Gepäckstück so groß wie ein Arztkoffer, und darin ist alles, was ich besitze. Ich habe neunzehn Fünfziger, vier Zehner, einen Fünfer, drei Einer und ein bißchen Kleingeld. Ich mußte einen Fünfziger anbrechen, um diesen Notizblock und eine Schachtel Zigaretten zu kaufen.

Was sollte ich tun?

Aber das ist eigentlich keine Frage. Es geht immer um zwei Möglichkeiten. Leb oder stirb.

Zuerst packe ich mein Manuskript ein. Dann schnalle ich mir mein bißchen Gepäck um, greife meinen Mantel, gehe nach unten und verlasse diese Wanzenbude. Ich werde noch an die Bar gehen, dem Mann eine Fünfdollarnote über den Tresen schieben und einen doppelten Jack Daniel's bestellen – einen für mich und einen für Andy Dufresne. Außer ein oder zwei Bier sind das die einzigen Drinks, die ich seit 1938 als freier Mann getrunken habe. Ich werde dem Barmixer ein Trinkgeld geben. Einen Dollar. Dann gehe ich die Spring Street hinauf zum Greyhound-Terminal und kaufe eine Fahrkarte nach El Paso über New York City. Wenn ich in El Paso bin, kaufe ich eine Fahrkarte nach McNary. Und wenn ich in McNary bin, werde ich feststellen, ob ein alter Verbrecher wie ich vielleicht über die Grenze nach Mexiko kommt.

Natürlich weiß ich noch den Namen. Zihuatanejo. Der Name ist viel zu schön, als daß man ihn vergessen könnte.

Ich bin aufgeregt. Ich bin so aufgeregt, daß meine zitternde Hand kaum noch den Bleistift halten kann. Es ist die Aufregung, die nur ein freier Mann empfinden kann, ein Mann, der eine lange Reise antritt, deren Ende er nicht kennt.

Ich hoffe, daß ich dort unten Andy finde.

Ich hoffe, daß ich es schaffe, über die Grenze zu kommen.

Ich hoffe, meinen Freund zu treffen und ihm die Hand zu schütteln.

Ich hoffe, daß der Pazifik so blau ist wie in meinen Träumen.

Ich *hoffe*.

Sommergewitter
Der Musterschüler

1

Er sah wie der typische amerikanische Junge aus, als er auf seinem Fahrrad mit dem heruntergezogenen Lenker durch eine Wohnstraße des Vororts fuhr, und genau das war er auch: Todd Bowden, dreizehn Jahre alt, ein Meter zweiundsiebzig groß und gesunde hundertdreißig Pfund schwer, strohblondes Haar, weiße, gleichmäßige Zähne und eine leicht gebräunte Haut, die noch nicht die geringsten Spuren von Jugendakne aufwies.

Er lächelte ein Sommerferienlächeln, als er nicht weit von seinem eigenen Haus durch Sonne und Schatten radelte. Er sah aus wie ein Junge, der vielleicht Zeitungen austrug, und das war tatsächlich der Fall – er verteilte den Santo Donato *Clarion*. Er sah außerdem aus wie ein Junge, der vielleicht gegen Provision Glückwunschkarten verkaufte, und auch das hatte er schon getan. Es war die Sorte, in die der Name des Kunden eingedruckt wird – JACK UND MARY BURKE oder DON UND SALLY oder DIE MURCHISONS. Er sah aus wie ein Junge, der vielleicht bei der Arbeit pfiff, und das tat er auch oft. Er konnte sogar sehr gut pfeifen. Sein Vater war Architekt und verdiente vierzigtausend Dollar im Jahr. Seine Mutter hatte am College im Hauptfach Französisch studiert und hatte Todds Vater kennengelernt, als der verzweifelt eine Nachhilfelehrerin suchte. In ihrer Freizeit tippte sie Manuskripte. Sie bewahrte Todds alte Schulzeugnisse in einer Mappe auf. Ihr ganzer Stolz war das Zeugnis zum Abschluß der Vierten Klasse, auf das Mrs. Upshaw gekritzelt hatte: ›Todd ist ein sehr guter Schüler.‹ Und das war er auch. In allen Fächern A- und B-Noten. Wenn er noch besser gewesen wäre – zum Beispiel nur A-Noten – hätten ihn seine Freunde vermutlich für verrückt gehalten.

Vor dem Haus 963 Claremont Street brachte er sein Rad zum Stehen und stieg ab. Das Haus war ein kleiner Bungalow und lag unauffällig ziemlich weit hinten auf dem Grundstück. Es war weiß mit grünen Läden und grünen Verzierungen. Vorn zog sich eine Hecke am Grundstück entlang. Sie war gut bewässert und geschnitten.

Todd strich sich das blonde Haar aus dem Gesicht und schob sein Rad über den Weg zum Eingang hinauf. Er lächelte immer noch, und sein Lächeln war offen und erwartungsvoll und schön. Am Eingang stellte er das Rad ab und nahm die zusammengefaltete Zeitung von der unteren Stufe. Es war nicht der *Clarion;* es war die L. A. *Times.* Er klemmte sie unter den Arm und stieg die Stufen hoch. Hinter der verglasten äußeren Tür war eine schwere Holztür ohne Fenster. Rechts am Türrahmen war die Klingel angebracht und darunter zwei Schilder. Sie waren sorgfältig auf das Holz geschraubt und mit einer Plastikhülle gegen Vergilben oder Verrosten geschützt. Deutsche Gründlichkeit, dachte Todd, und sein Lächeln wurde ein wenig breiter. Es war der Gedanke eines Erwachsenen, und Todd gratulierte sich jedesmal im Geiste, wenn er einen solchen hatte.

Auf dem oberen Schild stand ARTHUR DENKER.

Das untere Schild warnte: KEINE BETTLER, KEINE HAUSIERER, KEINE VERTRETER.

Immer noch lächelnd betätigte Todd die Klingel.

Irgendwo weit hinten im Haus hörte er ihr schwaches Summen. Er nahm den Finger vom Knopf, legte den Kopf schief und wartete auf das Geräusch von Schritten. Es blieb aus. Er sah auf seine Timex-Uhr (die er einmal für den Verkauf von persönlichen Grußkarten bekommen hatte) und sah, daß es zwölf Minuten nach zehn war. Der Kerl müßte doch schon aufgestanden sein. Todd stand selbst in den Sommerferien nie später als halb acht auf. Morgenstund' hat Gold im Mund.

Er wartete noch dreißig Sekunden, und als es im Haus stumm blieb, lehnte er sich gegen die Klingel und beobachtete den Sekundenzeiger seiner Timex. Er hatte den Klingelknopf genau einundsiebzig Sekunden lang gedrückt, als er endlich schlurfende Schritte hörte. Aus der Art des Geräusches schloß er auf Pantoffeln. Er zog aus seinen Beobachtungen immer irgendwelche Schlüsse. Zur Zeit hatte er den Ehrgeiz, später einmal Privatdetektiv zu werden.

»Ist ja schon gut!« rief der Mann ärgerlich, der vorgab, Arthur Denker zu heißen. »Ich komme ja schon! Klingel loslassen!«

Wieder nahm Todd die Hand von der Klingel.

An der Innenseite der fensterlosen Tür war das Rasseln einer Kette und eines Riegels zu hören. Dann wurde sie geöffnet.

Ein alter gebückter Mann in einem Bademantel schaute durch die Scheibe der äußeren Tür nach draußen. Zwischen seinen Fingern hing eine glimmende Zigarette. Todd fand, daß der Mann aussah wie eine Kreuzung zwischen Albert Einstein und Boris Karloff. Sein Haar war lang und weiß, aber es wurde auf unangenehme Weise gelb. Die Farbe erinnerte mehr an Nikotin als an Elfenbein. Sein Gesicht war runzlig und vom Schlaf gedunsen, und Todd sah mit einigem Unbehagen, daß der Mann sich einige Tage lang nicht rasiert hatte. Todds Vater sagte gern: »Eine Rasur setzt den Morgen Glanz auf.« Todds Vater rasierte sich jeden Tag, ob er zur Arbeit ging oder nicht.

Die Augen, aus denen der Alte Todd ansah, waren wachsam. Sie lagen tief in den Höhlen und waren von roten Äderchen durchzogen. Todd war tief enttäuscht. Der Kerl sah *tatsächlich* ein wenig wie Albert Einstein aus, und *tatsächlich* sah er auch ein wenig wie Boris Karloff aus, aber weit eher sah er wie die schäbigen alten Säufer aus, die unten am Bahnhof herumhingen.

Allerdings, sagte sich Todd, war der Mann gerade erst aufgestanden. Todd hatte Denker schon vorher oft gesehen, aber er hatte immer sorgfältig darauf geachtet, daß Denker *ihn* nicht sah. Wenn er sich in der Öffentlichkeit bewegte, sah Denker immer sehr adrett aus, jeder Zoll ein pensionierter Offizier, könnte man sagen, obwohl er sechsundsiebzig Jahre alt war, wenn die Artikel, die Todd in der Bibliothek über ihn gelesen hatte, sein Alter korrekt angaben. An den Tagen, an denen Todd ihn beschattet hatte, wenn er zum Einkaufen ging oder mit dem Bus zu einem der drei Kinos fuhr – Denker hatte kein Auto –, trug er immer einen von drei gepflegten Anzügen, ganz gleich, wie warm es war. Wenn es nach schlechtem Wetter aussah, hielt er wie ein Ausgehstöckchen einen eingerollten Regenschirm unter dem Arm.

Manchmal hatte er einen Schlapphut auf. Und wenn Denker unterwegs war, sah er immer gut rasiert aus, und sein weißer Schnauzbart, der eine schlecht korrigierte Hasenscharte kaschieren sollte, war stets sorgfältig gestutzt.

»Ein Junge«, sagte er jetzt. Seine Stimme klang belegt und schläfrig. Todd sah mit einem erneuten Anflug von Enttäuschung, daß Denkers Bademantel verblichen und schmierig war. Unordentlich lag der Kragen um seinen welken Hals, und am linken Aufschlag klebte ein Spritzer Chili- oder A-1 Steak-Sauce. Er roch nach Zigarettenqualm und hatte eine Schnapsfahne.

»Ein Junge«, wiederholte er. »Ich brauche nichts, Junge. Lies das Schild. Du kannst doch lesen, nicht wahr? Natürlich kannst du lesen. Alle amerikanischen Jungen können lesen. Belästige mich nicht, Junge. Guten Tag.«

Langsam schloß sich die Tür.

Hier hätte ich aufgeben können, dachte Todd viel später während einer der Nächte, in denen er keinen Schlaf fand. Allein die Enttäuschung, die er empfand, als er den Mann zum ersten Male aus der Nähe sah, wäre dafür ein ausreichender Grund gewesen – der Mann hatte ihm sein Alltagsgesicht gezeigt. Sein Ausgehgesicht hing im Schrank bei seinem Regenschirm und seinem Schlapphut. In diesem Augenblick hätte es zu Ende sein können. Das lächerliche Klikken des Türriegels hätte sauber wie eine scharfe Schere alles abschneiden können, was später geschehen sollte. Aber, wie der Mann selbst schon bemerkt hatte, Todd war ein amerikanischer Junge, und er hatte gelernt, daß Beharrlichkeit eine Tugend ist.

»Vergessen Sie Ihre Zeitung nicht, Mr. Dussander«, sagte Todd und hielt ihm höflich die *Times* hin.

Ein paar Zoll vor dem Anschlag blieb die Tür stehen. Kurt Dussanders Gesicht verkrampfte sich. Mißtrauen war darin zu lesen. Vielleicht auch Angst. Aber der Ausdruck war sofort wieder weg. Diese Selbstbeherrschung imponierte Todd, aber er war trotzdem wieder enttäuscht. Er hatte bei Dussander nicht Selbstbeherrschung, sondern Größe erwartet.

Junge, dachte Todd angewidert. *Junge, Junge.*

Der Alte zog die Tür wieder auf. Eine von Arthritis gekrümmte Hand griff spinnenartig hindurch und packte den Rand der Zeitung, die Todd in der Hand hielt. Mit Mißfallen sah der Junge, daß die Fingernägel des alten Mannes lang und gelb waren. Diese Hand hatte in ihren wachen Stunden eine Zigarette nach der anderen gehalten. Todd hielt Rauchen für eine ekelhafte und gefährliche Angewohnheit, die er sich nie im Leben zu eigen machen würde. Es war wirklich ein Wunder, daß Dussander so alt geworden war.

Der alte Mann zog. »Gib mir meine Zeitung.«

»Aber gern, Mr. Dussander.« Todd ließ los. Die Spinnenhand riß ihm das Blatt weg, und die äußere Tür schloß sich.

»Ich heiße Denker«, sagte der alte Mann. »Ich bin nicht dieser Dussander. Anscheinend kannst du doch nicht lesen. Wie schade. Guten Tag.«

Wieder schloß sich die Tür langsam. Todd sprach rasch durch den sich verengenden Spalt. »Bergen-Belsen, Januar 1943 bis Juni 1943. Auschwitz, Juni 1943 bis Juni 1944, stellvertretender Lagerkommandant. Patin –«

Die Tür öffnete sich wieder. Das gedunsene und bleiche Gesicht des Mannes hing im Türspalt wie ein zerknitterter Ballon, aus dem zur Hälfte die Luft entwichen war. Todd lächelte.

»Kurz bevor die Russen kamen, verschwanden Sie aus Patin. Sie setzten sich nach Buenos Aires ab. Manche behaupten, Sie seien dort reich geworden, nachdem Sie das aus Deutschland mitgebrachte Gold in den Drogenhandel investiert hatten. Wie dem auch sei, von 1950 bis 1952 waren Sie in Mexico City. Dann –«

»Junge, du bist verrückt wie ein Kuckuck.« Mit einer seiner arthritischen Hände kratzte er sich an einem seiner häßlichen Ohren, aber der zahnlose Mund zuckte und verriet Panik.

»Was von 1952 bis 1958 war, weiß ich nicht«, sagte Todd und grinste noch breiter. »Das weiß wahrscheinlich keiner, oder man schweigt darüber. Aber ein israelischer Agent machte sie in Kuba ausfindig. Dort arbeiteten Sie als Hausmeister in einem großen Hotel. Das war bevor Castro die Regierung übernahm. Als die Rebellen in Havanna einzogen, verlor er Ihre Spur. 1965 tauchten Sie in West Berlin auf. Dort hätte man Sie fast erwischt.« Er sprach die letzten beiden

Worte wie eins aus. Gleichzeitig ballte er beide Hände zu einer einzigen großen Faust. Dussanders Blick fiel auf diese gut gebauten und gut genährten amerikanischen Hände, die dazu geschaffen waren, Seifenkistenwagen und Modellschiffe zu bauen. Todd hatte schon beides getan. Vor einem Jahr hatte er zusammen mit seinem Vater sogar ein Modell der *Titanic* gebaut. Dazu hatten sie fast vier Monate gebraucht, und jetzt stand das Modell im Büro seines Vaters.

»Ich weiß nicht, wovon du redest«, sagte Dussander. Ohne sein künstliches Gebiß klangen die Worte weinerlich, und Todd gefiel der Tonfall überhaupt nicht. Die Worte des Alten klangen... nicht echt. Oberst Kling in *Hogan's Heroes* hörte sich eher wie ein Nazi an als Dussander. Aber früher mußte er ein anderer Kerl gewesen sein. Der Autor eines in *Men's Action* erschienenen Artikels über die Vernichtungslager hatte ihn den ›Bluthund von Patin‹ genannt. »Mach daß du wegkommst, Junge. Oder ich rufe die Polizei.«

»Ja, die sollten Sie lieber rufen, Mr. Dussander. Oder Herr Dussander, wenn Ihnen das besser gefällt.« Er lächelte immer noch und zeigte dabei makellose Zähne, die, solange er lebte, mit Flour behandelt worden waren und die er fast ebenso lange dreimal täglich mit Crest-Zahnpasta geputzt hatte. »Nach 1965 wurden Sie nicht mehr gesehen... bis ich Sie vor zwei Monaten im Bus unterwegs in die Stadt erkannte.«

»Du bist wahnsinnig.«

»Wenn Sie also die Polizei rufen wollen, dann tun Sie's nur«, sagte Todd lächelnd, »Ich warte auf der Veranda. Wenn Sie sie aber nicht rufen wollen, warum lassen Sie mich dann nicht rein? Wir könnten uns unterhalten.«

Der alte Mann sah den lächelnden Jungen lange an. In den Bäumen zwitscherten die Vögel. Irgendwo summte ein Rasenmäher, und in der Ferne auf den belebten Straßen hupten die Automobile ihren eigenen Lebensrhythmus hinaus.

Trotz alledem wurde Todd von Zweifeln befallen. Er konnte sich doch nicht geirrt haben? Hatte er irgendeinen Fehler gemacht? Er glaubte es zwar nicht, aber dies war keine Arbeit für die Schule. Dies war das wirkliche Leben. Deshalb empfand er Erleichterung (die sich allerdings in Grenzen hielt, wie er sich später einredete), als Dussander sagte: »Wenn du willst, darfst du einen Augenblick reinkommen. Aber nur, weil ich dir keine Schwierigkeiten machen will, verstehst du?«

»Klar, Mr. Dussander«, sagte Todd. Er öffnete die äußere Tür und trat in die Halle. Dussander schloß die Tür hinter ihnen und ließ den Morgen draußen.

Das Haus roch schal und ein wenig nach Malz. Es roch wie Todds eigenes Haus manchmal morgens roch, wenn seine Eltern eine Party gegeben hatten und die Räume noch nicht gelüftet waren. Aber dieser Geruch war schlimmer. Er haftete, und hier roch es immer so. Es war ein Geruch von Schnaps, Lebensmittelresten, Schweiß und alten Klamotten, vermischt mit einem widerlichen Medizingestank wie nach Vick's oder Mentholatum. Es war dunkel im Flur, und Dussander stand viel zu nah neben ihm. Sein Kopf ragte aus dem Kragen seines Morgenmantels wie der Kopf eines Geiers, der darauf wartet, daß ein verletztes Tier den Geist aufgibt. Trotz der Bartstoppeln und der welken Haut sah Todd in diesem Augenblick den Mann in einer schwarzen SS-Uniform vor sich. Dieses Bild stand ihm deutlicher vor Augen als je zuvor, und plötzlich beschlich ihn Angst. Nur ein bißchen Angst, korrigierte er sich später.

»Ich sollte Sie darauf aufmerksam machen, daß, falls mir etwas passiert –« fing er an, und Dussander schob sich an ihm vorbei ins Wohnzimmer, wobei seine Pantoffeln über den Fußboden schlurften. Der Alte machte eine verächtliche Handbewegung, und Todd merkte, wie ihm das Blut ins Gesicht stieg.

Er folgte dem alten Mann, und zum erstenmal verschwand das Lächeln aus seinem Gesicht. Er hatte sich diese Begegnung anders vorgestellt, aber man würde schon sehen. Die Dinge würden sich klären. Das war immer so. Als er das Wohnzimmer betrat, lächelte er schon wieder.

Wieder erlebte er eine Enttäuschung – und was für eine! –, aber darauf hätte er natürlich vorbereitet sein müssen. Natürlich gab es hier kein Ölgemälde von Hitler mit dem in die Stirn fallenden Haar und Augen, die einem zu folgen schienen. Keine Ordensschatullen und keinen Ehrendolch an der

Wand. Auf dem Kaminsims lag keine Luger oder Walther PPK (es gab nicht einmal einen Kaminsims). Natürlich, sagte sich Todd, wäre der Kerl verrückt gewesen, wenn er solche Sachen sichtbar angebracht hätte. Dennoch, es war schwer, alles zu vergessen, was man darüber in Filmen oder in Fernsehserien gesehen hatte. Der Raum sah wie das Wohnzimmer eines alten Mannes mit einer mageren Pension aus. Auf der Kaminattrappe klebten unechte Ziegel. Darüber hing eine Westclox. Auf einem kleinen Tisch stand ein Motorola-Schwarzweißfernseher, die Enden der Antenne waren mit Aluminiumfolie umwickelt, um einen besseren Empfang zu erzielen. Auf dem Fußboden lag ein grauer und abgewetzter Läufer. Im Zeitschriftenständer lagen einige Ausgaben von *National Geographic Magazine*, *Reader's Digest* und *L. A. Times*. Statt eines Hitlerbildes oder eines Ehrendolches hingen eine eingerahmte Staatsbürgerschaftsurkunde und das Foto einer Frau mit einem komischen Hut an der Wand. Dussander erzählte ihm später, daß solche Hüte Cloche genannt wurden und daß sie in den zwanziger und dreißiger Jahren getragen wurden.

»Meine Frau«, sagte Dussander wehleidig. »Sie starb 1955 an einer Lungenkrankheit. Zu der Zeit arbeitete ich bei den Menschler-Motorenwerken in Essen. Es hat mir das Herz gebrochen.«

Todd lächelte immer noch. Er ging durch das Zimmer, wie um die Frau auf dem Foto besser betrachten zu können, aber anstatt sich das Bild anzusehen, griff er an den Schirm einer kleinen Tischlampe.

»*Laß das!*« bellte Dussander wütend, und Todd sprang von der Lampe zurück.

»Das war gut«, sagte er und meinte es ganz ehrlich. »Ein richtiger Kommandoton. War es nicht Ilse Koch, die sich Lampenschirme aus Menschenhaut machen ließ? Und sie kannte auch den Trick mit den kleinen Glasröhren.«

»Ich habe keine Ahnung, wovon du redest«, sagte Dussander. Auf dem Fernsehgerät lag eine Packung Kools ohne Filter. Er hielt Todd die Schachtel hin. »Zigarette?« fragte er und grinste. Es war ein scheußliches Grinsen.

»Nein. Davon kriegt man Lungenkrebs. Mein Vater hat früher geraucht, aber er hat es sich abgewöhnt.«

»So?« Dussander holte ein Streichholz aus der Tasche seines Morgenmantels und riß es am Plastikgehäuse des Motorola an. Er stieß den Rauch aus und sagte: »Kannst du mir einen einzigen Grund nennen, warum ich nicht die Polizei rufen sollte, um mich über die entsetzlichen Anschuldigungen zu beschweren, die du gegen mich erhebst? Einen einzigen Grund? Mach den Mund auf, Junge. Das Telefon steht gleich hier im Flur. Ich glaube, dein Vater würde dich verprügeln. Eine Woche lang müßtest du dir beim Essen ein Kissen unterlegen, was?«

»Mein Vater hält nicht viel vom Prügeln. Körperliche Züchtigung schafft mehr Probleme als sie kuriert.« Plötzlich glänzten Todds Augen. »Haben Sie welche von ihnen verprügelt? Ich meine die Frauen? Haben Sie ihnen die Kleider ausgezogen und –«

Mit einem erstickten Laut eilte Dussander ans Telefon.

»Das würde ich lieber nicht tun«, sagte Todd kalt.

Dussander drehte sich um. In gemessenem Ton, der nur dadurch ein wenig beeinträchtigt wurde, daß er seine falschen Zähne nicht trug, sagte er: »Ich sage es dir ein für allemal, Junge. Mein Name ist Arthur Denker. Er hat nie anders gelautet und ist nicht einmal amerikanisiert worden. Mein Vater hat mich Arthur taufen lassen, weil er die Geschichten von Arthur Conan Doyle so bewunderte. Ich hieß nie Dussander und auch nicht Himmler, und ich hieß auch nie Weihnachtsmann. Im Krieg war ich Reserveleutnant. Ich war nie Mitglied der Nazipartei. Ich habe drei Monate lang an der Schlacht um Berlin teilgenommen. Ich gebe zu, daß ich Ende der dreißiger Jahre, nachdem ich geheiratet hatte, für Hitler war. Er beendete die Not in unserem Land und gab uns unseren Nationalstolz zurück, den wir als Ergebnis des ungerechten Versailler Vertrages verloren hatten. Wahrscheinlich habe ich Hitler nur deshalb gewählt, weil ich wieder einen Job hatte und wieder rauchen konnte. Ich brauchte keine Kippen mehr in der Gosse zu sammeln, wenn ich rauchen wollte. Ende der dreißiger Jahre hielt ich ihn für einen großen Mann. Auf seine Art war er es vielleicht auch. Aber am Ende war er verrückt. Er befehligte nach den Voraussagen eines Astrologen Armeen, die es schon längst nicht mehr gab. Er gab sogar seinem Hund Blondie eine tödliche Giftkapsel. Das war die Tat eines Verrückten; am Ende waren sie alle verrückt und sangen das Horst Wessel-Lied, als sie ihre Kinder vergifteten. Am 2. Mai 1945 kapitulierte mein Regiment vor den Amerikanern. Ich weiß noch, daß ein einfacher amerikanischer Soldat namens Hackermeyer mir eine Tafel Schokolade schenkte. Ich weinte. Es gab keinen Grund weiterzukämpfen; der Krieg war vorbei und war eigentlich schon im Februar zu Ende gewesen. Ich war in Essen in Gefangenschaft und wurde sehr gut behandelt. Im Radio hörten wir die Berichte über den Nürnberger Prozeß, und als Göring Selbstmord beging, besorgte ich mir für vierzehn amerikanische Zigaretten eine halbe Flasche Schnaps und besoff mich. Als ich entlassen wurde, fing ich bei den Motorenwerken in Essen an, wo ich Räder montierte. Das machte ich bis 1963. Später wanderte ich in die Vereinigten Staaten aus. Das war mein ganzes Leben lang mein Ehrgeiz gewesen. 1967 erhielt ich die amerikanische Staatsbürgerschaft. Ich bin Amerikaner. Ich darf wählen. Keine Rede von Buenos Aires. Kein Drogenhandel. Kein Aufenthalt in Berlin. Kein Kuba.« Er sprach das U in Kuba sehr gedehnt. »Und wenn du jetzt nicht verschwindest, rufe ich die Polizei an.«

Er sah, daß Todd sich nicht rührte. Dann ging er auf den Flur und nahm den Hörer auf. Todd blieb neben dem Tisch mit der kleinen Lampe im Wohnzimmer stehen.

Dussander wählte. Todd beobachtete ihn, und sein Herz klopfte immer schneller und wilder. Nach der vierten Ziffer drehte Dussander sich um und sah ihn an. Er ließ die Schultern sinken. Er legte den Hörer auf.

»Ein Junge«, sagte er. »Ein Junge.«

Todd lächelte breit, aber zurückhaltend.

»Woher weißt du das alles?«

»Teils Glück, teils harte Arbeit«, sagte Todd. »Ich habe einen Freund, er heißt Harold Pegler, aber die Kinder nennen ihn Foxy. Er ist Abwehrspieler in unserer Mannschaft. Und sein Vater hat einen ganzen Haufen alte Zeitschriften in der Garage. Alles über den Krieg. Ich wollte neue lesen, aber der Mann vom Kiosk gegenüber der Schule sagte, daß es die meisten nicht mehr gibt. In den meisten sind Bilder von Krauts –

ich meine natürlich deutsche Soldaten – und Japanern, die Frauen quälen. Und Artikel über Konzentrationslager. Dies Zeug über die Konzentrationslager hat mich immer sehr angesprochen.«

»Es hat dich ... angesprochen?« Dussander starrte ihn an und rieb sich mit der Hand die unrasierte Wange. Es hörte sich an, als würde etwas abgeschmirgelt.

»Ja, angesprochen. Ich fahr' darauf ab. Es interessiert mich.«

Er erinnerte sich an jenen Tag in Foxys Garage so deutlich wie an irgend etwas in seinem Leben – wahrscheinlich sogar noch deutlicher. Er erinnerte sich noch an einen Tag in der vierten Klasse, als Mrs. Anderson (die Kinder nannten sie Bugs Bunny, weil sie so große Schneidezähne hatte) sagte: »Ihr müßt feststellen, was EUCH AM MEISTEN INTERESSIERT.«

»Es kommt ganz plötzlich«, hatte Bugs Bunny Anderson geschwärmt. »Ihr seht etwas zum erstenmal und wißt sofort, daß ihr das gefunden habt, was EUCH AM MEISTEN INTERESSIERT. Es ist, als ob sich in einem Schloß ein Schlüssel dreht. Oder als ob man sich zum erstenmal verliebt. Kinder, der heutige Tag mag der Tag sein, an dem ihr das findet, was EUCH AM MEISTEN INTERESSIERT.« Und dann hatte sie der Klasse erzählt, was sie selbst AM MEISTEN INTERESSIERTE, und das war beileibe nicht, die vierte Klasse zu unterrichten, sondern Postkarten aus dem neunzehnten Jahrhundert zu sammeln. Damals hatte Todd gedacht, daß Mrs. Anderson nur Scheiße redete, aber an jenem Tag in Foxys Garage erinnerte er sich an das, was sie gesagt hatte, und fragte sich, ob sie nicht tatsächlich recht gehabt haben könnte. Der Santa Anas hatte den ganzen Tag geweht, und weiter östlich hatte es Waldbrände gegeben. Er erinnerte sich an den Brandgeruch. Er erinnerte sich an Foxys Bürstenhaarschnitt. Er erinnerte sich an *alles*.

»Hier müssen irgendwo Comic-Hefte liegen«, hatte Foxy gesagt. Seine Mutter hatte noch vom Vortage einen Kater gehabt und sie rausgeschmissen, weil sie zu laut gewesen waren. »Gute Comics. Hauptsächlich Western, aber auch *Turoks, Son of Stones* und –«

»Und was ist das?« fragte Todd und zeigte auf die prallvollen Pappkartons unter der Treppe.

»Ach, das taugt nichts«, sagte Foxy. »Kriegsgeschichten. Ziemlich langweilig.«

»Kann ich mir mal ein paar ansehen?«

»Klar. Ich suche inzwischen die Comics.«

Als der fette Foxy Pegler sie endlich gefunden hatte, wollte Todd die Comics nicht mehr lesen. Er war fasziniert und hatte für nichts anderes mehr Zeit.

Es ist, als ob sich in einem Schloß ein Schlüssel dreht, oder als ob man sich zum erstenmal verliebt.

Und so *war* es gewesen. Natürlich hatte er einiges über den Krieg gewußt – nicht über den lächerlichen Krieg, der jetzt gerade lief und in dem ein paar Affen in schwarzen Pyjamas den Amerikanern die Scheiße aus dem Arsch traten –, sondern über den Zweiten Weltkrieg. Er wußte, daß die Amerikaner runde Helme mit einem Netz drauf trugen und die Krauts ein wenig eckigere. Er wußte, daß die Amerikaner die meisten Schlachten gewonnen hatten und daß die Deutschen gegen Ende des Krieges Raketen erfunden hatten, mit denen sie London beschossen. Er hatte sogar von den Konzentrationslagern gehört. Der Unterschied zwischen dem, was er schon wußte, und dem, was er in den Zeitschriften unter der Treppe in Foxys Garage las, war wie der Unterschied zwischen Krankheitskeimen, von denen einem erzählt wird, und solchen, die man unter einem Mikroskop tatsächlich sieht und die zappeln und sich bewegen.

Da gab es diese Ilse Koch. Da gab es Krematorien, deren an rußverschmierten Angeln hängende Türen offenstanden. Offiziere in SS-Uniformen und Gefangene in gestreifter Sträflingskluft. Der Geruch der alten Zeitschriften war wie der Geruch der Waldbrände, die östlich von Santo Donato gerade außer Kontrolle gerieten, und er spürte, wie das alte Papier unter seinen Fingern fast zerbröckeln wollte, und er schlug die Seiten um, nicht mehr in Foxys Garage, sondern irgendwo zwischen den Zeilen. Er versuchte, mit dem Gedanken fertig zu werden, daß *sie es wirklich getan hatten*, daß *irgendwer sie dazu veranlaßt hatte*, und der Kopf tat ihm weh aus einer Mischung von Ekel und Aufregung, und seine Augen schmerzten vor Anstrengung, aber er las weiter, und im Text unter einem Foto von einem Haufen ineinander verschlungener Leichen in Dachau sprang ihm eine Zahl entgegen:

6 000 000

Und er dachte, *hier muß jemand Scheiße gemacht, eine Null oder zwei hinzugefügt haben. Das wären dreimal soviel Menschen wie in Los Angeles leben!* Aber in einer anderen Zeitschrift (das Titelblatt zeigte eine an eine Mauer gekettete Frau, der sich ein Mann in Nazi-Uniform näherte, einen Schürhaken in der Hand und ein Grinsen im Gesicht) sah er die Zahl noch einmal:

6 000 000

Seine Kopfschmerzen wurden immer schlimmer, und er hatte ein trockenes Gefühl im Mund. Wie von weit hörte er, daß Foxy ihm sagte, er müsse nun zu Abend essen. Todd fragte ihn, ob er so lange in der Garage bleiben und lesen dürfe. Foxy sah ihn erstaunt an, zuckte die Achseln und war einverstanden. Und über die alten Kartons mit den Zeitschriften vom Krieg gebückt las Todd, bis seine Mutter anrief und fragte, ob er überhaupt noch mal nach Hause kommen wolle.

Als ob sich in einem Schloß ein Schlüssel dreht.

In allen Zeitschriften stand, daß es entsetzlich gewesen sei, aber alle Geschichten wurden hinten im Heft fortgesetzt, und wenn man diese Seiten aufschlug, sah man neben dem Text, in dem dieses Entsetzliche beschrieben wurde, die Anzeigen mit Reklame für deutsche Messer und Koppel und Helme und Mittel gegen Haarausfall. Deutsche Hakenkreuzfahnen wurden angepriesen und Luger-Pistolen der Nazis, und es gab auch ein ›Panzerangriff‹ genanntes Spiel und Fernkurse und hochhackige Schuhe für kleingewachsene Männer. Im Text stand, es sei entsetzlich gewesen, aber das schien vielen Leuten nichts auszumachen.

Als ob man sich verliebt.

O ja, er erinnerte sich noch sehr gut an jenen Tag. Er erinnerte sich an jede Einzelheit – an den vergilbten Kalender für ein längst vergangenes Jahr, der an der Rückwand hing, an den Ölfleck auf dem Betonfußboden und an den orangefarbenen Bindfaden, mit dem die Zeitschriftenbündel verschnürt waren. Er wußte noch, daß seine Kopfschmerzen immer schlimmer wurden, wenn er an die unglaubliche Zahl dachte

6 000 000

Er wußte noch, daß er damals dachte: *Ich will genau wissen, was an jenen Orten geschehen ist. Und ich will wissen, worin mehr Wahrheit liegt – im Text oder in den Anzeigen daneben.*

Er dachte an Bugs Anderson, als er endlich die Kartons wieder unter die Treppe schob, und er wußte: *Sie hatte recht. Ich habe gefunden WAS MICH AM MEISTEN INTERESSIERT.*

Dussander sah Todd lange an. Dann ging er durch das Zimmer und ließ sich schwer in einen Schaukelstuhl fallen. Er konnte den leicht verträumten und nostalgischen Gesichtsausdruck des Jungen nicht deuten.

»Ja. Diese Zeitschriften haben mich interessiert, aber ich glaubte, daß eine Menge von dem, was da stand, ganz einfach Scheiße war. Ich ging also in die Bibliothek, und da fand ich noch viel mehr darüber. Einiges war auch besser geschrieben. Zuerst wollte der lausige Angestellte nicht, daß ich es las, denn es stand in der Abteilung für Erwachsene, aber ich hab' ihm gesagt, daß ich es für die Schule brauche. Wenn es für die Schule ist, müssen sie es rausrücken. Sie haben aber vorher meinen Vater angerufen.«

In Todds Blick lag jetzt Verachtung. »Als ob sie glaubten, mein Vater wüßte nicht, was ich tue, wenn Sie wissen was ich meine.«

»Wußte er es denn?«

»Klar. Mein Vater meint, ein Junge muß schon früh das Leben kennenlernen – das Böse genauso wie das Gute. Dann ist er darauf vorbereitet. Er sagt, das Leben ist wie ein Tiger, den man am Schwanz packen muß. Und wenn man das Biest nicht kennt, frißt es einen auf.«

»Hmmm«, sagte Dussander.

»Das meint auch meine Mutter.«

»Hmmm.« Dussander sah den Jungen verwirrt an. Er wußte nicht, woran er war.

»Jedenfalls«, sagte Todd, »war das Zeug in der Bibliothek ganz gut. Die haben mindestens hundert Bücher über Konzentrationslager allein hier in der Bibliothek von Santo Donato. Es muß *viele* Leute geben, die so was gern lesen. In den Büchern waren nicht so viele Bilder wie in den Zeitschriften von Foxys Vater, aber das andere Zeug war wirklich Klasse. Stühle mit Metalldornen in den Sitzen. Goldzähne mit Zangen rausziehen. Duschen, aus denen Giftgas kam.« Todd schüttelte den Kopf. »Ihr müßt doch damals verrückt gewesen sein. Ihr wart verrückt.«

»Klasse«, sagte Dussander mit schwerer Zunge.

»Ich habe darüber für die Schule eine Arbeit geschrieben, und wissen Sie, was ich dafür kriegte? Eine Eins. Ich mußte natürlich vorsichtig sein. Man muß das auf eine ganz bestimmte Art schreiben. Man muß vorsichtig sein.«

»Muß man das?« fragte Dussander. Seine Hand zitterte, als er sich noch eine Zigarette anzündete.

»O ja. Alle diese Bücher in der Bibliothek sind auf eine ganz bestimmte Art geschrieben. Als ob die Leute, die das schreiben, beim Schreiben kotzen mußten.« Todd runzelte die Stirn. Er hatte Schwierigkeiten, seine Gedanken auszudrücken. Wie in der Literatur Akzente gesetzt werden, konnte er mit seinem Vokabular noch nicht beschreiben. »Sie schreiben alle, als hätten sie darüber schlaflose Nächte gehabt. Und daß wir aufpassen müssen, daß so etwas nie wieder geschieht. So ungefähr habe ich auch meine Arbeit geschrieben, und ich glaube, der Lehrer hat mir eine Eins gegeben, weil ich das Quellenmaterial gelesen hatte, ohne zu kotzen.« Wieder setzte Todd ein freundliches Lächeln auf.

Dussander zog an seiner Kool ohne Filter. Die Zigarette zitterte in seiner Hand. Als er den Rauch durch die Nase ausstieß, hustete er. Es war das unangenehme hohle Husten eines alten Mannes. »Ich kann kaum glauben, daß diese Unterhaltung tatsächlich stattfindet«, sagte er. Er beugte sich vor und sah Todd scharf an. »Junge, ist dir das Wort ›Existentialismus‹ ein Begriff?«

Todd ignorierte die Frage. »Haben Sie Ilse Koch kennengelernt?«

»Ilse Koch?« fragte Dussander. »Ja, ich kenne sie.«

»Sah sie gut aus?« fragte Todd aufgeregt. »Ich meine...«
Seine Hände beschrieben Kreise in der Luft.

»Du hast doch gewiß ein Foto von ihr gesehen«, sagte Dussander. »Ein Aficionado wie du?«

»Was ist ein Af... Aff...«

»Ein Aficionado«, sagte Dussander, »ist jemand, der sich brennend für etwas interessiert. Einer der... auf etwas abfährt, wie ihr sagt.«

»Ja? Cool.« Todd lächelte wieder, diesmal triumphierend. »Klar habe ich ihr Bild gesehen. Aber Sie kennen ja die Bilder in diesen Büchern.« Er sprach, als hätte Dussander die Bücher alle. »Schwarzweiß und unscharf... eben nur Schnappschüsse. Wissen Sie, die Leute wußten ja nicht, daß diese Aufnahmen für die *Geschichte* gemacht wurden. Sah sie wirklich gut aus?«

»Sie war fett und untersetzt und hatte unreine Haut«, sagte Dussander. Er drückte die nur halb gerauchte Zigarette in einer mit Kippen gefüllten Fertiggerichtfolie aus.

»Mein Gott.« Todd machte ein enttäuschtes Gesicht.

»Du hast ganz einfach Glück gehabt«, sagte Dussander nachdenklich und sah Todd an. »Du hast mein Bild in der Zeitschrift gesehen und hast dann zufällig neben mir im Bus gesessen. *Tscha!*« Er schlug mit der Faust auf die Stuhllehne, aber in dem Schlag lag wenig Kraft.

»Nein, Mr. Dussander. Ganz so einfach war das nicht«, sagte Todd ganz ernst und beugte sich vor.

»Wirklich?« Dussander hob die buschigen Brauen, und sein Gesicht zeigte ungläubiges Erstaunen.

»Aber ja. Ich habe ein ganzes Buch mit Zeitungsausschnitten, und die Bilder von Ihnen waren alle mindestens dreißig Jahre alt. Schließlich haben wir jetzt 1974.«

»Du hast ein... ein Buch mit Zeitungsausschnitten?«

»Ja. Ein sehr gutes sogar. Hunderte von Bildern. Ich zeig' sie Ihnen mal. Sie werden verrückt.«

Dussanders Gesicht verzerrte sich zu einem angewiderten Grinsen, aber er sagte nichts.

»Als ich Sie ein paarmal gesehen hatte, war ich mir noch nicht sicher«, sagte Todd. »Aber dann stiegen Sie eines Tages in den Bus. Es regnete, und Sie hatten diesen schwarzen Regenmantel an –«

»Ach den«, flüsterte Dussander.

»Ja. Und in einer der Zeitschriften in Foxys Garage war ein Bild, auf dem Sie einen ähnlichen Mantel trugen. Und in der Bibliothek fand ich in einem Buch ein Foto von Ihnen in Ihrem SS-Mantel. Als ich Sie dann im Bus sah, sagte ich mir ›Klar, das muß er sein. Das ist Kurt Dussander.‹ Und dann fing ich an, Sie zu beschatten –«

»Du hast *was* getan?«

»Sie beschattet. Ich bin Ihnen gefolgt. Ich will nämlich Privatdetektiv werden wie Sam Spade in den Büchern und Mannix im Fernsehen. Jedenfalls war ich sehr vorsichtig. Sie durften es ja nicht merken. Wollen Sie ein paar Bilder sehen?«

Todd zog einen dicken braunen Umschlag aus der Gesäßtasche. Er war von Schweiß zugeklebt. Vorsichtig öffnete er ihn. Seine Augen glänzten wie die eines Jungen, der sich auf seinen Geburtstag freut oder auf Weihnachten oder auf die Feuerwerkskörper, die er am 4. Juli abbrennen darf.

»Du hast Bilder von mir gemacht?«

»Wetten? Ich hab' diese kleine Kamera. Eine Kodak. Sie ist schmal und flach und paßt genau in die Hand. Wenn man erst dahintergekommen ist, kann man Aufnahmen machen, indem man das Ding einfach in die Hand nimmt und die Finger so weit spreizt, daß die Linse frei liegt. Den Auslöser betätigt man dann mit dem Daumen.« Todd lachte leise. »Ich bin dahintergekommen, aber dazu mußte ich ganz schön oft meine eigenen Finger fotografieren. Ich versuchte es aber immer wieder. Wissen Sie, ich glaube, ein Mensch bringt alles fertig, wenn er sich nur genug Mühe gibt. Das klingt abgedroschen, aber es stimmt.«

Kurt Dussander war ganz blaß geworden und sah krank aus. Er schien in seinem Morgenmantel zusammengeschrumpft zu sein. »Hast du die Bilder in einem Fotogeschäft entwickeln lassen, Junge?«

»Was?« Todd sah ihn zuerst entsetzt und dann verächtlich an. »Nein! Denken Sie, ich bin blöd? Mein Vater hat eine

Dunkelkammer. Seit ich neun Jahre alt war, habe ich schon meine eigenen Bilder entwickelt.«

Dussander sagte nichts, aber er schien erleichtert, und sein Gesicht nahm wieder etwas Farbe an.

Todd reichte ihm ein paar Hochglanzfotos, deren schlecht beschnittenen Rändern man ansah, daß ein Laie sie entwickelt hatte. Dussander betrachtete sie wütend, aber ohne ein Wort zu sagen. Auf dem einen saß er auf einem Fensterplatz im Stadtbus, die letzte Ausgabe des *Centennial* in der Hand. Eine andere Aufnahme zeigte ihn an der Bushaltestelle Devon Avenue, den Regenschirm unter dem Arm und den Kopf erhoben wie De Gaulle zu seinen besten Zeiten. Auf einem weiteren Foto stand er unter dem Vorbau des Majestic Theater, aufrecht und stumm, und hob sich schon durch seine Größe und seine Haltung von den Teenagern ab und von den Hausfrauen mit ihren Lockenwicklern und leeren Gesichtern. Endlich gab es noch ein Bild, auf dem er seinen Briefkasten inspizierte.

»Dabei hatte ich Angst, daß Sie mich sehen könnten«, sagte Todd. »Das war ein kalkuliertes Risiko. Ich stand direkt gegenüber auf der anderen Straßenseite. Junge, Junge, wenn ich mir doch eine Minolta mit Teleobjektiv leisten könnte. Eines Tages...« Todd bekam ganz sehnsüchtige Augen.

»Du hättest doch bestimmt eine Ausrede gewußt, falls ich dich gesehen hätte.«

»Ich hätte Sie gefragt, ob Sie meinen Hund gesehen hätten. Als ich die Bilder entwickelt habe, habe ich sie jedenfalls mit diesen verglichen.«

Er reichte Dussander drei fotokopierte Aufnahmen, die dieser alle kannte. Er hatte sie oft gesehen. Die eine zeigte ihn an seinem Schreibtisch im Umsiedlungslager Patin. Es war so zurechtgeschnitten, daß nur er selbst und die Nazifahne in ihrem Ständer neben seinem Schreibtisch zu sehen waren. Das zweite Bild war am Tage seiner Einberufung aufgenommen worden. Auf dem letzten Foto schüttelte er Heinrich Glücks die Hand, einem SS-Offizier, der Heinrich Himmler direkt unterstellt war.

»Zu der Zeit war ich meiner Sache schon ziemlich sicher, aber wegen Ihres verdammten Schnauzbarts konnte ich nicht erkennen, ob Sie eine Hasenscharte haben. Um sicherzugehen, habe ich mir dies besorgt.«

Er zog den letzten Bogen aus dem Umschlag. Er war mehrfach gefaltet worden. Die Kniffe waren schmutzig, die Ecken zerfleddert – der Bogen sah aus wie jedes zusammengefaltete Papier, das einige Zeit in der Hosentasche eines Jungen steckt, der vieles unternimmt und sich überall umschaut. Es war die Kopie eines auf Kurt Dussander lautenden israelischen Steckbriefes. Als er ihn in der Hand hielt, dachte Dussander an Leichen, die nicht zur Ruhe kommen konnten und begraben bleiben wollten.

»Ich habe Fingerabdrücke von Ihnen genommen«, sagte Todd lächelnd. »Und dann habe ich sie mit denen auf diesem Bogen verglichen.«

Dussander starrte ihn mit offenem Mund an. »Das hast du nicht getan!«

»Natürlich habe ich das getan. Voriges Jahr schenkten mir meine Eltern eine komplette Ausrüstung zum Abnehmen von Fingerabdrücken. Kein Spielzeug, sondern eine richtige. Puder und drei Bürsten für unterschiedlich beschaffene Oberflächen waren dabei und Spezialpapier für die Abdrücke selbst. Meine Eltern wissen, daß ich Privatdetektiv werden will. Natürlich glauben sie, daß sich das ändert, wenn ich größer bin.« Er zuckte die Achseln. »In dem Buch steht alles über Windungen und Felder und Ähnlichkeiten. Die nennt man Vergleichspunkte. Vor Gericht muß ein Fingerabdruck in acht Vergleichspunkten übereinstimmen.

Jedenfalls bin ich, als Sie einmal im Kino waren, hergekommen und habe Ihren Briefkasten und Ihren Türgriff mit Puder bestreut und alle Fingerabdrücke genommen, die ich finden konnte. Ganz schön schlau, was?«

Dussander sagte nichts. Er umklammerte die Lehnen seines Stuhls, und sein zahnloser eingefallener Mund zitterte. Das gefiel Todd überhaupt nicht. Er sah aus, als würde er jeden Moment in Tränen ausbrechen. Das war natürlich lächerlich. Der Bluthund von Patin und weinen? Das wäre, als ginge General Motors pleite oder als stelle sich McDonald's auf Trüffel und Kaviar um.

»Ich erhielt Abdrücke von zwei Leuten«, sagte Todd. »Die

einen sahen ganz anders aus als die auf dem Steckbrief. Die übrigen waren Ihre. Sie stimmten in mehr als acht Punkten überein. Ich hatte insgesamt vierzehn ausgezeichnete Abdrücke.« Er grinste. »Ja, und so habe ich es gemacht.«

»Du kleines Miststück«, sagte Dussander, und für einen Augenblick blitzten seine Augen gefährlich auf. Todd erlebte das gleiche Angstgefühl wie vorher, als er das Haus betrat. Dann sank Dussander wieder in sich zusammen.

»Wem hast du davon erzählt?«

»Niemandem.«

»Nicht einmal deinem Freund? Diesem Cony Pegler?«

»Foxy. Foxy Pegler. Nein, er ist ein Klatschmaul. Ich habe es niemandem erzählt. Es gibt keinen, zu dem ich so viel Vertrauen hätte.«

»Was willst du von mir? Geld? Das habe ich leider nicht. In Südamerika hatte ich noch Geld, aber das hatte ich nicht mit so romantischen oder gefährlichen Dingen wie Drogenhandel verdient. Es gibt – es gab eine Art Vereinigung alter Kameraden in Brasilien und Paraguay und Santo Domingo. Leute, die nach dem Krieg geflohen waren. Ich schloß mich diesen Kreisen an und habe mit Mineralien und Erzen ganz gut verdient – Zinn, Kupfer, Bauxit. Dann gab es Veränderungen. Nationalismus, Anti-Amerikanismus. Diese Veränderungen hätte ich wohl überstanden, aber dann spürten Wiesenthals Leute mich auf. Ein Unglück kommt selten allein, Junge. Sie waren hinter mir her wie Hunde hinter einer läufigen Hündin. Zweimal hätten sie mich fast erwischt; einmal hörte ich die Judenschweine schon im Nebenzimmer.

Sie haben Eichmann aufgehängt«, flüsterte er. Er fuhr sich mit der Hand an den Hals, und seine Augen wurden so rund wie die Augen eines Kindes, das gerade die unheimlichste Stelle einer Gruselgeschichte hört – ›Hänsel und Gretel‹ vielleicht oder ›Blaubart‹. »Er war ein alter Mann und für niemanden gefährlich. Er war völlig unpolitisch. Sie haben ihn trotzdem aufgehängt.«

Todd nickte.

»Endlich ging ich zu den einzigen Leuten, die mir helfen konnten. Sie hatten schon anderen geholfen. Ich wußte einfach nicht mehr weiter.«

»Sie gingen zu der Vereinigung Odessa?« fragte Todd gespannt.

»Zu den Sizilianern«, sagte Dussander trocken, und wieder machte Todd ein enttäuschtes Gesicht. »Alles wurde arrangiert. Falsche Papiere, eine falsche Vergangenheit. Möchtest du etwas trinken, Junge?«

»Gern. Haben Sie eine Coke?«

»Keine Coke.« Er sprach es wie Kök aus.

»Milch?«

»Milch.« Dussander ging in die Küche. Eine Neonlampe leuchtete auf. »Jetzt lebe ich von Dividenden«, hörte Todd seine Stimme. »Auf Aktien, die ich nach dem Krieg unter noch einem anderen Namen kaufte. Über eine Bank im Staate Maine, wenn ich bitten darf. Der Bankier, der sie für mich kaufte, ging ein Jahr später ins Gefängnis, weil er seine Frau ermordet hatte... das Leben ist manchmal seltsam, Junge, nicht wahr?«

Eine Kühlschranktür öffnete sich und schlug wieder zu.

»Die sizilianischen Schakale wußten von diesen Aktien nichts«, sagte er. »Heute sind sie überall, aber damals kamen sie nicht weiter nach Norden als bis Boston. Wenn sie es gewußt hätten, wäre ich die Aktien schon lange losgewesen. Sie hätten mir alles abgenommen, und ich hätte in Amerika von der Sozialfürsorge leben können.«

Todd hörte, wie eine Schranktür geöffnet und Flüssigkeit in ein Glas gegossen wurde.

»Ein paar Aktien von General Motors, ein paar von American Telefone and Telegraf, hundertfünfzig Anteile von Revlon. Das hat alles dieser Banker für mich ausgesucht. Er hieß Dufresne – das weiß ich noch, denn der Name klingt ein wenig wie meiner. Zukunftsträchtige Aktien konnte er gut aussuchen, aber im Umbringen von Ehefrauen war er nicht so geschickt. *Crime Passionel*, Junge. Es beweist nur, daß alle Männer, die lesen können, Esel sind.«

Er kam ins Wohnzimmer zurück, und seine Pantoffeln schlurften über den Fußboden. Er hielt zwei grüne Plastikbecher in der Hand, die aussahen wie die Becher, die man manchmal bei Tankstelleneröffnungen bekommt. Wenn man sich den Tank füllen läßt, kriegt man ein Getränke gratis. Dussander reichte Todd einen der Becher.

»Ich konnte bequem von den Erträgen der Aktien leben, die dieser Dufresne mir während meiner ersten fünf Jahre hier beschafft hatte. Aber dann verkaufte ich mein Diamond Match-Paket, um dieses Haus und ein kleineres in der Nähe von Bis Sur zu kaufen. Dann die Inflation und die Rezession. Ich verkaufte das kleine Haus und ein Aktienpaket nach dem anderen, manche mit fantastischem Profit. Ich wollte, ich hätte mehr gekauft. Aber ich glaubte, ich sei auch anderweitig gut abgesichert. Auch die übrigen Aktien waren enorm gestiegen...« Seinem zahnlosen Mund entfuhr ein zischender Laut, und er schnippte mit den Fingern.

Todd langweilte sich. Er war nicht hergekommen, um Dussander über sein Geld oder seine Aktien jammern zu hören. Den Gedanken, Dussander zu erpressen, hatte er nicht einmal im Traum gehabt. Geld? Was sollte er damit? Er hatte sein Taschengeld, und er hatte seine Zeitungstour. Sollte beides zusammen einmal nicht ausreichen, konnte er immer noch irgendwo einen Rasen mähen.

Todd hob den Becher mit der Milch an die Lippen und zögerte. Wieder lächelte er... diesmal war es ein bewunderndes Lächeln. Er reichte Dussander den Becher.

»Trinken Sie ein wenig davon«, sagte er listig.

Dussander sah ihn einen Augenblick verständnislos an und rollte dann mit den blutunterlaufenen Augen. »Großer Gott!« sagte er und nahm den Becher. Er schluckte zweimal und reichte ihn zurück. »Kein Keuchen. Kein Griff an die Kehle. Kein Geschmack von Bittermandel. Es ist Milch, Junge. *Milch.* Von den Dairylea Farms. Auf dem Karton ist das Bild einer lächelnden Kuh.«

Todd sah ihn einen Augenblick mißtrauisch an und nahm dann einen kleinen Schluck. Ja, es *schmeckt* wie Milch, aber irgendwie hatte er keinen großen Durst mehr. Er stellte den Becher ab. Dussander zuckte die Achseln, hob seinen eigenen Becher – er enthielt ein reichliches Quantum Whiskey – und nahm einen kräftigen Schluck. Er schnalzte mit den Lippen.

»Schnaps?« fragte Todd.

»Bourbon. Sehr alt. Sehr gut. Und billig.«

Todd fummelte am Saum seiner Jeans.

»Nun«, sagte Dussander, »falls *du* glaubst, du hättest gute Aktien, muß ich dir sagen, daß ihr Kurs miserabel ist.«

»Wie bitte?«

»Erpressung«, sagte Dussander. »So heißt es doch auch in *Mannix* und *Hawaii Five-O* und *Barnaby Jones*. Wenn das deine Absicht –«

Aber Todd lachte – ein herzliches jungenhaftes Lachen. Er schüttelte den Kopf und wollte etwas sagen, aber er konnte nicht. Er lachte weiter.

»Nein«, sagte Dussander und plötzlich sah er grau aus und noch ängstlicher als zu Beginn seiner Unterhaltung mit Todd. Er nahm noch einen großen Schluck von seinem Whiskey, verzog das Gesicht und schüttelte sich. »Ich sehe, daß du nicht... daß du mich wenigstens nicht um Geld erpressen willst. Aber obwohl du lachst, riecht das Ganze irgendwie nach Erpressung. Worum geht es? Warum kommst du her und störst einen alten Mann in seiner Ruhe. Vielleicht war ich früher Nazi, vielleicht war ich sogar in der SS. Jetzt bin ich nur noch ein alter Mann, und brauche ein Zäpfchen, um Stuhlgang zu haben. Was willst du also?«

Todd hatte sich wieder beruhigt. Er sah Dussander mit sympathischer Offenheit an. »Ich will alles darüber wissen. Mehr will ich nicht. Wirklich nicht.«

»*Alles darüber wissen?*« wiederholte Dussander. Er schien völlig verwirrt.

Todd beugte sich vor und stützte die sonnengebräunten Ellbogen auf die Knie seiner Bluejeans. »Klar. Über die Erschießungskommandos. Die Gaskammern. Die Verbrennungsöfen. Über die Leute, die ihre eigenen Gräber schaufeln und sich dann an den Rand stellen mußten, damit sie auch hineinfielen. Über die...« Er fuhr sich mit der Zunge über die Lippen. »Über die Verhöre. Die Experimente. Alles. All diese interessanten Dinge.«

Dussander starrte ihn mit einer Art erstaunter Distanziertheit an, wie etwa ein Tierarzt eine Katze anstarren würde, die zweiköpfige Kätzchen zur Welt bringt. »Du bist ein Ungeheuer«, sagte er leise.

Todd schnaubte verächtlich. »Nach den Büchern, die ich für meine Arbeit gelesen habe, sind *Sie* das Ungeheuer, Mr. Dussander. Nicht ich. Sie haben sie in die Öfen geschickt, nicht ich. Bevor Sie kamen, waren es in Patin zweitausend am Tag, danach dreitausend, dreitausendfünfhundert, als die Russen kamen und Ihnen das Handwerk legten. Himmler nannte Sie einen Produktivitätsfachmann und verlieh Ihnen einen Orden. Und Sie nennen mich ein Ungeheuer. Oh, *Mann*.«

»Das alles sind dreckige amerikanische Lügen«, rief Dussander empört. Mit einem Knall stellte er seinen Becher ab, so daß ihm der Bourbon über die Hand und auf den Tisch schwappte. »Ich habe das Problem nicht geschaffen und auch seine Lösung nicht zu verantworten. Ich erhielt Befehle und Anweisungen, die ich befolgte.«

Todds Lächeln wurde breiter; es war fast ein Grinsen.

»Ich weiß sehr gut, wie die Amerikaner die Tatsachen verdreht haben«, murmelte Dussander. »Aber verglichen mit euren eigenen Politikern nimmt sich unser Dr. Goebbels wie ein kleines Kind aus, das im Kindergarten mit Bilderbüchern spielt. Sie reden von Moral und begießen kreischende Kinder und alte Frauen mit brennendem Napalm. Eure Wehrdienstverweigerer nennt ihr Feiglinge und ›Peaceniks‹. Wer sich weigert, Befehle auszuführen, wird entweder eingesperrt oder aus dem Land gejagt. Wer gegen das fatale asiatische Abenteuer dieses Landes demonstriert, wird auf den Straßen niedergeknüppelt. GIs, die Unschuldige töten, werden vom Präsidenten dekoriert. Sie spießen Kinder mit dem Bajonett auf und bombardieren Krankenhäuser und werden dafür zu Hause mit Flaggenschmuck und Paraden empfangen. Sie werden zu Festessen geladen, zu Ehrenbürgern von Städten gemacht, und sie bekommen Freikarten für Fußballspiele.« Er hielt seinen Becher in Todds Richtung. »Nur die Verlierer werden als Kriegsverbrecher vor Gericht gestellt, weil sie Befehle und Anweisungen befolgt haben.« Er trank und hatte einen Hustenanfall, der etwas Farbe in sein Gesicht brachte.

Während der Alte sprach, war Todd unruhig hin und her gerutscht, wie er es auch immer tat, wenn seine Eltern diskutierten, was sie in den Nachrichten gehört hatten. Dussander politische Ansichten interessierten ihn genausowenig wie seine Aktien.

Für ihn war Politik was, was die Leute erfunden hatten, um gewisse Dinge durchzusetzen. So wie er selbst, als er vor einem Jahr Sharon Ackermann unter das Kleid fassen wollte. Sharon sagte, es sei schlimm, daß er das wolle, obwohl er an ihrer Stimme erkannt hatte, daß sie bei dem Gedanken ganz aufgeregt war. Darum hatte er ihr erzählt, daß er später Arzt werden wolle, und da erlaubte sie es ihm. Das war Politik. Er wollte von deutschen Ärzten hören, die versuchten, Frauen mit Hunden zu paaren. Die eineiige Zwillinge in Kühlschränke setzten, um zu erfahren, ob sie gleichzeitig starben oder ob einer von ihnen es länger aushielt. Er wollte von Elektroschockbehandlung und Operationen ohne Narkose hören. Von deutschen Soldaten, die so viele Frauen vergewaltigten, wie sie wollten. Alles andere war nur Scheiße und dazu bestimmt, die unheimlichen Dinge zu vertuschen, nachdem jemand ihnen ein Ende gesetzt hatte.

»Wenn ich die Befehle nicht ausgeführt hätte, wäre ich tot gewesen.« Dussander atmete schwer. Sein Oberkörper bewegte sich im Schaukelstuhl hin und her, daß die Federn quietschten. Er verbreitete eine Schnapswolke um sich herum. »Dabei mußte man doch immer an die Ostfront denken, nicht wahr? Unsere Führer waren Verrückte, zugegeben, aber wer will schon mit Verrückten streiten... besonders wenn der Verrückteste von allen das Glück des Satans hatte? Er entging mit knapper Not einem brillant geplanten Attentat. Die Verschwörer wurden mit Klaviersaiten erdrosselt, langsam erdrosselt. Ihre Todesqual wurde gefilmt zur Erbauung der Elite –«

»Ja! Sauber!« rief Todd impulsiv. »Haben Sie den Film gesehen?«

»Ja. Ich habe ihn gesehen. Wir alle wußten, was mit denen passierte, die nicht mit dem Wind laufen und das Ende des Sturms abwarten wollten oder konnten. Was wir damals taten, war richtig. Für die damalige Zeit und die damaligen Verhältnisse war es richtig. Ich würde es wieder tun. Aber –«

Er schaute in seinen Becher. Er war leer.

»...aber ich will darüber nicht sprechen, nicht einmal

daran denken. Der Wille zu überleben war das Motiv für unsere Taten, und wenn man überleben will, geht es nicht immer sehr appetitlich zu. Ich hatte Träume...« Er nahm langsam eine Zigarette aus der Schachtel auf dem Fernseher. »Ja. Ich hatte sie jahrelang. Dunkelheit und Geräusche in der Dunkelheit. Motorengeräusch. Bulldozer und Traktoren. Kolbenhiebe auf gefrorenen Boden, vielleicht auf menschliche Schädel. Pfiffe, Sirenen, Pistolenschüsse, Schreie. Die Türen von Viehwaggons, die sich an kalten Winternachmittagen rasselnd öffneten.

Dann verstummten in meinen Träumen plötzlich alle Geräusche – und Augen öffneten sich in der Dunkelheit, funkelnde Augen wie die von wilden Tieren in einem Regenwald. Ich habe viele Jahre am Rande des Dschungels gelebt, und ich glaube, daß ich deshalb in meinen Träumen immer den Dschungel roch und spürte. Wenn ich aufwachte, war ich schweißgebadet, mein Herz raste, und ich hielt die Hand gegen den Mund gepreßt, um meine Schreie zu ersticken. Und ich dachte: *Der Traum ist die Wahrheit*. Brasilien, Paraguay, Kuba... das alles sind Träume. In Wirklichkeit bin ich immer noch in Patin. Die Russen sind heute näher als gestern. Einige von ihnen erinnern sich noch daran, daß sie 1943 gefrorene deutsche Leichen essen mußten, um am Leben zu bleiben. Jetzt sehnen sie sich danach, deutsches Blut zu trinken. Es gab Gerüchte, Junge, daß einige von ihnen es auch wirklich taten, als sie deutschen Boden erreicht hatten. Sie schnitten einigen Gefangenen die Kehle durch und tranken ihr Blut aus Stiefeln. Dann wachte ich auf und dachte: *Die Arbeit muß weitergehen, wenn auch nur, damit es keine Beweise gibt für das, was wir hier taten, oder nur so wenige, daß die Welt, die es nicht glauben will, es auch nicht glauben muß*. Ich dachte: *Die Arbeit muß weitergehen, wenn wir überleben wollen*.«

Todd hörte aufmerksam und mit großem Interesse zu. Dies war schon ganz gut, aber es würde in der nächsten Zeit bestimmt noch viel besser werden. Er mußte Dussander nur ein wenig kitzeln. Verdammt, er hatte wirklich Glück gehabt. Schließlich waren viele Männer in seinem Alter schon senil.

Dussander nahm einen tiefen Zug aus seiner Zigarette. »Später, als die Träume verschwanden, gab es Tage, an denen ich glaubte, jemand aus Patin gesehen zu haben. Nie waren es Leute vom Wachpersonal oder Offizierskollegen, es waren immer Insassen. Ich denke noch an einen Nachmittag in Westdeutschland vor zehn Jahren. Auf der Autobahn hatte es einen Unfall gegeben, und der Verkehr staute sich. Ich saß in meinem Morris, hörte Radio und wartete darauf, daß es weiterging. Ich schaute nach rechts. In der anderen Spur stand ein sehr alter Simca, und der Mann am Steuer sah mich an. Er mochte fünfzig Jahre alt sein und sah krank aus. Er hatte eine Narbe an der Wange. Sein Haar war weiß und kurz und schlecht geschnitten. Ich schaute weg. Minuten vergingen, und immer noch ging es nicht weiter. Ich beobachtete den Mann im Simca, und immer wenn ich hinüberschaute, sah er mich an, das Gesicht starr wie der Tod, die Augen tief in den Höhlen. Ich war überzeugt, daß er in Patin gewesen war. Er war dort gewesen, und er hatte mich erkannt.«

Dussander wischte sich mit der Hand über die Augen.

»Es war Winter. Der Mann trug einen Mantel. Aber ich wußte genau: wenn ich jetzt hinüberging und ihn veranlaßte, den Mantel auszuziehen und die Hemdärmel hochzuschieben, würde ich an seinem Arm eine Nummer sehen.

Endlich kam der Verkehr wieder in Bewegung. Ich ließ den Simca hinter mir. Ich glaube, wenn der Stau noch zehn Minuten gedauert hätte, wäre ich ausgestiegen und hätte den Mann aus seinem Wagen gezerrt. Ich hätte ihn verprügelt, Nummer oder nicht. Ich hätte ihn verprügelt, weil er mich so angeschaut hat.

Kurz darauf verließ ich Deutschland für immer.«

»Gut für Sie«, sagte Todd.

Dussander zuckte die Achseln. »Es war überall dasselbe. Havanna, Mexico City, Rom. Weißt du, ich habe drei Jahre in Rom gelebt. Ich ging in ein Café, und ein Mann, der über seinem Cappucino saß, starrte mich an... in einer Hotelhalle saß eine Frau, die mehr an mir interessiert zu sein schien als an ihrem Journal... in einem Restaurant schaute dauernd ein Kellner zu mir herüber, ganz gleich, wen er gerade bediente. Ich war fest überzeugt, daß diese Leute mich erkannt hatten, und nachts kamen dann die Träume wieder – die Geräusche, der Dschungel, die Augen.

Aber als ich nach Amerika kam, habe ich das alles verdrängt. Ich gehe ins Kino. Einmal in der Woche gehe ich essen, meistens in einen der Schnellimbisse, die so schön sauber sind und von den Neonröhren so gut beleuchtet. Hier in meinem Haus beschäftige ich mich mit Puzzlespielen und lese Romane – meistens schlechte – und sehe fern. Nachts trinke ich, bis ich müde werde. Diese Träume habe ich nicht mehr. Wenn jemand mich im Supermarkt oder in der Bibliothek oder beim Tabakwarenhändler anstarrt, denke ich, daß ich vielleicht seinem Großvater ähnlich sehe oder einem alten Lehrer... oder einem Nachbarn in einer Stadt, in der er vor Jahren gewohnt hat.« Er schüttelte den Kopf. »Was in Patin geschah, muß ein anderer erlebt haben. Nicht ich.«

»Großartig«, sagte Todd. »Ich will alles darüber wissen.«

Dussander kniff die Augen zu und öffnete sie dann ganz langsam wieder. »Du verstehst einfach nicht. Ich will nicht darüber reden.«

»Sie werden aber darüber reden. Wenn nicht, erzähle ich jedem wer Sie sind.«

Aschgrau im Gesicht sah Dussander ihn an. »Ich wußte«, sagte er, »daß es auf Erpressung hinauslaufen würde.«

»Heute will ich über die Verbrennungsöfen hören«, sagte Todd. »Wie ihr die Juden gebraten habt.« Er lächelte strahlend. »Aber setzen Sie sich vorher Ihre Zähne ein. Dann sehen Sie besser aus.«

Dussander gehorchte. Er erzählte Todd von den Verbrennungsöfen bis Todd zum Mittagessen nach Hause gehen mußte. Sobald er sich in Allgemeinheiten verlor, runzelte Todd die Stirn und stellte gezielte Fragen. Dussander trank sehr viel, während er erzählte. Er lächelte nicht. Todd lächelte um so mehr. Es reichte für beide.

2

August 1974

Unter einem wolkenlosen, lachenden Himmel saßen sie auf Dussanders hinterer Veranda. Todd trug Jeans, Turnschuhe und sein Baseballhemd. Dussander hatte ein sackartiges graues Hemd und von Hosenträgern gehaltene ausgebeulte Khakihosen an – Pennerhosen, wie Todd verächtlich feststellte; sie sahen aus, als kämen sie direkt aus dem Hinterzimmer der Heilsarmee unten in der Stadt. Hinsichtlich der Kleidung, die Dussander im Haus trug, würde er etwas unternehmen müssen. Diese schäbige Kleidung verdarb ihm ein wenig das Vergnügen.

Die beiden aßen Big Macs, die Todd in dem Einkaufskorb an seinem Fahrzeug mitgebracht hatte. Er war besonders schnell gefahren, damit sie nicht kalt wurden. Mit einem Plastikhalm schlürfte Todd eine Cola. Dussander hatte ein Glas Bourbon.

Der alte Mann hob und senkte die Stimme. Sie klang papieren und zögernd und war manchmal kaum zu hören. Seine blaßblauen, von der gewohnten Rötung befallenen Augen waren ständig in Bewegung. Ein Beobachter hätte sie für Großvater und Enkel halten können, wobei der letztere vielleicht eine Art Ritual über sich ergehen ließ, indem der Alte ihm über irgendeine Überlieferung berichtete.

»Das ist alles, was ich noch weiß«, sagte Dussander jetzt und biß ein großes Stück von seinem Sandwich ab. MacDonald's-Sauce lief ihm über das Kinn.

»Das glaube ich nicht«, sagte Todd leise.

Dussander nahm einen großen Schluck aus seinem Glas. »Die Lagerkleidung war aus Papier«, sagte er endlich fast knurrend. »Wenn ein Häftling starb, ging seine Kleidung an einen anderen, wenn sie noch einigermaßen erhalten war. Es kam vor, daß ein Anzug von vierzig Häftlingen nacheinander getragen wurde. Ich wurde für meine Sparsamkeit gelobt.«

»Von Glücks?«

»Von Himmler.«

»Aber es gab in Patin doch eine Kleiderfabrik. Warum ließen sie die Anzüge nicht dort herstellen? Die Häftlinge hätten sie doch selbst schneidern können.«

»Die Fabrik in Patin hatte die Aufgabe, Uniformen für deutsche Soldaten anzufertigen. Im übrigen...« Dussanders Stimme schwankte einen Augenblick, bis er mit einiger Anstrengung weitersprach. »Im übrigen ging es dort nicht um Rehabilitation«, beendete er den Satz.

Todd lächelte sein breites Lächeln.

»Können wir für heute Schluß machen, bitte? Ich bin schon ganz heiser.«

»Dann rauchen Sie doch nicht so viel«, sagte Todd und lächelte immer noch. »Erzählen Sie mir ein wenig mehr über die Uniformen.«

»Welche? Häftlinge oder SS?« Dussanders Stimme klang resigniert.

»Beide«, sagte Todd lächelnd.

3

September 1974
Todd stand zu Hause in der Küche und machte sich ein Sandwich mit Erdnußbutter und Gelee. Die Küche lag etwas höher und blitzte von Chrom und rostfreiem Stahl. Man erreichte sie über die sechs Stufen einer Rotholztreppe. Seit Todd aus der Schule nach Hause gekommen war, hatte er die ganze Zeit die elektrische Schreibmaschine seiner Mutter gehört. Sie schrieb für einen Studenten die Examensarbeit. Der Student trug kurze Haare, eine dicke Brille, und nach Todds unmaßgeblicher Meinung sah er wie ein Wesen aus dem Weltraum aus. Das Thema war ›die Auswirkungen der Taufliegen auf das Salinas Valley nach dem Zweiten Weltkrieg‹ oder eine ähnliche Scheiße. Jetzt war die Schreibmaschine nicht mehr zu hören, und seine Mutter kam aus ihrem Büro.

»Todd-Baby«, begrüßte sie ihn.

»Monica-Baby«, grüßte er einigermaßen freundlich zurück.

Für ihre sechsunddreißig sieht die Alte noch ganz flott aus, dachte Todd. Ihr blondes Haar hatte an einigen Stellen aschgraue Strähnen. Sie war groß und hatte eine gute Figur. Heute trug sie dunkelrote Shorts und eine durchsichtige whiskeyfarbene Bluse, die sie lässig unter den Brüsten zusammengeknotet hatte, so daß ihr flacher, glatter Bauch zu sehen war. In ihrem Haar, das notdürftig von einer türkisgrünen Spange gebändigt wurde, steckte ein Radierstift.

»Wie war's in der Schule?« fragte sie ihn und ging die Stufen zur Küche hoch. Sie gab ihm einen flüchtigen Kuß und ließ sich am Frühstückstisch auf einen Stuhl sinken.

»Ganz cool.«

»Kriegst du wieder eine Belobigung?«

»Klar.« In Wirklichkeit fürchtete er, daß seine Zensuren für dieses Quartal ein wenig schlechter ausfallen würden. Seine häufigen Besuche bei Dussander hatten viel Zeit gekostet, und wenn er mal nicht bei dem alten Kraut war, dachte er über das nach, was Dussander ihm erzählt hatte. Ein oder zweimal hatte er sogar schon davon geträumt. Aber mit diesen Träumen wurde er fertig.

»Ein guter Schüler«, sagte sie und strich ihm durch sein krauses Blondhaar. »Wie schmeckt das Sandwich?«

»Gut«, sagte er.

»Würdest du mir auch eins machen und es mir ins Büro bringen?«

»Kann ich nicht«, sagte er und stand auf. »Ich habe Mr. Denker versprochen, daß ich rüberkomme und ihm eine Stunde lang vorlese.«

»Seid ihr noch immer bei *Crusoe?*«

»Nein.« Er zeigte ihr den Rücken eines dicken Buches, das er für zwanzig Cents bei einem Trödler gekauft hatte. »*Tom Jones.*«

»Ihr Götter und kleinen Fische! Dazu brauchst du ein ganzes Schuljahr. Todd-Baby. Hättest du nicht eine gekürzte Ausgabe finden können, wie bei *Crusoe?*«

»Wahrscheinlich, aber dieses wollte er ganz hören. Das hat er gesagt.«

»Oh.« Sie sah ihn einen Augenblick an und nahm ihn dann in die Arme. Sie war selten so überschwenglich, und Todd hatte ein ungutes Gefühl. »Du bist ein Schatz, daß du so viel

Freizeit darauf verwendest, ihm vorzulesen. Dein Vater und ich finden es einfach... einfach ungewöhnlich.«

Todd schlug bescheiden die Augen nieder.

»Und dann redest du noch nicht einmal darüber«, sagte sie. »Du stellst dein Licht unter den Scheffel.«

»Ach, die Jungs die ich kenne – die würden wahrscheinlich denken, ich bin beknackt«, sagte Todd lächelnd und schaute zu Boden. »Alles Scheiße.«

»Das sagt man nicht«, wies ihn seine Mutter zerstreut zurecht. Dann: »Sollen wir Mr. Denker nicht mal zum Abendessen einladen? Ob ihm das wohl recht wäre?«

»Vielleicht«, sagte Todd unbestimmt. »Hör zu, ich muß jetzt abhauen.«

»Okay. Wir essen um halb sieben. Nicht vergessen.«

»Nein.«

»Dein Vater arbeitet länger. Das sind dann wieder nur du und ich.«

»Verrückt, Baby.«

Sie lächelte liebevoll, als er ging, und hoffte, daß in *Tom Jones* nicht stand, was er nicht lesen sollte; er war doch erst dreizehn. Aber das war nicht anzunehmen. Er wuchs in einer Gesellschaft auf, in der jeder für einen Dollar fünfundzwanzig ein Magazin wie *Penthouse* kaufen konnte. Jedes Kind, das groß genug war, konnte es oben aus dem Zeitschriftenständer nehmen und rasch hineinschauen, bevor der Verkäufer es ihm wegnahm und ihn rausjagte. In einem zweihundert Jahre alten Buch konnte nichts stehen, was einem Kind dieser Gesellschaft schaden könnte – wenn auch vielleicht der alte Mann auf seine Kosten kommen würde. Und, wie Richard gern sagte, ein Junge betrachtet die ganze Welt als sein einziges Laboratorium. Man muß ihm erlauben, sich darin umzusehen. Und wenn der betreffende Junge ein intaktes Familienleben und liebende Eltern hat, kann es ihm nur nützen, sich auch einmal an ein paar komischen Ecken herumzutreiben.

Und der Junge, der jetzt auf seinem Rad die Straße hinabfuhr, war das gesundeste Kind, das sie kannte. *Wir haben es mit dem Jungen richtig gemacht*, dachte sie, als sie sich ein Sandwich strich. *Wir haben es verdammt richtig gemacht.*

4

Oktober 1974

Dussander hatte abgenommen. Sie saßen in der Küche. Die zerfledderte Ausgabe von *Tom Jones* lag zwischen ihnen auf dem mit einem Wachstuch bedeckten Küchentisch (Todd, der keinen Fehler machen wollte, hatte von seinem Taschengeld einen Kommentar zu dem Buch gekauft und aufmerksam die Inhaltsangabe gelesen. Seine Eltern könnten ja eines Tages Fragen stellen). Todd aß einen Schokoladenkuchen, den er unterwegs gekauft hatte. Er hatte auch für Dussander einen mitgebracht, aber Dussander hatte ihn nicht angerührt. Er betrachtete ihn nur gelegentlich mürrisch, während er seinen Bourbon trank. Todd gefiel es gar nicht, daß ein so wohlschmeckender Kuchen verschmäht wurde. Wenn der Alte ihn nicht bald aß, würde Todd ihn fragen, ob er ihn selbst essen dürfe.

»Wie kam das Zeug nach Patin?« fragte er Dussander.

»In Güterwagen«, sagte Dussander. »In Güterwagen mit der Aufschrift MEDIKAMENTE. Es kam in langen Kisten, die wie Särge aussahen. Eigentlich sehr passend. Die Häftlinge luden die Kisten ab und stapelten sie in der Krankenstation. Später schafften unsere eigenen Leute sie in die Lagerschuppen. Sie taten es nachts. Die Lagerschuppen befanden sich hinter den Duschräumen.«

»War es immer Zyklon-B?«

»Nein. Hin und wieder schickte man uns etwas anderes. Wir experimentierten mit verschiedenen Gasen. Das Sicherheitshauptamt war ständig bemüht, die Wirksamkeit zu verbessern. Einmal bekamen wir ein Gas mit der Bezeichnung PEGASUS. Ein Nervengas. Gott sei Dank blieb es bei diesem einen Mal. Es –« Dussander sah, wie Todd sich vorbeugte und wie seine Augen leuchteten, und er schwieg plötzlich und machte mit seinem Glas eine abweisende Geste. »Es funktionierte nicht sehr gut«, sagte er dann. »Es war... ziemlich langweilig.«

Aber Todd ließ nicht locker. »Wie funktionierte es denn?«

»Sie starben davon – was dachtest du denn? Daß sie anschließend auf dem Wasser gehen konnten? Sie starben davon, das ist alles.«

»Erzählen Sie mehr darüber.«

»Nein«, sagte Dussander. Er konnte sein Entsetzen nicht mehr verbergen. Wann hatte er zuletzt an PEGASUS gedacht? Vor zehn Jahren? Vor zwanzig? »Ich werde nichts erzählen! Ich weigere mich!«

»Erzählen Sie«, wiederholte Todd und leckte sich die Schokoladenglasur von den Fingern. »Erzählen Sie. Sie wissen ja, was sonst passiert.«

Ja, dachte Dussander. *Ich weiß es. Ich weiß es wirklich, du widerliches kleines Scheusal.*

»Sie tanzten«, sagte er widerwillig.

»Tanzten?«

»Wie das Zyklon-B wurde es durch die Duschvorrichtungen in die Räume geleitet. Und sie ... sie fingen an herumzuspringen. Einige schrien. Aber die meisten lachten. Sie fingen an sich zu erbrechen ... und konnten ihren Stuhl nicht mehr halten.«

»Aha«, sagte Todd. »Sie haben sich vollgeschissen, was?« Er zeigte auf den Kuchen auf Dussanders Teller. Seinen eigenen hatte er schon verzehrt. »Wollen Sie den nicht essen?«

Dussander antwortete nicht. Mit blicklosen Augen hing er seinen Erinnerungen nach. Sein Gesicht wirkte abwesend und kalt wie die dunkle Seite eines Planeten, der nicht rotiert. In seinen Gedanken mischten sich auf seltsame Weise Ekel und – konnte es war sein? – Nostalgie?

»Sie zuckten am ganzen Körper, und aus ihren Kehlen drangen seltsame schrille Laute. Meine Leute ... sie nannten PEGASUS das Jodelgas. Schließlich brachen sie zusammen und blieben in ihrem Kot auf dem Fußboden liegen. Sie lagen auf dem Beton, schrien und jodelten mit blutigen Nasen. Aber ich habe gelogen, Junge. Das Gas tötete sie nicht. Weil es nicht stark genug war oder weil wir nicht lange genug warteten. Das war es wahrscheinlich. Endlich schickte ich ein Erschießungskommando hinein, damit sie sich nicht länger quälen mußten. Ich hätte einen schlechten Eindruck gemacht, wenn das herausgekommen wäre. Daran besteht kein Zweifel – es hätte wie Munitionsverschwendung ausgesehen, und das zu einer Zeit, wo der Führer befohlen hatte, mit Munition äußerst sparsam umzugehen. Aber diesen fünf Männern konnte ich trauen. Es gab Zeiten, Junge, wo ich glaubte, daß ich das Geräusch, das sie machten, nie vergessen würde. Diese Jodellaute. Das Gelächter.«

»Das glaub ich gern«, sagte Todd. Er aß Dussanders Kuchen mit zwei Bissen. Spare in der Zeit, dann hast du in der Not, hatte Todds Mutter gesagt, wenn Todd sich, was selten vorkam, über ein Resteessen beschwerte. »Das war eine gute Geschichte, Mr. Dussander. Sie können gut erzählen. Wenn ich Sie nur ein bißchen antreibe.«

Todd lächelte ihn an. Und es war unglaublich – er tat es ganz gewiß nicht, weil er es wollte –, Dussander lächelte zurück.

5

November 1974

Dick Bowden, Todds Vater, sah dem Filmstar und TV-Darsteller Lloyd Bochner bemerkenswert ähnlich. Er – Bowden, nicht Bochner – war achtunddreißig. Er war ein schlanker, schmaler Mann, der gern modische Hemden und einfarbige Anzüge trug, gewöhnlich dunkle. Auf den Baustellen trug er Khakikleidung und einen Schutzhelm, ein Erinnerungsstück an seinen Dienst im Peace Corps. Damals hatte er in Afrika bei der Planung und dem Bau von zwei Staudämmen geholfen. Wenn er zu Hause in seinem Büro arbeitete, trug er eine Halbbrille, die gelegentlich auf die Nasenspitze rutschte, so daß er aussah wie ein Universitätsdekan. Er trug diese Brille auch jetzt, als er das Zeugnis seines Sohnes für das erste Quartal in der Hand hielt. Er schlug mit der Hand auf die glänzende Glasplatte auf seinem Schreibtisch.

»Eine Zwei. Vier Dreien. Eine Vier. Verdammt noch mal, Todd! Eine Vier! Deine Mutter läßt es sich zwar nicht anmerken, aber sie ist sehr aufgebracht.«

Todd schlug die Augen nieder. Er lächelte nicht. Wenn sein Vater fluchte, hatte das nichts Gutes zu bedeuten.

»Mein Gott, ein so schlechtes Zeugnis hast du noch *nie* gehabt. Gleich zu Anfang eine Vier in Algebra? Was soll das heißen?«

»Ich weiß nicht, Dad.« Er schaute immer noch betreten zu Boden.

»Deine Mutter und ich meinen, daß du vielleicht zuviel Zeit bei Mr. Denker verbracht hast. Da konntest du dich nicht genug mit deinen eigenen Büchern beschäftigen. Du solltest deine Besuche auf die Wochenenden beschränken. Wenigstens bis wir sehen, daß du in der Schule wieder Fortschritte machst...«

Todd blickte auf, und eine Sekunde lang glaubte Bowden, kalte Wut in den Augen seines Sohnes zu erkennen. Seine Augen weiteten sich vor Schreck, und seine Finger umkrampften Todds braungelbe Zeugniskarte... und dann war es ganz einfach nur Todd, der ihn offen, wenn auch ziemlich unglücklich ansah. War es wirklich Wut gewesen? Sicherlich nicht. Aber dieser kurze Augenblick hatte ihn beunruhigt, und er wußte jetzt nicht mehr genau, wie er verfahren sollte. Todd war nicht wütend gewesen, und Dick Bowden wollte ihn auch nicht wütend *machen*. Er und sein Sohn waren Freunde, waren es immer gewesen, und Dick wollte, daß es so blieb. Sie hatten keine Geheimnisse voreinander, überhaupt keine (von der Tatsache abgesehen, daß Dick Bowden seine Frau manchmal mit seiner Sekretärin betrog, aber so etwas erzählt man einem dreizehnjährigen Jungen doch nicht, oder?... und außerdem beeinträchtigte es sein Familienleben nicht im geringsten). Und so sollte es auch sein, so *mußte* es sein in dieser Scheißwelt, in der Mörder nicht bestraft wurden, Schüler Heroin spritzten und Kinder – Kinder in Todds Alter – mit Geschlechtskrankheiten nach Hause kamen.

»Nein, Dad, bitte nicht. Ich meine, bestraf Mr. Denker nicht für etwas, was meine Schuld ist. Ich meine, ohne mich wäre er verloren. Ich werde mich bessern. Bestimmt. Diese Algebra... die hab' ich nur am Anfang nicht kapiert. Aber ich war bei Ben Tremaine und habe mit ihm ein paar Tage gearbeitet. Jetzt fange ich an, das Zeug zu begreifen. Es ist nur... ich weiß nicht, aber am Anfang habe ich es nicht mitgekriegt.«

»Ich meine trotzdem, daß du zuviel Zeit bei im verbringst«, sagte Bowden, aber er wurde schon weich. Es war schwer, Todd etwas abzuschlagen, schwer, ihn zu enttäuschen, und wenn er meinte, man solle den alten Mann nicht für Todds eigene Fehler bestrafen, dann hatte das etwas für sich, verdammt noch mal. Der alte Mann freute sich immer so sehr auf Todds Besuche.

»Dieser Mr. Stormarn, unser Algebralehrer, ist übrigens ziemlich streng. Viele haben eine Vier gekriegt. Drei oder vier sogar eine Fünf.«

Bowden nickte nachdenklich.

»Ich werde mittwochs nicht mehr hingehen. Erst wenn ich meine Zensuren verbessert habe.« Er hatte in den Augen seines Vaters gelesen. »Und statt in meiner Freizeit wegzugehen, bleibe ich jeden Tag in der Schule und lerne. Das verspreche ich dir.«

»Magst du den alten Knaben denn wirklich so gern?«

»Er ist sehr nett«, sagte Todd und sah seinen Vater offen an.

»Na ja... okay. Wir wollen es versuchen, mein Junge. Aber ich will im kommenden Januar eine gewaltige Verbesserung deiner Leistungen sehen. Ich habe deine Zukunft im Auge. Du denkst vielleicht, daß es dafür in den unteren Klassen noch zu früh ist, aber das ist es nicht. Bei weitem nicht.« Wie seine Mutter gern sagte *Spare in der Zeit, dann hast du in der Not*. So gebrauchte Dick Bowden gern die Floskel *Bei weitem nicht*.

»Ich habe verstanden, Dad«, sagte Todd feierlich. Worte von Mann zu Mann.

»Dann raus mit dir und ran an die Bücher.« Er schob seine Brille hoch und klopfte Todd auf die Schulter.

Ein breites und helles Lächeln zog über Todds Gesicht.

Als Todd ging, lächelte auch Bowden. Es war ein stolzes Lächeln. Nein, was er in Todds Gesicht gelesen hatte, war nicht Wut gewesen. Ganz gewiß nicht. Eine Verstimmung vielleicht... aber nicht diese tiefe Emotion, die er gesehen zu haben glaubte. Wenn Todd wirklich so empört gewesen wäre, hätte er es gemerkt. Er konnte in seinem Sohn lesen wie in einem Buch. Das hatte er schon immer können.

Pfeifend und im Gefühl, seine väterliche Pflicht getan zu haben, beugte er sich über einen Bauplan.

6

Dezember 1974

Das Gesicht, das zum Vorschein kam, nachdem Todd unablässig geklingelt hatte, war ausgemergelt und gelb. Das Haar, das im Juli noch voll gewesen war, trat über der knochigen Stirn zurück; es sah glanzlos und spröde aus. Dussanders immer schon hagere Figur war jetzt dürr zu nennen... obwohl, dachte Todd, der Mann bestimmt nicht annähernd so dürr ist wie seine damaligen Häftlinge.

Todd hielt die linke Hand hinter dem Rücken, als Dussander an die Tür kam. Jetzt streckte er sie aus und reichte Dussander ein verschnürtes Paket. »Fröhliche Weihnachten!« schrie er.

Zuerst zuckte Dussander zurück, aber dann nahm er es, ohne die geringste Freude oder Überraschung zu zeigen. Er faßte es vorsichtig an, als ob es Sprengstoff enthalten könnte. Es regnete. Es hatte fast die ganze Woche immer wieder geregnet, und Todd hatte das Paket unter dem Mantel getragen. Es war in buntes Glanzpapier gewickelt und mit einem Band verschnürt.

»Was ist das?« fragte Dussander ohne jede Begeisterung, als sie in die Küche gingen.

»Machen Sie es auf und sehen Sie selbst.«

Todd nahm eine Dose Cola aus der Jackentasche und stellte sie auf das rotweißkarierte Wachstuch, das auf dem Küchentisch lag. »Ziehen Sie lieber erst die Vorhänge zu«, sagte er geheimnisvoll.

In Dussanders Gesicht zeigte sich sofort Mißtrauen. »So? Warum denn?«

»Nun... man kann nie wissen, wer zuschaut«, sagte Todd lächelnd. »Haben Sie es nicht in all den Jahren so gehalten? Sich die Leute angeschaut, bevor Sie von ihnen gesehen wurden?«

Dussander zog die Küchenvorhänge zu. Dann schenkte er sich ein Glas Bourbon ein. Dann öffnete er die Schleife. Todd hatte es so eingewickelt, wie Jungen oft Weihnachtsgeschenke einwickeln – Jungen, die an wichtigere Dinge zu denken haben, Dinge wie Fußball und Straßenhockey und die Freitagabendsendung, die sie mit einem Freund sehen dürfen, der zum Schlafen bleibt, und wobei die beiden dann in eine Decke gehüllt auf der Couch sitzen und lachen. Das Papier hatte viele eingerissene Ecken und war unordentlich gefaltet, und Todd hatte viele Klebestreifen gebraucht. Das Paket verriet seine Ungeduld bei dieser Weiberarbeit.

Ganz gegen seinen Willen war Dussander gerührt. Und später, als sich sein Entsetzen ein wenig gelegt hatte, dachte er, *ich hätte es wissen müssen.*

Es war eine Uniform. Eine SS-Uniform. Komplett mit Stiefeln.

Wie erstarrt löste er den Blick vom Inhalt des Kartons und sah die Aufschrift auf dem Pappdeckel: PETER'S QUALITÄTS-KOSTÜMSCHNEIDEREI – SEIT 1951 AM SELBEN PLATZ!

»Nein«, sagte er leise. »Die werde ich nicht anziehen. Das geht zu weit, Junge. Ich will lieber tot umfallen, als sie anziehen.«

»Denken Sie daran, was mit Eichmann passiert ist«, sagte Todd feierlich.

»Er war ein alter Mann und interessierte sich nicht für Politik«, fuhr Todd fort. »Sagten Sie das nicht? Ich habe den ganzen Herbst derart gespart. Zusammen mit den Stiefeln hat sie über achtzig Dollar gekostet. 1944 hat es Ihnen doch auch nichts ausgemacht, sie zu tragen. Kein bißchen.«

»Du kleines *Miststück*!« Dussander hob die Faust. Todd wich nicht zurück. Mit glänzenden Augen blieb er vor dem Alten stehen.

»Ja«, sagte er leise. »Los doch, fassen Sie mich an. Fassen Sie mich nur *einmal* an.«

Dussander ließ die Hand sinken. Seine Lippen zitterten. »Du Ausgeburt der Hölle«, murmelte er.

»Ziehen Sie sie an«, sagte Todd.

Dussanders Hand glitt an die Gürtelschnalle seines Morgenrocks und blieb dort liegen. Mit bettelnden Schafsaugen sah er Todd an. »Bitte«, sagte er. »Ich bin ein alter Mann. Jetzt ist Schluß.«

Langsam, aber sehr entschlossen, schüttelte Todd den Kopf. Seine Augen glänzten immer noch. Es gefiel ihm, daß Dussander ihn anflehte. So mußte auch er einmal angefleht worden sein. Von den Häftlingen in Patin.

Dussander ließ seinen Morgenmantel fallen. Bis auf seine Pantoffeln und die Boxershorts war er jetzt nackt. Seine Brust war eingesunken, sein Bauch leicht aufgebläht. Seine Arme waren magere Altmännerarme. Aber die Uniform, dachte Todd. Die Uniform ändert alles.

Langsam nahm Dussander den Waffenrock aus dem Karton und zog ihn an.

Zehn Minuten später stand er in einer kompletten SS-Uniform vor Todd. Die Mütze saß etwas schief und die Schultern hingen herab, aber das Totenkopfemblem stach auffällig hervor. Dussander strahlte eine dunkle Würde aus – jedenfalls in Todds Augen –, die er vorher nicht gehabt hatte. Trotz der herabhängenden Schultern und der blöden Fußstellung war Todd zufrieden. Zum ersten Mal sah Dussander so aus, wie er nach Todds Meinung aussehen sollte. Älter zwar und geschlagen. Aber wieder in Uniform. Kein alter Mann mehr, der seine letzten Jahre abspulte, vor seinem alten Schwarzweißfernseher saß und sich jeden Mist ansah, sondern Kurt Dussander. Der Bluthund von Patin.

Was Dussander anbetraf, so empfand er Widerwillen und Unbehagen… und ein leises Gefühl der Erleichterung. Für die letztere Emotion verachtete er sich, denn sie war das deutlichste Zeichen dafür, daß der Junge ihn psychologisch beherrschte. Er war der Gefangene des Jungen, und immer, wenn er feststellte, daß er noch weitere Beleidigungen ertragen konnte, immer, wenn er dieses Gefühl der Erleichterung empfand, wuchs die Macht des Jungen über ihn. Dennoch war er *wirklich* erleichtert. Es war nur Tuch mit ein paar Knöpfen und Druckknöpfen… dazu noch eine Imitation. Die Hose hatte einen Reißverschluß; es hätten Knöpfe sein müssen. Die Rangabzeichen waren falsch, die ganze Uniform schlampig geschneidert, die Stiefel billiges Kunstleder. Es war schließlich nur Tinnef. Wie konnte so etwas ihn fertigmachen? Nein, es –

»Rücken Sie die Mütze!« sagte Todd laut.

Dussander sah ihn an und blinzelte erschrocken.

»Rücken Sie die Mütze gerade, SS-Mann!«

Dussander tat es, und unbewußt gab er ihr diesen kecken Sitz, der das Markenzeichen seiner Untersturmführer gewesen war – und, wenn es auch auf traurige Weise nicht stimmte – dies *war* die Uniform eines Untersturmführers.

»Nehmen Sie die Hacken zusammen!«

Er knallte die Hacken zusammen, führte automatisch einen Befehl aus, als hätte er zusammen mit seinem Bademantel auch die dazwischenliegenden Jahre abgeworfen.

»Achtung!«

Ruckartig befolgte er auch diesen Befehl, und sekundenlang hat Todd Angst – richtige Angst. Er kam sich vor wie der Zauberlehrling, der den Besen zum Leben erweckt hatte, aber dessen Kunst nicht ausreichte, ihn wieder zu stoppen. Der alte Mann, der in vornehmer Armut lebte, war verschwunden. Hier stand Dussander.

Ein prickelndes Gefühl von Macht verdrängte seine Angst.

»Ganze Abteilung kehrt!«

Dussander drehte sich auf dem Absatz. Vergessen war der Bourbon, vergessen die Qual der letzten vier Monate. Er hörte seine Hacken zusammenknallen, als er mit dem Gesicht zum fettbespritzten Herd stand, und weit in der Ferne sah er den staubigen Exerzierplatz der Offiziersschule, in der er ausgebildet worden war.

»Ganze Abteilung kehrt!«

Wieder wirbelte er herum, aber diesmal gelang ihm die Ausführung nicht ganz. Er hätte fast die Balance verloren. Damals hätte ihm das Strafexerzieren eingetragen und die Faust des Ausbilders in den Magen. Innerlich mußte er lächeln. Der Junge kannte die Tricks nicht alle. Wirklich nicht.

»Im Gleichschritt marsch!« rief Todd. Seine Augen sprühten Feuer.

Dussanders straff aufgerichtete Gestalt sank wieder in sich zusammen. »Nein«, sagte er. »Bitte –«

»Marsch! Marsch! Marsch, habe ich gesagt!«

Mit einem erstickten Laut marschierte Dussander über das verblichene Linoleum der Küche. Er schwenkte rechts, um nicht gegen den Tisch zu stoßen, dann noch einmal rechts, als er sich der Wand näherte. Er hatte das Gesicht leicht erhoben. Es war ausdruckslos. Er setzte die Füße so hart auf, daß das billige Porzellan im Schrank über der Spüle zu klirren anfing. Seine Arme beschrieben kurze Bogen.

Das Bild des rennenden Besens stand wieder vor Todd, und gleichzeitig kam die Angst zurück. Plötzlich fiel ihm ein, daß er es gar nicht wünschte, daß Dussander an seinem Auftritt Freude hatte und daß er vielleicht – nur vielleicht – Dussander eher lächerlich als authentisch sehen wollte. Aber trotz seines Alters und trotz der Kücheneinrichtung aus den Billigläden wirkte der Mann ganz und gar nicht lächerlich. Er wirkte furchterregend. Zum ersten Mal nahmen die Leichen in den Gräben und Krematorien wirklich Gestalt an. Die Fotos von den ineinander verschlungenen Armen und Beinen und Leibern, weiß wie Fischbäuche unter Deutschlands kaltem Frühlingsregen, waren kein für einen Horrorfilm gestelltes Szenarium – Schaufensterpuppen etwa, die nach dem Abdrehen der Szene von Bühnenarbeitern und Requisiteuren weggeräumt wurden – sie waren ganz einfach eine Tatsache, ungeheuerlich und unerklärlich und böse. Fast schien ihm, als röche er den süßlichen, leicht rauchigen Gestank von Verwesung.

Entsetzen packte ihn.

»Halt!« schrie er.

Dussander marschierte weiter, mit leerem und abwesendem Blick. Er hatte den Kopf noch höher erhoben, die Sehnen seines dürren Halses gestrafft, das Kinn arrogant emporgereckt. Seine schmale Nase ragte obszön nach oben.

Todd spürte den Schweiß in seinen Achselhöhlen.

»Halt!« schrie er.

Dussander setzte den rechten Fuß auf, zog den linken an und stellte ihn stampfend neben den anderen. Er stand. Einen Augenblick noch blieb sein Gesicht ausdruckslos – roboterhaft, stumpf – dann stand in ihm Verwirrung. Die

Verwirrung wurde von einem Gefühl der Niederlage abgelöst. Er erschlaffte.

Todd atmete erleichtert auf, und er war wütend auf sich selbst. *Wer hat denn eigentlich hier zu sagen?* Dann kam sein Selbstvertrauen wieder. *Ich habe zu sagen, ich. Und das sollte er lieber nicht vergessen.*

Er fing wieder an zu lächeln. »Das war schon ganz gut. Sie brauchen nur ein wenig Übung, dann werden Sie bestimmt noch besser.«

Stumm stand Dussander vor ihm. Er ließ den Kopf hängen.

»Sie dürfen sie jetzt ausziehen«, fügte Todd großzügig hinzu... und fragte sich, ob er wirklich wollte, daß Dussander sie je wieder anzog. Einige Sekunden lang hatte er –

7

Januar 1975

Nach dem letzten Glockenzeichen verließ Todd allein die Schule, nahm sein Rad und fuhr zum Park hinunter. Er fand eine leere Bank, stellte sein Rad ab und zog seine Zeugniskarte aus der Tasche. Er hielt Ausschau, um zu sehen, ob jemand, den er kannte, sich hier herumtrieb, aber er sah nur ein Pärchen, das am Teich herumalberte, und zwei ordinär aussehende Penner, die sich mit einer Einkaufstüte beschäftigten. Dreckige Scheißpenner, dachte er, aber es waren nicht die Penner, die ihn aufregten. Er klappte die Karte auf.

Englisch: Drei. Amerikanische Geschichte: Drei. Geographie: Vier. Gemeinschaftskunde: Zwei. Französisch für Anfänger: Sechs. Algebra: Sechs.

Ungläubig starrte er auf die Zensuren. Er hatte gewußt, daß sein Zeugnis schlecht ausfallen würde, aber dies war eine Katastrophe.

Vielleicht ist es am besten so, sagte plötzlich eine Stimme zu ihm. *Vielleicht hast du es absichtlich getan, weil ein Teil von dir will, daß es aufhört.* Es dringend nötig hat, *daß es aufhört. Bevor etwas Schlimmes passiert.*

Er schob den Gedanken entschlossen beiseite. Es würde nichts Schlimmes passieren. Er hatte Dussander im Griff. Total im Griff. Der alte Mann glaubte, einer von Todds Freunden habe einen Brief, aber er wußte nicht, welcher Freund. Wenn Todd etwas passierte – *irgend etwas* –, würde der Brief an die Polizei gehen. Einmal hatte er geglaubt, das Dussander es trotzdem versuchen würde. Jetzt war er zum Weglaufen zu alt, selbst mir Vorgabe.

»Er ist unter Kontrolle, verdammt noch mal«, flüsterte Todd, und dann schlug er sich so hart mit der Faust auf den Schenkel, daß sich die Muskeln zusammenkrampften. Mit sich selbst reden, ist große Scheiße. Nur Verrückte reden mit sich selbst. Er hatte es sich während der letzten paar Wochen angewöhnt und schien von dieser Gewohnheit nicht loskommen zu können. Er hatte es schon erlebt, daß die Leute ihn deshalb komisch ansahen. Ein paar davon waren Lehrer gewesen. Und Bernie Everson, dieses Arschloch, hatte ihn direkt gefragt, ob er nicht ganz dicht sei. Todd war ganz, ganz nahe daran gewesen, diesem Weichling eine aufs Maul zu hauen, und so was – Streitereien, Gerangel, oder gar Schläge – war nicht gut. So was bringt einen nur in schlechtes Licht. Selbstgespräche sind Scheiße, gut, okay, aber –

»Träume sind auch schlimm«, flüsterte er, aber diesmal erwischte er sich nicht dabei.

Gerade in letzter Zeit hatte er sehr schlechte Träume gehabt. In den Träumen hatte er immer eine Uniform an, wenn es auch jeweils verschiedene waren. Manchmal war es eine aus Papier, und er stand in einer Reihe mit Hunderten von hageren Männern; Brandgeruch hing in der Luft, und er hörte das Dröhnen von Bulldozermotoren. Dann schritt Dussander die Reihe ab und zeigte auf den einen oder anderen. Sie blieben zurück. Die anderen wurden zum Krematorium geführt. Einige traten um sich und leisteten Widerstand, aber die meisten waren zu unterernährt und erschöpft. Dann stand Dussander plötzlich vor Todd. Für einen langen, lähmenden Augenblick trafen sich ihre Blicke, und dann richtete Dussander einen alten, ganz verblichenen Regenschirm auf ihn.

»Bringt diesen zum Laboratorium«, sagte Dussander in

Todds Traum, und zwischen seinen geöffneten Lippen waren die falschen Zähne zu sehen. »Schafft diesen amerikanischen *Jungen* weg.«

In einem anderen Traum trug er eine SS-Uniform. Seine langschäftigen Stiefel waren spiegelblank geputzt. Das Totenkopfemblem glänzte. Aber er stand mitten auf dem Santo Donato Boulevard, und alle schauten ihn an. Sie zeigten auf ihn. Einige von ihnen fingen an zu lachen. Einige wirkten schockiert, wütend, oder angewidert. In seinem Traum hielt plötzlich quietschend ein Wagen neben ihm, und Dussander sah ihn aus dem Wagen an, ein Dussander, zweihundert Jahre alt und fast mumifiziert, die Haut vergilbtes Pergament.

»Ich kenne Sie!« rief Dussander mit schriller Stimme. Er blickte sich unter den Zuschauern um und sah dann wieder Todd an. »Sie hatten das Kommando in Patin! Seht alle her! Dies ist der Bluthund von Patin! Himmlers ›Rationalisierungsexperte‹! Ich klage Sie an, Sie Mörder! Ich klage Sie an, Sie Schlächter! Ich klage Sie an, Sie Kindermörder! Ich klage Sie an!«

In noch einem anderen Traum trug er gestreifte Sträflingskleidung und wurde von zwei Wachen, die wie seine Eltern aussahen, einen Korridor mit steinernen Wänden entlanggeführt. Beide trugen auffällige gelbe Armbinden mit dem Davidstern darauf. Hinter ihnen ging ein Priester und las aus dem 5. Buch Mose. Todd schaute über die Schulter zurück und sah, daß Dussander der Priester war. Er trug den schwarzen Waffenrock eines SS-Offiziers.

Am Ende des Korridors öffneten sich Doppeltüren zu einem achteckigen Raum mit Glaswänden. In der Mitte stand ein Schafott. Hinter den Glaswänden ausgemergelte Männer und Frauen aufgereiht, alle nackt und alle mit dem gleichen düsteren und leeren Gesichtsausdruck. Alle trugen blaue Nummern an den Armen.

»Es ist in Ordnung«, flüsterte Todd. »Es ist okay, wirklich, alles ist unter Kontrolle.«

Das Pärchen schaute zu ihm herüber. Todd starrte sie wild an. Sie sollten es nur wagen, eine Bemerkung zu machen. Endlich schauten sie wieder weg. Hatte der Junge gelacht?

Todd stand auf, steckte sein Zeugnis wieder in die Tasche und stieg auf das Rad. Er fuhr zu dem Drugstore zwei Straßen weiter. Dort kaufte er eine Flasche Löschflüssigkeit für Tinte, und einen Feinstrichfederhalter mit blauer Tinte. Er fuhr zum Park zurück (das Pärchen war verschwunden, aber die Penner waren noch da und verpesteten die Gegend) und korrigierte sein Zeugnis. Für Englisch trug er eine Zwei ein, Amerikanische Geschichte eine Eins, Geographie eine Zwei, Französisch für Anfänger eine Drei und Algebra eine Zwei. Die Zensur für Gemeinschaftskunde löschte er und trug sie neu ein, damit die Zahlen gleich aussahen.

»Macht nichts«, flüsterte er. Das wird sie beruhigen. »Das wird sie schon beruhigen.«

An einem frühen Morgen gegen Ende des Monats wachte Kurt Dussander in seinem zerwühlten Bettzeug keuchend und stöhnend auf und starrte in eine beklemmende Dunkelheit. Er fühlte sich halb erstickt und war vor Angst wie gelähmt. Es war, als läge ihm ein schwerer Stein auf der Brust, und er fragte sich, ob er vielleicht einen Herzanfall hatte. Er griff nach der Nachttischlampe und hätte sie fast heruntergestoßen, als er sie einschaltete.

Ich bin in meinem eigenen Zimmer, dachte er, in meinem eigenen Schlafzimmer, hier in Santo Donato, hier in Kalifornien. Dieselben braunen Vorhänge vor demselben Fenster, dieselben Bücherregale mit denselben billigen Taschenbüchern aus dem Buchladen in der Soren Street, derselbe grauen Läufer, dieselbe blaue Tapete. Kein Herzanfall. Kein Dschungel. Keine Augen.

Aber das Entsetzen hüllte ihn noch ein wie ein stinkender Pelz, und sein Herz raste immer noch. Der Traum war wiedergekommen. Er hatte gewußt, daß das früher oder später der Fall sein mußte, wenn der Junge so weitermachte. Dieser verfluchte Junge. Dussander hielt den Schutzbrief des Jungen für einen Bluff und nicht einmal für einen guten; etwas, was er im Fernsehen in irgendeinem Krimi gesehen hatte. Welchem Freund würde der Junge zutrauen, daß er einen wichtigen Brief nicht öffnete? Gar keinem, das war es nämlich. Das glaubte er wenigstens. Wenn er doch nur *sicher* sein könnte –

Seine Hände krampften sich mit einem arthritischen Knakken zusammen und öffneten sich dann langsam wieder.

Er nahm die Schachtel Zigaretten vom Tisch und zündete sich dann eine an, nachdem er das Streichholz gleichgültig am hölzernen Bettpfosten angerissen hatte. Die Zeiger der Uhr standen auf zwei Uhr einundvierzig. In dieser Nacht würde er keinen Schlaf mehr finden. Er inhalierte den Rauch und hustete ihn in Krämpfen wieder aus. Keinen Schlaf mehr, bevor er nach unten ging, um einen oder zwei Whiskey zu trinken. Vielleicht auch drei. Er hatte überhaupt in den letzten sechs oder sieben Wochen zuviel getrunken. Er war kein junger Mann mehr, der einen nach dem anderen saufen konnte, wie er es als junger Offizier getan hatte, als er 1939 in Berlin auf Urlaub war. Damals, als der Sieg in der Luft lag und man überall die Stimme des Führers hörte, seine leuchtenden und gebieterischen Augen sah –

Der Junge... der verfluchte Junge!

»Sei ehrlich«, sagte er laut, und im ruhigen Zimmer ließ ihn der Klang seiner eigenen Stimme zusammenzucken. Es war nicht seine Gewohnheit, Selbstgespräche zu führen, aber es war auch nicht das erste Mal. Er wußte noch, daß er es während der letzten Wochen in Patin manchmal getan hatte, als alles um sie herum zusammenbrach und der Donner der russischen Geschütze zuerst von Tag zu Tag und dann von Stunde zu Stunde lauter zu hören war. Damals war es ganz natürlich, gelegentlich Selbstgespräche zu führen. Es war eine Zeit höchster Anspannung gewesen, und in einer solchen Situation tun die Leute manchmal seltsame Dinge – sie halten durch die Hosentaschen ihre Hoden fest oder klappern mit den Zähnen... Wolff war ein großer Zähneklapperer gewesen. Hoffmann hatte immer mit den Fingern geschnippt, und er schlug sich dauernd in einem komplizierten Rhythmus auf die Schenkel, ohne daß es ihm auch nur im geringsten bewußt wurde. Er, Kurt Dussander, hatte manchmal Selbstgespräche geführt. Aber heute –

»Du stehst wieder unter Anspannung«, sagte er laut. Er hatte diesmal deutsch gesprochen. Er hatte viele Jahre lang nicht mehr deutsch gesprochen, aber jetzt schien ihm die Sprache anheimelnd und tröstlich. Sie lullte ihn ein und beruhigte ihn. Sie war so schön und dunkel.

»Ja, du stehst unter Anspannung. Wegen des Jungen. Aber sei dir selbst gegenüber ehrlich. Es ist noch zu früh am Morgen, um sich selbst zu belügen. Es war dir nicht nur unangenehm zu reden. Zuerst warst du entsetzt bei dem Gedanken, der Junge könnte es einem Freund erzählen und der einem anderen und der gleich zwei anderen. Du hattest Angst, der Junge würde sein Geheimnis nicht für sich behalten. Aber wenn er es bisher für sich behalten hat, wird er es auch in Zukunft tun. Wenn man mich verhaftete, verliert er sein... sein sprechendes Buch. Bin ich für ihn nicht so etwas Ähnliches? Ich glaube schon.«

Er schwieg, aber seine Gedanken gingen weiter. Er war einsam gewesen – niemand würde je wissen, wie entsetzlich einsam. Mehr als einmal hatte er ernsthaft an Selbstmord gedacht. Er eignete sich schlecht zum Eremiten. Die einzigen Stimmen, die er hörte, kamen aus dem Radio. Die einzigen Leute, die er sah, blieben auf der anderen Seite eines schmutzigen Vierecks aus Glas. Er war ein alter Mann und hatte Angst vor dem Tod, aber noch mehr Angst hatte er davor, ein einsamer alter Mann zu sein.

Manchmal spielte ihm seine Blase einen Streich. Wenn er die Treppe zum Bad erst halb hinuntergegangen war, breitete sich dann an seiner Hose ein dunkler Fleck aus. Bei feuchtem Wetter fing es in seinen Gelenken an zu ziehen, bis sie dann aufschrien, und es hatte Tage gegeben, an denen er zwischen Sonnenaufgang und Sonnenuntergang eine ganze Schachtel voll Schmerzmittel eingenommen hatte... aber das Aspirin dämpfte nur den Schmerz, und schon solche Verrichtungen wie ein Buch aus dem Regal zu nehmen oder den Fernseher einzuschalten, wurden zu einer wahren Tortur. Seine Augen waren nicht mehr gut; manchmal stieß er Dinge um, verletzte sich die Schienbeine oder rannte mit dem Kopf irgendwo gegen. Er lebte in der ständigen Angst, sich die Knochen zu brechen und das Telefon nicht erreichen zu können, aber er hatte auch Angst, es zu erreichen und dann zu erleben, daß irgendein Arzt seine Vergangenheit aufdeckte, weil das Fehlen einer Krankengeschichte des Mr. Denker ihn mißtrauisch gemacht hatte.

Der Junge hatte ihm einige dieser Sorgen genommen. Wenn der Junge bei ihm war, konnte er über die Vergangenheit reden. Seine Erinnerung an jene Tage war so deutlich, daß es fast pervers war. Er konnte eine endlose Liste von Namen und Ereignissen herbeten und wußte sogar noch, wie das Wetter an diesem oder jenem Tag gewesen war. Er erinnerte sich an den SS-Mann Henreid, der im Nordostturm ein Maschinengewehr bediente, und an die Geschwulst, die der Mann zwischen den Augen hatte. Einige der Kameraden nannten ihn Dreiauge oder Alter Zyklop. Er erinnerte sich an Kessel, der ein Nacktfoto von seiner Freundin hatte, die auf einem Sofa lag und die Hände hinter dem Kopf verschränkt hielt. Wenn die Männer das Bild sehen wollten, mußten sie Kessel dafür bezahlen. Er erinnerte sich an die Namen der Ärzte und an ihre Experimente – Ermittlung der Schmerzschwelle, Gehirnströme sterbender Männer und Frauen, physiologische Retardation, die Wirkung verschiedener Strahlenarten und Dutzende mehr. *Hunderte mehr.*

Er redete wahrscheinlich mit dem Jungen, wie alle alten Männer reden, aber er hatte mehr Glück als die meisten alten Männer, deren Zuhörer ungeduldig, uninteressiert oder ganz einfach unhöflich waren. *Sein* Zuhörer war immer ganz fasziniert.

Waren ein paar schlechte Träume dafür ein zu hoher Preis?

Er drückte seine Zigarette aus, blieb, den Blick zur Decke gerichtet, noch eine Weile liegen und schwang dann die Beine aus dem Bett. Er und der Junge, fand er, waren widerlich, sie ernährten sich voneinander, fraßen einander. Wenn die finstere, aber üppige Speise, die sie nachmittags in seiner Küche miteinander teilten, ihm manchmal sauer aufstieß, wie mochte es dem Jungen ergehen? Ob er noch gut schlafen konnte? Vielleicht nicht. Dussander fand, daß der Junge in letzter Zeit immer ein wenig blaß war. Er war auch magerer als damals, als er in Dussanders Leben trat.

Er ging durch das Schlafzimmer und öffnete die Schranktür. Er schob ein paar Bügel zur Seite, griff in die Schatten und holte die nachgemachte Uniform heraus. Wie eine Geierhaut hing sie von seiner Hand herab. Er berührte sie mit der anderen Hand. Berührte sie... und dann streichelte er sie.

Nach endlosen Augenblicken hängte er sie vom Bügel ab. Er zog sie ganz langsam an und schaute erst in den Spiegel, als er sie ganz zugeknöpft und das Koppel geschlossen hatte (und den falschen Reißverschluß zugezogen).

Dann betrachtete er sich im Spiegel und nickte.

Er ging zum Bett zurück, legte sich hin und rauchte noch eine Zigarette. Als er sie zu Ende geraucht hatte, fühlte er sich wieder müde. Er schaltete das Licht aus und war erstaunt, wie leicht es ihm fiel. In fünf Minuten war er eingeschlafen, und diesmal schlief er traumlos.

8

Februar 1975

Nach dem Abendessen bot Dick Bowden einen Kognak an, den Dussander scheußlich fand. Aber natürlich lächelte er breit und lobte ihn über die Maßen. Bowdens Frau bot dem Jungen Schokoladenmalz an. Der Junge war während des ganzen Essens ungewöhnlich ruhig gewesen. Fühlte er sich unbehaglich? Ja. Aus irgendeinem Grund schien sich der Junge sehr unbehaglich zu fühlen.

Von dem Augenblick an, als er mit dem Jungen ankam, hatte Dussander Dick und Monica Bowden für sich eingenommen. Der Junge hatte Dussanders Sehschwäche seinen Eltern als viel schlimmer geschildert, als sie in Wirklichkeit war (weshalb der arme alte Mr. Denker auf einen Blindenhund angewiesen ist, dachte Dussander trocken), denn das erklärte die vielen angeblichen Vorlesestunden. Das hatte Dussander sorgfältig berücksichtigt, und er glaubte, keinen Fehler gemacht zu haben.

Er hatte seinen besten Anzug angezogen, und obwohl es ein feuchter Abend war, hatte seine Arthritis sich erstaunlich ruhig verhalten – höchstens ein gelegentliches Ziehen. Aus irgendeinem unerfindlichen Grund hatte der Junge darauf bestanden, daß er seinen Regenschirm zu Hause ließ, aber

Dussander hatte ihn trotzdem mitgenommen. Alles in allem war es ein recht angenehmer und anregender Abend gewesen. Scheußlicher Kognak hin, scheußlicher Kognak her, er war neun Jahre lang schon nicht mehr zum Abendessen eingeladen worden.

Während des Essens hatte er von den Motorenwerken in Essen erzählt und über den Wiederaufbau im Deutschland der Nachkriegsjahre berichtet – Bowden hatte in diesem Zusammenhang einige intelligente Fragen gestellt, und Dussanders Antworten hatten ihn anscheinend beeindruckt. Außerdem hatten sie über deutsche Autoren gesprochen. Monica Bowden hatte ihn gefragt, wieso er in vorgerücktem Alter noch nach Amerika gekommen sei, und Dussander, ganz mit dem Gebaren des bedauernswerten Kurzsichtigen, sprach bewegt über den Tod seiner erfundenen Frau. Monica Bowden zerfloß vor Mitgefühl.

Und jetzt, bei diesem absurden Kognak, sagte Dick Bowden: »Wenn meine Frage zu persönlich ist, Mr. Denker, beantworten Sie sie bitte nicht... aber ich habe mir überlegt, was Sie wohl im Krieg gemacht haben.«

Der Junge zuckte nur ganz leicht zusammen.

Dussander lächelte und tastete nach seinen Zigaretten. Er sah sie ganz deutlich vor sich liegen, aber er durfte nicht den geringsten Fehler machen. Monica gab sie ihm in die Hand.

»Vielen Dank, meine Dame. Das Essen war ganz ausgezeichnet. Sie sind eine hervorragende Köchin. Nicht einmal meine Frau hätte es so gut machen können.«

Monica bedankte sich und schien ein wenig verwirrt. Todd schaute irritiert zu ihr hinüber.

»Die Frage ist überhaupt nicht persönlich«, sagte Dussander und zündete sich die Zigarette an. Dann wandte er sich Bowden zu. »Ab 1943 war ich in der Reserve, wie alle gesunden Männer, die für den aktiven Dienst zu alt waren. Zu der Zeit stand für das Dritte Reich und für die Irren, die es schufen, das Menetekel bereits an der Wand. Insbesondere natürlich für einen ganz bestimmten Irren.«

Er blies sein Streichholz aus und blickte feierlich drein.

»Es war für alle eine große Erleichterung, als das Blatt sich gegen Hitler wendete. Eine sehr große. Natürlich«, und hier sah er Bowden entwaffnend an, ganz wie von Mann zu Mann, »hütete man sich, solche Gefühle laut zu äußern.«

»Das will ich gern glauben«, sagte Dick Bowden höflich.

»Nein«, sagte Dussander ernst. »Laut durfte man sich nicht so äußern. Ich erinnere mich an einen bestimmten Abend. Mit vier oder fünf Freunden gingen wir nach der Arbeit in ein Lokal, um eine Kleinigkeit zu trinken. Zu der Zeit gab es nicht immer Schnaps, nicht einmal Bier. Aber an dem Abend gab es beides. Wir kannten uns alle schon über zwanzig Jahre. Einer von uns, Hans Hassler, sagte beiläufig, daß der Führer vielleicht einen Fehler gemacht habe. Er hätte lieber keine zweite Front im Osten eröffnen sollen. Ich sagte: ›Um Gottes willen, Hans, achte auf deine Worte!‹ Der arme alte Hans wurde ganz blaß und wechselte sofort das Thema. Aber drei Tage später war er verschwunden. Ich habe ihn nie wiedergesehen, und soweit ich weiß hat ihn auch keiner von denen, die damals mit uns am Tisch saßen, je wiedergesehen.«

»Wie schrecklich«, sagte Monica ganz außer Atem. »Noch einen Kognak, Mr. Denker?«

»Nein, danke.« Er lächelte sie an. »Meine Frau hat schon von ihrer Mutter gelernt: ›Man soll das Gute nie übertreiben.‹«

Todds leichtes Stirnrunzeln hatte sich vertieft.

»Glauben Sie, daß man ihn in eins dieser Lager geschickt hat?« fragte Dick. »Ihren Freund Hessler?«

»Hassler«, verbesserte Dussander höflich. Er wurde ernst. »Das ging vielen so. Die Lager... sie werden noch tausend Jahre lang die Schande des deutschen Volkes bleiben. Sie sind Hitlers eigentliche Hinterlassenschaft.«

»Oh, ich glaube, das ist ein wenig zu hart«, sagte Bowden und zündete sich die Pfeife an, wobei er eine dicke Wolke Cherry Blend ausstieß. »Nach allem, was ich gelesen habe, hatte die große Masse des deutschen Volkes von diesen Vorgängen keine Ahnung. Die Leute, die um Ausschwitz herum wohnten, hielten es für eine Wurstfabrik.«

»Oh, wie *schrecklich*«, sagte Monica und schnitt ein Gesicht, das ihrem Mann bedeuten sollte, von diesen Dingen nicht mehr zu reden. Dann wandte sie sich an Dussander und lächelte. »Ich liebe den Duft von gutem Pfeifentabak, Mr. Denker. Sie auch?«

»Aber ja, Madam«, sagte Dussander. Er hatte gerade einen fast unwiderstehlichen Drang, laut zu niesen, unter Kontrolle bekommen.

Bowden griff plötzlich über den Tisch und schlug seinem Sohn auf die Schulter. Todd fuhr hoch. »Du bist heute abend so schrecklich still, mein Sohn. Fehlt dir etwas?«

Todd lächelte seltsam, und sein Lächeln schien teils seinem Vater, teils Dussander zu gelten. »Ich fühle mich gut. Aber ihr wißt doch, daß ich fast alle diese Geschichten schon gehört habe.«

»Todd!« sagte Monica. »Das ist doch kaum –«

»Der Junge ist nur ehrlich«, sagte Dussander. »Ein Privileg der Jungen, auf das Männer nur allzuoft verzichten müssen. Nicht wahr, Mr. Bowden?«

Dick lachte und nickte.

»Vielleicht könnte ich Todd dazu überreden, mich jetzt nach Hause zu begleiten«, sagte Dussander. »Ich bin sicher, daß er seine Schularbeiten schon gemacht hat.«

»Todd ist ein sehr guter Schüler«, sagte Monica, aber sie sprach fast automatisch und sah Todd seltsam an. »Gewöhnlich nur Einsen und Zweien. Im letzten Quartal hatte er eine Drei, aber er hat versprochen, bis zum Märzzeugnis sein Französisch zu verbessern. Stimmt's, Todd-Baby?«

Todd lächelte wieder sein sonderbares Lächeln und nickte.

»Sie brauchen nicht zu Fuß zu gehen«, sagte Dick. »Ich fahre Sie zu Ihrer Wohnung.«

»Ich gehe gern zu Fuß«, sagte Dussander. »Wegen der frischen Luft und um mir ein wenig Bewegung zu verschaffen. Wirklich, darauf muß ich bestehen... es sei denn, Todd kommt nicht mit.«

»Nein, nein, ich gehe gern mit«, sagte Todd, und seine Mutter und sein Vater sahen ihn strahlend an.

Sie hatten fast Dussanders Ecke erreicht, als Dussander das Schweigen unterbrach. Es nieselte, und er hielt den Regenschirm über beide. Und immer noch hielt seine Arthritis sich zurück. Es war erstaunlich.

»Du bist wie meine Arthritis«, sagte er.

Todds Kopf kam hoch. »Was?«

»Keiner von euch beiden hatte heute abend viel zu sagen. Hast du deine Zunge verschluckt?«

»Es ist nichts«, murmelte Todd. Sie bogen in Dussanders Straße ein.

»Vielleicht kann ich es erraten«, sagte Dussander nicht ohne einen Anflug von Bosheit. »Als du mich hier abholtest, hattest du Angst, ich könnte einen Fehler machen... ›die Katze aus dem Sack lassen‹, wie es so schön heißt. Und doch warst du fest entschlossen, die Sache mit dem Dinner durchzusetzen, denn du hattest deinen Eltern gegenüber keine Ausreden mehr. Und jetzt bist du völlig fassungslos, weil alles gutgegangen ist. Das ist doch die Wahrheit.«

»Ist das nicht egal?« sagte Todd und zuckte mürrisch die Achseln.

»Und warum hätte es nicht gutgehen sollen? Ich habe schon geheuchelt, lange bevor du geboren wurdest. Du kannst gut ein Geheimnis für dich behalten, das gebe ich zu. Das gebe ich sogar sehr gern zu. Aber hast du mich heute abend beobachtet? Ich habe deinen Eltern gefallen. Ich habe ihnen *gefallen*!«

Plötzlich brach es aus Todd heraus: »Das wäre nicht gerade nötig gewesen!«

Dussander blieb abrupt stehen und starrte Todd an.

»Nicht nötig gewesen? *Nicht?* Ich dachte, das sollte ich, Junge! Jetzt werden sie bestimmt nichts mehr dagegen haben, daß du mich besuchst und mir ›vorliest‹.«

»Sie halten zu viele Dinge für selbstverständlich«, sagte Todd böse. »Vielleicht habe ich schon alles von Ihnen gehört, was ich wissen wollte. Glauben Sie, mich *zwingt* jemand, in Ihre elende Bude zu gehen und zu sehen, wie Sie von Schnaps überlaufen wie diese Eiterbeulen von Pennern am alten Güterbahnhof? Glauben Sie das wirklich?« Er hatte die Stimme gehoben, bis sie fast hysterisch klang. »Mich *zwingt* nämlich niemand. Wenn ich kommen will, komme ich, und wenn ich nicht kommen will, lasse ich es bleiben.«

»Sprich nicht so laut, sonst hören es die Leute.«

»Das ist mir egal«, sagte Todd, aber er ging weiter. Absichtlich ging er nicht mehr unter dem Regenschirm.

»Nein, niemand zwingt dich zu kommen«, sagte Dussander. Und dann riskierte er eine kalkulierte Provokation: »Es wäre mir sogar lieb, wenn du wegbliebest, Junge. Ich habe nicht die geringsten Bedenken, allein zu trinken. Nicht die geringsten.«

Todd sah ihn verächtlich an. »Das könnte Ihnen wohl so passen, was?«

Dussander lächelte nur verbindlich.

»An Ihrer Stelle würde ich mich darauf aber nicht verlassen.« Sie hatten den betonierten Weg erreicht, der zu Dussanders Veranda führte. Dussander fummelte in der Tasche nach seinem Schlüssel. Rot flackerte die Arthritis in seinen Fingergelenken auf und ließ dann wieder nach. Sie wartete. Jetzt glaubte Dussander zu verstehen, worauf sie wartete. Sie wartete darauf, daß er wieder allein war. Dann würde sie sich wieder hervorwagen.

»Ich will Ihnen mal was sagen«, sagte Todd. Seine Stimme klang eigenartig atemlos. »Wenn meine Eltern wüßten, wer Sie sind, wenn ich es ihnen je erzähle, würden sie auf Sie spucken und Ihnen dann in Ihren mageren alten Arsch treten.«

Dussander sah Todd in der feuchten Dunkelheit jetzt aus der Nähe. Der Junge schaute trotzig zu ihm auf, aber Dussander sah, daß seine Haut blaß war und daß er dunkle Ringe unter den Augen hatte – einen solchen Hautton bekommt man, wenn man nächtelang grübelt, während alle andere schlafen.

»Ich bin sicher, daß sie mir gegenüber nichts als Abscheu empfinden würden«, sagte Dussander, aber insgeheim glaubte er, daß der ältere Bowden seinen Abscheu zügeln würde, um viele der Fragen zu stellen, die sein Sohn bereits gestellt hatte. »Nichts als Abscheu. Aber was würden sie von dir halten, Junge, wenn ich ihnen erzählte, daß du mich seit acht Monaten kennst... und nichts gesagt hast?«

Aus der Dunkelheit starrte Todd ihn wortlos an.

»Besuch mich, wenn du willst«, sagte Dussander gleichgültig. »Wenn nicht, dann bleib zu Hause. Gute Nacht, Junge.«

Er ging den Weg hinauf zur Vordertür und ließ Todd im Nieselregen stehen. Dann drehte er sich noch einmal um und schaute ihm nach. Sein Mund war leicht geöffnet.

Am nächsten Morgen beim Frühstück sagte Monica: »Deinem Dad hat Mr. Denker sehr gut gefallen, Todd. Er sagt, er erinnert ihn an deinen Großvater.«

Todd murmelte etwas Unverständliches, während er seinen Toast kaute. Monica sah ihren Sohn an und fand, daß er schlecht geschlafen haben mußte. Er sah so blaß aus. Und seine Zensuren hatten diesen unerklärlichen Tiefstand erreicht.

»Fühlst du dich in letzter Zeit nicht wohl, Todd?«

Er sah sie einen Augenblick ausdruckslos an, und dann trat wieder dieses strahlende Lächeln in sein Gesicht, das sie so bezauberte... und tröstete. Er hatte ein wenig Erdbeermarmelade am Kinn. »Klar«, sagte er. »Bestens.«

»Todd-Baby«, sagte sie.

»Monica-Baby«, antwortete er, und sie fingen beide an zu lachen.

9

März 1975

»Musch, Musch«, sagte Dussander. »Komm, Musch, Musch. Komm.«

Er saß auf der hinteren Veranda, und neben seinem linken Fuß stand eine rosa Plastikschale. Die Schale war voll Milch. Es war halb zwei Uhr nachmittags, und der Tag war drückend heiß. Buschfeuer weit hinten im Westen erfüllten die Luft mit einem herbstlichen Geruch, der in seltsamem Widerspruch zum Kalender stand. Wenn der Junge heute kam, mußte er in etwa einer Stunde hier sein. Aber der Junge kam nicht mehr jeden Tag. Statt dessen kam er manchmal nur vier oder fünfmal die Woche. Dussander hatte eine Intuition, und diese Intuition sagte ihm, daß der Junge eigene Sorgen hatte.

»Musch, Musch, Musch«, lockte Dussander. Die streunende Katze saß am entferntesten Ende des Hofes im dichten Gras unter Dussanders Zaun. Es war ein Kater, und er war genauso struppig wie das Gestrüpp selbst. Immer wenn Dussander sprach, stellte das Tier die Ohren nach vorn. Dabei behielt es ständig die mit Milch gefüllte rosa Schale im Auge.

Vielleicht, dachte Dussander, hat der Junge Ärger in der Schule. Oder schlechte Träume. Oder beides.

Bei diesem letzten Gedanken mußte er lächeln.

»Musch, Musch«, rief er leise. Wieder stellte der Kater die Ohren nach vorn. Er bewegte sich nicht, noch nicht. Aber er hatte immer noch die Milch im Auge.

Auch Dussander hatte seine eigenen Probleme. Ungefähr drei Wochen lang hatte er die SS-Uniform wie einen grotesken Pyjama nachts im Bett getragen, und die Uniform hatte ihn vor Schlaflosigkeit und schlechten Träumen bewahrt. Er hatte – zuerst – so gut geschlafen wie ein Holzfäller. Dann waren die Träume wiedergekommen, nicht allmählich, sondern ganz plötzlich und schlimmer als je zuvor. Die Träume vom Weglaufen und die von den Augen. Er rannte durch einen feuchten unsichtbaren Dschungel, wo dicke Blätter und nasse Farnwedel sein Gesicht peitschten und Tropfen hinterließen, die sich anfühlten wie Saft ... oder Blut. Er rannte und rannte, und immer die glühenden Augen rings umher, die ihn seelenlos anstarrten, bis er eine Lichtung erreichte. In der Dunkelheit spürte er einen steilen Hang eher, als daß er ihn sah. Er fing am entfernten Ende der Lichtung an, und oben auf dieser Erhebung lag Patin, die flachen Betongebäude und offenen Flächen von Stacheldraht und elektrisch geladenem Draht umgeben. Die Wachtürme standen da wie die bewaffneten Raumschiffe vom Mars, direkt aus dem *Krieg der Welten*. Und in der Mitte stieg aus den riesigen Schornsteinen der Rauch in Schwaden zum Himmel auf, und unter diesen Ziegelsäulen lagen die Öfen, fertig beschickt und angeheizt, und sie glühten in der Nacht wie die Augen von bösartigen Dämonen. Den Leuten, die in der Nähe wohnten, hatte man gesagt, daß die Häftlinge von Patin Kleider und Kerzen herstellten, und sie glaubten das genausowenig wie die Leute in der Nähe von Auschwitz glaubten, das Lager sei eine Wurstfabrik. Aber das spielte keine Rolle.

Wenn er im Traum über die Schulter zurückschaute, sah er *sie* aus ihren Verstecken kommen, die ruhelosen Toten, die *Juden*, die auf ihn zu wankten, mit den auffälligen Nummern an den fahlen Armen, die Hände zu Krallen gekrümmt, die Gesichter nicht mehr ausdruckslos, sondern glühend vor Haß und Rachsucht und Mordgedanken. Kleinkinder liefen neben ihren Müttern daher, Greise wurden von ihren Kindern gestützt. Und der alles überdeckende Ausdruck in ihren Gesichtern war Verzweiflung.

Verzweiflung? Ja. Denn in seinen Träumen wußte er (und sie wußten es auch), daß er in Sicherheit sein würde, wenn es ihm gelänge, den Hügel zu erklimmen. Hier unten im nassen und sumpfigen Gelände, wo die nur bei Nacht blühenden Pflanzen Blut statt Saft absonderten, war er ein gehetztes Tier... eine Beute. Aber dort oben führte er das Kommando. Wenn dies ein Dschungel war, dann war das Lager oben auf dem Hügel ein Zoo, wo alle wilden Tiere sicher in Käfigen hockten und wo er der Zoodirektor war, der entscheiden konnte, welche man füttern sollte, welche überleben würden, welche man für Vivisektionen zur Verfügung stellen würde und schließlich, welche dem Abdecker überantwortet werden sollten.

Er fing an, den Hügel hinaufzulaufen. Er lief mit der ganzen Langsamkeit eines Alptraums und spürte schon, wie sich die ersten Skeletthände um seinen Hals legten, spürte ihren kalten stinkenden Atem, roch die Verwesung, hörte ihr vogelgleiches Triumphgeschrei, als sie ihn herabzerrten, als die Rettung nicht nur in Sicht war, sondern schon greifbar nahe schien –

»Musch, Musch«, rief Dussander. »Milch. Schöne Milch.«

Endlich kam die Katze näher. Sie lief halb über den Hof und blieb dort sitzen, aber sie war nervös, und ihr Schwanz bewegte sich unruhig. Sie traute ihm nicht; nein. Aber Dussander wußte, daß das Tier die Milch roch, und deshalb blieb er gelassen. Früher oder später würde es kommen.

Mit Schmuggel gab es in Patin keine Probleme. Einige der Häftlinge hatten sich, bevor sie im Lager ankamen, ihre Wertsachen in kleinen Beuteln aus Fensterleder tief in den Arsch gesteckt (und wie oft stellte sich heraus, daß diese Wertsachen gar nicht wertvoll waren – Fotos, Haarlocken, falscher Schmuck), oft mit einem Stock so weit hochgeschoben, daß nicht einmal die langen Finger eines Kapo, den sie Stinkdaumen genannt hatten, sie erreichen konnten. Dussander erinnerte sich an eine Frau, die einen kleinen Brillanten hatte, mit einer Wolke, wie sich später herausstellte, also in Wirklichkeit nicht sehr wertvoll – aber er war schon seit sechs Generationen im Besitz der Familie gewesen und war immer von der Mutter auf die älteste Tochter vererbt worden (das sagte sie wenigstens, aber sie war Jüdin und die logen natürlich alle). Bevor sie nach Patin kam, verschluckte sie ihn, und wenn er mit ihrem Kot ausgeschieden wurde, verschluckte sie ihn noch einmal. Sie verschluckte ihn immer wieder, obwohl er ihr zuletzt in die Eingeweide schnitt, so daß sie blutete.

Es hatte noch andere Listen gegeben, obwohl es fast immer um Kleinigkeiten ging, etwa um ein wenig Tabak oder eine oder zwei Haarlocken. Das spielte keine Rolle. In dem Raum, in dem Dussander die Häftlinge verhörte, standen eine Kochplatte und ein einfacher Küchentisch mit einem rotkarierten Wachstuch, ähnlich dem, das er jetzt in seiner eigenen Küche hatte. Auf der Platte stand immer ein Topf mit Lammragout, das munter vor sich hinbrodelte. Wenn Schmuggelgut vermutet wurde (und wann war das nicht der Fall?), wurde ein Mitglied der verdächtigen Clique in diesen Raum gebracht. Es mußte sich neben die Kochplatte stellen, damit ihm der Duft des Lammragouts in die Nase stieg. Dann fragte er leise, *wer*. Wer versteckt Gold? Wer Juwelen? Wer Tabak? Wer hat der Givenet die Tablette für ihr Baby gegeben? Wer? Das Ragout wurde ihnen nie direkt versprochen, aber fast immer löste ihnen das Aroma am Ende die Zunge. Natürlich hätte ein Knüppel den gleichen Dienst getan, oder ein Gewehrlauf, in ihren dreckigen Leib gestoßen, aber das Ragout war... war *elegant*. Ja.

»Musch, Musch«, rief Dussander. Der Kater stellte die Oh-

185

ren nach vorn und stand halb auf, aber dann erinnerte er sich an einen lange zurückliegenden Tritt, oder vielleicht an ein Streichholz, mit dem ihm jemand die Schnurrhaare versengt hatte, und er setzte sich wieder. Aber bald würde er sich bewegen.

Er hatte eine Methode gefunden, seine Alpträume erträglicher zu machen. Auf gewisse Weise war es nicht viel anders als eine SS-Uniform zu tragen... nur viel wirksamer. Dussander war mit sich zufrieden, es tat ihm nur leid, daß er nicht früher darauf gekommen war. Er vermutete, daß er diese neue Methode, sich zu beruhigen, dem Jungen zu verdanken hatte. Der hatte ihm gezeigt, daß der Schlüssel zu den Schrecken der Vergangenheit nicht in ihrer Ablehnung lag, sondern darin, über sie nachzudenken und sich sogar mit ihnen anzufreunden. Es stimmte, daß er vor dem Auftauchen des Jungen lange Zeit keine schlechten Träume mehr gehabt hatte, aber er glaubte jetzt, daß er in bezug auf seine Vergangenheit wie ein Feigling gehandelt hatte. Er war gezwungen worden, einen Teil seiner selbst aufzugeben. Jetzt hatte er ihn wiedererlangt.

»Musch, Musch«, rief Dussander, und ein Lächeln erschien in seinem Gesicht, ein beruhigendes Lächeln, das Lächeln aller alten Männer, die irgendwie die Grausamkeiten des Lebens hinter sich gebracht und einen sicheren Ort erreicht haben, noch immer einigermaßen intakt und wenigstens ein bißchen weise.

Der Kater stand auf, zögerte noch einen Augenblick und legte dann mit geschmeidigen Bewegungen den Rest der Strecke zurück. Er sprang die Stufen hinauf, warf einen letzten mißtrauischen Blick auf Dussander, legte die zerbissenen und eingerissenen Ohren an und begann, von der Milch zu trinken.

»Schöne Milch«, sagte Dussander und zog sich die Playtex-Gummihandschuhe an, die schon die ganze Zeit auf seinem Schoß gelegen hatten. »Schöne Milch für ein schönes Kätzchen.« Er hatte diese Handschuhe im Supermarkt gekauft. Ein paar alte Frauen hatten ihn zustimmend, vielleicht sogar erwartungsvoll angesehen. Für diese Handschuhe war im Fernsehen geworben worden. Sie hatten Stulpen. Sie waren so elastisch, und dünn, daß man eine kleine Münze aufheben konnte, wenn man sie anhatte.

Er streichelte dem Kater mit einem grünen Finger den Rükken und redete beruhigend auf ihn ein. Der Rücken des Tieres bog sich im Streichelrhythmus nach oben.

Kurz bevor der Napf leer war, packte er das Tier.

Im Griff seiner Hände war der Kater plötzlich wie elektrisiert. Er wand sich und zappelte und kratzte am Gummi. Geschmeidig fuhr der Körper des Tieres hin und her, und Dussander zweifelte nicht daran, daß der Kater gewonnen hätte, wenn er ihn mit den Zähnen oder Krallen hätte erwischen können. Ein Veteran. Man muß selbst einer sein, um einen zu erkennen, dachte Dussander.

Er hielt die Katze vorsichtig vom Körper ab, ein gequältes Grinsen im Gesicht. Dussander stieß die Hintertür mit dem Fuß auf und ging in die Küche. Die Katze jaulte und versuchte mit aller Kraft loszukommen. Mit den Krallen bearbeitete sie die Gummihandschuhe. Ihr wütendes dreieckiges Gesicht fuhr herab, und sie verbiß sich in einen der grünen Daumen.

»Böses Kätzchen«, sagte Dussander vorwurfsvoll.

Die Herdtür war geöffnet. Dussander schleuderte die Katze hinein. Es gab ein reißendes, kratzendes Geräusch, als ihre Krallen sich von den Handschuhen lösten. Dussander schlug mit dem Knie die Herdtür zu, wobei ihn ein heftiger Arthritisschmerz durchfuhr. Aber er hörte nicht auf zu grinsen. Schwer atmend, fast keuchend lehnte er sich einen Augenblick gegen den Herd. Sein Kopf sank herab. Es war ein Gasherd. Er hatte ihn selten für Ausgefalleneres als die Zubereitung eines TV-Dinners oder das Töten von streunenden Katzen benutzt.

Schwach übertönte das Kratzen und Schreien des Tieres das Zischen der Gasflammen.

Dussander schaltete den Ofen auf 250 Grad. Es gab einen hörbaren Knall, als die Zündflamme zwei Doppelreihen Gasdüsen aktivierte. Die Katze schrie nicht mehr, sie kreischte. Es hörte sich an ... ja ... fast wie ein kleiner Junge. Ein kleiner Junge, der fürchterliche Qualen erleidet. Bei dem Gedanken grinste Dussander noch breiter. Sein Herz hämmerte gegen seine Rippen. Die Katze raste wie verrückt im Herd hin und her. Sie schrie immer noch. Und dann zog ein heißer, pelziger Brandgeruch aus dem Herd in den Raum.

Eine halbe Stunde später kratzte er die Reste der Katze aus dem Herd. Dazu benutzte er eine Grillgabel, die er für zwei Dollar achtundneunzig Cents bei Grant's im nahegelegenen Einkaufszentrum erstanden hatte.

Der geröstete Kadaver der Katze wanderte in einen leeren Mehlsack, den er in den Keller trug. Der Kellerfußboden war nicht betoniert. Dussander ging dann wieder nach oben. Er versprühte in der Küche Geruchsvertilger, bis sie nach künstlichem Tannenaroma roch. Er öffnete alle Fenster. Er wusch die Grillgabel ab und hängte sie wieder an den Haken. Dann setzte er sich, um abzuwarten, ob der Junge kommen würde. Er lächelte und lächelte.

Todd kam eine Viertelstunde, nachdem ihn Dussander für den Nachmittag schon abgeschrieben hatte. Er trug eine Trainingsjacke mit seinen Schulfarben und eine Baseballmütze der San Diego Padres. Todd hatte seine Schultasche bei sich.

»Hallo«, sagte er und zog die Nase kraus, als er in die Küche kam. »Was ist das für ein Gestank? Das ist ja ekelhaft.«

»Ich habe den Herd ausprobiert«, sagte Dussander, »und dabei leider mein Essen anbrennen lassen. Ich mußte es wegwerfen.«

Später im selben Monat kam der Junge eines Tages viel früher als gewöhnlich, lange vor dem normalen Schulschluß. Dussander saß in der Küche und trank aus einer angeschlagenen und fleckigen Tasse Bourbon der Marke Ancient Age. Die Tasse trug die Aufschrift HIER IST DEIN KAFFEE, MA, HA! HA! HA! Sein Schaukelstuhl stand jetzt in der Küche, und er trank und schaukelte und schaukelte und trank und stampfte dabei mit den Pantoffeln auf das verblichene Linoleum. Er war angenehm betrunken und hatte bis gestern nacht keine schlechten Träume mehr gehabt. Schon seit dem Kater mit den zerfledderten Ohren nicht mehr. Der Traum in der vergangenen Nacht war allerdings besonders grauenhaft gewesen. Das war nicht zu leugnen. *Sie* hatten ihn herabgezerrt, als er den Hügel schon halb erstiegen hatte, und *sie* hatten angefangen, ihm unaussprechliche Dinge zuzufügen, bevor er es endlich schaffte aufzuwachen. Und doch, nach seiner Rückkehr in die Welt der Wirklichkeit war er zuversichtlich gewesen. Wann immer er wollte, konnte er die Träume beenden. Vielleicht würde diesmal eine Katze nicht ausreichen. Aber es gab ja immer noch den Zwinger für herrenlose Hunde. Ja. Den gab es.

Todd stürmte in die Küche. Er war blaß und wirkte abgespannt. Sein Gesicht glänzte. Er hat tatsächlich Gewicht verloren, dachte Dussander. Und er hatte einen so sonderbaren leeren Blick, der Dussander überhaupt nicht gefiel.

»Sie werden mir helfen«, sagte Todd plötzlich trotzig.

»Wirklich?« sagte Dussander gelassen, aber Furcht sprang plötzlich in ihm auf. Er verzog aber keine Miene, als Todd seine Bücher so heftig auf den Tisch knallte, daß eins auf den Fußboden geschleudert wurde und vor Dussanders Füßen ein kleines Zelt bildete.

»Ja, Sie gottverdammter Scheißkerl!« schrie Todd mit schriller Stimme. »Das dürfen Sie mir ruhig glauben! Weil es Ihre Schuld ist! Alles Ihre Schuld!« Auf seinen Wangen erschienen hektische rote Flecken. »Aber Sie müssen mir da raushelfen, denn ich habe Sie in der Hand. *Ich habe Sie genau da, wo ich Sie haben will!*«

»Ich helfe dir auf jede mir mögliche Art«, sagte Dussander ruhig. Er merkte, daß er ganz in Gedanken die Hände vor sich auf dem Schoß gefaltet hielt – so wie er es vor langer Zeit gewohnt gewesen war. Er beugte sich im Schaukelstuhl vor, bis sein Kinn direkt über seinen gefalteten Händen hing – wie er es früher getan hatte. Sein Gesicht war ruhig und freundlich und fragend und zeigte nichts von der Angst, die in ihm aufstieg. Wenn er so saß, konnte er sich fast einbilden, daß auf dem Herd hinter ihm ein Topf mit Lammragout brodelte. »Was sind denn deine Schwierigkeiten?«

»Dies sind meine Scheißschwierigkeiten«, sagte Todd giftig und warf Dussander eine Mappe zu. Sie prallte von seiner Brust ab und landete auf seinem Schoß. Dussander war über die Intensität der Wut erstaunt, die in ihm aufstieg, über den

Impuls, aufzuspringen und dem Jungen den Handrücken durchs Gesicht zu ziehen. Aber sein Gesichtsausdruck blieb freundlich. Er sah, daß die Mappe die Zeugniskarte des Jungen enthielt, obwohl die Schule sich eine geradezu lächerliche Mühe gegeben hatte, diese Tatsache zu verschleudern. Statt das Ding ganz einfach Zeugniskarte oder Schulzeugnis zu nennen, hieß es ›Bericht über schulische Fortschritte im letzten Quartal‹. Er knurrte und schlug die Karte auf.

Ein maschinengeschriebener halber Bogen fiel heraus. Dussander legte ihn beiseite, um ihn später zu lesen, und beschäftigte sich zunächst mit den Zensuren des Jungen.

»Du scheinst ganz schön auf den Bauch gefallen zu sein«, sagte Dussander nicht ohne Vergnügen. Der Junge hatte nur in Englisch und Amerikanischer Geschichte bestanden. In allen anderen Fächern hatte er eine Fünf.

»Es ist nicht meine Schuld«, zischte Todd böse. »Es ist *Ihre* Schuld. All diese *Geschichten*. Ich kriege davon Alpträume, wissen Sie das? Ich setze mich hin und schlage meine Bücher auf, und dann muß ich an das denken, was Sie mir an dem Tag erzählt haben, und bevor ich weiß, was los ist, sagt mir meine Mutter, daß es Zeit ist, ins Bett zu gehen. Das ist aber nicht meine Schuld. *Nein! Hören Sie? Es ist nicht meine Schuld!*«

»Ich höre dich sehr gut«, sagte Dussander und las den maschinegeschriebenen Brief, der in Todds Karte gesteckt hatte.

Liebe Mr. und Mrs. Bowden.
Mit diesem Schreiben möchte ich ein Gruppengespräch über Todds schulische Leistungen im zweiten und dritten Quartal anregen. In Anbetracht seiner früheren guten Leistungen scheinen seine letzten Zensuren anzudeuten, daß es ein spezifisches Problem gibt, das seine Leistungen ungünstig beeinflußt. Derlei Probleme können oft durch eine offene Aussprache geklärt werden.

Ich sollte darauf hinweisen, daß Todd, obwohl er im vergangenen Halbjahr nicht zurückgestuft wurde, in einigen Fächern den Abschluß nicht schaffen wird, es sei denn, seine Leistungen verbessern sich im vierten Quartal entscheidend. Ein Versagen in mehreren Fächern würde zusätzlichen Förderungsunterricht während der Sommerferien nach sich zie-

hen, damit er nicht zurückfällt und keine Planungsschwierig-
keiten eintreten.

Ich weise ebenfalls darauf hin, daß Todd die Collegeabtei-
lung besucht und daß seine Leistung in diesem Jahr dem für
eine Zulassung zum College geforderten Standard nicht entspricht. Sie hat auch nicht das für die SAT-Tests nötige Niveau erreicht.

Bitte, seien Sie versichert, daß ich mich bemühen werde,
einen für beide Seiten akzeptablen Termin für dieses Gespräch zu finden. In einem Fall wie dem vorliegenden ist gewöhnlich Eile geboten.

Mit freundlichen Grüßen
Edward French

»Wer ist dieser Edward French?« fragte Dussander und ließ
den Brief in die Zeugniskarte zurückgleiten (dabei wunderte
er sich im stillen über die amerikanische Liebe zum Gestelz-
ten; ein so getragenes Schreiben, nur um die Eltern zu informieren, daß ihr Sohn durchgefallen ist!). Dann faltete er wieder die Hände. Seine Vorahnung kommenden Unheils war
stärker als vorher, aber er weigerte sich, diesem Gefühl nach-
zugeben. Vor einem Jahr hätte er es getan. Vor einem Jahr
war er auf eine Katastrophe vorbereitet gewesen. Jetzt war er
es nicht, aber es schien, als hätte dieser verfluchte Junge sie
ihm trotzdem ins Haus gebracht. »Ist das dein Direktor?«

»Gummi-Ede? Verdammt, nein. Er ist der Pädagogische
Berater.«

»Der Pädagogische Berater? Was ist denn das?«

»Finden Sie das doch selbst heraus«, sagte Todd. Er war
nahezu hysterisch. »Sie haben doch den gottverdammten
Brief gelesen.« Er ging unruhig im Raum auf und ab und warf
Dussander hin und wieder einen scharfen Blick zu. »Ich
werde mir nichts von dieser ganzen Scheiße gefallen lassen.
Ich will es einfach nicht. Ich werde in den Sommerferien *nicht*
zur Schule gehen. Meine Eltern fliegen in diesem Sommer
nach Hawaii, und ich werde mitfliegen.« Er zeigte auf die
Karte, die auf dem Tisch lag. »Wissen Sie, was mein Dad tun
wird, wenn er die sieht?«

Dussander schüttelte den Kopf.

»Er wird alles aus mir rauskriegen. *Alles*. Er wird erfahren, daß Sie schuld sind. Es könnte an nichts anderem liegen, denn sonst hat sich ja nichts verändert. Er wird bohren und schnüffeln und alles aus mir rauskriegen. Und dann... dann bin ich unten durch.«

Er starrte Dussander beleidigt an.

»Sie werden mich beobachten. Verdammt, vielleicht schicken sie mich sogar zum Arzt. Ich weiß es nicht. Wie kann *ich* das wissen? Aber ich *will* nicht unten durch sein. Und ich gehe nicht in diese beschissene Ferienschule.«

»Oder in das Erziehungsheim«, sagte Dussander. Er sagte es sehr leise.

Todd hörte auf, im Kreis zu laufen. In seinem Gesicht regte sich nichts. Er war schon blaß gewesen, aber jetzt wurde er fast weiß. Er starrte Dussander an, und erst beim zweiten Versuch konnte er sprechen. »*Was? Was* haben Sie eben gesagt?«

»Mein lieber Junge«, sagte Dussander und mimte den Mann mit der Engelsgeduld. »In den letzten fünf Minuten mußte ich mir dein Gejammere anhören, und worüber du jammerst, ist ganz einfach dies: *Du* steckst in Schwierigkeiten. *Dir* könnte man auf die Schliche kommen. *Du* könntest plötzlich in einer üblen Lage sein.« Als er sah, daß der Junge ihm aufmerksam zuhörte – endlich –, trank Dussander nachdenklich einen Schluck aus seiner Tasse.

»Mein Junge«, fuhr er fort. »Deine Einstellung ist äußerst gefährlich. Und sie ist auch gefährlich für mich. Der mögliche Schaden wäre für mich viel größer. Du machst dir Sorgen um dein Zeugnis. Daß ich nicht lache. *Das* macht man mit einem Zeugnis.« Er schnippte es mit einem seiner gelben Finger vom Tisch auf den Fußboden.

»Ich mache mir Sorgen um mein *Leben*!«

Todd antwortete nicht. Er sah Dussander nur mit weitaufgerissenen Augen und einem leicht irren Blick an.

»Den Israelis wird es kaum etwas ausmachen, daß ich schon sechsundsiebzig bin. Die Todesstrafe ist dort noch immer sehr beliebt, mußt du wissen. Besonders wenn der Mann auf der Anklagebank ein Nazi-Kriegsverbrecher ist, der mit den Lagern in Verbindung gebracht werden kann.«

»Sie sind amerikanischer Staatsbürger«, sagte Todd. »Die Amerikaner würden es nicht zulassen, daß man Sie ergreift. Ich habe darüber gelesen. Ich habe –«

»Du liest, aber du *hörst nicht zu*! Ich bin *kein* amerikanischer Staatsbürger. Meine Papiere stammen von der *Cosa Nostra*. Man würde mich deportieren, und die Mossad-Agenten würden schon am Flugzeug auf mich warten, wo ich auch immer lande.«

»Ich wollte, man *würde* Sie aufhängen«, murmelte Todd, ballte die Fäuste und betrachtete sie. »Ich war verrückt, daß ich mich überhaupt mit Ihnen eingelassen habe.«

»Zweifellos«, sagte Dussander und lächelte dünn. »Aber du *hast* dich mit mir eingelassen. Wir müssen in der Gegenwart leben, Junge, nicht in der Vergangenheit des ›Ach-hätte-ich-doch-nicht‹. Du mußt dir darüber klar werden, daß dein Schicksal und meines jetzt unentwirrbar miteinander verflochten sind. Wenn du mich verpfeifst, glaubst du, ich würde dann auch nur eine Sekunde zögern, dich ebenfalls zu verpfeifen? In Patin sind siebenhunderttausend gestorben. Für die Welt bin ich ein Verbrecher, ein Ungeheuer, selbst Schlächter nennt mich eure Skandalpresse. Und du bist mitschuldig, mein Junge. Du hast die kriminelle Vergangenheit eines illegalen Ausländers gekannt, aber du hast nicht die Behörden verständigt. Und wenn man mich erwischt, werde ich der Welt alles über dich erzählen. Wenn die Reporter mir die Mikrofone ins Gesicht halten, wird es dein Name sein, den ich ständig wiederhole. ›Todd Bowden, ja, so heißt er... wie lange? Fast ein Jahr. Er wollte alles wissen... all die interessanten Dinge. So hat er sich ausgedrückt, ja: All die interessanten Dinge‹!«

Todd hatte den Atem angehalten. Seine Haut wirkte durchsichtig. Dussander lächelte ihn an. Er nippte an seinem Bourbon.

»Ich denke, sie werden dich ins Gefängnis stecken. Sie mögen es Erziehungsheim nennen oder Besserungsanstalt – es mag einen Fantasienamen dafür geben, wie diesen ›Bericht über schulische Fortschritte im letzten Quartal‹« – er zog die Lippen kraus – »aber wie sie es auch nennen, es wird Gitterstäbe an den Fenstern haben.«

Todd leckte sich die Lippen. »Ich würde Sie einen Lügner nennen. Ich würde ihnen sagen, daß ich es ganz einfach herausgefunden habe. Sie würden mir und nicht Ihnen glauben. Daran sollten Sie denken.«

Das Lächeln wich nicht aus Dussanders Gesicht. »Du hast mir doch gesagt, daß dein Vater schon alles aus dir herauskriegen würde.«

Todd sprach langsam, so wie jemand spricht, bei dem Erkenntnis und Worte gleichzeitig kommen. »Vielleicht auch nicht. Vielleicht diesmal noch nicht. Es geht ja nicht um ein eingeworfenes Fenster.«

Dussander zuckte innerlich zusammen. Er vermutete, daß der Junge mit seinem Urteil richtig lag – da so viel auf dem Spiel stand, könnte es ihm in der Tat gelingen, seinen Vater zu überzeugen. Und wenn eine so ungünstige Nachricht ins Haus flatterte, welche Eltern ließen sich dann nicht gern überzeugen?

»Vielleicht. Vielleicht auch nicht. Aber wie willst du die vielen Bücher erklären, die du mir vorlesen mußtest, weil der arme Mr. Denker halb blind ist? Meine Augen sind nicht mehr das, was sie mal waren, aber ich kann mit meiner Brille noch Kleingedrucktes lesen. Das kann ich beweisen.«

»Ich werde sagen, daß Sie mich getäuscht haben!«

»So? Und welchen Grund könntest du für so eine Täuschung anführen?«

»Aus ... aus Freundschaft. Weil Sie sich einsam fühlten.«

Das, überlegte Dussander, kam der Wahrheit gerade nahe genug, um glaubhaft zu sein. Und früher, ganz am Anfang, hätte er einen solchen Grund auch nennen können. Aber jetzt hatte man ihm arg zugesetzt; jetzt löste er sich in Fäden auf wie ein alter Mantel, der nichts mehr taugt. Wenn jetzt ein Kind auf der anderen Straßenseite seine Spielzeugpistole abschösse, würde er in die Luft springen und schreien wie ein kleines Mädchen.

»Dein Schulzeugnis wird auch meinen Teil der Geschichte bestätigen«, sagte Dussander. »Deine Zensuren sind doch nicht wegen *Robinson Crusoe* derart in den Keller gefallen, mein Junge. Das weißt du ganz genau.«

»Halten Sie das Maul! Sie sollen darüber das Maul halten!«

»Nein«, sagte Dussander. »Darüber werde ich nicht das Maul halten.« Er riß ein Streichholz an der Tür des Gasherds an und nahm eine Zigarette aus der Schachtel. »Nicht bevor du die simple Wahrheit einsiehst. Wir stecken gemeinsam in dieser Geschichte. Auf Biegen oder Brechen.« Er sah Todd durch die Rauchwolken hindurch an. Er lächelte nicht mehr, und sein Gesicht hatte einen niederträchtigen Ausdruck angenommen. »Ich werde dich mit runterziehen, Junge. Das verspreche ich dir. Wenn irgend etwas herauskommt, wird *alles* herauskommen.«

Todd sah ihn böse an und antwortete nicht.

»Nun«, sagte Dussander schnell und wirkte wie ein Mann, der etwas Unangenehmes aber Notwendiges hinter sich gebracht hat, »bleibt noch die Frage, was wir in dieser Situation tun sollen. Hast du eine Idee!«

»Dies erledigt die Sache mit der Zeugniskarte«, sagte Todd und holte die Flasche mit Löschflüssigkeit aus der Tasche. »Was wir mit dem Scheißbrief anfangen können, weiß ich nicht.«

Dussander betrachtete die Löschflüssigkeit mit Befriedigung. Er hatte seinerzeit selbst Berichte gefälscht. Wenn die Quoten fantastische Höhen erreichten. Und... eine ähnliche Situation wie die jetzige – das war die Sache mit den Quittungen gewesen... die Quittungen, auf denen die Beutestücke aufgeführt waren. Jede Woche prüfte er die Kisten mit Wertsachen, die in Spezialwaggons, die wie Banktresore aussahen, nach Berlin geschickt wurden. An der Seite jeder Kiste war ein Umschlag aus festem Papier angebracht, in dem eine beglaubigte Quittung über den Inhalt der Kiste steckte. So und so viele Ketten, Ringe, Halsbänder, so und so viel Gold. Dussander aber hatte seine eigene Kiste voll Wertsachen – keine sehr wertvollen Wertsachen, aber auch nicht ganz unbedeutend. Jade, Turmaline, Opale. Ein paar Perlen mit kleinen Fehlern, Industriediamanten. Und wenn er ein für Berlin bestimmtes Einzelstück sah, das ihm besonders gefiel oder das ihm besonders wertvoll erschien, nahm er es und ersetzte es durch ein Stück aus seiner eigenen Kiste. Dann fälschte er die Listen entsprechend. Im Laufe der Zeit hatte er sich zu einem recht geschickten Fälscher entwickelt... ein

Talent, das ihm auch nach dem Krieg mehr als einmal gut zu-
statten gekommen war.

»Gut«, sagte er zu Todd. »Und was diese andere Sache anbetrifft...«

Dussander fing wieder an zu schaukeln und trank dabei
aus seiner Tasse. Todd zog einen Stuhl an den Tisch und begann, seine Zeugniskarte zu behandeln, die er ohne ein Wort
vom Fußboden aufgehoben hatte. Dussanders äußere Ruhe
war nicht ohne Wirkung auf ihn geblieben, und jetzt machte
er sich konzentriert an die Arbeit, wie jeder amerikanische
Junge, der sich vorgenommen hat, eine verdammt gute Leistung zu bringen, ob er nun Mais sät, in der Meisterschaft der
Juniorliga Punkte sammelt, oder ob er sein Schulzeugnis
fälscht.

Dussander betrachtete Todds leicht gebräunten Nacken,
der zwischen dem Haaransatz und dem runden Ausschnitt
seines T-Shirts frei lag. Von dort wanderte sein Blick zur oberen Schublade des Küchenschranks, wo er seine Fleischmesser aufbewahrte. Ein rascher Hieb – er wußte, wo er anzuset-
zen war –, und die Wirbelsäule des Jungen wäre durchtrennt.
Das würde ihm das Maul für immer stopfen. Dussander lächelte voller Bedauern. Wenn der Junge verschwand, würden Fragen gestellt werden. Zu viele Fragen.

Einige würden an ihn gerichtet sein. Selbst wenn es keinen
Freund gab, der einen Brief hatte, eine nähere Überprüfung
seiner Umstände konnte er sich nicht leisten. Schade.

»Dieser French«, sagte er und tippte auf den Brief. »Kennt
er deine Eltern privat?«

»Der?« Todd, und der Tonfall verriet seine ganze Verachtung. »Meine Eltern gehen nirgends hin, wo der überhaupt
reingelassen wird.«

»Hat er sie jemals in seiner beruflichen Eigenschaft kennengelernt? Hat es solche Gespräche schon früher gegeben?«

»Nein, ich war immer einer der Besten in meiner Klasse.
Bis jetzt.«

»Was weiß er also von ihnen?« sagte Dussander und
schaute verträumt in seine Tasse, die jetzt fast leer war. »O ja,
er weiß alles über *dich*. Er hat zweifellos alle Unterlagen über
dich, bis alles zum Kindergarten. Aber was weiß er über *sie*?«

Todd legte seinen Federhalter und die kleine Flasche mit Tintenlöscher auf den Tisch. »Nun, er kennt ihren Namen. Natürlich. Und ihr Alter. Er weiß, daß wir Methodisten sind. Man muß diese Rubrik nicht ausfüllen, aber meine Eltern tun es immer. Ja, er weiß schon, wer wir sind. Er weiß, womit mein Vater sein Geld verdient; das steht alles auf dem Fragebogen. Den müssen sie jedes Jahr ausfüllen. Aber das ist so ziemlich alles.«

»Würde er wissen, ob es zu Hause zwischen deinen Eltern Schwierigkeiten gibt?«

»Was wollen Sie denn damit sagen?«

Dussander trank den Rest Bourbon in seiner Tasse. »Zank. Streitereien. Dein Vater schläft im Wohnzimmer auf der Couch. Deine Mutter trinkt zu viel.« Seine Augen glänzten. »Eine Scheidung bahnt sich an.«

»So was gibt es bei uns nicht!« sagte Todd böse. »In keiner Weise!«

»Das habe ich auch gar nicht behauptet. Aber überleg doch, Junge. Stell dir vor, bei euch zu Hause ›fliegen die Fetzen‹, wie man so schön sagt.«

Todd sah ihn stirnrunzelnd an.

»Dann würdest du dir Sorgen um sie machen«, sagte Dussander. »Große Sorgen. Du würdest keinen Appetit mehr haben. Du würdest schlecht schlafen. Und was das Schlimmste ist, deine Arbeit für die Schule würde darunter leiden. Stimmt's? Sehr traurig für Kinder, wenn es zu Hause Schwierigkeiten gibt.«

In den Augen des Jungen dämmerte Verstehen – Verstehen und etwas wie eine leise Dankbarkeit. Dussander war zufrieden.

»Ja, es ist eine höchst unglückliche Situation, wenn eine Familie der Auflösung entgegentreibt«, sagte Dussander geschwollen und füllte seine Tasse mit Bourbon. Er war schon ziemlich besoffen. »Die Ehedramen im Fernsehen zeigen es deutlich. Es gibt Bitterkeit. Verleumdungen und Lügen. Das Schlimmste sind die seelischen Qualen. Der Schmerz, mein Junge. Du hast ja keine Ahnung, welche Hölle deine Eltern erleben. Sie sind so sehr in ihre eigenen Schwierigkeiten verstrickt, daß sie für die Probleme ihres Sohnes wenig Zeit haben. Verglichen mit ihren eigenen erscheinen seine Probleme ihnen banal. Stimmt's? Eines Tages, wenn die Narben verheilt sind, werden sie sich wieder mehr für ihn interessieren. Aber im Augenblick haben sie keine andere Wahl. Sie müssen den netten alten Großvater zu Mr. French schicken.«

Todds Augen hatten einen Glanz angenommen, den man leidenschaftlich nennen konnte. »Könnte funktionieren«, murmelte er. »Könnte ja, könnte funktionieren, könnte –« Er schwieg plötzlich. »Nein, es geht nicht. Sie sehen mir nicht ähnlich, nicht einmal ein bißchen. Gummi-Ede wird nicht darauf reinfallen.«

»*Gott im Himmel!*« rief Dussander und sprang auf. Er ging durch die Küche (ein wenig schwankend), öffnete die Kellertür und nahm noch eine Flasche Ancient Age vom Regal. Er drehte den Verschluß auf und goß sich reichlich ein. »Für einen gescheiten Jungen bist du ein großer Dummkopf. Wann sehen Großväter schon ihren Enkeln ähnlich? Ich habe weißes Haar. Hast du weißes Haar?«

Erstaunlich rasch trat er an den Tisch, packte eine gute Hand voll von Todds Blondhaar und zog kräftig daran.

»Lassen Sie das!« fauchte Todd, aber er lächelte dabei.

»Außerdem«, sagte Dussander und setzte sich wieder in seinen Schaukelstuhl, »hast du blondes Haar und blaue Augen. Ich habe auch blaue Augen, und bevor mein Haar weiß wurde, war es blond. Du erzählst mir deine ganze Familiengeschichte. Deine Onkel und Tanten. Die Leute mit denen dein Vater zusammenarbeitet. Was für Hobbys deine Mutter hat. Ich werde es im Kopf behalten. Ich werde alles lernen und im Kopf behalten. Zwei Tage später werde ich es vergessen haben – mein Gedächtnis ist wie ein mit Wasser gefüllter Leinensack – aber ich werde mich lange genug an alles erinnern.« Er lächelte grimmig. »Früher war ich immer schneller als Wiesenthal, und ich habe sogar Himmler selbst verarscht. Wenn ich einen amerikanischen Pauker nicht aufs Kreuz legen kann, werde ich mich in ein Leichentuch wickeln und sofort ins Grab kriechen.«

»Vielleicht«, sagte Todd langsam, und Dussander erkannte, daß er schon akzeptiert hatte. Aus seinem Blick sprach Erleichterung.

»Nein – *bestimmt sogar*!« rief Dussander.

Er gackerte vor Lachen, und der Schaukelstuhl quietschte hin und her. Todd sah ihn erstaunt und ein wenig erschrocken an, aber nach einer Weile fing auch er an zu lachen. Dussander am offenen Fenster, durch das die warme kalifornische Luft hereinwehte, und Todd auf seinem Stuhl, dessen Lehne er gegen die Herdtür zurückgekippt hatte, auf der die vielen schwarzen Streifen zu sehen waren, die Dussander verursachte, wenn er an ihr seine Streichhölzer anriß.

Gummi-Ede French (seinen Spitznamen trug er, wie Todd Dussander erklärt hatte, weil er sich bei Regenwetter immer Gummigaloschen über die Turnschuhe zog) war ein schmächtiger Mann, der in der Schule mit Vorliebe Turnschuhe trug. Mit diesem Anflug von Zwanglosigkeit hoffte er sich bei den 106 Kindern zwischen zwölf und vierzehn beliebt zu machen, die seiner Obhut anvertraut waren. Er besaß fünf Paar in verschiedenen Farben von Dunkelblau bis zu einem schreienden Gelb, und er hatte keine Ahnung, daß man ihm hinter seinem Rücken auch Turnschuh-Ede oder den Turnschuh-Mann nannte. Im College war er als Fischmaul bekannt gewesen, und er hätte sich sehr gedemütigt gefühlt, wenn er gewußt hätte, daß auch diese peinliche Tatsache nicht geheim geblieben war.

Er trug selten Krawatten, sondern zog Rollkragenpullover vor. Diese trug er seit Mitte der sechziger Jahre, als David McCallum sie in *The Man from U.N.C.L.E.* populär gemacht hatte. In seinen College-Tagen hatten die anderen Studenten, wenn sie ihn über den Hof kommen sahen, immer gesagt ›da kommt Fischmaul mit seinem U.N.C.L.E.-Pullover‹. Er hatte sein Examen in pädagogischer Psychologie gemacht und hielt sich insgeheim für den einzigen guten pädagogischen Berater, den er je kennengelernt hatte. Er kam mächtig an bei seinen Schülern. Er hatte sie immer voll im Griff; er konnte sie *zusammenscheißen*, und dennoch verstand er gut, daß sie manchmal ein bißchen schreien mußten, um *Dampf abzulassen*. Er konnte sich in den *Putz* hineindenken, den sie manchmal mit ihren Lehrern hatten, denn er wußte, wie *ätzend* es ist, dreizehn zu sein und immer *eins übergebügelt* zu kriegen, obwohl man nicht weiß, wie man *die ganze Scheiße sortieren* soll.

Es war so, daß er verdammte Schwierigkeiten hatte, sich daran zu erinnern, wie man sich mit dreizehn fühlte. Das sei wohl der Preis, so glaubte er, den man dafür zahlen muß, daß man in den Fünfzigern aufgewachsen ist. Das und die Tatsache, daß man die schöne neue Welt der Sechziger mit dem Spitznamen Fischmaul behaftet erlebt hat.

Jetzt, als Todd Bowdens Großvater sein Büro betrat und die Tür mit dem Riffelglas fest hinter sich zuzog, stand Gummi-Ede höflich auf, um den alten Mann zu begrüßen, aber er hütete sich, hinter seinem Schreibtisch hervorzukommen. Er dachte an seine Turnschuhe. Manchmal begriffen die alten Knacker nicht, daß die Turnschuhe psychologisch sehr hilfreich waren, wenn er es mit einem Kind zu tun hatte, das mit seinen Lehrern nicht zurechtkam – mit anderen Worten, einige der älteren Herrschaften konnten sich einen pädagogischen Berater in Turnschuhen einfach nicht vorstellen.

Ein gutaussehender alter Geck, dacht Gummi-Ede. Sein weißes Haar sorgfältig zurückgekämmt. Sein dreiteiliger Anzug war makellos sauber, die taubengraue Krawatte ebenso makellos gebunden. In der linken Hand hielt er einen Regenschirm (es hatte seit dem Wochenende leicht genieselt). Seine Art, den Schirm zu halten, mutete fast militärisch an. Seit einiger Zeit waren Gummi-Ede und seine Frau auf einem Dorothy-Sayers-Trip und lasen alle Bücher dieser schätzenswerten Dame, deren sie habhaft werden konnten. Jetzt fiel ihm ein, daß dies ihr Geistesprodukt Lord Peter Wimsey in Person war. Wimsey mit fünfundsiebzig. Jahre nachdem Bunter und Harriet Vane ihren gerechten Lohn erhalten hatten. Er nahm sich vor, Sondra heute abend darüber zu berichten.

»Mr. Bowden«, sagte er höflich und streckte die Hand aus.

»Es ist mir ein Vergnügen«, sagte Bowden und ergriff sie. Gummi-Ede verzichtete auf den festen Händedruck, mit dem er die Väter, die ihn aufsuchten, gewöhnlich begrüßte; der alte Junge reichte ihm die Hand so vorsichtig, daß man gleich sah, daß er an Arthritis litt.

»Es ist mir ein Vergnügen, Mr. French«, wiederholte Bowden und nahm Platz, wobei er umständlich die Knie seiner Hosen hochzog. Er stellte den Regenschirm zwischen seine Füße und lehnte sich darauf und wirkte wie ein sehr eleganter alter Geier, der in Gummi-Ede Frenchs Büro eingeschwebt war. Er sprach mit einem leichten Akzent, fand Gummi-Ede, aber es war nicht die abgehackte Sprechweise der britischen Oberschicht, wie es bei Wimsey der Fall gewesen wäre; es hörte sich breiter und europäischer an. Wie dem auch sei, seine Ähnlichkeit mit Todd war verblüffend. Besonders wegen der Nase und der Augen.

»Ich bin froh, daß Sie kommen konnten«, sagte Gummi-Ede und setzte sich seinerseits wieder hin, »obwohl in solchen Fällen die Mutter oder der Vater des Schülers –«

Das war natürlich der Eröffnungszug. Seine fast zehnjährige Erfahrung als pädagogischer Berater hatte ihn gelehrt, daß es gewöhnlich häusliche Schwierigkeiten bedeutete, wenn eine Tante oder ein Onkel oder ein Großvater zur Besprechung erschien – die Art von Schwierigkeiten, die unweigerlich die Ursache des jeweiligen Problems waren. Gummi-Ede war erleichtert. Häusliche Schwierigkeiten waren schlimm genug, aber für einen so intelligenten Jungen wie Todd wäre ein *schwerer Drogen-Trip* noch viel, viel schlimmer gewesen.

»Ja, natürlich«, sagte Bowden und brachte es fertig, bekümmert und wütend zugleich zu wirken. »Mein Sohn und seine Frau haben mich gebeten, Sie aufzusuchen und diese traurige Geschichte mit Ihnen zu besprechen, Mr. French. Glauben Sie mir, Todd ist ein guter Junge. Dieser Ärger mit seinen Zensuren ist gewiß nur vorübergehend.«

»Das hoffen wir doch alle, nicht wahr, Mr. Bowden? Sie dürfen ruhig rauchen. Das ist auf dem Schulgrundstück zwar verboten, aber ich werde niemandem etwas sagen.«

»Danke.«

Mr. Bowden holte eine zerdrückte Packung Camel aus der Innentasche, steckte sich eine der beiden letzten Zigaretten zwischen die Lippen und riß das Streichholz an der Hacke eines seiner schwarzen Schuhe an. Beim ersten Zug hustete er ein unangenehmes Altmännerhusten, wedelte das Streichholz aus und legte es in den Aschenbecher, den Gummi-Ede ihm hingeschoben hatte. Dieser beobachtete das Ritual, das fast so förmlich war wie die Schuhe des alten Mannes, mit unverhohlener Faszination.

»Wo fangen wir an?« sagte Bowden mit sorgenvollem Gesicht und sah Gummi-Ede durch den aufsteigenden Qualm an.

»Nun«, sagte Gummi-Ede freundlich, »allein die Tatsache, daß Sie und nicht Todds Eltern gekommen sind, sagt mir schon eine ganze Menge.«

»Das kann ich mir denken.« Er faltete die Hände. Die Camel hielt er zwischen Zeigefinger und Ringfinger seiner Rechten. Er richtete sich auf und hob das Kinn. Wie er auf die Dinge losgeht, hat etwas fast Preußisches, dachte Gummi-Ede. Es erinnerte ihn an die vielen Kriegsfilme, die er als Junge gesehen hatte.

»Mein Sohn und meine Schwiegertochter haben Schwierigkeiten miteinander«, sagte Bowden, wobei er jedes Wort betonte. »Ziemlich üble Schwierigkeiten, möchte ich meinen.« Mit seinen alten, aber erstaunlich lebhaften Augen schaute er zu, wie Gummi-Ede die Mappe aufschlug, die er vor sich auf dem Tisch liegen hatte. Einige Bogen lagen darin, aber es waren nicht viele.

»Und Sie glauben, daß diese Schwierigkeiten Todds schulische Leistungen beeinträchtigen?«

Bowden beugte sich etwa sechs Zoll vor. Seine blauen Augen starrten unverwandt in Gummi-Edes braune. Bowden ließ eine bedeutungsschwere Pause eintreten und sagte dann: »Die Mutter trinkt.«

Seine Gestalt straffte sich wieder.

»Oh«, sagte Gummi-Ede.

»Ja«, erwiderte Bowden und nickte grimmig. »Der Junge hat mir erzählt, daß er sie schon zweimal eingeschlafen am Küchentisch vorgefunden hat, als er aus der Schule kam. Bei diesen Gelegenheiten hat der Junge sich dann selbst sein Essen heißgemacht und ihr schwarzen Kaffee zu trinken gegeben, damit sie wenigstens wach war, wenn Richard nach Hause kam.«

»Das ist ja nicht sehr schön«, sagte Gummi-Ede, der allerdings schon schlimmere Geschichten gehört hatte – von heroinabhängigen Müttern, von Vätern, die es sich plötzlich in den Kopf gesetzt hatten, ihre Töchter zu bumsen... oder ihre Söhne. »Hat Mrs. Bowden schon daran gedacht, wegen ihres Problems Experten zu konsultieren?«

»Der Junge hat versucht, sie dazu zu überreden, aber ich glaube, sie schämt sich. Wenn man ihr ein wenig Zeit ließe...« Er machte eine Geste mit seiner Zigarette, so daß ein Rauchring entstand, der sich langsam auflöste. »Sie verstehen doch.«

»Aber natürlich.« Gummi-Ede nickte und bewunderte insgeheim die Geste, die den Rauchring hatte entstehen lassen. »Ihr Sohn... Todds Vater...«

»Er ist daran nicht unschuldig«, sagte Bowden hart. »Die vielen Arbeitsstunden, die vielen verpaßten Mahlzeiten, die vielen Abende, an denen er plötzlich weg muß... ich sage Ihnen, Mr. French, er ist mehr mit seinem Job verheiratet als mit Monica. Ich habe gelernt, daß die Familie im Leben eines Mannes absoluten Vorrang hat. War das bei Ihnen nicht auch so?«

»Ganz gewiß«, pflichtete Gummi-Ede ihm bei. Sein Vater war Nachtwächter in einem großen Kaufhaus in Los Angeles gewesen, und er hatte ihn eigentlich nur an den Wochenenden und während des Urlaubs gesehen.

»Das ist die andere Seite des Problems«, sagte Bowden.

Gummi-Ede nickte und dachte einen Augenblick nach. »Was ist mit Ihrem anderen Sohn, Mr. Bowden? Äh...« Er sah in seine Mappe. »Harold, Todds Onkel.«

»Harry und Deborah leben jetzt in Minnesota«, sagte Bowden wahrheitsgetreu. »Er arbeitet an der Medizinischen Fakultät der dortigen Universität. Er hätte Schwierigkeiten herzukommen, und es wäre unfair, ihn darum zu bitten.« Sein Gesicht nahm einen biederen Ausdruck an. »Harry und seine Frau sind sehr glücklich verheiratet.«

»Ich verstehe.« Gummi-Ede schaute wieder in seine Akte und klappte sie dann zu. »Mr. Bowden, ich weiß Ihre Offenheit zu würdigen, und ich will mit Ihnen genauso offen sein.«

»Danke«, sagte Bowden steif.

»Wir können nicht so viel für unsere Schüler tun, wie wir gern möchten. Wir haben sechs Berater, und jeder betreut über hundert Schüler. Unser neue Kollege Hepburn hat hundertfünfzehn. In unserer heutigen Gesellschaft brauchen alle Kinder Hilfe.«

»Natürlich«, sagte Bowden, drückte heftig seine Zigarette aus und faltete wieder die Hände.

»Manchmal werden schlimme Probleme an uns herangetragen. Gewöhnlich geht es um häusliche Schwierigkeiten oder Drogen. Glücklicherweise hat Todd nichts mit Speed, Meskalin oder PCP im Sinn.«

»Gott behüte.«

»Manchmal«, fuhr Gummi-Ede fort, »können wir einfach nichts tun. Es ist deprimierend, aber so ist das Leben nun einmal. Unsere Maschinerie spuckt zuerst die Unruhestifter aus, die verschlossenen Kinder, die sich gar nicht erst Mühe geben. Das sind einfach nur Schüler, die hoffen, daß unser System ihnen schon irgendwie zum Abschluß verhelfen wird. Oder sie warten, bis sie alt genug sind, auch ohne die Genehmigung ihrer Eltern die Schule zu verlassen, damit sie zur Armee gehen oder einen Job bei Speedy-Boy Carwash kriegen können. Andere heiraten ganz einfach ihre Freunde. Sie verstehen wohl was ich meine. Unser System kann nicht alles leisten, was es eigentlich leisten sollte. Da bin ich ganz ehrlich.«

»Ich begrüße Ihre Offenheit.«

»Aber es tut einem weh, wenn man zusehen muß, wie die Maschinerie einen Jungen wie Todd ausspuckt. In letzten Jahr hatte er einen Durchschnitt von zweiundneunzig. In Prozent ausgedrückt bedeutet das fünfundneunzig. Sein Durchschnitt in Englisch ist sogar noch besser. Er hat eine Begabung für das Schreiben, und das ist selten bei einer Generation von Kindern, die glauben, daß die Kultur vor dem Fernseher beginnt und im Kino an der Ecke endet. Ich habe mit einer Lehrerin gesprochen, die ihn bis vor kurzem unterrichtet hat. Sie sagte, daß Todd den besten Aufsatz geschrieben hat, der ihr in zwanzig Jahren Lehrtätigkeit unter die Augen gekommen ist. Das Thema waren die deutschen Todeslager im Zweiten Weltkrieg. Er bekam die einzige Eins plus, die sie je für einen Aufsatz gegeben hat.«

»Ich habe den Aufsatz gelesen«, sagte Bowden. »Er war sehr gut.«

»Auch in Gemeinschaftskunde und in Sozialwissenschaften hat er überdurchschnittliche Leistungen gezeigt. Er wird zwar nie einer der bedeutendsten Mathematiker des Jahrhunderts werden, aber er hat sich wenigstens Mühe gegeben... bis zu diesem Jahr. Bis zu diesem Jahr. Das ist, kurz gefaßt, alles.«

»Ja.«

»Der Gedanke, daß ausgerechnet Todd so absackt, ist mir unerträglich, Mr. Bowden. Und die Ferienschule... nun, ich sagte Ihnen ja, daß ich ganz ehrlich sein will. Diese Ferienschule schadet einem Jungen wie Todd meistens mehr, als sie ihm nützt. Normalerweise ist der Laden eine Art Zoo. Alle Affen und Hyänen sind dort versammelt. Und die Zurückgebliebenen. Schlechte Gesellschaft für einen Jungen wie Todd.«

»Ganz gewiß.«

»Grundsätzlich schlage ich also vor, daß Mr. und Mrs. Bowden sich zu einigen Sitzungen im Beratungszentrum unten in der Stadt einfinden. Alles natürlich strikt vertraulich. Der Leiter des Beratungszentrums, Harry Ackermann, ist ein guter Freund von mir. Und Todd, der seine Eltern natürlich begleiten wird, darf sich nicht unter Zwang fühlen.«

Gummi-Ede lächelte. »Vielleicht kriegen wir bis Juni alles wieder hin. Unmöglich ist es nicht.«

Aber Bowden war über diesen Gedanken entsetzt.

»Wenn ich Ihnen jetzt diesen Vorschlag machte, würden sie es dem Jungen sehr übelnehmen«, sagte er. »Diese Dinge sind heikel. Sie können so oder so ausgehen. Der Junge hat mir versprochen, sich große Mühe zu geben. Er ist selbst entsetzt darüber, daß er so nachgelassen hat.« Er lächelte dünn, ein Lächeln, das Ed French nicht recht deuten konnte. »Viel entsetzlicher, als Sie es sich überhaupt vorstellen können.«

»Aber –«

»Und sie würden es *mir* übelnehmen«, sagte Bowden hastig. »Weiß Gott, das würden sie. Monica findet ohnehin schon, daß ich mich zu sehr einmische. Dabei will ich das gar nicht, aber Sie kennen ja die Situation. Ich finde, man sollte die Dinge ruhen lassen... vorläufig.«

»Ich habe in diesen Angelegenheiten einige Erfahrung«,

sagte Gummi-Ede. Er faltete die Hände über Todds Akte und sah den alten Mann ernst an. »Ich halte tatsächlich in diesem Fall eine Beratung für angebracht. Sie werden verstehen, daß mein Interesse an den Problemen Ihres Sohnes und Ihrer Schwiegertochter an dem Punkt beginnt und endet, wo sie Todds Leistungen beeinträchtigen... und das scheint zur Zeit in hohem Maße der Fall zu sein.«

»Lassen Sie mich einen Gegenvorschlag machen«, sagte Bowden. »Sie haben doch gewiß ein System, die Eltern zu benachrichtigen, wenn schlechte Zensuren drohen?«

»Ja«, sagte Gummi-Ede vorsichtig. »Wir versenden Karten mit Fortschrittsanalysen. Die Kinder nennen sie natürlich Sitzenbleiberkarten. Sie bekommen sie nur, wenn ihre Leistungen unter ein gewisses Niveau absinken. Mit anderen Worten, ein Kind bekommt eine Karte, wenn in irgendeinem Fach eine Fünf zu erwarten ist.«

»Sehr gut«, sagte Bowden. »Dann schlage ich Folgendes vor: Wenn der Junge eine von diesen Karten bekommt... auch nur *eine*« – er hob einen knotigen Finger – »dann werde ich meinem Sohn und seiner Frau diese Beratungsgespräche nahelegen. Ich gehe sogar noch weiter. Wenn der Junge im April eine dieser Sitzenbleiberkarten bekommt –«

»Wir verschicken sie im Mai.«

»So? Gut, wenn er dann eine bekommt, garantiere ich Ihnen, daß sie mit den Beratungsgesprächen einverstanden sein werden. Sie machen sich Sorgen um ihren Sohn, Mr. French. Aber zur Zeit stecken sie so tief in ihren eigenen Problemen, daß...« Er zuckte die Achseln.

»Ich verstehe.«

»Lassen wir ihnen also noch bis dahin Zeit, ihre Probleme zu lösen. Sich an den eigenen Haaren aus dem Sumpf zu ziehen... so macht man es doch in Amerika, nicht wahr?«

»Ganz recht«, sagte Gummi-Ede, nach kurzem Nachdenken... und nach einem raschen Blick auf die Uhr, der ihm sagte, daß in fünf Minuten der nächste Besucher zu erwarten war. »Ich akzeptiere.«

Er stand auf und Bowden erhob sich gleichzeitig. Sie reichten sich wieder die Hand, und auch diesmal nahm Gummi-Ede Rücksicht auf die Arthritis des Alten.

»Ich sollte Sie warnen«, sagte er. »Es kommt sehr selten vor, daß ein Schüler nach achtzehnwöchiger Talfahrt schon in vier Wochen wieder den Anschluß findet. Ich werde wohl auf Ihre Garantie zurückkommen müssen, Mr. Bowden.«

Wieder lächelte Bowden dieses dünne, beunruhigende Lächeln. »Meinen Sie?« sagte er nur.

Irgend etwas hatte Gummi-Ede während des ganzen Gesprächs gestört, aber er kam erst beim Lunch in der Cafeteria darauf, eine Stunde nachdem ›Lord Peter‹ mit dem Regenschirm unter dem Arm gegangen war.

Er hatte sich über eine Viertelstunde, eher zwanzig Minuten lang mit Todds Großvater unterhalten, und er konnte sich nicht daran erinnern, daß der alte Mann auch nur einmal den Namen seines Enkels ausgesprochen hatte.

Völlig außer Atem fuhr Todd Dussanders Gehweg hoch und stellte sein Rad ab. Erst vor einer Viertelstunde war Schulschluß gewesen. Mit einem Satz sprang er die Stufen hoch und öffnete die Tür mit seinem eigenen Schlüssel. Dann rannte er durch den Flur in die sonnenhelle Küche. Sein Magen verkrampfte sich, und er brachte kein Wort heraus, als er einen Augenblick in der Tür stehenblieb und Dussander ansah, der mit einer Tasse voll Bourbon in seinem Schaukelstuhl saß. Er hatte noch immer seinen besten Anzug an, wenn er auch die Krawatte gelockert und den oberen Knopf geöffnet hatte. Ausdruckslos sah er Todd an, die Eidechsenaugen halb geschlossen.

»Nun?« fragte Todd endlich.

Dussander ließ ihn einen Augenblick zappeln, einen Augenblick, der Todd wie zehn Jahre vorkam. Dann stellte Dussander die Tasse auf dem Tisch neben der Flasche Ancient Age ab und sagte:

»Der Narr hat alles geglaubt.«

Todd stieß einen lauten Seufzer der Erleichterung aus.

Bevor er etwas sagen konnte, fuhr Dussander fort: »Er wollte, daß deine bekümmerten Eltern einen Freund von ihm zu Beratungsgesprächen aufsuchen. Er bestand darauf.«

»Mein Gott! Haben Sie... was haben Sie... wie haben Sie darauf reagiert?«

»Ich habe sehr schnell gedacht«, sagte Dussander. »Daß mir rasch etwas einfällt, war schon immer meine Stärke. Ich habe ihm versprochen, daß deine Eltern zu diesen Beratungsgesprächen in die Stadt kommen werden, wenn du im Mai auch nur eine einzige Karte bekommst.«

Alles Blut wich aus Todds Gesicht.

»Sie haben *was* getan?« Er kreischte fast. »Ich habe schon zwei Algebra-Arbeiten und einen Test in Geschichte verhauen, und das zählt alles mit!« Er trat in die Küche, und sein blasses Gesicht war jetzt schweißnaß. »Heute nachmittag haben wir eine Französischarbeit geschrieben, und die ist auch nichts geworden ... ich weiß es genau. Ich mußte die ganze Zeit an diesen gottverdammten Gummi-Ede denken. Sie sind wirklich wunderbar mit ihm fertig geworden«, schloß er bitter. »Auch nur eine einzige Karte? Ich kriege wahrscheinlich fünf oder sechs.«

»Mehr konnte ich nicht tun, ohne Verdacht zu erregen«, sagte Dussander. »Dieser French ist zwar ein Narr, aber er tut nur seine Pflicht. Du wirst jetzt die deine tun.«

»Was wollen Sie denn damit sagen?« Todds Gesicht war vor Wut und Trotz entstellt.

»Du wirst arbeiten. In den nächsten vier Wochen wirst du härter arbeiten als je zuvor in deinem Leben. Außerdem gehst du am Montag zu jedem deiner Lehrer und entschuldigst dich für deine bisherigen schlechten Leistungen. Du wirst –«

»Es ist unmöglich«, sagte Todd. »Begreifen Sie denn nicht, Mann? Es ist *unmöglich*. Ich bin in Naturwissenschaft und Geschichte fünf Wochen im Rückstand. In Algebra sind es eher zehn.«

»Trotzdem«, sagte Dussander. Er schenkte sich mehr Whiskey ein.

»Sie denken, Sie sind schlau, was?« schrie Todd ihn an. »Ich lasse mir von Ihnen nichts befehlen. Die Tage, wo Sie befehlen konnten, sind lange vorüber. *Begreifen Sie das denn nicht?* Die tödlichste Waffe, die Sie hier haben, ist der Fliegenfänger. Sie sind nichts als ein klappriger alter Mann, der faule Eier furzt, wenn er ein Stück Brot gegessen hat. Wahrscheinlich pissen Sie sogar ins Bett.«

»Hör zu, du Rotznase«, sagte Dussander ruhig.

Todds Kopf fuhr wütend herum.

»Bis heute wäre es dir noch möglich gewesen, *gerade noch möglich*, mich zu denunzieren und selber ungeschoren davonzukommen. Ich glaube zwar nicht, daß du es bei dem jetzigen Zustand deiner Nerven geschafft hättest, aber wie dem auch sei. Es wäre technisch möglich gewesen. Aber die Lage hat sich geändert. Heute bin ich als dein Großvater aufgetreten, als ein gewisser Victor Bowden. Niemand wird daran zweifeln, daß ich es mit deiner... wie sagt man?... mit deinem Einverständnis getan habe. Wenn das rauskommt, Junge, sieht es für dich schlimmer aus als je zuvor. Und jetzt hast du keine Ausreden mehr. Dafür habe ich heute gesorgt.«

»Ich wünschte –«

»Du *wünschst!* Du *wünschst!*« brüllte Dussander. »Zur Hölle mit deinen Wünschen, deine Wünsche machen mich *krank*. Deine Wünsche sind nichts als kleine Haufen Hundescheiße in der Gosse! *Ich will von dir nur wissen, ob du die Situation begreifst, in der wir stecken!*«

»Ich begreife sie«, murmelte Todd. Er hatte die Fäuste geballt, als Dussander ihn anbrüllte – einen solchen Ton war er nicht gewohnt. Jetzt öffnete er sie wieder und betrachtete gleichgültig die kleinen blutenden Halbmonde in seinen Handflächen. Es hätte schlimmer kommen können, dachte er. Seit ungefähr vier Monaten kaute er Nägel.

»Gut. Dann wirst du dich hübsch entschuldigen, und du wirst lernen. Du wirst in deiner ganzen Freizeit lernen. Du wirst in der Mittagspause lernen, und an den Wochenenden wirst du zu mir kommen und ebenfalls lernen.«

»Nicht hier«, sagte Todd. »Zu Hause.«

»Nein. Zu Hause wirst du bummeln und träumen, wie du es bisher getan hast. Wenn du hier bist, kann ich dich überwachen und dich antreiben, wenn es sein muß. So kann ich am besten meine eigenen Interessen wahren. Außerdem kann ich dich abfragen und deine Aufgaben abhören.«

»Und wenn ich nun nicht komme? Sie können mich nicht dazu zwingen.«

Dussander trank. »Das stimmt. Die Dinge laufen dann

weiter wie bisher. Du wirst versagen. Dieser Berater French wird erwarten, daß ich mein Versprechen einlöse. Wenn ich es nicht tue, wird er sich an deine Eltern wenden. Sie werden feststellen, daß der nette alte Mr. Denker auf deinen Wunsch als dein Großvater aufgetreten ist. Sie werden erfahren, daß du dein Zeugnis gefälscht hast. Sie –«

»Hören Sie endlich auf. Ich werde kommen.«

»Du bist schon hier. Fang mit Algebra an.«

»Kein Stück. Es ist Freitagnachmittag.«

»Du wirst ab sofort *jeden* Nachmittag arbeiten«, sagte Dussander leise. »Fang mit Algebra an.«

Todd starrte ihn an – nur ganz kurz, und dann holte er sein Mathematikbuch aus der Büchertasche – und Dussander sah Mord in den Augen des Jungen. Nicht im übertragenen Sinne, sondern wirklichen Mord. Es war viele Jahre her, daß er diesen finsteren, brennenden, grübelnden Blick zuletzt sah, aber einen solchen Blick vergißt man nie. Wenn ein Spiegel zur Hand gewesen wäre, als er damals den entblößten und wehrlosen Nacken des Jungen betrachtete, hätte er diesen Blick wohl in seinen eigenen Augen gesehen.

Ich muß mich schützen, dachte er und war ein wenig erstaunt. *Es ist gefährlich, eine Gefahr zu unterschätzen.*

Er trank seinen Bourbon, schaukelte und beobachtete den Jungen beim Lernen.

Es war fast fünf Uhr, als Todd nach Hause fuhr. Er fühlte sich wie ausgelaugt, seine Augen brannten, und er empfand ohnmächtige Wut. Immer wenn er von der bedruckten Seite aufsah – von dieser widerwärtigen, unverständlichen und so beschissenen dummen Welt der Mengen, Teilmengen, geordneten Paare und kartesischen Koordinaten –, hatte Dussander seine scharfe Altmännerstimme erhoben. Sonst hatte er geschwiegen. Nur das ständige Stampfen mit den Füßen und das Quietschen des Schaukelstuhls hatten Todd nervös gemacht. Er saß da wie ein Geier, der auf den Tod seiner Beute wartet. Warum hatte er sich nur auf diese Sache eingelassen? *Wie* war er in diese Scheiße hineingeraten? Er hatte an diesem Nachmittag zwar Boden gewonnen – ein Teil der Mengenlehre, mit der er vor den Weihnachtsferien solche Schwierigkeiten gehabt hatte, war mit einem fast hörbaren Knacken bei ihm eingerastet – aber er hatte wenig Hoffnung, daß er in der Algebra-Arbeit in einer Woche auch nur eine Vier schreiben würde.

Noch vier Wochen bis zum Ende der Welt.

An der Ecke sah er einen Blauhäher auf dem Fußsteig liegen. Langsam öffnete und schloß das Tier seinen Schnabel. Es versuchte vergeblich, sich auf seine Vogelfüße zu stellen und davonzuhüpfen. Ein Flügel war zerquetscht. Der Häher mußte von einem Auto angefahren und auf den Fußsteig geschleudert worden sein. Aus einem seiner Perlenaugen sah er zu Todd auf.

Lange betrachtete Todd den Vogel, und seine Hände lagen dabei leicht auf dem Lenker des Rades. Seine Freunde hatten den Nachmittag wahrscheinlich auf dem Baseballplatz in der Walnut Street verbracht. Es hieß, daß sie in diesem Jahr noch ihren eigenen Sandplatz bekommen sollten, um dann in einer City-Liga mitzuspielen. Es gab genug Väter, die bereit waren, ihre Söhne zu den Spielen zu fahren. Normalerweise hätte Todd natürlich mitgespielt. *Hätte.*

Na und? Er würde ganz einfach nein sagen müssen. Er würde ihnen sagen müssen: *Jungs, ich habe da Scherereien mit diesem Kriegsverbrecher. Ich denk, ich habe ihn an den Eiern, und dann – ha-ha, ihr lacht euch tot, Jungs – hab' ich festgestellt, daß er mich genauso an den Eiern hat wie ich ihn. Ich fing an, schlecht zu träumen, und der kalte Schweiß brach mir aus. Meine Zensuren rutschten in den Keller, und ich hab' sie auf meinen Zeugniskarten geändert, damit meine Alten nichts merken, und jetzt muß ich das erste Mal in meinem Leben für die Schule wirklich arbeiten. Ich habe keine Angst, daß ich sitzenbleibe, ich habe Angst, daß ich ins Erziehungsheim komm. Und deshalb kann ich mit euch auch nicht auf dem neuen Sandplatz spielen. Da seht ihr mal, wie es kommen kann, Jungs.*

Ein dünnes Lächeln, dem Lächeln Dussanders sehr ähnlich, huschte über sein Gesicht. Es war nicht mehr das breite Grinsen von früher. Es lag keine Fröhlichkeit darin und kein Selbstvertrauen. Es war ein düsteres Lächeln und sagte nur: *Da seht ihr mal, wie es kommen kann, Jungs.*

Ausgesucht langsam rollte er mit dem Vorderreifen über

den Blauhäher und hörte das Knistern der Federn und das Knacken der kleinen hohlen Knochen, die in seinem Innern zerbrachen. Er nahm das Rad zurück und fuhr wieder darüber. Der Vogel zuckte noch. Er rollte wieder darüber und eine blutige Feder blieb am Reifen kleben und drehte sich mit, als er immer wieder das Vorderrad über das Tier rollen ließ. Nun bewegte sich der Vogel nicht mehr. Er hatte den Eimer umgestoßen, er war verreckt, er war in das große Vogelhaus dort oben im Himmel eingezogen, aber dennoch ließ Todd das Rad immer wieder über den zerquetschten Kadaver rollen. Hin und her. Das tat er ungefähr fünf Minuten lang, und während der ganzen Zeit blieb dieses dünne Lächeln in seinem Gesicht. *Da seht ihr mal, wie es kommen kann, Jungs.*

10

April 1975

Der alte Mann stand im Gang zwischen den Käfigen und lächelte breit, als Dave Klingerman herbeikam, um ihn zu begrüßen. Das wütende Gebell und der Gestank von Hundefell und Hundepisse schien ihn nicht im geringsten zu stören. Die über hundert verschiedenen Streuner, die gegen die Drahtgitter sprangen und unablässig kläfften, brachten ihn keineswegs aus der Ruhe. Klingerman wußte sofort: der alte Knabe ist Hundeliebhaber. Immer noch lächelnd streckte der alte Mann ihm seine geschwollene, von Arthritis verknotete Hand hin, die Klingerman nur sehr vorsichtig ergriff.

»Guten Tag, Sir«, sagte er und hob die Stimme. »Ganz schön laut hier, was?«

»Das macht mir nichts aus«, sagte der alte Mann. »Überhaupt nichts. Mein Name ist Arthur Denker.«

»Klingerman. Dave Klingerman.«

»Freut mich, Sie kennenzulernen, Sir. Ich habe in der Zeitung gelesen – ich konnte es kaum glauben –, daß Sie Hunde *verschenken*. Vielleicht habe ich das falsch verstanden. Ich *muß* es falsch verstanden haben.«

»Oh, nein, Sir. Wir verschenken wirklich Hunde«, sagte

Dave. »Wenn wir sie nicht loswerden, müssen wir sie töten lassen. Der Staat gibt uns sechzig Tage. Es ist eine Schande. Kommen Sie doch mit ins Büro. Ruhiger. Riecht auch besser.«

Im Büro hörte Dave eine ihm vertraute Geschichte (die ihn dennoch rührte): Arthur Denker war Mitte Siebzig. Er sei nicht reich, aber mit dem, was er habe, gehe er sparsam um. Nach dem Tode seiner Frau sei er nach Kalifornien gekommen, und er fühle sich einsam. Sein einziger Freund sei der Junge, der ihn manchmal besuche, um ihm vorzulesen. In Deutschland habe er einen schönen Bernhardiner gehabt. Hier in Santo Donato habe er ein Haus mit einem größeren eingezäunten Grundstück. Und er habe in der Zeitung gelesen... ob es wohl möglich wäre, daß er...

»Nun, Bernhardiner haben wir nicht«, sagte Dave. »Sie gehen so schnell weg, weil sie für Kinder so gut geeignet sind –«

»Das kann ich verstehen. Es muß ja auch nicht unbedingt ein –«

»– aber ich habe einen noch nicht ganz ausgewachsenen Schäferhund. Wäre das nicht etwas?«

Mr. Denkers Augen wurden ganz hell, und es sah aus, als sei er den Tränen nahe. »Wunderbar«, sagte er. »Der wäre ideal.«

»Der Hund selbst kostet nichts, aber es fallen einige andere Kosten an. Impfung gegen Staupe und Tollwut. Und die Hundemarke. Die meisten bezahlen ungefähr fünfundzwanzig Dollar, aber wenn Sie über fündundsechzig sind, übernimmt der Staat die Hälfte – das kalifornische Programm für ein goldenes Alter.«

»Dann bin ich also ein goldener Alter«, sagte Mr. Denker und lachte. Nur einen Augenblick – es war albern – überlief Dave ein kalter Schauer.

»Äh... ich denke doch, Sir.«

»Eine sehr vernünftige Regelung.«

»Das meinen wir auch. Derselbe Hund würde Sie in einer Tierhandlung hundertfünfundzwanzig Dollar kosten. Trotzdem gehen die Leute in einen solchen Laden statt zu uns zu kommen. Sie bezahlen für die Papiere und nicht für den Hund.« Dave schüttelte den Kopf. »Wenn sie nur wüßten, wie viele schöne Tiere jedes Jahr ausgesetzt werden.«

»Und wenn Sie innerhalb von sechzig Tagen kein neues Zuhause für ein Tier finden, wird es getötet?«

»Wir lassen sie dann einschläfern, ja.«

»Wie bitte? Entschuldigen Sie, aber mein Englisch –«

»Aufgrund einer städtischen Verordnung«, sagte Dave. »Wir können nicht ganze Hunderudel auf den Straßen herumlaufen lassen.«

»Sie erschießen sie?«

»Nein, wir verwenden Gas. Es ist sehr human. Die Tiere merken nichts.«

»Nein«, sagte Mr. Denker. »Das glaube ich gern.«

In Algebra saß Todd am vierten Tisch in der zweiten Reihe. Er saß da und bemühte sich, seine Angespanntheit nicht zu zeigen, als Mr. Storrman die Algebra-Arbeiten zurückgab. Aber seine abgekauten Fingernägel gruben sich wieder in die Handflächen, und er schwitzte.

Nur keine Hoffnung aufkommen lassen. Sei nicht so ein verdammter Narr. Du kannst es nicht geschafft haben. Du weißt, daß du es nicht geschafft hast.

Dennoch konnte er diese lächerliche Hoffnung nicht ganz unterdrücken. Es war seit Wochen seine erste Algebra-Arbeit gewesen, die nicht so aussah, als sei sie auf griechisch geschrieben. Er wußte, daß er bei seiner Nervosität (Nervosität? Nein, man kann es ruhig nackte Panik nennen) nicht gut gearbeitet hatte, aber vielleicht... wenn es nur ein anderer als Storrman gewesen wäre, der an Stelle eines Herzens ein Yale-Schloß hatte...

AUFHÖREN! befahl er sich, und einen entsetzlichen Augenblick lang war er sicher, daß er diese beiden Worte laut durch die Klasse geschrien hatte. *Die Arbeit hast du verbockt. Du weißt es, und nichts auf der Welt kann das ändern.*

Kommentarlos reichte Storrman ihm die Arbeit und ging weiter. Todd legte den Bogen mit der beschriebenen Seite auf den Tisch mit den vielen eingeschnitzten Initialen. Im Moment traute er sich nicht einmal die Willenskraft zu, ihn umzudrehen, um das Ergebnis zu erfahren. Endlich riß er den

Bogen mit einer so krampfhaften Bewegung an sich, daß er einriß. Die Zunge klebte ihm am Gaumen, als er auf den Bogen starrte, und sein Herz schien auszusetzen.

Oben auf dem Bogen stand in einem Kreis die Zahl 83. Darunter stand eine Drei plus. Unter der Zensur las er eine kurze Bemerkung: *Stark verbessert! Ich bin doppelt so erleichtert, wie du sein müßtest. Fehler genau prüfen. Die meisten sind Rechenfehler und keine Verständnisfehler.*

Mit dreifachem Tempo setzte sein Herzschlag wieder ein. Er war unendlich erleichtert, aber es war kein kühles Gefühl – es war heiß und kompliziert und seltsam. Er schloß die Augen und hörte nicht das Getuschel der anderen, die ihre Arbeiten diskutierten und den üblichen Kampf um den einen oder anderen Extrapunkt aufnahmen. Todd sah die Röte hinter seinen Augen. Mit jedem Herzschlag pulsierte sie wie fließendes Blut. In diesem Augenblick haßte er Dussander mehr als je zuvor. Wieder ballte er die Fäuste und wünschte sich von ganzem Herzen, daß er damit Dussanders dürren Vogelhals packen könnte.

Dick und Monica Bowden hatten durch einen Nachttisch getrennte Doppelbetten. Auf diesem Tisch stand die hübsche Imitation einer Tiffany-Lampe. Ihr Schlafzimmer war ganz in echtem Rotholz gehalten, und an den Wänden standen Bücherregale. Auf der anderen Seite des Raumes war zwischen zwei Bücherstützen aus Elfenbein (auf den Hinterbeinen stehende Elefantenbullen) ein rundes Sony-Fernsehgerät angebracht. Dick sah gerade Johnny Carson und hörte den Ton über einen Ohrhörer, während Monica den neuen Michael Crichton las, den der Buchklub heute geschickt hatte.

»Dick?« Sie legte ein Lesezeichen (HIER SCHLIEF ICH EIN stand darauf) in den Crichton und klappte das Buch zu.

Im Fernsehen hatte Buddy Hackett gerade sämtliche Gegner zusammengeschlagen. Dick lächelte.

»Dick?« sagte sie ein wenig lauter.

Er zog den Stöpsel aus dem Ohr. »Was?«

»Glaubst du, daß mit Todd alles in Ordnung ist?«

Er schaute sie einen Augenblick stirnrunzelnd an und schüttelte den Kopf. »*Je ne comprends pas, chérie.*« Über sein holpriges Französisch amüsierten sich die beiden immer wieder. Als er im Französischen versagte, hatte sein Vater ihm zweihundert Dollar extra geschickt, damit er Nachhilfestunden nehmen konnte. Er war an Monica Darrow geraten, deren Namen er aus den Karten am Schwarzen Brett zufällig ausgesucht hatte. Zu Weihnachten hatte sie schon seine Nadel getragen, und er hatte in Französisch eine Drei.

»Nun... er hat so abgenommen.«

»Ja, er sieht ein bißchen mager aus«, sagte Dick. Er legte den TV-Stöpsel in den Schoß, wo er quäkende Geräusche von sich gab. »Er wächst langsam heran, Monica.«

»So früh?« fragte sie besorgt.

Er lachte. So früh. »Ich bin als Teenager um achtzehn Zentimeter in die Höhe geschossen – von einem ein Meter siebenundsechzig großen Zwerg mit zwölf zu dem herrlichen ein Meter fünfundachtzig großen Muskelpaket, das du heute vor dir siehst. Meine Mutter sagte, als ich vierzehn war, hätte man mich nachts wachsen hören können.«

»Gut, daß nicht alles an dir so gewachsen ist.«

»Es kommt darauf an, wie man es gebraucht.«

»Willst du es heute gebrauchen?«

»Das Weib wird frech«, sagte Dick Bowden und schnippte den Stöpsel durch das Zimmer.

Danach, als er schon einschlief:

»Dick, er träumt auch schlecht.«

»Alpträume?« murmelte er.

»Alpträume. Ich habe ihn zwei- oder dreimal im Schlaf stöhnen hören, als ich ins Badezimmer ging. Ich wollte ihn nicht wecken. Es ist albern, aber meine Großmutter sagte immer, wenn man jemand mitten in einem schlechten Traum weckt, kann er verrückt werden.«

»War das nicht das Polackenweib?«

»Das Polackenweib, ja, das Polackenweib. Wie schön du das wieder sagst!«

»Du weißt doch, was ich meine. Warum benutzt du nicht die Toilette hier oben?« Er hatte sie vor zwei Jahren selbst eingebaut.

»Du wirst doch immer von der Spülung wach.«

»Dann spülst du eben nicht.«

»Dick, das ist unanständig.«

Er seufzte.

»Manchmal, wenn ich reingehe, schwitzt er. Und das Bettzeug ist feucht.«

Er grinste. »Darauf will ich wetten.«

»Was heißt *das*... ach so.« Sie gab ihm einen leichten Klaps. »Das ist auch unanständig. Außerdem ist er erst dreizehn.«

»Vierzehn im nächsten Monat. Er ist nicht zu jung. Ein bißchen frühreif vielleicht, aber nicht zu jung.«

»Wie alt warst du damals?«

»Vierzehn oder fünfzehn. Ich weiß es nicht mehr genau. Aber als ich aufwachte, dachte ich, ich sei gestorben und zum Himmel aufgefahren.«

»Aber du warst älter als Todd heute ist.«

»Heute geschehen solche Dinge früher. Es muß an der Milch liegen... oder an den Fluoriden. Weißt du, daß in der Schule, die wir voriges Jahr in Jackson Park gebaut haben, in jeder Toilette ein Automat für Damenbinden hängt? Und das ist eine *Mittelschule*. In der sechsten Klasse ist das Durchschnittsalter nur zehn Jahre. Wie alt warst du, als es bei dir anfing?«

»Das weiß ich nicht mehr«, sagte sie. »Ich weiß nur, daß Todds Träume sich nicht so anhören... als ob er stirbt und zum Himmel auffährt.«

»Hast du ihn mal gefragt?«

»Einmal. Vor ungefähr sechs Wochen. Du spieltest gerade Golf mit diesem widerlichen Ernie Jacobs.«

»Dieser widerliche Ernie Jacobs wird mich 1977 als gleichberechtigten Partner in seine Firma aufnehmen, wenn er sich bis dahin mit dieser blonden Sekretärin nicht zu Tode bumst. Außerdem bezahlt er immer die Platzgebühren. Und was hat Todd gesagt?«

»Daß er sich nicht erinnert. Aber eine Art... Schatten lief über sein Gesicht. Ich glaube, er erinnerte sich *doch*.«

»Monica, ich erinnere mich nicht mehr an alles aus meiner Jugendzeit, aber ich weiß, daß diese feuchten Träume nicht immer angenehm sind. Sie können sehr unangenehm sein.«

»Wie ist das möglich?«

»Schuldgefühle. Alle Arten von Schuldgefühlen. Manche gehen vielleicht bis in die früheste Kindheit zurück, wo man ihm immer wieder gesagt hat, daß er das Bett nicht naß machen darf. Und dann die sexuelle Seite. Was löst diese feuchten Träume aus? Hat man im Bus plötzlich Gefühle gekriegt? Hat man in der Schule einem Mädchen unter den Rock gesehen? Ich weiß es nicht. Ich weiß noch, daß ich im Traum einmal beim gemeinsamen Schwimmen im YMCA-Pool vom Brett sprang und beim Eintauchen die Badehose verlor.«

»Und da ist es dir passiert?« fragte sie und kicherte.

»Ja. Wenn der Junge über seine Probleme mit dir nicht sprechen will, darfst du ihn nicht dazu zwingen.«

»Wir haben doch versucht, ihn so zu erziehen, daß er diese unnötigen Schuldgefühle nicht haben muß.«

»Ihnen kann man nicht entgehen. Er bringt sie aus der Schule mit wie in der ersten Klasse seine Erkältungen. Von seinen Freunden oder von der Art, wie die Lehrer über diese Dinge reden. Wahrscheinlich hat auch mein Vater damit zu tun. ›Du darfst ihn nachts nicht anfassen, Todd, sonst wachsen dir Haare an den Händen, und du wirst blind, und du verlierst dein Gedächtnis, und nach einiger Zeit wird dein Ding schwarz und fault ab. Sei also vorsichtig Todd‹.«

»Dick Bowden! Dein Vater würde doch niemals –«

»Er würde nicht? Verdammt noch mal, er *hat*. Genauso wie deine Polackengroßmutter dir erzählt hat, daß jemand, der mitten in einem schlechten Traum geweckt wird, verrückt werden kann. Er hat mir auch gesagt, daß ich in einer öffentlichen Toilette die Brille abwischen soll, bevor ich mich hinsetze, damit ich nicht ›die Bazillen von anderen Leuten kriege‹. Er meinte damit wohl Syphilis. Ich wette, daß deine Großmutter dir das auch gesagt hat.«

»Nein, meine Mutter«, sagte sie zerstreut. »Und sie hat mir auch gesagt, daß ich immer spülen soll. Deshalb gehe ich auch immer nach unten.«

»Ich werde trotzdem davon wach«, murmelte Dick.

»Was?«

»Nichts.«

Diesmal war er tatsächlich fast eingeschlafen, als sie wieder seinen Namen rief.

»Was ist denn noch?« fragte er ein wenig ungeduldig.

»Du glaubst doch nicht... ach, nichts. Schlaf nur.«

»Nein, nein, sag schon. Ich bin wieder wach. Ich glaube *was* nichts?«

»Dieser alte Mann, dieser Mr. Denker. Du glaubst doch nicht, daß er ihn zu oft besucht? Vielleicht hat er... ach, ich weiß nicht... Todd zu viele Geschichten erzählt.«

»Die wirklich schlimmen Horrorgeschichten«, sagte Dick. »Von dem Tag, an dem die Motorenwerke in Essen einen Produktionsausfall hatten.« Er kicherte.

»Es war nur so ein Gedanke«, sagte sie ein wenig gekränkt. Die Decke raschelte, als sie sich auf die Seite drehte. »Ich wollte dich nicht stören.«

Er legte ihr die Hand auf die nackte Schulter. »Ich will dir mal was sagen«, sagte er und überlegte einen Augenblick, um sich die Worte zurechtzulegen. »Auch ich habe mir manchmal Sorgen um Todd gemacht. Andere als du, aber Sorgen sind Sorgen, nicht wahr?«

Sie drehte sich wieder zu ihm um. »Worüber denn?«

»Nun, ich bin ganz anders aufgewachsen als Todd. Mein Vater hatte einen Laden. Sie nannten ihn alle Vic, den Krämer. Er hatte ein Buch, in das er die Namen der Leute eintrug, die ihm etwas schuldeten und wieviel sie ihm schuldeten. Weißt du, wie er das Buch nannte?«

»Nein.« Dick sprach selten über seine Kindheit; sie hatte immer gedacht, daß er keine schöne Kindheit gehabt hatte und deshalb darüber schwieg. Sie hörte aufmerksam zu.

»Er nannte es das Buch für die linke Hand. Er sagte, die rechte Hand sei für das Geschäft, aber die rechte Hand dürfe nie wissen was die linke tut. Er sagte, wenn die rechte Hand das *wüßte*, würde sie wahrscheinlich ein Beil nehmen und die linke abhacken.«

»Das hast du mir nie erzählt.«

»Nun, ich mochte den Alten nicht sehr, als wir heirateten, und, ehrlich gesagt, mag ich ihn noch immer nicht. Ich konnte schon als Kind nicht verstehen, warum ich irgendwelche abgelegten Hosen tragen mußte, während Mrs. Mazursky einen Schinken auf Kredit bekam und dabei die alte Geschichte auftischte, daß ihr Mann nächste Woche wieder arbeiten würde. Die einzige Arbeit, die Bill Mazursky, dieser alte Scheißpenner, je hatte, war, eine Zwölf-Cent-Flasche Schnaps festzuhalten, damit sie nicht wegflog.

Damals war mein einziger Wunsch, aus diesem Leben auszubrechen. Deshalb habe ich mein Examen gemacht und Sportarten betrieben, zu denen ich eigentlich gar keine Lust hatte. Ich bekam ein Stipendium an der UCLA, und ich achtete scharf darauf, zu den besten zehn Prozent zu gehören, denn die einzigen Bücher für die linke Hand, die damals von den Universitäten geführt wurden, galten den GIs, die im Krieg waren. Mein Vater schickte mir Geld für Lehrbücher, aber sonst habe ich von ihm kein Geld angenommen. Nur einmal, als ich in Französisch völlig versagt hatte, schrieb ich ihm in Panik einen Brief. Ich lernte dich kennen. Später erfuhr ich von Mr. Halleck, einem Nachbarn, daß mein Vater seinen Wagen verpfänden mußte, um die zweihundert Dollar zusammenzukriegen.

Und jetzt habe ich dich, und wir haben Todd. Ich habe immer geglaubt, daß er ein verdammt guter Junge ist, und ich habe immer dafür gesorgt, daß er alles hat, was er braucht... alles, was ihm hilft, zu einem vernünftigen Mann heranzuwachsen. Ich habe immer über diese abgedroschene Redensart gelacht, daß ein Mann will, daß sein Sohn es einmal besser hat als er. Aber je älter ich werde, um so weniger komisch finde ich diese Redensart, und um so mehr scheint sie zu stimmen. Ich will nicht, daß Todd jemals die abgelegten Klamotten anderer trägt, weil die Frau irgendeines Penners einen Schinken auf Kredit kriegt. Verstehst du, was ich meine?«

»Natürlich verstehe ich das«, sagte sie leise.

»Vor ungefähr zehn Jahren, kurz bevor mein alter Herr es leid war, sich mit den Leuten von der Stadtplanung herumzuschlagen, und er sich aus dem Geschäft zurückzog, hatte er einen leichten Schlaganfall. Er lag zehn Tage im Krankenhaus, und die Leute aus der Nachbarschaft, die Italiener und die Krauts und sogar ein paar von den Niggern, die seit ungefähr 1955 in die Gegend gezogen waren, legten zusammen und bezahlten seine Rechnung. Bis auf den letzten verdammten Cent. Ich konnte es kaum glauben. Sie hielten sogar den Laden offen. Fiona Castellano holte ein paar arbeitslose Bekannte heran, die umschichtig im Laden arbeiteten. Als mein Vater wiederkam, stimmten die Bücher auf den Cent genau.«

»Das ist ja enorm«, sagte sie.

»Weißt du, was mein alter Herr zu mir sagte? Daß er immer Angst davor gehabt habe, alt zu werden – alt und krank und einsam. Ins Krankenhaus gehen zu müssen, ohne zu wissen, ob das Geld reicht. Angst vor dem Sterben. Aber nach seinem Schlaganfall habe er keine Angst mehr gehabt. Er sagte, jetzt glaube er, gut sterben zu können. ›Meinst du, glücklich sterben, Dad?‹ fragte ich ihn. ›Nein‹, sagte er. ›Niemand stirbt glücklich, Dickie.‹ Er nannte mich immer Dickie, und er tut es noch heute. Noch etwas, an das ich mich nie gewöhnen werde. Er sagte, er glaube nicht, daß man glücklich sterben könne, aber man könne gut sterben. Das hat mich beeindruckt.«

Nachdenklich schwieg er eine ganze Weile.

»In den letzten fünf Jahren sah ich dann meinen alten Herrn aus einer anderen Perspektive. Vielleicht weil er unten in San Remo lebt und mir hier nicht auf der Pelle hockt. Ich glaubte allmählich, daß das Buch für die linke Hand vielleicht doch keine so schlechte Idee war. Zu der Zeit fing ich auch an, mir um Todd Sorgen zu machen. Immer wieder wollte ich ihm sagen, daß es noch andere Dinge im Leben gibt, als für einen Monat nach Hawaii zu fahren oder Todd Kleidung kaufen zu können, die nicht nach Mottenkugeln stinkt. Aber ich wußte nie, wie ich es ihm sagen sollte. Vielleicht weiß er es schon, habe ich gedacht, und dabei fiel mir ein Stein vom Herzen.«

»Du meinst, Mr. Denker etwas vorzulesen?«

»Ja. Dafür bekommt er nichts. Denker kann ihm nichts zahlen. Hier lebt nun dieser alte Knabe, Tausende von Meilen von Freunden und Verwandten entfernt, die vielleicht noch leben, und befindet sich genau in der Lage, vor der sich mein Vater gefürchtet hat. Und dann kommt Todd.«

»So habe ich das Ganze noch nie gesehen.«

»Hast du schon mal bemerkt, wie Todd sich verhält, wenn du mit ihm über den alten Mann sprichst?«

»Er wird dann sehr still.«

»Ja. Er wird still und verlegen, als hätte er etwas Unanständiges getan. Genau wie mein Vater, wenn jemand sich dafür bedanken wollte, daß er ihm Kredit eingeräumt hatte. Wir sind Todds rechte Hand, weiter nichts. Du und ich und alles übrige – das Haus, der Skiurlaub in Tahoe, der Thunderbird in der Garage, sein Farbfernseher. Alles seine rechte Hand. Und er will nicht, daß wir sehen, was seine linke Hand tut.«

»Du glaubst also nicht, daß er Denker zu oft besucht?«

»Honey, schau dir dich seine Zeugnisse an. Wenn *die* schlechter werden, wäre ich der erste, der halt sagt. Denn wahre Schwierigkeiten erkennt man immer zuerst an den Zensuren. Und wie waren seine Zensuren?«

»Nach dem einen Ausrutscher wieder so gut wie vorher.«

»Warum reden wir also? Hör zu, Baby, ich habe morgen früh um neun eine Besprechung. Wenn ich nicht noch ein wenig Schlaf bekomme, bin ich dafür nicht ausgeruht genug.«

»Natürlich, schlaf nur«, sagte sie, und als er sich umdrehte, küßte sie ihn auf die Schulter. »Ich liebe dich.«

»Ich dich auch«, sagte er zufrieden und schloß die Augen. »Es ist alles in Ordnung, Monica. Du machst dir zu viele Sorgen.«

»Ja, das weiß ich. Gute Nacht.«

Sie schliefen.

»Schau nicht dauernd aus dem Fenster«, sagte Dussander. »Da draußen ist nichts, was dich interessieren könnte.«

Todd sah ihn mürrisch an. Sein Gesichtsausdruck lag aufgeschlagen auf dem Tisch. Auf einem bunten Bild sah man Teddy Roosevelt über den San Juan Hill reiten. Hilflose Kubaner brachten sich vor den Hufen seines Pferdes in Sicherheit. Teddy grinste ein breites amerikanisches Grinsen, das Grinsen eines Mannes, der weiß, daß Gott im Himmel ist und auf Erden alles seine Ordnung hat. Todd Bowden grinste nicht.

»Sie spielen wohl gern den Sklaventreiber, was?« fragte er.

»Ich bleibe gern ein freier Mann«, sagte Dussander. »Arbeite weiter.«

»Sie können mich am Arsch lecken.«

»Als Junge«, sagte Dussander, »hätte man mir den Mund mit Seifenlauge ausgewaschen, wenn ich so etwas gesagt hätte.«

»Die Zeiten ändern sich.«

»Wirklich?« Dussander schlürfte seinen Bourbon. »Arbeite.«

Todd starrte Dussander an. »Sie sind nichts als ein gottverdammter alter Säufer. Wissen Sie das?«

»Arbeite.«

»Halten Sie endlich das Maul.« Todd schlug das Buch zu. In Dussanders Küche hörte es sich an wie ein Gewehrschuß. »Ich hole es sowieso nicht mehr auf. Jedenfalls nicht bis zur nächsten Klassenarbeit. Ich habe noch fünfzig Seiten von dieser Scheiße, ganz bis zum Ersten Weltkrieg. Ich mache morgen einen Zettel und schreibe davon ab.«

»Das wirst du nicht tun«, sagte Dussander grob.

»Warum nicht? Wollen Sie mich daran hindern? Sie?«

»Junge, du hast noch immer große Schwierigkeiten, zu begreifen, was für uns auf dem Spiel steht. Meinst du, es macht mir Spaß, dafür zu sorgen, daß du deine Rotznase in die Bücher steckst?« Er hob die Stimme, schneidend, gebieterisch. »Glaubst du, ich höre mir gern dein albernes Gejammer und deine Kindergartenflüche an? ›Sie können mich am Arsch lecken‹.« In hohem Falsett ahmte er wütend die Stimme des Jungen nach, so daß Todd rot anlief. »Sie können mich am Arsch lecken, na und, wen kümmert's? Ich tue es morgen!«

»Es macht Ihnen *Spaß*!« schrie Todd zurück. »Es macht Ihnen *Spaß*! Sie fühlen sich nur dann nicht als Zombie, wenn Sie mir im Nacken sitzen! Hören Sie doch endlich auf, verflucht noch mal!«

»Was glaubst du, passiert, wenn man dich mit einem solchen Zettel erwischt? Wen wird man zuerst informieren?«

Todd sah auf seine Hände mit den abgebissenen Fingernägeln und schwieg.

»Wen?«

»Herrgott, das wissen Sie doch! Gummi-Ede. Dann wahrscheinlich meine Eltern.«

Dussander nickte. »Das glaube ich auch. Arbeite weiter. Den Morgenzettel steck in deinen Kopf, wo er hingehört.«

»Ich hasse Sie«, sagte Todd dumpf. »Ich hasse Sie wirklich.« Er schlug das Buch wieder auf, und Teddy Roosevelt grinste ihn an. Teddy galoppierte mit dem Säbel in der Hand in das zwanzigste Jahrhundert hinein, und ungeordnet rannten vor ihm die Kubaner zur Seite – wahrscheinlich vor der Macht seines wilden amerikanischen Grinsens.

Dussander fing wieder an zu schaukeln. Er hielt die Tasse mit Bourbon in den Händen. »So ist's brav, mein Junge«, sagte er fast zärtlich.

Todd hatte seinen ersten feuchten Traum in der letzten Aprilnacht, und als er aufwachte, flüsterte der Regen geheimnisvoll im Laub des Baumes vor seinem Fenster.

Im Traum war er in einem der Labors von Patin gewesen. Er stand am Ende eines langen niedrigen Tisches. Ein wohlgeformtes junges Mädchen von erstaunlicher Schönheit war mit Schraubzwingen an den Tisch gefesselt worden. Dussander assistierte ihm. Dussander trug eine weiße Schlachterschürze und sonst nichts. Als er sich zu den Kontrollapparaten umdrehte, sah Todd, wie sich seine dürren Hinterbacken gegeneinander bewegten wie zwei häßliche weiße Steine.

Er reichte Todd einen Gegenstand, den dieser sofort erkannte, obwohl er ihn noch nie gesehen hatte. Es war ein künstlicher Penis. Die Spitze war aus poliertem Metall und glänzte im Licht der Neonröhren an der Decke kalt wie Chrom. Aus dem Gerät hing ein schwarzer elektrischer Draht, der in einem kleinen roten Gummiball endete.

»Nur zu«, sagte Dussander. »Der Führer sagt, es ist in Ordnung. Es ist deine Belohnung für fleißiges Lernen.«

Todd schaute an sich herab und sah, daß er nackt war. Sein kleiner Penis war voll erigiert und stand in einem Winkel, zum weichen Flaum seiner Schamhaare. Er schob das Gerät darüber. Es saß eng, aber innen war eine Art Gleitmittel. Das Gefühl war sehr angenehm. Nein, mehr als angenehm. Es war herrlich.

Er schaute zu dem Mädchen hinunter und spürte eine seltsame Verschiebung in seinen Gedanken... als ob sie jetzt in
eine perfekte Bahn geglitten seien. Plötzlich schien alles seine
Richtigkeit zu haben. Türen hatten sich geöffnet. Er würde
durch sie hindurchgehen. Er nahm den Gummiball in die
linke Hand und kniete sich auf den Tisch. Dann zögerte er einen Augenblick, um den Winkel einzuschätzen, während
sein künstlicher Penis in einem eigenen Winkel von seinem
schmalen Knabenkörper abstand.

Ganz schwach und entfernt hörte er Dussanders Stimme:
»Test vierundachtzig. Elektrizität. Sexueller Reiz. Stoffwech-
sel. Basierend auf Thyssens Theorie der negativen Verstär-
kung. Testperson ist eine jüdische junge Frau von etwa sechzehn Jahren, keine Narben, keine besonderen Kennzeichen,
keine feststellbaren Behinderungen –«

Sie schrie auf, als die Spitze des Geräts sie berührte. Todd
empfand den Schrei als angenehm und auch ihre erfolglosen
Versuche, sich loszureißen und, als das nicht ging, wenigstens die Beine zusammenzupressen.

Das können sie in den Illustrierten über den Krieg nicht zeigen,
dachte er, *aber dennoch gibt es das.*

Plötzlich warf er sich nach vorn und drang brutal in sie ein.
Sie schrie wie eine Alarmsirene.

Nach ihren anfänglichen wild zappelnden Versuchen, ihn
abzuwehren, lag sie ganz still und apathisch da. Das glatte
Innere des Geräts glitt an Todds erigiertem Penis hin und
her. Herrlich. Himmlisch. Seine Finger spielten an dem
Gummiball in seiner Linken.

Weit weg nannte Dussander die Werte für Puls, Blutdruck,
Atmung, Alphawellen, Betawellen.

Als sich der Höhepunkt ankündigte, wurde Todd ganz ruhig und drückte auf den Gummiball. Die vorher geschlossenen Augen des Mädchens flogen auf und traten aus den
Höhlen. Die Zunge flatterte in ihrer rosigen Mundhöhle. Ihre
Arme und Beine zuckte und zitterten. Aber das Eigentliche
fand in ihrem Oberkörper statt, der sich hob und senkte und
vibrierte, und jeder Muskel.

(O jeder Muskel jeder Muskel bewegt sich spannt sich an
schließt sich jeder)

jeder Muskel und das Gefühl beim Höhepunkt war
(Ekstase)
oh es war, es war

(draußen donnerte das Ende der Welt)

Bei diesem Geräusch wachte er auf und bei dem Plätschern von Regen. Er hatte sich auf der Seite zusammengerollt, und sein Herz schlug wie das eines Sprinters. Sein Unterleib war mit einer warmen klebrigen Flüssigkeit bedeckt. Einen Augenblick kam Panik in ihm auf, weil er zu verbluten glaubte, aber als er merkte, was es wirklich war, empfand er nur Ekel. Es war Sperma. Und die anderen Ausdrücke dafür fielen ihm ein, die man auf Toilettenwänden liest. Damit wollte er nichts zu tun haben.

Hilflos ballte er die Hände zu Fäusten. Sein Traum-Orgasmus kam ihm jetzt fade vor und sinnlos und beängstigend. Aber es kitzelte noch an den Nervenenden, die sich nur langsam beruhigten. Diese letzte Szene, die jetzt verblaßte, war ekelhaft und doch folgerichtig, als ob man nichtsahnend in eine tropische Frucht beißt und dann (eine Sekunde zu spät) merkt, daß sie nur deshalb so süß schmeckt, weil sie verfault ist.

Und da kam ihm der Gedanke. Da wußte er, was er zu tun hatte.

Er hatte nur eine Möglichkeit, sich selbst wiederzufinden. Er mußte Dussander umbringen. Es war die einzige Möglichkeit. Die Spiele waren gespielt; die Zeit für Geschichten war vorbei. Es ging ums Überleben.

»Töte ihn, und alles ist vorbei«, flüsterte er in die Dunkelheit, und er hörte den Regen im Laub des Baumes vor dem Fenster, und dabei trocknete das Sperma an seinem Bauch. Das Flüstern machte die Worte zu Wirklichkeit.

Dussander hatte immer drei oder vier Flaschen Ancient Age in einem Regal über der steilen Kellertreppe stehen. Er ging gewöhnlich zur Kellertür, öffnete sie (sehr oft schon halb besoffen) und ging zwei Stufen hinunter. Dann stützte er sich mit einer Hand am Regal ab und ergriff mit der anderen die Flasche. Der Kellerfußboden war nicht gepflastert oder betoniert, aber er war hart. Dussander putzte ihn regelmäßig mit der Effizienz einer Maschine. Diese Effizienz hielt Todd neuerdings eher für preußisch als für deutsch. Er tat es alle zwei Monate, damit dort kein Ungeziefer nisten konnte. Beton oder nicht Beton, alte Knochen brechen leicht. Und alte Männer können schon mal verunglücken. Die Obduktion würde ergeben, daß ›Mr. Denker‹ voll Schnaps war, als er ›stürzte‹.

Was ist passiert, Todd?

Er machte nicht auf, als ich klingelte, und deshalb benutzte ich den Schlüssel, den er für mich hat machen lassen. Er schläft nämlich manchmal ein. Ich ging in die Küche und sah, daß die Kellertür offenstand. Ich ging hinunter, und er... er...

Dann natürlich Tränen.

Es müßte funktionieren.

Er hätte sich selbst wieder.

Lange lag Todd in der Dunkelheit noch wach und hörte, daß das Gewitter sich nach Westen verzog, auf den Pazifik hinaus, er lauschte dem geheimnisvollen Geräusch des Regens. Er glaubte, er würde die ganze Nacht wach bleiben und immer wieder darüber nachdenken. Aber schon wenig später schlief er ein, und er schlief traumlos, die Faust unter dem Kinn. Zum ersten Mal seit Monaten wachte er am ersten Mai völlig ausgeruht auf.

11

Mai 1975
Für Todd war dieser Freitag der längste seines Lebens. Er saß in einer Klasse nach der anderen und hörte nichts. Er wartete nur immer auf die letzten fünf Minuten, in denen der jeweilige Lehrer seinen kleinen Stoß Sitzenbleiberkarten aus der Tasche zog und verteilte. Immer wenn ein Lehrer sich mit diesen Karten Todds Tisch näherte, wurde ihm ganz kalt. Und immer wenn der Lehrer an seinem Tisch vorbeiging ohne stehenzubleiben, wurde ihm schwindlig und ergriff ihn eine Art Hysterie.

Am schlimmsten war es bei Algebra. Storrman kam... zögerte... und gerade als Todd schon überzeugt war, daß er vorbeigehen würde, legte er eine Karte umgedreht auf Todds Tisch. Todd betrachtete sie kalt. Jetzt, da es passiert war, blieb er ganz kalt. *Das wär's*, dachte er. *Spiel, Satz und Sieg. Es sei denn, Dussander fiele noch etwas anderes ein. Aber da habe ich meine Zweifel.*

Ohne großes Interesse deckte er die Karte auf, um zu sehen, um wieviel Punkte er die Drei verfehlt hatte. Es mußte knapp gewesen sein, aber daß Storrman einem so leicht keine Chance gab, stand fest. Er sah, daß die Rubriken für die Benotung leer waren. In der Rubrik für den Kommentar stand: *Ich bin froh, daß ich dir von diesen Karten nicht WIRKLICH eine geben muß! Chas. Storrman.*

Wieder hatte er dieses Schwindelgefühl, und viel schlimmer als vorher dröhnte es ihm durch den Kopf. Er fühlte sich wie ein mit Helium gefüllter Ballon. Er packte die Tischkarten so hart er konnte, und nur ein Gedanke beherrschte ihn: *Du darfst nicht ohnmächtig werden, nicht ohnmächtig werden, nicht ohnmächtig werden.* Ganz allmählich wurde sein Kopf wieder klar, und er mußte mit aller Gewalt dem Drang widerstehen, hinter Storrman herzulaufen, ihn umzudrehen und ihm mit dem neugespitzten Bleistift, den er in der Hand hielt, die Augen auszustechen. Und bei alledem blieb sein Gesicht völlig leer. Das einzige Anzeichen dafür, daß überhaupt etwas in ihm vorging, war ein leichtes Zucken eines Augenlids.

Fünfzehn Minuten später war die Schule für diese Woche aus. Todd ging langsam um das Gebäude herum zu den Fahrradständern, den Kopf gesenkt, die Hände in die Taschen und die Bücher unter den rechten Arm geklemmt. Er beachtete die unter lauten Rufen vom Hof hastenden Schüler überhaupt nicht. Er warf die Bücher in den Korb an seinem Rad, schloß die Kette auf und radelte davon. Zu Dussanders Haus. *Heute*, dachte er. *Heute ist dein Tag, alter Mann.*

»Und jetzt«, sagte Dussander und goß sich Whiskey in seine Tasse, als Todd die Küche betrat, »verläßt der Angeklagte den Gerichtssaal. Was haben sie gesagt, Häftling?« Er trug seinen Bademantel und ein paar Wollsocken, die ihm fast bis an die Knie reichten. In solchen Socken kann man leicht ausrutschen, dachte Todd. Er schaute zu der Flasche Ancient Age hinüber, die Dussander gerade bearbeitete. Sie war bis auf einen kleinen Rest leergetrunken.

»Keine Vieren, keine Fünfen und keine Karten«, sagte Todd. »Ich muß im Juni immer noch ein paar Zensuren auf meiner Karte ändern, aber wahrscheinlich nur die Durchschnittswerte. Wenn ich so weiterarbeite, kriege ich für dieses Quartal nur Einsen und Zweien.«

»Oh, du wirst so weiterarbeiten«, sagte Dussander. »Dafür werden wir schon sorgen.« Er trank und goß sich noch mehr Bourbon in die Tasse. »Das muß gefeiert werden.« Seine Sprache war schon ein wenig beeinträchtigt – nicht merklich, aber Todd wußte, daß der alte Arsch so besoffen war wie eh und je. Ja, heute. Es mußte heute sein.

Aber er blieb ganz kühl.

»Wir feiern einen Scheißdreck!« sagte er zu Dussander.

»Leider ist der Botenjunge mit dem Beluga und den Trüffeln noch nicht gekommen«, sagte Dussander und ignorierte den Einwurf des Jungen. »Die Aushilfen sind heutzutage so unzuverlässig. Wie wäre es mit ein paar Ritz-Crackers und etwas Velveta, da wir schon warten müssen?«

»Okay«, sagte Todd. »Was soll's?«

Dussander stand auf (mit einem Knie stieß er gegen den Tisch und zuckte vor Schmerz zusammen) und ging an den Kühlschrank. Er nahm den Käse heraus, holte ein Messer aus der Schublade und einen Teller aus dem Schrank und nahm die Cracker aus dem Brotkasten.

»Alles sorgfältig mit Blausäure gespritzt«, sagte er zu Todd, als er den Käse und die Cracker auf den Tisch stellte. Er grinste, und Todd sah, daß er sich die falschen Zähne wieder nicht eingesetzt hatte. Trotzdem lächelte Todd zurück.

»So still heute!« rief Dussander aus. »Ich hätte erwartet, daß du einen Handstandüberschlag nach dem anderen machen würdest.« Er kippte den Rest Bourbon in eine Tasse, trank und schnalzte mit den Lippen.

»Ich glaube, ich bin immer noch wie betäubt«, sagte Todd. Er biß in einen Cracker. Er lehnte schon lange nicht mehr ab, was ihm Dussander zu essen anbot. Dussander glaubte, daß einer seiner Freunde einen Brief habe – das stimmte natürlich nicht; er hatte Freunde, aber keinen, dem er *so* sehr traute. Er nahm an, daß Dussander das schon seit langem ahnte, aber er wußte, daß Dussander, was diese Ahnung anbetraf, vor einem so extremen Test wie Mord zurückschrecken würde.

»Worüber wollen wir uns heute unterhalten?« erkundigte sich Dussander und trank den letzten Schluck. »Du brauchst heute nicht zu arbeiten. Ich gebe dir den Tag frei. Wie gefällt dir das?« Wenn er trank, war sein deutscher Akzent ausgeprägter. Im Laufe der Zeit hatte Todd angefangen, diesen Akzent zu hassen. Aber heute machte er ihm nichts aus. Heute war ihm alles recht. Er war immer noch ganz kühl. Er betrachtete die Hände, die dem Alten den Stoß versetzen würden, und sie sahen genauso aus wie immer. Sie zitterten nicht. Sie waren ganz ruhig.

»Mir ist es gleich«, sagte er. »Was Sie wollen.«

»Soll ich dir von der Spezialseife erzählen, die wir hergestellt haben? Oder von den Experimenten mit erzwungener Homosexualität? Oder vielleicht möchtest du wissen, wie ich aus Berlin herauskam, nachdem ich so verrückt gewesen war, dort wieder hinzufahren? Das war knapp, das kann ich dir sagen.« Er lachte.

»Es ist mir egal«, sagte Todd. »Wirklich.« Er sah, daß Dussander die leere Flasche prüfte, sie in eine Hand nahm und aufstand. Er trug sie zum Abfalleimer und ließ sie hineinfallen.

»Nein, diese Geschichten nicht«, sagte Dussander. »Du scheinst nicht in der richtigen Stimmung zu sein.« Nachdenklich blieb er einen Augenblick neben dem Abfalleimer stehen und ging dann zur Kellertür. Seine Wollsocken machten auf dem unebenen Linoleum ein wischendes Geräusch. »Ich denke, heute erzähle ich dir statt dessen die Geschichte von dem alten Mann, der Angst hatte.«

Dussander öffnete die Kellertür. Er wandte dem Tisch jetzt den Rücken zu. Todd stand leise auf.

»Er hatte Angst«, fuhr Dussander fort, »vor einem gewissen Jungen, der auf seltsame Weise sein Freund war. Ein gescheiter Junge. Seine Mutter nannte diesen Jungen einen ›guten Schüler‹, und der alte Mann hatte schon entdeckt, daß er *wirklich* ein guter Schüler war... wenn auch vielleicht anders als seine Mutter dachte.«

Dussander fummelte an dem altmodischen Lichtschalter herum und versuchte mit knotigen und unbeholfenen Fingern, das Licht anzuschalten. Todd ging – er glitt fast – über das Linoleum und vermied es dort hinzutreten, wo der Fußboden knarrte. Er kannte diese Küche inzwischen so gut wie seine eigene. Vielleicht besser.

»Zuerst war der Junge kein Freund des alten Mannes«, sagte Dussander. Es war ihm endlich gelungen, das Licht anzuschalten. Mit der Vorsicht eines erfahrenen Säufers stieg er die erste Stufe hinunter. »Zuerst konnte der alte Mann den Jungen nicht leiden. Aber dann... fand er Gefallen an seiner Gesellschaft, wenn auch noch eine starke Abneigung bestand.« Er schaute in das Regal, hielt sich aber immer noch am Geländer fest. Kühl – nein, er war jetzt *kalt* – trat Todd hinter ihn und überlegte, ob sich Dussanders Hände bei einem heftigen Stoß vom Geländer lösen würden. Er beschloß zu warten, bis Dussander sich vorbeugte.

»Ein Teil des Vergnügens, das der alte Mann in der Gesellschaft des Jungen empfand, war auf ein Gefühl der Gleichheit zurückzuführen«, fuhr Dussander nachdenklich fort. »Weißt du, der Junge und der alte Mann hatten einander gegenseitig in einem tödlichen Griff. Jeder wußte etwas, was der andere geheimhalten wollte. Und dann... ja, dann wurde es dem alten Mann klar, daß sich etwas änderte. Er verlor den Jungen aus dem Griff – teilweise oder ganz. Das hing davon ab, wie verzweifelt der Junge war. Und wie intelligent. Während einer langen, schlaflosen Nacht fiel dem alten Mann ein, daß es für ihn gut wäre, den Jungen wieder in den Griff zu bekommen. Zu seiner eigenen Sicherheit.«

Jetzt ließ Dussander das Geländer los und beugte sich über die steile Kellertreppe, aber Todd rührte sich nicht. Die bis in die Knochen gehende Kälte floß ab und wich heißer Wut und Verwirrung. Als Dussander die neue Flasche aus dem Regal nahm, dachte Todd böse, daß dies der stinkigste Keller der ganzen Stadt sein mußte, ob geputzt oder nicht geputzt. Er roch, als ob dort unten etwas gestorben sei.

»Deshalb stand der alte Mann sofort aus seinem Bett auf.

Was bedeutet einem alten Mann schon Schlaf? Und er setzte sich an seinen kleinen Schreibtisch und dachte darüber nach, wie geschickt er den Jungen in die Verbrechen verwickelt hatte, die dieser ihm selbst vorhalten konnte. Er dachte darüber nach, wie hart der Junge gearbeitet hatte, um seine Zensuren zu verbessern, und daß er, waren sie erst verbessert, den alten Mann nicht mehr brauchen würde. Jedenfalls nicht lebendig. Und war der alte Mann tot, dann hatte der Junge seine Freiheit wieder.«

Jetzt drehte er sich um. Die neue Flasche hatte er am Hals gepackt.

»Ich habe dich gehört«, sagte er fast sanft. »Von dem Augenblick an, als du den Stuhl zurückschobst und aufstandest. Du bist nicht so leise, wie du denkst, Junge. Wenigstens noch nicht.«

Todd sagte nichts.

»So!« rief Dussander, kam in die Küche zurück und schloß die Kellertür fest hinter sich. »Der alte Mann hat alles aufgeschrieben, nicht wahr? Vom ersten bis zum letzten Wort hat er es aufgeschrieben. Als er endlich fertig war, dämmerte es schon, und seine Hand schmerzte von der Arthritis – dieser *verdammten* Arthritis – aber zum ersten Mal seit Wochen fühlte er sich gut. Er fühlte sich *sicher*. Er ging wieder ins Bett und schlief bis zum Nachmittag. Wenn er noch länger geschlafen hätte, wäre seine Lieblingssendung vorbei gewesen – *General Hospital*.«

Er hatte seinen Schaukelstuhl erreicht. Er setzte sich, zog ein altes Taschenmesser mit gelbem Elfenbeingriff aus der Tasche und schnitt langsam und mühselig die Versiegelung vom Hals der Flasche.

»Am nächsten Tag zog der alte Mann seinen besten Anzug an und ging zu der Bank, bei der er sein bescheidenes Konto unterhält. Er sprach mit einem der Bankangestellten, der alle seine Fragen höchst befriedigend beantworten konnte. Er mietete ein Schließfach. Der Angestellte erklärte ihm, daß er einen Schlüssel bekommen würde und die Bank ebenfalls einen. Um das Fach zu öffnen, brauchte man beide Schlüssel. Ein anderer als der alte Mann hätte das Fach nur mit einer notariell beglaubigten Genehmigung des alten Mannes selbst öffnen können. Mit einer Ausnahme.«

Dussander lächelte sein zahnloses Lächeln in Todd Bowdens blasses Gesicht. »Und diese Ausnahme ist der Tod des Schließfachinhabers«, sagte er. Immer noch sah er Todd an, und immer noch lächelte er. Dussander schob das Messer wieder in die Tasche seines Bademantels, schraubte den Verschluß der Bourbonflasche ab und kippte noch einen Schuß in seine Tasse.

»Und was passiert dann?« fragte Todd heiser.

»Dann wird das Fach in Gegenwart eines Bankangestellten und eines Vertreters der Finanzbehörde geöffnet und sein Inhalt geprüft. In diesem Fall werden sie einen zwölf Seiten langen Brief finden. Nicht steuerpflichtig... aber hochinteressant.«

Fest verschränkte Todd die Finger beider Hände. *Das können Sie nicht tun*«, sagte er, und seine Stimme klang ungläubig und wie betäubt. Es war die Stimme eines Menschen der sieht, wie jemand an der Zimmerdecke spazierengeht. »*Das können... können Sie nicht tun.*«

»Mein Junge«, sagte Dussander freundlich, »ich habe es schon getan.«

»Aber... Ich... Sie«, seine Stimme stieg plötzlich zu einem gequälten Geheul an. »Sie sind *alt*! Wissen Sie denn nicht, daß Sie *alt* sind? Sie könnten sterben. *Sie könnten jeden Tag sterben!*«

Dussander stand auf. Er ging an einen der Küchenschränke und nahm ein kleines Glas heraus. In dem Glas war einmal Gelee gewesen. Am Rand waren Comic-Figuren aufgemalt. Todd kannte sie alle – Fred und Wilma Flintstone, Barney und Betty Rubble, Pepples und Bam-Bam. Er war mit ihnen aufgewachsen. Er schaute zu, als Dussander das Geleeglas fast zeremoniell mit einem Geschirrtuch abrieb. Er schaute zu, als Dussander es vor ihn hinstellte. Er schaute zu, als Dussander einen Finger breit Whiskey in das Glas goß.

»Was soll das?« murmelte Todd. »Ich trinke nicht. Trinken ist für billige Penner wie Sie.«

»Heb dein Glas, Junge. Dies ist ein besonderer Anlaß. Heute wirst du trinken.«

Todd sah ihn lange an. Dann hob er das Glas. Dussander stieß mit seiner billigen Tasse dagegen.

»Ich bringe einen Trinkspruch aus, Junge – auf ein langes Leben! Ein langes Leben für uns beide! Prosit!« Er trank seinen Bourbon auf einen Schluck und fing an zu lachen. Er schaukelte hin und her, seine bestrumpften Füße stampften auf das Linoleum, und er lachte. Todd fand, daß er noch nie so sehr wie ein Geier ausgesehen hatte, ein Geier im Bademantel, ein widerlicher Aasvogel.

»Ich hasse Sie«, flüsterte er, und dann verschluckte sich Dussander an seinem eigenen Gelächter. Sein Gesicht lief rot an, und es war, als ob er gleichzeitig hustete, lachte und erstickte. Todd erschrak.

Er sprang auf und schlug ihm auf den Rücken bis der Hustenanfall vorbei war.

»Danke schön«, sagte Dussander. »Und jetzt trink aus. Es wird dir guttun.«

Todd trank. Es schmeckte wie schlechte Medizin und brannte in der Kehle.

»Ich kann nicht glauben, daß Sie den ganzen Tag diese Scheiße trinken«, sagte er, stellte das Glas ab und schüttelte sich. »Sie sollten damit aufhören. Mit Trinken *und* Rauchen aufhören.«

»Daß du so um meine Gesundheit besorgt bist, ist rührend«, sagte Dussander. Er holte eine zerknüllte Packung Zigaretten aus der Tasche, in der er das Messer hatte verschwinden lassen. »Und ich bin genauso an deinem Wohlergehen interessiert, Junge. Fast jeden Tag lese ich in der Zeitung, daß wieder ein Radfahrer auf einer belebten Kreuzung zu Tode gekommen ist. Du solltest das Radfahren aufgeben. Du solltest zu Fuß gehen oder mit dem Bus fahren, wie ich.«

»Ach, ficken Sie sich doch«, schrie Todd.

»Mein Junge«, sagte Dussander, goß sich etwas Bourbon ein und fing wieder an zu lachen, »wir ficken uns doch gegenseitig – wußtest du das nicht?«

Eines Tages, etwa eine Woche später, saß Todd auf einer der Rampen im alten Güterbahnhof. Er warf einzelne Schlackebrocken auf die rostigen, von Unkraut dicht bewachsenen Gleise.

Warum sollte ich ihn nicht trotzdem umbringen?

Weil er ein Junge war, der logisch denken konnte, kam die logische Antwort zuerst. Es gab überhaupt keinen Grund dafür. Früher oder später würde Dussander sterben, und wenn man seine Lebensgewohnheiten bedachte, würde es wohl eher früher sein. Alles würde herauskommen, ob er den alten Mann nun tötete, oder ob Dussander in seiner Badewanne an einem Herzanfall starb. Im ersteren Fall hätte er allerdings das Vergnügen, dem alten Geier den Hals umzudrehen.

Früher oder später – der Satz sprach jeder Logik hohn.

Vielleicht geschieht es erst später, dachte Todd. *Zigaretten hin, Schnaps her, er ist ein zäher alter Hund. Er hat schon so lange gelebt, warum... warum kann es dann nicht später geschehen?*

Unter sich hörte er ein leises Grunzen.

Todd sprang auf und ließ die Schlacke fallen, die er noch in der Hand hielt. Wieder hörte er das Grunzen.

Er blieb stehen und dachte schon daran wegzulaufen, aber jetzt hörte er nichts mehr. Achthundert Meter weiter führte eine achtspurige Autostraße am Horizont entlang, hoch über diesem toten Bahnhof mit seinem Unkraut und seinem Gerümpel, mit den verlassenen Gebäuden, den rostigen Zäunen und den zersplitterten Rampen, deren Bohlen sich im Laufe der Zeit verzogen hatten. Die Wagen oben auf der Straße glänzten in der Sonne wie bunte exotische Käfer. Dort oben achtspuriger Verkehr, hier unten nichts als Todd, ein paar Vögel... und das, was eben gegrunzt hatte.

Vorsichtig beugte er sich vor, die Hände auf den Knien und schaute unter die Rampe. Im verdorrten Unkraut lag zwischen leeren Dosen und dreckigen Flaschen ein Penner. Es war unmöglich, sein Alter zu schätzen. Er konnte zwischen dreißig und vierhundert Jahre alt sein, fand Todd. Er trug ein altes T-Shirt, an dem getrocknete Kotze klebte, und grüne Hosen, die viel zu groß für ihn waren. An den Füßen hatte er graue Arbeitsschuhe, die an hundert Stellen aufgeplatzt waren. Die Risse sahen aus wie qualvoll aufgerissene Münder. Todd fand, daß er wie Dussanders Keller roch.

Langsam öffnete der Penner die rotgeränderten Augen und starrte Todd an. In seinem trüben Blick lag nicht das geringste Erstaunen. Todd dachte an das Schweizer Armeemesser, das er in der Tasche trug. Er hatte es vor fast einem Jahr in einem Sportartikelladen in Redondo Beach gekauft. In Gedanken hörte er den Angestellten, der ihn bedient hatte, sagen: *Du könntest dir kein besseres Messer aussuchen, mein Junge – ein solches Messer könnte dir eines Tages das Leben retten. In jedem verdammten Jahr verkaufen wir fünfzehnhundert Schweizer Messer.*

Fünfzehnhundert im Jahr.

Er steckte die Hand in die Tasche und ergriff das Messer. In Gedanken sah er Dussanders Taschenmesser, das langsam die Versiegelung der Bourbonflasche öffnete. Sekunden später merkte er, daß er eine Erektion hatte.

Kaltes Entsetzen beschlich ihn.

Der Penner wischte sich mit der Hand über die aufgesprungenen Lippen und leckte sie dann mit einer Zunge, die von Nikotin ganz gelb war. »Hast du zehn Cent für mich?«

Todd sah ihn ausdruckslos an.

»Muß nach L. A. Brauche noch zehn Cents für den Bus. Habe dort 'ne Verabredung. Kann 'n Job kriegen. Netter Junge wie du muß zehn Cents haben. Vielleicht sogar fünfundzwanzig.«

Yes Sir, mit einem solchen Messer könnte man einen Sonnenfisch schlachten ... verdammt, wenn nötig, könnte man damit sogar einen Speerfisch schlachten. Wir verkaufen fünfzehnhundert davon im Jahr. Jedes Sportartikelgeschäft in Amerika verkauft sie, und wenn einer auf den Gedanken kommt, damit einen dreckigen alten Scheißpenner zu schlachten, würde niemand feststellen können, wem das Messer gehört, absolut NIEMAND.

Der Penner ließ die Stimme sinken. Sie wurde zu einem vertraulichen dunklen Flüstern. »Für 'n Dollar blas' ich dir einen, so gut wie noch nie. Du würdest verrückt werden, Junge. Du würdest –«

Todd zog die Hand aus der Tasche. Erst als er sie öffnete, wußte er, was er in der Hand hatte. Zwei Fünfundzwanziger, zwei Fünfcentstücke, ein Zehncentstück, dazu einzelne Cents. Er warf das Geld dem Penner zu und rannte weg.

12

Juni 1975

Todd Bowden, jetzt vierzehn, fuhr Dussanders Fußweg hoch und stellte sein Rad ab. Auf der Treppe lag die L. A. *Times*; er hob sie auf. Er betrachtete die Klingel und die Schilder ARTHUR DENKER und KEINE BETTLER, KEINE HAUSIERER, KEINE VERTRETER, die immer noch dort hingen. Natürlich kümmerte er sich nicht um die Klingel; er hatte seinen Schlüssel. Irgendwo in der Nähe war das knatternde und rülpsende Geräusch eines Rasenmähers zu hören. Er schaute auf Dussanders Rasen und stellte fest, daß er dringend geschnitten werden mußte; er würde Dussander sagen, daß er sich einen Jungen mit einem Rasenmäher bestellen solle. In letzter Zeit vergaß Dussander häufig diese Kleinigkeiten. Vielleicht wurde er senil; vielleicht machte sich auch die Wirkung des Ancient Age auf sein Gehirn bemerkbar. Das war ein erwachsener Gedanke für einen Jungen von vierzehn Jahren, aber solche Gedanken empfand Todd nicht mehr als etwas Besonderes. Er hatte in letzter Zeit häufig erwachsene Gedanken. Die meisten waren aber nicht besonders großartig.

Er schloß die Tür auf.

Wie üblich kam dieser kurze Augenblick kalten Entsetzens, als er Dussander zusammengesunken in seinem Schaukelstuhl sitzen sah, ein wenig zur Seite geneigt, die Tasse auf dem Tisch, die halb geleerte Flasche Bourbon daneben. Im Deckel eines Mayonnaiseglases, in dem schon einige ausgedrückte Kippen lagen, war eine Zigarette in ganzer Länge zu einem grauen Aschenstreifen verbrannt. Dussanders Mund war geöffnet. Sein Gesicht hatte eine häßliche gelbliche Farbe. Seine großen Hände hingen schlaff von den Lehnen des Schaukelstuhls herab. Er schien nicht zu atmen.

»Dussander«, rief Todd ein wenig zu laut. »Wachen Sie auf, Dussander.«

Er war sehr erleichtert, als der alte Mann zusammenzuckte, blinzelte und sich aufrichtete.

»Du bist es? Schon so früh?«

»Am letzten Tag durften wir früher nach Hause«, sagte Todd. Er zeigte auf die Reste der Zigarette im Mayonnaisendeckel. »Wenn Sie so weitermachen, werden Sie eines Tages noch die Bude abbrennen.«

»Vielleicht«, sagte Dussander gleichgültig. Er fummelte seine Zigaretten aus der Tasche, schnippte eine aus der Schachtel (sie wäre fast vom Tisch gerollt, bevor Dussander sie erreichen konnte) und zündete sie an. Ein längerer Hustenanfall folgte, und Todd schüttelte sich vor Ekel. Als der alte Mann richtig loshustete, glaubte Todd, daß er jeden Augenblick grauschwarze Brocken Lungengewebe auf den Tisch spucken würde... und dabei würde er wahrscheinlich noch grinsen.

Endlich hatte der Hustenanfall so weit nachgelassen, daß Dussander sprechen konnte. »Was hast du da?«

»Zeugniskarte.«

Dussander nahm sie und schlug sie auf. Dann hielt er sie sich in Armlänge vors Gesicht, um sie lesen zu können. »Englisch... Eins. Amerikanische Zeitgeschichte... Eins. Geographie... Zwei plus. Gemeinschaftskunde... Eins. Französisch für Anfänger... Zwei minus. Algebra... Zwei.« Er legte die Karte weg. »Sehr gut. Wie heißt es bei euch? Wir haben deinen Arsch gerettet, Junge. Wirst du auch noch die Durchschnittswerte in der letzten Spalte ändern müssen?«

»Nur für Französisch und Algebra, aber höchstens um acht oder neun Punkte. Ich glaube nicht, daß es jemals herauskommen wird. Und ich denke, das habe ich Ihnen zu verdanken. Darauf bin ich zwar nicht stolz, aber es ist die Wahrheit. Deshalb vielen Dank.«

»Eine rührende Ansprache«, sagte Dussander und fing wieder an zu husten.

»Ich werde Sie in der nächsten Zeit wohl kaum sehen«, sagte Todd, und Dussander hörte plötzlich auf zu husten.

»Nein?« fragte er höflich.

»Nein«, sagte Todd. »Wir fahren am fünfundzwanzigsten Juni für einen Monat nach Hawaii. Ab September besuche ich dann eine Schule am anderen Ende der Stadt. Es geht um dieses Busproblem.«

»Ach ja, die Schwarzen«, sagte Dussander und beobachtete eine Fliege, die über das weißrotkarierte Wachstuch kroch. »Seit zwanzig Jahren macht sich dieses Land Sorgen und jammert wegen der Schwarzen, aber wir beide kennen die Lösung... nicht wahr, Junge?« Er lächelte Todd mit seinem zahnlosen Lächeln an, und Todd schaute zu Boden. Er hatte ein Gefühl, als wollte sich ihm der Magen umdrehen. Er empfand Entsetzen und Haß und das Verlangen, etwas so Schreckliches zu tun, daß er es nur in seinen Träumen wirklich zu Ende denken konnte.

»Hören Sie zu, ich will das College besuchen, falls Sie es noch nicht wissen«, sagte Todd. »Ich weiß, bis dahin habe ich noch lange Zeit, aber ich denke schon darüber nach. Ich weiß sogar schon, was ich als Hauptfach wähle. Geschichte.«

»Hervorragend. Wer nicht aus der Vergangenheit lernen will, ist –«

»Ach, hören Sie auf«, sagte Todd.

Dussander tat ihm den Gefallen. Er wußte, daß der Junge noch etwas auf dem Herzen hatte. Er faltete die Hände und sah ihn an.

»Ich könnte den Brief von meinem Freund zurückfordern«, sagte Todd plötzlich. »Wissen Sie das? Sie könnten ihn lesen und dann selbst sehen, wie ich ihn verbrenne. Wenn –«

»– wenn ich ein gewisses Dokument aus einem Schließfach entferne.«

»Nun... ja.«

Dussander stieß einen langen traurigen Seufzer aus. »Mein Junge«, sagte er. »Du begreifst die Situation immer noch nicht. Du hast sie nie begriffen. Teils weil du noch ein Junge bist, aber nicht nur deswegen... denn du warst schon damals, als alles anfing, ein sehr *alter* Junge. Nein, der wahre Schurke war und ist dein absurdes amerikanisches Selbstbewußtsein, das dir nie gestattet hat, die Konsequenzen deiner Handlungen zu bedenken... und das dir dies auch heute noch nicht gestattet.«

Todd wollte etwas sagen, aber Dussander hob unerbittlich die Hand, jetzt der Welt ältester Verkehrspolizist.

»Nein, widersprich mir nicht. Es stimmt. Tu, was du willst. Verlasse mein Haus, verschwinde und komm nie wieder her. Kann ich dich aufhalten? Nein. Amüsiere dich in Hawaii, während ich in dieser heißen, nach Fett stinkenden Küche sitze und abwarte, ob die Schwarzen in Watts beschließen, dieses Jahr wieder Polizeibeamte umzubringen und ihre beschissenen Hütten anzustecken. Ich kann dich ebensowenig daran hindern wie ich es verhindern kann, jeden Tag einen Tag älter zu werden.«

Er sah Todd fest an, so fest, daß Todd wegschaute.

»Ganz tief in meinem Innern mag ich dich nicht, und nichts könnte mich dazu veranlassen, dich zu mögen. Du hast dich mir aufgedrängt. Du bist ein ungebetener Gast in meinem Haus. Du hast mich dazu gezwungen, Grüfte aufzureißen, die besser verschlossen geblieben wären, denn ich habe entdeckt, daß einige der Leichen lebendig begraben wurden, und daß einige von ihnen *immer* noch atmen.

Du selbst bist jetzt darin verstrickt, aber soll ich dich deshalb bedauern, weil du darin schlecht schläfst? Nein... ich bedaure dich nicht, und ich mag dich nicht, aber seit einiger Zeit respektiere ich dich ein wenig. Aber bitte mich nicht, es dir noch einmal zu erklären. Das würde meine Geduld überfordern. Wir könnten unsere Dokumente herschaffen und sie hier in meiner Küche vernichten. Und dennoch wäre es nicht vorbei. Wir wären in keiner besseren Lage, als wir es jetzt sind.«

»Ich verstehe Sie nicht.«

»Nein, weil du dir nie Gedanken darüber gemacht hast, welche Konsequenzen das, was du in Bewegung gesetzt hast, haben könnte. Aber hör zu, Junge, wenn wir nun unsere Briefe hier in diesem Dosendeckel verbrennen, wie kann ich wissen, ob du nicht eine Kopie hast? Oder zwei? Oder drei? Unten in der Bibliothek steht ein Kopiergerät, mit dem jeder für fünf Cent eine Kopie machen kann. Für einen Dollar könntest du mein Todesurteil über zwanzig Blocks an jede Straßenecke kleben. *Zwei Meilen* von Todesurteilen, Junge. Daran solltest du denken! Kannst du mir sagen, wie ich wissen soll, daß du so etwas nicht getan hast?«

»Ich... nun, ich... ich...« Todd merkte, daß er stotterte und zwang sich dazu, den Mund zu halten. Ganz plötzlich wurde seine Haut unerträglich heiß, und ohne jeden Grund mußte er an etwas denken, das ihm mit sieben oder acht Jahren passiert war. Er und ein Freund waren durch ein Kabelrohr gekrochen, das unter der alten Güterumgehungsstraße vor der Stadt hindurchführte, der Freund, schmächtiger als Todd, hatte keine Probleme gehabt... aber Todd war steckengeblieben. Und plötzlich hatte er an die vielen Meter Erde und Gestein über seinem Kopf gedacht, das ganze dunkle *Gewicht*, und als ein Lastwagen oben in Richtung L. A. fuhr und die Erde erschütterte und das Wellblechrohr vibrieren ließ, mit einem tonlosen unheimlichen Geräusch, da hatte er gezappelt und geweint und mit den Beinen gestrampelt und um Hilfe gerufen. Endlich war es ihm gelungen weiterzukriechen, und als er sich auf der anderen Seite aus dem Rohr herausgearbeitet hatte, war er in Ohnmacht gefallen.

Dussander hatte ihm eben eine Gemeinheit unterstellt, die so hinterlistig war, daß sie ihm nie im Leben eingefallen wäre. Er fühlte seine Haut noch heißer werden, und er dachte: *Ich werde nicht heulen.*

»Und wie solltest du wissen, ob in meinem Schließfach nicht *zwei* Exemplare liegen... daß ich das eine verbrannt und das andere im Fach gelassen habe?«

In der Falle. Ich sitze in der Falle wie damals im Rohr, und zu wem soll ich jetzt um Hilfe schreien?

Sein Herz schlug schneller. Er spürte, daß ihm im Nacken und auf den Handrücken der Schweiß ausbrach. Er wußte noch, wie es in dem Rohr gewesen war. Er erinnerte sich an den Geruch von Brackwasser und an das kalte gerippte Metall und an den Schock, als der Lastwagen darüber hinwegfuhr. Er erinnerte sich an seine heißen verzweifelten Tränen.

»Selbst wenn es einen unparteiischen Dritten gäbe, an den wir uns wenden könnten, würden immer Zweifel bleiben. Das Problem ist unlösbar, Junge. Glaub es nur.«

Gefangen. Gefangen im Rohr, hier gab es keinen Ausweg.

Die Welt wurde grau. *Ich will nicht heulen. Ich will nicht ohnmächtig werden.* Er zwang sich zu normalem Verhalten.

Dussander nahm einen großen Schluck aus seiner Tasse und sah Todd über den Rand hinweg an.

»Und jetzt will ich dir noch zwei Dinge sagen. Erstens, wenn dein Anteil an dieser Angelegenheit herauskommt, wäre deine Strafe sehr gering. Es ist sogar möglich – nein, es ist sehr wahrscheinlich –, daß es nicht in die Zeitungen kommt. Ich habe dir einmal mit dem Erziehungsheim Angst gemacht, weil ich fürchtete, du würdest die Nerven verlieren und alles erzählen. Aber daran habe ich natürlich nicht geglaubt. Nein – ich habe es als Drohung gebraucht, wie ein Vater seinen Kindern mit dem ›Schwarzen Mann‹ droht, damit sie vor Dunkelwerden nach Hause kommen. Ich glaube nicht, daß man dich in ein solches Heim geschickt hätte, nicht in diesem Land, wo man Mörder einen Klaps auf die Hände gibt und sie wieder auf die Straße schickt, damit sie weitere Morde begehen, nachdem sie zwei Jahre im Gefängnis vor dem Farbfernseher gesessen haben.

Aber dennoch könnte es dein Leben ruinieren. Es gibt Akten... und die Leute reden. Sie reden immer. So einen saftigen Skandal lassen sie nicht in Vergessenheit geraten, sie ziehen ihn auf Flaschen wie Wein. Und wenn die Jahre vergehen und du heranwächst, wächst natürlich deine Schuldfähigkeit mit dir. Dein Schweigen erscheint dann um so verdammenswerter. Wenn die Wahrheit heute ans Licht käme, würde man sagen: ›Aber er ist doch nur ein Kind... weil die Leute nicht, wie ich, wissen, daß du ein sehr *altes* Kind bist. Aber was würden sie sagen, wenn die Wahrheit über mich, zusammen mit der Tatsache, daß du sie seit 1974 kennst und *geschwiegen hast*, herauskommt, wenn du schon das College besuchst? Das wäre sehr schlimm. Wenn das während deiner Studienzeit herauskommt, wäre es eine Katastrophe. Für einen jungen Mann, der gerade ins Berufsleben eintreten will, wäre das... der Weltuntergang. Hast du diesen ersten Punkt begriffen?«

Todd schwieg, aber Dussander schien zufrieden zu sein. Er nickte.

Immer noch nickend sagte er: »Zweitens glaube ich nicht, daß du überhaupt einen solchen Brief geschrieben hast.«

Todd bemühte sich, sein Pokergesicht beizubehalten, aber

er hatte schreckliche Angst, daß seine Augen sich vor Entsetzen geweitet hatten. Dussander sah ihn in gieriger Erwartung an, und plötzlich wurde Todd sich der nackten Tatsache bewußt, daß dieser alte Mann schon Hunderte, vielleicht Tausende von Leuten verhört hatte. Er war Experte. Todd hatte das Gefühl, daß sein Schädel sich in Fensterglas verwandelt hatte und daß alle Gedanken darin in großen Lettern zu lesen waren.

»Ich habe mich gefragt, wem du wohl so sehr trauen könntest. Wer sind deine Freunde... mit wem gibst du dich ab? Wem bringt dieser Junge, dieser selbständige, kalte und beherrschte kleine *Junge* sein Vertrauen entgegen? Die Antwort: Niemandem.«

Dussanders Augen glänzten gelb.

»Wie oft habe ich das Risiko einzuschätzen versucht. Ich kenne dich, und ich kenne auch ein wenig deinen Charakter – und doch kenne ich dich nicht, denn kein Mensch kann einem anderen Menschen ins Herz sehen – aber ich weiß wenig über das, was du außerhalb dieses Hauses treibst und mit wem du umgehst. Also sage ich mir: ›Dussander, es kann sein, daß du dich irrst. Willst du nach all den Jahren ergriffen und vielleicht hingerichtet werden, weil du einen Jungen falsch eingeschätzt hast? Als ich jünger war, wäre ich das Risiko vielleicht eingegangen – denn meine Chancen stehen gut, und das Risiko ist gering. Weißt du, es kommt mir sehr seltsam vor – je älter man wird, um so weniger hat man zu verlieren, wenn es um Leben und Tod geht... und dennoch wird man immer konservativer.«

Er sah Todd scharf an.

»Ich muß dir noch etwas sagen, und dann kannst du gehen, wohin du willst. Selbst wenn ich an der Existenz deines Briefes zweifle, solltest du nicht den Fehler machen, an der Existenz des meinen zu zweifeln. *Das Dokument, das ich dir beschrieben habe, existiert tatsächlich.* Wenn ich heute sterbe... morgen... wird alles herauskommen, *Alles.*«

»Dann habe ich ja ohnehin keine Chance«, sagte Todd. Er lachte ein wenig benommen. »Sehen Sie das nicht selbst?«

»Aber ja. Die Jahre vergehen. Und im Laufe der Jahre wird deine Bedeutung für mich immer geringer werden, denn, so wichtig meine Freiheit und mein Leben für mich auch bleiben werden, die Amerikaner – ja, und sogar die Israelis – werden immer weniger Interesse daran haben, mir beides zu nehmen.«

»So? Und warum wird Heß dann nicht freigelassen?«

»Wenn die Amerikaner ihn allein bewachten – die Amerikaner, die Mördern einen Klaps auf die Finger geben –, *hätten* sie ihn schon freigelassen«, sagte Dussander. »Werden die Amerikaner den Israelis einen achtzigjährigen Mann ausliefern, damit sie ihn hängen, wie sie Eichmann gehängt haben? Ich glaube nicht. Nicht in einem Land, in dem man Bilder von Feuerwehrleuten, die Katzen aus Bäumen retten auf den Titelseiten der Zeitungen sieht.

Nein, du wirst mich immer weniger in der Hand haben, auch wenn meine Macht über dich noch wächst. Keine Situation ist statisch. Und es wird eine Zeit kommen – wenn ich lange genug lebe – da ich feststelle, daß dein Wissen um meine Vergangenheit keine Rolle mehr spielt. Dann werde ich das Dokument vernichten.«

»Aber vorher kann noch so viel passieren. Unfälle, Krankheiten –«

Dussander zuckte die Achseln. »Es wird Wasser geben, wenn Gott es will, und wir werden es finden, wenn Gott es will, und wir werden es trinken, wenn Gott es will. Was mit uns geschieht, liegt nicht in unsrer Hand.«

Todd sah den alten Mann lange an – sehr lange. In Dussanders Argumentation gab es Fehler. Es mußte sie geben. Es mußte einen Ausweg, ein Schlupfloch für sie beide geben, oder für Todd allein. Eine Möglichkeit, alles ungeschehen zu machen – Moment, Jungs, ich hab mir nur den Fuß verletzt. Düstere Ahnungen hinsichtlich der kommenden Jahre zitterten irgendwo hinter seiner Stirn. Er spürte sie dort. Sie warteten nur darauf, sich in bewußte Gedanken zu verwandeln. Wohin er auch ging, was immer er tat –

Er dachte an eine Comic-Figur, der ein Amboß über dem Kopf hing. Wenn er mit der Schule fertig war, würde Dussander einundachtzig sein, aber damit wäre es noch nicht zu Ende; wenn er sein B. A.-Examen geschafft hatte, würde sich der dann fünfundachtzigjährige Dussander wahrscheinlich immer noch nicht alt genug fühlen. Seine Magister-Arbeit würde er dann in dem Jahr schreiben, wo Dussander siebenundachtzig wurde... und Dussander fühlte sich dann vielleicht noch immer nicht sicher.

»Nein«, sagte Todd mit belegter Stimme. »Was Sie das sagen... das werde ich nicht aushalten.«

»Mein Junge«, sagte Dussander freundlich, und Todd hörte zum ersten Mal und mit wachsendem Entsetzen die leichte Betonung, die der alte Mann auf das erste Wort gelegt hatte. »Mein Junge... du mußt es.«

Todd starrte ihn an, und seine Zunge schwoll ihm im Mund und wurde immer dicker, und es schien, als würde sie ihm die Kehle verstopfen, so daß er ersticken mußte. Dann wirbelte er herum und stolperte aus dem Haus.

Dussander beobachtete das alles ohne jede Regung, und als die Tür ins Schloß gefallen war und die raschen Schritte des Jungen nicht mehr zu hören waren, er also auf sein Rad gestiegen sein mußte, zündete er sich eine Zigarette an. Es gab natürlich kein Schließfach, und es gab kein Dokument. Aber der Junge glaubte, daß diese Dinge existierten; er hatte ihn fest davon überzeugen können. Er war in Sicherheit. Es war zu Ende.

Aber es war nicht zu Ende.

In dieser Nacht träumten sie beide von Mord, und beide erwachten in einer Mischung aus Entsetzen und Heiterkeit.

Todd erwachte mit dem ihm schon vertrauten klebrigen Gefühl am Unterleib. Dussander, für diese Dinge zu alt, zog die SS-Uniform an und legte sich wieder hin, um abzuwarten, bis sein wild klopfendes Herz sich wieder beruhigte. Die Uniform war aus billigem Material und stellenweise schon abgewetzt.

Im Traum hatte Dussander endlich das Lager oben auf dem Hügel erreicht. Das breite Tor rollte für ihn zur Seite, und als er es passiert hatte, schloß es sich rasselnd wieder. Das Tor und der Zaun, der das Lager umgab, standen unter Strom. Seine dürren und nackten Verfolger warfen sich in Wellen dagegen. Dussander hatte sie ausgelacht und war hin und her stolziert, die Brust vorgereckt, die Mütze im genau richtigen Winkel schief auf dem Kopf. Der Geruch von brennendem Fleisch erfüllte die schwarze Luft, und er war in Südkalifornien aufgewacht und hatte an Irrlichter gedacht und an die Nacht, in der Vampire die blaue Flamme suchen.

Zwei Tage bevor die Bowdens nach Hawaii fliegen sollten, ging Todd wieder zu dem alten verlassenen Güterbahnhof, von wo einst Züge nach San Francisco, Seattle und Las Vegas abgefahren waren, und wo Leute, die jetzt schon alt waren, einst den Schienenwagen nach Los Angeles bestiegen hatten.

Der Abend dämmerte schon, als er dort ankam. Die Wagen oben auf der achthundert Meter entfernten Autostraße fuhren mit Standlicht. Obwohl es warm war, trug Todd eine leichte Jacke. In seinem Gürtel steckte ein in ein altes Handtuch gewickeltes Schlachtermesser, das er in einem Discountladen gekauft hatte, einem von den großen mit den riesigen Parkplätzen.

Er schaute unter die Rampe, wo vor einem Monat der Penner gelegen hatte. Seine Gedanken kreisten unablässig, aber sie kreisten um gar nichts; in diesem Augenblick bestand alles in ihm aus Schatten, schwarz auf schwarz.

Er traf denselben Penner an, aber vielleicht war es auch ein anderer; sie sahen alle ziemlich gleich aus.

»He«, sagte Todd. »He! Willst du etwas Geld?«

Der Penner rollte sich blinzelnd auf die Seite. Er sah Todds breites, strahlendes Lächeln und lächelte zurück. Einen Moment später fuhr das Schlachtermesser herab, blitzschnell und chromweiß, und durchschnitt dem Mann die unrasierte rechte Wange. Das Blut spritzte. Todd sah die Klinge im weit geöffneten Mund des Penners... und dann verfing sich die Spitze für Sekundenbruchteile in seinem linken Mundwinkel und zog seine Lippen zu einem grausigen schiefen Grinsen auseinander. Und jetzt grinste nur noch das Messer. Todd zersäbelte den Penner wie einen Kürbis zu Allerheiligen.

Er stieß siebenunddreißigmal zu. Er zählte mit. Siebenunddreißig, wenn man den ersten Stoß mitrechnete, der dem Penner in die Wange schnitt und sein angedeutetes Lächeln in ein großes fürchterliches Grinsen verwandelte. Nach dem vierten Stoß versuchte der Mann nicht mehr zu schreien. Nach dem sechsten gab er es auf, vor Todd davonzukriechen. Todd kroch dann ganz unter die Rampe und beendete sein Werk.

Auf dem Nachhauseweg warf er das Messer in den Fluß. Seine Hosen waren blutverschmiert. Er warf sie in die Waschmaschine und stellte den Kaltwaschgang ein. Anschließend waren noch schwache Flecken zu sehen, aber das beunruhigte Todd nicht weiter. Sie würden mit der Zeit schon weggehen. Am nächsten Tag stellte er fest, daß er seinen rechten Arm kaum heben konnte. Er erklärte seinem Vater, daß er ihn beim Spielen unten im Park verrenkt haben mußte.

»Das wird in Hawaii schon besser werden«, sagte Dick Bowden und fuhr Todd mit der Hand durch das Haar. Und das wurde es auch. Als sie wieder nach Hause kamen, war der Arm so gut wie neu.

13

Es war wieder Juli.
Dussander stand in einem seiner besten Anzüge (nicht dem besten) an der Bushaltestelle und wartete auf den letzten Bus, mit dem er nach Hause fahren wollte. Es war zweiundzwanzig Uhr fünfundvierzig. Er war im Kino gewesen und hatte eine leichte und etwas alberne Komödie gesehen. Seit der Postzustellung am Morgen war er guter Laune. Er hatte von dem Jungen eine Postkarte bekommen, ein Hochglanzfarbfoto von Waikiki Beach mit hohen schneeweißen Hotels im Hintergrund. Auf der Rückseite stand eine kurze Nachricht.

Dear Mr. Denker,
    hier ist es vielleicht Klasse. Ich gehe jeden Tag schwimmen. Mein Dad hat einen großen Fisch gefangen, und Mom versucht im Lesen aufzuholen (Scherz). Morgen besuchen

wir einen Vulkan. Ich will versuchen, nicht hineinzufallen. Hoffentlich geht es Ihnen gut.

Bleiben Sie gesund,
Todd

Er lächelte noch immer leise über diese bedeutungsschwere letzte Floskel, als eine Hand seinen Ellenbogen berührte.

»Mister?«

»Ja?«

Er drehte sich vorsichtig um – selbst in Santo Donato waren Räuber nichts völlig Ungewöhnliches – und fuhr zurück, als der Geruch ihm in die Nase stieg. Es war eine Mischung von Bier, üblem Mundgeruch und getrocknetem Schweiß. Es war ein Penner in ausgebeulten Hosen. Er – *es* trug ein graues Flanellhemd und sehr alte Turnschuhe, die von einem dreckigen Klebestreifen zusammengehalten wurden. Das Gesicht über diesem scheckigen Kostüm sah aus wie der Gevatter Tod persönlich.

»Haben Sie vielleicht zehn Cents, Mr.? Ich muß nach L. A. Kann da 'n Job kriegen. Die fehlen mir noch für den Expreß-Bus. Ich würde nich' fragen, wenn's nich' 'ne gute Chance für mich wär.«

Dussander hatte schon die Stirn gerunzelt, aber jetzt kehrte sein Lächeln zurück.

»Geht es Ihnen wirklich um diese Busfahrt?«

Der Penner lächelte dümmlich. Er hatte die Frage nicht begriffen.

»Warum fahren Sie nicht zu mir nach Hause? Ich kann Ihnen einen Drink, eine Mahlzeit, ein Bad und ein Bett anbieten. Als Gegenleistung möchte ich mich nur ein wenig mit Ihnen unterhalten. Ich bin ein alter Mann und lebe allein. Da ist mir Gesellschaft manchmal sehr willkommen.«

In dem Maße wie die Situation dem Betrunkenen klar wurde, hellte sich auch sein Lächeln auf. Hier war ein wohlhabender alter Kerl, der nichts gegen Penner hatte.

»Ganz allein? Keine Alte, was?«

Dussander beantwortete das anzügliche Grinsen mit einem höflichen Lächeln. »Ich möchte Sie nur bitten, sich im Bus nicht neben mich zu setzen. Sie riechen ziemlich streng.«

»Sie wollen also nicht, daß ich Ihnen die Luft verpeste«, sagte der Penner mit einer plötzlichen besoffenen Würde.

»Kommen Sie, der Bus wird in einer Minute hier sein. Steigen Sie eine Haltestelle nach mir aus und gehen Sie einen Block zurück. Ich werde an der Ecke auf Sie warten. Morgen früh werde ich sehen, wieviel ich entbehren kann. Vielleicht zwei Dollar.«

»Vielleicht sogar fünf«, sagte der Penner voll Hoffnung. Seine Würde, besoffen oder nicht, war vergessen.

»Vielleicht, vielleicht«, sagte Dussander ungeduldig. Er hörte schon das dumpfe Dröhnen des Dieselmotors. Der Bus mußte gleich kommen. Er drückte dem Penner ein Fünfundzwanzigcentstück in die schmierige Hand (das korrekte Fahrgeld) und trat ein paar Schritte zur Seite, ohne sich umzusehen.

Der Penner stand unentschlossen da, als die Scheinwerfer des Busses über einem Hügel auftauchten. Er stand immer noch da und starrte stirnrunzelnd auf das Geldstück, als der Alte, ohne ihn zu beachten, einstieg. Dann wandte der Penner sich ab, und dann – in der letzten Sekunde änderte er die Richtung und stieg ein, als sich die Falttüren gerade schlossen. Er steckte das Geldstück in den Fahrkartenautomaten wie ein Mann, der auf eine ganz geringe Chance setzt. Als er an Dussander vorbeiging, warf er ihm nur einen kurzen Blick zu und setzte sich auf einen der hintersten Plätze. Er nickte ein, und als er wieder aufwachte, war der alte Kerl verschwunden. Er stieg an der nächsten Haltestelle aus, wenn er auch nicht wußte, ob es die richtige war. Es war ihm eigentlich auch gleichgültig.

Er ging zwei Straßen zurück und sah unter einer Straßenlaterne eine Gestalt. Es war tatsächlich der alte Kerl. Der Alte sah ihn kommen und stand wie in Habtachtstellung.

Einen kurzen Augenblick lang überkam den Penner kalte Angst, und er wäre am liebsten abgehauen und hätte die ganze Sache vergessen.

Dann nahm der alte Mann ihn beim Arm ... und sein Griff war überraschend fest.

»Gut«, sagte der alte Mann. »Ich bin froh, daß Sie gekommen sind. Mein Haus liegt hier unten. Es ist nicht weit.«

»Vielleicht sogar zehn«, sagte der Penner und ließ sich führen.

»Vielleicht sogar zehn«, sagte der alte Kerl und lachte. »Wer weiß?«

14

Das Jahr der Zweihundertjahrfeier war gekommen.

Todd besuchte Dussander von seiner Rückkehr aus Hawaii im Sommer 1975 bis zu der Reise nach Rom, auf die ihn seine Eltern mitnahmen, ungefähr ein halbes Dutzend Mal. Das Getrommel und das Flaggengeschwenke und das Bestaunen der großen Schiffe hatte gerade seinen Höhepunkt erreicht. Todd hatte vorzeitig von der Schule freibekommen, und drei Tage vor dem vierten Juli waren sie wieder zurück.

Diese Besuche bei Dussander waren nicht sehr aufregend und durchaus nicht unangenehm. Die beiden stellten fest, daß sie auch einigermaßen höflich miteinander umgehen konnten. Sie verständigten sich mehr durch Schweigen als durch Worte, und was sie tatsächlich sprachen, hätte einen FBI-Agenten einschlafen lassen. Todd erzählte dem alten Mann, daß er sich hin und wieder mit einem Mädchen namens Angela Farrow getroffen habe. Er sei nicht gerade verrückt nach ihr, aber sie sei die Tochter einer Freundin seiner Mutter. Der alte Mann berichtete Todd, er habe angefangen, Matten zu flechten, denn er habe gelesen, eine solche Beschäftigung sei gut für Arthritis. Er zeigte Todd ein paar Proben seiner Arbeit, und Todd bewunderte sie gebührend.

Ob der Junge nicht ein ganzes Stück gewachsen sei? (Nun, etwa fünf Zentimeter.) Ob Dussander das Rauchen aufgegeben habe? (Nein, aber er sei gezwungen gewesen, es einzuschränken, da er sonst zuviel huste.) Wie die Arbeit in der Schule gewesen sei? (Schwierig, aber interessant; er habe nur Einsen und Zweien und wolle mit seinem Projekt über Solarenergie an der Endausscheidung für die Wissenschaftliche Ausstellung teilnehmen. Am College wollte er übrigens als Hauptfach Anthropologie statt Geschichte wählen.) Wer im vergangenen Jahr Dussanders Rasen gemäht habe? (Randy Chambers, der ein paar Häuser weiter wohne – ein guter Junge, aber zu fett und zu langsam.)

In jenem Jahr hatte Dussander in seiner Küche drei Penner umgebracht. Er war an der Bushaltestelle ungefähr zwanzigmal angesprochen worden und hatte siebenmal einen Drink, ein Essen, ein Bad und ein Bett angeboten. Zwei hatten sein Angebot abgelehnt, und zwei waren mit dem Fahrgeld weggegangen. Nach einigem Nachdenken hatte er sich dagegen etwas einfallen lassen. Er kaufte einfach einen Block mit Fahrscheinen. Diese Fahrscheine kosteten zwei Dollar fünfzig Cents, reichten für fünfzehn Fahrten, und wurden in den örtlichen Schnapsläden als Zahlungsmittel nicht anerkannt.

An warmen Tagen hatte Dussander in letzter Zeit einen unangenehmen Geruch bemerkt, der aus dem Keller aufstieg. An solchen Tagen hielt er alle Fenster und Türen fest verschlossen.

Todd Bowden hatte in einem nicht mehr benutzten Abwasserrohr auf einem abgelegenen Grundstück im Cienaga Way einen Penner schlafend angetroffen – das war im Dezember während der Weihnachtsferien gewesen. Er hatte dort mit den Händen in den Taschen eine Zeitlang gestanden, den Mann beobachtet und dabei gezittert. Über einen Zeitraum von fünf Wochen hatte er das Grundstück sechsmal wieder aufgesucht, und immer trug er dabei seine leichte Jacke, deren Reißverschluß er halb hochgezogen hatte, um den Zimmermannshammer zu verbergen, den er im Gürtel trug. Zuletzt hatte er den Penner dann – denselben oder irgendeinen anderen, und wen interessierte das auch nur einen Scheißdreck – am ersten März dort wieder angetroffen. Er hatte zuerst mit dem stumpfen Ende zugeschlagen, und später (er wußte nicht mehr genau wann, denn alles hatte er nur noch durch einen roten Nebel gesehen) hatte er das gespaltene Ende genommen und dem Penner das Gesicht weggeschlagen.

Für Kurt Dussander bedeuteten die Penner eine halb zynische Besänftigung von Göttern, die er endlich anerkannte ... oder wieder anerkannte. Und die Penner machten ihm Spaß. Sie ließen ihn aufleben. Er hatte langsam den Eindruck, daß die Jahre in Santo Donato – die Jahre bevor der Junge mit seinen großen blauen Augen und seinem breiten amerikanischen Grinsen auf seiner Schwelle erschien – Jahre gewesen waren, die er ohne Not und vor der Zeit als alter Mann verbracht hatte. Schließlich war er, als er herkam, erst Mitte Sechzig gewesen. Und heute fühlte er sich noch viel jünger.

Der Gedanke, die Götter zu besänftigen, hätte Todd zuerst erschreckt – aber später hätte er ihn vielleicht akzeptiert. Nachdem er den Penner unter der Bahnhofsrampe erstochen hatte, war eigentlich zu erwarten gewesen, daß seine Alpträume schlimmer wurden – ihn gar in den Wahnsinn getrieben hätten. Er hatte Wellen lähmender Schuldgefühle erwartet, die sehr leicht ein unbesonnenes Geständnis zur Folge haben könnten... oder Selbstmord.

Statt dessen aber war er nach Hawaii geflogen und hatte dort den schönsten Urlaub seines Lebens verbracht.

Im vergangenen September hatte er sich für die Oberstufe seiner Schule qualifiziert, und jetzt fühlte er sich so neu und frisch, als sei ein anderer in Todd Bowdens Haut geschlüpft. Dinge, die ihn schon seit seiner frühesten Kindheit kaum beeindruckt hatten – ein Sonnenaufgang, ein Blick vom Pier auf den Ozean, der Anblick hastender Menschen in einer Straße des Geschäftsviertels, wenn die Straßenlampen aufleuchteten – alle diese Dinge prägten sich ihm jetzt wieder ein wie eine Serie von glänzenden Kameen, in Bildern, die so klar waren, als seien sie galvanisiert. Er schmeckte das Leben auf der Zunge wie einen Schluck Wein direkt aus der Flasche.

Als er den Penner im Abwasserrohr gesehen hatte, kamen die Alpträume wieder.

Meistens trat in ihnen der Penner auf, den er unter der Rampe des alten Güterbahnhofs erstochen hatte. Nach der Schule stürmte er ins Haus, ein fröhliches *Hi, Monica-Baby* auf den Lippen, das erstarb, als er in der höher gelegenen Frühstücksecke den toten Penner sitzen sah. In seinem nach Kotze riechenden Hemd und den dreckigen Hosen saß er zusammengesunken an dem Hauklotz, der als Tisch diente. Über die hellen Fliesen des Fußbodens floß Blut; es trocknete an den Beschlägen aus rostfreiem Stahl. An den Schränken aus Fichtenholz waren blutige Handabdrücke.

Auf dem Notizblock über dem Kühlschrank stand eine Botschaft von seiner Mutter: *Todd – Bin einkaufen. – Um 3:30 zurück.* Die Zeiger der modischen Uhr mit der Sonne auf dem Zifferblatt standen auf 3:20, und der Betrunkene lag dort oben in der Ecke wie ein scheußliches Relikt aus dem Tiefkeller eines Trödlers, und überall war Blut. Und Todd versuchte, es aufzuwischen. Er wischte alle glatten Flächen ab und schrie dabei den Penner an, daß er *gehen* solle, ihn *in Ruhe lassen* solle, aber der Penner rührte sich nicht. Er blieb tot und grinste die Decke an, und aus den Stichwunden in seiner dreckigen Haut strömte Blut. Und Todd riß einen Lappen aus dem Schrank und rieb wie wild den Fußboden ab, aber er merkte bald, daß er das Blut nicht aufwischen konnte, sondern es nur verdünnte und überall verteilte. Aber er konnte nicht aufhören. Und als er den Wagen seiner Mutter hörte, der auf das Grundstück fuhr, wußte er plötzlich, daß der Penner Dussander war. Aus diesen Träumen wachte er immer schwitzend und keuchend auf, die Finger in das Laken gekrallt.

Aber als er dann endlich den Penner im Abwasserrohr fand – diesen Penner oder irgendeinen anderen – und ihn mit dem Hammer erschlug, verschwanden diese Träume. Er vermutete, daß er wieder würde töten müssen. Es war schade, aber diese Kreaturen waren natürlich als menschliche Wesen nicht mehr nützlich, von ihrer Nützlichkeit für Todd abgesehen. Und wie alle anderen, die er kannte, paßte Todd lediglich seinen Lebensstil seinen Bedürfnissen an, als er älter wurde. Er unterschied sich wirklich nicht von anderen. In der Welt muß man seinen eigenen Weg gehen. Wenn man weiterkommen wollte, mußte man schon selbst dafür sorgen.

15

Im Herbst 1976 spielte Todd für die Santo Donato Cougars, und in dem Quartal, das spät im Januar 1977 endete, gewann er den für patriotische Aufsätze ausgeschriebenen Wettbewerb der American Legion. An diesem Wettbewerb durfte jeder teilnehmen, der amerikanische Geschichte als Fach gewählt hatte. Todds Beitrag hatte den Titel ›Wofür ein Amerikaner verantwortlich ist‹. Im Baseball tat er sich derart hervor, daß er im Juni zum Athleten des Jahres gewählt wurde. Coach Haines überreichte ihm die Plakette (derselbe Coach Haines, der ihn einmal beiseite genommen und ihm geraten hatte, seine Bogenwürfe zu üben, »denn keiner von den Niggern kann einen vernünftigen Bogenwurf ausführen, Bowden, nicht einer«). Monica Bowden brach in Tränen aus, als Todd sie nach der Schule anrief und ihr erzählte, daß er den Preis bekommen würde. Dick Bowden brüstete sich damit zwei Wochen lang in seinem Büro, wobei er versuchte, Bescheidenheit an den Tag zu legen. Im Sommer des Jahres mieteten sie ein Ferienhaus in Big Sur, wo sie drei Wochen blieben und wo Todd sich hauptsächlich mit Tauchen beschäftigte. Im Laufe des Jahres brachte er vier Landstreicher um. Zwei erstach er, die anderen schlug er mit einem Knüppel tot. Er hatte es sich angewöhnt, während dieser Jagdexpeditionen, wie er sie nannte, zwei Hosen zu tragen. Manchmal fuhr er in City-Bussen durch die Stadt, um geeignete Örtlichkeiten zu suchen. Die beiden besten schienen ihm die Armenmission von Santo Donato in der Douglas Street und die Euclid Street in der Nähe des Büros der Heilsarmee. Hier ging er dann langsam auf und ab und wartete darauf, angesprochen zu werden. Wenn sich ein Penner an ihn heranmachte, sagte Todd ihm, daß er, Todd, eine Flasche Whiskey haben wolle. Wenn der Penner sie ihm kaufe, würde er sie mit ihm teilen. Er kenne einen Ort, wo sie die Flasche in Ruhe trinken könnten. Es war natürlich immer ein anderer Ort. Er widerstand erfolgreich einem starken Impuls, den alten Güterbahnhof oder das Abwasserrohr auf dem abgelegenen Grundstück am Cienaga Way noch einmal aufzusuchen. Den Ort eines früheren Verbrechens erneut aufzusuchen, wäre unklug.

In diesem Jahr rauchte Dussander mäßig, trank Bourbon der Marke Ancient Age und sah fern. Todd besuchte ihn hin und wieder, aber ihre Unterhaltungen wurden immer unergiebiger. Sie hatten sich auseinandergelebt. Im selben Jahr feierte Dussander seinen neunundsiebzigsten Geburtstag. Es war das Jahr, in dem Todd sechzehn wurde. Dussander bemerkte, daß sechzehn das beste Jahr im Leben eines jungen Mannes sei, einundvierzig das beste Jahr eines Mannes in mittleren Jahren und neunundsiebzig das beste eines alten Mannes. Todd nickte höflich, aber Dussander war ziemlich besoffen und gackerte auf eine Weise, die Todd entschieden beunruhigte.

Während Todds Schuljahr 1976/77 hatte Dussander zwei Penner erledigt. Der zweite war viel lebhafter gewesen, als er aussah. Obwohl Dussander ihn bis an den Rand mit Schnaps gefüllt hatte, taumelte er, ein Steakmesser bis an das Heft im Genick, in der Küche umher. Das Blut ergoß sich vorn über sein Hemd und auf den Fußboden. Nachdem er in der Küche zwei Runden gedreht hatte, fand er die Vordertür und wäre fast aus dem Haus gelaufen.

Dussander hatte mit aufgerissenen Augen in der Küche gestanden und es nicht glauben wollen. Er schaute zu, wie der Penner ächzend und keuchend die Tür zu erreichen versuchte, wobei er im Flur von einer Wand gegen die andere torkelte und dabei wertlose Drucke herunterriß. Dussander stand wie gelähmt, bis der Penner tatsächlich den Türgriff in der Hand hatte. Dann schoß er durch den Raum, riß eine Schublade auf und ergriff eine lange Fleischgabel. Er rannte durch den Flur und stieß sie dem Penner mit aller Gewalt in den Rücken.

Schweratmend stand Dussander dann über ihm und sein Herz raste wie das des Infarktopfers in der Samstagssendung *Notarzt*, die er so gern sah. Aber dann hatte sein Herz sich wieder auf seinen normalen Rhythmus besonnen, und Dussander hatte gewußt, daß nichts passieren würde.

Anschließend mußte er sehr viel Blut aufwischen.

Das war schon vier Monate her, und seitdem hatte er an der Bushaltestelle in der Stadt keine weiteren Angebote mehr gemacht. Die stümperhafte Arbeit, die er beim letzten Mal geleistet hatte, saß ihm noch in den Knochen... aber wenn er daran dachte, wie souverän er noch in letzter Sekunde die Situation gerettet hatte, empfand er Stolz. Der Penner hätte es nie geschafft, und nur das zählte.

16

Im Herbst 1977, während des ersten Quartals des letzten Schuljahres trat Todd in einen Schießklub ein. Im Juni 1978 hatte er sich schon als Meisterschütze qualifiziert. Auch im Football und im Baseball machte er wieder von sich reden. Außerdem bestand er mit der drittbesten Benotung in der Geschichte der Schule die Prüfung für ein Stipendium. Er bewarb sich in Berkeley und wurde sofort angenommen. Im April wußte er schon, daß er bei der Schulabschlußfeier entweder die Begrüßungs- oder die Abschiedsrede würde halten müssen. Er hoffte sehr, daß es die Abschiedsrede sein würde.

In seiner letzten Hälfte seines Abschlußjahres überkam ihn ein seltsamer Impuls – ein Impuls, der Todd genauso beängstigend wie irrational erschien. Er hatte ihn aber offenbar unter Kontrolle, und wenigstens *das* war tröstlich, aber es war schon furchterregend, daß ihm überhaupt ein solcher Gedanke gekommen war. Er hatte sich mit dem Leben arrangiert. Er hatte einen Plan. Sein Leben glich sehr der hellen, sonnigen Küche seiner Mutter, in der alle Flächen mit Chrom eingefaßt waren oder mit rostfreiem Stahl – ein Ort, wo alles funktionierte, wenn man die richtigen Knöpfe drückte. Es gab natürlich tiefe und dunkle Schränke in dieser Küche, aber in ihnen konnte man vieles aufbewahren und die Türen geschlossen halten.

Der neue Impuls erinnerte ihn an den Traum, in dem er nach Hause gekommen war und in Mutters sauberem und hell erleuchteten Reich den toten und immer noch blutenden Penner vorgefunden hatte. In seinem ganzen sorgfältig ausgeklügelten Arrangement, in dieser hellen Küche seiner Gedanken, in der alles seinen Platz hatte, lauerte jetzt ein finsterer und blutiger Eindringling, der nur einen Ort suchte, an dem er auffällig sterben konnte ...

Vierhundert Meter vom Haus der Bowdens entfernt lag die achtspurige Autostraße. Eine steile, mit Gebüsch bewachsene Böschung führte zu ihr hinunter. An der Böschung konnte man sich gut verstecken. Sein Vater hatte ihm zu

Weihnachten eine Winchester .30-.30 geschenkt, die ein abnehmbares Zielfernrohr hatte. Während der Hauptverkehrszeit, wenn alle acht Spuren verstopft waren, könnte er sich an der Böschung einen Platz suchen... er könnte dann leicht...

Was?

Selbstmord begehen?

Alles zerstören, für das er in den letzten vier Jahren gearbeitet hatte?

No *Sir*, no *Madam*, auf keinen *Fall*.

Es ist, wie man sagt, zum Lachen.

Gewiß, es war zum Lachen... aber der Impuls blieb.

An einem Samstag, ein paar Wochen vor seinem Schulabschluß, packte Todd die Winchester in das Futteral, nachdem er sorgfältig das Magazin geleert hatte. Er legte es auf den Rücksitz des neuesten Spielzeugs seines Vaters – eines gebrauchten Porsche. Er fuhr an die Stelle, wo der dicht mit Büschen bestandene Hang steil zur Straße hin abfiel. Seine Eltern hatten den Kombi genommen und waren nach L. A. gefahren. Dick, inzwischen als gleichberechtigter Partner in seine Firma aufgenommen, wollte mit den Leuten von Hyatt Verhandlungen über den Bau eines neuen Hotels in Reno führen.

Todds Herz klopfte, und saurer Speichel lief ihm im Mund zusammen, als er sich mit dem eingepackten Gewehr im Arm den Hang hinunterarbeitete. Er erreichte einen umgestürzten Baum, hinter dem er sich im Schneidersitz niederließ. Ein vorspringender gegabelter Ast bot eine ideale Auflage für den Lauf. Er zog den Kolben in die Schulter ein und schaute durch das Zielfernrohr.

Dumm! schrie sein Verstand ihn an. *Junge, dies ist wirklich dumm! Wenn jemand dich sieht, spielt es keine Rolle, ob das Gewehr geladen ist oder nicht! Du wirst in jedem Fall große Schwierigkeiten kriegen. Vielleicht schießt sogar irgendein Idiot auf dich!*

Es war mitten am Vormittag, und weil es Samstag war, herrschte nur leichter Verkehr. Er nahm eine Frau hinter dem Steuer eines blauen Toyota ins Fadenkreuz. Die Frau hatte das Fenster halb geöffnet, und der runde Kragen ihrer ärmellosen Bluse flatterte. Todd zielte auf ihre Schläfe und drückte ab. Das war nicht gut für den Schlagbolzen, aber scheiß der Hund drauf.

»Puh«, flüsterte er, als der Toyota eine halbe Meile weiter in einer Unterführung verschwand. Er schluckte an einem Kloß in seiner Kehle, der wie zusammengeklebte Münzen schmeckte.

Jetzt kam ein Mann am Steuer eines Saburu-Transporters. Dieser Mann hatte einen verflixten grauen Bart und trug eine Baseball-Kappe der San Diego Padres.

»Du bist es... du bist die dreckige Ratte... die dreckige Ratte, die meinen Bruder erschossen hat«, flüsterte Todd und kicherte. Wieder drückte er ab.

Er schoß noch auf fünf andere, aber diesmal verdarb ihm das leere Klicken des Schlagbolzens die Illusion des Tötens. Dann tat er das Gewehr wieder in das Futteral. Er stieg den Abhang hoch und bückte sich dabei, damit ihn niemand sah. Er legte die Waffe wieder auf den Rücksitz des Porsche. In seinen Schläfen spürte er ein trockenes, heißes Dröhnen. Er fuhr nach Hause. Ging in sein Zimmer. Onanierte.

17

Der Penner trug einen löcherigen Norwegerpullover, der sich schon in seine Bestandteile auflöste, und der so auffällig war, daß er hier in Südkalifornien fast surreal anmutete. Außerdem trug er Seemannsjeans, die an den Knien aufgescheuert waren, so daß mit Schorf bedecktes behaartes weißes Fleisch zu sehen war. Er hob das Geleeglas – Fred und Wilma, Barney und Betty tanzten um den Rand wie in einem grotesken Fruchtbarkeitsritual – und trank den reichlich eingeschenkten Ancient Age in einem Zug. Zum letzten Mal in seinem Leben leckte er sich die Lippen.

»Mister, das traf 'ne trockene Stelle, will ich mal sagen.«

»Auch ich nehme abends gern einen Drink«, stimmte Dussander ihm von hinten zu und rammte dem Penner sein Schlachtermesser ins Genick. Es gab ein knirschendes Geräusch, als risse jemand einem frisch gebratenen Stück Geflügel die Keule aus. Der Penner ließ das Geleeglas auf den Tisch fallen. Es rollte bis an den Rand, und die Bewegung verstärkte die Illusion, daß die Comic-Figuren darauf tatsächlich tanzten.

Er warf den Kopf zurück und versuchte zu schreien, aber aus seiner Kehle kam nur ein häßliches Pfeifen. Seine Augen wurden immer größer... und dann schlug sein Kopf dumpf auf das rotweißkarierte Wachstuch auf, das Dussander wie immer über seinen Küchentisch gebreitet hatte. Die obere Zahnpothese des Penners glitt ihm halb aus dem Mund, wie ein Grinsen, das sich selbständig gemacht hat.

Mit einem Ruck zog Dussander das Messer heraus – er brauchte dazu beide Hände – und ging an die Spüle. Sie war mit heißem Wasser, einem nach Zitrone duftenden Spülmittel und benutztem Geschirr gefüllt. Das Messer verschwand in der Brühe wie ein Jagdflugzeug in eine Wolke taucht.

Er ging wieder an den Tisch und blieb dort stehen. Er stützte sich mit der Hand auf die Schulter des toten Penners, als er von einem Hustenanfall geschüttelt wurde. Er zog ein Taschentuch aus der Gesäßtasche und spuckte gelblichbraunen Schleim hinein. In der letzten Zeit hatte er zuviel geraucht. Das tat er immer, wenn er sich entschlossen hatte, noch einen zu erledigen. Aber diesmal war es glattgegangen; wirklich sehr glatt. Nach all dem Ärger mit dem letzten hatte er schon Angst davor gehabt, das Schicksal noch einmal herauszufordern.

Wenn er sich jetzt beeilte, konnte er noch den zweiten Teil von *Lawrence Welk* sehen.

Er eilte durch die Küche, öffnete die Kellertür und schaltete das Licht an. Dann holte er aus dem Schrank unter der Spüle einen großen grünen Müllsack und ging zu dem am Tisch zusammengesunkenen Landstreicher. Sein Blut war über das Wachstuch gelaufen und hatte sich in seinem Schoß gesammelt. Auch das Linoleum war blutbeschmiert und gewiß war auch auf dem Stuhl Blut, aber das alles ließ sich reinigen.

Dussander packte den Penner bei den Haaren und riß seinen Kopf hoch. Der Kopf fiel schlaff nach hinten, und der Penner sah aus wie jemand, der sich vor dem Haarschnitt den Kopf waschen läßt. Dussander zog ihm den Müllsack über den Kopf und Schultern bis zu den Ellenbogen. Weiter reichte er nicht. Er öffnete den Gürtel seines toten Gastes und zog ihn aus den abgewetzten Schlaufen. Er legte den Gürtel etwas über den Ellenbogen um den Müllsack und schnallte ihn fest zu. Der Plastiksack raschelte. Leise pfiff Dussander ›Lili Marlen‹.

Die Füße des Penners steckten in abgetretenen und dreckigen Hush Puppies. Sie bildeten auf dem Fußboden ein schlaffes V, als Dussander die Leiche am Gürtel zur Kellertreppe schleifte. Etwas Weißes rutschte aus dem Plastiksack und fiel klappernd zu Boden. Es war die obere Prothese des Penners, wie Dussander erkannte. Er hob sie auf und steckte sie dem Penner in die Tasche.

Er zerrte den Penner in den Kellereingang, so daß sein Kopf zwei Stufen herabhing. Dussander stieg über die Leiche hinweg und gab ihr drei kräftige Tritte. Bei den ersten beiden bewegte sie sich nur leicht, aber beim dritten glitt sie die Treppe hinunter. Halb unten flogen die Füße hoch, und die Leiche vollführte eine akrobatische Rolle. Klatschend landete sie auf dem Kellerfußboden. Einer der Hush Puppies flog durch die Gegend, und Dussander nahm sich vor, ihn später aufzusammeln.

Er ging in den Keller hinunter, wich der Leiche aus und trat an seine Werkbank. Links daneben standen ein Spaten, eine Harke und eine Hacke säuberlich aufgereiht. Dussander nahm den Spaten. Ein wenig körperliche Betätigung war für einen alten Mann immer gut. Bei körperlicher Betätigung fühlte man sich jung.

Es roch hier unten nicht gut, aber das störte ihn kaum. Er kälkte den Keller einmal im Monat (wenn er einen Penner ›erledigt‹ hatte, tat er es alle drei Tage), und er hatte sich einen Ventilator besorgt, den er oben laufen ließ, damit der Gestank nicht im ganzen Haus zu riechen war, wenn es warm und windstill war. Er erinnerte sich daran, daß Josef Kramer gern sagte: Die Toten reden, aber wir hören sie mit unseren Nasen.

Dussander suchte eine Stelle in der Nordecke des Kellers aus und machte sich an die Arbeit. Das Grab maß achtzig Zentimeter mal ein Meter achtzig. Er hatte es schon bis zu einer Tiefe von etwa sechzig Zentimetern ausgehoben, als der erste lähmende Schmerz seine Brust traf wie ein Schrotschuß. Mit weit aufgerissenen Augen richtete er sich auf. Dann fuhr ihm der Schmerz in den Arm... ein unglaublicher Schmerz, als zerrte eine unsichtbare Hand an allen Blutgefäßen. Der Spaten glitt ihm aus der Hand, und ein paar grauenhafte Sekunden lang war er überzeugt, daß er selbst in das Grab fallen würde.

Aber er taumelte drei Schritte zurück und saß plötzlich auf seiner Werkbank. In seinem Gesicht lag ein Ausdruck dümmlicher Überraschung – er merkte es selbst –, und er mußte aussehen wie einer von diesen Stummfilmschauspielern, der gerade von einer Schwingtür getroffen wurde oder in einen Kuhfladen getreten ist. Er ließ den Kopf zwischen die Knie hängen und keuchte.

Fünfzehn Minuten schlichen dahin. Die Schmerzen hatten ein wenig nachgelassen, aber er glaubte nicht, daß er würde aufstehen können. Zum ersten Mal begriff er die ganze Wahrheit über das Alter, die ihm bisher erspart geblieben war. Sein Entsetzen war so groß, daß er fast laut gejammert hätte. Der Tod war in diesem feuchten, übelriechenden Keller an ihm vorbeigestrichen; er hatte ihn mit dem Saum seines Mantels gestreift. Er konnte immer noch zurückkommen, um ihn zu holen. Aber hier unten wollte Dussander nicht sterben, wenn er es nur irgendwie verhindern konnte.

Er stand auf, die Hände immer noch vor der Brust verschränkt, als wollte er die zerbrechliche Maschinerie zusammenhalten. Er taumelte von der Werkbank zur Treppe hinüber. Dabei stolperte er mit dem linken Fuß über das ausgestreckte Bein des Penners und ging mit einem leisen Schrei zu Boden. Wieder zuckte dumpfer Schmerz in seiner Brust auf. Er schaute die Treppe hoch – die schrecklich steilen Stufen. Im ganzen zwölf. Das helle Rechteck oben war so weit weg. Es schien ihn zu verhöhnen.

»Eins«, sagte Dussander und zog sich verbissen auf die erste Stufe hoch. »Zwei. Drei. Vier.«

Er brauchte zwanzig Minuten, um den Linoleumfußboden der Küche zu erreichen. Als er auf der Treppe war, hatten sich die Schmerzen zweimal wieder angekündigt, und jedes

Mal hatte Dussander mit geschlossenen Augen abgewartet, was geschehen würde. Wenn die Schmerzen wieder so stark würden wie unten im Keller, müßte er wahrscheinlich sterben. Das wußte er. Aber beide Male waren die Schmerzen wieder zurückgegangen.

Er kroch durch die Küche und wich dabei den Blutlachen aus, die schon anfingen zu gerinnen. Er griff sich die Flasche Ancient Age, nahm einen Schluck und schloß die Augen. Etwas, das in seiner Brust eingeschnürt gewesen war, schien sich ein wenig zu lösen. Die Schmerzen ließen weiter nach. Nach fünf Minuten war er in der Lage, sich in den Flur vorzuarbeiten. Er mußte die halbe Länge des Flurs hinter sich bringen, um sein Telefon zu erreichen, das dort auf einem kleinen Tisch stand.

Es war Viertel vor neun, als im Haus der Bowdens das Telefon klingelte. Todd saß mit gekreuzten Beinen auf der Couch und beschäftigte sich mit seinen Notizen für den Abschluß in Trigonometrie. Trigonometrie stank ihm genauso wie alle übrige Mathematik, und das würde wahrscheinlich immer so bleiben. Sein Vater saß am anderen Ende des Raumes mit einem tragbaren Rechner auf dem Schoß und rechnete die Schecks nach. In seinem Gesicht lag ungläubiges Staunen. Monica, die dem Telefon am nächsten saß, sah gerade den James-Bond-Film, den Todd vor zwei Tagen aufgezeichnet hatte.

»Hallo?« Sie lauschte eine Weile und runzelte die Stirn. Dann hielt sie Todd den Hörer entgegen. »Es ist Mr. Denker. Er scheint sich über irgend etwas aufzuregen. So hört es sich wenigstens an.«

Todd schlug das Herz bis in den Hals, aber sein Gesichtsausdruck änderte sich kaum. »So?« Er ging an den Apparat und nahm ihr den Hörer aus der Hand. »Hallo, Mr. Denker.«

Dussanders Stimme klang heiser und abgehackt. »Komm sofort rüber, Junge. Ich habe einen Herzanfall gehabt. Ich glaube, einen ziemlich schlimmen.«

»Mein Gott«, sagte Todd und versuchte, seine rasenden Gedanken zu ordnen und die Angst zu unterdrücken, die in ihm aufstieg. »Das ist aber interessant. Allerdings ist es schon ziemlich spät, und ich arbeite gerade –«

»Ich weiß, daß du nicht sprechen kannst«, bellte Todd. »Aber du kannst zuhören. Ich kann keinen Krankenwagen anrufen, und ich kann auch nicht zwei-zwei-zwei wählen... jedenfalls jetzt noch nicht. Hier sieht es aus wie im Schweinestall. Ich brauche Hilfe... und das bedeutet, daß du Hilfe brauchst.«

»Ja... wenn es so ist...« Todds Herz machte hundertzwanzig Schläge in der Minute, aber er verzog keine Miene, wirkte fast heiter. Hatte er nicht schon immer gewußt, daß eine solche Nacht einmal kommen mußte? Ja, natürlich hatte er das.

»Sag deinen Eltern, daß ich einen Brief bekommen habe«, sagte Dussander. »Einen wichtigen Brief, verstehst du?«

»Ja, okay«, sagte Todd.

»Und jetzt werden wir sehen, Junge. Jetzt werden wir sehen, was in dir steckt.«

»Natürlich«, sagte Todd. Er merkte plötzlich, daß seine Mutter nicht mehr dem Geschehen auf dem Bildschirm folgte, sondern ihn beobachtete, und er zwang sich zu einem starren Grinsen.

Dussander sagte noch etwas, aber Todd legte auf.

»Ich gehe noch kurz zu Mr. Denker«, sagte er, und obwohl er zu beiden sprach, sah er nur seine Mutter an. In ihrem Gesicht drückte sich immer noch leise Sorge aus. »Soll ich euch noch etwas aus dem Laden mitbringen?«

»Für mich Pfeifenreiniger und für deine Mutter ein kleines Paket Verantwortungsgefühl bei Geldausgaben«, sagte Dick.

»Wie witzig«, sagte Monica. »Todd, ist Mr. Denker –«

»Was um alles in der Welt hast du wieder bei Fielding's gekauft?« unterbrach Dick sie.

»Das Gestell mit den Nippsachen drüben im Schrank. Das sagte ich dir doch schon. Mr. Denker ist doch nicht krank, Todd? Seine Stimme hörte sich so komisch an.«

»Es gibt also *tatsächlich* Gestelle für Nippsachen? Ich dachte immer, das sei eine Erfindung britischer Kriminalschriftstellerinnen, damit der Mörder überall einen dumpfen Gegenstand findet.«

»Dick, darf ich auch mal was sagen?«

»Aber gewiß. Bedien dich nur.«

»Ich denke, ihm fehlt nichts«, sagte Todd. Er schlüpfte in seine Lederjacke und zog den Reißverschluß zu. Aber aufgeregt war er schon. »Er hat einen Brief von einem Neffen bekommen. Aus Hamburg oder Düsseldorf oder irgendwo. Er hat von den Leuten schon seit vielen Jahren nichts mehr gehört, und jetzt hat er diesen Brief und kann ihn wegen seiner schlechten Augen nicht lesen.«

»Das ist ja wirklich unangenehm«, sagte Dick. »Los, Todd. Geh rüber, damit der Mann beruhigt ist.«

»Ich dachte, er hätte jemand, der ihm vorliest«, sagte Monica. »Einen anderen Jungen.«

»Hat er auch«, sagte Todd, und plötzlich haßte er seine Mutter, haßte sie wegen der sich schon abzeichnenden Intuition, die er in ihren Augen erkannte. »Aber vielleicht war er nicht zu Hause oder durfte so spät nicht mehr weg.«

»Nun... dann geh. Aber sei vorsichtig.«

»Ja. Braucht ihr wirklich nichts aus dem Laden?«

»Nein. Was macht übrigens die Mathematik?«

»Es ist Trigonometrie«, sagte Todd. »Es geht einigermaßen. Ich wollte sowieso für heute Schluß machen.« Das war eine faustdicke Lüge.

»Willst du den Porsche nehmen?« fragte Dick.

»Nein, ich nehme das Fahrrad.« Er brauchte die zusätzlichen fünf Minuten, um seine Gedanken zu ordnen und seine Gefühle unter Kontrolle zu bekommen – es wenigstens zu versuchen. In seiner gegenwärtigen Verfassung würde er mit dem Porsche wahrscheinlich gegen einen Telefonmast fahren.

»Schnall dir die Reflektoren um«, sagte Monica, »und grüß Mr. Denker von uns.«

»Okay.«

In den Augen seiner Mutter lag noch Mißtrauen, aber es war nicht mehr so ausgeprägt. Er warf ihr eine Kußhand zu und ging in die Garage, wo sein Fahrrad stand – er hatte jetzt ein italienisches Rennrad. Sein Herz raste immer noch, und er verspürte den wilden Impuls, mit der .30-.30 ins Haus zurückzugehen und seine Eltern zu erschießen, um anschließend an den Hang über der Autobahn zu fahren. Keine Schwierigkeiten mit Dussander mehr. Keine schlechten Träume und keine Penner mehr. Er würde schießen und schießen und schießen und nur eine einzige Kugel für das Ende aufsparen.

Aber dann kam die Vernunft wieder, und er machte sich auf den Weg zu Dussanders Haus. Die um seine Knie geschnallten Reflektoren bewegten sich gleichmäßig auf und ab, und sein langes blondes Haar flatterte im Wind.

»Mein *Gott*!« Todd kreischte fast.

Er stand in der Küchentür. Dussander saß zusammengesunken am Tisch, den Kopf auf die Ellenbogen gestützt, zwischen denen die billige Keramiktasse stand. Auf seiner Stirn glänzten große Schweißtropfen. Aber Todd sah nicht Dussander an. Er sah das Blut. Überall war Blut. Blutlachen auf dem Tisch, auf dem leeren Küchenstuhl und auf dem Fußboden.

»Wo bluten Sie?« schrie Todd, als er sich endlich aus seiner Erstarrung lösen konnte. Er mußte tausend Jahre in der Küchentür gestanden haben. *Dies ist das Ende,* dachte er. *Dies ist das absolute Ende aller Dinge. Der Ballon steigt immer höher, Baby, ganz bis in den Himmel, und jetzt ist er klitzeklein, goodbye.* Er achtete dennoch darauf, nicht in das Blut zu treten. »Ich dachte, Sie hätten einen Scheißherzanfall!«

»Es ist nicht mein Blut«, murmelte Dussander.

»Was?« Todd blieb ruhig stehen. »Was haben Sie gesagt?«

»Geh nach unten. Dann wirst du sehen, was zu tun ist.«

»Was, zum Teufel, ist hier *passiert?*« fragte Todd, und dann kam ihm plötzlich ein entsetzlicher Gedanke.

»Verschwende nicht unsere Zeit, Junge. Was du unten im Keller findest, wird dich wahrscheinlich gar nicht überraschen. Ich denke, in solchen Dingen hast du selbst Erfahrung. Erfahrung aus erster Hand.«

Todd sah ihn eine Weile ungläubig an. Dann rannte er in den Keller. Er nahm zwei Stufen auf einmal. Er sah sich im trüben Licht der einzigen Birne im Keller um und meinte zuerst, einen Sack voll Abfall dort liegen zu sehen. Dann sah er die aus dem Sack herausragenden Beine und die dreckigen, von dem Gürtel zusammengehaltenen Arme und Hände.

»Mein Gott«, wiederholte er, aber diesmal kamen die Worte kraftlos. Sie waren nur ein leises heiseres Flüstern.

Er hielt sich die rechte Hand vor den Mund. Seine Lippen waren so trocken wie Sandpapier. Er schloß einen Augenblick die Augen... und als er sie öffnete, hatte er endlich seine Selbstbeherrschung wiedergewonnen.

Todd bewegte sich.

Er sah den Griff des Spatens aus der flachen Grube in der hinteren Ecke ragen und erkannte, womit Dussander beschäftigt gewesen war, als seine Pumpe ihm diesen Streich spielte. Augenblicke später registrierte er den widerlichen Gestank, der hier unten herrschte – es roch wie verfaulte Tomaten. Er hatte ihn schon vorher gerochen, aber oben war er natürlich schwächer, und außerdem war er in den letzten Jahren nicht so oft hier gewesen.

Jetzt wußte er *genau*, was dieser Geruch bedeutete, und er mußte gegen seinen Brechreiz ankämpfen. Er stieß eine Reihe von erstickten und würgenden Lauten aus, gedämpft durch die Hand, die er vor Mund und Nase hielt.

Aber dann hatte er sich allmählich wieder in der Gewalt.

Er packte den Toten an den Beinen und schleifte ihn an den Rand der Grube, wo er sie fallen ließ. Dann wischte er sich mit dem linken Handrücken den Schweiß von der Stirn und blieb einen Augenblick stehen. Er dachte konzentrierter nach als je zuvor in seinem Leben.

Dann nahm er den Spaten und machte sich daran, die Grube tiefer auszuschachten. Als sie einen Meter fünfzig tief war, stieg er heraus und schob die Leiche mit dem Fuß über den Rand. Todd blieb am Grab stehen. Zerfetzte Blue jeans, dreckige verschorfte Hände. Kein Zweifel, es war ein Penner. Eine fast komische Ironie. Man hätte schreien können vor Lachen.

Er rannte wieder nach oben.

»Wie fühlen Sie sich jetzt?« fragte er Dussander.

»Es geht. Hast du alles erledigt?«

»Ich bin noch dabei, okay?«

»Beeil dich. Hier oben gibt's auch noch was zu tun.«

»Ich wollte, ich hätte ein paar Schweine, an die ich Sie verfüttern könnte«, sagte Todd und ging in den Keller zurück, bevor Dussander antworten konnte.

Der Penner war schon fast vollständig mit Erde bedeckt, als Todd das Gefühl hatte, daß irgend etwas nicht stimmte. Er starrte in das Grab und hielt den Spaten in der einen Hand. Die Beine des Penners ragten noch ein Stück heraus und auch seine Fußspitzen waren zu sehen – ein alter Schuh, möglicherweise ein Hush Puppy, und eine verdreckte Socke, die zur Zeit von Tafts Präsidentschaft noch weiß gewesen sein mochte.

Ein Hush Puppy? *Einer?*

Todd rannte um den Ofen herum an den Fuß der Treppe. Er schaute sich wild um. Er spürte, daß er Kopfschmerzen bekam. Es war ein dumpfes Bohren in den Schläfen. Dann entdeckte er den Schuh in einiger Entfernung unter einem alten Regal. Todd hob ihn auf, rannte an das Grab zurück und warf ihn hinein. Dann schaufelte er weiter. Er bedeckte den Schuh, die Beine und alles übrige mit Erde.

Als das Loch völlig zugeschüttet war, schlug er mit dem Spaten die Erde fest. Dann nahm er die Harke und ließ sie ein paarmal hin und her fahren, damit man nicht so deutlich erkannte, daß hier vor kurzem gegraben worden war. Es hatte wenig Zweck. Ohne gute Tarnung sieht ein Loch, das vor kurzem gegraben und wieder zugeschüttet wurde, immer wie ein Loch aus, das vor kurzem gegraben und wieder zugeschüttet wurde. Dennoch, niemand würde Veranlassung haben, in diesen Keller hinunterzusteigen, oder etwa doch? Er und Dussander konnten verdammt nur hoffen, daß es nicht der Fall sein würde.

Todd rannte wieder nach oben. Er atmete schwer.

Dussanders Ellenbogen waren auseinandergerutscht und sein Kopf auf den Tisch gesunken. Seine Augen waren geschlossen, die Lider ein leuchtendes Rot – die Farbe von Astern.

»Dussander!« schrie Todd. Er hatte einen heißen, süßlichen Geschmack im Mund – der Geschmack von Angst und Adrenalin und pulsierendem Blut. »*Wagen* Sie es

267

nicht, hier vor meinen Augen zu verrecken, Sie gottverdammtes altes Arschloch!«

»Schrei nicht so laut«, sagte Dussander, ohne die Augen zu öffnen. »Die ganze Nachbarschaft kommt gleich angelaufen.«

»Wo haben Sie Reinigungsmittel? Lestoil... Top Job... oder irgend etwas Ähnliches. Und Lappen. Ich brauche Lappen.«

»Alles unter der Spüle.«

Das meiste Blut war schon angetrocknet. Dussander hob den Kopf und schaute zu, wie Todd auf dem Fußboden herumkroch und bei den Lachen auf dem Linoleum anfing. Dann bearbeitete er die Spritzer an den Beinen des Stuhls, auf dem der Penner gesessen hatte. Todd biß sich auf die Lippen wie ein Pferd auf sein Gebißstück. Endlich hatte er es geschafft. Der beißende Geruch des Reinigungsmittels hing in der Luft.

»Unter der Treppe steht ein Karton mit alten Lappen«, sagte Dussander. »Leg die blutbeschmierten ganz nach unten. Und vergiß nicht, dir die Hände zu waschen.«

»Sparen Sie sich Ihre Ratschläge. Sie haben mir das alles eingebrockt.«

»Habe ich das? Ich muß sagen, daß du gut damit zurechtgekommen bist.« Ein wenig von dem alten Spott lag in Dussanders Stimme. Aber dann gab er seinem Gesicht mit einer bitteren Grimasse einen völlig anderen Ausdruck. »Beeil dich.«

Todd schaffte die Lappen weg und rannte zum letzten Mal die Kellertreppe hinauf. Nervös schaute er noch einmal in den Keller hinunter. Dann machte er das Licht aus und schloß die Tür. Er ging an die Spüle und krempelte die Ärmel auf und drehte das Wasser so heiß auf, wie er es gerade noch aushalten konnte. Er tauchte die Hände hinein... und zog das Schlachtermesser heraus, das Dussander benutzt hatte.

»Ich würde Ihnen sehr gern damit die Kehle durchschneiden«, sagte Todd zornig.

»Ja, und mich dann an die Schweine verfüttern. Daran zweifle ich nicht im geringsten.«

Todd spülte das Messer ab, trocknete es und legte es weg.

Rasch erledigte er den restlichen Abwasch, ließ das Wasser ablaufen und wischte das Becken aus. Er schaute auf die Uhr, als er sich die Hände trocknete, und sah, daß es zwanzig Minuten nach zehn war.

Er ging an das Telefon im Flur, nahm den Hörer ab und betrachtete ihn nachdenklich. Ihn quälte der Gedanke, daß er etwas vergessen haben könnte – etwas potentiell so Gefährliches wie den Schuh des Penners. Was könnte es sein? Er wußte es nicht. Wenn die Kopfschmerzen nicht gewesen wären, hätte er es vielleicht gewußt. Diese dreimal verfluchten Kopfschmerzen. Er neigte nicht dazu, etwas zu vergessen. Das Ganze war beängstigend.

Er wählte 222, und schon gleich nach dem ersten Signal antwortete eine Stimme: »Hier ist das Medizinische Zentrum San Donato. Haben Sie ein medizinisches Problem?«

»Mein Name ist Todd Bowden. Ich bin in 963 Claremont Street. Ich brauche einen Krankenwagen.«

»Worum geht es denn, mein Sohn?«

»Es geht um meinen Freund Mr. D –« Er biß so hart auf die Lippen, daß sie bluteten. Er wußte nicht weiter. Seine Kopfschmerzen wurden unerträglich. *Dussander!* Fast hätte er dem Fremden vom Medizinischen Zentrum Dussanders richtigen Namen genannt.

»Beruhigen Sie sich, mein Junge. Sprechen Sie ganz langsam.«

»Mein Freund, Mr. Denker. Ich glaube, er hat einen Herzanfall gehabt.«

»Wie sind die Symptome?«

Todd berichtete, aber sobald er über die Schmerzen in der Brust erzählte, die in den linken Arm ausstrahlten, hatte der Mann am anderen Ende genug gehört. Er sagte Todd, daß der Krankenwagen in zehn bis zwanzig Minuten, je nach Verkehrslage, eintreffen würde. Todd legte auf und hielt sich die Hände vor die Augen.

»Hast du einen gekriegt?« rief Dussander schwach.

»Ja!« brüllte Todd. *»Ja, ich habe einen gekriegt! Ja, verdammt noch mal, ja! Ja ja ja! Halten Sie doch endlich Ihr verfluchtes Maul!«*

Er preßte die Hände noch fester gegen die Augen, daß er

zuerst Blitze und dann eine helle rote Fläche sah. *Reiß dich zusammen, Todd-Baby. Bleib ruhig. Bleib ganz cool.*

Er öffnete die Augen und nahm den Hörer wieder ab. Jetzt kam das Schwierigste. Es war Zeit, zu Hause anzurufen.

»Hallo?« hörte er Monicas kultivierte Stimme. Einen Augenblick – nur einen Augenblick lang – stellte er sich vor, daß er ihr den Lauf seiner Winchester in die Nase rammte und in das erste ausströmende Blut hinein abdrückte.

»Hier ist Todd, Mommy. Laß mich bitte rasch mit Daddy sprechen.«

Er nannte sie sonst nicht mehr Mommy. Deshalb mußte ihr dieses Signal sofort auffallen, und das zeigte sich auch sofort. »Was ist los? Ist irgend etwas nicht in Ordnung, Todd?«

»Laß mich rasch mit ihm reden.«

»Aber was –« Das Telefon klapperte und rasselte. Er hörte, daß seine Mutter etwas zu seinem Vater sagte. Todd wartete.

»Todd? Hast du Probleme?«

»Ja. Es geht um Mr. Denker, Daddy. Er … es ist ein Herzanfall, glaube ich. Ich bin ziemlich sicher.«

»Mein Gott!« Die Stimme seines Vaters verschwand, und dann hörte Todd, wie er die Information an seine Frau weitergab. Dann war er wieder am Apparat. »Lebt er noch? Soweit du das beurteilen kannst?«

»Er lebt. Er ist sogar bei Bewußtsein.«

»Gott sei Dank. Du mußt sofort einen Krankenwagen rufen.«

»Habe ich eben getan.«

»Zwei-zwei-zwei?«

»Ja.«

»Sehr gut, Junge. Wie schlecht ist sein Zustand. Kannst du darüber etwas sagen?«

(leider nicht schlecht genug!)

»Ich weiß nicht, Dad. Sie sagen, daß der Krankenwagen bald kommt, aber … ich habe ein bißchen Angst. Kannst du nicht rüberkommen und zusammen mit mir auf den Wagen warten?«

»Aber klar. Gib mir vier Minuten.«

Todd hörte seine Mutter noch etwas sagen, als sein Vater die Verbindung unterbrach.

Auch Todd legte auf.

Vier Minuten.

Vier Minuten, um das zu tun, was er vielleicht vergessen hatte. *Hatte* er überhaupt etwas vergessen? Es waren vielleicht nur die Nerven. Mein Gott, wenn er doch nur seinen Vater nicht hätte anrufen müssen. Aber war das nicht das Natürlichste von der Welt? Natürlich. Aber gab es etwas Natürlicheres, das er nicht getan hatte? Etwas –?

»Oh, du Scheißgehirn!« stöhnte er plötzlich und rannte in die Küche zurück. Dussander lag mit dem Kopf auf dem Tisch, die Augen halb geöffnet, mit umflortem Blick.

»Dussander!« rief Todd. Er schüttelte ihn grob, und der alte Mann stöhnte. »Aufwachen! Wachen Sie auf, Sie stinkender alter Scheißkerl!«

»Was? Ist das der Krankenwagen?«

»Der Brief! Mein Vater kommt rüber. Er muß jeden Augenblick hier sein. *Wo ist der verdammte Brief?*«

»Was... was für ein Brief?«

»Sie haben mir gesagt, ich soll meinen Eltern sagen, daß Sie einen wichtigen Brief bekommen haben. Ich habe gesagt...« Er war plötzlich ganz verzweifelt. »Ich habe gesagt, er kommt von Übersee... aus Deutschland. Mein Gott!« Todd fuhr sich mit der Hand durch die Haare.

»Ein Brief.« Dussander hob mühsam den Kopf. Seine Wangen hatten eine ungesunde gelblichweiße Farbe, und seine Lippen waren blau. »Von Willi, glaube ich. Willi Frankel. Der liebe... liebe Willi.«

Todd schaute auf die Uhr und sah, daß schon zwei Minuten vergangen waren, seit er aufgelegt hatte. Sein Vater *konnte* es bis Dussanders Haus nicht in vier Minuten schaffen, aber mit dem Porsche war er dennoch verdammt schnell. Schnell, das war's. Alles ging viel zu schnell. Und irgend etwas stimmte hier noch nicht; das *spürte* er. Aber er hatte keine Zeit mehr herumzulaufen und nach dem Fehler zu suchen.

»Ja, okay, ich habe Ihnen den Brief vorgelesen, und Sie regten sich auf, daß Sie einen Herzanfall kriegten. Gut. Wo ist er?«

Dussander sah ihn ausdruckslos an.

»Der Brief. Wo ist er?«

»Welcher Brief?« fragte Dussander monoton, und Todd juckte es in den Händen, das besoffene alte Ungeheuer zu erwürgen.

»Der, den ich Ihnen vorgelesen habe! Der von Willi Wie-heißt-er-noch! Wo ist er?«

Sie schauten beide auf den Tisch, als er sich dort auf der Stelle materialisieren müsse.

»Oben«, sagte Dussander endlich. »Sieh in meiner Kommode nach. Die dritte Schublade. Unten in der Schublade steht ein kleiner Kasten. Du wirst ihn aufbrechen müssen. Ich habe den Schlüssel schon vor einiger Zeit verloren. Da sind ein paar sehr alte Briefe von einem Freund. Keiner unterschrieben. Keiner datiert. Alle auf deutsch. Eine Seite oder zwei genügen. Wenn du dich beeilst –«

»Sind Sie *verrückt?*« raste Todd. »Ich verstehe kein Deutsch! Wie kann ich Ihnen einen deutsch geschriebenen Brief vorlesen, Sie beknacktes Schwein?«

»Warum sollte Willi mir auf englisch schreiben?« konterte Dussander müde. »Wenn du mir einen deutschen Brief vorliest, verstehe *ich* ihn, auch wenn du ihn nicht verstehst. Natürlich wäre deine Aussprache mörderisch, aber ich könnte trotzdem –«

Dussander hatte recht – wieder einmal, aber Todd wollte nichts mehr hören. Selbst nach seinem Herzanfall war der Alte ihm immer noch einen Schritt voraus. Todd sprang durch den Flur zur Treppe und blieb gerade lange genug an der Vordertür stehen, um sich zu vergewissern, daß sein Vater noch nicht angekommen war. Der Porsche war nicht in Sicht, aber ein Blick auf die Uhr sagte Todd, wie knapp es jetzt wurde. Schon fünf Minuten waren vergangen.

Er nahm zwei Stufen auf einmal und stürzte in Dussanders Schlafzimmer. Er war hier oben noch nicht gewesen und warf auf diesem unbekannten Terrain ein paar wilde Blicke um sich. Dann sah er die Kommode, ein billiges Möbel in dem Stil, den sein Vater Discountladen-Moderne nannte. Er warf sich vor dem Ding auf die Knie und riß die dritte Schublade auf. Sie klemmte auf halbem Wege, verschob sich und saß endgültig fest.

»Du gottverdammtes Ding«, flüsterte er. Von den roten

Flecken auf seinen Wangen und seinen blauen Augen abgesehen, war sein Gesicht totenblaß. Seine Augen waren jetzt so dunkel wie Gewitterwolken über dem Atlantik. »Komm *raus*, du verdammtes Scheißding!«

Er riß so heftig, daß die ganze Kommode mitgerissen wurde und fast auf ihn gefallen wäre. Die Schublade schoß heraus und landete auf Todds Schoß. Dussanders Socken, Unterwäsche und Taschentücher lagen um ihn herum. Er fummelte zwischen den Sachen, die in der Schublade geblieben waren, und stieß auf einen kleinen fünfundzwanzig Zentimeter langen und knapp zehn Zentimeter breiten Holzkasten. Er versuchte, den Deckel aufzureißen. Nichts geschah. Er war verschlossen, genau wie Dussander gesagt hatte. Heute abend klappte nichts.

Er stopfte die herumliegenden Sachen wieder in die Schublade und rammte sie in die Kommode. Wieder blieb sie stekken. Todd ruckte sie hin und her, und der Schweiß floß ihm über das Gesicht. Endlich konnte er sie zuschieben. Er nahm den Kasten und stand auf. Wieviel Zeit war jetzt vergangen?

Dussanders Bett hatte Pfosten am Fußende. So hart er konnte, knallte Todd den Kasten mit dem Schloß auf einen der Pfosten und verzog das Gesicht, als ihm ein scharfer Schmerz von den Händen bis in die Ellenbogen fuhr. Dann betrachtete er das Schloß. Es war ein wenig verbogen, aber es hielt noch. Ohne auf die Schmerzen zu achten, knallte er es noch härter auf den Pfosten. Diesmal schlug er einen Splitter vom Pfosten ab, aber das Schloß war immer noch nicht gesprengt. Todd lachte laut auf und trat an den anderen Pfosten. Er hob den Kasten hoch über den Kopf und ließ ihn mit aller Gewalt niedersausen. Diesmal krachte das Schloß auseinander.

Als er den Deckel anhob, fiel Scheinwerferlicht in Dussanders Fenster.

In fliegender Hast durchwühlte er den Inhalt. Postkarten. Ein Medaillon. Das mehrfach gefaltete Bild einer Frau, die schwarze Strumpfhalter mit Rüschen und sonst nichts trug. Eine alte Brieftasche.

Verschiedene Ausweispapiere. Eine leere Paßhülle. Und ganz unten Briefe.

Das Licht der Scheinwerfer wurde heller, und er hörte das charakteristische Röhren des Porschemotors. Es wurde lauter... und dann verstummte es.

Todd riß drei Bogen auf beiden Seiten engbeschriebenes Luftpostpapier aus dem Stapel und rannte aus dem Zimmer. Er war fast schon an der Treppe, als ihm einfiel, daß er den gewaltsam geöffneten Kasten auf Dussanders Bett gelegt hatte. Er rannte zurück, packte den Kasten und öffnete die dritte Schublade. Wieder blieb sie stecken, diesmal mit einem lauten Quietschen von Holz auf Holz.

Er hörte, wie draußen die Handbremse des Porsche einrastete und eine Tür geöffnet und wieder zugeschlagen wurde.

Todd hörte sich leise stöhnen. Er legte den Kasten in die schiefe Schublade, richtete sich auf und trat mit dem Fuß zu. Sauber schloß sich das Ding. Er drehte sich um und rannte durch den Flur. Er raste die Treppe hinunter. Als er halb unten war, hörte er die schnellen Schritte seines Vaters auf Dussanders Gehweg. Todd schoß über das Geländer, federte sich ab und rannte in die Küche.

Ein Hämmern an der Tür. »Todd? Todd, ich bin's.«

In der Ferne hörte er jetzt auch die Sirene des Krankenwagens. Dussander war wieder in einen halb bewußtlosen Zustand zurückgefallen.

Todd legte die Briefseiten auf den Tisch und breitete sie fächerförmig aus, als ob jemand sie in aller Eile fallengelassen hätte.

»Ich komm schon, Dad!« rief er.

Dann ging er durch den Flur, um seinen Vater einzulassen.

»Wo ist er?« fragte Dick Bowden und drängte sich an Todd vorbei.

»In der Küche.«

»Du hast alles richtig gemacht, Todd«, sagte sein Vater und umarmte ihn rauh und ein wenig verlegen.

»Ich hoffe nur, daß ich an alles gedacht habe«, sagte Todd bescheiden und folgte seinem Vater durch den Flur in die Küche.

In dem Gewühl, das entstand, als Dussander aus dem Haus getragen werden sollte, wurde der Brief fast völlig ignoriert. Todds Vater nahm ihn nur kurz in die Hand und legte ihn wieder hin, als die Männer mit der Trage kamen. Todd und sein Vater folgtem dem Wagen bis zum Krankenhaus, und als Todd erklärte was vorgefallen sei, akzeptierte der Arzt, der sich mit Dussanders Fall beschäftigte, seine Schilderung, ohne weitere Fragen zu stellen. Schließlich war ›Mr. Denker‹ schon achtzig Jahre alt und befleißigte sich nicht gerade einer sehr gesunden Lebensweise. Auch der Arzt lobte Todd für seine Umsicht und seine schnelle Reaktion. Todd bedankte sich zerstreut und fragte seinen Vater, ob sie jetzt nach Hause fahren könnten.

Während der Fahrt sagte Dick ihm noch einmal, wie stolz er auf ihn sei. Todd hörte ihn kaum. Er dachte wieder an seine Winchester.

18

Am selben Tag brach Morris Heisel sich das Rückgrat.

Morris hatte nie die *Absicht* gehabt, sich das Rückgrat zu brechen. Seine *Absicht* war es lediglich gewesen, die Dachrinne an der Westseite seines Hauses zu reparieren. Nichts hatte ihm ferner gelegen, als sich das Rückgrat zu brechen. In seinem Leben gab es auch so schon genug Sorgen, herzlichen Dank. Seine erste Frau war mit fünfundzwanzig Jahren gestorben, und ihre beiden Töchter waren ebenfalls tot. Seine Brüder waren 1971 bei einem tragischen Autounfall in der Nähe von Disneyland umgekommen. Morris selbst ging auf die Sechzig zu und hatte Arthritis, die sich bei ihm relativ früh und sehr schnell verschlimmerte. Außerdem hatte er Warzen an beiden Händen, und zwar Warzen, die genauso rasch wieder da waren, wie der Arzt sie ausbrennen konnte. Darüber hinaus neigte er zu migräneartigen Kopfschmerzen, und seit ein paar Jahren nannte ihn dieser Rogan von nebenan ›Morris der Kater‹. Morris hatte in Gegenwart seiner zweiten Frau Lydia gegenüber einmal laut darüber nachgedacht, was Rogan wohl davon halten würde, wenn er ihn ›Rogan die Hämorrhoide‹ nennen würde.

»Hör auf damit, Morris«, sagte Lydia dann immer. »Du

verstehst einfach keinen Spaß. Du konntest noch *nie* Spaß verstehen! Manchmal frage ich mich, wie ich nur einen Mann heiraten konnte, der nicht *den geringsten* Sinn für Humor hat. Wir fahren nach Las Vegas«, hatte Lydia gesagt und zu der leeren Küche gesprochen, als spräche sie zu einer ganzen Horde von Leuten, die nur sie dort stehen sah, »wir sehen uns Buddy Hackett an, und Morris lacht nicht *ein einziges Mal*.«

Außer Arthritis, Warzen und Migräne hatte Morris auch noch Lydia, die sich, Gott schütze sie, während der letzten fünf Jahre zu einer bösen Nörglerin entwickelt hatte... und zwar seit man ihr die Gebärmutter entfernt hatte. So hatte er also auch ohne ein gebrochenes Rückgrat schon jede Menge Sorgen und Probleme.

»*Morris!*« rief Lydia, als sie aus der Hintertür trat und sich mit einem Geschirrtuch die nassen Hände abtrocknete. »Morris, du kommst sofort von der Leiter runter.!«

»Was?« Er drehte den Kopf, damit er sie sehen konnte. Er stand fast ganz oben auf der Trittleiter aus Aluminium. Morris trug seine Zimmermannsschürze mit den großen Taschen. In einer der Taschen hatte er Nägel, in der anderen große Krampen. Der Boden unter der Trittleiter war ein wenig uneben, und die Leiter schaukelte leicht, wenn er sich bewegte. Er hatte jene häßlichen Schmerzen im Genick, die einen Migräneanfall ankündigten, und war schlechter Laune. »Was?«

»Komm sofort runter, bevor du dir das Rückgrat brichst.«

»Ich bin fast fertig.«

»Du schaukelst auf der Leiter, als ob du in einem Boot sitzt, Morris. Komm runter.«

»Ich komme runter, wenn ich fertig bin!« sagte er wütend. »Laß mich in Ruhe!«

»Du wirst dir das Rückgrat brechen«, wiederholte sie bekümmert und ging wieder ins Haus.

Zehn Minuten später, als er den letzten Nagel in die Dachrinne schlug und sich dabei so weit zurücklehnte, daß er fast das Gleichgewicht verlor, hörte er das Schreien einer Katze, gefolgt von lautem Hundegekläff.

»Was um Gottes willen –?«

Er drehte sich um, und die Trittleiter wackelte bedenklich. In diesem Moment kam ihre Katze – *sie* hieß Lover Boy, nicht Morris – um die Garagenecke gejagt, das Fell gesträubt und mit böse funkelnden Augen. In wildem Jagdeifer rannte Rogans junger Collie hinter ihr her. Er ließ die Zunge heraushängen und schleifte seine Leine durch den Staub.

»Paß doch auf, du dämlicher Köter!« schrie Morris.

Die Leiter schwankte. Der Hund stieß mit der Flanke dagegen. Dann kippte die Leiter, und Morris kippte mit. Er stieß ein lautes Geheul aus. Aus den Taschen seiner Zimmermannsschürze flogen Nägel und Krampen. Er landete halb auf und halb neben dem Beton der Auffahrt, und ein gigantischer Schmerz flammte in seinem Rücken auf. Er hörte eigentlich nicht, daß sein Rückgrat brach, aber er fühlte es. Dann wurde die Welt für eine Weile grau.

Als er wieder zu sich kam, lag er mitten zwischen Nägeln und Krampen immer noch halb auf und halb neben dem Beton. Lydia kniete weinend über ihm. Rogan von nebenan war auch herbeigeeilt. Sein Gesicht war weiß wie ein Leichentuch.

»Habe ich es dir nicht gesagt!« jammerte Lydia. »Ich habe dir gesagt, daß du von der Leiter runterkommen sollst! Und jetzt sieh dir das an!«

Morris hatte nicht die geringste Lust, sich irgend etwas anzusehen.

Ein erstickender und pulsierender Schmerz schnürte sich wie ein Gürtel um seine Körpermitte, und das war schlimm, aber er stellte etwas noch viel Schlimmeres fest: Unterhalb dieses Schmerzgürtels fühlte er nichts mehr – überhaupt nichts.

»Du kannst später jammern«, sagte er heiser. »Jetzt rufst du erst mal einen Arzt.«

»Das erledige ich«, sagte Rogan und rannte zu seinem Haus zurück.

»Lydia«, sagte Morris und leckte sich die Lippen.

»Was? Was ist, Morris?« Sie beugte sich über ihn, und eine Träne fiel auf seine Wange. Das fand er rührend, aber er zuckte dabei zusammen, und das machte die Schmerzen schlimmer.

»Lydia, ich habe außerdem wieder einen Migräneanfall.«

»Oh, mein armer Liebling! Armer Morris! Aber ich habe dir *gesagt* —«

»Ich habe die Kopfschmerzen, weil Rogans Hund die ganze Nacht gebellt hat und ich nicht schlafen konnte. Und heute jagt der Hund meine Katze und stößt die Leiter um, und ich glaube, ich habe mir das Rückgrat gebrochen.«

Lydia schrie laut auf. Das Geräusch ließ Morris Kopf vibrieren.

»Lydia«, sagte er und leckte sich wieder die Lippen.

»Was ist, Darling?«

»Ich hatte lange Jahre schon den Verdacht, aber jetzt bin ich sicher.«

»Mein armer Morris, was ist es denn?«

»Es gibt keinen Gott«, sagte Morris und verlor das Bewußtsein.

Sie brachten ihn nach Santo Donato, und ungefähr um die Zeit, da er sich gewöhnlich an den Tisch setzte, um Lydias scheußliches Abendessen einzunehmen, sagte ihm sein Arzt, daß er nie wieder würde gehen können. Zu der Zeit lag er schon in einem Gipskorsett, und Blut- und Urinproben waren ihm abgenommen worden. Dr. Kemmelman hatte seine Augen untersucht und ihm mit einem kleinen Gummihammer auf die Knie geschlagen – aber seine Beine hatten bei den Schlägen keinerlei Reflexe gezeigt. Und ständig war da Lydia, deren Tränenstrom nicht versiegen wollte, während sie ein Taschentuch nach dem anderen verbrauchte. Lydia, die als Hiobs Ehefrau glücklich gewesen wäre, hatte ständig einen reichlichen Vorrat kleiner spitzenbesetzter Tücher bei sich, nur für den Fall, daß irgendwann einmal länger geheult werden mußte. Sie hatte ihre Mutter angerufen, und ihre Mutter würde schon bald eintreffen (»Wie nett Lydia« – obwohl Morris nichts auf der Welt so von ganzem Herzen verabscheute wie Lydias Mutter). Sie hatte den Rabbi angerufen, und auch der würde bald aufkreuzen (»Wie nett, Lydia« – obwohl er schon seit fünf Jahren keine Synagoge mehr betreten hatte und nicht einmal den Namen des Rabbi kannte). Sie hatte seinen Boß angerufen, und wenn der auch nicht

kommen würde, so schickte er doch seine besten Genesungs-
wünsche (»Wie nett, Lydia« – obwohl er diesen zigarrenkau-
enden Affen Frank Haskell genausowenig ausstehen konnte
wie Lydias Mutter). Endlich gab man Morris eine Valiumtablette und schickte Lydia nach Hause. Kurz darauf schlief
Morris ein – keine Sorgen, keine Migräne, kein nichts. Wenn
sie ihm weiterhin solche kleinen blauen Pillen gaben, war
sein letzter Gedanke, würde er gern noch einmal auf eine Leiter steigen und sich das Rückgrat brechen.

Als er aufwachte – oder das Bewußtsein wiedererlangte, was
wohl eher zutraf –, dämmerte gerade der Morgen, und das
Krankenhaus war still. Morris war ganz ruhig… fast heiter.
Er hatte keine Schmerzen und fühlte sich wie in Windeln gewickelt und angenehm schwerelos. Sein Bett war von einer
Vorrichtung eingerahmt, die wie ein Eichhörnchenkäfig aussah – eine Art Gestänge aus rostfreiem Stahl mit Drähten und
Rollen. Seine Beine wurden durch an diesen Vorrichtungen
befestigte Kabel hochgehalten. Die Matratze, auf der er lag,
schien in einem bestimmten Winkel gebogen zu sein, aber
das war nicht eindeutig feststellbar. Er konnte es ja nur aus
seinem Blickwinkel einschätzen.

Anderen geht es schlimmer, dachte er. *Überall in der Welt geht
es anderen schlimmer. In Israel bringen die Palästinenser ganze
Busladungen Bauern um, die das politische Verbrechen begehen, in
die Stadt zu fahren, um sich einen Film anzusehen. Und die Israelis
vergelten diese Ungerechtigkeit, indem sie Bomben auf die Palästinenser werfen und dabei außer einigen wenigen Terroristen zahlrei-
che Kinder töten. Anderen geht es schlimmer als mir… was nicht
bedeutet, daß es mir gut geht, keine Spur, aber anderen geht es
schlimmer.*

Mit einiger Anstrengung hob er die Hand – er hatte irgendwo im Körper Schmerzen, aber sie waren nur schwach –
und ballte sie zur Faust. Er schaute hin. Da. Seinen Händen
fehlte nichts. Auch mit seinen Armen war alles in Ordnung.
Was machte es schon aus, daß er unterhalb der Hüften kein
Gefühl mehr hatte? Überall in der Welt gab es Leute, die vom
Genick abwärts gelähmt waren. Es gab Leute mit Lepra. Es
gab Leute, die an Syphilis starben. Irgendwo in der Welt gab

es vielleicht genau in diesem Augenblick Leute, die ein Flugzeug bestiegen, das abstürzen würde. Nein, dies war nicht sehr schön, aber es gab Schlimmeres in der Welt.

Und früher hatte es *noch* viel schlimmere Dinge in der Welt gegeben.

Er hob den linken Arm. Wie losgelöst vom Körper schien er vor seinen Augen zu schweben – ein dürrer Altmännerarm mit schrumpfenden Muskeln. Er trug einen Anstaltspyjama, aber er hatte kurze Ärmel, und er konnte immer noch die mit verblaßter blauer Tinte eintätowierte Nummer lesen. P49995214. Schlimmere Dinge, ja, schlimmere Dinge als von einer Leiter zu fallen und sich das Rückgrat zu brechen und in ein sauberes und steriles Krankenhaus in der Stadt gebracht zu werden und eine Valiumtablette zu bekommen, die einem ohnehin die Sorgen fort spült.

Da gab es die Duschen, und sie waren schlimmer. Seine erste Frau Ruth war in einer dieser dreckigen Duschen gestorben. Da waren die Gräben, die zu Gräbern wurden – wenn er die Augen schloß, sah er heute noch die Männer in den offenen Rachen der Gräben liegen, hörte er die Gewehrsalven, erinnerte er sich daran, daß sie wie verrückte Marionetten nach hinten in die Gruben gepurzelt waren. Da waren die Krematorien, die ebenfalls schlimmer waren, die Krematorien, die ständig die Luft mit dem süßen Geruch von Juden füllten, die wie Fackeln brannten. Die von Grauen gezeichneten Gesichter alter Freunde oder Verwandter... Gesichter, die wegschmolzen wie tropfende Kerzen, während man zuschaute – dünn, dünner am dünnsten. Und dann waren sie eines Tages verschwunden. Wohin? Wohin verschwindet die Flamme einer Fackel, wenn der kalte Wind sie ausgeblasen hat? In den Himmel? In die Hölle? Lichter in der Dunkelheit. Kerzen im Wind. Als Hiob endlich zusammenbrach und Gott anklagte, fragte Gott ihn: *Wo warst du, als ich die Welt erschuf?* Wenn Morris Heisel Hiob gewesen wäre, hätte er geantwortet: *Wo warst du, als meine Ruth starb? Da hast du wohl gerade in die falsche Richtung geschaut. Wenn du dein Geschäft nicht besser versehen kannst, dann geh mir aus den Augen.*

Ja, es gab schlimmere Dinge als sich das Rückgrat zu brechen, daran zweifelte er nicht. Aber welcher Gott konnte zulassen, daß er sich das Rückgrat brach, um sein Leben lang gelähmt zu bleiben, nachdem er seine Frau hatte sterben sehen? Und seine Töchter? Und seine Freunde?

Überhaupt kein Gott.

Eine Träne rollte ihm aus dem Augenwinkel und lief langsam die Wange herab zum Ohr. Draußen vor dem Krankenzimmer ertönte leise eine Klingel. Die weißen Kreppsohlen an den Schuhen einer Schwester quietschten vorbei. Seine Tür stand einen Spalt offen, und an der gegenüberliegenden Wand des Korridors konnte er die Buchstaben TENSIVSTA erkennen. Das ganze Wort mußte wohl INTENSIV-STATION heißen.

In dem Zimmer bewegte sich etwas. Bettzeug raschelte.

Mit einer sehr vorsichtigen Bewegung drehte Morris den Kopf nach rechts, von der Tür weg. Er erkannte neben sich einen Nachttisch, auf dem ein Krug voll Wasser stand. Auf der Tischplatte waren zwei Knöpfe angebracht. Weiter hinten stand noch ein Bett, und in dem lag ein Mann, der sogar noch älter und kranker aussah, als Morris sich fühlte. Die Haut des Mannes war eingesunken und gelb. Er hatte tiefe Falten um Mund und Augen. Sein Haar war gelblichweiß und wirkte trocken und ohne Leben. Er war nicht an ein riesiges Übungsgerät für Rennmäuse angeschlossen wie Morris, aber neben seinem Bett hing ein intravenöser Tropf, und am Fußende stand eine Konsole mit Kontrollinstrumenten. Seine Augenlider sahen gequetscht aus und glänzten, und an seiner Nase erkannte Morris die geplatzten Blutgefäße des chronischen Trinkers.

Morris schaute weg... und sah wieder hin. Als es heller wurde und es sich im Haus zu regen begann, hatte Morris das seltsame Gefühl, daß er seinen Zimmergenossen kannte. Konnte das sein? Der Mann mochte zwischen fünfundsiebzig und achtzig Jahre alt sein, und Morris glaubte nicht, daß er jemanden kannte, der so alt war – außer Lydias Mutter, ein Scheusal, das Morris manchmal für älter hielt als die Sphinx, der die Frau sehr ähnlich sah.

Vielleicht war der Kerl jemand, den er früher gekannt

hatte, vielleicht sogar bevor er, Morris, nach Amerika gekommen war. Vielleicht. Vielleicht auch nicht. Und warum spielte das plötzlich überhaupt eine Rolle? Warum waren ihm zum Beispiel all die Erinnerungen an Patin ausgerechnet heute abend gekommen, wo er doch immer versuchte – und meistens gelang es ihm auch –, diese Dinge begraben sein zu lassen?

Plötzlich bekam er eine Gänsehaut, als habe er ein geistiges Spukschloß betreten, in dem die alten Leichen noch nicht zur Ruhe gekommen waren und in dem alte Gespenster umgingen. Konnte das hier und jetzt geschehen, in diesem saubeeren Krankenhaus und dreißig Jahre danach?

Er wandte seine Blicke von dem alten Mann im Nachbarbett ab, und bald fühlte er sich wieder schläfrig.

Wenn man glaubt, daß man diesen Mann kennt, ist es nur ein Streich, den einem der Verstand spielt. Nur der Verstand, der einen so gut er kann amüsieren will, so wie er einen damals amüsieren wollte, damals in –

Aber daran wollte er nicht denken. Er wollte sich einfach nicht *gestatten*, daran zu denken.

Als er langsam einschlief, dachte er noch daran, wie er vor Ruth geprahlt hatte (aber nie vor Lydia; es lohnte sich nicht, vor Lydia zu prahlen; sie war nicht wie Ruth, die über seine harmlosen Prahlereien nur immer liebenswürdig gelacht hatte: *Ich vergesse nie ein Gesicht*. Hier hatte er die Chance festzustellen, ob das immer noch so war. Wenn er den Mann in dem anderen Bett wirklich einmal gesehen hatte, dann müßte er doch eigentlich noch wissen wann... und wo.

Dem Schlaf schon sehr nahe, immer auf der Schwelle zwischen Träumen und Wachen, dachte Morris: *Vielleicht kenne ich ihn aus dem Lager.*

Das wäre in der Tat Ironie – das wäre, was man einen ›Witz Gottes‹ nannte.

Welcher Gott? fragte sich Morris noch einmal und schlief ein.

19

Todd mußte bei der Abschlußfeier die Begrüßungsrede halten, möglicherweise wegen seiner schlechten Zensur im Trigonometrie-Abschluß, für den er an dem Abend gearbeitet hatte, an dem Dussander seinen Herzanfall erlitt. Sie drückte seine Ergebnisse auf 89, einen Punkt unter den Durchschnitt für Eins minus.

Eine Woche nach dem Abschluß besuchten die Bowdens Mr. Denker im Allgemeinen Krankenhaus von Santo Donato. Unruhig überstand Todd fünfzehn Minuten lang Banalitäten und Dankeschöns und Wie-geht-es-Ihnen, und er war dankbar für die Unterbrechung, als der Mann im Nachbarbett ihn bat, doch für eine Minute zu ihm zu kommen.

»Entschuldigen Sie bitte«, sagte der Mann höflich. Er lag in einem riesigen Gipskorsett, und aus irgendeinem Grund war er an ein System von Drähten und Rollen angeschlossen, das über ihm angebracht war. »Mein Name ist Morris Heisel. Ich habe mir das Rückgrat gebrochen.«

»Das ist aber unangenehm«, sagte Todd ernst.

»Unangenehm, sagte er! Der Junge ist ein Meister der Untertreibung!«

Todd wollte sich entschuldigen, aber Heisel hob die Hand und lächelte ein wenig.

Sein Gesicht war blaß und müde wie das jedes beliebigen alten Mannes im Krankenhaus, der ein Leben voller Veränderungen vor sich sieht – die meisten nicht zum besten. So gesehen, fand Todd, ähnelten er und Dussander sich.

»Keine Ursache«, sagte Morris. »Man braucht einen rüden Kommentar nicht auch noch zu kommentieren. Sie sind ein Fremder. Muß ich einen Fremden mit meinen Problemen belästigen?«

»Kein Mensch ist eine Insel, ganz für sich allein –« zitierte Todd, und Morris lachte.

»Der zitiert Donne! Ein kluges Kind! Ihr Freund da, geht es ihm sehr schlecht?«

»Nun, die Ärzte meinen, daß es ihm den Umständen

entsprechend ganz ausgezeichnet geht. Schließlich ist er schon achtzig.«

»So alt schon?« rief Morris. »Wissen Sie, er redet nicht viel. Aber aus dem, was er sagt, schließe ich, daß er naturalisiert ist. Wie ich. Ich bin nämlich Pole. Ursprünglich natürlich. Aus Radom.«

»So?« sagte Todd höflich.

»Wissen Sie, wie man in Radom eine orangefarbene Plane für ein Einmannloch nennt?«

»Nein«, sagte Todd und lächelte.

»Einen Howard Johnson«, sagte Morris und lachte. Todd lachte auch. Dussander schaute stirnrunzelnd zu ihnen herüber. Das Geräusch hatte ihn erschreckt. Dann sagte Monica etwas, und Dussander wandte sich ihr wieder zu.

»*Ist* Ihr Freund denn naturalisiert?«

»Oh, ja«, sagte Todd. »Er stammt aus Deutschland. Aus Essen. Kennen Sie die Stadt?«

»Nein«, sagte Morris, »aber ich war nur einmal in Deutschland. Ich möchte gern wissen, ob er am Krieg teilgenommen hat.«

»Das weiß ich wirklich nicht.« Todds Blick verlor sich in der Ferne.

»Nicht? Nun, das ist nicht so wichtig. Der Krieg ist lange vorbei. In ein paar Jahren wird es hier Leute geben, die für das Amt des Präsidenten kandidieren dürfen, obwohl sie erst nach dem Krieg geboren wurden. Für das Präsidentenamt! Sie werden den Unterschied nicht kennen zwischen dem Wunder von Dünkirchen und Hannibals Alpenüberquerung mit seinen Elefanten.«

»Haben Sie am Krieg teilgenommen?« fragte Todd.

»Irgendwie schon, möchte ich meinen. Es ist sehr nett von Ihnen, mein Junge, einen so alten Mann zu besuchen . . . zwei alte Männer, wenn man mich mitrechnet.«

Todd lächelte bescheiden.

»Ich bin jetzt müde«, sagte Morris. »Vielleicht kann ich ein wenig schlafen.«

»Hoffentlich fühlen Sie sich bald besser«, sagte Todd.

Morris nickte, lächelte und schloß die Augen. Todd ging zu Dussanders Bett zurück, wo seine Eltern gerade aufbrechen wollten – sein Vater schaute dauernd auf die Uhr und sagte immer wieder, daß es schon sehr spät sei. Aber Morris Heisel schlief nicht. Er sollte sehr lange nicht mehr schlafen.

Zwei Tage später kam Todd allein in das Krankenhaus. Morris Heisel war, eingemauert in sein Gipskorsett, im Nebenbett fest eingeschlafen.

»Du hast alles ziemlich gut gemacht«, sagte Dussander. »Bist du später noch in das Haus zurückgegangen?«

»Ja. Ich habe den verdammten Brief verbrannt. Ich glaube nicht, daß irgend jemand an dem Brief besonders interessiert war, aber ich hatte Angst... ach, ich weiß nicht.« Er zuckte die Achseln. Er konnte Dussander einfach nicht sagen, daß er wegen des Briefes eine fast abergläubische Angst gehabt hatte – Angst, daß vielleicht jemand das Haus betreten würde, der Deutsch lesen konnte, jemand, der in dem Brief vielleicht zehn oder zwanzig Jahre alte Hinweise bemerken würde.

»Wenn du das nächste Mal kommst, solltest du mir etwas Trinkbares reinschmuggeln«, sagte Dussander. »Die Zigaretten vermisse ich nicht so sehr, aber –«

»Ich komme nicht wieder«, sagte Todd. »Nie mehr. Es ist vorbei. Wir sind quitt.«

»Quitt.« Dussander faltete die Hände über der Brust und lächelte. Es war kein freundliches Lächeln... aber freundlicher konnte Dussander wahrscheinlich gar nicht lächeln. »Das stand wohl in den Karten. Ich soll nächste Woche aus diesem Leichenhaus entlassen werden... das hat man mir jedenfalls gesagt. Der Arzt meint, daß ich noch ein paar Jahre in meiner Haut leben kann. Ich fragte ihn, wie viele, aber er lachte nur. Wahrscheinlich bedeutet das höchstens drei und wahrscheinlich nur zwei. Aber vielleicht überrasche ich ihn noch.«

Todd sagte nichts.

»Aber unter uns gesagt, Junge, ich habe schon fast die Hoffnung aufgegeben, die Jahrhundertwende noch zu erleben.«

»Ich möchte Sie etwas fragen«, sagte Todd und sah Dussander ruhig an. »Deshalb bin ich heute gekommen. Ich möchte Sie über etwas befragen, was Sie mir mal gesagt haben.«

Todd schaute über die Schulter zu dem Mann im Nachbarbett hinüber und rückte seinen Stuhl näher an Dussanders Bett heran. Er roch Dussanders Geruch, der so trocken war wie der Ägyptische Saal im Museum.

»Dann frag doch.«

»Dieser Penner. Sie behaupteten, ich hätte in diesen Dingen Erfahrung. Erfahrung aus erster Hand. Was meinten Sie damit?«

Dussanders Lächeln wurde ein wenig breiter. »Ich lese Zeitungen, Junge. Alte Männer lesen immer Zeitungen, aber sie lesen sie anders als jüngere Leute. Am Ende gewisser Startbahnen auf südamerikanischen Flugplätzen versammeln sich immer dann Bussarde, wenn gefährliche Seitenwinde aufkommen. Genauso lesen alte Männer die Zeitung. Vor einem Monat stand ein Bericht im Sonntagsblatt. Natürlich nicht auf der Titelseite, denn so sehr interessiert sich niemand für Penner und Alkoholiker, aber immerhin an prominenter Stelle auf der zweiten Seite. MACHT JEMAND JAGD AUF SANTO DONATOS GESCHEITERTE? – so lautete die Überschrift. Primitiv. Regenbogenpresse. Dafür seid ihr Amerikaner ja berühmt.«

Todds Hände ballten sich zu Fäusten, und damit versteckte er gleichzeitig seine abgekauten Fingernägel. Er las nie Sonntagszeitungen. Er wußte mit seiner Zeit Besseres anzufangen. Natürlich hatte er nach seinen kleinen Abenteuern mindestens eine Woche lang jeden Tag die Zeitungen geprüft, aber keiner seiner Penner war je über die Seite drei hinausgelangt. Daß jemand hinter seinem Rücken Nachforschungen angestellt hatte, empörte ihn allerdings.

»In dem Artikel wurden mehrere Morde erwähnt«, fuhr Dussander fort. »Äußerst brutale Morde. Die Opfer wurden erstochen oder erschlagen. ›Unmenschliche Brutalität‹ nannte der Verfasser des Artikels das, aber du kennst ja Reporter. Der Autor dieses traurigen Stücks räumte ein, daß die Todesrate unter diesen Unglücklichen recht hoch ist und daß es in Santo Donato, über einen längeren Zeitraum betrachtet, überdurchschnittlich viele dieser Bedürftigen gegeben hat.

Nicht alle diese Männer sterben eines natürlichen Todes oder an ihrem üblichen Lebenswandel. Morde sind nicht selten. Aber in den meisten Fällen ist der Täter ein Leidensgenosse des Ermordeten, und meistens geht es dabei nur um eine Flasche billigen Wein oder um Streit beim Kartenspiel. Der Täter gesteht sofort und bereut seine Tat.

Aber diese jüngsten Morde wurden nie aufgeklärt. Was diesem Journalisten von der Sensationspresse dabei besonders verdächtig vorkommt, ist die Tatsache, daß in den letzten paar Jahren besonders viele verschwunden sind. Natürlich gibt er zu, daß diese Leute nichts anderes sind als Landstreicher. Sie kommen und gehen. Aber einige sind verschwunden, ohne ihre Wohlfahrtsgutscheine abzuholen, die nur am Freitag ausgegeben werden. Könnte nicht der eine oder andere, so fragt sich dieser Journalist, das Opfer seines Pennermörders geworden sein? Opfer, die noch nicht gefunden wurden? Lächerlich!«

Dussander fuhr mit der Hand durch die Luft, als wollte er dieser Unverantwortlichkeit seine Verachtung bezeugen.

»Es geht natürlich um den Kitzel. Das angenehme Gruseln am Sonntagmorgen. Der Mann erinnert die Leute an unheimliche Mörder von gestern, fadenscheinig, aber die Sache hat Unterhaltungswert – an den Massenmörder von Cleveland, an Zodiac, an den geheimnisvollen Mr. X, der die Schwarze Dahlie umbrachte, an den Schnellen Jack. Alles Geschwätz. Aber wenn ich solche Artikel lese, denke ich nach. Was soll ein alter Mann anderes tun, wenn seine alten Freunde ihn nicht mehr besuchen?«

Todd zuckte die Achseln.

»Ich dachte: ›Wenn ich diesem Hund von der Sensationspresse helfen wollte, was ganz gewiß nicht meine Absicht ist, dann könnte ich sehr wohl das Verschwinden einiger Leute erklären. Nicht die Leichen, die man erstochen oder erschlagen aufgefunden hat, nicht *die*, Gott sei ihren besoffenen Seelen gnädig, aber doch einige, denn ein paar von den Pennern sind in meinem Keller verschwunden.‹«

»Wie viele liegen da unten?« fragte Todd leise.

»Sechs«, sagte Dussander gelassen. »Wenn man den mitzählt, bei dem du mir geholfen hast, sechs.«

»Sie sind ja wahnsinnig«, sagte Todd. Die Haut unter seinen Augen war ganz weiß und glänzend geworden. »Irgendwann müssen sich bei Ihnen sämtliche Schrauben gelockert haben.«

»Sämtliche Schrauben gelockert. Eine elegante Formulierung! Vielleicht hast du recht! Aber dann sagte ich mir: ›Wie gern würde dieser Schakal von einem Journalisten die Morde und das Verschwinden einiger Leute einer und derselben Person anhängen – seinem hypothetischen Pennermörder. Aber ich glaube, das ist unmöglich, denn so kann es gar nicht geschehen sein‹.

Und dann fragte ich mich: ›Kenne ich jemanden, der so etwas tun könnte? Jemanden, der während der letzten Jahre unter der gleichen Anspannung gelebt hat wie ich? Jemanden, der gehört hat, wie die alten Gespenster mit ihren Ketten rasseln? Und die Antwort lautet ja. Ich kenne *dich*, Junge.‹«

»Ich habe nie jemanden umgebracht.« Auf dem Bild, das er vor Augen hatte, war kein Penner; sie waren ja keine Menschen. Sie waren wirklich keine Menschen. Er sah nur ein Bild von sich selbst, wie er hinter dem toten Baum hockte und durch das Zielfernrohr seiner Winchester starrte und die Schläfe des Mannes mit dem Bart im Fadenkreuz hatte, des Mannes, der den Transporter fuhr.

»Vielleicht nicht«, räumte Dussander liebenswürdig ein. »Aber du hast an dem Abend alles so gut gemacht. Ich glaube, deine ganze Überraschung war nur Wut, Wut darüber, daß die Schwäche eines alten Mannes dich in eine so gefährliche Lage gebracht hatte. Habe ich recht?«

»Ja, Sie haben recht«, sagte Todd. »Ich hatte von Ihnen die Schnauze voll, und das habe ich noch. Ich habe Ihnen nur deshalb geholfen, die Sache zu vertuschen, weil Sie etwas in einem Schließfach liegen haben, das mein Leben zerstören könnte.«

»Das stimmt nicht.«

»Was? Was reden Sie da?«

»Das stimmt genausowenig wie dein Gerede von einem ›Brief bei einem Freund‹. Du hast einen solchen Brief nie geschrieben, und es gab auch nie einen solchen Freund. Und auch ich habe nie ein einziges Wort über unsere... Beziehungen zu Papier gebracht, wenn ich sie mal so nennen soll. Ich lege jetzt meine Karten auf den Tisch. Du hast mir das Leben gerettet, ganz gleich ob du es nur getan hast, um dich selbst zu retten. Das ändert nichts an der Tatsache, daß du mir schnell und wirksam geholfen hast. Ich kann dir nichts tun, Junge. Das sage ich dir ganz offen. Ich habe dem Tod ins Auge gesehen, und ich hatte Angst, aber es war nicht so schlimm, wie ich gedacht hatte. Es gibt kein Dokument. Du hast recht: Wir sind quitt.«

Todd lächelte. Ganz eigenartig zog er die Lippen hoch. Ein seltsamer Hohn blitzte in seinen Augen auf:

»Herr Dussander«, sagte er. »Wenn ich das nur glauben könnte.«

Am Abend stieg Todd den Hang über der Autostraße hinab. Er erreichte den toten Baum und setzte sich darauf. Es wurde schon langsam dunkel. Der Abend war warm. Die Scheinwerfer der Autos bildeten gelbe Blütenketten.

Es gibt kein Dokument.

Er hatte erst während der anschließenden Diskussion erkannt, wie verfahren die Angelegenheit war. Dussander schlug Todd vor, das Haus nach einem Schlüssel für das Fach zu durchsuchen. Wenn diese Suche erfolglos blieb, wäre der Beweis dafür geliefert, daß es kein Schließfach gab und folglich auch kein Dokument. Aber einen Schlüssel konnte man überall verstecken – man konnte ihn in eine Dose legen und vergraben, man konnte ihn hinter ein loses Brett schieben und dies anschließend wieder vernageln. Vielleicht war Dussander sogar mit dem Bus nach San Diego gefahren und hatte den Schlüssel hinter einem Stein irgendeiner Kirchhofsmauer versteckt. Außerdem, fuhr Todd fort, hätte Dussander den Schlüssel auch einfach wegwerfen können. Er hatte ihn nur ein einziges Mal gebraucht, um sein Dokument in das Fach zu legen, und im Falle seines Todes wäre es auch ohne ihn geöffnet worden.

Widerwillig gab Dussander Todd recht, aber nach einigem Nachdenken machte er einen anderen Vorschlag. Wenn er, Dussander, erst wieder zu Hause sei, solle Todd jede einzelne Bank in Santo Donato anrufen und sich nach einem Schließfach unter dem Namen Arthur Denker erkundigen. Sein armer Großvater sei sehr krank und in den letzten Jahren ziemlich senil geworden. Er habe den Schlüssel zu einem Schließfach verlegt. Schlimmer noch, er wisse nicht einmal mehr, bei welcher Bank er das Fach eingerichtet habe. Ob sie nicht einmal ihre Unterlagen überprüfen könnten? Und wenn Todd bei jeder Bank in der Stadt eine negative Auskunft bekäme –

Todd schüttelte schon wieder den Kopf. Erstens würde eine solche Geschichte fast mit Sicherheit Verdacht erregen. Sie war einfach zu glatt. Man würde sofort einen Schwindel vermuten und die Polizei verständigen. Und selbst wenn alle ihm seine Geschichte abkauften, wäre er noch keinen Schritt weiter. Wenn es bei keiner der fast neun Dutzend Banken in Santo Donato ein Schließfach unter dem Namen Denker gab, konnte man immer noch nicht wissen, ob er nicht in San Diego oder Los Angeles oder in irgendeiner anderen Stadt gemietet hatte.

Schließlich gab Dussander auf.

»Du weißt auf alles eine Antwort, Junge. Außer vielleicht auf eins: Was hätte ich davon, dich zu belügen? Ich habe diese Geschichte erfunden, um mich gegen dich abzusichern – das ist ein Motiv. Und nun versuche ich, diese Erfindung rückgängig zu machen. Welchen möglichen Vorteil siehst du darin?«

Dussander stützte sich mühsam auf einen Ellenbogen.

»Im übrigen würde ich nach Lage der Dinge überhaupt kein solches Dokument mehr benötigen. Ich könnte dein Leben vom Krankenhausbett aus zerstören, wenn ich wollte. Ich brauchte nur mit dem ersten Arzt, der vorbeikommt zu sprechen. Es sind alles Juden. Sie würden wissen, wer ich bin oder, besser gesagt, wer ich war. Aber warum sollte ich das tun? Du bist intelligent. Du hast eine glänzende Karriere vor dir... es sei denn, du ließest bei deinen Pennern nicht genügend Vorsicht walten.«

Todds Gesicht gefror. »Ich habe Ihnen doch gesagt...«

»Ich weiß. Du hast nie von ihnen gehört, du hast ihren verdreckten und verlausten Köpfen kein Haar gekrümmt, in

Ordnung, gut, wunderbar. Darüber will ich auch gar nicht mehr reden. Aber. Und jetzt sag mir, Junge, warum sollte ich in dieser Angelegenheit lügen? Du sagst, wir sind quitt. Aber ich sage dir, daß wir uns dann quitt sind, wenn wir einander trauen können.«

Und als er jetzt an dem Abhang, der zur Straße hin abfiel, hinter dem toten Baum saß und die endlosen Lichterketten der Scheinwerfer wie langsame Leuchtspurgeschosse in der Ferne verschwinden sah, wußte er ganz genau, wovor er Angst hatte.

Dussander hatte von Vertrauen geredet. Das machte ihm Angst.

Der Gedanke, daß Dussander tief im Herzen immer noch eine Flamme des Hasses nährte, machte ihm ebenfalls angst.

Einen Haß auf Todd Bowden, der jung war und ein glattes faltenloses Gesicht hatte; Todd Bowden, der ein guter Schüler war und der das ganze Leben noch vor sich hatte.

Aber was ihm am meisten Angst machte, war Dussanders Weigerung, ihn mit seinem Namen anzureden.

Todd. Was war daran so schwer, selbst für einen alten Kauz mit falschen Zähnen? *Todd.* Eine Silbe. Leicht auszusprechen. Man legt die Zunge an den Gaumen, läßt die unteren Zähne ein wenig sinken, nimmt die Zunge wieder zurück, und schon ist der Name heraus. Und doch nannte Dussander ihn immer ›Junge‹. Nur das. Verächtlich. *Anonym.* Ja, das war es: anonym. So anonym wie die Häftlingsnummern in einem Konzentrationslager.

Vielleicht sagte Dussander *wirklich* die Wahrheit. Nein, nicht nur vielleicht, wahrscheinlich sogar. Aber da waren diese Ängste... und die schlimmste Angst bereitete es ihm, daß Dussander nie seinen Namen benutzte.

Und schuld an allem war seine eigene Unfähigkeit, zu einer harten und endgültigen Entscheidung zu kommen. Schuld daran war die traurige Wahrheit, daß er zwar vier Jahre lang Dussander regelmäßig besucht hatte, aber immer noch nicht wußte, was im Kopf dieses alten Mannes vorging. Vielleicht war er doch kein so guter Schüler.

Wagen und Wagen und Wagen. Seine Finger juckten danach, das Gewehr in Anschlag zu bringen. Wie viele würde er schaffen? Drei? Sechs? Die böse Dreizehn? Und wie viele Meilen bis Babylon?

Er rückte unruhig hin und her. Er fühlte sich unbehaglich. Er würde wohl erst bei Dussanders Tod die Wahrheit erfahren. Irgendwann während der nächsten fünf Jahre, vielleicht sogar früher. Drei bis fünf ... das klang wie ein Gerichtsurteil. *Todd Bowden, das Gericht verurteilt Sie zu drei bis fünf Jahren wegen Ihrer Verbindungen zu einem als Kriegsverbrecher bekannten Mann. Drei bis fünf Jahre bei kaltem Schweiß und schlechten Träumen.*

Früher oder später würde Dussander ganz einfach tot umfallen. Dann würde das Warten beginnen. Der Druck im Magen, wenn es an der Haustür klingelte.

Er war nicht sicher, ob er das aushalten würde.

Es juckte Todd in den Fingern, das Gewehr aufzunehmen. Er ballte die Fäuste und stieß sie sich zwischen die Beine. Er krümmte sich vor Schmerzen und blieb eine ganze Weile liegen. Seine Lippen öffneten sich zu einem stummen Schrei. Die Schmerzen waren entsetzlich, aber sie löschten seine endlosen quälenden Gedanken aus.

Wenigstens für kurze Zeit.

20

Für Morris Heisel war dieser Sonntag ein Tag der Wunder.

Die Atlantic Braves, seine Lieblings-Baseballmannschaft, hatte überraschend 7–1 und 8–0 gegen die arroganten Cincinnati Reds gewonnen. Lydia, die ständig selbstgefällig damit prahlte, daß sie immer vorsichtig sei – ihr Lieblingsspruch war ›vorbeugen ist besser als heilen‹ – war auf dem nassen Küchenfußboden bei ihrer Freundin Janet ausgerutscht und hatte sich die Hüfte verrenkt. Sie lag zu Hause im Bett. Es war nichts Ernstes, beileibe nicht und Gott sei Dank (welcher Gott), aber es bedeutete, daß sie ihn mindestens zwei Tage, vielleicht sogar vier Tage lang nicht besuchen konnte.

Vier Tage ohne Lydia! Vier Tage lang würde er sich nicht

anhören müssen, daß sie ihm doch gesagt hatte, daß die Trittleiter wacklig sei und daß er nicht so hoch raufsteigen solle. Vier Tage lang mußte er sich nicht mehr anhören, sie habe ja immer schon gesagt, daß Rogans Köter eines Tages noch Unheil anrichten würde, wenn er nicht aufhörte, den Kater Lover Boy zu jagen. Vier Tage lang würde Lydia ihn nicht fragen, ob er nicht froh sei, daß sie darauf gedrungen habe, daß er endlich den Versicherungsantrag abschickte, denn sonst wären sie jetzt auf dem Weg ins Armenhaus. Vier Tage, ohne daß Lydia ihm erzählte, daß viele Leute, die von der Hüfte abwärts gelähmt waren, völlig normal lebten – wenigstens fast normal. In jedem Museum und in jeder Galerie seien außer Treppen auch Auffahrten für Rollstühle, von Spezialbussen ganz zu schweigen. Nach solchen Bemerkungen lächelte Lydia immer tapfer und brach dann unvermeidlich in Tränen aus.

Zufrieden schlief Morris ein.

Als er aufwachte, war es halb sechs Uhr nachmittags. Sein Nachbar schlief. Morris hatte Dussander immer noch nicht unterbringen können, aber er war ganz sicher, daß er den Mann kannte. Ein oder zweimal hatte er Denker schon direkt fragen wollen, aber irgend etwas hielt ihn davon ab, über eine banale Konversation hinauszugehen – er sprach nur vom Wetter, vom letzten Erdbeben, vom nächsten Erdbeben und, ja, er habe im *Guide* gelesen, daß Myron Floren am Wochenende in der Lawrence Welk-Show auftreten würde.

Morris erklärte sich seine Zurückhaltung so: Es handelte sich um bloße Gedankenspiele, und wenn man von den Schultern bis zur Hüfte in einem Gipskorsett liegt, sind Gedankenspiele das einzige, was einem übrigbleibt. Wenn man sich ein wenig geistig beschäftigt, kümmert man sich nicht mehr so sehr darum, ob man für den Rest seines Lebens durch einen Katheder pissen muß.

Wenn er Dussander jetzt ganz direkt fragte, würde dieses Gedankenspiel wahrscheinlich abrupt und sehr unbefriedigend enden. Sie würden vielleicht darauf kommen, daß sie sich von irgendwoher kannten – eine gemeinsame Bahnreise, eine Schiffsreise, vielleicht sogar aus dem Lager. Denker könnte in Patin gewesen sein; dort hatte es viele deutsche Juden gegeben.

Andererseits hatte ihm eine Schwester gesagt, Denker würde wahrscheinlich in ein oder zwei Wochen entlassen. Wenn Morris es bis dahin nicht rauskriegte, würde er sein Gedankenspiel für verloren ansehen und den Mann direkt fragen: *Sagen Sie mal, ich habe das Gefühl, daß wir uns kennen –*

Aber damit war es nicht getan, das wußte er. Er hatte irgendwie ein ungutes Gefühl, das ihn an die Geschichte von der ›Affenpfote‹ denken ließ, die ein böses Schicksal mit der Eigenschaft ausgestattet hatte, jeden Wunsch zu erfüllen. Das alte Ehepaar, das in den Besitz der Pfote gelangte, wünschte sich hundert Dollar und erhielt das Geld als Beileidsgeschenk, als ihr einziger Sohn bei einem häßlichen Unfall in einer Spinnerei ums Leben kam. Dann hatte die Mutter sich gewünscht, daß der Sohn wieder zurückkommen möge. Kurz darauf hörten sie schleppende Schritte vor dem Haus; dann ein Klopfen an der Tür, ein wahres Trommelfeuer. Halb verrückt vor Freude eilte die Mutter die Treppe hinunter, um ihr einziges Kind einzulassen. Der Vater, halb verrückt vor Angst, suchte in der Dunkelheit nach der getrockneten Pfote, fand sie endlich und wünschte seinen Sohn wieder tot. Einen Augenblick später riß die Mutter die Tür auf und fand draußen nichts als das Rauschen des nächtlichen Windes.

Irgendwie hatte Morris das Gefühl, daß er *tatsächlich* wußte, wo er und Denker sich kennengelernt hatten, aber dieses Wissen glich dem Sohn des alten Ehepaares in der Geschichte – aus dem Grabe zurückgekehrt, aber nicht wie seine Mutter ihn kannte, sondern grauenhaft zerquetscht und verstümmelt, nachdem er in das alles zermalmende Getriebe der Maschine geraten war. Er hatte das Gefühl, daß sein Wissen um Denker im Unterbewußtsein lag und an die Tür klopfte, um in sein Bewußtsein eingelassen zu werden ... und daß ein Teil seines Verstandes verzweifelt nach der Affenpfote oder ihrem psychologischen Äquivalent suchte, nach dem Talismann, mit dem man dieses Wissen für immer fortwünschen konnte.

Stirnrunzelnd schaute er zu Denker hinüber.

Denker, Denker. Woher kenne ich dich, Denker? Wirklich aus Pa-

tin? Will ich es deshalb nicht wissen? Aber zwei Überlebende eines gemeinsamen Grauens brauchen einander doch nicht zu fürchten. Außer natürlich...

Wieder zog er die Stirn in Falten. Er spürte, daß er nahe daran war, aber seine Füße fingen plötzlich an zu kribbeln und störten ihn in seiner Konzentration. Sie kribbelten, wie ein Glied kribbelt, wenn das Blut wieder normal zu zirkulieren anfängt, nachdem man darauf gelegen hat. Wenn er nicht in diesem verdammten Gipskorsett läge, könnte er jetzt aufstehen – und sich die Füße reiben, um das Kribbeln loszuwerden. Er könnte –

Morris' Augen weiteten sich.

Lange lag er völlig reglos da. Lydia war vergessen, Denker war vergessen, Patin war vergessen, *alles* war vergessen, nur nicht das Kribbeln in seinen Füßen. Ja, in *beiden* Füßen, aber im rechten war es heftiger. Wenn man dieses Kribbeln spürt, sagt man *Mir sind die Füße eingeschlafen.*

Aber in Wirklichkeit meint man natürlich *Meine Füße wachen gerade auf.*

Morris tastete nach dem Klingelknopf. Er drückte immer wieder darauf, bis endlich die Schwester kam.

Die Schwester wollte die Sache herunterspielen – sie hatte schon öfter Patienten erlebt, die sich falsche Hoffnungen machten. Sein Arzt war nicht im Gebäude, und die Schwester wollte ihn nicht gern zu Hause anrufen. Dr. Kemmelman konnte ziemlich unangenehm werden... besonders wenn man ihn zu Hause anrief. Aber Morris ließ sich nicht einfach abspeisen. Er war ein höflicher Mensch, aber hier wollte er es nicht bei einem Protest belassen; wenn nötig würde er einen Aufruhr veranstalten. Die Braves hatten zweimal hintereinander gewonnen. Lydia hatte sich die Hüfte verrenkt. Aber aller guten Dinge sind drei, wie jeder weiß.

Endlich erschien die Schwester mit einem Assistenzarzt, einem jungen Mann namens Dr. Timpnell, dessen Haar aussah, als sei es unter einen Rasenmäher mit sehr stumpfen Klingen geraten. Dr. Timpnell zog ein Schweizer Armeemesser aus der Tasche seiner weißen Hose, klappte den Schraubenzieher auf und fuhr damit an Morris' rechtem Fuß von den Zehen bis zur Ferse. Der Fuß bog sich nicht durch, aber die Zehen zuckten – sie zuckten so deutlich, daß es einem nicht entgehen konnte. Morris brach in Tränen aus.

Timpnell schien ziemlich überrascht zu sein. Er setzte sich zu Morris auf das Bett und tätschelte ihm die Hand.

»So etwas kommt gelegentlich vor«, sagte er (vermutlich aus dem reichen Fundus seiner sechsmonatigen praktischen Erfahrung heraus). »So etwas kann kein Arzt voraussagen, dennoch kann es geschehen. Bei Ihnen ist es offenbar geschehen.«

Morris nickte durch seine Tränen hindurch.

»Offensichtlich sind Sie nicht völlig gelähmt.« Timpnell tätschelte ihm immer noch die Hand. »Ich wage nicht vorauszusagen, ob die Heilung geringfügig, partiell oder total erfolgen wird. Und ich bezweifle, ob Dr. Kemmelman eine solche Voraussage treffen würde. Ich vermute, daß Sie sich einer Therapie werden unterziehen müssen, die nicht in allen Teilen angenehm sein wird. Aber sie ist immer noch angenehmer als... na, Sie wissen ja.«

»Ja«, sagte Morris, der immer noch weinte. »Ich weiß. Gott sei Dank!« In diesem Augenblick erinnerte er sich daran, daß er Lydia gesagt hatte, es gäbe keinen Gott, und heiß schoß ihm das Blut zu Kopf.

»Ich werde dafür sorgen, daß Dr. Kemmelman informiert wird«, sagte Timpnell, gab Morris noch einen aufmunternden Klaps auf die Schulter und stand auf.

»Könnten Sie meine Frau anrufen?« bat Morris. Trotz ihres ewigen Gezeters und Händeringens empfand er doch *irgend etwas* für sie. Vielleicht war es sogar Liebe, ein Gefühl, das wenig damit zu tun hatte, daß er manchmal nicht übel Lust hatte, ihr das Genick umzudrehen.

»Ja, das wird veranlaßt. Schwester, würden Sie –«

»Selbstverständlich, Doktor«, sagte die Schwester, und Timpnell hatte Schwierigkeiten, ein Grinsen zu unterdrücken.

»Vielen Dank«, sagte Morris und wischte sich mit einem Kleenex-Tuch aus der Schachtel auf dem Nachttisch die Augen. »Recht vielen Dank.«

Timpnell verließ das Zimmer. Irgendwann während dieser Unterhaltung war Mr. Denker aufgewacht. Morris wollte sich schon für den ganzen Lärm entschuldigen und vielleicht auch dafür, daß er weinte, aber dann fand er, daß es keiner Entschuldigung bedürfe.

»Man darf Ihnen wohl gratulieren«, sagte Denker.

»Das werden wir sehen«, sagte Morris und, wie Timpnell, hatte er Schwierigkeiten, ein Grinsen zu unterdrücken. »Das werden wir sehen.«

»Irgendwie regeln sich die Dinge schon«, sagte Denker und schaltete mit Fernbedienung das TV-Gerät ein. Es war jetzt Viertel vor sechs, und sie sahen sich den Rest von *Hee Haw* an. Dann folgten die Abendnachrichten. Die Arbeitslosenzahl hatte sich erhöht. Die Inflationsrate war gesunken. Billy Carter plante, in das Biergeschäft einzusteigen. Eine Meinungsumfrage hatte ergeben, daß, wenn heute Wahlen wären, fünf republikanische Kandidaten Billys Bruder Jimmy Carter schlagen könnten. Und nach dem Mord an einem schwarzen Kind in Miami hatte es Rassenkrawalle gegeben. ›Eine Nacht der Gewalttätigkeit‹ nannte es der Sprecher. In der Nähe von Santo Donato war am Highway 46 ein unbekannter Mann erstochen und erschlagen aufgefunden worden.

Lydia rief kurz vor sechs Uhr dreißig an. Dr. Kemmelman hatte mit ihr telefoniert und auf den Bericht des Assistenzarztes hin vorsichtigen Optimismus durchblicken lassen. Lydia reagierte mit vorsichtiger Freude und versprach, morgen zu kommen und koste es sie das Leben. Morris sagte ihr, daß er sie liebe. Heute liebte er alle – Lydia, Dr. Timpnell mit dem Rasenmäherhaarschnitt, Mr. Denker und sogar das junge Mädchen, das ihnen das Abendessen brachte, als Morris auflegte.

Es gab Hamburger, Kartoffelpüree, Erbsen und Karotten und als Nachtisch einen Eisbecher. Die Kleine, die servierte, war Felice, ein schüchternes blondes Mädchen von etwa zwanzig. Sie brachte ihre eigene gute Nachricht – ihr Freund habe bei IBM einen Job als Programmierer bekommen und sie offziell gebeten, seine Frau zu werden.

Mr. Denker, der einen zurückhaltenden höflichen Charme verströmte, der bei jungen Mädchen gut ankam, gab seiner Freude Ausdruck. »Oh, das ist ja wunderbar. Sie müssen sich setzen und uns alles genau erzählen. Erzählen Sie uns alles. Lassen Sie nichts aus.«

Felice errötete und sagte, daß das nicht ginge.« Wir sind noch nicht mit dem B-Flügel fertig, und dann müssen wir noch den C-Flügel machen. Und jetzt ist es schon sechs Uhr dreißig.«

»Aber morgen abend bestimmt. Wir bestehen darauf... nicht wahr, Mr. Heisel?«

»Ja, natürlich«, murmelte Morris, aber seine Gedanken waren eine Million Meilen weit weg.

(Sie müssen sich setzen und uns alles genau erzählen)

In genau dem gleichen scherzenden Ton gesprochene Worte. Er hatte sie schon früher gehört, daran bestand kein Zweifel. Aber war es Denker gewesen, der so gesprochen hatte? *War er es gewesen?*

(Erzählen Sie uns alles)

Die Stimme eines Mannes von Welt. Eines kultivierten Mannes. Aber in seiner Stimmung lag etwas Drohendes. Eine stählerne Faust in einem Samthandschuh. Ja.

Wo?

(Erzählen Sie uns alles. Lassen Sie nichts aus.)

(? PATIN ?)

Morris Heisel starrte auf sein Abendessen. Mr. Denker war schon hungrig über sein eigenes Essen hergefallen. Nach dem kurzen Gespräch mit Felice hatte er gute Laune – die gleiche gute Laune wich nach dem Besuch des Jungen mit den blonden Haaren.

»Ein nettes Mädchen«, sagte Denker, und seine Worte klangen undeutlich, weil er den Mund voll Erbsen und Karotten hatte.

»Oh, ja –

(Sie müssen sich setzen)

– Sie meinen Felice. Sie ist

(und uns alles genau erzählen)

wirklich sehr nett.«

(Erzählen Sie uns alles. Lassen Sie nichts aus)

Wieder schaute er auf sein Essen, und plötzlich erinnerte er sich daran, wie es damals war, wenn man schon einige Zeit im Lager gesessen hatte. Zuerst hätte man wegen einem

Stück Fleisch einen Mord begangen, und wenn es noch so grünschillernd und voller Maden war. Aber nach einiger Zeit verschwand dieser verrückte Hunger, und man spürte den Magen nur noch wie einen kleinen grauen Stein im Leib. Man glaubte, daß man nie wieder hungrig sein würde.

Bis jemand einem etwas Eßbares zeigte.

(»*Erzählen Sie uns alles, mein Freund. Lassen Sie nichts aus. Sie müssen sich setzen und uns ALLES genau erzählen.*«)

Das Hauptgericht auf Morris' Plastiktablett war ein Hamburger. Warum sollte er ihn plötzlich an Lamm denken lassen? Nicht an Hammel oder Kotelett – Hammelfleisch war oft faserig und ein Kotelett oft zäh, und jemand, dem die Zähne wie alte Stümpfe verrottet waren, verspürte vielleicht keinen sonderlichen Appetit auf Hammelfleisch oder Kotelett. Nein, er dachte an ein schmackhaftes Hammelragout mit reichlich Soße und viel Gemüse. Weiches, wohlschmeckendes Gemüse. Warum dachte er an ein Lammragout? Warum? Es sei denn –

Die Tür flog auf. Es war Lydia, das rosige Gesicht ein einziges Lächeln. Sie stützte sich auf eine Aluminiumkrücke und ging wie Sheriff Dillons Freund Chester. »*Morris!*« trällerte sie. Hinter ihr betrat Emma Rogan von nebenan das Zimmer. Sie hatte eine genauso glückliche Miene aufgesetzt wie Lydia.

Mr. Denker fuhr zusammen und ließ die Gabel fallen. Er fluchte leise und hob sie ächzend vom Fußboden auf.

»Es ist so WUNDERBAR!« sagte Lydia und bellte fast vor Aufregung. »Ich habe Emma angerufen und sie gefragt, ob wir nicht statt morgen heute abend kommen können. Die Krücke hatte ich schon, und ich habe gesagt: ›Emma‹, habe ich gesagt, ›was für eine Ehefrau wäre ich, wenn ich diese Schmerzen nicht ertragen würde?‹ Genau das waren meine Worte, nicht wahr, Emm?«

Emma, die vielleicht gerade daran dachte, daß ihr Collie wenigstens einen Teil des Problems verursacht hatte, nickte eifrig.

»Ich habe also im Krankenhaus angerufen«, sagte Lydia, zog den Mantel aus und richtete sich offenbar auf einen längeren Besuch ein. »Die Besuchszeit sei schon vorbei, haben

sie mir gesagt, aber in meinem Fall würden sie eine Ausnahme machen, wenn es Mr. Denker stört, bleiben wir natürlich nicht lange. Wir stören Sie doch nicht, Mr. Denker?«

»Keineswegs, meine Dame«, sagte Mr. Denker resigniert.

»Setz dich, Emma. Nimm Mr. Denkers Stuhl, er braucht
ihn ja nicht. Morris, laß das Eis stehen. Du bekleckerst dich ja
wie ein Baby. Warte nur, bald bist du wieder ganz mobil.
Komm, ich werde dich füttern. Gu-gu, ga-ga. Aufgemacht
und schön geschluckt. Nein, nicht sprechen, Mommy macht
das schon. Schau ihn dir an, Emma, er hat kaum noch Haare
auf dem Kopf, und das ist kein Wunder, wenn man bedenkt,
daß er vielleicht nie mehr laufen wird. Und jetzt diese Gnade
Gottes! Ich habe ihm gesagt, daß die Trittleiter wacklig ist.
›Morris‹, habe ich gesagt, ›komm da runter, bevor –‹«

Sie löffelte ihm das Eis in den Mund und redete noch eine
geschlagene Stunde. Als sie ging, humpelte sie auffällig an
ihrer Krücke, während Emma ihren anderen Arm hielt. Morris Heisel dachte jetzt an alles andere als an Lammragout und
an das Echo von Stimmen aus einer fernen Vergangenheit. Er
war total erschöpft. Wollte man sagen, es sei ein aufregender
Tag gewesen, hätte man es noch gelinde ausgedrückt. Bald
war Morris fest eingeschlafen.

Irgendwann zwischen drei und vier Uhr morgens wachte er
mit einem Schrei hinter den Lippen auf.

Jetzt wußte er es. Er wußte genau, wann und wo er den
Mann im anderen Bett kennengelernt hatte. Nur war sein
Name damals nicht Denker gewesen. Keine Spur.

Er war aus dem entsetzlichsten Alptraum seines Lebens erwacht. Jemand hatte ihm und Lydia eine Affenpfote geschenkt, und sie hatten sich Geld gewünscht. Dann war
plötzlich ein Telegrammbote in Hitlerjuguniform bei ihnen im Zimmer gewesen. Er gab Morris ein Telegramm mit
folgendem Text: BEDAUERN IHNEN MITTEILEN ZU MÜS-
SEN BEIDE TÖCHTER VERSTORBEN STOP KONZENTRA-
TIONSLAGER PATIN STOP GROSSES BEDAUERN ÜBER
DIESE ENDLÖSUNG STOP BRIEF DES KOMMANDAN-
TEN FOLGT STOP WIRD IHNEN ALLES ERZÄHLEN
UND NICHTS AUSLASSEN STOP ÜBERWEISUNG VON

100 REICHSMARK MORGEN AUF IHREM KONTO STOP GEZEICHNET ADOLF HITLER REICHSKANZLER.

Lydia jammerte laut, und obwohl sie Morris' Töchter nie gesehen hatte, hob sie die Affenpfote und wünschte ihnen das Leben zurück. Im Zimmer wurde es dunkel, und plötzlich war draußen das Geräusch von schleppenden Schritten zu hören.

Morris hockte auf Händen und Knien in einer Dunkelheit, die plötzlich nach Gas und Rauch und Tod stank. Er suchte die Pfote. Er hatte noch einen Wunsch übrig. Wenn er die Pfote fand, konnte er diesen schrecklichen Traum fortwünschen. Er würde sich den Anblick seiner Töchter ersparen, dürr wie Vogelscheuchen, die Augen tiefe verwundete Löcher, ihre Nummern in das Fleisch der Arme eingebrannt.

Ein Klopfen an der Tür. Eine wahre Klopfsalve.

In seinem Alptraum suchte er die Pfote immer verzweifelter, aber es war vergebens. Es schien Jahre zu dauern. Und dann flog hinter ihm krachend die Tür auf. *Nein*, dachte er, *ich will nicht hinschauen. Ich schließe die Augen. Wenn nötig reiße ich sie mir aus, aber ich will nicht hinschauen.*

Aber er schaute doch hin. Er mußte hinschauen. Im Traum war es, als ob eine riesige Hand seinen Kopf packte und umdrehte.

Nicht seine Töchter standen vor der Tür; es war Denker. Ein viel jüngerer Denker, ein Denker in SS-Uniform, die Mütze mit dem Totenkopf schief aufgesetzt. Die Knöpfe glänzten kalt, die Stiefel waren spiegelblank.

Er hielt einen riesigen Topf mit brodelndem Lammragout im Arm.

Und der Traum-Denker lächelte sein finsteres, aber verbindliches Lächeln und sagte: *Sie müssen sich setzen und uns alles genau erzählen – wie ein Freund mit einem andern spricht, was? Wir haben gehört, daß hier Gold versteckt wird. Daß einige Tabak horten. Daß Schneibel keine Lebensmittelvergiftung hatte, sondern daß in seinem Essen gemahlenes Glas war. Tun Sie nicht so, als wüßten Sie nichts. Sie wollen uns doch nicht etwa für dumm verkaufen? Sie haben ALLES gewußt. Deshalb müssen Sie uns auch alles erzählen. Lassen Sie nichts aus.*

Und in der Dunkelheit roch er den Duft des Lammragouts

und erzählte ihnen alles. Sein Magen, der ein kleiner grauer Stein gewesen war, wurde jetzt zu einem reißenden Tiger. Ihm troffen die Worte nur so von den Lippen. Hilflos spuckte er sie aus als sinnloses Geschwafel eines Wahnsinnigen bei dem Wahrheit und Lügen nicht zu unterscheiden waren.

Brodin hat sich den Ehering seiner Mutter unter den Sack geklebt!

(*»Sie müssen sich setzen«*)

Laslo und Herman Dorksy haben darüber gesprochen, daß sie den Wachtturm Nummer drei überfallen wollen!

(*»und uns alles genau erzählen«*)

Rachel Tannenbaums Mann hat Tabak, und er hat dem Wachposten, der Zeickert immer ablöst und den alle Rotzfresser nennen, weil er dauernd in der Nase bohrt und sich anschließend den Finger in den Mund steckt, Tannenbaum hat dem Rotzfresser Tabak gegeben, damit er seiner Frau die Perlenohrringe nicht wegnimmt!

(*Oh, nein, das gibt überhaupt keinen Sinn, ich glaube, da bringen Sie zwei Geschichten durcheinander, als daß Sie eine völlig verschweigen, Sie dürfen NICHTS auslassen!«*)

Da ist ein Mann, der beim Appell den Namen seines toten Sohnes gerufen hat, damit er doppelte Rationen bekommt!

(*»Nennen Sie uns seinen Namen«*)

Ich kenne den Namen nicht, aber ich kann Ihnen den Mann zeigen, ja, das werde ich tun, das werde ich tun.

(*»Erzählen Sie uns alles was Sie wissen«*)

Ja, das werde ich tun, ja, ja, ja, ja.

Und dann wachte er auf, und in seiner Kehle steckte ein Schrei, der wie Feuer brannte.

Zitternd schaute er zu der schlafenden Gestalt im Nachbarbett hinüber. Besonders genau beobachtete er den faltigen eingefallenen Mund. Ein alter Tiger ohne Zähne. Ein alter bösartiger Elefant, ein Einzelgänger mit nur einem schon angefaulten Stoßzahn. Ein seniles Ungeheuer.

»Oh, mein Gott«, flüsterte Morris Heisel. Ganz spitz und schwach klang seine Stimme, und nur er selbst konnte sie hören. Tränen liefen ihm über die Wangen. »Oh, lieber *Gott*, der Mann, der meine Frau und meine Töchter ermordet hat, schläft mit mir in einem Zimmer, mein *Gott*, oh, mein *Gott*, er ist hier bei mir im Zimmer.«

Die Tränen flossen jetzt schneller – Tränen des Zorns und des Grauens, heiß und bitter.

Zitternd erwartete er den Morgen, aber der Morgen kam erst nach einer Ewigkeit.

21

Am nächsten Tag, einem Montag, war Todd um sechs Uhr früh aufgestanden und stocherte lustlos in dem Rührei, das er sich zubereitet hatte, als sein Vater herunterkam. Er trug noch den mit einem Monogramm verzierten Morgenmantel, und seine Füße steckten in Hausschuhen.

»Hmmm«, brummte er, als er an Todd vorbei zum Kühlschrank ging, um sich Orangensaft zu holen.

Todd brummte ebenfalls etwas, ohne von seinem Buch aufzusehen. Für die Sommerferien hatte er bei einem Landschaftsgärtner, der in der Nähe von Pasadena arbeitete, einen Job gefunden. Normalerweise wäre das zu weit gewesen, um abends wieder nach Hause zu fahren, selbst wenn seine Eltern ihm für den Sommer einen Wagen zur Verfügung gestellt hätten (wozu sie nicht bereit waren), aber sein Vater leitete in der Gegend ein Bauvorhaben. Auf dem Weg zur Arbeit konnte er Todd an einer Bushaltestelle absetzen und ihn abends dort wieder abholen. Todd war von dieser Regelung alles andere als begeistert; er fuhr abends nicht gern mit seinem Vater zusammen von der Arbeit nach Hause, und morgens zusammen mit ihm zur Arbeit zu fahren, war ihm erst recht ein Greuel. Morgens fühlte er sich immer besonders nackt, denn dann war die Trennwand zwischen dem, was er war, und dem, was er sein könnte, besonders dünn. Noch schlimmer war es, wenn er nachts schlecht geträumt hatte, aber selbst wenn er nicht geträumt hatte, war es schlimm genug. Eines Morgens stellte er erschrocken, nein, voller Entsetzen fest, daß er ernsthaft daran gedacht hatte, seinem Vater ins Steuer zu greifen und den Porsche auf die Schnellspur zu lenken und eine Schneise der Zerstörung durch die Kolonie der frühen Pendler zu ziehen.

»Willst du noch ein Ei, Todd-O?«

»Nein, danke Dad.« Dick Bowden aß sie gebraten. Wie konnte man nur Spiegeleier essen? Zwei Minuten auf dem Grill, und dann hatte man am Ende etwas auf dem Teller, das aussah wie ein riesiges totes Auge mit einem grauen Star, und dieses Auge blutete orangerot, wenn man die Gabel hineinstieß.

Er schob sein Rührei von sich. Er hatte es kaum angerührt.

Draußen klatschte die Morgenzeitung auf die Treppe.

Sein Vater war mit dem Braten fertig und schaltete den Grill ab. Er trat an den Tisch. »Keinen Hunger heute, Todd-O?«

So nennst du mich noch ein einziges Mal, und ich ramme dir mein Messer in deine verdammte Nase... Dad-O.

»Ich hab' wohl keinen Appetit.«

Dick lächelte seinen Sohn liebevoll an. Am rechten Ohr des Jungen hing noch ein wenig Rasierschaum. »Betty Trask hat dir den Appetit verdorben, vermute ich.«

»Das wird's wohl sein.« Er lächelte müde, aber das Lächeln verschwand sofort aus seinem Gesicht, als sein Vater die Stufen hinunterging, um die Zeitung zu holen. *Würdest du aufwachen, wenn ich dir erzähle, was für eine elende Fotze sie ist, Dad-O? Wie wäre es, wenn ich sagte »Wußtest du übrigens schon, daß die Tochter deines guten Freundes Ray Trask eine der größten Nutten von Santo Donato ist? Sie würde ihr eigenes Ding küssen, wenn sie gelenkig genug wäre, Dad-O. Eine stinkende Nutte. Ein paar Cola, und du hast sie für die Nacht. Sie würde mit einem Köter bumsen, wenn sie keinen Mann hat.« Würdest du dann endlich aufwachen, Dad-O? Sozusagen ein fliegender Start in den Tag.*

Mit Gewalt schob er diese Gedanken von sich, aber er wußte, daß sie wiederkommen würden.

Sein Vater brachte die Zeitung. Todd sah die Schlagzeile: RAUMFÄHRE STARTET NICHT, SAGEN EXPERTEN.

Dick setzte sich. »Betty ist ein gutaussehendes Mädchen«, sagte er. »Sie erinnert mich an deine Mutter, als ich sie kennenlernte.«

»Tatsächlich?«

»Hübsch... jung... frisch...« Dicks Blicke bekamen einen verträumten Ausdruck. Aber dann sah er fast ängstlich seinen Sohn an. »Nicht daß deine Mutter nicht immer noch eine gutaussehende Frau wäre. Aber in dem Alter hat ein Mädchen einen gewissen... Glanz, könnte man vielleicht sagen. Er hält sich eine Weile, und dann ist er verschwunden.« Er zuckte die Achseln und schlug die Zeitung auf. »C'est la vie.«

Sie ist eine läufige Hündin. Vielleicht glänzt sie deshalb.

»Behandelst du sie auch richtig, Todd-O?« Wie üblich blätterte sein Vater rasch die Zeitung durch, bis er den Sportteil fand. »Wirst du auch nicht zu frech?«

»Alles ganz cool, Dad.«

(Wenn er nicht gleich aufhört, tue ich irgendwas, ich schreie oder kippe ihm den Kaffee ins Gesicht, irgendwas.)

»Ray sagt, du bist ein netter Junge«, sagte Dick zerstreut. Er hatte endlich den Sportteil gefunden. Er konzentrierte sich auf die Berichte. Am Frühstückstisch breitete sich gesegnete Ruhe aus.

Als er das erste Mal mit Betty Trask ausging, waren sie nach dem Kino in eine abgelegene Gegend gefahren, denn er wußte, daß man das von ihm erwartete. Dort konnte man sich eine halbe Stunde lang gegenseitig ablecken, und dann konnte man seinen jeweiligen Freunden am nächsten Tag genau das Richtige erzählen. Sie konnte mit den Augen rollen und erzählen, wie sie seine Zudringlichkeiten abgewehrt habe – Jungs seien doch in Wirklichkeit furchtbar langweilig, und bei der ersten Verabredung bumse sie sowieso nicht, nein, so eine sei sie nicht. Ihre Freundinnen würden ihr zustimmen, und dann würden sie gemeinsam in die Mädchentoilette gehen, um dort zu tun, was sie dort immer taten – ihr Make-up auffrischen, rauchen, was auch immer.

Und ein Junge... nun, man mußte schon Versuche unternehmen. Man mußte wie beim Baseball mindestens das zweite Mal erreichen und wenn möglich das dritte. Todd war nicht daran interessiert, als gewaltiger Bumser zu gelten; er wollte nur als normal angesehen werden. Und wenn man es nicht wenigstens *versuchte*, wurde geredet. Dann fragten sich die Leute, ob man tatsächlich normal sei.

Deshalb fuhr er mit den Mädchen zum Jan's Hill, küßte sie, griff ihnen an die Titten und ging noch ein wenig weiter, wenn sie es zuließen. Dann konnten sie sich am nächsten Tag in der Toilette erzählen, was sie wollten. Kein Mensch würde auf den Gedanken kommen, daß Todd nicht normal sei. Außer –

Außer daß Betty Trask *wirklich* zu den Mädchen gehörte, die sich bei der ersten Verabredung bumsen ließen. Bei jeder Verabredung. Und zwischen den Verabredungen.

Todd hatte immer ein Gefühl dafür gehabt, ob ein Mädchen es bei der nächsten Verabredung mit sich machen lassen würde. Er sah gut aus und hatte überdurchschnittliche Zukunftsaussichten. Einen Jungen wie ihn hielten ihre beschissenen Mütter für ›einen guten Fang‹. Und wenn er merkte, daß ein Mädchen seinen Widerstand allmählich aufgab, versuchte er es bei einem anderen. Und was immer das über seine Persönlichkeit aussagen mochte, Todd wußte, wenn ihm jemals ein wirklich frigides Mädchen über den Weg lief, würde er mit ihm nur allzugern länger zusammenbleiben und es vielleicht sogar heiraten.

Das erste Mal mit Betty war ganz gut gewesen – *sie* war nicht mehr unschuldig, wenn es auch war. Sie mußte ihm helfen, seinen Schwanz reinzuschieben, aber das schien sie gewohnt zu sein. Und mitten im Akt hatte sie von der Wolldecke, auf der sie lagen, zu ihm aufgeschaut und gegurgelt: »Ich *liebe* Bumsen!« In diesem Tonfall hätte jedes andere Mädchen seine Vorliebe für Erdbeereis ausgedrückt.

Spätere Begegnungen – es hatte fünf gegeben (fünfeinhalb, wenn man den letzten Abend mitrechnete) – waren nicht so befriedigend verlaufen. Ein Mal war schlechter als das andere gewesen... obwohl sie es selbst wahrscheinlich gar nicht gemerkt hatte (wenigstens nicht vor gestern abend). Ganz im Gegenteil. Betty glaubte anscheinend, den Rammbock ihrer Träume gefunden zu haben.

Todd hatte nichts von dem empfunden, was man dabei eigentlich empfinden müßte. Ihre Lippen zu küssen war, als küßte man warme, aber ungekochte Leber. Wenn er ihre Zunge im Mund hatte, fragte er sich, wie viele Keime wohl daran seien, und manchmal glaubte er, ihre Zahnfüllungen zu schmecken – ein unangenehmer metallischer Geschmack wie von Chrom. Ihre Brüste waren Fleischsäcke. Sonst nichts.

Vor Dussanders Herzanfall war er noch zweimal mit ihr zusammengewesen. Jedes Mal war es schwieriger gewesen, eine Erektion zu bekommen. In beiden Fällen hatte er seine Fantasie bemüht, damit es endlich klappte. Sie stand nackt vor allen ihren Freundinnen und seinen Freunden. Sie weinte und Todd zwang sie, vor ihnen auf und ab zu gehen, während er rief: *Zeig deine Titten! Zeig ihnen deine Fotze, du billige Nutte! Mach die Beine breit! Das ist richtig, bück dich und mach sie BREIT!*

Es war nicht überraschend, daß Betty ihn zu schätzen wußte. Er war ein guter Liebhaber, nicht trotz, sondern wegen seiner Probleme. Das Ding hart zu bekommen, war nur der erste Schritt. Hatte man erst eine Erektion, mußte es auch zu einem Orgasmus kommen. Beim vierten Mal – das war drei Tage nach Dussanders Herzanfall – hatte er sie zehn Minuten lang gerammelt. Betty Trask glaubte schon, sie sei gestorben und im Himmel; sie hatte drei Orgasmen und bemühte sich um den vierten, als Todd sich an eine alte Fantasie erinnerte ... es war überhaupt die erste Fantasie. Das auf den Tisch geschnallte hilflose Mädchen. Der riesige Kunstpenis. Der Gummiball. Jetzt aber, als er verzweifelt und schwitzend versuchte einen Orgasmus zu bekommen, um dieses Grauen zu beenden, verwandelte sich das Gesicht des Mädchens auf dem Tisch in Bettys Gesicht. Dann verspürte er einen freudlosen schwachen Krampf, der, wenigstens technisch, ein Orgasmus war. Wenig später hauchte Betty ihm ihren nach Fruchtgummi riechenden Atem ins Ohr und flüsterte: »Liebling, du darfst mich jederzeit. Du brauchst nur anzurufen.«

Todd hätte fast laut aufgestöhnt.

Sein Dilemma war: Würde sein Ruf nicht leiden, wenn er sich von einem Mädchen trennte, das sich so offensichtlich auf ihn eingestellt hatte? Würden die Leute sich nicht fragen, warum? Eigentlich glaubte er das nicht. In seinem ersten Jahr am College war er mal hinter zwei älteren Jungen gegangen und hatte gehört, wie der eine dem anderen erzählte, er habe mit seiner Freundin Schluß gemacht. Der andere wollte wissen, warum. »Ich habe sie oft genug gebumst«, sagte der erste, und die beiden meckerten vor Lachen wie die Ziegen.

Wenn jemand mich fragt, warum ich mich von ihr getrennt habe,

werde ich sagen, daß ich sie oft genug gebumst habe. Aber wenn sie
nun erzählt, daß es nur fünfmal war? Ist das nicht genug? Was?...
Wie oft?... Wer wird überhaupt fragen?... Was werden sie sagen?

Unruhig kreisten seine Gedanken, wie eine Ratte in einem
ausweglosen Labyrinth. Verschwommen ahnte er, daß er
aus einem kleinen Problem ein großes machte und daß seine
Unfähigkeit, dieses Problem zu lösen, deutlich zeigte, wie
nervös er geworden war. Aber selbst dieses Wissen ermög-
lichte es ihm nicht, sein Verhalten zu ändern, und er verfiel in
dumpfe Depressionen.

College. Das College war die Antwort. Das College war ein
Grund, sich von Betty zu trennen, den jeder verstehen
würde. Aber der September war noch weit.

Beim fünften Mal hatte es fast zwanzig Minuten gedauert,
bis er eine Erektion hatte, aber der anschließende Akt hatte
Betty für das Warten entschädigt. Dann aber, gestern abend,
war überhaupt nichts mehr gelaufen.

»Was ist denn los mit dir?« hatte Betty mürrisch gefragt.
Als sie zwanzig Minuten lang seinen schlaffen Penis manipu-
liert hatte, waren ihre Haare ganz zerzaust und sie verlor die
Geduld. »Bist du vielleicht schwul?«

Beinahe hätte er sie auf der Stelle erwürgt. Und wenn er
seine Winchester gehabt hätte –

»Nanu, ich werd' verrückt! Herzlichen Glückwunsch,
mein Sohn!«

»Was?« Er fuhr aus seinen finsteren Gedanken hoch.

»Du sollst für die Southern Cal High School All-Stars spielen!« Sein Vater lachte ihn stolz und glücklich an.

»So?« Im ersten Augenblick wußte er gar nicht, wovon sein
Vater redete; die Bedeutung der Worte ging ihm nicht gleich
auf. »Ach ja, Trainer Haines hat schon Ende des Jahres mit
mir darüber gesprochen. Er sagte, er will mich und Billy De-
Lyons aufstellen. Damit hatte ich gar nicht mehr gerechnet.«

»Mein Gott, freust du dich denn gar nicht?«

»Ich muß mich erst noch

(wen interessiert das auch nur einen Scheißdreck?)

an den Gedanken gewöhnen.« Mir großer Anstrengung
gelang ihm ein Grinsen. »Darf ich den Artikel mal sehen?«

Sein Vater reichte ihm die Zeitung und stand auf. »Ich

werde Monica wecken. Sie muß das lesen, bevor wir wegfahren.«

Mein Gott, nein – beide zusammen kann ich heute morgen wirklich nicht ertragen.

»Tu's lieber nicht. Du weißt doch, daß sie nicht wieder einschlafen kann, wenn du sie geweckt hast. Wir legen ihr die Zeitung auf den Tisch.«

»Auch gut. Du bist ein sehr rücksichtsvoller Junge, Todd.« Er schlug Todd auf den Rücken, und Todd kniff die Augen zu. Gleichzeitig zuckte er abwehrend die Achseln, worüber sein Vater lachen mußte. Todd machte die Augen wieder auf und sah in die Zeitung.

VIER JUNGEN FÜR DIE SOUTHERN CAL ALL-STARS nominiert, lautete die Schlagzeile. Darunter waren Fotos der vier in ihrem Sportdreß – der Fänger und der linke Feldspieler von Fairview High, der Linkshänder von Mountfort, und ganz rechts grinste Todd unter dem Schirm seiner Baseballmütze hervor. Er las den Artikel. Billy DeLyons hatte es geschafft, in die zweite Mannschaft zu kommen. Wie erfreulich. DeLyons konnte behaupten, er sei Methodist, bis ihm die Zunge rausfiel, wenn es ihm Spaß machte, aber Todd konnte er nichts vormachen. Er wußte ganz genau, was Billy DeLyons war. Vielleicht sollte er ihn mit Betty Trask bekanntmachen. Sie war nämlich auch jüdisch. Er hatte lange darüber nachgedacht, aber gestern abend war er ganz sicher gewesen. Die Trask galten als normale Weiße. Ein Blick auf ihre Nase und ihren olivfarbenen Teint – bei ihrem Alten war es noch schlimmer – und man wußte Bescheid. Deshalb hatte er wahrscheinlich auch keine Erektion bekommen. Es war ganz einfach: sein Schwanz hatte den Unterschied früher erkannt als sein Verstand. Wen wollten die wohl verarschen, wenn sie sich Trask nannten?

»Nochmals herzlichen Glückwunsch, mein Sohn.«

Er schaute auf und sah zuerst die ausgestreckte Hand seines Vaters und dann sein dümmlich grinsendes Gesicht.

Dein alter Freund Trask ist ein Jidd! hörte er sich seinem Vater ins Gesicht schreien. *Deshalb war ich gestern abend bei seiner Tochter, dieser Nutte, impotent! Das war der Grund!* Dann, gleich darauf, hörte er wieder diese kalte Stimme, die in solchen

Augenblicken tief aus seinem Inneren aufstieg und die steigende Flut der Irrationalität einschloß wie
(DU WIRST DICH AUF DER STELLE BEHERRSCHEN)
hinter Gitterstäben.

Er schüttelte seinem Vater die Hand und schaute ihm offen in das vor Stolz strahlende Gesicht. »Danke, Dad«, sagte er.

Sie ließen die Zeitung aufgeschlagen liegen, zusammen mit einem Zettel für Monica, den Todd auf Bitten seines Vaters selbst schrieb. Er unterzeichnete ihn mit: *Dein All-Stars-Sohn Todd*.

22

Ed French, alias ›Fischmaul‹ French, alias Turnschuhmann, alias Gummi-Ede hielt sich in der hübschen kleinen Küstenstadt San Remo auf, wo er an einer Konferenz pädagogischer Berater teilnahm. Es war die reinste Zeitverschwendung – das einzige, auf das sich die pädagogischen Berater einigen konnten, war, sich auf nichts zu einigen – und schon am ersten Tag langweilten ihn die Vorlagen, Seminare und Diskussionen entsetzlich. Am zweiten Tag stellte er fest, daß auch San Remo ihn langweilte, und daß von den Eigenschaften klein und hübsch *klein* wahrscheinlich die *wesentliche* war. Die Landschaft war zwar reizvoll und es gab herrliche alte Rotholzbäume, aber San Remo hatte weder ein Kino noch eine Bowling-Bahn, und Ed lehnte es ab, die einzige Bar der Stadt aufzusuchen. Auf ihrem Parkplatz standen lauter Lieferwagen, und die meisten hatten Reagan-Aufkleber auf den hinteren Türen oder den verrosteten Stoßstangen. Vor etwaigen Streitereien hatte er keine Angst, aber er hatte keine Lust, den ganzen Abend Männer mit Cowboyhüten zu sehen und aus der Musikbox Songs von Loretta Young zu hören.

Und heute war der dritte Tag einer Konferenz, die sich über vier unglaublich lange Tage erstrecken sollte; er saß in Zimmer 217 des Holiday Inn, während seine Frau und seine Tochter zu Hause waren. Das Fernsehgerät in seinem Zimmer war defekt, und aus dem Badezimmer drang ein unangenehmer Geruch. Es gab zwar einen Swimmingpool, aber sein Ekzem war in diesem Sommer wieder so schlimm, daß er sich noch nicht mal als Leiche in einer Badehose hätte sehen lassen mögen. Von den Schienbeinen abwärts sah er aus wie ein Leprakranker. Bis zur nächsten Arbeitssitzung hatte er noch eine Stunde Zeit (Hilfe für das sprachgestörte Kind – damit waren Stotterer und Kinder mit einem Wolfsrachen gemeint, aber das *sagt* man doch nicht so direkt, mein Gott, da könnte einem ja das Gehalt gekürzt werden), er hatte in San Remos einzigem Restaurant zu Mittag gegessen, er hatte keine Lust, ein Nickerchen zu machen, und der einzige Sender, der mit dem Fernsehgerät noch zu empfangen war, strahlte eine Wiederholung von *Bewitched* aus.

Er nahm das Telefonbuch, setzte sich hin und blätterte wahllos darin herum. Er wußte kaum, was er tat. Nur ganz vage überlegte er, ob er jemanden kannte, der so versessen auf kleine und hübsche Küstenstädte war, daß er ausgerechnet in San Remo wohnte. Alle gelangweilten Leute in allen Holiday Inns der Welt taten wahrscheinlich nach einiger Zeit genau das, was er jetzt tat. Das oder sie sahen fern oder sie lasen in der Bibel, die in jedem Zimmer ausliegt, was sagte man dann? »Frank! Wie geht es dir? Bist du hier wegen klein oder hübsch oder Küstenstadt?« Natürlich. Klar. Gebt dem Mann 'ne Zigarre und zündet ihn an.

Dennoch, als er auf dem Bett lag und das dünne Telefonbuch von San Remo durchblätterte, kam es ihm so vor, als habe er hier *tatsächlich* einen Bekannten. Den Vertreter eines Buchklubs? Einen von Sondras Nichten oder Neffen, von denen es ganze Bataillone gab? Ein Freund aus der Studentenzeit? Angehörige eines Schülers? Das schien eine Assoziation auszulösen, aber ihm fiel kein Name ein.

Er blätterte weiter und wurde langsam doch müde. Er war fast eingeschlafen, als es ihm plötzlich einfiel. Er richtete sich auf und war hellwach.

Lord Peter!

Erst kürzlich hatte es im Fernsehen Wiederholungen der Wimsey-Geschichten gegeben – *Clouds of Witness, Murder Must Advertise, The Nine Tailors*. Er und Sandra waren begeistert. Ein Mann namens Ian Carmichael spielte Wimsey, und

Sandra war ganz verrückt nach ihm. So verrückt, daß Ed ganz irritiert war. Er fand überhaupt nicht, daß Carmichael wie Lord Peter aussah.

»Sandy, er hat doch eine ganz andere Gesichtsform. Mein Gott, und außerdem hat er falsche Zähne!«

»Ach was«, hatte Sandra von der Couch herübergerufen, auf der sie sich zusammengerollt hatte. »Du bist bloß eifersüchtig. Er sieht so *gut* aus.«

»Daddy eifersüchtig, Daddy eifersüchtig«, sang die kleine Norma und sprang im Wohnzimmer hin und her. Sie hatte schon ihren Pyjama an.

»Du hättest schon vor einer Stunde im Bett sein müssen«, sagte Ed und sah seine Tochter strafend an. »Und wenn ich dich dauernd *hier* sehe, kann ich nicht recht glauben, daß du *dort* bist.«

Einen Augenblick war die kleine Norma verlegen. Ed drehte sich zu Sandra um.

»Ich weiß nicht, vor drei oder vier Jahren hatte ich einen Schüler, der Todd Bowden hieß. Sein Großvater suchte mich auf. *Der* Mann sah wie Wimsey aus. Ein sehr *alter* Wimsey, aber die Gesichtsform stimmte, und –«

»Wimsey, Wimsey, Dimsey, Jimsey«, sang die kleine Norma. »Winsey, Bimsey, duudelduudelduu –«

»Seid still, ihr beiden«, sagte Sandra. »Er ist ein so schöner Mann.« Die Frau kann einem auf die Nerven gehen!

Aber hatte Todd Bowdens Großvater seinen Alterssitz nicht in San Remo? Bestimmt. Das hatte doch im Fragebogen gestanden. Todd war einer der besten Schüler seines Jahrgangs gewesen. Dann war er plötzlich abgesackt. Der Großvater war gekommen und hatte die übliche Geschichte erzählt: Eheprobleme. Er hatte Ed überredet, die Sache eine Weile ruhen zu lassen und abzuwarten, ob sich die Dinge nicht von selbst regelten. Ed glaubte zwar nicht an das alte Laissez-faire – wenn man einem Teenager sagt, er soll sich hinsetzen und büffeln oder sterben, dann stirbt er lieber – aber der alte Mann hatte eine geradezu unheimliche Überredungskunst angewandt (vielleicht war es seine Ähnlichkeit mit Wimsey), daß Ed sich bereit erklärt hatte, den nächsten Termin für die Vergabe der Karten abzuwarten. Und verdammt, der Junge hatte es mit Glanz geschafft. Der Alte mußte die ganze Familie aufgeschreckt und irgendwem fürchterlich in den Arsch getreten haben, dachte Ed. Er wirkte wie ein Typ, der das nicht nur fertigbrachte, sondern vielleicht sogar seine Freude daran hatte. Dann hatte Ed vor ungefähr zwei Tagen Todds Bild in der Zeitung gesehen – er war im Baseball für die Southern Cal All-Stars nominiert worden. Nicht schlecht, wenn man bedachte, daß sich in jedem Frühjahr ungefähr fünfhundert Jungen darum bewarben. Wenn er das Foto in der Zeitung nicht gesehen hätte, wäre ihm wahrscheinlich der Name des Großvaters überhaupt nicht eingefallen.

Jetzt wußte er, was er im Telefonbuch suchte. Er fuhr mit dem Finger die Spalten herunter, und dann hatte er es. BOW-DEN, VICTOR S. 403 Ridge Lane. Ed wählte die Nummer und ließ mehrere Male durchklingeln. Er wollte schon auflegen, als sich die Stimme eines alten Mannes meldete. »Hallo?«

»Hallo, Mr. Bowden. Ed French von der Santo Donato Junior High School.«

»Ja?« Höflicher Ton, aber weiter nichts. Ganz bestimmt kein Wiedererkennen. Nun, inzwischen war der alte Junge drei Jahre älter (waren das nicht alle?), und hin und wieder vergaß er wohl das eine oder andere.

»Erinnern Sie sich an mich, Sir?«

»Müßte ich das?« Bowdens Stimme klang vorsichtig, und Ed mußte lächeln. Der alte Mann war vergeßlich geworden, aber er wollte nicht, daß es jemand merkte. Eds Vater hatte sich ähnlich verhalten, als er langsam taub wurde.

»Ich war an der Santo Donato Junior High School als päd-agogischer Berater für Ihren Enkel verantwortlich. Er hat die Schule wirklich gut geschafft. Und zum Schluß dann noch die Nominierung für die All-Stars. Alle Achtung!«

»Todd!« sagte der alte Mann, und seine Stimme wurde ganz lebhaft. »Ja, er war ein guter Schüler, nicht wahr? Der zweitbeste seiner Klasse! Und das Mädchen, das noch ein bißchen besser war, hatte leichtere Fächer.« In der Stimme des Alten schwang Verachtung mit. »Mein Sohn rief mich an und wollte mich zu Todds Immatrikulationsfeier mitnehmen, aber ich sitze jetzt im Rollstuhl. Ich habe mir im letzten Januar die Hüfte gebrochen. Im Rollstuhl wollte ich nicht an der Feier teilnehmen. Aber die Bilder hängen natürlich bei mir an der Wand. Todds Eltern sind stolz auf ihn und ich erst recht.«

»Ja. Aus seiner Krise konnten wir ihm ja heraushelfen«, sagte Ed. Er lächelte, als er das sagte, aber es war ein etwas erstauntes Lächeln. Irgendwie sprach Todds Großvater anders als damals. Es war allerdings schon lange her.

»Krise? Welche Krise?«

»Erinnern Sie sich nicht an unser kleines Gespräch? Als Todd Schwierigkeiten in der Schule hatte? In der neunten Klasse?«

»Da kann ich Ihnen nicht folgen«, sagte der alte Mann langsam. »Ich würde mir nie erlauben, für Richards Sohn zu sprechen. Das würde Ärger geben. Ha-ha-ha, Sie ahnen ja nicht, wieviel Ärger es geben würde. Nein, Sie müssen sich irren, junger Mann.«

»Aber —«

»Es muß sich um einen Irrtum handeln. Sie verwechseln mich wahrscheinlich mit dem Großvater eines anderen Schülers.«

Ed war ziemlich konsterniert. Er wußte nicht, was er sagen sollte, und das passierte ihm nur sehr selten. Wenn es hier einen Irrtum gab, war es ganz gewiß nicht *seiner*.

»Nun ja«, sagte Bowden ein wenig mißtrauisch, »nett, daß Sie angerufen haben, Mr. —«

Ed fand die Sprache wieder. »Ich bin in San Remo, Mr. Bowden. Ich nehme hier an einer Konferenz teil. Morgen früh um zehn ist Abschlußbesprechung. Könnte ich Sie anschießend nicht...« er schaute wieder ins Telefonbuch »...in der Ridge Lane aufsuchen und kurz mit Ihnen sprechen?«

»Warum in aller Welt?«

»Ich bin ein bißchen neugierig. Es spielt heute eigentlich keine Rolle mehr, aber vor ungefähr drei Jahren hatte Todd erheblichen Ärger mit seinen Zensuren. Sie waren so schlecht, daß ich ihm zusammen mit seinem Zeugnis einen Brief an seine Eltern mitgeben mußte. Ich bat um eine Besprechung mit einem der Elternteile, möglichst mit beiden Eltern.

Es kam aber nur sein Großvater, ein sehr netter Herr namens Victor Bowden.«

»Aber ich sagte Ihnen doch schon —«

»Ja, ich weiß. Ich *habe* aber mit einem Mann gesprochen, der behauptete, er sei Todds Großvater. Es spielt wahrscheinlich keine große Rolle mehr, aber ich möchte mich gern persönlich überzeugen. Ich werde Ihre Zeit nicht lange in Anspruch nehmen. Das könnte ich gar nicht, wenn ich werde zum Abendessen zu Hause erwartet.«

»Zeit ist das einzige, was ich habe«, sagte Bowden ein wenig traurig. »Ich werde den ganzen Tag hier sein. Sie dürfen gern hereinschauen.«

Ed bedankte sich und legte auf. Er saß auf der Bettkante und starrte nachdenklich das Telefon an. Nach einer Weile stand er auf und nahm eine Packung Phillies Cheroots aus seinem Sakko, den er über einen Stuhl gehängt hatte. Jetzt war Eile geboten. Er mußte noch zu dieser einen Sitzung, und wenn er nicht teilnahm, würde man ihn vermissen. Mit einem Holiday Inn-Streichholz zündete er sich eine Cheroot an und warf das Streichholz in einen Holiday Inn-Aschenbecher. Er trat an das Holiday Inn-Fenster und schaute blicklos auf den Holiday Inn-Hof hinaus.

Es spielt keine Rolle mehr hatte er zu Bowden gesagt, aber für ihn spielte es schon eine Rolle. Er war es nicht gewohnt, sich von seinen Schülern verschaukeln zu lassen, und was er heute erfahren hatte, störte ihn gewaltig. Noch konnte sich herausstellen, daß es sich tatsächlich nur um die Senilität eines alten Mannes handelte, aber Victor Bowdens Sprache hatte nicht geklungen, als sabberte er sich in den Bart. Und, verdammt noch mal, sie hatte sich auch ganz anders angehört.

Hatte Todd Bowden ihn aufs Kreuz gelegt?

Möglich war es schon. Wenigstens theoretisch. Besonders bei einem so intelligenten Jungen wie Todd. Er hätte jeden aufs Kreuz legen können, nicht nur Ed French. Als ihm schlechte Zensuren drohten, hatte er vielleicht die Benachrichtigungskarten für seine Eltern gefälscht. Viele Kinder entdeckten in einer solchen Situation ihr Fälschertalent. Es gab schließlich Mittel zum Entfernen von Tinte. Vielleicht hatte er die Zeugnisse für das zweite und dritte Quartal geändert, bevor er sie seinen Eltern zeigte, und sie dann erneut geändert, damit sein Lehrer nichts merkte, wenn Todd sie zurückgab. Wer genau hinsah, mußte die Fälschung natürlich entdecken, aber jeder Lehrer hatte im Durchschnitt sechzig Schüler. Die Lehrer konnten von Glück sagen, wenn sie es schafften, vor dem ersten Klingelzeichen die Namen aufzurufen, von Stichproben, um Fälschungen festzustellen, ganz zu schweigen.

Was Todds Abschlußergebnis anbetraf, so hätte es sich vielleicht nur um etwa drei Punkte verschlechtert – zwei schlechte Bewertungszeiträume aus insgesamt zwölf. Seine übrigen Zensuren waren durch die Bank gut genug gewesen, um das auszugleichen. Und wie viele Eltern kommen schon in die Schule, um die Zeugnisunterlagen einzusehen, besonders wenn es sich um so aufgeweckte Schüler wie Todd Bowden handelt?

Auf Ed Frenchs normalerweise glatter Stirn erschienen Falten.

Es spielt keine Rolle mehr. Das war die reine Wahrheit. Todds schulische Leistungen waren hervorragend gewesen. Ein Durchschnitt von 94 Prozent war durch keinen Bluff der Welt zu erreichen. In dem Zeitungsartikel hatte er gelesen, daß der Junge sich für Berkeley qualifiziert hatte, und seine Eltern waren gewiß stolz auf ihn – mit Recht. Mehr und mehr schien es Ed, als ginge es mit Amerika bergab. Ein Abgrund von Opportunismus tat sich auf und überall gab es Unkorrektheiten. Drogen waren leicht erhältlich, ebenso Sex. Die Moral wurde von Jahr zu Jahr schlechter. Wenn ein Junge die Schule in so hervorragender Manier absolvierte, hatten die Eltern wirklich das Recht, stolz auf ihn zu sein.

Es spielt keine Rolle mehr – aber wer war sein verdammter Großvater?

Das machte ihm zu schaffen. Wer? War Todd Bowden zum örtlichen Büro der Künstlervermittlung gegangen und hatte einen Zettel am Schwarzen Brett ausgehängt? JUNGER MANN MIT SCHULSCHWIERIGKEITEN SUCHT ÄLTEREN HERRN, MÖGLICHST ZWISCHEN 70 UND 80, DER EINEN GROSSVATER DARSTELLEN SOLL. TARIFLOHN

ZUGESICHERT? Hm-mm. Kein Stück. Und welcher Erwachsene würde sich zu einer derart verrückten Verschwörung bereitfinden und aus welchem Grund?

Ed French, alias Fischmaul, alias Gummi-Ede wußte es ganz einfach nicht.

Am nächsten Tag fuhr er in die Ridge Lane und hatte ein langes Gespräch mit Mr. Bowden. Sie unterhielten sich über Weine; sie diskutierten den Lebensmittelhandel und klagten darüber, daß die großen Handelsketten die kleinen Krämer erdrückten; sie diskutierten das politische Klima in Südkalifornien. Mr. Bowden bot Ed ein Glas Wein an, das Ed mit Freuden akzeptierte. Er brauchte dringend ein Glas Wein, auch wenn es erst zehn Uhr vormittags war. Victor Bowden sah Peter Wimsey so ähnlich wie ein Maschinengewehr einem Eichenknüppel. Victor Bowden hatte nicht die Spur dieses leichten Akzents, an den Ed sich erinnerte, und er war ziemlich fett. Der Mann, der sich als Todds Großvater ausgegeben hatte, war klapperdürr gewesen.

Bevor er ging, sagte Ed zu dem Alten: »Ich wäre Ihnen sehr dankbar, wenn Sie Mr. und Mrs. Bowden gegenüber nichts erwähnen würden. Es gibt für das Ganze vielleicht eine vernünftige Erklärung... und selbst wenn nicht, es ist Vergangenheit.«

»Manchmal«, sagte Bowden und hielt sein Glas Wein gegen die Sonne, um die reiche, dunkle Farbe zu bewundern, »schläft die Vergangenheit nicht. Warum sonst sollten Leute Geschichte studieren?«

Ed lächelte verkniffen und sagte nichts.

»Aber machen Sie sich keine Sorgen. Ich mische mich nie in Richards Angelegenheiten. Und Todd ist ein guter Junge. Er hat für seine Klasse die Begrüßungsworte gehalten... er muß ein guter Junge sein. Habe ich recht?«

»Selbstverständlich«, sagte Ed French von ganzem Herzen und bat um noch ein Glas Wein.

23

Dussander schlief unruhig; ihn quälten böse Träume.

Sie brachen den Zaun nieder. Es waren Tausende, vielleicht Millionen. Sie kamen aus dem Dschungel gerannt und warfen sich gegen den elektrisch geladenen Stacheldraht, der sich schon bedenklich nach innen neigte. Einige Drähte waren schon gerissen, rollten sich auf dem festgestampften Appellplatz zusammen und sprühten blaue Funken. Und immer mehr kamen. Der Führer war so verrückt, wie Rommel immer behauptet hatte, wenn er dachte – falls er überhaupt jemals gedacht hat –, daß es für dieses Problem eine Endlösung geben könnte. Sie zählten nach Milliarden; sie erfüllten das ganze Universum; und sie waren alle hinter ihm her.

»Alter Mann. Wachen Sie auf, alter Mann. Wachen Sie auf, Dussander. Aufwachen.«

Zuerst dachte er, die Stimme gehörte zu seinem Traum.

Sie hatte deutsch gesprochen; sie mußte Teil seines Traumes sein. Darum war es natürlich auch so eine entsetzliche Stimme. Wenn er aufwachte, würde er ihr entrinnen. Langsam löste er sich aus seinem Schlaf...

Der Mann saß auf einem Stuhl neben seinem Bett – der Mann war Wirklichkeit. »Wachen Sie auf, alter Mann«, sagte sein Besucher. Er war jung – höchstens dreißig. Seine dunklen Augen blickten aufmerksam hinter einer Brille mit einfachem Metallgestell hervor. Sein braunes Haar fiel ihm bis auf den Kragen, und in einer momentanen Verwirrung dachte Dussander, es sei der Junge, der sich nur verkleidet hatte. Aber dieser Mann, der einen ziemlich altmodischen, für das kalifornische Klima viel zu warmen Anzug trug, war nicht der Junge. Am Aufschlag trug er eine kleine silberne Nadel. Silber, das Metall mit dem man Vampire und Werwölfe tötet. Es war ein Judenstern.

»Sprechen Sie mit mir?« fragte Dussander auf deutsch.

»Mit wem sonst? Ihr Zimmergenosse ist nicht mehr hier.«

»Heisel? Ja, der ist gestern nach Hause gekommen.«

»Sind Sie jetzt wach?«

»Natürlich. Aber Sie müssen mich mit jemandem verwechseln. Mein Name ist Arthur Denker. Vielleicht sind Sie im falschen Zimmer.«

»Mein Name ist Weiskopf. Und Ihrer ist Kurt Dussander.«
Dussander wollte sich die Lippen lecken, aber er ließ es. Vielleicht war dies alles doch noch ein Teil seines Traums – eine neue Traumphase, weiter nichts. *Bringen Sie mir einen Penner und ein Fleischmesser, Mr. Judenstern am Aufschlag, und ich puste Sie weg wie Rauch.*

»Ich kenne keinen Dussander«, sagte er zu dem jungen Mann. »Ich verstehe Sie nicht. Soll ich nach der Schwester klingeln?«

»Sie verstehen sehr gut«, sagte Weiskopf. Er bewegte sich auf seinem Stuhl und strich sich eine Haarsträhne aus der Stirn. Das Alltägliche dieser Geste raubte Dussander die letzte Hoffnung.

»Heisel«, sagte Weiskopf und zeigte auf das leere Bett.

»Heisel, Dussander, Weiskopf – keiner dieser Namen sagt mir etwas.«

»Heisel stürzte von einer Leiter, als er eine neue Dachrinne an seinem Haus anbrachte«, sagte Weiskopf. »Dabei brach er sich das Rückgrat. Vielleicht wird er nie wieder gehen können. Tragisch. Aber das war nicht die einzige Tragödie in seinem Leben. Er war Häftling in Patin, wo er seine Frau und seine beiden Töchter verlor. Patin, wo Sie Kommandant waren.«

»Sie müssen verrückt sein«, sagte Dussander. »Mein Name ist Arthur Denker. Ich kam in dieses Land, als meine Frau gestorben war. Vorher war ich –«

»Ersparen Sie mir Ihre Geschichte«, sagte Weiskopf und hob die Hand. »Er hatte Ihr Gesicht nicht vergessen. Dies Gesicht.«

Wie durch einen Zaubertrick hatte Weiskopf plötzlich ein Foto in der Hand und hielt es Dussander vor die Nase. Es war eins der Bilder, die der Junge ihm vor Jahren gezeigt hatte. Ein junger Dussander an seinem Schreibtisch, die Mütze schief auf dem Kopf.

Dussander sprach jetzt wieder englisch. Er sprach langsam und artikulierte jedes Wort sorgfältig.

»Während des Krieges war ich Maschinenführer in einer Fabrik. Meine Aufgabe war es, die Herstellung von Antriebswellen und anderen Teilen für Panzer und Lastwagen zu überwachen. Ich war auch an der Herstellung von Tiger-Panzern beteiligt. Meine Reserve-Einheit wurde während der Schlacht um Berlin eingezogen, und ich habe ehrenhaft gekämpft, wenn auch nur kurze Zeit. Nach dem Krieg arbeitete ich für die Menschler-Motorenwerke bis –«

»– bis Sie sich nach Südamerika absetzen mußten. Mit Ihrem aus jüdischen Zähnen eingeschmolzenen Gold und Ihrem aus jüdischem Schmuck eingeschmolzenen Silber und Ihrem Schweizer Nummernkonto. Wissen Sie, Mr. Heisel war ganz glücklich, als er nach Hause fuhr. O ja, es war ein entsetzlicher Augenblick für ihn, als er in der Dunkelheit aufwachte und plötzlich wußte, wer mit ihm zusammen in einem Zimmer lag. Aber jetzt fühlt er sich schon besser. Er ist Gott dankbar für das unvergleichliche Privileg, sich das Rückgrat zu brechen und dadurch mitzuhelfen, einen der größten Schlächter, die je gelebt haben, dingfest zu machen.«

Dussander sprach langsam und deutlich.

»Während des Krieges war ich Maschinenführer in einer Fabrik –«

»Ach, hören Sie doch auf. Ihre Papiere werden einer ernsthaften Überprüfung nicht standhalten. Ich weiß es, und Sie wissen es. Sie sind entlarvt.«

»Meine Aufgabe war die Herstellung –«

»Die Herstellung von Leichen! So oder so, Sie werden noch vor Ende des Jahres in Tel Aviv sein. Diesmal werden uns die Behörden keine Schwierigkeiten machen, Dussander. Die Amerikaner wollen uns glücklich machen, und Sie gehören zu den Dingen, die uns glücklich machen.«

»– von Antriebswellen und anderen Teilen für Panzer und Lastwagen zu überwachen. Ich war auch an der Herstellung von Tiger-Panzern beteiligt.«

»Warum langweilen Sie mich? Warum wollen Sie die Sache in die Länge ziehen?«

»Meine Reserve-Einheit wurde während der Schlacht um Berlin –«

»Nun gut. Sie werden mich wiedersehen. Sehr bald.«

Weiskopf stand auf. Er verließ das Zimmer. Eine Weile huschte sein Schatten noch über die Wand, dann war auch der Schatten verschwunden. Dussander schloß die Augen. Er hätte gern gewußt, ob Weiskopf im Zusammenhang mit einem Entgegenkommen der Amerikaner die Wahrheit gesagt hatte. Vor drei Jahren, als das Öl in Amerika knapp war, hätte er es nicht geglaubt. Aber die gegenwärtigen Umwälzungen im Iran mochten Amerika zu einer massiveren Unterstützung Israels veranlaßt haben. Das war schon möglich. Und war es nicht gleichgültig? So oder so, legal oder illegal, Weiskopf und seine Kollegen würden ihn in die Hände bekommen. Was Nazis anbetraf, waren sie unnachgiebig, und was die Lager anbetraf, waren sie total verrückt.

Er zitterte am ganzen Leib. Aber er wußte, was zu tun war.

24

Die Schulakten für Schüler, die die Santo Donato High School absolviert hatten, waren in einem alten Lagerhaus im Norden der Stadt untergebracht. Es lag nicht weit von dem verlassenen Güterbahnhof entfernt. Es hatte riesige dunkle Bäume, in denen jedes Geräusch von den Wänden widerhallte, und roch nach Bohnerwachs und Reinigungsmitteln – es diente der Schulbehörde nämlich auch für allgemeine Lagerungszwecke.

Mit Norma im Schlepptau kam Ed French gegen vier Uhr nachmittags dort an. Ein Hausmeister ließ sie ein, sagte Ed, daß er das Gesuchte im vierten Stock finden würde, und führte sie in ein dunkles, unheimliches Lagerhaus, das Norma so ängstigte, daß sie sofort verstummte – für sie sehr ungewöhnlich.

Erst im vierten Stock wurde sie wieder mutig und tollte zwischen den Kisten und Aktenstapeln umher, während Ed die Akten mit den Zeugniskarten für 1975 suchte und schließlich fand. Er zog den zweiten Karton heraus und schaute unter B nach. BORK. BOSTWICK. BOSWELL. BOWDEN, TODD. Er zog die Karte und schüttelte ungeduldig den Kopf, als er in der trüben Beleuchtung nichts erkennen konnte. Er ging zu einem der hohen verstaubten Fenster hinüber.

»Renn hier nicht so rum, Honey«, rief er zurück.

»Warum nicht, Daddy?«

»Weil dich sonst die Gespenster holen«, sagte er und hielt Todds Karte ins Licht.

Er sah es sofort. Diese Karte war sorgfältig, fast professionell geändert worden.

»Mein Gott«, murmelte Ed French.

»Gespenster, Gespenster, Gespenster«, sang Norma fröhlich und hüpfte zwischen den Kisten auf und ab.

25

Dussander ging vorsichtig durch den Korridor. Er war immer noch ein wenig wacklig auf den Beinen. Er trug seinen blauen Morgenmantel über einem weißen Anstaltspyjama. Es war kurz nach acht Uhr abends, und die Schwestern hatten gerade Schichtwechsel. Während der nächsten halben Stunde würde hier ein heilloses Durcheinander herrschen – er hatte beobachtet, daß es hier bei jedem Schichtwechsel drunter und drüber ging. Um diese Zeit saßen die Schwestern in der Schwesternstation, tranken Kaffee und tauschten Tratschgeschichten aus. Die Station lag in der Nähe des Trinkbrunnens um die Ecke herum.

Sein Ziel lag dem Trinkbrunnen genau gegenüber.

Niemand beachtete ihn in dem breiten Gang, der um diese Zeit an eine lange Bahnhofshalle erinnerte, Minuten vor der Abfahrt eines Personenzuges. Langsam gingen hier Kranke auf und ab, einige in Morgenmänteln wie er, andere in ihren Anstaltspyjamas, die sie hinten mit den Händen zusammenhielten. Er hörte Musikfetzen aus einem halben Dutzend verschiedenen Transistorgeräten in einem halben Dutzend verschiedenen Zimmern. Besucher kamen und gingen. In einem Zimmer lachte ein Mann, und der Mann auf der anderen Seite des Ganges schien zu weinen. Ein Arzt schlenderte vorbei und las dabei in einem Taschenbuch.

Dussander ging an den Brunnen, trank einen Schluck Wasser und wischte sich den Mund ab. Er schaute zu der geschlossenen Tür auf der anderen Seite hinüber. Die Tür war ständig abgeschlossen – jedenfalls theoretisch. Er hatte aber beobachtet, daß sie in der Praxis oft unverschlossen und das Zimmer, zu dem sie führte, unbeaufsichtigt war. Meistens war das während der chaotischen halben Stunde des Schichtwechsels der Fall, wenn die Schwestern sich in ihrer Station versammelt hatten. Dussander hatte das alles mit dem geschärften Blick eines Mannes beobachtet, der schon seit vielen Jahren auf der Flucht war. Wenn er die unbezeichnete Tür doch nur eine weitere Woche lang beobachten könnte, um festzustellen, ob sich diese Routine gelegentlich änderte – er hatte nur eine einzige Chance. Aber er hatte keine ganze Woche mehr Zeit. Sein Status als im Krankenhaus liegender Werwolf würde vielleicht erst in zwei oder drei Tagen bekannt werden, es könnte aber auch schon morgen geschehen. Er durfte nicht länger warten. Wenn es herauskam, würde man ihn ständig beobachten.

Er nahm noch einen kleinen Schluck, wischte sich wieder über den Mund und schaute nach beiden Seiten. Dann ging er, ohne den geringsten Versuch, etwas zu verbergen, über den Gang zu der Tür, drehte den Knopf und betrat das Medikamentenzimmer. Sollte die aufsichtführende Schwester an ihrem Tisch sitzen, war er ganz einfach der kurzsichtige Mr. Denker. Tut mir leid, meine Dame, ich dachte, dies sei das WC. Wie dumm von mir.

Aber das Zimmer war leer.

Er nahm sich zuerst das oberste Regal an der linken Seite vor. Nur Augentropfen und Ohrentropfen. Auf dem zweiten Regal: Abführmittel und Zäpfchen. Auf dem dritten sah er Seconal und Veronal. Er ließ eine Flasche Seconal in die Tasche seines Bademantels gleiten. Dann ging er zur Tür und trat ohne sich umzuschauen auf den Gang hinaus. Dabei lächelte er erstaunt – das war ganz bestimmt nicht das WC gewesen, nicht wahr? *Dort* war es, gleich neben dem Trinkbrunnen. Wie dumm von mir!

Er ging zu der Tür mit der Aufschrift MÄNNER, ging hinein und wusch sich die Hände. Dann ging er den Gang entlang zu dem halb privaten Krankenzimmer zurück, das jetzt völlig privat war, da man den berühmten Mr. Heisel nach Hause geschickt hatte. Auf dem Tisch zwischen den Betten standen ein Glas und ein Krug mit Wasser. Schade, daß er keinen Bourbon hatte; wirklich ein Jammer. Aber die Tabletten würden ihn einschläfern, ganz gleich, womit er sie hinunterspülte.

»Morris Heisel, *salud*«, sagte er mit einem schwachen Lächeln und schenkte sich ein Glas Wasser ein. Nach all den Jahren, in denen er vor Schatten zusammengezuckt war. In denen er auf Parkbänken, in Restaurants und an Bushaltestellen Gesichter gesehen hatte, die ihm bekannt vorkamen, war er endlich von einem Mann erkannt und gestellt worden, den er nicht von Adam hätte unterscheiden können. Es war fast komisch. Er hatte Heisel kaum eines zweiten Blicks gewürdigt. Heisel und sein durch Gottes Fügung gebrochenes Rückgrat. Bei näherer Überlegung war es nicht *fast* komisch; es war *sehr* komisch.

Er schob sich drei Tabletten in den Mund und spülte mit Wasser nach. Er nahm drei mehr und dann noch einmal drei. Im Zimmer gegenüber sah er zwei gebückte alte Männer, die an ihrem Nachttisch mit verdrießlichen Gesichtern Karten spielten. Der eine litt an einem Bruch, das wußte Dussander. Was hatte der andere? Gallensteine? Nierensteine? Einen Tumor? War es etwas mit der Prostata? Die Schrecken des Alters. Es gab unzählige.

Er füllte sein Glas wieder auf, aber im Augenblick nahm er noch keine weiteren Tabletten. Zu viele könnten seinen Plan vereiteln. Er könnte sie wieder ausbrechen, und man würde ihm den Rest aus dem Magen pumpen. Er wäre dann jeder unwürdigen Behandlung von seiten der Amerikaner oder der Israelis ausgesetzt. Er würde nicht den dummen Selbstmordversuch einer Hausfrau unternehmen, die hofft, gerettet zu werden. Wenn er spürte, daß er schläfrig wurde, wollte er ein paar weitere Tabletten nehmen. Das würde funktionieren.

Die zitternde Stimme eines der Kartenspieler drang zu ihm herüber, dünn und triumphierend: »Zweimal drei für acht . . .

fünfzehn für zwölf... und der richtige Bube für dreizehn. Wie gefällt dir *das* Blatt?«

»Keine Angst«, sagte der alte Mann mit dem Bruch zuversichtlich. »Ich zähle zuerst. Dann mache ich mich davon.«

Ich mache mich davon, dachte Dussander, der schon schläfrig war. Eine passende Redewendung. Die Amerikaner haben einen Hang zum Idiom. *Das kümmert mich eine Dose Scheiße, steck's dir hin, wo keine Sonne scheint, Geld redet.* Wunderbare idiomatische Wendungen.

Sie glaubten, sie hätten ihn, aber er würde sich unter ihren Augen davonmachen.

Er überraschte sich bei dem Gedanken, daß er dem Jungen gern eine Nachricht hinterlassen hätte. Er wünschte, er könnte ihn noch ermahnen, vorsichtig zu sein. Auf einen alten Mann zu hören, der sich am Ende übernommen hatte. Er wünschte, daß er dem Jungen sagen könnte, er, Dussander, habe ihn am Ende respektiert, wenn er ihn auch nicht habe leiden können, und ihm zuzuhören sei immer noch besser gewesen als den eigenen Gedanken zu lauschen. Aber jede Notiz, wenn sie auch noch so harmlos war, würde Verdacht auf den Jungen lenken, und das wollte Dussander nicht. Oh, er würde einen oder zwei Monate voller Angst darauf warten, daß irgendein Beamter auftauchte, um ihn zu verhören. Es sei in einem an einen gewissen Kurt Dussander, alias Arthur Denker, vermietetes Schließfach ein Dokument aufgefunden worden... aber nach einiger Zeit würde der Junge davon überzeugt sein, daß Dussander nicht gelogen hatte, als er zu ihm sagte, daß es kein solches Dokument gab. Den Jungen berührte dies alles nicht, solange er nur einen kühlen Kopf bewahrte.

Mit einer Hand, die sich meilenweit auszustrecken schien, ergriff Dussander das Glas und nahm noch drei Tabletten. Er stellte das Glas zurück, schloß die Augen und legte sich tiefer in die weichen Kissen. Noch nie hatte er so sehr das Bedürfnis gehabt einzuschlafen, und dieser Schlaf würde sehr lange dauern. Er würde ihm endlich Ruhe bringen.

Wenn es keine Träume gab.

Dieser Gedanke schockierte ihn. *Träume? Oh, lieber Gott,*

nein. Nicht solche Träume. Nicht bis in alle Ewigkeit, mit keiner Möglichkeit, wie der aufzuwachen. Nicht –

Plötzlich war er entsetzt und wollte wieder aufwachen. Es war, als griffen aus dem Bett Hände nach ihm, Hände, die ihn packen wollten, Hände mit hungrigen Fingern.

(NEIN!)

Seine Gedanken verloren sich in einer aufsteigenden Spirale von Dunkelheit, und an dieser Spirale glitt er hinab, immer tiefer, den Träumen entgegen, die es dort vielleicht gab.

Die Überdosis wurde um ein Uhr dreißig morgens festgestellt, und fünfzehn Minuten später wurde er für tot erklärt. Die diensthabende Schwester war jung und hatte immer die leicht ironische Höflichkeit des alten Mr. Denker zu würdigen gewußt. Sie brach in Tränen aus. Sie war katholisch, und sie konnte nicht begreifen, warum ein so netter Mann, dem es schon besser ging, so etwas tat und seine unsterbliche Seele dadurch zur Hölle verdammte.

26

Am Samstagmorgen stand keiner der Bowdens vor neun Uhr auf. An diesem Morgen saßen Todd und sein Vater um neun Uhr dreißig am Frühstückstisch und lasen, und Monica, die immer erst langsam aufwachte, brachte ihnen wortlos Rührei, Saft und Kaffee. Sie träumte noch halb.

Todd las ein Taschenbuch, einen Science-fiction-Roman. Dick blätterte im Architectural Digest, als die Morgenzeitung gegen die Tür klatschte.

»Soll ich sie holen, Dad?«

»Mach' ich schon selbst.«

Dick brachte die Zeitung, fing an, seinen Kaffee zu schlürfen und verschluckte sich, als er die Titelseite sah.

»Dick, was ist denn los?« fragte Monica und eilte auf ihn zu.

Dick hustete den Kaffee aus, der ihm in die falsche Kehle geraten war, und Todd sah ihn über den Rand seines Taschenbuchs hinweg erstaunt an. Monica klopfte ihrem Mann auf den Rücken. Beim dritten Schlag sah auch sie die Schlagzeile. Sie verpaßte den nächsten Schlag und stand wie eine Statue. Sie riß die Augen so weit auf, daß es aussah, als wollten sie auf den Tisch fallen.

»Heiliger Herr im Himmel«, rief Dick Bowden mit erstickter Stimme.

»Ist das nicht... ich kann es nicht glauben...« stammelte Monica und schwieg. Sie sah Todd an. »Oh, Honey –«

Auch sein Vater sah ihn jetzt an.

Todd erschrak und kam um den Tisch herum. »Was ist denn los?«

»Mr. Denker«, sagte Dick – mehr brachte er nicht heraus.

Todd las die Schlagzeile und wußte alles. In schwarzen Buchstaben stand dort FLÜCHTIGER NAZI BEGEHT SELBSTMORD IM STÄDTISCHEN KRANKENHAUS VON SANTO DONATO! Darunter standen nebeneinander zwei Fotos. Todd kannte beide. Das eine zeigte Arthur Denker sechs Jahre jünger und sechs Jahre lebhafter. Todd wußte, daß ein Straßenfotograf es aufgenommen und der alte Mann es nur gekauft hatte, um es nicht in die falschen Hände fallen zu lassen. Das andere Bild zeigte einen SS-Offizier namens Kurt Dussander mit leicht schief sitzender Mütze an seinem Schreibtisch in Patin.

Wenn sie das Foto hatten, das der Straßenfotograf aufgenommen hatte, mußten sie in seinem Haus gewesen sein.

Todd überflog den Artikel, und seine Gedanken rasten. Die Penner wurden nicht erwähnt, aber irgendwann würde man die Leichen finden, und wenn man sie fand, würde die Story um die ganze Welt gehen. KOMMANDANT VON PATIN BLIEB IN SEINEM GEWERBE. GRAUENHAFTE ENTDECKUNG IM KELLER EINES NAZIS. ER HÖRTE NIE AUF ZU MORDEN.

Todd Bowden schwankte.

Weit weg hörte er wie ein Echo den lauten Schrei seiner Mutter: »Halt ihn fest, Dick! Er fällt in Ohnmacht!«

Das Wort

(OhnmachtOhnmachtOhnmacht)

wiederholte er endlos. Ganz schwach fühlte er, daß sein

Vater ihn mit den Armen auffing, und dann fühlte Todd Bowden eine Weile überhaupt nichts mehr, und er hörte auch nichts.

27

Ed French aß ein Stück Blätterteiggebäck, als er die Zeitung aufschlug. Er hustete, stieß einen erstickten Laut aus und spuckte seine dänische Pastete brockenweise über den Tisch.

»Eddie!« rief Sandra French erschrocken. »Um Gottes willen!«

»Daddy erstickt, Daddy erstickt!« rief die kleine Norma fröhlich und half ihrer Mutter begeistert, Ed auf den Rücken zu schlagen. Er spürte die Schläge kaum. Er glotzte immer noch auf die Zeitung.

»Was ist denn los, Eddie?« fragte Sandra.

»Das ist er! Das ist er!« schrie Ed und ließ den Finger so heftig auf die Zeitung niedersausen, daß er die Seite zerriß. »Dieser Mann! Lord Peter!«

»Um Gottes willen, wovon redest du?«

»*Das ist Todd Bowdens Großvater!*«

»Was? Dieser Kriegsverbrecher? Eddie, das ist doch *Wahnsinn!*«

»Aber er *ist* es.« Ed stöhnte die Worte fast. »Herr im Himmel, er *ist* es!«

Sandra French betrachtete das Bild lange und sehr genau.

»Er sieht überhaupt nicht wie Peter Wimsey aus«, sagte sie endlich.

28

Bleich wie Milchglas saß Todd zwischen seiner Mutter und seinem Vater auf der Couch.

Ihnen gegenüber saß ein grauhaariger Kriminalbeamter namens Richler. Todds Vater hatte sich erboten, die Polizei zu rufen, aber Todd hatte es selbst getan, mit überschnappender Stimme, wie er als Vierzehnjähriger gesprochen hatte.

Er beendete seine Aussage. Sie hatte nicht lange gedauert. Er sprach so mechanisch und ausdruckslos, daß Monica von nackter Angst gepackt wurde. Gewiß, er war siebzehn, aber in mancher Hinsicht war er immer noch ein Kind. Diese Sache würde Narben hinterlassen.

»Ich habe ihm vorgelesen... ach, ich weiß nicht. *Tom Jones*. *The Mill on the Floss*. Das Buch war ziemlich langweilig. Ich dachte schon, wir würden es nie durchkriegen. Ein paar Geschichten von Hawthorne – ich weiß nicht, daß ihm ›The Great Stone Face‹ und ›Young Goodman Brown‹ besonders gut gefallen haben. Wir haben angefangen, *The Pickwick Papers* zu lesen, aber das Buch gefiel ihm nicht. Er sagte, Dickens sei nur in seinen ernsten Büchern komisch, und *Pickwick* sei bloß albern. Genau das sagte er, albern. Am besten gefiel uns *Tom Jones*. Das Buch mochten wir beide.«

»Und das liegt alles drei Jahre zurück«, sagte Richler.

»Ja. Auch danach besuchte ich ihn, wenn es möglich war, aber zur High School mußte ich mit dem Bus durch die ganze Stadt fahren... und mit ein paar Jungens gründeten wir dann eine Baseballmannschaft... die Arbeit für die Schule wurde schwerer... wissen Sie... so kam alles zusammen.«

»Du hattest nicht mehr so viel Zeit.«

»Weniger Zeit. Das stimmt. In der High School mußte ich mehr arbeiten... ich wollte mich ja für das College qualifizieren.«

»Aber Todd ist ein sehr guter Schüler«, sagte Monica fast automatisch.

»Er mußte bei der Abschlußfeier die Begrüßungsansprache halten. Wir waren so stolz.«

»Das glaube ich gern«, sagte Richler und lächelte freundlich. »Ich habe zwei Jungs unten in Fairveiw, und die sind nur im Sport gut.«

Er wandte sich wieder an Todd. »Während der Zeit in der High School hast du ihm also keine Bücher mehr vorgelesen?«

»Nein. Hin und wieder las ich ihm aus der Zeitung vor. Ich

ging zu ihm, und er wollte wissen, was in den Schlagzeilen stand. Er war sehr an der Watergate-Angelegenheit interessiert. Und ich mußte ihm immer die Aktienkurse vorlesen. Die sind so klein gedruckt, das stank ihm ganz gewaltig – Entschuldigung, Mom.«

Sie tätschelte ihm die Hand.

»Ich weiß nicht, wieso er sich für die Aktienkurse interessierte, aber das tat er nun mal.«

»Er hatte ein paar Aktien«, sagte Richler. »So kam er einigermaßen zurecht. Und da gibt es einen merkwürdigen Zufall. Der Mann, der für ihn investierte, wurde Ende der vierziger Jahre wegen Mordes verurteilt. Dussander hatte fünf verschiedene Ausweise im Haus liegen. Der Mann war ganz schön gewieft.«

»Die Aktien hat er wahrscheinlich irgendwo in einem Schließfach gehabt«, sagte Todd.

»Wie bitte?« Richler hob die Brauen.

»Seine Aktien«, sagte Todd. Sein Vater, der ebenfalls erstaunt aufgeblickt hatte, nickte jetzt Richler zu.

»Die paar Aktien, die er noch hatte, lagen in einer Kiste unter seinem Bett«, sagte Richler, »zusammen mit einem Foto von ihm. Hatte er denn ein Schließfach, mein Junge? Hat er sich darüber mal geäußert?«

Todd überlegte und schüttelte dann den Kopf. »Ich dachte nur, daß man seine Aktien in einem Schließfach aufbewahrt. Ich weiß nicht. Diese... diese ganze Sache hat mich doch... ein wenig mitgenommen.« Es wirkte ganz echt, als er wie benommen den Kopf schüttelte, denn er war wirklich benommen. Dennoch trat allmählich sein Selbsterhaltungstrieb wieder in den Vordergrund. Er war wieder hellwach und einigermaßen zuversichtlich. Wenn Dussander tatsächlich für sein ›Dokument‹ ein Schließfach gemietet hätte, würde er doch auch seine restlichen Aktien hineingelegt haben. Und das Foto?

»In dieser Sache arbeiten wir mit den Israelis zusammen«, sagte Richler. »Natürlich nicht offiziell. Ich wäre dir dankbar, wenn du das der Presse gegenüber nicht erwähnen würdest, falls du sie überhaupt empfängst. Die Leute sind Profis. Da gibt es zum Beispiel einen gewissen Weiskopf, der sich mor-

330

gen gern mit dir unterhalten möchte, Todd. Wenn du und deine Eltern nichts dagegen haben.«

»Sicherlich nicht«, sagte Todd, aber er hatte eine atavistische Angst vor den Schnüfflern, die Dussander während seiner zweiten Lebenshälfte ständig gejagt hatten. Dussander selbst hatte vor ihnen einen gesunden Respekt gehabt, und Todd wußte, daß er das nicht vergessen durfte.

»Mr. und Mrs. Bowden? Haben Sie etwas dagegen, daß Mr. Weiskopf sich mit Todd unterhält?«

»Wenn es Todd recht ist, keineswegs«, sagte Dick Bowden. »Ich möchte aber gern dabeisein. Ich habe schon viel über diese Typen von der Mossad gelesen —«

»Weiskopf gehört nicht der Mossad an. Die Israelis bezeichnen ihn als Sonderbeauftragten. Er ist Lehrer für jiddische Literatur und englische Grammatik. Außerdem hat er zwei Romane geschrieben.« Richler lächelte.

Dick hob abwehrend die Hand. »Wer er auch sei, ich werde nicht zulassen, daß er Todd belästigt. Nach dem, was ich gelesen habe, sind diese Leute gelegentlich ein wenig *zu* professionell. Vielleicht ist der Mann in Ordnung. Aber Sie und dieser Weiskopf dürfen nicht vergessen, daß Todd dem alten Mann nur helfen wollte. Er segelte unter falscher Flagge, aber das konnte Todd nicht wissen.«

»Ist mir schon recht, Dad«, sagte Todd und lächelte müde.

»Ich bin ja nur daran interessiert, daß Sie uns helfen, so gut Sie können«, sagte Richler. »Ich verstehe Ihre Sorge, Mr. Bowden. Aber Sie werden feststellen, daß Weiskopf ein angenehmer und sehr sachlicher Mann ist. Ich selbst habe keine weiteren Fragen, aber um für Weiskopf das Terrain zu bereiten, möchte ich Ihnen gern sagen, woran die Israelis hauptsächlich interessiert sind. Todd war bei ihm, als er den Herzanfall hatte, der einen Krankenhausaufenthalt nötig machte —«

»Er bat mich, rüberzukommen und ihm einen Brief vorzulesen«, sagte Todd.

»Das wissen wir.« Richler beugte sich vor, und stützte die Ellenbogen auf die Knie, und seine Krawatte hing wie ein Lot nach unten. »Die Israelis wollen etwas über diesen Brief wissen. Dussander war ein großer Fisch, aber er war nicht der letzte im Teich – so ähnlich drückte sich Sam Weiskopf aus, und ich glaube ihm. Sie sind davon überzeugt, daß Dussander viele andere Fische gekannt hat. Die meisten, wenn sie noch leben, halten sich wahrscheinlich in Südamerika auf. Es mag andere geben. In Dutzenden von Ländern... einschließlich die Vereinigten Staaten. Wußten Sie übrigens, daß man im Foyer eines Hotels in Tel Aviv einen Mann verhaftet hat, der einmal stellvertretender Kommandant von Buchenwald war?«

»Das ist doch nicht möglich«, sagte Monica und riß erstaunt die Augen auf.

»Es stimmt aber«, nickte Richler. »Vor zwei Jahren. Die Israelis vermuten, daß der Brief, den Todd Dussander vorlesen sollte, möglicherweise von einem dieser Fische stammt. Vielleicht haben sie recht, vielleicht auch nicht. Auf jeden Fall wollen sie sich Gewißheit verschaffen.«

Todd, der zu Dussanders Haus zurückgegangen war und den Brief verbrannt hatte, sagte: »Ich würde Ihnen – oder diesem Weiskopf ja gern helfen, Lieutenant Richler, aber der Brief war in Deutsch abgefaßt. Er war wirklich schwer zu lesen, und ich kam mir ganz albern vor. Mr. Denker... Dussander... wurde immer aufgeregter und bat mich, das eine oder andere Wort, das er nicht verstanden hatte, zu buchstabieren. Meine Aussprache muß entsetzlich gewesen sein. Im großen und ganzen scheint er aber verstanden zu haben, was ich ihm vorlas. Einmal lachte er und sagte: ›ja, ja, das sieht dir ähnlich‹. Zwei oder drei Minuten vor seinem Herzanfall sprach er plötzlich deutsch und schien sehr aufgebracht zu sein.«

Er sah Richler unsicher an, aber innerlich freute er sich über diese geschickte Lüge.

Richler nickte. »Wir wissen, daß der Brief deutsch geschrieben war. Das erzähltest du ja schon dem Arzt im Krankenhaus, der deine Geschichte bestätigt. Aber der Brief *selbst*, Todd... weißt du was mit dem Brief passiert ist?«

»Ich glaube, er lag noch auf dem Tisch, als der Krankenwagen kam und wir alle das Haus verließen. Ich kann es natürlich nicht beschwören, aber –«

»Ja, der Brief lag auf dem Tisch«, sagte Dick. »Ich nahm ihn in die Hand. Es war Luftpostpapier, glaube ich, aber ich habe nicht gemerkt, daß er deutsch geschrieben war.«

»Dann müßte er noch da sein«, sagte Richler. »Das begreifen wir nicht.«

»Ist er denn nicht da?« sagte Dick. »Ich meine, war er denn nicht mehr da?«

»Er ist nicht da, und er war auch nicht da.«

»Vielleicht ist jemand eingebrochen«, gab Monica zu bedenken.

»Es wäre nicht nötig gewesen einzubrechen«, sagte Richler. »In der Aufregung hat man vergessen, die Tür abzuschließen. Offenbar hat Dussander nicht daran gedacht, jemanden darum zu bitten. Sein Haustürschlüssel war noch in seiner Hosentasche, als er starb. Vom Zeitpunkt seiner Einlieferung ins Krankenhaus bis heute morgen um halb drei, als wir sie versiegelten, war die Haustür unverschlossen.«

»Na also«, sagte Dick.

»Nein«, meinte Todd. »Ich weiß genau, worüber Lieutenant Richler sich wundert.« O ja, er wußte es. Man müßte blind sein, um das nicht zu erkennen. »Warum sollte ein Einbrecher nur einen Brief stehlen? Noch dazu einen deutsch geschriebenen? Bei Mr. Denker war nicht viel zu holen, aber etwas Besseres als den Brief hätte ein Einbrecher bestimmt gefunden.«

»Du hast es genau getroffen«, sagte Richler. »Nicht schlecht.«

»Als er noch kleiner war, wollte Todd immer Detektiv werden«, sagte Monica und strich ihrem Sohn über das Haar. Seit er größer war, hatte er das nicht mehr gern, aber heute schien es ihm nichts auszumachen. Mein Gott, wie blaß der Junge aussah. »Inzwischen interessiert er sich mehr für Geschichte.«

»Geschichte ist ein sehr interessantes Fach«, sagte Richler. »Auch auf dem Gebiet könntest du Detektivarbeit leisten. Hast du schon mal Josephine Tey gelesen?«

»No, Sir.«

»Nun ja, das ist unwichtig. Jedenfalls wäre ich froh, wenn meine Söhne mehr Ehrgeiz entwickelten, als die Angels den diesjährigen Pokal gewinnen zu sehen.«

Todd lächelte müde und schwieg.

Richler wurde wieder ernst. »Wie dem auch sei, ich will Ihnen unsere Theorie erklären. Wir vermuten, daß es eine Person gibt, die wußte, wer Dussander war. Wahrscheinlich sogar hier in Santo Donato.«

»Im Ernst?« sagte Dick.

»O ja, jemand, der die Wahrheit kannte. Vielleicht ein Nazi, der sich ebenfalls verbergen muß. Ich weiß, das hört sich abenteuerlich an, aber wer hätte gedacht, daß sich in diesem ruhigen kleinen Vorort auch nur *ein* flüchtiger Nazi aufhält? Und als Dussander ins Krankenhaus gebracht wurde, so vermuten wir, ist dieser Mr. X in das Haus gerannt und hat den belastenden Brief geholt. Und inzwischen schwimmt er als Asche im Abwassersystem.«

»Das gibt nicht viel Sinn«, sagte Todd.

»Warum nicht, Todd?«

»Nun, wenn Mr. Denk... wenn *Dussander* einen alten Freund aus dem Lager oder sonst einen Freund aus der Nazizeit hat, warum sollte er mich dann bitten, ihm einen Brief vorzulesen? Wenn Sie gehört hätten, wie er mich dauernd korrigieren mußte... diesem Nazi, von dem Sie reden, hätte doch wenigstens Deutsch keine Schwierigkeiten gemacht.«

»Sehr gut überlegt. Aber wenn dieser Bursche nun im Rollstuhl sitzt oder blind ist? Es könnte ja sogar Bormann persönlich sein, und der darf sein Gesicht nun wirklich nicht in der Öffentlichkeit zeigen.«

»Blinde oder Leute, die im Rollstuhl sitzen, können nicht so gut in fremde Häuser rennen und Briefe herausholen«, sagte Todd.

Richler sah ihn bewundernd an. »Richtig. Aber ein Blinder könnte einen Brief stehlen, auch wenn er ihn nicht lesen kann. Oder er könnte einen anderen beauftragen, ihn zu stehlen.«

Todd dachte darüber nach und nickte – aber er zuckte die Achseln, um anzudeuten, für wie unwahrscheinlich er diese Möglichkeit hielt. Aber war das nicht scheißegal? Wichtig war, daß Richler immer noch herumschnüffelte... und dieser Jidd Weiskopf schnüffelte ebenfalls noch herum. Der Brief, dieser gottverdammte Brief! Dussanders gottverdammte dumme Idee. Und plötzlich mußte er an seine .30-.30 denken, die in ihrem Futteral im kühlen dunklen Keller lag. Rasch zwang er seine Gedanken in eine andere Richtung. Seine Handflächen waren feucht geworden.

»*Hatte* Dussander denn Freunde, von denen du weißt?« fragte Richler.

»Freunde? Nein. Er hatte mal eine Putzfrau, aber die ist weggezogen, und er hat sich nie um eine andere bemüht. Im Sommer ließ er sich von einem Jungen den Rasen mähen, aber in diesem Jahr hatte er, glaube ich, noch keinen. Das Gras ist ziemlich lang, nicht wahr?«

»Ja. Wir haben uns in der ganzen Nachbarschaft erkundigt, aber er scheint keinen Jungen damit beauftragt zu haben. Wurde er manchmal angerufen?«

»Aber ja«, sagte Todd spontan... hier lag eine Hoffnung, hier lag eine relativ sichere Chance, sich aus der Sache herauszuwinden. Seit Todd ihn kannte, hatte er erst ein halbes Dutzend mal erlebt, daß Dussanders Telefon klingelte – Vertreter, eine Meinungsumfrage über Frühstücksgewohnheiten, der Rest falsch verbunden. Er hatte das Telefon nur für den Fall, daß er krank werden sollte... was ihm dann ja auch passierte. Sollte seine Seele doch in der Hölle verrotten. »Er wurde jede Woche ein- oder zweimal angerufen.«

»Sprach er dabei deutsch?« fragte Richler schnell. Er wirkte ganz aufgeregt.

»Nein«, sagte Todd, der plötzlich mißtrauisch wurde. Ihm gefiel Richlers Aufregung nicht – es war irgend etwas Falsches daran, etwas Gefährliches. Das empfand Todd sehr deutlich, und er hatte alle Mühe, nicht in Schweiß auszubrechen. »Er sprach dabei überhaupt nicht viel. Ich weiß noch, daß er manchmal sagte: der Junge, der mir immer vorliest, ist gerade hier. Ich rufe zurück.«

»Ich wette, das ist er!« sagte Richler und schlug sich auf die Schenkel. »Ich wette ein Monatsgehalt, das ist der Kerl!« Mit einem leisen Knall schlug er sein Notizbuch zu (in dem er, wie Todd sehen konnte, nur gekritzelt hatte) und stand auf. »Ich möchte Ihnen allen dafür danken, daß Sie mir Ihre Zeit zur Verfügung gestellt haben. Besonders dir danke ich, Todd. Für dich muß das Ganze ein entsetzlicher Schock gewesen sein, aber es wird bald vorbei sein. Wir werden heute nachmittag das ganze Haus auf den Kopf stellen – vom Keller bis zum Boden und dann wieder bis zum Keller. Wir bringen alle unsere Spezialisten mit. Vielleicht kommen wir Dussanders Telefonpartner noch auf die Spur.«

»Hoffentlich«, sagte Todd.

Richler gab allen die Hand und ging. Dick fragte Todd, ob er Lust habe, mit ihm bis zum Essen Federball zu spielen. Todd sagte, er sei weder an Federball *noch* an Essen interessiert, und ging mit gesenktem Kopf und hängenden Schultern nach oben. Seine Eltern tauschten mitfühlende und besorgte Blicke aus. Todd legte sich auf sein Bett, starrte gegen die Decke und dachte an seine Winchester. Ganz deutlich sah er sie vor sich. Er dachte daran, Betty Trask den blauen Stahllauf der Waffe in ihre schmierige Judenfotze zu stoßen – das war es, was sie brauchte, einen Schwanz, der nie schlaff wurde. *Wie gefällt dir das, Betty?* hörte er sich fragen. *Sag mir, wenn du genug hast, okay?* Er stellte sich vor, wie sie schreien würde. Und zuletzt lächelte er widerlich. *Klar, sag's mir nur, du Miststück... okay? Okay? Okay...?*

»Was halten Sie von der Sache?« fragte Weiskopf Richler, als Richler ihn aus der Imbißstube drei Straßen vom Haus der Bowdens entfernt abholte.

»Oh, ich glaube schon, daß der Junge etwas wußte. Irgendwie, auf irgendeine Weise und bis zu einem gewissen Grad. Der Junge ist eiskalt. Wenn man ihm das heißes Wasser ins Maul gießt, spuckt er Eiswürfel. Ich habe ihm ein paar Fallen gestellt, aber ich habe nichts, was ich vor Gericht verwenden könnte. Wenn ich noch weiter gegangen wäre, hätte irgendein smarter Anwalt mir Arglist anhängen könne, selbst wenn ich was in der Hand gehabt hätte. Ich denke, die Gerichte werden ihn immer noch als Jugendlichen ansehen – der Junge ist schließlich erst siebzehn. Irgendwie war dieser Junge wahrscheinlich schon mit acht Jahren kein Jugendlicher mehr. Der Bengel ist mir ganz einfach unheimlich.« Richler zündete sich eine Zigarette an und fing an zu lachen – aber das Lachen klang hohl und unecht. »Er ist mir verdammt unheimlich.«

»Welche Fehler hat er denn gemacht?«

»Die Telefongespräche. Das war das Wichtigste. Als ich ihn darauf ansprach, leuchteten seine Augen auf wie die Lichter an einem Glücksspielautomaten.« Richler bog nach links ab und ließ den unauffälligen Chevy Nova die Abfahrt zur Fernverkehrstraße hinunterrollen. Hundertachtzig Meter weiter rechts lag der Abhang mit dem toten Baum, von dem aus Todd vor kurzem an einem Samstagmorgen sein ungeladenes Gewehr auf vorbeifahrende Wagen abgeschossen hatte.

»Der Junge sagt sich, ›Dieser Bulle liegt falsch, wenn er glaubt, Dussander habe in der Stadt einen Freud aus der Nazizeit, aber *wenn* er das glaubt, bin ich draußen.‹ Darum behauptet er, ja, Dussander ist wöchentlich ein oder zweimal angerufen worden. Sehr geheimnisvoll. ›Ich kann jetzt nicht reden, Z-fünf, rufen Sie später wieder an‹ – oder so ähnlich. Während der letzten sieben Jahre zahlte Dussander kaum Gebühren, weil fast keine Gespräche geführt wurden. Er wurde nicht ein- oder zweimal in der Woche angerufen. Ferngespräche gab es überhaupt keine.«

»Was sonst?«

»Todd wußte sofort, daß der Brief verschwunden war. Er wußte, daß nur der Brief fehlte, denn er selbst war wieder in das Haus gegangen, um ihn zu beseitigen.«

Richler drückte seine Zigarette im Aschenbecher aus.

»Wir *vermuten*, daß der Brief nur ein Vorwand war. Wir *vermuten*, daß Dussander den Herzanfall hatte, als er versuchte, die Leiche zu vergraben... die letzte Leiche. Er hatte Erde an den Schuhen und an den Ärmeln. Das bedeutet, daß er den Jungen *nach* dem Anfall und nicht vorher angerufen hat. Er kriecht die Treppe hinauf und ruft den Jungen an. Der Junge flippt aus – soweit das bei ihm überhaupt möglich ist – und erfindet auf der Stelle die Geschichte mit dem Brief. Die Geschichte ist nicht besonders gut, aber sie ist auch nicht schlecht... wenn man die Umstände bedenkt. Er geht hin und räumt für Dussander auf. Inzwischen läuft der Junge auf Hochtouren. Der Krankenwagen kommt, sein Vater kommt, und er braucht den Brief, damit alles echt aussieht. Er rennt nach oben und bricht den Holzkasten auf –«

»Hat sich das bestätigt?« fragte Weiskopf und zündete sich eine von seinen eigenen Zigaretten an. Es war eine Player ohne Filter, und Richler fand, daß sie wie Pferdescheiße roch. Kein Wunder, daß das britische Reich zusammenbrechen mußte, dachte er, wenn sie anfingen, solche Zigaretten zu rauchen.

»Und wie sich das bestätigt hat«, sagte Richler. »Die Fingerabdrücke auf dem Kasten sind mit denen auf seinen Schulzeugnissen identisch. Aber seine Fingerabdrücke sind an fast allen Gegenständen in diesem gottverdammten Haus.«

»Trotzdem. Wenn Sie ihm das alles vorhielten, könnten Sie ihn ganz schön in die Enge treiben«, sagte Weiskopf.

»Nein, nein, Sie kennen den Jungen nicht. Wenn ich sage, daß er eiskalt ist, dann meine ich das auch. Er wird behaupten, daß Dussander ihn ein paarmal gebeten hat, den Kasten zu holen, damit er etwas herausnehmen oder hineinlegen kann.«

»Seine Fingerabdrücke sind auch auf der Schaufel.«

»Er wird sagen, daß er im Garten eine Rose eingepflanzt hat.« Richler zog seine Zigaretten aus der Tasche, aber die Schachtel war leer. Weiskopf bot ihm eine Player an. Nach dem ersten Zug fing Richler an zu husten. »Sie schmecken genauso schlecht wie sie riechen«, ächzte er.

»Wie diese Hamburger, die wir gestern zum Lunch gegessen haben«, sagte Weiskopf lächelnd. »Diese Mac-Burger.«

»Big Macs«, sagte Richler und lachte. »Okay, gegenseitige kulturelle Befruchtung funktioniert eben nicht immer.« Sein Lächeln verschwand. »Er sieht so anständig aus. Finden Sie nicht auch?«

»Ja.«

»Das ist kein jugendlicher Krimineller aus Vasco mit Haaren bis zum Arschloch und Ketten an den Motorradstiefeln.«

»Nein.« Weiskopf betrachtete den Verkehr um sie herum und war sehr froh, daß er nicht fahren mußte. »Er ist noch ein Junge. Ein weißer Junge aus einem guten Elternhaus. Und es fällt mir sehr schwer zu glauben, daß –«

»Sie lassen die Jungs doch schon bevor sie achtzehn sind mit Gewehren und Granaten hantieren. In Israel.«

»Ja. Aber er war erst vierzehn, als alles anfing. Warum sollte ein vierzehnjähriger Junge sich mit einem Mann wie Dussander einlassen? Das kann ich beim besten Willen nicht begreifen.«

»Das werden wir schon noch herausbekommen«, sagte Richler und warf die Zigarette aus dem Fenster. Er bekam von dem Ding Kopfschmerzen.

»Wahrscheinlich handelte es sich um reinen Zufall. Es gibt eine Gabe, durch Zufall unerwartete Entdeckungen zu machen. Ich denke, diese Gabe kann zum Guten oder zum Schlechten ausschlagen.«

»Ich habe keine Ahnung, wovon Sie reden«, sagte Richler mürrisch. »Ich weiß nur, daß der Junge unheimlicher ist als Ungeziefer unter einem Stein.«

»Es ist ganz einfach. Jeder andere Junge hätte es sofort seinen Eltern oder der Polizei erzählt. Er hätte gesagt: ›Ich habe einen Mann erkannt, der gesucht wird. Er wohnt da und da. Ja, ich bin ganz sicher.‹ Und dann wären die Behörden eingeschritten. Habe ich etwa unrecht?«

»Nein, das würde ich nicht sagen. Für ein paar Tage würde der Junge im Mittelpunkt stehen. Das würde den meisten Jungs sehr gefallen. Ein Foto in der Zeitung, vielleicht sogar ein Interview im Fernsehen. Eine Belobigung in der Schule.« Richler lachte. »Vielleicht wird er sogar in *Real People* abgebildet.«

»Was ist das?«

»Spielt keine Rolle«, sagte Richler. Er mußte ein wenig lauter sprechen, denn links und rechts fuhren einige Fünfachser am Nova vorbei. Weiskopf schaute nervös von einer Seite zur anderen. »Es stimmt, was Sie sagen«, meinte Richler. »Die meisten Jungs hätten sich anders verhalten. Die *meisten*.«

»Aber nicht *dieser* Junge«, sagte Weiskopf. »Dieser Junge kommt durch irgendeinen dummen Zufall hinter Dussanders Geheimnis. Aber anstatt zu seinen Eltern oder zur Polizei zu gehen... geht er zu Dussander. Warum? Sie sagen, das sei Ihnen egal, aber das glaube ich nicht. Sie machen sich darüber genauso viele Gedanken wie ich.«

»Um Erpressung kann es sich nicht handeln«, sagte Richler. »Das steht fest. Der Junge hat alles, was sich ein Junge wünschen kann. In der Garage steht sogar ein Buggy, von der Elefantenbüchse an der Wand ganz zu schweigen. Und selbst *wenn* er Dussander erpressen wollte, der Mann war praktisch nicht zu erpressen. Von den paar Aktien abgesehen hatte er nicht einmal einen Topf, in den er pissen konnte.«

»Sind Sie sicher, daß der Junge nicht weiß, daß Sie die Leichen gefunden haben?«

»Ganz sicher«, antwortete Richler. »Vielleicht gehe ich heute nachmittag hin und haue sie ihm um die Ohren. Das ist im Augenblick unsere beste Chance.« Richler schlug leicht auf das Lenkrad. »Wenn das alles auch nur einen Tag früher herausgekommen wäre, hätte ich wahrscheinlich eine Hausdurchsuchung beantragt.«

»Wegen der Kleidung, die der Junge an dem Tag trug?«

»Ja, wenn wir an seiner Kleidung Dreckspuren finden, die mit dem Dreck in Dussanders Keller identisch sind, könnten wir ihn wahrscheinlich knacken. Aber die Kleidung, die er an dem Abend trug, ist inzwischen vermutlich sechsmal gewaschen worden.«

»Und was ist mit den anderen toten Pennern?« fragte Weiskopf. »Die Penner, die von der Polizei an verschiedenen Stellen der Stadt gefunden wurden?«

»Die Fälle bearbeitet Dan Bozeman«, sagte Richler. »Im übrigen vermute ich da keinen Zusammenhang. Dafür war Dussander einfach nicht kräftig genug... außerdem hatte Dussander schon seine eigene nette kleine Methode entwickelt. Er versprach ihnen einen Drink und eine Mahlzeit und fuhr mit ihnen im Stadtbus – in diesem gottverdammten Stadtbus! – nach Hause und ermordete sie in aller Ruhe in seiner eigenen Küche.«

»An Dussander habe ich eben gar nicht gedacht«, sagte Weiskopf.

»Was meinen Sie dam –« begann Richler seinen Satz und schloß dann hörbar den Mund. Eine Weile schwieg er ungläubig, und man hörte nur das Dröhnen des Verkehrs. »He«, sagte er dann leise, »das müssen Sie mir verdammt erklären –«

»Als Vertreter meiner Regierung bin ich nur insofern an

Bowden interessiert, als er vielleicht etwas über Dussanders Kontakte mit dem Nazi-Untergrund weiß. Aber als Mensch interessiere ich mich immer mehr für den Jungen selbst. Ich will wissen, was mit dem Jungen los ist. Ich will seine Beweggründe erfahren. Und immer öfter frage ich mich *Was war sonst noch?*«

»Aber —«

»Ich frage mich, ob nicht gerade die Grausamkeit, die Dussander begangen hat, die Basis der Beziehungen zwischen den beiden bildete. Das ist natürlich kein sehr schöner Gedanke. Was in diesen Lagern passierte, dreht einem noch heute den Magen um. So geht es auch mir, obwohl der einzige nahe Verwandte, den ich in den Lagern hatte, mein Großvater war, und der starb schon, als ich erst drei Jahre alt war. Aber was die Deutschen taten, übt vielleicht auf uns alle eine Art tödliche Faszination aus – es erschließt die tiefsten Abgründe unserer Fantasie. Vielleicht besteht ein Teil unseres Grauens und Entsetzens darin, daß wir insgeheim wissen, daß wir unter den richtigen – oder falschen – Umständen selbst bereit wären, solche Lager zu bauen und das Personal dafür zu stellen. Vielleicht wissen wir, daß unter den richtigen Umständen die Dinge, die in diesen Abgründen unserer Fantasie leben, nur allzu gern herauskriechen. Und wie würden sie wohl aussehen? Wie lauter verrückte Führer mit einer Haarsträhne in der Stirn und schwarzem Oberlippenbart, die dauernd *Heil* schreien? Wie rote Teufel oder Dämonen oder wie ein Drache mit stinkenden Fledermausflügeln.«

»Ich weiß es nicht«, sagte Richler.

»Ich glaube«, sagte Weiskopf, »die meisten würden wie ganz gewöhnliche Buchhalter aussehen. Kleine Angestellte mit graphischen Darstellungen und Verarbeitungsdiagrammen und elektronischen Rechnern, die versuchen, die Mordrate anzuheben, damit sie das nächste Mal zwanzig oder dreißig Millionen umbringen können statt nur sechs. Und einige von ihnen könnten wie Todd Bowden aussehen.«

»Sie sind fast so unheimlich wie er«, sagte Richler.

Weiskopf nickte. »Es ist ja auch ein unheimliches Thema. Diese toten Männer und Tiere in Dussanders Keller zu finden... *das* war unheimlich, nicht wahr? Haben Sie schon mal daran gedacht, daß der Junge sich am Anfang ganz einfach nur für die Lager interessiert haben könnte? Ein Interesse, das sich nicht sonderlich vom Interesse anderer Jungen am Sammeln von Briefmarken oder Münzen oder am Lesen von Wildwestromanen unterscheidet? Und daß er zu Dussander ging, um Informationen aus erster Hand zu bekommen?«

»Aus erster Hand«, wiederholte Richler automatisch. »Mann, in diesem Stadium könnte ich alles glauben.«

»Vielleicht«, murmelte Weiskopf. Seine Worte gingen unter in dem Lärm eines weiteren Fünfachsers, an dessen Seite in metergroßen Buchstaben BUDWEISER geschrieben stand. *Was für ein erstaunliches Land*, dachte Weiskopf und zündete sich noch eine Zigarette an. *Sie begreifen nicht, wie wir von halbverrückten Arabern umgeben leben können, aber wenn ich hier zwei Jahre lang leben müßte, würde ich einen Nervenzusammenbruch kriegen.* »Vielleicht. Und vielleicht ist es unmöglich, einen Mord nach dem anderen zu erleben, ohne davon berührt zu sein.«

29

Der kleine Kerl, der die Polizeiwache betrat, brachte eine Wolke von Gestank mit herein. Er roch nach faulen Bananen, billigem Haaröl, Kakerlakenscheiße und dem Innern eines Wagens von der Müllabfuhr. Der Mann trug ein Paar alte Hosen mit Fischgrätenmuster, ein zerfetztes graues Hemd und eine schäbige blaue Trainingsjacke, deren Reißverschluß lose hing wie eine Kette von Pygmänenzähnen. Die Sohlen seiner Schuhe waren mit Leim an die Oberfläche geklebt. Auf seinem Kopf saß ein verdreckter Hut. Er sah aus wie der besoffene Tod.

»Um Gottes willen, raus hier!« schrie der diensthabende Sergeant. »Sie stehen nicht unter Arrest, Hap! Das schwöre ich bei Gott! Ich schwöre es beim Namen meiner Mutter! Raus hier! Ich will wieder atmen können.«

»Ich will Lieutenant Bozeman sprechen.«

»Er ist tot, Hap. Gestern gestorben. Alles große Scheiße.

Mach, daß du rauskommst, damit wir in Ruhe trauern können.«

»Ich will Lieutenant Bozeman sprechen!« sagte Hap mit etwas mehr Nachdruck. Sein Atem war eine süßliche Mischung aus Pizza, Mentholpastillen und süßem Rotwein.

»Er bearbeitet einen Fall in Siam, Hap. Warum haust du nicht einfach ab? Geh irgendwohin und friß 'ne Glühbirne.«

»Ich will Lieutenant Bozeman sprechen, und vorher geh' ich nicht!«

Der diensthabende Sergeant verließ fluchtartig den Raum. Fünf Minuten später kam er mit Bozemann zurück, einem dünnen, leicht gebückten Mann um die fünfzig.

»Bring ihn in dein Büro, Dan, okay?« bat der diensthabende Sergeant. »Das geht doch in Ordnung?«

»Komm, Hap«, sagte Bozeman und eine Minute später saßen sie in dem kleinen Verschlag, der Bozeman als Büro diente. Bozeman war schlau genug, das einzige Fenster zu öffnen, und, bevor er sich setzte, stellte er den Ventilator an. »Was kann ich für dich tun, Hap?«

»Haben Sie noch mit diesen Morden zu tun, Lieutenant Bozeman?«

»Die Obdachlosen? Ich denke doch.«

»Ich weiß, wer die abgestochen hat.«

»Was du nicht sagst, Hap«, sagte Bozeman. Er war gerade dabei, sich die Pfeife anzuzünden. Er rauchte selten Pfeife, aber das offene Fenster und der Ventilator wurden mit Haps Geruch nicht fertig. Jeden Augenblick wird die Farbe von der Wand abblättern, dachte Bozeman und seufzte.

»Ich hab' Ihnen doch erzählt, daß Sonny mit einem jungen Burschen gesprochen hat. Das war einen Tag bevor sie ihn aufgeschlitzt in diesem Rohr gefunden haben. Wissen Sie das noch, Lieutenant Bozeman?«

»Ja, das weiß ich noch.« Mehrere der Penner, die in der Nähe des Büros der Heilsarmee und der ein paar Straßen weiter gelegenen Suppenküche herumgehangen hatten, waren mit einer ähnlichen Geschichte über zwei der ermordeten Obdachlosen zu ihm gekommen. Die Toten waren Charles ›Sonny‹ Bracket und Peter ›Poley‹ Smith, und die anderen hatten gesehen, daß ein junger Bursche mit Sonny und Poley gesprochen hatte. Niemand wußte genau, ob Sonny mit dem Jungen gegangen war, aber Hap und zwei andere behaupteten, sie hätten Poley Smith mit ihm zusammen weggehen sehen. Sie hielten den Jungen für minderjährig. Wahrscheinlich sollte Sonny ihm eine Flasche Wein besorgen und dafür etwas Geld bekommen und mittrinken dürfen. Auch ein paar andere Penner behaupteten, einen solchen ›Burschen‹ in der Nähe gesehen zu haben. Die Beschreibung dieses ›Burschen‹ würde vor Gericht erhebliche Beweiskraft haben, zumal sie aus einer so einwandfreien Quelle stammte. Jung, blond und weiß. Was brauchte man noch mehr, um ein Ding zu drehen?

»Und gestern nacht war ich im Park«, sagte Hap, »und da hab' ich diese alten Zeitungen gefunden –«

»In dieser Stadt gibt es Gesetze gegen Landstreicherei, Hap.«

»Ich hab' sie nur aufgesammelt«, sagte Hap mit Unschuldsmiene. »Die Leute lassen so viel herumliegen, Lieutenant. Ein paar von den Zeitungen waren eine Woche alt.«

»Ja, Hap«, sagte Bozeman. Er erinnerte sich vage, daß er Hunger gehabt und sich auf sein Mittagessen gefreut hatte. Das schien vor langer Zeit gewesen zu sein.

»Nun, als ich aufwachte, waren mir ein paar von den Zeitungen ins Gesicht geweht, und ich sah dem Kerl direkt ins Gesicht. Hab' ich einen Schreck gekriegt, das kann ich Ihnen sagen. Sehen Sie. Das ist der Kerl! Dieser Kerl hier.«

Er zog eine zerknüllte Zeitungsseite mit Wasserflecke aus seiner Trainingsjacke und strich sie auf dem Tisch glatt. Bozeman war jetzt mäßig interessiert und beugte sich vor. Hap schob ihm die Seite hin, so daß er die Überschrift lesen konnte: VIER JUNGEN FÜR DIE SOUTHERN CAL ALLSTARS NOMINIERT: Darunter waren vier Fotos abgedruckt.

»Welcher ist es, Hap?«

Hap zeigte mit einem schmierigen Finger auf das Bild ganz rechts. »Dieser hier. Da steht, daß er Todd Bowden heißt.«

Bozeman hob den Kopf von der Zeitung und sah Hap an. Er fragte sich, wie viele von Haps Gehirnzellen wohl noch einigermaßen funktionierten, nachdem er sie zwanzig Jahre lang in einer brodelnden Soße aus billigem Wein mit einem gelegentlichen Schuß Spiritus gedünstet hatte.

»Wie kannst du sicher sein, Hap? Er trägt eine Baseballmütze. Wie willst du wissen, ob er blonde Haare hat?«

»Das Grinsen«, sagte Hap. »Genauso hat er Poley ange-
grinst, als sie zusammen weggingen. Das Grinsen vergesse
ich in einer Million Jahren nicht. Das ist er. Das ist der Kerl.«

Bozeman hörte die letzten Worte kaum noch. Er dachte
nach, er dachte ganz scharf nach. *Todd Bowden.* Der Name
kam ihm sehr bekannt vor. Irgend etwas an diesem Namen
störte ihn sogar noch mehr als der Gedanke, daß ein Schüler
der örtlichen High School, noch dazu ein As in Baseball, in
der Gegend herumlief und Penner umbrachte. Hatte er den
Namen nicht noch heute morgen gehört? Er legte die Stirn in
Falten und versuchte, sich zu erinnern.

Hap war gegangen und Bozeman überlegte immer noch,
als Richler und Weiskopf hereinkamen... und der Klang ihrer Stimmen, als ihnen im Wachraum Kaffee angeboten
wurde, half seinem Gedächtnis auf die Sprünge.

»Herr im Himmel«, sagte Lieutenant Bozeman und stand
rasch auf.

30

Seine Eltern hatten angeboten, ihre Pläne für den Nachmittag umzustoßen – Monica hatte einkaufen und mit Geschäfts-
freunden Golf spielen wollen – und bei ihm zu Hause zu bleiben, aber Todd sagte ihnen, daß er lieber allein sein wolle. Er
wolle sein Gewehr reinigen und dabei über die ganze Sache
nachdenken. Er müsse erst mit sich selbst ins reine kommen.

»Todd«, sagte Dick und wußte plötzlich, daß er nicht viel
zu sagen hatte. Wenn er sein eigener Vater gewesen wäre,
hätte er wahrscheinlich zum Beten geraten. Aber die Generationen hatten gewechselt, und die Bowdens hatten damit
nicht mehr viel im Sinn. »Solche Dinge kommen eben vor«,
sagte er lahm, denn Todd sah ihn noch immer an. »Du darfst
nicht grübeln.«

»Es ist schon gut«, sagte Todd.

Als sie gegangen waren, holte er ein paar Lappen und eine

Flasche Alpaca-Waffenöl und brachte alles zu der Bank neben dem Rosenbeet. Dann ging er in die Garage und holte seine Winchester. Er trug sie zu der Bank und nahm sie auseinander. Dann reinigte er sie gründlich, wobei er summte und gelegentlich pfiff. Er setzte sie anschließend wieder zusammen. Das hätte er sogar im Dunkeln geschafft. Er hing seinen Gedanken nach. Als er sich wieder konzentrierte, stellte er fest, daß er die Waffe geladen hatte. Der Gedanke, auf die Scheibe zu schießen, war ihm heute gar nicht gekommen. Warum also hatte er die Waffe geladen? Er versuchte, sich einzureden, daß er es nicht wisse.

Natürlich weißt du es, Todd-Baby. Die Zeit ist sozusagen gekommen.

In diesem Augenblick bog der gelbe Saab in die Einfahrt ein. Der Mann, der ausstieg, kam Todd irgendwie bekannt vor, aber erst als er die Wagentür zuschlug und auf ihn zukam, sah Todd die Turnschuhe – flache, hellblaue Turnschuhe. Dann wußte er: der Mann, der die Bowdensche Auffahrt hochkam, war Gummi-Ede French. Der Turnschuhmann.

»Hallo, Todd. Lange nicht gesehen.«

Todd lehnte das Gewehr gegen die Bank und lächelte sein breites, gewinnendes Lächeln. »Hallo Mr. French: Was tun Sie denn in dieser Wildnis?«

»Sind deine Eltern zu Hause?«

»Nein. Wollen Sie etwas von ihnen?«

»Nein«, sagte Ed French nach einer langen nachdenklichen Pause. »Nein, eigentlich nicht. Vielleicht sollten nur wir beide uns unterhalten. Jedenfalls vorläufig. Du hast vielleicht für alles eine vernünftige Erklärung. Aber, weiß Gott, ich bezweifle das.«

Er griff in die Tasche und zog einen Zeitungsausschnitt heraus. Noch bevor Gummi-Ede Todd den Ausschnitt gereicht hatte, wußte dieser, um was es sich handelte. Zum zweiten Mal an diesem Tag sah er die nebeneinandergestellten Bilder von Dussander. Das Foto, das der Straßenfotograf aufgenommen hatte, war mit schwarzer Tinte umrandet. Was das bedeutet, war Todd völlig klar; French hatte Todds ›Großvater‹ erkannt. Und jetzt wollte er es der ganzen Welt erzählen. Er wollte die gute Nachricht an die Öffentlichkeit bringen. Der gute alte Gummi-Ede mit seinem dummen Gequatsche und seinen gottverdammten Turnschuhen.

Die Polizei würde natürlich sehr interessiert sein – aber das war sie jetzt schon. Das wußte er. Nachdem Richler gegangen war, hatte es keine dreißig Minuten gedauert, bis ihn ein ungutes Gefühl beschlich. Es war, als habe er in einem gasgefüllten Ballon geschwebt. Dann war die Hülle des Ballons vom kalten Stahl eines Pfeils durchbohrt worden, und der Ballon fing an, unaufhörlich zu sinken.

Die Telefongespräche waren das Schlimmste. Das hatte Richler so glatt produziert wie warme Eulenscheiße. *Natürlich*, hatte Todd gesagt und sich fast überschlagen, um in die Falle zu tappen. *Er wird ein- oder zweimal in der Woche angerufen*. Sehr schön. Sollten sie doch in ganz Südkalifornien herumtoben und nach vergreisten Ex-Nazis suchen. Wenn die Telefongesellschaft ihnen nicht eine andere Auskunft gegeben hatte. Todd wußte nicht, ob die Gesellschaft feststellen konnte, wie oft jemand angerufen wird ... aber Richler hatte ihn so komisch angesehen ...

Und dann der Brief. Völlig unbedacht hatte er Richler erzählt, daß in das Haus nicht eingebrochen worden sei, und Richler war natürlich jetzt überzeugt, daß Todd anschließend in Dussanders Haus gewesen sein mußte, denn sonst hätte er es ja nicht gewußt ... tatsächlich war er nicht nur einmal sondern dreimal im Haus gewesen, einmal, um den Brief zu beseitigen und zweimal, um nachzusehen, ob es sonst noch Belastendes gab. Er hatte nichts gefunden; sogar die SS-Uniform war verschwunden. Wahrscheinlich hatte Dussander sie während der letzten vier Jahre irgendwann verschwinden lassen.

Und dann lagen da noch die Leichen. Richler hatte diese Leichen mit keinem Wort erwähnt.

Zuerst hatte Todd das für günstig gehalten. Sollten sie ruhig noch ein wenig länger suchen, bis er wieder einen klaren Kopf hatte – von einer plausiblen Geschichte ganz zu schweigen. Über Dreck, der beim Vergraben der Leiche an seine Kleidung gekommen sein konnte, machte er sich keine Sorgen. Er hatte die Sachen selbst in die Waschmaschine gesteckt, denn ihm war völlig klar gewesen, daß Dussander sterben könnte und dann alles herauskommen würde. Man kann nicht vorsichtig genug sein, Junge, wie Dussander wahrscheinlich gesagt hätte.

Dann hatte er ganz allmählich erkannt, daß die Dinge doch nicht so günstig standen. Es hatte warmes Wetter gegeben, und warmes Wetter ließ den Keller schlimmer stinken. Bei seinem letzten Besuch in Dussanders Haus war es ganz entsetzlich gewesen. Der Gestank konnte der Polizei nicht entgangen sein, und gewiß hatten die Beamten seine Quelle aufgespürt. Warum hatte Richler ihm diese Information vorenthalten? Wollte er sie sich für später aufsparen? Für eine unangenehme kleine Überraschung? Und wenn Richler eine unangenehme Überraschung plante, dann konnte das nur bedeuten, daß er Todd verdächtigte.

Todd schaute von dem Zeitungsabschnitt hoch und sah, daß Gummi-Ede sich halb abgewandt hatte. Er schaute auf die Straße hinaus, obwohl dort nichts weiter passierte. Richler würde ihn verdächtigen, aber mehr konnte er nicht tun.

Wenn er nicht einen konkreten Beweis hatte, der Todd mit dem Alten zusammenbrachte.

Genau den Beweis, den Gummi-Ede liefern konnte.

Ein lächerlicher Mann in lächerlichen Turnschuhen. Ein so lächerlicher Mann verdiente es kaum, daß man ihn weiterleben ließ. Todd berührte den Lauf seiner .30-30.

Ja, Gummi-Ede hatte das Glied, das ihnen in ihrer Beweiskette fehlte. Sie würden nie beweisen können, daß Todd Dussander bei seinen Morden geholfen hatte. Aber mit Gummi-Edes Aussage könnten sie ihm eine Art Verschwörung nachweisen. Und damit noch nicht genug. Sie würden sein Bild nehmen und es den Pennern unten in der Stadt zeigen. Auf eine solche Möglichkeit zu verzichten, konnte Richler sich kaum erlauben. Wenn wir ihm die einen Penner nicht anhängen können, schaffen wir es vielleicht bei den anderen.

Was kam als nächstes? Eine Gerichtsverhandlung.

Sein Vater würde ihm die besten Anwälte besorgen, und natürlich würden sie ihn freibekommen. Zu viele Indizienbeweise. Er würde auf die Jury einen günstigen Eindruck machen. Aber bis dahin würde sein Leben ohnehin zerstört sein. Alles würde in den Zeitungen breitgetragen werden, ausgegraben und ans Licht gezerrt wie die halbverwesten Leichen in Dussanders Keller.

»Der Mann auf diesem Bild ist der Mann, der mich in meinem Büro aufsuchte, als du die neunte Klasse besuchtest«, sagte Ed French plötzlich und wandte sich Todd wieder zu. »Er gab sich als dein Großvater aus, und jetzt stellt sich heraus, daß er ein gesuchter Kriegsverbrecher ist.«

»Ja«, sagte Todd. Sein Gesicht war seltsam leer. Es war das Gesicht einer Schaufensterpuppe. Alle Gesundheit, alles Leben und alle Frische waren daraus verschwunden. Was übrigblieb, war beängstigend in seiner Leere.

»Wie konnte das geschehen?« fragte Ed French, und diese Frage war vielleicht als donnernde Anklage gedacht, aber sie hörte sich eher kläglich und verloren an, als fühlte Ed sich betrogen. »Wie konnte das geschehen, Todd?«

»Oh, eins kam zum anderen«, sagte Todd und nahm das Gewehr in die Hand. »So ist es geschehen. Eins kam ... zum anderen.« Er entsicherte die Waffe und richtete sie auf Gummi-Ede. »Wenn es sich auch dumm anhört, aber genau *so* ist es geschehen. Das ist alles.«

»Todd«, sagte Ed mit angstgeweiteten Augen. Er trat einen Schritt zurück. »Du willst doch nicht ... bitte, Todd. Wir können darüber reden. Wir können es disku –«

»Sie können es mit dem verdammten Deutschen in der Hölle diskutieren«, sagte Todd und drückte ab.

Der Schuß hallte durch die heiße windstille Ruhe des Nachmittags. Ed French wurde gegen seinen Saab geschleudert. Er griff mit der Hand hinter sich und riß einen Scheibenwischer ab. Er betrachtete ihn dümmlich, während sich auf seinem blauen Rollkragenpullover Blut ausbreitete. Dann sah er Todd an.

»Norma«, flüsterte er.

»Okay«, sagte Todd. »Ganz wie Sie wollen, Meister.« Er schoß noch einmal auf Gummi-Ede, und sein halber Kopf verschwand in einer Wolke aus Blut und Knochen.

Wie trunken drehte Ed sich um und versuchte die Tür an der Fahrerseite zu erreichen. Mit erstickter und schwächer werdender Stimme rief er immer wieder den Namen seiner Tochter. Todd schoß ein drittes Mal, diesmal unten ins Rückgrat, und Ed sank zu Boden. Mit den Füßen schlug er noch kurz auf den Kies. Dann lag er still.

Bestimmt kein angenehmer Tod für einen pädagogischen Berater, dachte Todd und lachte auf. Im gleichen Augenblick fuhr ihm ein Schmerz ins Gehirn, als wäre ihm ein Dolch hineingestoßen worden, und er schloß die Augen.

Als er sie wieder öffnete, fühlte er sich so gut wie schon seit Monaten – vielleicht seit Jahren – nicht mehr. Alles war wieder gut. Alles hatte sich zusammengefügt. An die Stelle der Leere in seinem Gesicht trat eine Art wilder Schönheit.

Er ging in die Garage zurück und holte seine ganze restliche Munition, mehr als vierhundert Schuß. Er verstaute sie in seinem alten Rucksack, den er sich über die Schulter warf. Als er wieder in die Sonne trat, lächelte er strahlend und seine Augen tanzten – so lächelt ein Junge an seinem Geburtstag, zu Weihnachten, am vierten Juli. Das Lächeln bedeutete Feuerwerksraketen, Baumhäuser, Geheimzeichen und geheime Treffpunkte, das Ende eines triumphalen Spiels, wenn die Spieler auf den Schultern der begeisterten Fans aus dem Stadion heraus in die Stadt getragen werden. Es war das ekstatische Lächeln flachshaariger Jungen, die mit Kohleneimerhelmen auf den Köpfen in den Krieg ziehen.

»Ich bin der Herr der Welt!« schrie er gewaltig in den hohen blauen Himmel und hob das Gewehr mit beiden Händen hoch über seinen Kopf. Dann nahm er es in die Rechte und ging an jene Stelle über der Autostraße, wo das Land steil abfiel und wo der abgestorbene Baum ihm Schutz bieten würde.

Es war fünf Stunden später und fast schon dunkel, als sie ihn dort herunterholten.

Herbstsonate

Die Leiche

1

Die wichtigsten Dinge lassen sich am schwersten sagen. Es sind die Dinge, deren man sich schämt. Sie lassen sich so schwer sagen, weil Worte sie kleiner machen. Sind sie einmal ausgesprochen, lassen Worte die Dinge, die dir in deinem Kopf grenzenlos vorkamen, zu ihrer wahren Bedeutung schrumpfen. Aber da ist noch etwas anderes, nicht? Die wichtigsten Dinge sind deinen geheimsten Wünschen zu nahe, wie Zeichen in der Landschaft, die deinen Feinden zeigen, wo dein Schatz vergraben liegt. Du machst vielleicht Enthüllungen, die dir schwerfallen, und der einzige Erfolg ist, daß die Leute dich erstaunt ansehen und überhaupt nicht verstehen, was du gesagt hast oder warum du es für so wichtig hieltest, daß du fast weintest, als du es sagtest. Ich finde, daß ist das Schlimmste: Wenn man ein Geheimnis für sich behalten muß, nicht weil man es nicht erzählt, sondern weil niemand es versteht.

Ich war fast dreizehn, als ich zum ersten mal einen Toten sah. Es war 1960. Das ist schon lange her . . . aber manchmal kommt es mir gar nicht so lange vor. Besonders dann nicht, wenn ich nachts aus einem Traum erwache, in dem der Hagel in seine offenen Augen fällt.

2

Wir hatten ein Baumhaus in einer großen Ulme, die auf einem unbebauten Grundstück in Castle Rock stand. Heute befindet sich dort eine Spedition, und die Ulme ist verschwunden. Der Fortschritt. Es war eine Art geselliger Klub, wenn er auch keinen Namen hatte. Fünf, vielleicht sechs Jungs kamen ständig, und ein paar nasse Säcke hingen gelegentlich dort herum. Wir ließen sie rauf, wenn wir Karten spielten und frisches Blut brauchten. Gewöhnlich spielten wir Blackjack, und es ging um Cents, fünf Cents waren die Obergrenze. Bei fünf blind gekauften Karten gab es doppeltes Geld... bei sechs *dreifaches*, aber Teddy war als einziger verrückt genug, sich darauf einzulassen.

Die Wände des Baumhauses bestanden aus Brettern, die wir aus dem Abfallhaufen hinter Mackeys Holzhandlung und Baubedarf in der Carbine Road geholt hatten – sie waren voller Splitter und Astlöcher, die wir mit Toilettenpapier oder Papierhandtüchern verstopften. Als Dach diente ein großes Stück Wellblech, das von der Mülldeponie stammte. Wir mußten uns dauernd umschauen, als wir es wegschleppten, denn der Aufseher galt als kinderfressendes Ungeheuer. Wir fanden am selben Tag eine Verandatür. Der Fliegendraht hielt zwar die Fliegen ab, aber er war wirklich verrostet – extrem verrostet. Ganz gleich, um welche Tageszeit man nach draußen sah, man dachte immer, es sei gerade Sonnenuntergang.

Außer Karten spielen konnte man im Klub auch rauchen oder Hefte mit nackten Weibern betrachten. Wir hatten ein halbes Dutzend zerbeulte Blechaschenbecher, auf denen unten CAMELS stand, zwanzig oder dreißig Kartenspiele mit Eselsohren, einen Satz Pokerchips aus Plastik und einen Haufen alte *Master Detective*-Mordgeschichten, die wir durchblätterten, wenn sonst nichts lief. Die Kartenspiele hatte Teddy von seinem Onkel bekommen, der das Papierwarengeschäft von Castle Rock betrieb. Als Teddys Onkel ihn fragte, welche Kartenspiele wir spielten, sagte der, wir hätten öfter Cribbage-Turniere, und das fand der Onkel gut. Wir bauten auch ein zwölf mal zehn Zoll großes Geheimfach in den Fußboden ein, um die Sachen verstecken zu können, falls irgendein Vater auf den Gedanken kam, uns mit der Wir-sind-doch-gute-Freunde-Masche zu beglücken. Wenn es regnete, hockte man im Klub wie in einem Stahlfaß aus Jamaika... aber in jenem Sommer hatte es keinen Regen gegeben.

Es war der trockenste und heißeste seit 1907 gewesen – das schrieben wenigstens die Zeitungen, und an dem Freitag vor dem Tag der Arbeit und dem Beginn des neuen Schuljahres sahen selbst die Goldrauten auf den Feldern und an den Gräben neben den Wegen vertrocknet und armselig aus. In keinem Garten war etwas Rechtes gewachsen, und die Einmachutensilien im Castle Rock Red & White standen immer noch in den Regalen und setzten Staub an. Niemand hatte etwas einzumachen, außer vielleicht Löwenzahnwein.

Teddy und Chris und ich saßen oben im Klub und ärgerten uns gemeinsam darüber, daß die Schule schon so bald wieder anfangen sollte. Wir spielten Karten und erzählten uns die alten Handelsvertreter- und Franzosenwitze. Woran erkennst du, daß ein Franzose auf deinem Hof war? Ganz einfach: der Abfalleimer ist leer und der Hund schwanger. Teddy versuchte dann immer, beleidigt auszusehen, aber er war der erste, der einen Witz weitererzählte, sobald er ihn gehört hatte. Allerdings verwandelte sich dabei der Franzosenwitz immer in einen Pollackenwitz.

Die Ulme bot zwar Schatten, aber wir hatten uns trotzdem die Hemden ausgezogen, um sie nicht zu sehr durchzuschwitzen. Wir spielten Three-Penny-Scat, das langweiligste Kartenspiel, das je erfunden wurde, aber es war zu heiß, um an etwas Komplizierteres zu denken. Bis Mitte August hatten wir eine recht gute Baseballmannschaft gehabt, und dann blieben immer mehr Jungs weg. Es war zu heiß.

Ich war an der Reihe und versuchte es mit Pik. Ich hatte mit einer Dreizehn angefangen und eine Acht bekommen, so daß ich einundzwanzig hatte. Seitdem hatte sich nichts mehr getan. Chris winkte ab. Ich nahm meine letzte Karte, aber es war nichts Brauchbares.

»Neunundzwanzig«, sagte Chris und legte Karo hin.

»Zweiundzwanzig«, sagte Teddy angewidert.

»Leckt mich am Arsch«, sagte ich und warf meine Karten verdeckt auf den Tisch.

»Gordie ist tot, der alte Gordie hat voll in die Scheiße gegriffen«, trompetete Teddy und ließ sein patentiertes Teddy-Duchamp-Gelächter hören – Iiii-iii-iii, als ob ein rostiger Nagel ganz langsam aus einem verfaulten Brett gezogen würde. Nun, er war ein bißchen komisch; das wußten wir alle. Er war fast dreizehn, wie wir andern auch, aber seine dicken Brillengläser und das Hörgerät, das er trug, ließen ihn oft wie ein alter Mann aussehen. Die Jungs auf der Straße bettelten ihn oft um Zigaretten an, aber die Ausbuchtung in seinem Hemd war nur die Batterie für sein Hörgerät.

Trotz seiner Brille und des fleischfarbenen Knopfes, den er sich immer ins Ohr schrauben mußte, konnte Teddy nicht gut sehen und verstand oft nicht, was man ihm sagte. Im Baseball mußte er ganz außen spielen, weit hinter Chris im linken Feld und Billy Greer im rechten. Wir hofften immer, daß niemand so weit schlagen würde, denn Teddy jagte dem Ball immer verbissen nach, ganz gleich, ob er etwas sehen konnte oder nicht. Hin und wieder wurde er voll getroffen, und einmal kippte er voll aus den Latschen, als er gegen den Zaun am Baumhaus rannte. Fast fünf Minuten lag er auf dem Rücken, und in seinen Augen war nur das Weiße zu sehen, und ich bekam es mit der Angst. Doch dann kam er wieder zu sich und rappelte sich mit blutender Nase und einer riesigen Beule an der Stirn auf und schwor, der Ball sei ungültig gewesen.

Er konnte von Natur aus schlecht sehen, aber was mit seinen Ohren passiert war, hatte mit Natur nichts zu tun. Damals, als es Mode war, sich das Haar so schneiden zu lassen, daß die Ohren wie die Henkel eines Kruges vom Kopf abstanden, hatte Teddy den ersten Beatlehaarschnitt in ganz Castle Rock – vier Jahre bevor in Amerika überhaupt jemand von den Beatles gehört hatte. Er hielt die Ohren bedeckt, weil sie aussahen wie zwei Klumpen heißes Wachs.

Eines Tages, als Teddy acht Jahre alt war, wurde sein Vater wütend, weil er einen Teller zerbrochen hatte. Seine Mutter arbeitete in der Schuhfabrik in South Paris, als es geschah, und als sie es erfuhr, war alles schon passiert.

Teddys Vater schleppte Teddy zu dem großen Holzofen hinten in der Küche und drückte ihn mit dem Ohr auf eine der heißen Kochplatten. So hielt er ihn etwa zehn Sekunden fest. Dann riß er ihn an den Haaren hoch und schmorte die andere Seite. Anschließend rief er das Unfallkrankenhaus an und bat die Leute, seinen Jungen abzuholen. Nachdem er aufgelegt hatte, ging er an den Schrank, nahm seine .410 heraus und setzte sich vor das Fernsehgerät, um sich mit der Flinte auf den Knien das Programm anzusehen. Als Mrs. Burroughs von nebenan rüberkam, um zu fragen, ob Teddy auch nichts passiert sei – sie hatte das Schreien gehört – richtete Teddys Dad die Waffe auf sie, und Mrs. Burroughs verließ mit annähernd Lichtgeschwindigkeit das Duchampsche Haus, schloß sich in ihrem eigenen Haus ein und rief die Polizei an. Als der Krankenwagen kam, ließ Mr. Duchamp die Leute ein und ging dann auf die hintere Veranda, um Wache zu schieben, während Teddy auf einer Trage zu dem alten Buick-Krankenwagen mit den Bullaugen geschafft wurde.

Teddys Dad erklärte den Leuten, die verdammten Generäle hätten zwar gesagt, daß der Abschnitt gesäubert sei, aber überall lauerten noch deutsche Heckenschützen. Einer der Männer fragte Teddys Dad, ob er glaube, die Stellung noch eine Weile halten zu können. Teddys Dad lächelte knapp und sagte, er werde die Stellung halten, bis die Hölle ein Kühlhaus sei, wenn das nötig sein sollte. Die Männer grüßten militärisch, und Teddys Dad erwiderte zackig den Gruß. Ein paar Minuten nachdem der Krankenwagen abgefahren war, erschien die State Police und löste Norman Duchamp von seinem Posten ab.

Er hatte sich schon seit über einem Jahr seltsam verhalten. Er hatte auf Katzen geschossen und Feuer in Briefkästen gelegt. Nach der an seinem Sohn verübten Scheußlichkeit gab es eine kurze Anhörung, und er wurde nach Togus gebracht. Togus ist ein Ort für Leute, die dem Dienst nicht mehr gewachsen sind. Teddys Dad hatte den Strand in der Normandie erstürmt, wie Teddy sich immer ausdrückte. Obwohl der Alte ihm so Entsetzliches angetan hatte, war Teddy stolz auf ihn, und einmal in der Woche besuchte er ihn zusammen mit seiner Mutter.

Er war von unserer ganzen Bande wohl der Dümmste, und außerdem war er verrückt. Er riskierte die verrücktesten Dinge, die man sich vorstellen konnte, und es ging immer glimpflich ab. Sein größtes Ding nannte er ›Truckerfoppen‹. Er rannte auf der 196 vor den Lastwagen her und sprang erst im allerletzten Moment zur Seite. Manchmal verfehlten sie ihn nur um Zentimeter. Gott weiß, wie viele Herzanfälle er verursacht hat. Wenn der Fahrtwind des vorbeirauschenden Lastwagens an seiner Kleidung zerrte, dann lachte er. Wir hatten nackte Angst, weil er so schlecht sehen konnte, Colaflaschengläser oder nicht. Es war nur noch eine Frage der Zeit, bis er die Geschwindigkeit eines dieser Wagen falsch einschätzte. Und man mußte sehr vorsichtig sein, wenn man ihn zu irgend etwas herausfordern wollte; denn wenn er herausgefordert wurde, tat Teddy praktisch alles.

»Gordie ist tot, iiii-iii-iii!«

»Idiot«, sagte ich und nahm eines der *Master Detective*-Hefte zur Hand, während die beiden das Spiel zu Ende spielten, und las: »Er trample die hübsche Schülerin in einem steckengebliebenen Fahrstuhl zu Tode.«

Teddy nahm seine Karten auf, betrachtete sie kurz und sagte: »Ich habe genug.«

»Du vieräugiger Scheißhaufen!« schrie Chris.

»Der Scheißhaufen hat tausend Augen«, sagte Teddy feierlich, und Chris und ich brüllten los. Teddy sah uns stirnrunzelnd an, als wüßte er nicht, worüber wir lachten. Auch das hatte er an sich – er kam oft mit so komischen Sachen raus wie ›Der Scheißhaufen hat tausend Augen‹, und man wußte nie genau, ob er es auch scherzhaft *meinte*. Er sah die Leute, die lachten, dann immer mit diesem Stirnrunzeln an, als wollte er sagen: »*Mein Gott, was war es denn diesmal wieder?*«

Teddy hatte eine echte Dreißig – Kreuzbube, Kreuzdame, Kreuzkönig. Chris hatte nur eine Sechzehn.

Teddy mischte die Karten auf seine unbeholfene Art, und ich las gerade den unheimlichen Teil der Mordgeschichte, wo der verrückte Seemann aus New Orleans auf der Schülerin aus Bryn Mawr herumtrampelte, weil er es in geschlossenen Räumen nicht aushielt, als wir jemanden schnell die Leiter hochsteigen hörten, die wir an den Stamm der Ulme genagelt hatten. Eine Faust schlug gegen die Unterseite der Klapptür.

»Wer ist da?« schrie Chris.

»Vern!« Er hörte sich aufgeregt und ganz außer Atem an.

Ich ging an die Klapptür und zog den Bolzen heraus. Die Tür flog krachend auf, und Vern Tessio, ein anderer von den regelmäßigen Besuchern, stemmte sich in das Klubhaus hoch. Der Schweiß lief ihm in Strömen herunter, und sein Haar, das er sonst immer in einer perfekten Imitation seines Rock-Idols Bobby Rydell frisiert trug, klebte an seinem Kugelkopf.

»O Mann«, keuchte er. »Wartet, bis ihr das hört.«

»Was hört?« fragte ich.

»Ich muß mich erst verschnaufen. Ich bin den ganzen Weg von zu Hause gerannt.«

»Ich bin den ganzen Weg nach Hause gerannt«, sang Teddy in dem fürchterlichen Falsett von Little Anthony, *»nur um zu sagen, wie leid es mir tut —«*

»Fick deine Hand, Mann«, sagte Vern.

»Fall tot in den Kot, du Schlot«, gab Teddy geschickt zurück.

»Du bist den ganzen Weg von zu Hause gerannt?« fragte Chris ungläubig. »Mann, du bist verrückt.« Verns Haus lag zwei Meilen entfernt in der Grand Street. »Da draußen muß es über dreißig Grad sein.«

»Das war es wert«, sagte Vern. »Mein Gott. Ihr werdet es nicht glauben. Ehrlich.« Er schlug sich mit der Hand an die schweißbedeckte Stirn, um uns zu zeigen, wie ehrlich es ihm war.

»Okay, was ist denn los?« fragte Chris.

»Könnt ihr heute nacht von zu Hause wegbleiben?« Vern sah uns genauso ernst wie aufgeregt an. »Ich meine, wenn ihr euren Leuten sagt, daß wir auf dem Feld hinter unserm Haus zelten wollen?«

»Ja, ich glaube schon«, sagte Chris, nahm seine neuen Karten auf und sah sie an. »Aber mein Dad hat wieder 'ne schlimme Periode. Saufen, ihr wißt ja.«

»Du mußt kommen, Mann«, sagte Vern. »Ehrlich, ihr werdet es nicht *glauben*. Kannst du kommen, Gordie?«

»Wahrscheinlich.«

Ich durfte so etwas meistens – ich war schon den ganzen Sommer praktisch der Unsichtbare Junge gewesen. Im April war mein älterer Bruder Dennis in einem Jeep tödlich verunglückt. Das war in Fort Benning, Georgia, wo er seinen Grundwehrdienst ableistete. Er und ein Kamerad waren auf dem Weg zum PX-Laden, und ein Armeelastwagen fuhr ihnen in die Seite. Dennis war sofort tot, und der andere lag seitdem im Koma. Dennis wäre noch in derselben Woche zweiundzwanzig geworden. Ich hatte ihm bei Dahlie's drüben in Castle Green schon eine Geburtstagskarte ausgesucht.

Ich weinte, als ich es hörte, und ich weinte noch mehr bei der Beerdigung. Ich konnte nicht glauben, daß Dennis nicht mehr da war, daß jemand, der mich an den Kopf geknufft und mit einer Gummispinne erschreckt hatte, bis ich weinte, der mir einen Kuß gegeben hatte, als ich gefallen war und mir die Knie aufgeschlagen hatte, und mir dann ins Ohr geflüstert hatte: »Hör auf zu heulen, du Baby!« – daß jemand, der mich *angefaßt* hatte, tot sein konnte. Es kränkte und ängstigte mich, daß er tot sein konnte... aber meinen Eltern schien es allen Mut genommen zu haben. Für mich war Dennis wenig mehr als ein Bekannter gewesen. Er war zehn Jahre älter als ich und hatte natürlich seine eigenen Freunde und Klassenkameraden. Wir haben jahrelang an einem Tisch gegessen, und manchmal war er mein Freund, und manchmal ärgerte er mich, aber meistens war er ganz einfach ein anderer Junge. Als er starb, war er, von dem einen oder anderen Urlaub abgesehen, schon ein Jahr fortgewesen. Wir sahen einander noch nicht einmal ähnlich. In jenem Sommer dauerte es ziemlich lange, bis mir klar wurde, daß meine Tränen hauptsächlich Mom und Dad galten. Aber sie nützten weder ihnen noch mir.

»Und wozu nun das ganze Gepisse und Gestöhne, Vern-O?« fragte Teddy.

»Ich habe genug«, sagte Chris.

»*Was?*« kreischte Teddy und vergaß Vern sofort. »Du verdammter Lügner! Du hast gar kein passendes Blatt. Ich habe dir keins gegeben.«

Chris lächelte hämisch. »Zieh deine Karten, Scheißhaufen.«

Teddy griff nach der obersten Karte. Chris griff nach den Winstons, die hinter ihm lagen. Ich beugte mich vor und nahm meine Mordgeschichte wieder in die Hand.

Vern Tessio sagte: »Wollt ihr Jungs eine Leiche sehen?«

Keiner bewegte sich mehr.

3

Wir hatten es natürlich alle im Radio gehört. Das Radio, ein Philco-Gerät mit einem lädierten Gehäuse, lief den ganzen Tag. Wir hatten es ebenfalls von der Deponie geholt. Wir hatten immer den WLAM in Lewiston eingeschaltet, denn der Sender brachte meistens Super-Hits und gute Oldies. ›What in the World's Come Over You‹ von Jack Scott und ›This Time‹ von Troy Shondell und ›King Creole‹ von Elvis Presley und ›Only the Lonely‹ von Roy Orbison. Wenn die Nachrichten kamen, stellten wir gewöhnlich irgendeinen geistigen Schalter auf aus. In den Nachrichten gab es eine Menge Quark über Kennedy und Nixon und Quemoi und Matsu und die Raketenlücke und darüber, daß Castro sich als ein großes Arschloch herausgestellt hatte. Aber Ray Browers Geschichte hatten wir alle mit ein wenig mehr Interesse verfolgt, denn er war ein Junge in unserem Alter.

Er stammte aus Chamberlain, einer Stadt ungefähr vierzig Meilen östlich von Castle Rock. Drei Tage bevor Vern nach seinem Zwei-Meilen-Lauf die Grand Street hinauf in unser Klubhaus gestürmt kam, hatte Ray Brower einen der Töpfe seiner Mutter genommen und war Blaubeeren pflücken gegangen. Als er bei Einbruch der Dunkelheit noch nicht zurück war, rief seine Mutter die Polizei an, und eine Suche wurde organisiert. Zuerst in der Nähe seines Elternhauses, und dann wurde die Suche auf die umliegenden Städte Motton, Durham und Pownal ausgedehnt. Alle halfen mit – Polizisten, Wildhüter und viele Freiwillige. Aber drei Tage später wurde das Kind immer noch vermißt. Wenn man die Nachrichten hörte, wußte man schon, daß man den armen Kerl nicht mehr lebend auffinden würde. Man würde die Suche allmählich abbrechen. Er könnte in einer Kiesgrube verschüttet worden oder in einem Bach ertrunken sein, und in zehn Jahren würde irgendein Jäger seine Knochen finden. Sie waren schon dabei, in den Seen um Chamberlain und im Motton-Reservoir den Grund abzusuchen.

Im südwestlichen Maine könnte so etwas heute kaum passieren; viele Gebiete sind jetzt eingemeindet, und die Schlafstädte um Portland und Lewiston haben sich ausgebreitet wie die Greifarme eines riesigen Polypen. Die Wälder sind noch da, und nach Westen zu den White Mountains hinüber werden sie ziemlich unzugänglich, aber wenn man heutzutage lange genug einen kühlen Kopf bewahrt und ständig in eine Richtung läuft, erreicht man spätestens nach fünf Meilen eine zweispurige asphaltierte Autostraße. Aber 1960 war das ganze Gebiet zwischen Chamberlain und Castle Rock noch unterentwickelt, und weite Landstriche waren seit vor dem Zweiten Weltkrieg nicht einmal mehr vermessen worden. Damals war es wohl möglich, daß man in den Wald ging, sich verirrte und umkam.

4

Vern Tessio hatte an jenem Morgen unter seiner Veranda gegraben.

Wir verstanden das natürlich sofort, aber ich sollte es Ihnen vielleicht kurz erklären. Teddy Duchamps war ein Dummkopf, aber auch Vern Tessio gehörte nicht zu den Gescheitesten. Sein Bruder Billy war allerdings noch dümmer, wie Sie sehen werden. Aber zuerst will ich Ihnen erzählen, warum Vern unter der Veranda grub.

Vor vier Jahren, als er acht war, vergrub Vern unter der langen vorderen Veranda der Tessios ein großes Glas mit Centstücken. Vern nannte den dunklen Raum unter der Veranda seine ›Höhle‹. Er spielte eine Art Piratenspiel, und die Münzen waren der vergrabene Schatz – wenn man aber mit Vern Seeräuber spielte, durfte man sie nicht den vergrabenen Schatz nennen, dann waren sie die ›Beute‹. Er vergrub das Glas mit den Münzen also ziemlich tief und bedeckte die frische Erde mit den Blättern, die im Lauf der Jahre unter die Veranda geweht waren. Er zeichnete eine Karte, um den Schatz wiederfinden zu können, und bewahrte sie zusammen mit seinen übrigen Sachen in seinem Zimmer auf. Etwa einen Monat lang dachte er gar nicht mehr an den Schatz. Dann, als er eines Tages ins Kino gehen wollte und kein Geld dafür hatte, erinnerte er sich an die Münzen und wollte seine Karte holen. Aber seine Mom war seitdem zwei oder dreimal in seinem Zimmer gewesen, um sauberzumachen, und sie hatte seine alten Hausarbeiten, einige Comics und Witzbücher und Einwickelpapier von Süßigkeiten mitgenommen, um damit morgens das Feuer im Küchenherd anzuzünden. Zusammen mit dem anderen Papier wurde auch Verns Schatzkarte durch den Schornstein gejagt.

Das glaubte er wenigstens.

Er versuchte, die Stelle aus dem Gedächtnis wiederzufinden und grub dort. Kein Glück. Er grub ein wenig weiter links und ein wenig weiter rechts. Kein Glück. Für den Tag gab er auf, aber seitdem hatte er es immer wieder versucht. Vier Jahre, Mann. Vier *Jahre.* Ist das ein Pisser? Man wußte nicht, ob man lachen oder weinen sollte.

Zuletzt wurde es bei ihm zu einer Art Besessenheit. Die Veranda der Tessios zog sich am ganzen Haus entlang und war ungefähr zwölf Meter lang und über zwei Meter breit. Er hatte fast jeden verdammten Zoll dieser Fläche zwei oder dreimal umgewühlt, und immer noch keine Münzen. Die *Anzahl* der Münzen hatte sich inzwischen in seinem Geist erhöht. Am Anfang erzählte er Chris und mir, daß es ungefähr drei Dollar gewesen seien. Ein Jahr später war er schon bei fünf, und kürzlich handelte es sich um etwa zehn Dollar, mal mehr, mal weniger, je nachdem wie knapp bei Kasse er gerade war.

Immer wieder versuchten wir ihm klarzumachen, was uns schon völlig klar war – daß Billy von dem Glas gewußt und es selbst ausgegraben hatte. Vern wollte das einfach nicht glauben, obwohl er Billy haßte wie die Araber die Juden und wahrscheinlich mit Vergnügen für seinen Bruder wegen Diebstahls die Todesstrafe gefordert hätte, wenn sich je eine solche Möglichkeit ergeben hätte. Er weigerte sich auch, Billy direkt zu fragen. Wahrscheinlich hatte er Angst, daß Billy lachen und sagen würde: *Natürlich hab' ich sie, du dumme Sau, und da waren für zwanzig Dollar Cents in dem Glas, und ich hab' das ganze verdammte Geld ausgegeben.* Statt dessen ging Vern unter die Veranda und grub nach den Münzen. Immer, wenn er Lust dazu hatte und Billy nicht gerade in der Nähe war.

Und jedes Mal kroch er mit dreckigen Jeans und Blättern im Haar und leeren Händen unter der Veranda hervor. Wir verspotteten ihn deshalb ziemlich bösartig und gaben ihm den Spitznamen Penny – Penny Tessio. Ich glaube, er kam mit seiner Neuigkeit nicht nur deshalb so schnell zum Klub, weil er sie loswerden wollte, sondern weil ihm daran lag, uns zu beweisen, daß aus seiner Münzenjagd doch noch etwas Gutes herausgekommen war.

Er war an dem Morgen vor allen anderen aufgestanden, hatte seine Cornflakes gegessen und war nach draußen gegangen, wo er Körbe durch den an die Garage genagelten Reifen warf. Er wußte nicht recht, was er tun sollte, denn es war niemand in der Nähe, mit dem er was hätte unternehmen können. Er beschloß deshalb, wieder nach seinen Münzen zu graben. Er war gerade unter die Veranda gekrochen, als über ihm die Tür aufging. Er erstarrte und gab keinen Laut von sich. Wenn es sein Dad war, würde er herauskriechen. War es Billy, würde er warten, bis Billy und sein Freund Charlie Hogan, einer von diesen halbstarken Angebern, verschwunden waren.

Jetzt hörte er ihre Schritte auf der Veranda, und dann sagte Charlie Hogan mit zitternder Stimme: »Mein Gott, Billy, was sollen wir nur tun?«

Vern sagte, daß er gleich die Ohren gespitzt habe, als er Hogan in diesem Tonfall reden hörte – denn Hogan war ein verdammt zäher Bursche. Schließlich trieb sich Charlie ständig mit Ace Merril und Eyeball Chambers herum, und wenn man es mit solchen Typen zu tun hatte, mußte man schon zäh sein.

»Nichts«, sagte Billy. »Wir tun genau nichts.«

»Wir müssen doch *irgend etwas* unternehmen«, sagte Charlie, und die beiden setzten sich ganz in Verns Nähe auf die Veranda. »Hast du ihn *gesehen?*«

Vern kroch ein wenig näher an die Treppe heran. In diesem Augenblick glaubte er, daß Charlie und Billy vielleicht in besoffenem Zustand jemanden überfahren hatten. Vern paßte auf, daß die Blätter nicht raschelten, wenn er sich bewegte. Wenn die beiden merkten, daß er hier unter der Veranda hockte und ihr Gespräch belauscht hatte, könnte man was dann von ihm noch übrig war in eine Hundefutterdose packen.

»Es geht uns nichts an«, sagte Billy Tessio. »Und der Junge ist tot. Den interessiert das auch nicht mehr. Wen kümmert es auch nur einen Scheißdreck, ob sie ihn finden? Mich jedenfalls nicht.«

»Das war der Junge, über den sie im Radio gesprochen haben«, sagte Charlie. »Ich bin ganz sicher, daß er das war. Brocker, Brower, Flowers, oder wie er noch hieß. Ein Scheißzug muß ihn erwischt haben.«

»Ja«, sagte Billy. Ein Geräusch, als würde ein Streichholz angerissen. Vern sah, wie es in den Kies geschnippt wurde. Dann roch er Zigarettenrauch. »Ich wäre fast über ihn gestolpert. Und du hast gekotzt.«

Schweigen, aber Vern spürte geradezu, daß Charlie Hogan sich schämte.

»Wenigstens haben die Mädchen nichts gesehen«, sagte Billy nach einer Weile. Nach dem Geräusch zu urteilen, klopfte er Charlie auf die Schulter, um ihn aufzumuntern. »Sie würden von hier bis Portland darüber quatschen. Jedenfalls sind wir schnell von da weggekommen. Glaubst du, sie haben gemerkt, daß irgendwas nicht stimmte?«

»Nein«, sagte Charlie. »Das hintere Ende der Harlow Street am Friedhof vorbei mag Marie sowieso nicht. Sie hat Angst vor Gespenstern.« Dann wieder in diesem verängstigten weinerlichen Tonfall: »Mein Gott, wenn wir doch nur gestern abend kein Auto geklaut hätten, sondern ins Kino gegangen wären, wie wir eigentlich wollten!«

Charlie und Billy gingen mit ein paar Weibern namens Marie Doughertie und Beverly Thomas; außerhalb einer Faschingsveranstaltung hat man so gewöhnliche Schlampen noch nie gesehen – Pickel, Haare auf der Oberlippe, alles drum und dran. Manchmal klauten die vier – gelegentlich waren es auch sechs oder acht, wenn Fuzzy Bracowicz oder Ace Merrill mit ihren Mädchen dabei waren – auf irgendeinem Parkplatz in Lewiston einen Wagen und machten eine Spritztour. Dabei nahmen sie ein paar Flaschen Wein der Marke Wild Irish Rose und einen Sechserpack Ginger Ale mit. Dann parkten sie irgendwo in Castle View oder Harlow oder Shilo, mixten sich ihr Gesöff zurecht und vergnügten sich mit den Mädchen. Billiger Spaß im Affenhaus, wie Chris manchmal sagte. Anschließend ließen sie den Wagen nicht allzu weit von zu Hause entfernt irgendwo stehen. Sie waren noch nie erwischt worden, aber Vern hoffte immer noch darauf. Der Gedanke, Billy eines Sonntags in einem Erziehungsheim zu besuchen, gefiel ihm außerordentlich.

»Wenn wir es den Bullen sagen, wollen die wissen, wie wir denn bis nach Harlow gekommen sind«, sagte Billy. »Wir haben beide keinen Wagen. Es ist besser, wenn wir das Maul halten. Dann können sie uns nichts anhaben.«

»Was ist mit einem anonymen Anruf?« fragte Charlie.

»Sie kriegen immer raus, wer angerufen hat«, sagte Billy finster. »Das hab' ich in *Highway Patrol* gesehen. Und in *Dragnet*.«

»Stimmt«, sagte Charlie trübsinnig. »Mein Gott, ich wollte, Ace wäre dabeigewesen. Wir hätten den Bullen gesagt, daß wir in seinem Wagen hingefahren sind.«

»Aber er war nicht dabei.«

»Nein«, sagte Charlie. Er seufzte. »Du hast wohl recht.« Eine Zigarettenkippe flog in die Einfahrt. »Aber wir mußten doch rauf zu den Gleisen, wenn wir pissen wollten, oder? Woanders konnten wir doch nicht hin, oder? Und ich hab' auf meine neuen Turnschuhe gekotzt.« Seine Stimme wurde leiser. »Mein Gott, sah der Junge aus. Hast du den Hurensohn gesehen, Billy?«

»Ich hab' ihn gesehen«, sagte Billy, und eine zweite Kippe flog in die Einfahrt. »Komm, wir wollen sehen, ob Ace schon auf ist. Ich brauche ein bißchen Saft.«

»Sollen wir es ihm sagen?«

»Charlie, wir sagen es *keinem. Keinem!* Hast du kapiert?«

»Ich habe kapiert«, sagte Charlie. »O Gott, wenn wir doch bloß diesen verdammten Dodge nicht geklaut hätten.«

»Ach, halt die Fresse und komm mit.«

Zwei Paar in verwaschene Jeans gekleidete Beine, zwei Paar Füße in schwarzen Stiefeln mit Seitenschnallen kamen die Treppe herunter. Wie erstarrt hockte Vern auf Händen und Knien (»Meine Eier krochen so weit rauf, ich dachte schon, sie wollten rein«, sagte er uns später). Er war sicher, daß sein Bruder ihn unter der Veranda entdecken würde. Er würde ihn rausholen und umbringen – er und Charlie würden ihm das bißchen Gehirn, das der Herr in seiner Güte ihm zugeteilt hatte, aus den Henkelohren raustreten und ihn anschließend tottrampeln. Aber sie gingen einfach weiter, und als Vern merkte, daß sie wirklich verschwunden waren, kroch er unter der Veranda hervor und rannte zu uns.

5

»Du hast verdammt Glück gehabt«, sagte ich. »Sie *hätten* dich umgebracht.«

»Ich kenne die Black Harlow Road«, sagte Teddy. »Am Fluß endet sie in einer Sackgasse. Früher angelten wir da immer.«

Chris nickte. »Früher gab es da eine Brücke, aber die wurde von einer Flut weggerissen. Das ist schon lange her. Jetzt sind da nur noch die Bahngleise.«

»Hätte ein Junge denn den ganzen Weg von Chamberlain nach Harlow überhaupt geschafft?« fragte Chris. »Das sind doch zwanzig oder dreißig Meilen.«

»Ich glaube schon. Wahrscheinlich stieß er auf die Gleise und ging auf ihnen weiter. Vielleicht dachte er, sie würden ihn da herausführen oder vielleicht glaubte er, daß er einen Zug anhalten könnte. Aber dort fahren nur noch Güterzüge – die GS & WM fährt nach Derry und Brownsville – und auch davon nicht mehr viele. Um rauszukommen, hätte er ganz bis nach Castle Rock gehen müssen. Im Dunkeln muß dann schließlich ein Zug gekommen sein... und rums.«

Chris schlug sich mit der Faust in die Handfläche, daß es klatschte. Teddy, alt erfahren im Ausweichen vor den Lastwagen auf der 196, schien sich zu freuen. Mir war ein wenig übel. Ich stellte mir den Jungen vor, wie er, so weit von zu Hause entfernt, in Todesangst, aber verbissen die Gleise der GS & WM entlanglief, gehetzt von den unheimlichen nächtlichen Geräuschen aus den überhängenden Bäumen und Büschen... vielleicht sogar aus den Abflußrohren unter dem

Bahndamm. Und dann kommt der Zug, und vielleicht hat ihn der große Scheinwerfer hypnotisiert, bis er nicht mehr zur Seite springen konnte. Oder vielleicht lag er vor Hunger zusammengebrochen auf den Gleisen, als der Zug kam. Wie auch immer, Chris hatte es richtig ausgedrückt: Rums, und aus war's. Der Junge war tot.

»Was ist nun, gehen wir hin?« fragte Vern. Er krümmte sich und rutschte hin und her, als ob er dringend mal müßte, so aufgeregt war er.

Wir sahen ihn lange an, und niemand sagte etwas. Dann warf Chris die Karten hin und sagte: »Klar! Und ich wette, unser Bild kommt in die Zeitung!«

»Was?« sagte Vern.

»So?« sagte Teddy und lachte so verrückt, als sei er eben vor einem Lastwagen zur Seite gesprungen.

»Hört zu«, sagte Chris und beugte sich über den wackligen Kartentisch. »Wir finden die Leiche und melden es der Polizei. Dann stehen wir in der Zeitung.«

»Ich weiß nicht recht«, sagte Vern erschrocken. »Billy wird wissen, wo ich es erfahren habe. Der schlägt mich zu Brei.«

»Das glaube ich nicht«, sagte ich, »denn *wir* haben dann den Jungen gefunden nicht Billy und Charlie Hogan in einem geklauten Wagen. Dann brauchen sie sich um diese Sache keine Sorgen mehr zu machen. Wahrscheinlich geben sie dir sogar einen Orden, Penny.«

»Ja?« Vern grinste und zeigte seine schlechten Zähne. Es war eine Art betäubtes Lächeln, als wirkte der Gedanke, Billy könne sich über irgend etwas an ihm freuen, auf Vern wie ein Faustschlag ans Kinn. »Ja? Meinst du wirklich?«

Auch Teddy grinste. Dann zog er die Stirn in Falten und sagte: »Oh-oh.«

»Was ist?« fragte Vern. Wieder rutschte er nervös hin und her. Er fürchtete, Teddy sei soeben ein wirklich grundsätzlicher Einwand gegen das Vorhaben durch den Kopf geschossen... oder durch das, was bei Teddy als Kopf galt.

»Unsere Eltern«, sagte Teddy. »Wenn wir morgen drüben in South Harlow die Leiche des Jungen finden, glauben sie uns nicht mehr, daß wir während der Nacht auf Verns Feld gezeltet haben.«

»Ja«, sagte Chris. »Sie wissen dann, daß wir nach dem Jungen gesucht haben.«

»Nein, das wissen sie nicht«, sagte ich. Ich hatte ein eigenartiges Gefühl – ich war aufgeregt, und gleichzeitig hatte ich Angst, denn ich wußte, daß wir unseren Plan durchführen konnten, ohne daß uns etwas passieren würde. Dieses Durcheinander der Gefühle machte mir Kopfschmerzen. Ich nahm die Karten auf, damit meine Hände etwas zu tun hatten, und fing an, sie zu mischen. Ich wandte dabei eine besondere Technik an, die ich von Dennis gelernt hatte. Viel mehr hatte mein großer Bruder mir nicht beigebracht, aber um meine Mischtechnik beneideten mich alle anderen Jungs, und fast jeder, den ich kannte, hatte mich schon mal gebeten, ihm zu zeigen, wie es ging... alle außer Chris. Wahrscheinlich wußte nur Chris, daß es bedeuten würde, ein Stück von Dennis wegzugeben, und so viel hatte ich von Dennis nicht, als daß ich es mir leisten konnte, etwas davon zu verschenken.

Ich sagte: »Wir sagen ihnen einfach, daß es uns zu langweilig war, bei Vern zu zelten, weil wir das schon so oft getan haben. Darum sind wir die Gleise entlanggegangen und haben draußen im Wald gezeltet. Ich wette, wir kriegen deshalb nicht einmal Prügel. Dazu werden alle viel zu aufgeregt sein über das, was wir gefunden haben.«

»Mein Dad verprügelt mich auf jeden Fall«, sagte Chris. »Er hat 'ne besonders schlimme Strähne erwischt.« Er schüttelte böse den Kopf. »Zur Hölle damit. Das ist 'ne Tracht Prügel wert.«

»Okay«, sagte Teddy und stand auf. Er grinste immer noch wie verrückt. Jeden Augenblick konnte er wieder in dieses ekelhafte schrille Lachen ausbrechen. »Wir treffen uns alle nach dem Mittagessen bei Vern. Und was ist mit dem Abendbrot?«

»Du und ich und Gordie sagen, daß wir bei Vern essen«, sagte Chris.

»Und ich sage meiner Mutter, daß ich bei Chris esse«, sagte Vern.

Das mußte funktionieren, wenn nichts Unvorhergesehenes eintrat, auf das wir keinen Einfluß hatten, oder jemand von unseren Eltern zusammentraf. Und weder die Eltern von Vern noch die von Chris hatten Telefon. Damals betrachteten noch viele Familien ein Telefon als Luxus, besonders wenn es einfache Leute waren. Und von uns kam keiner von den oberen Zehntausend.

Mein Vater war pensioniert. Verns Vater arbeitete in einer kleinen Spinnerei und fuhr immer noch einen 1962er DeSoto. Teddys Mom hatte ein Haus in Dunberry und vermietete Zimmer, wenn sie Interessenten fand. In diesem Sommer hatte sie keinen Untermieter; Das Schild MÖBLIERTES ZIMMER ZU VERMIETEN hatte seit Juni im Wohnzimmerfenster gehangen. Und der Vater von Chris war ein Säufer und lebte von der Sozialfürsorge. Er verbrachte die meiste Zeit in Sukey's Tavern, wo er sich mit Ace Merrills Vater Junior Merrill und ein paar anderen Schluckspechten traf.

Chris redete nicht viel über seinen Vater, aber wir alle wußten, daß er ihn wie die Pest haßte. Etwa alle zwei Wochen kam Chris mit Markierungen an: Quetschungen im Gesicht oder am Hals, ein angeschwollenes Auge so farbenprächtig wie ein Sonnenuntergang, und einmal kam er mit einem dicken Verband am Hinterkopf zur Schule. Manchmal erschien er überhaupt nicht. Wenn er allzu übel zugerichtet war, ließ seine Mom ihn krank zu Hause. Chris war gescheit, wirklich gescheit, aber er schwänzte auch oft, und Mr. Halliburton, der für Fälle von Schuleschwänzen zuständige Beamte der Schulbehörde fuhr oft in seinem alten schwarzen Chevrolet mit dem Schild KEINE ANHALTER an der Windschutzscheibe vor Chris' Haus vor. Wenn Chris schwänzte und Bertie (wie wir ihn nannten – natürlich nur hinter seinem Rükken) ihn erwischte, brachte er ihn in die Schule zurück und sorgte dafür, daß er eine Woche lang nachsitzen mußte. Wenn er aber feststellte, daß Chris zu Hause war, weil sein Vater ihn jämmerlich verprügelt hatte, fuhr Bertie wieder weg und verlor kein weiteres Wort darüber. Erst zwanzig Jahre später begann ich mich zu fragen, ob die Prioritäten hier wohl richtig gesetzt waren.

Im vergangenen Jahr war Chris für zwei Tage von der Schule ausgeschlossen worden. Ein Haufen Milchgeld war verschwunden, als Chris die Aufsicht hatte und es einsammeln sollte, und weil er ein Chambers war, aus der Familie Chambers, die nicht einmal ein Bankkonto hatte, mußte er gehen, obwohl er schwor, daß er das Geld nicht geklaut hätte. Das brachte ihm eine Übernachtung im Krankenhaus ein; denn als sein Vater erfuhr, daß Chris von der Schule ausgeschlossen war, brach er ihm das Nasenbein und das rechte Handgelenk. Ja, Chris kam schon aus einer schlechten Familie, und alle glaubten, daß auch er ein schlimmer Junge werden würde... einschließlich Chris selbst. Seine Brüder hatten diesen Erwartungen auf bewundernswerte Weise entsprochen. Frank, der älteste, war mit siebzehn von zu Hause weggelaufen und zur Marine gegangen. Später wurde er in Portsmouth wegen Vergewaltigung und schwerer Körperverletzung zu einer langjährigen Gefängnisstrafe verurteilt. Richard, der zweitälteste (er zuckte immer so komisch mit dem einen Auge, weshalb ihn alle ›Eyeball‹ nannten), flog in der zehnten Klasse aus der High School und war mit Charlie Hogan und Billy Tessio samt ihren üblen Kumpanen befreundet.

»Ich denke, es wird klappen«, sagte ich zu Chris. »Was ist mit John und Marty?« John und Marty DeSpain gehörten ebenfalls zu unserer regelmäßigen Clique.

»Die sind noch weg«, sagte Chris. »Sie kommen erst am Montag zurück.«

»Schade.«

»Dann sind wir uns also einig?« fragte Vern, der immer noch zappelte. Es gefiel ihm nicht, daß wir wieder vom Thema abkamen.

»Ich denke schon«, sagte Chris. »Will noch jemand Karten spielen?«

Keiner wollte. Wir stiegen vom Baumhaus nach unten, kletterten über den Zaun auf das unbebaute Grundstück und machten mit Verns altem Baseball noch ein paar Übungswürfe, aber dazu hatten wir bald keine Lust mehr. Wir mußten alle an Brower denken, den Jungen, der von einem Zug angefahren worden war, und daran, wie wir ihn wohl vorfinden würden und was von ihm noch übrig sein mochte. Um ungefähr zehn Uhr trennten wir uns und gingen nach Hause, um mit unseren Eltern zu sprechen.

6

Ich war um Viertel vor elf zu Hause, nachdem ich vorher noch im Drugstore die Taschenbuchbestände geprüft hatte. Das tat ich alle paar Tage um nachzusehen, ob neue John D. MacDonalds eingetroffen waren. Ich hatte noch fünfundzwanzig Cents und hätte gern eins mitgenommen. Aber ich fand nur alte, und die meisten hatte ich schon ein halbes dutzendmal gelesen.

Als ich zu Hause ankam, war der Wagen nicht da, und ich erinnerte mich daran, daß meine Mutter mit einigen anderen Kaffeetanten in Boston ein Konzert besuchen wollte. Auf Konzerte war meine Mutter ganz wild. Und warum auch nicht? Ihr einziger Sohn war tot, und sie mußte etwas unternehmen, um nicht dauernd daran denken zu müssen. Das hört sich wahrscheinlich ziemlich verbittert an, aber ich glaube, wenn Sie dabeigewesen wären, würden Sie mich verstehen.

Dad war hinter dem Haus und ließ einen dünnen Strahl aus dem Schlauch über die vertrockneten Pflanzen laufen. Wenn man nicht schon an seinem verdrießlichen Gesicht erkannt hatte, daß die Mühe vergebens war, hätte man es am Garten selbst sehen können. Der Boden war von einem hellen, pudrigen Grau. Außer dem Mais war alles im Garten tot, und auch der Mais hatte noch keinen einzigen eßbaren Kolben hervorgebracht. Dad sagte, er habe nie gewußt, wie man einen Garten bewässert. Das müsse Mutter Natur tun und sonst niemand. An einer Stelle hielt er den Schlauch so lange, daß die Pflanzen im Wasser ertranken, während sie in der nächsten Reihe verdursteten. Nie fand er den goldenen Mittelweg. Aber er sprach nicht oft darüber. Er hatte im April einen Sohn verloren und im August einen Garten. Und wenn er über beide nicht reden wollte, war das sein gutes Recht.

Es ärgerte mich nur, daß er auch über alles andere nicht mehr redete. Das hieß, die Demokratie zu weit treiben.

»Hallo, Daddy«, sagte ich, als ich neben ihm stand. Ich hielt ihm die Rollos hin, die ich im Drugstore gekauft hatte. »Möchtest du einen?«

»Hallo, Gordon. Nein, danke.« Er hörte nicht auf, den schwachen Strahl auf den hoffnungslos vertrockneten Boden zu spritzen.

»Darf ich heute nacht zusammen mit ein paar anderen Jungs bei Vern Tessio zelten?«

»Mit welchen Jungs?«

»Vern, Teddy Duchamp. Vielleicht Chris.«

Ich erwartete schon, daß er bei Chris einhaken würde – daß Chris schlechter Umgang sei, ein fauler Apfel vom Boden der Tonne, ein angehender jugendlicher Krimineller.

Aber er seufzte nur und sagte: »Ich denke, das ist in Ordnung.«

»Fein. Vielen Dank.«

Ich drehte mich um und wollte ins Haus gehen um zu sehen, was es in der Glotze gab, als er rief:

»Das sind wohl die einzigen Leute, mit denen du gern zusammen bist, nicht war, Gordon?«

ich sah ihn an und machte mich schon auf einen Streit gefaßt, aber das konnte er heute nicht bieten. Obwohl es wahrscheinlich besser gewesen wäre. Er stand mit hängenden Schultern da. Sein Gesicht, das er nicht mir, sondern dem toten Garten zugewandt hatte, war eingefallen. In seinen Augen lag ein unnatürlicher Schimmer, der vielleicht von Tränen stammte.

»Ach, Daddy, die sind schon in Ordnung.«

»Natürlich sind sie das. Ein Dieb und zwei Schwachsinnige. Feiner Umgang für meinen Sohn.«

»Vern Tessio ist nicht schwachsinnig«, sagte ich. Für Teddy Argumente zu finden, war schon schwieriger.

»Zwölf Jahre alt und immer noch in der fünften Klasse«, sagte mein Dad. »Und als er damals bei uns übernachtete, brauchte er anderthalb Stunden, um die Seite mit den Comics zu lesen.«

Das machte mich wütend, weil ich fand, daß es unfair war. Er beurteilte Vern wie alle meine Freunde nur nach den paar Begegnungen, die er mit ihnen gehabt hatte. Er beurteilte sie völlig falsch. Und wenn er Chris einen Dieb nannte, sah ich immer rot. Über Chris wußte er absolut *nichts.* Ich wollte es ihm schon sagen, aber wen ich ihn verärgerte, würde ich zu

Hause bleiben müssen. Und außerdem war er nicht richtig wütend, nicht wie manchmal beim Abendessen. Dann schrie er so laut, daß keiner mehr etwas essen mochte. Jetzt sah er nur traurig und müde und erschöpft aus. Er war dreiundsechzig Jahre alt und hätte mein Großvater sein können.

Meine Mutter war fünfundfünfzig – auch nicht gerade ein Maikücken. Als sie und Dad heirateten, versuchten sie gleich, eine Familie zu gründen. Meine Mutter wurde schwanger und hatte eine Fehlgeburt. Sie hatte noch zwei weitere Fehlgeburten, und der Arzt sagte ihr, daß sie nie ein Baby würde austragen können. Und immer, wenn meine Eltern glaubten, mich maßregeln zu müssen, mußte ich mir die ganze Geschichte mit Vers und Kapitel anhören. Sie wollten, daß ich glaubte, ich sei eine besondere Gabe Gottes. Sie warfen mir vor, ich wisse das große Glück gar nicht zu würdigen, geboren worden zu sein, als meine Mutter zweiundvierzig war und schon graue Haare kriegte. Auch ihre schrecklichen Sorgen und die Opfer, die sie ständig für mich bringen müsse, vergäße ich.

Fünf Jahre nachdem der Arzt ihr gesagt hatte, daß sie nie Kinder kriegen würde, war Mom mit Dennis schwanger. Sie trug ihn acht Monate lang, und dann fiel er sozusagen heraus, die ganzen acht Pfund – mein Vater sagte immer, wenn Dennis ausgetragen worden wäre, hätte er fünfzehn Pfund gewogen. Der Arzt sagte: Nun, manchmal hält uns die Natur zum Narren, aber er wird das einzige Kind sein, das Sie je haben werden. Danken Sie Gott für den Jungen und geben Sie sich zufrieden. Zehn Jahre später ging sie mit mir schwanger. Sie trug mich nicht nur ganz aus, sondern der Arzt mußte eine Zange nehmen, um mich herauszukriegen. Haben Sie schon jemals von einer solchen Wahnsinnsfamilie gehört? Ich kam zur Welt als Kind von Leuten, die Tabletten gegen Altersleiden schluckten, und mein Bruder spielte in der Baseball-Liga bei den Großen, als ich noch in den Windeln lag.

Im Falle meiner Eltern wäre *eine* Gottesgabe wirklich genug gewesen. Ich will nicht sagen, daß sie mich schlecht behandelten, und sie haben mich auch nie geschlagen, aber ich war eine gewaltige Überraschung für sie, und ich glaube, mit über vierzig hat man kaum so viel Freude an Überraschungen wie mit zwanzig. Nach meiner Geburt unterzog sich Mom dann einer Operation. Ich denke, sie wollte hundertprozentig sichergehen, daß sich keine weiteren Gottesgaben mehr einstellten. Erst am College erfuhr ich, daß ich schon von Glück sagen konnte, kein zurückgebliebenes Kind geworden zu sein... obwohl mein Dad wahrscheinlich seine Zweifel hatte, wenn er sah, daß mein Freund Vern zehn Minuten brauchte, um den Dialog in Beetle Baily zu entziffern.

Was nun die Tatsache betrifft, daß ich von meinen Eltern ignoriert wurde: Es war mir eigentlich nie so recht klar geworden, bis ich in der High School einen Bericht über den Roman *Der Unsichtbare* schreiben mußte. Als ich Miß Hardy zusagte, mich mit dem Buch zu beschäftigen, hielt ich es für den Science-fiction-Roman über den Kerl mit den Bandagen und Foster Grants – Claude Rains stellte ihn im Film dar. Als ich merkte, daß es sich um eine ganz andere Geschichte handelte, wollte ich das Buch zurückgeben, aber Miß Hardy ließ mich nicht von der Angel. Am Ende war ich froh darüber. *Der Unsichtbare* handelt von einem Neger, der nur beachtet wird, wenn er irgendeine Scheiße macht. Die Leute sehen durch ihn hindurch. Wenn er etwas sagt, antwortet niemand. Er ist wie ein schwarzes Gespenst. Als ich mich in das Buch hineingelesen hatte, verschlang ich es, als sei es von John D. MacDonald, denn dieser Ralph Ellison schrieb über *mich*. Beim Abendessen hieß es: Denny, wie habt ihr gespielt, und Denny, wer hat dich zum Sadie-Hopkins-Ball eingeladen, und Denny, ich möchte mit dir gern von Mann zu Mann über den Wagen sprechen, den wir uns angesehen haben. Ich sagte: »Kann ich mal die Butter haben?« und Dad sagte: Denny, bist du sicher, daß die Armee das Richtige für dich ist? Ich sagte: »Gebt mir doch bitte mal die Butter!« und Mom fragte Denny, ob sie ihm aus der Stadt eins von den Pendleton-Hemden mitbringen solle, und endlich holte ich mir die Butter selbst. Als ich neun war, sagte ich eines Abends, nur um zu sehen, was geschehen würde: »Schiebt mir bitte die gottverdammten Knollen rüber.« Und Mom sagte: »Denny, Tante Grace hat heute angerufen und sich nach dir und Gordon erkundigt.«

An dem Abend, als Denny an der Castle Rock High School

seinen Abschluß feierte – er hatte mit Auszeichnung bestanden –, spielte ich krank und blieb zu Hause. Ich bat Stevie Darabonts ältesten Bruder Royce, mir eine Flasche Wild Irish Rose zu besorgen, trank davon die Hälfte und kotzte mitten in der Nacht ins Bett.

In einer solchen Familiensituation müßte man den älteren Bruder entweder hassen oder ihn abgöttisch verehren – jedenfalls lernt man das am College in Psychologie. Schöne Scheiße, was? Soweit ich weiß, traf bei mir Denny gegenüber weder das eine noch das andere zu. Wir stritten uns selten, und geschlagen haben wir uns nie. Das wäre lächerlich gewesen. Oder sehen Sie einen Grund, warum ein Vierzehnjähriger seinen vierjährigen Bruder verprügeln sollte? Und unsere Eltern waren von ihm immer ein wenig zu sehr beeindruckt, als daß sie ihm zugemutet hätten, auf seinen kleinen Bruder aufzupassen. Deshalb haßte er mich auch nicht, wie so viele größere Kinder ihre jüngeren Geschwister hassen. Wenn Denny mich irgendwohin mitnahm, tat er es von sich aus, und das waren die glücklichsten Tage, an die ich mich erinnern kann.

»He, Lachance, wen schleppst du denn da an?«

»Meinen kleinen Bruder, und du solltest lieber aufpassen, was du sagst. Der verprügelt dich sonst, daß du nicht mehr weißt, wie du heißt. Gordie ist nämlich stark.«

Sie stehen eine Weile um mich herum, riesig, unmöglich groß, nur ein winziger Augenblick der Zuwendung, wie ein paar Sonnenstrahlen. Sie sind so groß, und sie sind so alt.

»He, Junge, ist dieser nasse Sack wirklich dein großer Bruder?«
Ich nickte schüchtern.

»Ist er nicht ein richtiges Arschloch, Junge?«

Ich nickte wieder, und alle, auch Dennis, brüllen vor Lachen. Dann klatscht Dennis zweimal rasch in die Hände und sagt: »Kommt, wir wollen ein bißchen trainieren, oder wollt ihr hier rumstehen wie die alten Weiber?«

Sie rennen auf ihre Plätze und schlagen den Ball schon ins Innenfeld.

»Setz dich drüben auf die Bank, Gordie. Sei ruhig. Stör niemanden.«

Ich setzte mich auf die Bank. Ich fühlte mich wohl. Ich fühle mich unglaublich klein unter den hohen Sommerwolken. Ich störe niemanden.

Aber es gab nicht viele solche Tage.

Manchmal las er mir vor dem Schlafengehen Geschichten vor, die besser waren als die von Mom; Moms Geschichten handelten vom Pfefferkuchenmann und von den Drei kleinen Schweinen, alles ganz gut, aber bei Dennis ging es um Blaubart und Jack the Ripper. Außerdem zeigte er mir, wie Cribbage gespielt wird, und brachte mir, wie ich schon sagte, seine Technik bei, Karten zu mischen. Viel war das nicht, aber was soll's? In dieser Welt nimmt man, was man kriegen kann. Habe ich nicht recht?

Als ich älter wurde, verwandelten sich meine Gefühle für Dennis in eine fast pathologische Ehrfurcht, wahrscheinlich die Art von Ehrfurcht, die Christen vor Gott empfinden. Und als er starb, war ich ein wenig schockiert und ein wenig traurig, so ähnlich, stelle ich mir vor, wie die Christen empfunden haben müssen, als im *Time* Magazine stand, daß Gott tot sei. Lassen Sie es mich so ausdrücken:

Bei Dennys Tod war ich genauso traurig wie an dem Tag, als ich im Radio von Dan Blockers Tod erfuhr. Ich hatte beide ungefähr gleich oft gesehen, und bei Denny gab es nicht einmal Wiederholungen.

Er wurde in einem geschlossenen Sarg beerdigt, der mit der amerikanischen Flagge bedeckt war. Sie nahmen die Flagge vom Sarg, bevor sie ihn in die Erde senkten. Anschließend falteten sie die Flagge zu einer Art Dreispitz und gaben sie meiner Mutter. Meine Eltern fielen ganz einfach auseinander. Vier Monate reichten nicht, um sie wieder zusammenzusetzen; ich wußte nicht, ob sie je wieder ganz sein würden. Dennys Zimmer, eine Tür von meinem entfernt, blieb in einem scheintoten Zustand, scheintot oder in einer Art Zeitverzerrung. Die College-Wimpel von der Ivy League hingen noch an der Wand, und die Fotos der Mädchen, mit denen er schon ausgegangen war, steckten noch in dem Spiegel, vor dem er oft stundenlang gestanden hatte, um sich das Haar wie Elvis zu einer Tolle nach hinten zu kämmen. Auch die Stapel mit den Zeitschriften *Trues* und *Sports Illustrated* blieben auf seinem Schreibtisch liegen, und der Ablauf der Zeit ließ das aufgedruckte Datum immer antiquierter erscheinen. Diese Dinge sieht man in süßlich-sentimentalen Filmen. Aber für mich war es nicht sentimental; es war entsetzlich. Ich ging nur in Dennis' Zimmer, wenn es unbedingt nötig war; denn ich erwartete jedes Mal, daß er hinter der Tür stehen oder unter dem Bett liegen oder im Schrank hocken würde. Hauptsächlich der Schrank machte mir zu schaffen, und wenn meine Mutter mich in das Zimmer schickte, um Dennys Postkartenalbum oder den Schuhkarton mit Fotos zu holen, damit sie sie betrachten konnte, stellte ich mir immer vor, daß die Tür sich öffnete und ich starr vor Grauen stehenbleiben mußte. Ich stellte ihn mir vor, wie er bleich und blutig im Schrank stand, die Schläfe eingeschlagen, während an seinem Hemd eine graue Mischung von Blut und Hirn trocknete. Ich stellte mir vor, daß er die Arme hochriß, die blutigen Hände zu Klauen gekrümmt, und krächzte: *Du hättest es sein sollen. Gordon. Du hättest es sein sollen.*

7

Hurenstadt, von Gordon Lachance. Ursprünglich veröffentlicht in *Greenspun Quarterly,* Ausgabe 45, Herbst 1970. Mit freundlicher Genehmigung.

März.

Chico steht mit verschränkten Armen am Fenster, die Ellenbogen auf der Leiste, die die oberen von den unteren Scheiben trennt, und schaut nach draußen. Sein Atem läßt das Glas beschlagen. Es zieht gegen seinen Bauch. Unten rechts fehlt eine Scheibe. In der Öffnung ein Stück Pappe.

»Chico.«

Er dreht sich nicht um. Sie sagt weiter nichts. Er sieht ihr gespenstisches Abbild im Glas, wie sie da im Bett sitzt, die Decken so um sich gerafft, daß es den Gesetzen der Schwerkraft hohnzusprechen scheint. Ihr Make-up ist verschmiert und sammelt sich in tiefen Schatten unter ihren Augen.

Chico schaut durch ihr Phantombild hindurch, läßt seine

Blicke weitergleiten. Es regnet. An den Stellen, wo der Schnee schon geschmolzen ist, tritt der kahle Boden hervor. Er sieht das tote Gras vom letzten Jahr, ein Plastikspielzeug – Billys – eine rostige Harke. Der Dodge seines Bruders Johnny ist aufgebockt, die reifenlosen Räder stehen hervor wie Stümpfe. Er erinnert sich an die Zeit, als er und Johnny an dem Wagen arbeiteten, während sie die Super-hits und Oldies hörten, die aus Johnnys altem Transistorradio plärrten – manchmal gab Johnny ihm ein Bier. *Er muß schnell laufen, Chico,* sagte Johnny. *Er muß die Straße fressen von Gates bis Castle Rock. Warte nur bis wir das Hearst-Getriebe eingebaut haben!*

Aber das war damals gewesen, und jetzt war heute.

Jenseits von Johnnys Dogde lag die Route 14. Sie führt in südlicher Richtung nach Portland und New Hampshire, in nördlicher ganz nach Kanada, wenn man auf der U.S. 1 bei Thomaston links abbiegt.

»Hurenstadt«, sagt Chico zu dem Glas. Er raucht eine Zigarette.

»Was?«

»Nichts, Baby.«

»Chico?« Ihre Stimme klingt verwirrt. Er wird die Bettwäsche wechseln müssen, bevor Dad zurückkommt. Sie hat geblutet.

»Was?«

»Ich liebe dich, Chico.«

»Gut.«

Dreckiger März.

Du bist eine alte Hure, denkt Chico. *Dreckiger alter März mit Hängetitten und Regen im Gesicht.*

»Dies war früher Johnnys Zimmer«, sagt er plötzlich.

»Wessen?«

»Johnnys. Er ist mein Bruder.«

»Oh. Wo ist er?«

»Bei der Armee«, sagt Chico, aber Johnny ist nicht bei der Armee. Er hatte im Sommer auf der Rennbahn in Oxford Plains gearbeitet, und ein Wagen geriet außer Kontrolle und schleuderte nach innen auf die Boxen zu, wo Johnny gerade an einem Chevy die Hinterreifen wechselte. Die Leute brüllten ihm noch zu, aber Johnny hörte sie nicht. Einer der Leute, die brüllten, war Johnnys Bruder Chico.

»Ist dir nicht kalt?« fragte sie.

»Nein. Nur die Füße. Ein bißchen.«

Und er denkt plötzlich: *Ach, mein Gott. Johnny ist nichts passiert, was nicht auch dir früher oder später passieren wird.* Aber er hat das Bild wieder vor sich. Er sieht den schleudernden Ford Mustang, die Rückenwirbel seines Bruders, die sich als flache Schatten vom Weiß seines Hanes-T-Shirts abheben; er hatte noch gehockt und gerade einen der Hinterreifen des Chevy abgezogen. Es war noch Zeit gewesen, zu sehen, wie der Gummi von den Reifen des wildgewordenen Mustang wegfetzte, zu sehen, wie der herabhängende Auspuff auf dem Boden Funken sprühte.

Er traf Johnny, als Johnny aufstehen wollte. Dann der gelbe Schrei der Flammen.

Nun, denkt Chico, *es hätte auch langsam gehen können,* und er denkt an seinen Großvater. Krankenhausgeruch. Hübsche junge Schwestern mit Bettschüsseln. Ein letztes papierenes Atmen. Kann man überhaupt angenehm sterben?

Ihn fröstelt, und er denkt an Gott. Er berührt die kleine silberne St.-Christophorus-Medaille, die er an einer Kette um den Hals trägt. Er ist nicht katholisch und ganz gewiß kein Mexikaner: sein richtiger Name ist Edward May, und seine Freunde nennen ihn Chico, weil sein Haare schwarz sind und er sie mit Brylkrem zurückkämmt und weil er spitze Stiefel mit Kubanerabsätzen trägt. Er ist nicht katholisch, aber er trägt dieses Medaillon. Der schleudernde Mustang hätte Johnny vielleicht verfehlt, wenn er eins getragen hätte. Man kann nie wissen.

Er raucht und starrt aus dem Fenster, und hinter ihm steht das Mädchen aus dem Bett auf und läuft rasch zu ihm herüber, als fürchte sie, daß er sich umdrehe und sie anschauen könnte. Sie legt ihm ihre warme Hand auf den Rücken. Er spürt ihre Brüste in der Seite. Ihr Bauch berührt sein Gesäß.

»Oh, es ist *wirklich* kalt.«

»Das ist das Zimmer.«

»Liebst du mich, Chico?«

»Aber klar doch!« sagt er lässig, und dann ernsthafter: »Du warst ja noch richtig neu!«

»Was meinst —«

»Du warst noch Jungfrau.«

Ihre Hand fährt höher. Ein Finger streichelt seinen Nacken. »Das hatte ich dir doch gesagt, oder?«

»War es schlimm? Hat es weh getan?«

Sie lacht. »Nein, aber ich hatte Angst.«

Sie schauen in den Regen hinaus. Auf der 14 fährt ein neuer Oldsmobile vorbei und schleudert das Wasser hoch.

»Hurenstadt«, sagt Chico.

»Was?«

»Der Kerl da. Er fährt zur Hurenstadt. In seinem neuen Hurenwagen.«

Sie küßt die Stelle, die ihre Finger eben noch sanft berührt haben, und er machte eine Bewegung, als scheuche er eine Fliege fort.

»Was ist denn los?«

Er dreht sich zu ihr um. Sie schaut kurz auf seinen Penis und dann schnell wieder weg. Rasch hält sie sich schützend die Arme vor die Brüste, und dann erinnert sie sich daran, daß man das im Film nie so tut, und läßt sie wieder herabhängen. Sie hat schwarzes Haar, und ihre Haut ist winterweiß, wie Sahne. Ihre Brüste sind fest, ihr Bauch vielleicht ein wenig zu weich. Ein kleiner Fehler, denkt Chico, der einen daran erinnert, daß dies kein Film ist.

»Jane?«

»Was?« Er spürt, daß er bereit ist. Es fängt nicht an, er ist schon bereit.

»Alles in Ordnung«, sagt er. »Wir sind Freunde.« Er schaut sie bewußt an, greift auf jede Weise nach ihr aus.

Als er ihr wieder ins Gesicht sieht, ist es leicht gerötet. »Stört es dich, wenn ich dich ansehe?«

»Ich... nein. Nein, Chico.«

Sie rückt ein paar Schritte von ihm ab, schließt die Augen, setzt sich auf das Bett und lehnt sich zurück, die Beine gespreizt. Er sieht alles an ihr. Die Muskeln, die kleinen Muskeln an den Innenseiten ihrer Schenkel... sie bewegen sich unwillkürlich, und das erregt ihn plötzlich mehr als die straffen Hügel ihrer Brüste oder das zarte Rosa ihrer Fotze. Er zittert vor Aufregung, wie ein dummer Clown an einer Feder. Liebe mag eine Himmelsmacht sein, wie die Dichter sagen, denkt er, aber Sex ist wie Bozo der Clown, der an einer Feder herumhüpft. Wie kann eine Frau nur einen erigierten Penis sehen, ohne schallend loszulachen?

Der Regen prasselt auf das Dach, gegen das Fenster, gegen die aufgeweichte Pappe vor dem Quadrat ohne Scheibe. Er legt eine Hand auf die Brust und sieht einen Augenblick aus wie ein Römer auf der Bühne, der eine Rede halten will. Seine Hand ist kalt. Er läßt sie fallen.

»Mach die Augen auf. Ich sagte doch, wir sind Freunde.«

Gehorsam öffnet sie die Augen. Sie sieht ihn an. Ihre Augen scheinen jetzt violett. Das Regenwasser, das an den Fenstern herabläuft, zeichnet krause Muster auf ihr Gesicht, ihren Hals, ihre Brüste. Auf dem Bett ausgestreckt hat sich ihr Bauch gestrafft. Sie ist vollkommen. Dies ist ihr Augenblick.

»Oh, Chico«, sagt sie. »Oh, Chico, es ist ein so komisches Gefühl.« Ein Schauer überläuft sie. Ihre Zehen haben sich unwillkürlich gekrümmt. Er sieht die Innenseiten ihrer Füße. Sie sind rosa. »Chico, Chico.«

Er tritt auf sie zu. Ihr Körper zittert, und ihre Augen werden groß. Sie sagt etwas, ein Wort, aber er weiß nicht, was es ist. Dies ist keine Zeit für Fragen. Eine Sekunde lang kniet er halb vor ihr und schaut konzentriert auf den Fußboden. Er berührt ihre Beine eben über den Knien. Er mißt den Ansturm seiner Gefühle. Ein gedankenloser, fantastischer Trieb. Er wartet noch ein wenig.

Das einzige Geräusch ist das blecherne Ticken des Weckers auf dem Nachttisch, dessen Messingbeine auf einem Stapel Spiderman-Comics stehen. Ihr Atem geht schneller und schneller. Seine Muskeln spannen sich, als er hochkommt und auf sie gleitet. Sie fangen an. Diesmal ist es schöner. Der Regen draußen wäscht immer noch den Schnee fort.

Eine halbe Stunde später weckt Chico sie aus einem leichten Schlaf. »Wir müssen uns beeilen«, sagt er. »Dad und Virginia kommen bald nach Hause.«

Sie schaut auf die Armbanduhr und richtet sich auf. Diesmal macht sie keinen Versuch, sich zu bedecken. Ihr ganzes Verhalten – ihre Körpersprache – hat sich verändert. Sie ist nicht gereift (obwohl sie es wahrscheinlich selbst glaubt) und hat nichts gelernt, das komplizierter wäre, als einen Schuh zuzubinden, aber dennoch hat sie sich verändert. Er nickt, und sie lächelt ihn an. Er greift nach den Zigaretten auf dem Nachttisch. Als sie ihren Slip überstreift, denkt er an eine Zeile aus einem alten Song: *Keep playin till I shoot through, Blue... play your digeree, do.* ›Tie Me Kangaroo Down‹ von Rolf Harris. Er grinst. Diesen Song sang Johnny immer. Der Schluß war: *So we tannned his hide when he died, Clyde, and that's it hanging on the shed.*

Sie hakt ihren BH fest und knöpft sich die Bluse zu. »Warum lachst du, Chico?«

»Ach, nichts«, sagt er.

»Machst du mir den Reißverschluß zu?«

Er geht hin, noch nackt, und zieht ihr den Reißverschluß hoch. Er küßt sie auf die Wange. »Wenn du willst, geh ins Bad und mach dich ein bißchen zurecht«, sagte er. »Aber beeil dich, okay?«

Ein wenig geziert geht sie durch den Flur, und Chico schaut ihr nach. Er raucht. Sie ist ein großes Mädchen – größer als er – und unter der Badezimmertür muß sie ein wenig den Kopf einziehen. Chico findet seine Unterhose unter dem Bett. Er stopft sie in den Sack für Schmutzwäsche, der im Schrank an der Tür hängt und nimmt eine saubere vom Regal. Er zieht sie an und dann, als er zum Bett zurückgeht, gleitet er auf dem nassen Fußboden aus, wo das Stück Pappe Wasser durchgelassen hat. Fast wäre er gefallen.

»Verdammt«, flüstert er ärgerlich.

Er schaut sich im Zimmer um, das Johnnys gewesen war, bevor Johnny starb (*warum habe ich ihr bloß erzählt, daß er bei der Armee ist?* fragt er sich... ein wenig unbehaglich). Wände aus Holzfaserplatten. So dünn, daß man Dad und Virginia nachts hören kann, wenn sie zur Sache kommen. Sie reichen nicht ganz bis an die Decke. Der Fußboden hat sich leicht verzogen, so daß die Türen nur offenbleiben, wenn man etwas darunterlegt – vergißt man es, fallen sie heimlich wieder zu, wenn man ihnen den Rücken kehrt. An der gegenüberliegenden Wand hängt ein Filmposter von *Easy Rider – Zwei Männer suchten Amerika und konnten es nirgends finden.* Alles im Zimmer war lebhafter, als Johnny hier noch lebte. Chico weiß nicht, warum und wieso, aber es stimmt. Er weiß, daß es in diesem Zimmer nachts manchmal spukt. Manchmal denkt er, daß sich plötzlich die Schranktür öffnet und Johnny dort steht, mit verkohltem, verkrümmtem und geschwärztem Körper und einen gelben Gebiß, das wie aus geschmolzenem und wieder hart gewordenen Wachs hervorsticht; und Johnny flüstert: *Verschwinde aus meinem Zimmer, Chico. Und Hände weg von meinem Dodge, sonst bringe ich dich um. Kapiert?*

Kapiert, Bruder, denkt Chico.

Einen Augenblick bleibt er stehen und betrachtet das zerknüllte, mit dem Blut des Mädchens befleckte Laken, und mit einer schnellen Bewegung zieht er die Decke darüber. Hier. Genau hier. Wie gefällt dir das, Virginia? Was für ein Gefühl hast du dabei zwischen den Beinen? Er zieht Hose und Stiefel an, findet einen Pullover.

Vor dem Spiegel kämmt er sich das Haar, als sie aus dem Bad kommt. Sie sieht gut aus. Ihr zu weicher Bauch fällt unter dem Trägerrock nicht auf. Sie schaut zum Bett hinüber, macht sich daran zu schaffen, und es sieht gemacht aus, nicht mehr, als sei bloß die Decke darübergezogen.

»Gut«, sagt Chico.

Sie lacht ein wenig unsicher und streicht sich eine Locke hinter das Ohr. Es ist eine ergreifende, fast rührende Geste.

»Gehen wir«, sagte er.

Sie gehen durch den Flur und das Wohnzimmer. Jane bleibt vor dem kolorierten Atelierfoto auf dem Fernseher stehen. Es zeigt seinen Vater und Virginia, Johnny als älteren, Chico als jüngeren Schüler und Billy als Kind – auf dem Bild hat Johnny Billy auf dem Arm. In allen Gesichtern liegt ein starres, steinernes Grinsen... nur in Virginias nicht, deren Gesicht schläfrig und rätselhaft wirkt wie immer. Das Bild, erinnert sich Chico, wurde aufgenommen als sein Vater die Schlampe gerade geheiratet hatte.

»Deine Mutter und dein Vater?«

»Mein Vater«, sagt Chico. »Virginia ist meine Stiefmutter. Komm jetzt.«

384

»Ist sie immer noch so hübsch?« fragt Jane, nimmt ihren Mantel und reicht Chico die Windjacke.

»Mein Alter glaubt das vermutlich«, sagt Chico.

Sie gehen in den Schuppen hinaus. Hier ist es feucht und zugig. Der Wind pfeift durch die Risse in den grob zusammengenagelten Wänden. In der Ecke liegen ein Haufen alter Reifen, Johnnys altes Fahrrad, das er Chico vererbte, der es prompt zu Schrott fuhr, ein Stapel Kriminalmagazine, ein ölverschmierter Motorblock, eine Apfelsinenkiste voll Taschenbücher.

Chico führt sie durch das Gerümpel nach draußen. Der Regen fällt mit entmutigender Monotonie. Chicos alte Limousine steht in der Einfahrt in einer großen Pfütze und sieht ebenfalls niedergeschlagen aus. Selbst aufgebockt und mit einer Plastikfolie an der Stelle, wo die Windschutzscheibe sein müßte, hat Johnnys Dodge mehr Klasse. Chicos Wagen ist ein Buick. Die Farbe ist stumpf und mit Rostflecken übersät. Die Polster der Vordersitze sind mit einer braunen Armeedecke überzogen. An der Sonnenblende auf dem Beifahrersitz steckt ein Button: ICH WILL JEDEN TAG. Auf dem Rücksitz liegt ein verrosteter Starter.

Wenn es irgendwann mal nicht regnet, werde ich ihn reinigen, denkt er, und ihn vielleicht in den Dodge einbauen. Vielleicht auch nicht.

Das Innere des Buick riecht muffig, und sein eigener Starter dreht lange durch, bis der Buick endlich anspringt.

»Liegt es an der Batterie?« fragt sie.

»Wahrscheinlich nur der gottverdammte Regen.« Er setzt den Wagen rückwärts auf die Straße hinaus und stellt die Scheibenwischer an. Er wartet einen Augenblick und schaut zum Haus hinüber. Eine recht unappetitliche verwaschene Farbe. Die Scheune steht in einem unmöglichen Winkel zum Haus, die Teerpappe ist stellenweise abgerissen, die Schindeln sind verwittert.

Das Radio brüllt los, und Chico schaltet sofort ab. Hinter seiner Stirn machen sich Sonntagnachmittagskopfschmerzen bemerkbar. Sie fahren an der Grange Hall, dem Gebäude der Freiwilligen Feuerwehr und an Brownie's Store vorbei. Sally Morrisons Thunderbird parkt an der Tank-

stelle, und Chico hebt grüßend die Hand, als er in die Lewiston Road einbiegt.

»Wer ist das?«

»Sally Morrison.«

»Hübsches Mädchen«, sagt sie unbeteiligt.

Er greift nach seinen Zigaretten. »Sie war zweimal verheiratet und wurde zweimal geschieden. Jetzt ist sie die Dorf-
nutte, wenn man nur die Hälfte von dem glaubt, was in diesem kleinen Scheißnest erzählt wird.«

»Sie sieht jung aus.«

»Ist sie auch.«

»Hast du sie schon mal —«

Er läßt seine Hand über ihren Schenkel gleiten und lächelt.
»Nein«, sagt er. »Mein Bruder vielleicht, aber ich nicht. Ich
mag Sally trotzdem. Sie hat ihre Unterhaltszahlungen, sie
hat ihren großen weißen Thunderbird, und es interessiert sie
nicht, was die Leute über sie reden.«

Die Fahrt wird langweilig. Das Wasser des Androscoggin
zur Rechten sieht aus wie dunkler Schiefer. Er führt kein Eis
mehr. Jane ist still und nachdenklich geworden. Das einzige
Geräusch ist das gleichmäßige Anschlagen der Scheibenwischer. An den tiefer gelegenen Straßenabschnitten rollt der
Wagen durch Bodennebel, der auf den Abend wartet, um
dann herauszukriechen und die ganze River Road zu er-
obern.

Als sie Auburn erreichen, fährt Chico eine Abkürzung und
biegt in die Minot Avenue ein. Die vier Fahrspuren liegen nahezu verlassen da, und die Häuser in diesem Vorort sehen
aus wie vorgefertigt. Auf dem Fußweg sehen sie einen kleinen Jungen in einem gelben Plastikregenmantel, der keine
Pfütze ausläßt.

»Lauf, Junge«, sagt Chico leise.

»Was?« fragt Jane.

»Nichts, Baby. Schlaf weiter.«

Sie lacht ein wenig mißtrauisch.

Chico biegt in die Keston Street ein und fährt in die Einfahrt eines der vorgefertigten Häuser. Er läßt den Motor laufen.

»Komm doch mit rein und iß ein Stück Kuchen«, sagt sie.

Er schüttelt den Kopf. »Ich muß zurück.«

»Das weiß ich doch.« Sie legt ihm die Arme um den Hals und küßt ihn. »Vielen Dank, es war wunderschön.«

Plötzlich lächelt er. Er strahlt. Wie hingerissen. »Wir sehen uns Montag, Janney-Jane. Wir sind immer noch Freunde, klar?«

»Das weißt du doch«, sagt sie und küßt ihn noch einmal... aber als er ihr an die Brüste greift, wehrt sie ab. »Mein Vater ist zu Hause.«

Er läßt sie los, und von seinem Lächeln ist nicht mehr viel übrig. Sie steigt aus und rennt durch den Regen zur Hintertür. Eine Sekunde später ist sie verschwunden. Chico wartet noch und zündet sich eine Zigarette an. Dann läßt er den Wagen zurückrollen. Der Buick säuft ab, und der Starter dreht endlos lange durch, bis der Motor wieder anspringt. Es ist eine lange Fahrt bis nach Hause.

Als er ankommt, steht Dads Kombi in der Einfahrt. Er läßt seinen Wagen daneben ausrollen und stellt den Motor ab. Er bleibt noch einen Augenblick ruhig sitzen und lauscht auf den Regen. Es ist, als säße er in einem Stahlfaß.

Im Haus sitzt Bill vor dem Fernseher und sieht Carl Stormer und seine Country Buckaroos. Als Chico reinkommt, springt Billy aufgeregt hoch. »Hallo Eddie. Eddie, weißt du, was Onkel Pete gesagt hat? Er hat gesagt, er und noch ein paar Leute haben im Krieg ein deutsches U-Boot versenkt! Gehst du am Samstag mit mir ins Kino?«

»Ich weiß noch nicht«, sagt Chico grinsend. »Da mußt du mir schon die ganze Woche abends vor dem Essen die Schuhe küssen.« Er zieht Billy an den Haaren. Billy schreit und lacht und tritt ihm vor das Schienbein.

»Hört auf jetzt«, sagt Sam May, als er in das Zimmer kommt. »Hört auf, ihr beiden. Ihr wißt, was Mutter von diesen Balgereien hält.« Er hat die Krawatte gelockert und den oberen Knopf an seinem Hemd aufgeknöpft. Auf einem Teller hat er drei rote Hot dogs. Die Hot dogs sind in Weißbrot gehüllt, und Sam May hat sie mit reichlich Senf bestrichen. »Wo warst du?«

»Bei Jane.«

In der Toilette wird die Spülung betätigt. Virginia. Chico

387

überlegt kurz, ob Jane vielleicht Haare im Waschbecken gelassen oder ihren Lippenstift oder eine Haarnadel vergessen hat.

»Du hättest mit uns zu Onkel Pete und Tante Ann kommen sollen«, sagt sein Vater. Er verschlingt einen Hot dog mit drei schnellen Bissen. »Du bist ja fast wie ein Fremder hier, Eddie, und das gefällt mir nicht. Nicht, solange du die Füße unter meinen Tisch steckst.«

»Das ist vielleicht ein Tisch«, sagt Chico.

Sam schaut ruckartig auf. Zuerst gekränkt, dann wütend. Als er spricht, sieht Chico, daß seine Zähne vom Senf ganz gelb sind. Ihm dreht sich der Magen um. »Dein freches Maul. Dein gottverdammtes freches Maul. So groß bist du noch nicht, du Rotznase.«

Chico zuckt die Achseln, nimmt sich eine Scheibe Weißbrot und bestreicht sie mit Ketchup. »In drei Monaten bin ich sowieso weg.«

»Wovon, zum Teufel, redest du?«

»Ich werde Johnnys Wagen reparieren und nach Kalifornien fahren. Arbeit suchen.«

»Ach ja, richtig.« Er ist ein großer Mann, groß auf unbeholfene Weise, aber Chico findet, daß er kleiner geworden ist, seit er Virginia geheiratet hat, und noch kleiner, seit Johnny tot ist. Und in Gedanken hört er sich zu Jane sagen: *Mein Bruder vielleicht, aber ich nicht.* Und gleich darauf hört er in Gedanken: *Play your digeree, do, Blue.* »Mit dem Wagen schaffst du es nicht einmal bis Castle Rock«, sagt sein Vater. »Von Kalifornien ganz zu schweigen.«

»Denkst du. Du wirst nur noch 'ne gottverdammte Scheißstaubwolke sehen.«

Einen Augenblick sieht sein Vater ihn nur an, und dann wirft er Chico mit der Wurst, die er in der Hand hält. Sie trifft Chico an der Brust, und Senf spritzt auf seinen Pullover und auf den Stuhl.

»Noch einmal solche Ausdrücke, und ich brech' dir sämtliche Knochen, du Klugscheißer.«

Chico nimmt die Wurst in die Hand und betrachtet sie. Eine billige rote Wurst. Mit französischem Senf bestrichen. Er wirft die Wurst zurück. Sam springt auf. Sein Gesicht ist rot wie ein alter Ziegelstein. Die Adern an seiner Stirn treten hervor. Mit dem Bein berührt er den Abstelltisch vor dem Fernseher. Der Tisch kippt um. Billy steht in der Küchentür und beobachtet sie. Er hält einen Teller mit Wurst und Bohnen in der Hand. Er hält den Teller schief, und die Soße tropft auf den Fußboden. Billy macht große Augen, und sein Mund zittert. Im Fernsehen fetzen Carl Stormer und seine Country Buckaroos in atemberaubendem Tempo ›Long Black Veil‹.

»Man zieht sie groß, so gut man kann, und sie bespucken einen«, sagt sein Vater mit belegter Stimme. »Ja, so geht es.« Er hält den halb gegessenen Hot dog in der Faust wie einen abgeschnittenen Phallus. Es ist unglaublich, aber er fängt an, ihn zu essen. Chico sieht, daß er gleichzeitig anfängt zu weinen. »Sie bespucken einen. Jawohl.«

»Und warum, zum Teufel, mußtest du gerade *sie* heiraten?« bricht es aus Chico heraus, und er verschluckt, was er sonst noch sagen wollte: Wenn du sie nicht geheiratet hättest, *würde Johnny noch leben.*

»Das geht dich einen Scheißdreck an!« brüllt Sam May unter Tränen. »Das ist meine Sache!«

»So?« brüllt Chico zurück. »Meinst du wirklich? Aber ich muß mit ihr leben! Ich und Billy, wir müssen mit ihr leben! Siehst du nicht, wie sie dich kaputtmacht? Und du weißt nicht mal…«

»Was?« sagt sein Vater, und seine Stimme klingt plötzlich tief und drohend. Das Stück Hot dog in seiner Faust sieht aus wie ein blutiger Knochen. »Was weiß ich nicht?«

»Du weißt nicht, wie man Scheiße von Schuhwichse unterscheidet«, sagt er und ist entsetzt über das, was er eben sagen wollte.

»Du hörst jetzt auf, Chico, oder ich schlag' dich zum Krüppel.« So nennt er ihn nur, wenn er sehr wütend ist.

Chico dreht sich um und sieht, daß Virginia ins Zimmer gekommen ist und ihn mit ihren großen ruhigen braunen Augen ansieht.

Ihre Augen sind schön; alles andere an ihr ist nicht so schön, es erneuert sich nicht in gleichem Maße, aber von ihren Augen wird sie noch lange leben können, denkt Chico, und er fühlt wieder diesen blinden Haß in sich aufsteigen – *So we tanned his hide when he died, Clyde, and that's it hanging on the shed.*

»Sie betrügt dich, und du bist zu feige, etwas dagegen zu unternehmen.«

Das ganze Geschrei ist Billy endlich zuviel geworden – er heult laut auf und vor Entsetzen läßt er den Teller mit Wurst und Bohnen fallen. Er schlägt die Hände vors Gesicht. Die Soße spritzt über seine Sonntagsschuhe und verteilt sich auf dem Teppich.

Sam tritt einen Schritt vor und bleibt stehen, als Chico eine knappe Handbewegung macht, als wollte er sagen: *Komm doch her, versuch's doch, worauf wartest du noch?* Sie stehen wie Statuen, bis Virginia spricht – ihre Stimme ist tief und so ruhig wie ihre braunen Augen.

»Hast du ein Mädchen in deinem Zimmer gehabt, Ed? Du weißt, wie dein Vater und ich darüber denken.« Und dann, fast wie eine nachträgliche Entschuldigung: »Sie hat ein Taschentuch liegenlassen.«

Er starrt sie wild an. Er ist unfähig, seine Gefühle auszudrükken, auszudrücken, wie schäbig sie ist, wie hinterhältig sie einen lähmen kann.

Du könntest mich verletzen, wenn du wolltest, sagen die ruhigen braunen Augen. *Ich weiß, daß du weißt, was los war, bevor er starb. Aber nur damit könntest du mich verletzen, nicht wahr, Chico? Und auch dann nur, wenn dein Vater dir glaubt. Und wenn er dir glauben würde, wäre es sein Tod.*

Wie ein wütender Bär reagiert sein Vater auf Virginias Worte. »Was? Du hast in meinem Haus gebumst, du kleiner Bastard?«

»Was sind das für Ausdrücke, Sam!« sagt Virginia ruhig.

»Deshalb wolltest du also nicht mitkommen. Damit du bu – damit du…«

»*Sag's doch!*« schluchzte Chico. »Laß dir von ihr doch nicht den Mund verbieten! Sag doch, was du meinst!«

»Raus«, sagte er dumpf. »Und komm erst wieder, wenn du dich bei deiner Mutter und mir entschuldigen willst.«

»Wag es nicht!« schreit er. »Wag es nicht, diese Schlampe meine Mutter zu nennen! Ich bring' dich um!«

»Hör auf, Eddie!« kreischt Billy. Die Worte klingen erstickt, denn er hält immer noch die Hände vor das Gesicht. »Hör auf, Daddy anzuschreien! Hör auf, *bitte!*«

Virginia steht reglos. Ihr ruhiger Blick bleibt auf Chico geheftet!

Sam taumelt einen Schritt zurück und stößt mit den Beinen gegen die Kante seines Lehnstuhls. Schwer läßt er sich auf den Stuhl fallen und hält sich den behaarten Unterarm vor die Augen. »Ich kann dich nicht mehr ansehen, wenn du solche Worte in den Mund nimmst, Eddie. Du machst mich krank.«

»*Sie* macht dich krank! Warum gibst du das nicht zu?«

Er antwortet nicht. Er sieht Chico immer noch nicht an, als er sich noch einen Hotdog vom Teller nimmt. Er greift nach dem Senf. Billy heult immer noch. Carl Stormer und seine Country Buckaroos singen einen Trucker-Song. »My rig ist old, but that don't mean she's slow«, erzählt Carl seinen Zuschauern im westlichen Maine.

»Der Junge weiß nicht, was er sagt, Sam«, sagt Virginia. »Ein schwieriges Alter. Es ist schwer, erwachsen zu werden.«

Sie hat ihn betrogen. Schluß. Aus.

Er dreht sich um und geht zur Tür, die zuerst in den Schuppen und dann nach draußen führt. Als er die Tür öffnet, schaut er sich zu Virginia um, und sie sieht ihn ruhig an, als er sie anredet.

»Was ist denn, Ed?« fragt sie.

»Das Laken ist blutig.« Nach einer Pause: »Ich hab' sie entjungfert.«

Er glaubt, daß sich in ihren Augen etwas geregt hat, aber das wünscht er sich wahrscheinlich nur. »Bitte, geh jetzt, Ed. Du machst Billy angst.«

Er geht. Der Buick will nicht starten, und er hat sich schon fast damit abgefunden, daß er durch den Regen gehen muß, als der Motor endlich anspringt. Er zündet sich eine Zigarette an und fährt rückwärts auf die 14 hinaus. Als der Motor ruckt und spuckt, nimmt er den Gang raus und tritt das Gaspedal durch. Zweimal zwinkert ihm die Kontrollampe für die Lichtmaschine trübe zu, und dann dreht sich der Motor in einem unruhigen Leerlauf. Endlich geht es weiter, und der Wagen kriecht die Straße nach Gates Falls hoch.

Er wirft noch einen letzten Blick auf Johnnys Dodge.

Johnny hätte bei Gates Mills & Weaving einen festen Job kriegen können, allerdings nur in der Nachtschicht. Die Nachtarbeit hätte ihm nichts ausgemacht, und die Bezahlung wäre auch besser gewesen als in Oxford Plains, aber sein Vater arbeitete tagsüber, und die Nachtarbeit in der Spinnerei hätte bedeutet, daß Johnny am Tage mit ihr allein zu Hause gewesen wäre, allein oder mit Chico im Nebenzimmer... und die Wände waren dünn. *Ich kann nicht aufhören, und sie gibt mir keine Chance,* Johnny gesagt. *Ja, ich weiß, was für ein Schlag das für ihn wäre. Aber sie ist... sie ist dauernd hinter mir her, wenn du weißt, was ich meine, du hast sie doch gesehen, Billy ist zu jung, um das zu verstehen, aber du hast sie gesehen...*

Ja. Er hatte sie gesehen. Und Johnny war nach Oxford Plains gegangen, um dort zu arbeiten. Seinem Vater hatte er gesagt, das täte er, weil er dort billig Ersatzteile für seinen Dodge bekommen könne. Und so geschah es, daß er gerade einen Reifen auswechselte, als der Mustang schleuderte und mit funkensprühendem Auspuff auf die Boxen zuschoß; so hatte seine Stiefmutter seinen Bruder umgebracht, ›so just keep playing until I shoot through, Blue‹, denn wir fahren zur Hurenstadt mit diesem Scheißhaufen von Buick, und er weiß noch, wie der Gummi stank und wie Johnnys Rückenwirbel sich als flache Schatten von seinem weißen T-Shirt abhoben, er weiß noch, daß Johnny schon halb aufgestanden war, als der Mustang ihn traf und gegen den Chevy quetschte. Und es hatte einen hohlen Knall gegeben, als der Chevy von den Wagenhebern rutschte, und dann das grelle Gelb der Flammen, der Benzingeruch...

Chico tritt mit beiden Füßen auf die Bremse und bringt die Limousine rüttelnd auf dem durchweichten Bankett zum Stehen.

Wild wirft er sich über den Sitz und stößt die Tür an der Beifahrerseite auf. Er kotzt gelbe Kotze in den matschigen Schnee. Der Anblick läßt ihn weiterkotzen, und der Gedanken daran läßt ihn immer noch kotzen, obwohl er schon alles ausgekotzt hat. Fast hätte er den Motor abgewürgt, aber er kriegt es gerade noch hin. Die Kontrollampe für die Lichtmaschine leuchtet ein paarmal müde auf. Er bleibt eine Weile sitzen und versucht, nicht mehr zu zittern. Mit hoher Geschwindigkeit raucht ein Wagen vorbei, ein neuer Ford, weiß, und seine Räder spritzen Wasser und Schneematsch hoch wie Fächer.

»Hurenstadt«, sagt Chico. »Mit seinem neuen Hurenwagen. Feigling.«

Er schmeckt die Kotze an den Lippen und in der Kehle. Er mag nicht rauchen. Er wird bei Danny Carter übernachten können. Morgen ist Zeit für weitere Entscheidungen. Er lenkt den Wagen auf die 14 und fährt weiter.

8

Verdammt melodramatisch was?

Die Welt hat schon eine oder zwei bessere Geschichten gesehen, das weiß ich – wahrscheinlich ein oder zweihunderttausend bessere. Man hätte auf jede Seite stempeln müssen DIES IST DAS PRODUKT EINES STUDENTEN-WORKSHOPS FÜR KREATIVES SCHREIBEN... denn genau das war es, wenigstens bis zu einem gewissen Punkt. Heute erscheint mir die Geschichte so unoriginell und so anfängerhaft, daß es schon peinlich ist; Stil von Hemingway (wenn das Ding auch aus irgendeinem Grund im Präsens geschrieben ist – da liegen wir ganz beschissen im Trend), Thema von Faulkner. Könnte irgend etwas *seriöser* sein? Oder *literarischer*?

Aber selbst ihr literarischer Anspruch kann die Tatsache nicht kaschieren, daß es sich um eine ausgesprochen sexuelle Geschichte handelt, die von einem ausgesprochen unerfahrenen jungen Mann geschrieben wurde (zu der Zeit, als ich ›Hurenstadt‹, schrieb, hatte ich erst mit zwei Mädchen geschlafen, und bei der einen war ich zu früh gekommen und hatte sie über und über bespritzt – ganz anders als Chico in der vorstehenden Geschichte). Ihre Einstellung zu Frauen geht über Feindseligkeit hinaus und ist schon fast abstoßend – zwei der Frauen in ›Hurenstadt‹ sind Nutten, die dritte ein bloßes Gefäß. Sie redet Unsinn wie ›Ich liebe dich, Chico‹ und ›Komm doch rein und iß ein Stück Kuchen‹. Chico andererseits ist ein zigarettenrauchender Macho, ein proletarischer Held, der direkt aus den Rillen einer Bruce-Springsteen-Platte entsprungen sein könnte – wenn auch von Springsteen noch keine Rede war, als ich die Geschichte im literarischen Magazin des College veröffentlichte (dort stand sie zwischen einem ›Selbstbilder‹ betitelten Gedicht und einem ganz in Kleinbuchstaben gesetzten Aufsatz über interne Studentenangelegenheiten). Es ist die Arbeit eines ebenso unsicheren wie unerfahrenen jungen Mannes.

Und doch war es die erste Geschichte, von der ich das Gefühl hatte, daß sie *mein* Produkt sei – die erste aus einem Guß, nachdem ich es fünf Jahre versucht hatte. Die erste, die vielleicht auch dann noch steht, wenn man ihr die Stützen wegnimmt. Häßlich, aber lebendig. Auch wenn ich sie heute lese und ein Lächeln über ihre Pseudo-Härte und ihre prätentiöse Art unterdrücken muß, sehe ich doch hinter den Zeilen das wahre Gesicht des Gordon Lachance, eines Gordon Lachance, der jünger ist als der, der heute lebt und schreibt, auch gewiß idealistischer als der Bestseller-Autor, der eher an Taschenbuchverträgen als an guten Kritiken interessiert ist, aber nicht so jung wie der, der damals mit seinen Freunden auszog, sich die Leiche eines toten Jungen namens Ray Brower anzusehen. Ein Gordon Lachance, der schon halb im Begriff war, seinen Glanz zu verlieren.

Nein, es ist keine sehr gute Geschichte. Der Autor war zu sehr damit beschäftigt, auf andere Stimmen zu hören, um seiner inneren so genau zu lauschen, wie es erforderlich gewesen wäre. Aber es war das erste Mal, daß ich in einem Prosastück Örtlichkeiten, die ich kannte und Dinge, die ich empfand, beschrieben habe, und es erheiterte mich auf schreckliche Weise, Dinge, die mich jahrelang gequält hatten, in einer neuen Form erstehen zu sehen, *in einer Form, die ich ihnen auferlegt hatte.* Seit meiner Kindheitsvorstellung, daß Dennis im Schrank seines gespenstisch im ursprünglichen Zustand belassenen Zimmers sein könnte, waren Jahre vergangen. Ich hatte wirklich geglaubt, sie vergessen zu haben. Und doch findet sie sich in ›Hurenstadt‹ wieder, nur geringfügig verändert... aber *kontrolliert*.

Ich habe dem Drang widerstanden, sie noch mehr zu verändern, sie umzuschreiben, pointierter zu gestalten – und dieser Drang war ziemlich stark, denn ich finde die Geschichte heute recht peinlich. Und doch enthält sie manches, was mir gefällt, Dinge, die billig wirken würden, wenn der ältere Lachance sie änderte, in dessen Haar sich schon die ersten grauen Fäden zeigen. Dinge wie die Schatten auf Johnnys weißem T-Shirt oder das Regenmuster auf Janes nacktem Körper, Bilder, die besser sind, als es ihnen eigentlich zusteht.

Es war außerdem die erste Geschichte, die mein Vater und meine Mutter nicht lesen durften. Es war zuviel von Dennis darin. Zuviel von Castle Rock. Und, wichtiger noch, zuviel von 1960. Man erkennt die Wahrheit immer; denn wenn man sich oder andere damit schneidet, fließt immer Blut.

9

Mein Zimmer lag im zweiten Stock, und da oben muß es mindestens dreißig Grad gewesen sein. Am Nachmittag würden es über vierzig sein, selbst wenn man alle Fenster aufriß. Ich war wirklich froh, daß ich in dieser Nacht dort nicht schlafen mußte, und der Gedanke an unseren bevorstehenden Ausflug machte mich ganz aufgeregt. Ich rollte zwei Wolldecken zusammen und schnallte meinen alten Gürtel darum. Dann suchte ich mein letztes Geld zusammen, achtundsechzig Cents. Es konnte losgehen.

Ich benutzte die Hintertreppe, um vor dem Haus nicht meinen Vater zu treffen, aber ich hätte mir keine Sorgen zu machen brauchen; er war immer noch im Garten und spritzte nutzlose Regenbogen in die Luft, durch die er traurig hindurchsah.

Ich ging die Summer Street hinunter und über ein leeres Grundstück zur Carbine hinüber – wo heute die Büros des *Call* von Castle Rock stehen. Ich ging gerade die Carbine hoch zum Klubhaus, als neben mir ein Wagen hielt, aus dem Chris ausstieg. In der einen Hand hielt er seinen alten Pfadfindertornister, in der anderen zwei zusammengerollte, mit einer Kordel verschnürte Wolldecken.

»Danke, Mister«, sagte er und lief auf mich zu, als der Wagen wieder anfuhr. Seine Pfadfinderfeldflasche hatte er sich über die Schulter gehängt, so daß sie dauernd gegen seine Hüfte schlug. Seine Augen glänzten.

»Gordie! Willst du mal was sehen?«

»Klar. Was ist es denn?«

»Komm erst hier durch.« Er zeigte auf den schmalen Gang zwischen dem Blue Point Imbiß und dem Castle Rock Drugstore.

»Worum geht es, Chris?«

»Komm schon!«

Er rannte durch den Gang, und nach ein paar Sekunden (ich brauchte nicht länger, um meine Skepsis zu überwinden) lief ich hinterher. Die Wände der beiden Gebäude liefen nicht parallel, sondern standen in einem Winkel zueinander, so daß der Gang immer schmaler wurde. Wir wateten durch schmutziges Zeitungspapier und traten über die gefährlich glitzernden Scherben zerbrochener Bier- und Sodaflaschen hinweg. Chris blieb hinter dem Blue Point stehen und warf sein Deckenbündel hin. Hinter dem Haus standen acht oder neun Abfallkübel, und der Gestank war entsetzlich.

»Pfui Teufel, Chris! Weg hier, das ist ja nicht auszuhalten!«

»Hilf mir mal«, sagte Chris mechanisch.

»Nein, ehrlich, ich muß gleich kot –«

Mir blieb das Wort im Hals stecken, und ich vergaß die stinkenden Kübel. Chris hatte seinen Tornister von der Schulter genommen, geöffnet und hineingefaßt. Jetzt hielt er eine riesige Pistole mit dunklem Holzgriff in der Hand.

»Was willst du sein, Lone Ranger oder Cisco Kid?« fragte Chris und grinste.

»Mein Gott, wo hast du das Ding her?«

»Aus dem Schreibtisch von Dad geklaut. Das ist 'ne Fünfundvierziger.«

»Seh' ich doch selbst«, sagte ich, obwohl es eine Achtunddreißiger oder eine .357 hätte sein können, ohne daß ich den

Unterschied erkannt hätte – ich hatte zwar viele John D. Mac-Donalds und Ed McBains gelesen, aber die einzige Pistole, die ich je aus der Nähe gesehen hatte, war die von Constable Bannerman... aber wie sehr die Jungs ihn auch bestürmten, sie mal aus dem Halfter zu nehmen, er tat es nie. »Mann, dein Alter haut dich kaputt, wenn er das merkt. Du *sagtest* doch, daß er wieder seine Tour hat.«

Seine Augen glänzten immer noch. »*Deswegen* ja gerade, Mann. Er wird *nichts* merken. Er und die andern verdammten Säufer sind mit ein paar Dutzend Flaschen Wein nach Harrison gefahren und kommen frühestens in einer Woche zurück. Diese verfluchten Saufbrüder.« Er verzog verächtlich den Mund. Er war der einzige von unserer Clique, der nie trank, nicht einmal, um zu zeigen, was für ein Kerl er war. Er wollte kein gottverdammter Säufer werden wie sein Alter. Und er sagte mir mal unter vier Augen – das war, als die De-Spain-Zwillinge mit einem Sechserpack aufkreuzten, den sie ihrem Alten geklaut hatten, und alle Chris verarschten, weil er nicht mitsaufen wollte, nicht mal einen einzigen Schluck Bier – daß er *Angst* vor dem Trinken hatte. Er sagte, sein Vater würde nie mehr von der Flasche loskommen, und sein älterer Bruder sei stockgesoffen gewesen, als er das Mädchen verge-waltigte. Er sprach von Eyeball, der zusammen mit Ace Merrill und Charlie Hogan und Bill Tessio dauernd billigen Rotwein säuft. Wenn er erst anfinge, so sagte er mir, würde er nie mehr aufhören können. Es mag Ihnen komisch vorkommen, daß ein Zwölfjähriger Angst davor hat, Alkoholiker zu werden, aber für Chris war das kein bißchen komisch. Er hatte oft darüber nachgedacht. Er hatte allen Anlaß dazu.

»Hast du auch Munition dafür?«

»Neun Patronen – mehr waren nicht in der Schachtel. Er wird denken, daß er sie verbraucht hat. Er schießt doch immer auf Dosen, wenn er besoffen ist.«

»Ist sie geladen?«

»Bist du verrückt? Für was *hältst* du mich.«

Dann nahm ich die Pistole. Sie fühlte sich angenehm schwer in der Hand an. Ich sah mich als Steve Carella von Squard 87, der The Heckler verfolgt oder vielleicht auch Meyer Meyer oder Kling Deckung gibt, als sie in die Wohnung eines verzweifelten Drogensüchtigen eindringen. Ich ziele auf einen der stinkenden Abfallkübel und drücke ab

WUUMMMM!

Die Waffe flog hoch. Es war ein Gefühl, als hätte ich mir das Handgelenk gebrochen. Mein Herz fuhr mir in die Kehle und blieb dort zitternd hängen. In dem gewellten Metall des Kübels klaffte ein Loch – das Werk eines bösen Zauberers.

»O Gott!« schrie ich.

Chris brüllte vor Lachen – ob aus wirklicher Belustigung oder im nackten Entsetzen, konnte ich nicht erkennen. »Du hast es getan! Du hast es getan! *Gordie hat es getan!*« trompetete er. »*He, Gordon Lachance schießt ganz Castle Rock zusammen!*«

»*Halt's Maul! Bloß raus hier!*« kreischte ich und packte ihn am Hemd.

Als wir losrannten, öffnete sich die Hintertür des Blue Point mit einem Ruck, und Francine Tupper in ihrem weißen Serviererinnendreß trat ins Freie. »Wer hat das getan? Wer läßt hier Knaller hochgehen?«

Wir rannten wie verrückt, hinter dem Drugstore und der Eisenwarenhandlung entlang und am Emporium Galorium vorbei, wo Antiquitäten und Trödel und billige Romane verkauft wurden. Wir kletterten über einen Zaun und rissen uns dabei Splitter in die Handflächen. So erreichten wir die Curran Street. Im Laufen warf ich Chris die Fünfundvierziger zu; er lachte immer noch, aber er fing die Pistole auf und steckte sie wieder in seinen Tornister. Als wir von der Curran Street in die Carbine Street eingebogen waren, gingen wir wieder normal, um nicht aufzufallen. Chris kicherte immer noch.

»Mann, du hättest dein Gesicht sehen sollen. Oh, Mann, das war herrlich. Das war wirklich gut. Meine Fresse!« Er schüttelte den Kopf, schlug sich auf die Schenkel und brüllte vor Lachen.

»Du wußtest doch, daß sie geladen war, du Idiot! Und ich kriege jetzt Schwierigkeiten. Die Tupper hat mich gesehen.«

»Ach Scheiße, die hat geglaubt, das war ein Knallfrosch. Außerdem kann die alte Tupper höchstens bis zu ihrer Nasenspitze sehen, das weißt du doch. Sie denkt, wenn sie eine Brille trägt, ist sie noch häßlicher als jetzt.« Er stemmte die Hände in die Hüften und fing wieder an zu lachen.

»Trotzdem. Das war ein schäbiger Trick, Chris. Wirklich.«

»Komm, Gordie.« Er legte mir die Hand auf die Schulter. »Ehrlich, ich wußte nicht, daß sie geladen war. Ich schwör's dir. Ich hab' sie einfach aus Dads Schreibtisch genommen. Er nimmt sonst immer die Munition raus. Als er sie das letzte Mal weglegte, muß er wirklich besoffen gewesen sein.«

»Du hast sie wirklich nicht geladen?«

»No, Sir.«

»Und das schwörst du mir?«

»Ich schwöre.« Er bekreuzigte sich und spuckte aus. Er sah so unschuldig und zerknirscht aus wie ein Chorknabe. Aber als wir das Grundstück erreicht hatten, wo unser Baumhaus war, und Vern und Teddy sahen, die auf ihren zusammenge-rollten Decken saßen und auf uns warteten, mußte er wieder lachen. Er erzählte den beiden die Geschichte, und als alle ihre Spaß gehabt hatten, fragte Teddy, wozu Chris denn eine Pistole brauche.

»Eigentlich gar nicht«, sagte Chris. »Höchstens wenn ein Bär kommt. Oder so was Ähnliches. Außerdem ist es un-heimlich, nachts im Wald zu schlafen.«

Wir nickte alle. Chris war der größte und stärkste in unse-rer Clique und konnte es sich erlauben, so etwas zu sagen. Wenn aber zum Beispiel Teddy auch nur angedeutet hätte, daß er sich im Dunkeln fürchtet, hätten wir uns totgelacht.

»Hast du dein Zelt auf dem Feld aufgestellt?« fragte Teddy Vern.

»Ja. Und ich habe zwei eingeschaltete Taschenlampen reingelegt, damit es nach Dunkelwerden so aussieht, als ob wir da sind.«

»Gut gemacht«, sagte ich und klopfte Vern auf die Schul-ter. Für seine Begriffe war das wirkliche Denkarbeit. Er wurde rot und grinste.

»Wir müssen *los*«, sagte Teddy. »Kommt, es ist schon fast zwölf.«

Chris stand auf, und wir standen um ihn herum.

»Wir gehen über Beemans Koppel und hinter dem Möbelladen neben Sonnys Texaco-Tankstelle entlang«, sagte er. »Unten bei der Mülldeponie steigen wir dann auf die Schienen und gehen über die Brücke nach Harlow.«

»Was meinst du, wie weit ist es?« fragte Teddy.

Chris zuckte die Achseln. »Harlow ist groß. Wir haben mindestens zwanzig Meilen zu gehen. Was sagst du, Gordie?«

»Ja. Vielleicht sind es sogar dreißig.«

»Selbst wenn es dreißig sind, schaffen wir es bis morgen nachmittag, wenn keiner schlappmacht.«

Wir sahen einander an.

»Kommt, Jungs«, sagte Chris und schulterte sein Bündel.

Gemeinsam verließen wir das Grundstück. Chris ging ein kleines Stück vor uns.

10

Als wir Beemans Koppel überquert hatten und über die schlackige Böschung zu den Gleisen der Great Southern and Western Maine hinaufgestiegen waren, hatten wir schon alle unsere Hemden ausgezogen und um die Hüften gebunden. Wir schwitzten wie die Schweine. Oben auf der Böschung schauten wir die Gleise entlang in die Richtung, die wir nehmen mußten.

Ich werde diesen Augenblick nie vergessen, ganz gleich wie alt ich werde. Ich war der einzige, der eine Uhr hatte – eine billige Timex, die ich ein Jahr vorher als Preis für den Verkauf von Cloverine-Salbe bekommen hatte. Die Zeiger standen genau auf Mittag, und glühendheiß hing die Sonne über dem ausgetrockneten schattenlosen Panorama, das wir vor uns sahen. Man spürte, wie sie durch den Schädel drang, um einem das Gehirn zu rösten.

Hinter uns lag Castle Rock, das sich auf dem langen Hügel ausdehnte, der als Castle View bekannt ist, und mitten darin der grüne, schattige Park der Stadt. Weiter unten am Castle River sah man die Schornsteine der Wollspinnerei, die metallfarbenen Rauch ausspuckten, während unten die Abwässer in den Fluß liefen. Links lag The Jolly Furniture Barn, eine Möbelfabrik. Und direkt vor uns lagen die Schienen, die hell in der Sonne glitzerten. Sie liefen parallel zum Castle River, der ebenfalls links von uns lag. Auf der rechten Seite war das Gelände dicht mit Büschen bestanden (heute liegt dort eine Motorradrennstrecke, auf der jeden Sonntagnachmittag ab vierzehn Uhr Rennen ausgetragen werden). Am Horizont stand ein alter, nicht mehr benutzter Wasserturm, der verrostet und irgendwie unheimlich aussah.

So standen wir dort, genau um die Mittagszeit, und dann sagte Chris: »Kommt, wir müssen weiter.«

Wir gingen neben den Gleisen auf der Schlacke, und bei jedem Schritt traten wir kleine schwarze Staubwolken hoch. Bald waren unsere Socken und Turnschuhe damit bedeckt. Vern fing an zu singen: »Roll Me Over in the Clover«, aber er hörte bald auf, was eine Wohltat für die Ohren war. Nur Teddy und Chris hatten Feldflaschen mitgebracht, und sie waren rasch leer.

»Wir könnten die Flaschen an der Pumpe bei der Deponie wieder füllen«, sagte ich. »Dad sagt, das Wasser ist einwandfrei. Der Brunnen ist fast sechzig Meter tief.«

»Okay«, sagte Chris, ganz im Ton des erfahrenen Leiters einer Expedition. »Außerdem können wir uns da eine Weile ausruhen.«

»Und was ist mit Verpflegung?« fragte Teddy plötzlich. »Ich wette, daß keiner daran gedacht hat, was zu essen mitzubringen.«

Chris blieb stehen. »Scheiße! Ich auch nicht. Und du, Gordie?«

Ich schüttelte den Kopf und wunderte mich über meine eigene Dummheit.

»Vern?«

»Fehlanzeige«, sagte Vern. »Tut mir leid.«

»Gut, dann wollen wir sehen, wieviel Geld wir haben«, sagte ich, knotete mein Hemd auf, breitete es auf der Schlacke aus und warf meine achtundsechzig Cents darauf. Die Münzen glänzten fiebrig in der Sonne. Christ hatte einen zerknüllten Dollarschein und zwei Cents. Teddy hatte zwei Fünfundzwanzig- und zwei Fünfcentstücke. Vern hatte genau sieben Cents.

»Zwei Dollar siebenunddreißig«, sagte ich. »Nicht schlecht. Unten am Ende der kleinen Straße, die zur Deponie führt, ist ein kleiner Laden. Einer muß runterlaufen und ein paar Hamburger und Getränke kaufen, während die anderen sich ausruhen.«

»Wer?« fragte Vern.

»Das knobeln wir mit Streichhölzern aus, wenn wir an der Deponie sind. Kommt.«

Ich ließ das ganze Geld in meine Hosentasche gleiten und knotete gerade wieder mein Hemd zusammen, als Chris schrie: »*Ein Zug!*«

Ich legte die Hand an die Schienen, obwohl ich den Zug schon hören konnte. Die Schiene summte wie verrückt. Einen Augenblicklang kam es mir so vor, als hielte ich den Zug in der Hand.

»Absprung!« brüllte Vern und sprang mit einem einzigen ungeschickten Satz die halbe Böschung hinunter. Vern war ganz versessen darauf, Fallschirmjäger zu spielen, wenn der Boden nur einigermaßen weich war – eine Kiesgrube, ein Heuhaufen oder eine Böschung wie diese. Chris sprang hinterher. Der Zug war schon sehr laut zu hören. Wahrscheinlich fuhr er nach Lewiston und war schon auf unserer Seite des Flusses. Statt auch zu springen, drehte Teddy sich in die Richtung, aus der der Zug kam. Seine dicken Brillengläser glitzerten in der Sonne. Sein langes Haar klebte ihm in Strähne an der Stirn.

»Komm da weg, Teddy«, sagte ich.

»Nein. Ich will den Lokführer foppen.« Er sah mich an, und seine vergrößerten Augen leuchteten vor Aufregung. »Lokführer foppen. Was sind dagegen schon Lastwagen?«

»Du bist verrückt, Mann. Willst du dich unbedingt totfahren lassen?«

»Wie am Strand von der Normandie!« schrie Teddy und stellte sich mitten auf die Schienen. Ganz locker stand er auf einer Schwelle. Ich war einen Augenblick wie betäubt. Eine solche riesengroße Dummheit konnte ich einfach nicht begreifen. Dann packte ich ihn und riß ihn trotz seiner Gegenwehr von den Gleisen. Ich stieß ihn den Abhang hinunter und sprang ihm nach. Ich war noch nicht gelandet, als Teddy mir auch schon in den Magen schlug. Mir blieb die Luft weg, aber bevor er wieder hochkam, traf ich ihn mit dem Knie am Brustbein, und er flog auf den Rücken. Keuchend schlug ich auf dem Boden auf, und Teddy packte mich am Hals. Aufeinander einschlagend rollten wir die ganze Böschung hinunter, während Chris und Vern nur dumm glotzten.

»Du kleiner Hurensohn«, kreischte Teddy. »Du Arsch! Du willst mir Vorschriften machen? Ich bring' dich um, du Stück Scheiße!«

Ich konnte wieder richtig Luft holen und sprang auf. Ich ging rückwärts, als Teddy auf mich zukam und streckte die offenen Hände aus, um seine Boxhiebe wegzuschlagen. Halb lachte ich, und halb hatte ich Angst. Wenn er eine seiner Anfälle hatte, war Teddy ein beachtlicher Gegner. Dann nahm er es mit jedem größeren Jungen auf, und wenn der größere Junge ihm beide Arme gebrochen hätte, fing er an zu beißen.

»Teddy, du kannst foppen, wen du willst, wenn wir gesehen haben, was wir sehen wollen, aber – mit einem wütenden Hieb verfehlte er mein Gesicht, traf dafür aber meine Schulter –

bis dahin darf *uns* niemand sehen, du

– er schlug mir ins Gesicht, und jetzt hätte es wirklich ernst werden können, wenn –

dumme Sau!«

– Chris und Vern uns nicht gepackt und auseinandergerissen hätten. Über uns donnerte der Zug vorbei und ließ eine stinkende Dieselwolke zurück. Wir hörten das schwere Rasseln der Waggonräder. Ein paar Schlackebrocken hüpften die Böschung herab, und der Streit war vorbei... bis wir wieder hören konnten.

Es war nur ein kurzer Güterzug, und als der Bremswagen vorbei war, sagte Teddy: »Ich bring' ihn um. Auf jeden Fall schlag ich ihm die Fresse ein.« Er versuchte, sich loszureißen, aber Chris hielt ihn nur um so fester.

»Beruhige dich, Teddy«, sagte Chris leise, und er sagte es

immer wieder, bis Teddy ruhig stehenblieb. Seine Brille saß schief, und der Draht zur Batterie seines Hörgeräts hing schlaff an seiner Brust herab. Er hatte die Batterie in eine Tasche seiner Jeans gesteckt.

Als er sich endgültig beruhigt hatte, wandte sich Chris an mich und sagte: »Warum, zum Teufel, prügelst du dich mit ihm, Gordon?«

»Er wollte den Lokführer foppen. Ich dachte, der Ingenieur würde es vielleicht sehen und Meldung machen. Vielleicht hätten sie dann einen Bullen geschickt.«

»Ach, der hat genug damit zu tun, sich in die Hosen zu scheißen«, sagte Teddy, aber er schien nicht mehr wütend zu sein. Der Sturm hatte sich gelegt.

»Gordon hat genau das Richtige getan«, sagte Vern. »Kommt jetzt, Frieden.«

»Ja, okay«, sagte ich und hielt Teddy die Handfläche hin. »Frieden, Teddy?«

»Ich wäre rechtzeitig zur Seite gesprungen«, sagte er zu mir. »Gibst du das zu, Gordie?«

»Ja«, sagte ich, aber schon der Gedanke daran ließ mich frösteln.« Ich weiß.«

»Okay, dann also Frieden.«

»Und jetzt ist Schluß«, befahl Chris und ließ Teddy los.

Teddy schlug mir in die Hand, daß es brannte und hielt mir dann seine hin. Ich schlug ihn genauso hart.

»Lachance, du bist eine Scheißmiezekatze«, sagte Teddy.

»Miau«, machte ich.

»Kommt jetzt, Jungs«, sagte Vern. »Wir gehen, okay?«

»Geh mit Gott, aber geh!« sagte Chris feierlich, und Vern machte eine Faust, als wollte er ihn schlagen.

11

Wir erreichten die Deponie so gegen halb zwei. Vern brüllte: »Absprung!« und sprang uns voran den Abhang hinunter. In langen Sätzen folgten wir ihm und sprangen über das Brackwasser hinweg, welches träge aus dem Abwasserrohr floß, das aus den Schlacken herausragte. Jenseits dieser kleinen sumpfigen Stelle lag der staubige, von Unrat übersäte Rand der Deponie.

Die Deponie war von einem knapp zwei Meter hohen Sicherheitszaun umgeben. Alle sechs Meter waren verwitterte Schilder angebracht, auf denen zu lesen stand:

MÜLLDEPONIE CASTLE ROCK
GEÖFFNET 16–20 UHR
MONTAGS GESCHLOSSEN
BETRETEN DURCH UNBEFUGTE STRENG VERBOTEN

Wir kletterten auf den Zaun, stiegen darüber weg und sprangen auf der anderen Seite wieder runter. Teddy und Vern erreichten den Brunnen zuerst, den man mit einer altmodischen Pumpe anzapfen mußte, einer Pumpe, deren Betätigung Kraft kostete. Neben der Pumpe stand ein Blechkanister voll Wasser, und es galt als Todsünde, wenn man vergaß, ihn für den nächsten, der Wasser brauchte, gefüllt zurückzulassen. Der Griff der Pumpe stand in einem Winkel von der Pumpe ab und sah aus wie ein Vogel mit nur einem Flügel, der zu fliegen versucht. Früher war er grün gewesen, aber die Farbe war von den vielen Tausenden von Händen abgerieben worden, die den Griff seit 1940 betätigt hatten.

Die Deponie ist eine meiner lebhaftesten Erinnerungen an Castle Rock. Sie erinnert mich immer an die surrealistischen Maler – an jene Leute, die Zifferblätter malen, die in einer Astgabelung hängen, Viktorianische Salons, die mitten in der Sahara stehen, oder Lokomotiven, die einem aus einem Kamin entgegenfahren. Für meine Kinderaugen sah nichts in der Mülldeponie von Castle Rock so aus, als ob es dort wirklich hingehörte.

Wir waren von hinten in die Deponie gelangt. Von vorn führte eine breite Sandstraße durch das Tor hinein, die sich dann zu einem halbkreisförmigen Areal erweiterte, das so fest gewalzt war wie eine Landebahn und an der eigentlichen Grube abrupt endete. Die Pumpe stand am hinteren Ende dieser Grube (Teddy und Vern standen gerade dort und stritten sich darum, wer sie in Gang setzen sollte). Die Grube war etwa fünfundzwanzig Meter tief und mit allen amerikanischen Dingen gefüllt, die leer waren, verschleißen oder ganz einfach nicht mehr funktionieren. Es gab so viele Sachen, daß meine Augen schon vom Hinsehen schmerzten – oder vielleicht war es in Wirklichkeit das Gehirn, das schmerzte, weil es sich nie so recht entscheiden konnte, auf welchen Gegenstand sich der Blick fixieren sollte. *Wenn* aber der Blick irgendwo haften blieb, dann war es ein Gegenstand, der hier so unangebracht wirkte wie jene Zifferblätter oder der Salon mitten in der Wüste. Ein betrunken in der Sonne lehnendes Bettgestell aus Messing. Die Puppe eines kleinen Mädchens, die sich erstaunt zwischen die Schenkel starrte, wo ihre Innereien zum Vorschein kamen. Ein umgekipptes Studebaker-Automobil, dessen Kugelnase aus Chrom in der Sonne blitzte wie eine Rakete von Buck Rogers. Eine der riesigen Wasserflaschen, wie man sie in Bürogebäuden findet, die die Sonne in einen funkelnden, heißen Saphir verwandelt hatte.

Außerdem herrschte dort reges Tierleben, allerdings nicht das aus Disneys Naturfilmen oder aus jenen Zoos, in denen man die Tiere sogar streicheln kann. Es waren fette Ratten, Waldmurmeltiere, die durch die reiche Kost in Gestalt von verfaulenden Hamburgern und madigem Gemüse fett und träge geworden waren. Tausende von Möwen und gelegentlich eine riesige Krähe, die wie ein nachdenklicher Priester zwischen den Möwen einherschritt. Hier versammelten sich auch die streunenden Hunde der Stadt, um eine Mahlzeit zu ergattern, wenn sie in umgestürzten Mülltonnen nichts gefunden hatten und auch kein Wild aufstöbern konnten. Es waren elende, bösartige Köter, die sich um eine von Fliegen umschwirrte Wurst oder um einen Haufen stinkender, in der Sonne dampfender Hühnereingeweide bissen.

Aber nie griffen diese Hunde Milo Pressman, den Wärter der Deponie an, denn Milo hatte stets Chopper an seiner Seite. Chopper war – wenigstens bis Joe Cambers Hund Cujo zwanzig Jahre später tollwütig wurde – der Hund in Castle Rock, den man am meisten fürchtete und am wenigsten sah. Er war der gefährlichste Hund im Umkreis von vierzig Meilen (so hieß es jedenfalls) und so häßlich, daß er jede Uhr, die schlug, zum Stehen brachte. Die Jungs wußten wahre Schauergeschichten über seine Gefährlichkeit zu erzählen. Einige sagte, er sei halb ein Deutscher Schäferhund, andere hielten ihn eher für einen Boxer. Ein Junge aus Castle View namens Harry Horr behauptete, Chopper sei ein Dobermann, dem man die Stimmbänder operativ entfernt habe, damit man ihn nicht hörte, wenn er angriff. Andere Jungs wollten wissen, daß Chopper ein rasender Irischer Wolfshund sei, der von Milo Pressman mit einer Spezialmischung aus Mehl und Hühnerblut gefüttert würde. Dieselben Jungs behaupteten, daß Milo es nicht wagte, seinen Hund aus dem Schuppen zu lassen, wenn er nicht eine Kapuze trug wie ein Jagdfalke.

Die am meisten verbreitete Geschichte war die, daß Pressman Chopper darauf trainiert hatte, nicht nur zu ›fassen‹, sondern bestimmte *Teile* der menschlichen Anatomie zu fassen. So könnte etwa ein unglücklicher Junge, der illegal über den Zaun geklettert war, um sich Schätze anzueignen, die ihm nicht zustanden, Milo Pressman schreien hören: »Chopper! Faß! Hand!« Und Chopper verbiß sich dann in die Hand und ließ nicht mehr los. Er zerriß Haut und Sehnen und zermalmte die Knochen zwischen seinen geifernden Kiefern, bis Milo ihm befahl aufzuhören. Es ging das Gerücht, daß Chopper auf die gleiche Weise mit einem Ohr, einem Auge, einem Fuß oder einem Bein verfahren konnte... und wenn ein Junge zum zweiten Mal von Milo erwischt wurde, konnte es passieren, daß er und der treue Chopper den entsetzlichen Schrei hörten: »Chopper! Faß! Eier!« Und dieser Junge würde dann für den Rest seines Lebens Sopran singen. Milo selbst war häufiger zu sehen. Er war geistig ein wenig zurückgeblieben und besserte sein Gehalt als städtischer Arbeiter dadurch auf, daß er den einen oder anderen Gegenstand, den andere weggeworfen hatten, reparierte und in der Stadt verhökerte.

Heute war weder von Chopper noch von Milo etwas zu sehen.

Chris und ich schauten zu, wie Vern die Pumpe mit Wasser füllte, während Teddy wie wild pumpte. Endlich floß klares Wasser, und die beiden hielten die Köpfe unter den Strahl, wobei Teddy fleißig weiterpumpte.

»Teddy ist verrückt«, sagte ich leise.

»Oh, ja«, stimmte Chris zu. »Wenn er so weitermacht, lebt
er keine zehn Jahre mehr. Das kommt nur, weil sein Vater
ihm die Ohren so verbrannt hat. Das ist der Grund. Es ist
doch Wahnsinn, im letzten Augenblick vor den Lastwagen
zur Seite zu springen. Der Kerl sieht doch nichts, ob mit oder
ohne Brille.«

»Denk doch nur an die Sache mit dem Baum«, sagte ich.

»Ja, das weiß ich noch.«

Ein Jahr vorher waren Teddy und Chris auf die große
Tanne hinter unserem Haus geklettert. Sie waren fast ganz
oben, und Chris sagte, weiter ginge es nicht, weil die oberen
Äste morsch seien. Ach, Scheiße, sagte Teddy und hatte wieder diesen verrückten starren Blick. Seine Hände waren voll
Harz, und er wollte unbedingt ganz nach oben klettern.
Chris konnte ihn nicht davon abbringen. Er kletterte also
weiter und schaffte es auch bis ganz nach oben. Schließlich
wog er nur fünfundsiebzig Pfund. So stand er da, umklammerte die Spitze mit seiner harzigen Hand und schrie, er sei
der König der Welt oder irgendeinen ähnlichen Unsinn, und
plötzlich gab es ein häßliches Krachen, und der Ast auf dem
er stand, brach ab. Er sauste herab. Was dann geschah, gehört zu den Dingen, die einen überzeugen, daß es einen Gott
geben muß. In einer reinen Reflexbewegung packte Chris zu
und hatte Teddy Duchamps Haarschopf in der Faust. Sein
Handgelenk schwoll an, und er konnte seine rechte Hand
wochenlang kaum gebrauchen, aber er hielt fest, bis Teddy
fluchend und schreiend mit den Füßen einen Ast gefunden
hatte, der sein Gewicht trug. Wenn Chris nicht blind zuge-
packt hätte, wäre Teddy abgestürzt und am Fuß der Tanne
aufgeschlagen, und die Tanne war fast dreißig Meter hoch.
Als sie wieder unten waren, hätte Chris in seiner Reaktion
auf den Schreck fast gekotzt, und er war ganz grau im Gesicht. Teddy ging auf ihn los, weil er ihn an den Haaren gerissen hatte, und sie hätten sich auch ernsthaft geprügelt, wenn
ich nicht dazwischengegangen wäre.

»Ich träume noch manchmal davon«, sagte Chris und sah
mich seltsam hilflos an. »Aber im Traum greife ich immer
vorbei. Ich habe nur ein paar Haare in der Hand, und Teddy
schreit laut auf, und weg ist er. Ist das nicht unheimlich?«

»Wirklich unheimlich«, gab ich zu, und wir sahen uns an, und in diesem kurzen Augenblick erkannten wir ein bißchen von dem, was unsere Freundschaft ausmacht. Dann sahen wir, wie Vern und Teddy sich mit Wasser bespritzten. Sie schrien und lachten.

»Ja, aber du hast nicht vorbeigegriffen«, sagte ich. »Chris Chambers trifft immer, stimmt's?«

»Sogar wenn die Damen die Lokusbrille untenlassen«, sagte er. Er zwinkerte mir zu, formte aus Daumen und Zeigefinger ein O und spuckte säuberlich hindurch.

»Friß mich roh, Chamber«, sagte ich.

»Mit 'ner Handvoll Stroh«, sagte er, und wir grinsten uns an.

Vern schrie: »Kommt und holt euch Wasser, bevor es wieder zurückläuft!«

»Wer zuerst da ist«, rief Chris.

»Bei der Hitze? Du hast sie wohl nicht alle.«

»Komm«, sagte er und grinste immer noch. »Auf mein Kommando.«

»Okay.«

»Los!«

Wir rannten los, den Oberkörper vorgebeugt, mit fliegenden Beinen, die Fäuste geballt, und unsere Turnschuhe wirbelten den trockenen Sand auf. Es war ein totes Rennen, denn Vern auf seiner und Teddy auf meiner Seite hoben gleichzeitig die Hand. Wir ließen uns lachend in den Staub fallen, und Chris warf Vern seine Feldflasche zu. Als sie gefüllt war, gingen Chris und ich an die Pumpe, und zuerst pumpte Chris für mich und dann ich für ihn, und das erstaunlich kalte Wasser spülte Staub und Hitze von uns ab und versetzte uns auf einen Schlag mitten in den Januar. Dann ließ ich den Kanister wieder vollaufen, und wir gingen zu dem einzigen Baum der Deponie, einer verkrüppelten Esche, die zwölf Meter von Milo Pressmans mit Teerpappe verkleidetem Schuppen stand, um uns in ihrem Schatten ein wenig auszuruhen. Der Baum stand leicht nach Westen geneigt, als wollte er seine Wurzeln raffen wie eine alte Frau ihren Rock, um möglichst schnell von hier zu verschwinden.

»Toll«, sagte Chris und warf sich das wirre Haar aus der Stirn. Er lachte.

»Enorm«, sagte ich und nickte. Auch ich mußte wieder lachen.

»Es ist wirklich gut«, sagte Vern, und damit meinte er nicht nur die Tatsache, daß wir uns unerlaubt in der Deponie aufhielten, daß wir unsere Eltern angeschwindelt hatten und daß wir auf den Eisenbahngleisen nach Harlow laufen wollten; das alles meinte er zwar auch, aber wenn ich heute darüber nachdenke, scheint mir, daß noch etwas hinzukam und daß wir alle es wußten. Es war die ganze Atmosphäre. Wir wußten genau, wer wir waren und wohin wir wollten. Es war herrlich.

Wir blieben eine Weile unter dem Baum sitzen und redeten den üblichen Blödsinn – wer zur Zeit die beste Baseballmannschaft hatte (natürlich immer noch die Yankees mit Mantle und Marris), welches das beste Auto war (der 1955er Thunderbird, wenn sich Teddy auch für den 1958er Corvette stark machte), wer der tollste Kerl in Castle Rock war, von unserer Clique abgesehen (wir waren uns alle einig: das konnte nur Jamie Gallant sein, der Mrs. Ewing zwei Finger vor die Nase hielt und dann mit den Händen in der Tasche aus der Klasse rausging, während sie ihm hinterherschrie), welche TV-Show die beste war (entweder *Die Unbestechlichen* oder *Peter Gunn* – Robert Stack als Eliot Ness und Craig Stevens als Gunn waren beide Klasse) und ähnliches.

Teddy merkte als erster, daß der Schatten des Baumes länger geworden war, und er fragte mich, wie spät es sei. Ich schaute auf die Uhr und stellte erstaunt fest, daß es schon Viertel nach zwei war.

»He, Mann«, sagte Vern. »Jemand muß was zu essen holen. Um vier öffnet die Deponie. Ich will nicht mehr hier sein, wenn Milo und Chopper ihren Auftritt haben.«

Nicht einmal Teddy widersprach. Er hatte keine Angst vor Milo, der fettleibig und schon über vierzig war, aber wenn Choppers Name erwähnt wurde, zog jeder Junge aus Castle Rock den Schwanz ein.

»Okay«, sagte ich. »Wer geht?«

»Hoffentlich du, Gordie«, sagte Chris lächelnd.

»Das könnte dir so passen«, sagte ich und gab jedem eine Münze. »Werfen.«

Vier Münzen glitzerten in der Sonne. Vier Hände holten sie aus der Luft. Vier kurze Schläge auf vier schmutzige Handgelenke. Wir öffneten die Hände. Zweimal Kopf und zweimal Zahl. Wir warfen noch einmal, und alle hatten die Zahl.

»Mein Gott, viermal die Zahl«, sagte Vern, und wir alle wußten, was er meinte. Viermal Kopf bedeutet Glück, aber viermal die Zahl bringt Unglück.

»Ach, Scheiße«, sagte Christ. »Hat nichts zu bedeuten. Weiter.«

»Nein, Mann«, sagte Vern ganz ernst. »Viermal die Zahl. Das ist wirklich sehr schlecht. Wißt ihr noch, als Clint Brakken und ein paar andere damals diesen grauenvollen Unfall am Sirois Hill in Durham hatten? Sie hatten um Bier geworfen, wie Billy mir erzählte, und bevor sie in den Wagen stiegen, hatten sie auch alle die Zahl. Und peng! Totalschaden. Das gefällt mir überhaupt nicht. Ehrlich.«

»Kein Mensch glaubt an diese Scheiße«, sagte Teddy ungeduldig. »Höchstens Babys, Vern. Wollt ihr nun werfen oder nicht?«

Vern warf, aber offensichtlich widerwillig. Diesmal hatten er, Chris und Teddy alle die Zahl. In meiner Hand erschien Thomas Jefferson auf einem Fünfcentstück. Und ich hatte plötzlich Angst, als sei ein Schatten über meine innere Sonne gezogen. Sie hatten wieder alle drei die Zahl, als ob ein blindes Schicksal ein zweites Mal auf sie zeigte. Auf einmal fallen mir Chris' Worte wieder ein: *Ich habe nur ein paar Haare in der Hand, und Teddy schreit laut auf, und weg ist er.*

Dreimal die Zahl und einmal Kopf.

Dann lachte Teddy sein verrücktes gackerndes Lachen und zeigte auf mich, und das Gefühl war verschwunden.

»Du lachst wie eine alte Hexe«, sagte ich und hielt ihm den hochgereckten Finger vor die Nase.

»Iiii-iiii-iiii-, Gordie«, lachte Teddy. «Gordie hat's erwischt, die dumme Sau.«

Es tat mir nicht leid, daß ich gehen mußte. Ich war einigermaßen ausgeruht, und es machte mir nichts aus, die Straße hinunter zum Florida Market zu laufen.

»Gebrauch nicht immer den Namen deiner Mutter«, sagte ich zu Teddy.

»Beeil dich, Gordie«, sagte Chris. »Wie warten drüben bei den Gleisen.«

»Lauft bloß nicht ohne mich los«, sagte ich.

Vern lachte. »Ohne dich loszulaufen, hieße mit Slitz statt mit Budweiser loszulaufen, Gordie.«

»Ach halt's Maul.«

Die drei fingen an zu singen: »Hör auf zu motzen. Wenn ich dich seh', dann muß ich kotzen.«

»Und deine Mutter kommt und leckt es auf«, sagte ich, hob einen Finger und machte, daß ich wegkam. Nie wieder hatte ich solche Freunde wie damals als ich zwölf war. Mein Gott, Sie etwa?

12

Jedem das Seine, heißt es, und das ist ein guter Spruch. Wenn ich *Sommer* sage, haben Sie dabei ihre privaten und ganz persönlichen Vorstellungen, die von meinen völlig verschieden sind. Warum auch nicht? Aber für mich wird *Sommer* immer bedeuten, mit Kleingeldgeklimper in der Tasche, bei dreißig Grad Wärme und in Turnschuhen zum Florida Market zu laufen. Das Wort beschwört das Bild der Schienen der GS & WM herauf, die sich in der Ferne verlieren und die so weiß in der Sonne glänzen, daß man sie noch mit geschlossenen Augen sieht, dann aber nicht weiß, sondern blau.

Natürlich gab es in jenem Sommer nicht nur unsere Expedition über den Fluß, um Ray Browers Leiche zu finden, wenn das auch am stärksten in der Erinnerung haftet. Es gab die Fleetwoods, die ›Comes Softly to Me‹ sangen, und Robin Luke, der ›Susie Darlin‹ sang, und Little Anthony mit ›I Ran All the Way Home‹. Waren das alles Hits im Sommer 1960? Ja und nein. Auf die meisten traf es wohl zu. An den langen purpurnen Abenden, wenn Rock and Roll von

WLAM in die Baseballreportagen von WCOU überging, vergaß man die Zeit. Ich glaube, das war alles 1960, und ich glaube, daß dieser Sommer Jahre dauerte, auf magische Weise in einem Netz von Geräuschen gefangen. Ich höre noch das leise Zirpen der Grillen, das Maschinengewehrgeknatter der gefalteten Spielkarten an den Fahrradspeichen eines Jungen, der abends nach Hause fährt und sich auf seinen eisgekühlten Tee freut. Ich höre, wie Buddy Knox mit texanischem Akzent ›Come along and be my party doll, and I'll make love to you, to you‹ singt, und dazwischen die Stimme des Baseballreporters, und über allem hängt der Geruch von frisch gemähtem Gras »Drei und zwei heißt es jetzt«, ruft der Reporter. »Whitey Ford beugt sich vor... jetzt hat er ihn... Ford wartet noch... er wirft... *und weg ist der Ball! Williams kann nur noch hinterherwinken! DIE RED SOX FÜHREN DREI ZU EINS!*« Hat Ted Williams 1960 noch für die Red Sox gespielt? Darauf verwette ich meinen Arsch – 316 für Ted. Daran erinnere ich mich noch genau. Baseball war in den letzten Jahren immer wichtiger für mich geworden, besonders seit ich erfahren mußte, daß Baseballspieler Menschen aus Fleisch und Blut sind, genau wie ich. Das erfuhr ich, als Ray Campanella sich mit seinem Wagen überschlug und die Schlagzeilen der Zeitungen die entsetzliche Nachricht hinausschrien: seine Karriere sei zu Ende, und er müsse für den Rest seines Lebens im Rollstuhl sitzen. Wie deutlich erinnerte ich mich an diesen Schock, als ich mich vor zwei Jahren eines Tages an die Schreibmaschine setzte, das Radio einschaltete und erfuhr, daß Thurman Munson tödlich verunglückt war, als er mit seinem Flugzeug landen wollte.

Filme sahen wir im Gem, das schon lange abgerissen ist; Science-fiction-Filme wie *Gog* mit Richard Egan und Western mit Audie Murphy (Teddy sah sich jeden Film mit Audie Murphy mindestens dreimal an; er hielt Murphy für eine Art Gott) und Kriegsfilme mit John Wayne. Es gab Spiele und zahllose verpaßte Mahlzeiten. Es gab Rasen, die gemäht werden mußten, Wände, gegen die man Münzen werfen konnte, und Leute, die einem auf die Schulter klopften. Und jetzt sitze ich hier und versuche, durch die Tastatur einer IBM hindurch jene Zeit zu sehen und mir ins Gedächtnis zurückzurufen, was an diesem grünbraunen Sommer am besten und was am schlechtesten war. Aber die Apotheose meiner Erinnerung ist Gordon Lachance, der schweißbedeckt und mit Kleingeld in der Tasche die Straße hinunter zum Florida Market läuft.

Ich verlangte drei Pfund Hamburger, einige Brötchen, vier Flaschen Cola und einen Flaschenöffner für zwei Cents. Der Inhaber, ein Mann namens George Dusset, holte das Fleisch und lehnte sich gegen seine Registrierkasse. Er legte eine fleischige Hand neben das Glas mit hartgekochten Eiern und bewegte einen Zahnstocher im Mund hin und her. Sein gewaltiger Bierbauch ließ sein weißes T-Shirt wie ein Segel wirken, in das ein steifer Wind fährt. So blieb er stehen, um aufzupassen, daß ich nichts klaute. Bis er das Fleisch abwog, sagte er kein Wort.

»Dich kenn' ich. Du bist der Bruder von Denny Lachance, stimmt's?« Wie auf Kugellagern fuhr der Zahnstocher von einem Mundwinkel zum anderen.

»Ja, Sir. Aber Denny ist –«

»Ja, ich weiß. Sehr traurige Geschichte, mein Junge. In der Bibel steht: ›Mitten im Leben sind wir vom Tode umfangen.‹ Wußtest du das? Ich habe einen Bruder in Korea verloren. Du siehst genau wie Denny aus. Hat dir das schon mal jemand gesagt? Wie aus dem Gesicht geschnitten.«

»Ja, Sir, manchmal«, sagte ich mürrisch.

»Er war ein guter Baseballspieler. Mann, konnte der laufen! Gottvater und heiliger Jesus! Das weißt du wohl nicht mehr. Du bist noch zu jung.« Über meinen Kopf hinweg schaute er durch die offene Tür in die Hitze hinaus, als stünde ihm eine schöne Vision meines Bruders vor Augen.

»Ich weiß es noch«, sagte ich. »Mr. Dusset?«

»Was ist denn, Junge?« Sein Blick war immer noch in die Ferne gerichtet. Der Zahnstocher zwischen seinen Lippen zitterte ein wenig.

»Sie haben den Daumen auf der Waage.«

»Was?« Er schaute erstaunt nach unten, wo sein Daumen auf dem weißen Email lag. Wenn ich nicht einen Schritt zurückgetreten wäre, als er anfing über Denny zu reden, hätte ich es hinter dem Fleisch gar nicht gesehen. »Tatsächlich. Ich mußte an deinen Bruder denken. Gott sei ihm gnädig.« George Dusset bekreuzigte sich. Als er den Daumen von der Waage nahm, sprang die Nadel um sechs Unzen zurück. Er klatschte ein wenig mehr Fleisch darauf und wickelte das Ganze in weißes Papier.

»Okay«, sagte er an seinem Zahnstocher vorbei. »Was haben wir denn jetzt? Drei Pfund Fleisch macht ein Dollar vierundvierzig. Brötchen, siebenundzwanzig. Vier Cola, vierzig Cents. Ein Öffner, zwei Cents. Das macht...« er addierte die einzelnen Posten auf der Tüte, in die er die Sachen pakken wollte. »Zwei neunundzwanzig.«

»Dreizehn«, sagte ich.

Ganz langsam hob er den Kopf. Er runzelte die Stirn. »He?«

»Zwei dreizehn. Sie haben falsch gerechnet.«

»Junge, du bist –«

»Sie haben falsch gerechnet«, sagte ich. »Erst legen Sie den Daumen auf die Waage, und dann verlangen Sie auch noch zuviel Geld, Mr. Dusset. Ich wollte noch mehr kaufen, aber das lasse ich jetzt lieber.« Ich warf zwei Dollar und dreizehn Cents auf den Ladentisch.

Er schaute erst auf das Geld und dann sah er mich an. Sein Stirnrunzeln hatte sich verstärkt. Die Falten in seinem Gesicht sahen aus wie Risse. »Wer bist du, Junge?« sagte er leise aber mit drohendem Unterton. »Eine Art Klugscheißer, was?«

»Nein, Sir«, sagte ich. »Aber ich lasse mich von *Ihnen* nicht bescheißen. Was würde Ihre Mutter sagen, wenn sie wüßte, daß Sie kleine Kinder übers Ohr hauen?«

Mit schnellen, abrupten Bewegungen warf er unsere Sachen in die Tüte, daß die Colaflaschen klirrten. Grob warf er mir die Tüte zu, ohne sich darum zu kümmern, ob die Flaschen zerbrachen oder ich alles fallen ließ. Sein Gesicht war gerötet, sein Stirnrunzeln wie eingefroren. »Okay, Junge. Hier ist das Zeug. Und nun mach, daß du aus meinem Laden kommst, und laß dich nie wieder blicken. Sonst schmeiß' ich dich raus, du verdammter kleiner Hurensohn.«

»Ich komme bestimmt nicht wieder«, sagte ich und ging

zur Tür. Die heiße Nachmittagssonne zog träge ihre Bahn. »Und auch meine Freunde nicht. Ich habe ungefähr fünfzig.«

»Dein Bruder war kein Klugscheißer!« brüllte George Dusset.

»*Leck mich am Arsch!*« schrie ich, warf die Tür hinter mir zu und rannte die Straße hinunter.

Mit einem lauten Knall wurde die Tür wieder aufgestoßen, und Dusset brüllte mir hinterher: »*Wenn du noch einmal reinkommst, schlag ich dir die Fresse ein, du verdammter kleiner Drecksack!*«

Ich rannte bis ich den ersten Hügel hinter mir hatte und ging dann in raschem Schrittempo weiter. Ich lachte, aber gleichzeitig hatte ich Angst, und mein Herz klopfte wie wild. Ich drehte mich hin und wieder um, weil ich mich vergewissern wollte, ob er mich auch nicht mit seinem Auto verfolgte.

Das war nicht der Fall, und bald erreichte ich das Tor zur Deponie. Ich schob mir die Tüte unter das Hemd und stieg über den Zaun. Ich hatte den Weg an der Grube vorbei schon halb zurückgelegt, als ich etwas sah, was mir überhaupt nicht gefiel – Milo Pressmans 1956er Buick mit den Bullaugen parkte hinter dem mit Teerpappe verkleideten Schuppen. Wenn Milo mich sah, würde es Ärger geben. Noch war weder von ihm noch von dem berüchtigten Chopper etwas zu sehen, aber ganz plötzlich schien der Zaun hinter der Deponie unendlich weit entfernt. Ich wünschte, ich wäre außen herumgegangen, aber ich war schon so weit in die Deponie hineingelaufen, daß ich nicht mehr umkehren wollte. Wenn Milo mich gesehen hatte, als ich über den Zaun kletterte, würde ich auf jeden Fall zu Hause Schwierigkeiten kriegen, aber davor hatte ich keine Angst. Ich hatte Angst, daß er Chopper auf mich hetzen könnte.

In meinem Kopf lief ein ganzes Violinkonzert ab. Es war unheimlich. Ich setzte einen Fuß vor den anderen und versuchte, so unauffällig zu wirken, als gehörte ich hierher, mit meiner Tragetasche aus Papier unter dem Hemd und auf dem Weg zu dem Zaun, der zwischen mir und den Eisenbahnschienen lag.

Ich war noch etwa fünfzehn Meter vom Zaun entfernt und dachte schon, ich hätte es geschafft, als ich Milo schreien hörte: »He, Junge! Weg von dem Zaun da! Mach, daß du rauskommst!«

Das Klügste wäre es gewesen, ganz einfach zu gehorchen, aber inzwischen war ich so aufgeregt, daß ich statt dessen mit einem wilden Schrei auf den Zaun zurannte. Vern, Teddy und Chris tauchten aus dem Unterholz auf der anderen Seite auf und beobachteten besorgt die Entwicklung.

»*Du kommst sofort zurück!*« brüllte Milo. »*Komm her oder ich hetze meinen Hund auf dich, verdammt noch mal.*«

Das war nicht gerade die Stimme der Vernunft und der Versöhnung, und ich rannte nur noch schneller. Meine Arme flogen, und die braune Einkaufstüte knisterte. Teddy lachte sein idiotisches Lachen. Iii-iii-iiii klang es durch die Luft, als spielte ein Verrückter auf einer Rohrflöte.

»Lauf, Gordie! Lauf!« schrie Vern.

Und Milo brüllte: »Faß, Chopper! Faß ihn, Junge!«

Ich warf die Tüte über den Zaun, und Vern stieß Teddy mit den Ellenbogen zur Seite, um sie aufzufangen. Hinter mir hörte ich Chopper heranrasen, den Boden stampfend, aus der einen Nüster Feuer, aus der anderen Eis versprühend, die Zähne gefletscht, während ihm Schwefel aus dem Maul troff. Laut aufschreiend erreichte ich mit einem Satz die halbe Höhe des Zaunes. Es dauerte keine drei Sekunden bis ich oben war – ich dachte nicht darüber nach und sah auch nicht nach unten. Ich ließ mich einfach fallen. Fast wäre ich auf Teddy gelandet, der zusammengekrümmt auf dem Boden lag und wie verrückt lachte. Seine Brille war weggeflogen, und seine Augen tränten. Ich verfehlte ihn nur um Zentimeter und schlug hart auf dem Kies auf. Im gleichen Augenblick fuhr Chopper gegen den Zaun und heulte vor Schmerz und Enttäuschung. Ich drehte mich um und hielt mir das aufgeschürfte Knie. Zum ersten Mal sah ich den berühmten Chopper – und erfuhr den ungeheuren Unterschied zwischen Mythos und Realität.

Statt eines riesigen Höllenhundes mit roten, bösartig funkelnden Augen und gewaltigen Fangzähnen, sah ich einen ganz gewöhnlichen schwarzweißen Mischling von mittlerer Größe. Er kläffte und sprang gegen den Zaun.

Teddy ging vor dem Zaun auf und ab und reizte Chopper zu immer größerer Wut. Er hielt seine Brille in der Hand, und aus seinem Mund sprühte Speichel.

»Leck mich am Arsch, Choppie!« schlug Teddy vor. »Leck mich am Arsch und friß Scheiße!«

Er stieß mit dem Hintern gegen den Zaun, und Chopper versuchte, Teddys Angebot zu nutzen. Aber der Lohn für seine Mühe war nur ein Schlag auf die Nase. Er bellte wütend, und Schaum flog ihm vom Maul. Teddy stieß immer wieder mit dem Hintern gegen den Zaun, und Chopper versuchte, ihn zu packen, aber er rannte immer nur mit der Nase gegen den Zaun. Sie blutete schon. Teddy hörte nicht auf, ihn zu reizen, und nannte ihn dabei dauernd ›Choppie‹. Der Diminutiv hatte in dieser Situation etwas Grausiges. Vern und Chris lagen auf dem Boden und lachten, daß sie kaum noch Luft kriegten.

Und dann trat Milo Pressman an den Zaun. Er trug einen verschwitzten Arbeitsanzug und eine Baseballkappe der New York Giants, und sein Gesicht war wutverzerrt.

»Seid ihr verrückt geworden!« schrie er. »Hört sofort auf, den Hund zu ärgern! Hört ihr? *Sofort aufhören!*«

»Beiß doch, Choppie!« kreischte Teddy und stolzierte am Zaun auf und ab wie ein verrückter preußischer General, der seine Truppen inspiziert. »Komm! Faß mich! Faß mich!«

Chopper drehte durch. Und das meine ich wirklich. Er rannte im Kreis, kläffte und bellte und schäumte, und mit den Hinterpfoten schleuderte er den Dreck durch die Gegend. Dreimal lief er im Kreis, wahrscheinlich um sich Mut zu machen, und dann rannte er mit einer Geschwindigkeit von mindestens dreißig Meilen pro Stunde gegen den Zaun, ungelogen – er hatte die Zähne gefletscht, und seine Ohren flogen. Der ganze Zaun erzitterte und summte wie ein Cello. Chopper jaulte auf und wurde zurückgefedert. In seinen Augen sah man nur noch das Weiße. Nach einer eleganten Rolle rückwärts landete er auf dem Rücken, daß es klatschte und der Staub aufwirbelte. Er blieb einen Augenblick liegen und schlich dann mit hängender Zunge davon.

Als Milo das sah, wurde er noch wütender als sein Hund. Sein Gesicht wurde dunkelrot – unter seiner Igelfrisur war deutlich zu sehen, daß sogar seine Kopfhaut rot wurde. Ich kniete im Sand mit an den Knien zerfetzten Jeans. Mein Herz schlug wild, denn mir saß noch der Schreck in den Knochen. Und jetzt erschien Milo mir als menschliche Vision seines Hundes Chopper.

»Ich kenn dich!« tobte Milo. »Du bist Teddy Duchamp! Ich kenne euch *alle*! Ich werd' dir den Arsch versohlen, du Lümmel. Du hast meinen Hund gequält.«

»Das möchte ich mal sehen!« schrie Teddy. »Steig doch über den Zaun und krieg mich, du Fettsack!«

»WAS? WIE HAST DU MICH GENANNT?«

»FETTSACK!« rief Teddy fröhlich. »SCHMALZEIMER! DICKWANST! KOMM DOCH! KOMM!« Er sprang hin und her, ballte die Fäuste, und Schweiß spritzte von seiner Stirn. »DIR WERD' ICH BEIBRINGEN, DEINEN DÄMLICHEN HUND AUF LEUTE ZU HETZEN! KOMM DOCH HER! DAS WILL ICH MAL SEHEN!«

»Du widerliche kleine Ratte. Deinen Vater haben sie für verrückt erklärt. Ich sorge dafür, daß deine Mutter vor Gericht kommt. Dann kann sie dem Richter erzählen, was du mit meinem Hund gemacht hast!«

»Was hast du gesagt?« fragte Teddy heiser. Er war stehengeblieben. Seine Augen waren ganz groß geworden und sahen glasig aus. Er war leichenblaß.

Milo hatte Teddy beschimpft, aber jetzt hatte er den Knopf gefunden, den er nur zu drücken brauchte – seitdem weiß ich, daß die Leute nur allzu geil darauf sind, diesen Knopf zu drücken... sie wissen ihn zu finden, und sie drücken nicht nur drauf, sie schlagen mit dem Hammer zu.

»Dein Vater ist verrückt«, sagte Milo grinsend. »Er sitzt im Irrenhaus von Togus. Total verrückt. Verrückter als 'ne Scheißhausratte. Wie ein Bock, den Zecken gestochen haben. Wie 'ne Katze in einem ganzen Zimmer voll Schaukelstühlen. Kein Wunder, daß du dich so benimmst. Mit einem verrückten Vater –«

»DEINE MUTTER BUMST MIT TOTEN RATTEN«, kreischte Teddy. »UND WENN DU MEINEN VATER

NOCH EINMAL EINEN VERRÜCKTEN NENNST, DANN BRING ICH DICH UM, DU VERFLUCHTES SCHWEIN!«

»Ein Verrückter«, sagte Milo genüßlich. Er hatte den Knopf gefunden. »Du bist ein Idiotenkind, ein Idiotenkind. Dein Vater hat nicht alle Tassen im Schrank. Scheiße, was?«

Vern und Chris hatten sich von ihrem Lachanfall erholt. Vielleicht hatten sie den Ernst der Situation erkannt und wollten Teddy zurückpfeifen, aber als Teddy Milos Mutter mit toten Ratten in Verbindung brachte, lachten sie wieder hysterisch los. Sie lagen auf dem Rücken, rollten hin und her, strampelten mit den Füßen und hielten sich den Bauch. »Aufhören«, sagte Chris. »Aufhören, bitte, sofort aufhören, sonst platzte ich!«

Hinter Milo lief Chopper hin und her. Er beschrieb ungefähr eine Acht und wirkte groggy. Er sah aus wie ein Boxer, den der Ringrichter vor zehn Sekunden für technisch k.o. erklärt hatte. Teddy und Milo setzten ihre Diskussion über Teddys Vater fort. Sie standen einander gegenüber, nur durch den Zaun getrennt, über den Milo nicht klettern konnte, weil er zu alt und fett war.

»Kein Wort mehr über meinen Vater!« schrie Teddy. »Mein Vater hat den Strand der Normandie erstürmt, du dreckiger Scheißkerl!«

»Gut und schön, aber wo ist er jetzt, du häßlicher kleiner vieräugiger Scheißhaufen? Er sitzt in Togus, oder etwa nicht? Er sitzt in Togus. WEIL ER NICHT ALLE TASSEN IM SCHRANK HAT!«

»Okay, das reicht«, sagte Teddy. »Das reicht, jetzt ist Schluß. Ich bring' dich um.« Er warf sich gegen den Zaun und stieg hoch.

»Versuch's doch, du schmieriger kleiner Bastard.« Milo trat einen Schritt zurück und grinste. Er wartete.

»Nein!« schrie ich, sprang auf, packte Teddy am Hosenboden und riß ihn zurück. Wir taumelten und er stürzte auf mich. Dabei quetschte er mir die Eier, und ich stöhnte auf. Nichts tut mehr weh, als wenn einem die Eier gequetscht werden, wissen Sie das? Trotzdem hielt ich ihn fest.

»Laß mich los!« schluchzte Teddy und versuchte, sich loszureißen. »Laß mich rauf, Gordie! Niemand darf meinen Alten beleidigen. LASS MICH RAUF, VERDAMMT NOCH MAL, LASS MICH RAUF!«

»Das will er ja gerade!« brüllte ich ihm ins Ohr. »Er will, daß du rübersteigst, und dann schlägt er dich zu Brei. Anschließend ruft er die Bullen!«

»Was?« Teddy verrenkte sich den Hals, um mich anzusehen. Sein Blick war starr.

»Halt dein vorlautes Maul, Junge«, sagte Milo und trat wieder an den Zaun, die geballten Fäuste groß wie Schinken. »Er soll seine Sache selbst ausmachen.«

»Klar«, sagte ich. »Aber sie wiegen fünfhundert Pfund mehr als er.«

»Dich kenn' ich auch«, sagte Milo drohend. »Du heißt Lachance.« Er zeigte auf Vern und Chris, die sich endlich wieder aufgerappelt hatten. »Und das ist Chris Chambers, und der andere ist eins von den blöden Tessio-Kindern. Ich werde eure Väter anrufen, natürlich nicht den Verrückten in Togus. Ihr kommt alle in die Erziehungsanstalt. Ihr seid jugendliche Kriminelle!«

Breitbeinig stand er vor mir, und ich sah die Sommersprossen auf seinen Handrücken. Er kniff die Augen zusammen. Wahrscheinlich wartete er darauf, daß wir weinten oder uns entschuldigten, oder daß wir ihm Teddy über den Zaun reichten, damit er ihn Chopper zum Fressen geben konnte.

Chris formte aus Daumen und Zeigefinger ein O und spuckte hindurch.

Vern summte und schaute in den Himmel.

Teddy sagte: »Komm, Gordie. Bloß weg von diesem Arsch, bevor ich kotzen muß.«

»Ich werde es dir schon zeigen, du dreckiger kleiner Hurensohn. Warte nur, bis ich dich zur Polizei bringe.«

»Wir haben gehört, was Sie über seinen Vater gesagt haben«, sagte ich. »Wir sind alle Zeugen. Und Sie haben Ihren Hund auf mich gehetzt. Das ist gegen das Gesetz.«

Milo wurde unsicher. »Du durftest hier nicht rein.«

»Wieso nicht? Die Deponie ist öffentlicher Gelände.«

»Du bist über den Zaun gestiegen.«

»Natürlich, aber erst, als Sie Ihren Hund auf mich hetzten«, sagte ich und hoffte, daß Milo nicht daran dachte, daß ich schon über den Zaun gestiegen war, um reinzukommen. »Was sollte ich denn tun? Stehenbleiben und mich in Stücke reißen lassen? Kommt, Jungs. Wir gehen. Hier stinkt es.«

»Erziehungsanstalt«, sagte Milo heiser, und seine Stimme zitterte. »Ihr Klugscheißer kommt in die Erziehungsanstalt.«

»Ich freu' mich schon darauf, den Bullen zu erzählen, daß Sie einen Kriegsveteranen verrückt genannt haben.« Als wir gingen, drehte Chris sich noch einmal um. »Wo waren *Sie* denn im Krieg, Mr. Pressman?«

»DAS GEHT DICH EINEN SCHEISSDRECK AN!« kreischte Milo. »IHR HABT MEINEN HUND VERLETZT!«

»Erzählen Sie das doch dem Pfarrer«, murmelte Vern, als wir wieder auf den Bahndamm stiegen.

»Komm sofort zurück!« schrie Milo, diesmal allerdings nicht ganz so laut. Er schien das Interesse verloren zu haben.

Teddy zeigte ihm den Finger, als wir weggingen. Als wir oben angekommen waren, schaute ich über die Schulter zurück. Milo stand hinter dem Zaun, ein großer Mann mit einer Baseballkappe auf dem Kopf, und sein Hund saß neben ihm. Er hatte die Finger in den Maschen des Zauns verhakt, als er uns hinterherschrie, und ganz plötzlich tat er mir leid – er sah aus wie der größte Schuljunge der Welt, der aus Versehen auf dem Spielplatz eingeschlossen worden war und schrie, damit man ihn rausließ. Er zeterte noch eine Weile, und dann gab er entweder auf, oder wir waren schon zu weit weg. An diesem Tag war von Milo Pressman und Chopper nichts mehr zu sehen und zu hören.

13

In einem Ton, als seien wir im Recht gewesen, diskutierten wir noch eine Weile darüber, wie wir es diesem üblen Milo Pressman gezeigt hatten, aber es klang unecht. Ich erzählte, wie der Kerl im Florida Market versucht hatte, uns übers

Ohr zu hauen, und dann entstand bedrücktes Schweigen. Ich fragte mich, ob nicht vielleicht doch etwas daran sei, daß viermal die Zahl Unglück bringt. Viel schlimmer hätte es gar nicht kommen können – es wäre vielleicht sogar besser, gleich ganz wegzulaufen, um meinen Eltern den Kummer zu ersparen, einen Sohn auf dem Friedhof von Castle Rock und den anderen in der Erziehungsanstalt von South Windham zu wissen. Ich zweifelte keinen Augenblick daran, daß Milo sofort die Polizei rufen würde, wenn es in seinen dikken Schädel einsickerte, daß ich tatsächlich unbefugt in die Deponie eingedrungen war. Wahrscheinlich gab ihm das sogar das Recht, seinen Hund auf mich zu hetzen. Und wenn Chopper auch nicht der Höllenhund war, als den man ihn hingestellt hatte, so hätte er mir doch bestimmt ein Stück aus dem Hosenboden gerissen, wenn ich das Rennen zum Zaun nicht gewonnen hätte. Das alles warf einen dunklen Schatten über den Tag. Und noch ein anderer finsterer Gedanke fuhr mir durch den Kopf – daß es sich schließlich nicht um einen Scherz handelte und daß wir unser Pech wahrscheinlich verdient hatten. Vielleicht war es sogar eine Warnung Gottes, unser Vorhaben aufzugeben. Was für ein Gedanke, uns die Leiche eines Jungen anzusehen, den ein Güterzug zermalmt hatte!

Aber wir gingen weiter. Keiner von uns wollte zurück.

Wir hatten fast die Brücke erreicht, auf der die Gleise über den Fluß führten, als Teddy in Tränen ausbrach. Als ob eine innere Flut die sorgsam errichteten seelischen Deiche fortgewaschen hätte – so plötzlich und heftig geschah es. Er krümmte sich vor Schluchzen, als hätten ihn Schläge getroffen. Dann stürzte er zu Boden, und mit den Händen fuhr er an die verstümmelten Fleischklumpen, die von seinen Ohren übriggeblieben waren. Er wollte gar nicht aufhören zu weinen.

Wir wußten nicht, was wir tun sollten. Er weinte nicht, wie man weint, wenn man von einem Ball getroffen wird oder mit dem Fahrrad stürzt, und weil er sich nicht verletzt hatte, war sein Weinen um so erschreckender. Wir traten ein Stück zurück und beobachteten ihn mit den Händen in den Taschen.

»He, Mann…« sagte Vern mit dünner Stimme, und Chris und ich sahen ihn erwartungsvoll an. »He, Mann…« ist immer ein guter Anfang, aber Vern fiel nichts weiter ein.

Teddy lehnte sich über die Schwellen und hielt sich eine Hand vor die Augen. Jetzt sah er aus wie ein betender Mohammedaner – »Salami, Salami, Salami« wie Popeye sagt. Nur, daß es nicht komisch war.

Endlich, als er sich ein wenig beruhigt hatte, ging Chris zu ihm. Chris war von uns allen der robusteste (nach meiner Meinung war er vielleicht sogar stärker als Jamie Gallant). Aber er konnte auch am besten Leute trösten. Er hatte da eine ganz besondere Art. Ich hatte mal gesehen, wie er sich auf den Kantstein neben ein kleines Kind setzte, das sich die Knie aufgeschlagen hatte, ein Kind, das er nicht einmal *kannte.* Und er sprach mit dem Kind – über den Zirkus Shrine, der in die Stadt kommen sollte, oder über Huckleberry Hound im Fernsehen – bis der kleine Junge ganz vergessen hatte, daß er sich verletzt hatte. Das konnte Chris wirklich gut. Er war dafür stark genug.

»Hör zu, Teddy, kann es dir nicht ganz egal sein, was dieser fette alte Scheißhaufen über deinen Vater sagt? Das meine ich ernst. Das ändert doch sowieso nichts. Was dieser alte Scheißhaufen sagt? Überleg doch mal.«

Teddy schüttelte heftig den Kopf. Es änderte nichts. Aber hier war bei Tageslicht etwas ausgesprochen worden, womit er sich nächtelang beschäftigt haben mußte, wenn er wach im Bett lag und durch die Scheiben den Mond sah. Auf seine langsame und gebrochene Art mußte er darüber nachgedacht haben, bis es ihm fast heilig schien. Er mußte versucht haben, einen Sinn darin zu erkennen, um dann festzustellen, daß alle andern seinen Vater ganz einfach als einen Verrückten abtaten… das mußte ihn erschüttert haben. Aber es änderte nichts. Nichts.

»Und doch hat er den Strand der Normandie erstürmt, stimmt's?« sagte Chris. Er schlug Teddy freundschaftlich auf eine seiner verschwitzten, dreckigen Hände.

Teddy nickte energisch und fing wieder an zu weinen. Rotz lief ihm aus der Nase.

»Glaubst du, daß dieser Scheißhaufen in der Normandie war?«

Teddy schüttelte wütend den Kopf. »N-n-nein!«

»Glaubst du, der Kerl kennt dich?«

»N-nein! Nein, aber...«

»Oder deinen Vater? Ist er einer von seinen Freunden?«

»*NEIN!*« Entsetzt und wütend. Allein der Gedanke! Teddys Brust hob und senkte sich, und wieder schluchzte er. Er strich sich das Haar von den Ohren, und im rechten sah ich den braunen Knopf seines Hörgeräts. Die Form dieses Hörgeräts erschien sinnvoller als die Form seiner Ohren, wenn Sie verstehen was ich meine.

»Reden kann jeder«, sagte Chris ruhig.

Teddy nickte und schaute immer noch zu Boden.

»Und was zwischen dir und deinem Alten ist, ändert sich dadurch nicht.«

Teddy schüttelte unsicher den Kopf. Er wußte nicht genau, ob das stimmte. Jemand hatte seinen Schmerz neu definiert, ihn mit schockierend einfachen Worten neu definiert. Das mußte man

(ein Verrückter)

später

(nicht alle Tassen im Schrank)

prüfen. Gründlich. In langen schlaflosen Nächten.

Chris schüttelte ihn. »Er hat dich beleidigt, Mann«, sagte er so tröstend, daß es sich fast wie ein Nachtgebet anhörte.

»Er stand hinter dem Zaun, als er versuchte, dich zu beleidigen. Das ist verdammt keine Kunst, Mann. Er weiß nichts über deinen Alten. Er weiß nur, was er unten im Sanften Tiger von den alten Saufbrüdern gehört hat. Er ist nur ein Haufen Hundescheiße, Mann. Stimmt's, Teddy? Habe ich recht?«

Teddys Weinen hatte sich auf ein Schniefen reduziert. Er wischte sich die Augen, wobei er schwarze Ringe hinterließ, und stand auf.

»Mir fehlt nichts«, sagte er, und der Klang seiner Stimme schien ihn vollends zu überzeugen. »Nein, mir fehlt nichts.« Er setzte sich die Brille wieder auf – für mich wirkte es so, als bekleide er sein nacktes Gesicht. Er lachte dünn und wischte sich mit dem nackten Arm den Rotz von der Oberlippe. »Verdammte Heulsuse, was?«

»Nein, Mann«, sagte Vern ein wenig unsicher. »Wenn jemand meinen Dad beleidigen würde —«

»Dann mußt du ihn umbringen!« sagte Teddy rasch und fast arrogant. »Totschlagen. Hab' ich recht, Chris?«

»Ja«, sagte Chris freundlich und schlug Teddy auf die Schulter.

»Habe ich recht, Gordie?«

»Absolut«, sagte ich und fragte mich, wieso Teddy so an seinem Vater hing, der ihn doch fast umgebracht hatte, während mein eigener Vater mich einen Scheißdreck interessierte, obwohl er mich zuletzt geschlagen hatte, als ich drei war und unter der Spüle ein Bleichmittel fand und es essen wollte.

Wir waren ein paar hundert Meter die Gleise entlanggelaufen, als Teddy ganz ruhig sagte: »Es tut mir leid, wenn ich euch die Stimmung versaut hab'. Ich glaube, das am Zaun war eine ziemlich blöde Scheiße.«

»Ich weiß nicht, ob die Stimmung nicht vorher schon versaut war«, sagte Vern plötzlich.

Chris sah ihn an. »Willst du etwa wieder nach Hause, Mann?«

»Das nicht«, sagte Vern und machte ein sehr nachdenkliches Gesicht. »Aber sich einen toten Jungen anzusehen – ist vielleicht nicht gerade ein Spaß, wenn ihr wißt, was ich meine. Wißt ihr...« er sah uns ziemlich wild an. »Ich könnte Angst bekommen, versteht ihr?«

Niemand sagte etwas, und Vern sprach weiter.

»Manchmal habe ich Alpträume. Wie... ach, ihr wißt doch noch, wie Danny Naughton damals diese alten Comics mitbrachte, diese mit den Vampiren und den Leuten, die in Stücke geschnitten wurden und diese ganze Scheiße. Mein Gott! Ich wachte nachts auf, weil ich von einem Mann geträumt hatte, der in einem Haus hing und ganz grün im Gesicht war, und so was Ähnliches. Und ich hatte Angst, es könnte etwas unter dem Bett sein, und wenn ich die Hand über die Kante hängen ließ, würde es mich packen, wißt ihr...«

Wir andern nickten. Wir alle kannten solche Träume. Ich hätte damals allerdings gelacht, wenn man mir gesagt hätte, daß ich mir mit diesen Kindheitsängsten und Alpträumen in gar nicht allzu langer Zeit ungefähr eine Million Dollar zusammenschreiben würde.

»Und ich wagte nicht einmal etwas zu sagen, denn mein verdammter Bruder... ihr kennt Billy ja... er hätte es überall herumerzählt...« Er zuckte die Achseln und sah ganz elend aus. »Und deshalb habe ich Angst davor, mir den toten Jungen anzusehen, wenn er wirklich so schlimm aussieht...«

Ich mußte schlucken und schaute zu Chris hinüber, der mit ernstem Gesicht Vern ansah und ihm zunickte, damit er weitersprach. »Wenn er wirklich so schlimm aussieht«, fuhr Vern fort, »werde ich *ihn* im Traum sehen und aufwachen und glauben, daß *er* unter meinem Bett ist, zerhackt und in einer Blutlache, als käme er gerade aus dem Fleischwolf, nur Augen und Haare, aber trotzdem *bewegt* er sich, versteht ihr, er *bewegt* sich irgendwie und will mich *packen*...«

»Mein Gott«, sagte Teddy mit belegter Stimme. »Was für eine gottverdammte Gutenachtgeschichte.«

»Ich kann doch nichts dafür«, sagte Vern trotzig. »Aber ich habe das Gefühl, daß wir ihn uns ansehen *müssen*, auch wenn wir schlechte Träume haben. Daß wir es *müssen*, versteht ihr? Aber... aber freuen sollen wir uns vielleicht nicht darauf.«

»Nein«, sagte Chris leise. »Das sollten wir vielleicht nicht.«

»Sagt es aber nicht den andern«, bat Vern. »Ich meine nicht das mit den Alpträumen, denn die hat jeder – ich meine, daß ich aufgewacht bin und gedacht habe, daß etwas unter dem Bett ist. Ich bin nämlich verdammt zu alt für den schwarzen Mann.«

Wir versprachen ihm, nicht darüber zu reden. Wir gingen schweigend weiter. Es war erst Viertel vor drei, aber es kam uns viel später vor. Es war zu heiß, und es war schon zu viel passiert. Wir hatten noch nicht einmal Harlow erreicht. Wir würden uns ganz schön beeilen müssen, wenn wir vor dem Dunkelwerden noch einige Meilen schaffen wollten.

Wir erreichten den Gleisanschluß und ein Signal an einer verrosteten Stange, und wir blieben stehen und warfen mit Schlackebrocken nach dem oben angebrachten Blechschild, aber keiner traf es. Ungefähr um halb vier erreichten wir den Castle River und die Brücke der GS & WM, die über den Fluß hinwegführte.

14

1960 war der Fluß an dieser Stelle gut hundert Meter breit; ich bin seitdem einige Male dort gewesen und habe festgestellt, daß er im Laufe der Jahre sehr viel schmaler geworden ist. Ständig experimentiert man herum, damit die Strömung für die Mühlen günstiger ist, und man hat so viele Dämme gebaut, daß der Fluß jetzt ziemlich gezähmt ist. Aber damals hatte er auf seinem Weg durch ganz New Hampshire und halb Maine insgesamt nur drei Dämme, und in jedem dritten Frühling trat er über die Ufer und überflutete die Route 136 bei Harlow oder bei Danvers Junction, manchmal auch an beiden Stellen.

Jetzt, gegen Ende des trockensten Sommers, den Maine seit der Weltwirtschaftskrise erlebt hatte, war er noch immer breit. Von der Castle-Rock-Seite aus, wo wir standen, sahen die dichten Wälder an der Harlow-Seite wie ein ganz anderes Land aus. Die Tannen und Fichten dort drüben schimmerten blau in der flimmernden Nachmittagshitze. Die Schienen führten in etwa fünfzehn Metern Höhe über den Fluß und wurden von geteerten Holzpfählen mit Querverstrebungen getragen. Das Wasser war so flach, daß man die zehn Meter tief im Flußbett versenkten Betonsockel erkennen konnte, in denen die Pfähle verankert waren.

Die Brücke selbst war ziemlich schmal – die Schienen verliefen über paarweise angeordnete dicken Bohlen, und durch die Zwischenräume konnte man direkt ins Wasser sehen. Der Abstand zwischen den Schienen und der Kante der Brücke betrug an jeder Seite nur etwa vierzig Zentimeter. Wenn der Zug kam, reichte das vielleicht aus, nicht zer-

malmt zu werden... aber die Luftströmung, die ein vorbei-
rasender Güterzug erzeugte, würde einen bestimmt von der
Brücke fegen, und auf die Felsen unter der Oberfläche des
seichten Wassers zu stürzen, würde den sicheren Tod bedeuten.

Als wir die Brücke betraten, kroch Angst in uns hoch...
und in diese Angst mischte sich das erregende Gefühl, daß
dies eine wirkliche Heldentat war, etwas mit dem wir zu
Hause noch wochenlang angeben konnten... *wenn* wir je
wieder nach Hause kamen. Wieder trat dieser seltsame
Glanz in Teddys Augen, und ich war überzeugt, daß er die
Brücke der GS & WM überhaupt nicht sah. Er sah einen langen Sandstrand und davor tausend Landungsboote in den
schäumenden Wellen. Er sah zehntausend GIs in ihren
Kampfanzügen den Strand hinaufstürmen und mit den Stiefeln den Sand aufwühlen. Sie sprangen über Stacheldraht
hinweg! Sie warfen Handgranaten in die Schießscharten der
Bunker! Überrannten Maschinengewehrnester!

Wir standen neben den Schienen, wo die Schlackenbö-
schung zum Fluß hin abfiel – es war die Stelle, wo die Böschung aufhörte und die Brücke anfing. Ich sah, daß die Böschung unten immer steiler wurde. Statt der Schlacke lagen
dort unten graue Felsbrocken, zwischen denen dürres Gestrüpp wuchs. Noch weiter unten standen verkrüppelte
Fichten, deren Wurzeln zwischen den Felsspalten zu sehen
waren. Sie schienen ihr eigenes trauriges Spiegelbild im
Wasser zu betrachten.

An dieser Stelle sah das Wasser des Castle River noch einigermaßen sauber aus. Bei Castle Rock erreichte der Fluß
den Teil Maines, der die meisten Textilfabriken aufzuweisen
hatte. Aber man sah keine Fische, obwohl das Wasser so
klar war, daß man bis auf den Grund sehen konnte – wenn
man im Castle Fische sehen wollte, mußte man zehn Meilen
stromaufwärts in Richtung New Hampshire gehen. Hier
gab es keine Fische. An beiden Ufern sah man den dreckigen Schaum, der sich an einigen Felsen gesammelt hatte. Er
hatte die Farbe von altem Elfenbein. Der Fluß roch nicht besonders gut. Er roch wie ein Wäschekorb voll muffiger Wä-
sche. Libellen schwirrten über das Wasser und konnten un-

gefährdet ihre Eier ablegen. Es gab keine Forellen, von denen sie gefressen werden konnten. Es gab noch nicht einmal Glanzfische.

»Mann«, sagte Chris leise.

»Kommt«, sagte Teddy auf seine knappe arrogante Art. »Gehen wir.« Er trat schon über die dicken Bohlen zwischen den glänzenden Schienen auf die Brücke hinaus.

»Sagt mal«, sagte Vern beklommen, »weiß einer von euch, wann er nächste Zug kommt?«

Wir zuckten die Achseln.

Ich sagte: »Es gibt ja auch noch die Brücke der Route 136.«

»Nun hör aber auf!« schrie Teddy. »Dann müßten wir fünf Meilen den Fluß runterlaufen und auf der anderen Seite fünf Meilen wieder rauf... bis dahin ist es dunkel! Wenn wir über diese Brücke gehen, sind wir in *zehn Minuten* drüben!«

»Aber wohin, wenn ein Zug kommt?« sagte Vern. Er sah Teddy nicht an, sondern schaute zum Wasser hinunter.

»Ich zeig's dir!« rief Teddy, schwang sich über die Kante und hielt sich an einer der Holzbohlen fest. Er hatte sich nicht sehr weit hinausgewagt – seine Turnschuhe berührten fast den Boden – aber der Gedanke, mitten auf der Brücke das gleiche zu tun, wenn es unter mir fünfzehn Meter tief abfällt und eben über meinem Kopf ein Zug vorbeidonnert und mir heiße Funken ins Haar und über den Rücken sprüht... nein dabei fühlte ich mich wirklich nicht gerade als Held des Tages.

»Seht ihr, wie leicht das ist?« sagte Teddy. Er ließ sich auf die Böschung fallen, wischte sich die Hände ab und stieg wieder zu uns nach oben.

»Du willst mir doch nicht erzählen, daß du so da hängen willst, wenn ein Zug mit zweihundert Waggons vorbeikommt!« sagte Chris. »Fünf oder zehn Minuten lang?«

»Du Schlappschwanz«, schrie Teddy.

»Ich will nur wissen, wie du das machen willst«, sagte Chris grinsend. »Du kannst dich wieder beruhigen.«

»Macht ihr den Umweg, wenn ihr wollt«, tönte Teddy. »Das ist mir scheißegal! Ich warte auf euch! Ich werde so lange *schlafen*!«

»Ein Zug ist schon vorbei«, sagte ich zögernd. »Und wahrscheinlich fahren nur ein oder zwei Züge am Tag durch Harlow.« Mit den Turnschuhen fuhr ich durch das Gras, das zwischen den Schienen wuchs. Auf der Strecke zwischen Castle Rock und Lewiston wuchs kein Gras.

»Seht ihr?« sagte Teddy triumphierend.

»Aber es könnte doch *sein*«, fügte ich hinzu.

»Ja«, sagte Chris. Er sah nur mich an. »Wetten, daß du Angst hast, Lachance?«

»Wer das sagt, geht zuerst.«

»Okay«, sagte Chris. Jetzt sah er auch Teddy und Vern an. »Gibt es hier Feiglinge?«

»*NEIN!*« schrie Teddy.

Vern räusperte sich, krächzte, räusperte sich noch mal und sagte »nein«. Aber er sagte es sehr leise. Er lächelte ein wenig, aber das Lächeln war alles andere als fröhlich.

»Okay«, sagte Chris... aber er zögerte einen Augenblick. Selbst Teddy schaute vorsichtig nach beiden Seiten der Gleise entlang. Ich kniete mich hin und griff mit der Hand fest an eine der Schienen. Die Schiene war stumm.

»Okay«, sagte ich, aber ich hatte ein Gefühl, als schlüge mir jemand mit voller Wucht in den Magen. Ich merkte es bis in die Eier und bis in den Brustkorb.

Wir gingen einzeln auf die Brücke hinaus: zuerst Chris, dann Teddy, dann Vern. Ich ging als letzter. Wir gingen über die Bohlen zwischen den Schienen, und man mußte dauernd auf seine Füße sehen, ob einem von der Höhe nun schwindlig wurde oder nicht. Ein Fehltritt, und man würde bis an den Sack zwischen die Bohlen rutschen, und wahrscheinlich auch noch mit einem gebrochenen Knöchel dasitzen.

Die Böschung fiel unter mir steil ab, und mit jedem Schritt wurde unser Entschluß, über die Brücke zu gehen, besiegelt. Und mit jedem Schritt erschien unser Vorhaben lebensgefährlicher und dümmer. Ich blieb stehen, um den Kopf heben zu können, und sah, daß unter mir jetzt Wasser lag. Chris und Teddy waren weit voraus, fast schon mitten über dem Fluß, und Vern folgte ihnen etwas langsamer, wobei er sorgfältig auf seine Füße achtete. Wie er da so mit gesenktem Kopf und hochgezogenen Schultern vor mir ging, die Arme ausgestreckt, um die Balance zu halten, sah er aus wie eine alte Dame, die versucht, auf Stelzen zu laufen. Ich schaute über die Schulter zurück. Zu weit, Mann. Ich mußte weitergehen, und nicht nur, weil ein Zug kommen könnte. Wenn ich umkehrte, wäre ich ein Leben lang ein Feigling gewesen.

Ich ging also weiter. Als ich eine Weile die endlose Reihe von Bohlen unter meinen Füßen und zwischen jedem Paar das Wasser tief unten gesehen hatte, fühlte ich mich schwindlig und desorientiert. Jedesmal wenn ich den Fuß aufsetzte, versicherte mir ein Teil meines Gehirns, daß ich hindurchfallen würde, obwohl ich doch sehen konnte, daß ich den Fuß immer auf die Bohle setzte.

Überdeutlich registrierte ich die Außengeräusche und auch die in mir selbst. Es war, als stimmte ein verrücktes Orchester seine Instrumente. Mein gleichmäßiger Herzschlag, das Pulsieren des Blutes in meinen Schläfen wie eine mit einer Bürste geschlagene Trommel, das Schwingen meiner Sehnen wie die Saiten einer zu hoch gestimmten Violine, das stete Rauschen des Flusses, das heiße Summen einer Wanderheuschrecke, die sich in dichte Rinde wühlte, der monotone Ruf einer Meise, und irgendwo, weit weg, Hundegebell. Vielleicht Chopper. Der muffige Geruch des Castle River stieg mir in die Nase. Meine Oberschenkelmuskeln zitterten. Immer wieder überlegte ich, ob es nicht sicherer sei (wahrscheinlich auch schneller), wenn ich mich fallen ließ und auf Händen und Knien weiterkroch. Aber das würde ich nie tun – das würde keiner von uns tun. Wenn wir aus den Filmen, die wir sonnabends in den Matineevorstellungen im Gem gesehen hatten, überhaupt etwas gelernt hatten, dann dies: Nur Verlierer kriechen. Das war eine der zentralen Lehren des Hollywood-Evangeliums. Ein starker Kerl geht immer aufrecht, und wenn seine Sehnen vibrieren wie die Saiten einer zu hoch gestimmten Violine und seine Schenkelmuskeln zittern, dann läßt sich das eben nicht ändern.

Mitten auf der Brücke mußte ich einen Augenblick stehenbleiben. Ich schaute zum Himmel. Das Schwindelgefühl war schlimmer geworden. Ich sah schon Phantombohlen direkt vor meiner Nase schweben. Dann verschwanden sie, und ich fühlte mich wieder besser. Ich schaute nach vorn und sah, daß ich Vern schon fast eingeholt hatte, der sich langsamer denn je voranquälte. Chris und Teddy waren schon fast drüben.

Und obwohl ich seitdem sieben Bücher über Leute geschrieben habe, die so exotische Dinge tun können wie Gedanken lesen und die Zukunft voraussagen, hatte ich in diesem Augenblick meine erste und letzte psychische Erleuchtung. Was sonst kann es gewesen sein? Wie sonst ließe es sich erklären? Ich hockte mich hin und griff mit der Hand an die linke Schiene. Sie summte in meiner Hand. Sie summte so heftig, als hielte ich ein Bündel tödlicher Metallschlangen in der Faust.

Sie haben doch gewiß schon den Spruch gehört: ›Seine Eingeweide wurden zu Wasser.‹ Ich weiß, was dieser Satz bedeutet – ich weiß es *genau*. Ein zutreffenderes Klischee wurde wahrscheinlich nie erfunden. Ich habe seitdem oft Angst gehabt, große Angst. Aber nie im Leben hatte ich eine so entsetzliche Angst wie damals, als ich die heiße, lebendige Schiene anfaßte. Einen Augenblick schien es, als sei alles an meinem Körper, was unterhalb der Kehle lag, völlig erschlafft. Ein dünner Strahl Urin floß mir den Schenkel hinunter. Mein Mund öffnete sich ohne mein Zutun. Der Unterkiefer fiel einfach herab wie eine Falltür, bei der man den Bolzen herausgezogen hat. Die Zunge klebte mir am Gaumen, daß ich meinte, ersticken zu müssen. Sämtliche Muskeln hatten sich verkrampft. Das war das Schlimmste. Meine Eingeweide waren erschlafft, aber meine Muskeln hatten sich in einem furchtbaren Krampf zusammengezogen, und ich konnte mich überhaupt nicht mehr bewegen. Es dauerte nur einen Augenblick, aber mir kam es wie eine Ewigkeit vor.

Jede sinnliche Wahrnehmung steigerte sich, als hätten sich meine Gehirnströme um ein Vielfaches verstärkt, als sei die Spannung plötzlich von hundertzehn Volt auf zweihundertzwanzig gesprungen. Irgendwo in der Nähe flog ein Flugzeug vorbei, und ich hatte noch Zeit, mir zu wünschen, ich säße dort oben mit einer Cola in der Hand auf einem Fensterplatz und schaute auf einen glitzernden Fluß hinab, dessen Namen ich nicht kannte. Ich sah jeden Splitter und jede Vertiefung in der Bohle, auf der ich hockte. Und aus dem Augenwinkel sah ich die Schiene, die ich immer noch mit der Hand umklammerte, und die unheimlich glänzte. Die Schwingungen fuhren mir so in die Hand, daß meine Hand noch vibrierte, als ich sie schon von der Schiene gelöst hatte. Die Nervenenden in meinen Fingern juckten, wie eine Hand oder ein Fuß, wenn sie eingeschlafen sind und das Blut wieder anfängt zu zirkulieren. Ich schmeckte meinen Speichel, er schmeckte elektrisch und sauer und wie geronnen. Und das Entsetzlichste war, daß ich den Zug noch nicht *hören* konnte und nicht wußte, ob er von hinten oder von vorn auf mich zuraste und wie weit entfernt er noch war. Er war unsichtbar. Nur die Schwingungen in den Schienen kündigten ihn an. Nur das verriet mir, daß sein Erscheinen unmittelbar bevorstand. Vor meinen Augen erschien schwankend ein Bild von Ray Browers, entsetzlich verstümmelt und irgendwo in den Graben geschleudert wie ein aufgerissener Wäschesack. Uns würde das gleiche passieren, oder wenigstens Vern und mir, oder nur mir. Wir hatten uns zu unserer eigenen Beerdigung eingeladen.

Dieser letzte Gedanke löste die Lähmung, und ich sprang auf. Ein Zuschauer hätte gesagt, ich sei hochgeschnellt wie ein Kastenteufel, aber mir selbst kam es vor, als bewegte ich mich in Zeitlupe wie ein Unterwasserschwimmer. Als sei ich nicht einen Meter fünfzig in die Luft gesprungen sondern durch hundertfünfzig Meter Wasser quälend langsam nach oben geschwommen, wobei sich das Wasser nur widerwillig teilte.

Aber endlich erreichte ich die Oberfläche.

»*EIN ZUG!*« schrie ich.

Die letzte Starre fiel von mir ab, und ich fing an zu laufen.

Vern wandte ruckartig den Kopf. Sein vor Überraschung verzerrtes Gesicht wirkte fast komisch. Er sah, daß ich zu meinem unbeholfenen Sprint ansetzte und von einer dieser entsetzlichen Bohlen zur nächsten sprang, und er wußte, daß es kein Scherz war. Er begann selbst zu laufen.

Weit vor uns sah ich Chris von den Bohlen steigen und auf die sichere Böschung treten, und ich haßte ihn plötzlich mit einem hellen, frischen Haß, so feucht und bitter wie der Saft im grünen Laub des April. Er war in Sicherheit. *Dieses* Arschloch war *in Sicherheit*. Ich sah, wie er niederkniete und eine Schiene anfaßte.

Mein linker Fuß glitt fast zwischen zwei Bohlen. Ich ließ die Arme wirbeln, und meine Augen waren so heiß wie Kugellager in einer wildgewordenen Maschine. Ich gewann wieder die Balance und rannte weiter. Jetzt war ich direkt hinter Vern. Wir hatten schon mehr als die halbe Strecke zurückgelegt, und jetzt hörte ich den Zug. Er kam von hinten aus Richtung Castle Rock. Es war ein dumpfes, dröhnendes Geräusch, das langsam anstieg, und bald war das Brüllen des Dieselmotors von dem helleren, aber bedrohlicheren Geräusch der schweren Räder auf den Schienen zu unterscheiden.

»*Aaaaaaah, Scheiße!*« schrie Vern.

»Lauf, du Waschweib!« brüllte ich und schlug ihm auf den Rücken.

»Ich kann nicht! Ich falle!«

Aber er rannte jetzt schneller, wie eine mit den Armen schlenkernde Vogelscheuche, mit nacktem sonnenverbranntem Rücken, und der Kragen seines Hemdes flappte um seinen Hintern. Von der abpellenden Haut an seinen Schultern floß der Schweiß. Ich sah, wie seine Muskeln sich spannten und lockerten, spannten und lockerten. Jeder einzelne Rückenwirbel warf einen kleinen halbmondförmigen Schatten – ich sah, daß die Wirbel zum Nacken hin näher zusammenstanden. Er hatte immer noch seine Wolldecken umhängen, und auch ich hatte meine noch. Verns Füße klatschten auf die Bohlen. Fast hätte er eine verfehlt und schoß mit ausgestreckten Armen vorwärts, und ich schlug ihm wieder in den Rücken, damit er schneller lief.

»*Gordiiii, ich kann nicht mehr! AAAAAAAAHH-SCHEISSE–*«

»*Lauf schneller, du Quatschkopf!*« bellte ich, und es machte mir sogar *Spaß*.

Ja, auf eine seltsame, selbstzerstörerische Weise – ähnliches habe ich seitdem nur erlebt, wenn ich total besoffen war – machte er mir *tatsächlich* Spaß. Ich trieb Vern Tession an, als triebe ich eine besonders schöne Kuh zum Markt. Und vielleicht freute er sich an seiner eigenen Angst auf ähnliche Weise. Und er brüllte genauso wie diese Kuh. Er brüllte und schwitzte, und sein Brustkorb hob und senkte sich wie ein Blasebalg in einer Schmiede. Unbeholfen hielt er sich auf den Füßen und warf sich dabei immer wieder nach vorn.

Das Geräusch des Zuges war schon sehr laut. Der Dieselmotor donnerte tief und regelmäßig. Der Klang des Signalhorns durchschnitt die Luft, als der Zug den Gleisanschluß erreichte, wo wir mit Schlacke nach dem Schild geworfen hatten. Jetzt hatten wir endlich den Höllenhund, der uns verfolgte, ob es uns paßte oder nicht. Ich wartete darauf, daß die Brücke unter uns erzitterte. Wenn das geschah, mußte er direkt hinter uns sein.

»SCHNELLER, VERN, SCHNELLER!«

»O Gott, Gordie, o Gott, Gordie, o Gott AAAAAAAAAAAHH-SCHEISSE!«

Das elektrische Signalhorn des Güterzuges heulte gellend auf und ließ alles verblassen, was wir je im Kino gesehen oder in unseren Alpträumen erlebt hatten. Jetzt wußten wir, daß Helden und Feiglinge den Tod *hören*, wenn er sie anspringt.

WHHHHHHHHHONNNNNNK!
WHHHHHHHHHONNNNNNNNK!

Und dann war Chris rechts unter uns und Teddy hinter ihm, und in seinen Brillengläsern spiegelte sich die Sonne, und sie schrien ein einziges Wort und dieses Wort hieß *springt!* Aber der Zug riß ihnen das Wort weg, und man erkannte es nur noch an ihren Mündern. Die Brücke erzitterte, als der Zug über sie hinwegraste. Wir sprangen.

Vern landete der Länge nach in Staub und Schlacken, und ich landete direkt neben ihm. Fast wäre ich auf ihn gefallen. Ich sah den Zug nicht, und ich weiß auch nicht, ob der Ingenieur uns gesehen hat – als ich Jahre später Chris gegenüber die Möglichkeit erwähnte, daß er uns vielleicht nicht gesehen hat, sagte er: »Wie der gehupt hat, Gordie, hupt man nicht zum Spaß.« Aber es *könnte* so gewesen sein. Er könnte ganz einfach nur so gehupt haben. Aber damals spielten solche feinen Unterschiede keine Rolle. Ich hielt mir die Ohren zu und duckte mich mit dem Gesicht in den heißen Dreck, als die Waggons vorbeidonnerten, als Metall auf Metall hämmerte und der Luftstrom uns schüttelte. Ich hatte nicht das Bedürfnis, hinzuschauen. Es war ein sehr langer Güterzug, aber ich sah ihn nicht. Ich fühlte eine warme Hand im Genick und wußte, daß es Chris war.

Als der Zug verschwunden war – erst als ich ganz sicher war –, hob ich den Kopf wie ein Soldat, der nach langem Trommelfeuer aus seinem Erdloch kriecht. Vern lag immer noch auf dem Boden und zitterte. Chris saß zwischen uns und hatte eine Hand auf Verns verschwitzten Nacken gelegt. Die andere lag noch auf meinem.

Als Vern sich endlich aufrichtete, zitterte er immer noch und leckte sich wie unter einem Zwang die Lippen. »Was haltet ihr davon, wenn wir jetzt die Cola trinken?« fragte Chris. »Möchte jemand außer mir eine?«

Wir mochte alle.

15

Ein paar hundert Meter landeinwärts auf der Harlow-Seite führten die Gleise der GS & WM direkt in den Wald hinein. Das stark bewaldete Gebiet fiel ab und endete in sumpfigem Gelände. Es wimmelte von Moskitos. Sie waren fast so groß wie Jagdflugzeuge. Aber hier war es kühl... herrlich kühl.

Wir setzten uns in den Schatten, um unsere Cola zu trinken. Vern und ich legten uns die Hemden über die Schultern, um das Ungeziefer fernzuhalten, aber Chris und Teddy saßen mit nacktem Oberkörper da und wirkten so kühl und gelassen wie Eskimos in ihrem Iglu. Wir hatten noch keine fünf Minuten gesessen, als Vern sich in die Büsche hockte, was zu allerlei dummen Witzen Anlaß gab.

»Mächtig Angst vor dem Zug gehabt, Vern?«

»Nein«, sagte Vern. »Ich mußte schon, als wir rüberliefen. Ich *mußte* ganz einfach.«

»*Verrrrrrn?*« riefen Chris und Teddy im Chor.

»Kommt schon, Jungs. Ich mußte *wirklich.* Ehrlich.«

»Dann macht es dir doch nichts aus, wenn wir mal deine Unterhosen auf Bremsspuren untersuchen?« sagte Teddy, und Vern lachte. Er hatte endlich begriffen, daß sie ihn auf den Arm nehmen wollten.

»Ihr könnt mich mal am Arsch lecken.«

Chris wandte sich an mich. »Hast du Angst vor dem Zug gehabt, Gordie?«

»Nein«, sagte ich und nahm einen Schluck Cola.

»Du Trottel hast keine Angst gehabt?« Er boxte mir in die Seite.

»Ehrlich! Ich hatte überhaupt keine Angst.«

»Was? Du hattest keine Angst?« Teddy sah mich scharf an.

»Nein. Ich war regelrecht *versteinert.*«

Das schlug alles. Selbst Vern war überrascht. Wir lachten ausdauernd. Aber dann hörten wir auf herumzualbern. Wir lehnten uns einfach zurück, tranken unsere Cola und waren ruhig. Mein Körper fühlte sich warm und ausgearbeitet an. Alles an ihm stimmte wieder, und nichts an ihm reagierte falsch. Ich lebte und war froh darüber. Es war ein kostbares Gefühl, und ich hätte mich in diesem Augenblick nicht laut darüber äußern mögen. Vielleicht wollte ich dieses Gefühl, etwas Kostbares wiedergewonnen zu haben, für mich allein auskosten.

Ich fing wohl damals schon an zu verstehen, was einen Mann zu tollkühnen Unternehmungen treibt. Vor ein paar Jahren habe ich zwanzig Dollar bezahlt, um Evel Kneivel über den Snake River Canyon springen zu sehen, und meine Frau war entsetzt. Wenn ich als Römer geboren worden wäre, so sagte sie, dann hätte ich mich ins Kolosseum gesetzt und Weintrauben gegessen und dabei zugeschaut, wie Löwen in der Arena die Christen zerfleischten. Sie hatte unrecht, obwohl es mir schwerfiel, ihr zu erklären, warum. Ich habe meine zwanzig Dollar nicht bezahlt, um den Mann in der über ganz Amerika ausgestrahlten Sendung sterben zu sehen, obwohl ich überzeugt war, daß genau das passieren würde. Ich bin hingegangen wegen der Schatten, die immer irgendwo hinter unseren Augen liegen, wegen dem, was Bruce Springsteen in einem seiner Songs ›die Dunkelheit am Rande der Stadt‹ nennt, und ich glaube, daß früher oder später jeder einmal diese Dunkelheit herausfordern will. Trotz des zerbrechlichen Körpers, in den irgendein Witzbold von Gott uns Menschen gesteckt hat. Nein... nicht *trotz* des zerbrechlichen Körpers, sondern gerade *deswegen*.

»He, erzähl uns doch mal diese Geschichte«, sagte Chris plötzlich und richtete sich auf.

»Welche Geschichte?« fragte ich, obwohl ich ziemlich genau wußte, welche er meinte.

Ich fühlte mich nie recht wohl, wenn die Jungs auf meine Geschichten zu sprechen kamen, obwohl sie ihnen allen offenbar gefielen – Geschichten erzählen zu wollen, sie sogar aufschreiben zu wollen... das war doch etwas. Das war, als wollte man Inspektor der Kläranlagen werden oder Mechaniker beim Grand Prix. Richie Jenner, ein Junge, der sich mit uns herumtrieb, bis seine Familie 1959 nach Nebraska zog, war der erste, der erfuhr, daß ich Schriftsteller werden und das zu meinem Hauptberuf machen wollte. Wir waren oben in meinem Zimmer und alberten herum. Dabei fand er unter einem Stapel Comics in meinem Schrank ein paar handgeschriebene Seiten. Was ist *das* denn, fragt Richie. Nichts, sage ich und will sie ihm aus der Hand reißen. Richie zog sie weg... und ich muß zugeben, daß ich mich nicht sehr anstrengte. Ich wollte, daß er sie las, und ich wollte es auch wieder nicht – eine eigenartige Mischung von Stolz und Schüchternheit, die sich bei mir seitdem nicht sehr verändert hat, wenn jemand sehen will, was ich geschrieben habe. Das Schreiben selbst geschieht heimlich, wie Onanieren – oh, ich habe einen Freund, der sogar schon in Schaufenstern von Buchläden und Kaufhäusern Geschichten geschrieben hat, aber dieser Mann hat einen unverschämten Mut, er ist der Typ, den man gern bei sich hätte, wenn man in einer fremden Stadt mit einem Herzinfarkt zusammenbricht. Aber für mich ist es alles irgendwie wie Sex, der nie so ganz gelingt – es ist immer dieses pubertäre Gewichse im Badezimmer bei verschlossener Tür.

Richie saß den halben Nachmittag auf meinem Bett und las das Zeug, das ich geschrieben hatte. Das meiste davon war von den gleichen Comics beeinflußt, die Vern Alpträume bereitet hatten. Und als Richie fertig war, sah er mich ganz sonderbar an, fast, als sei er gezwungen, meine ganze Persönlichkeit neu einzuschätzen. Er sagte, das kannst du gut. Warum zeigst du es nicht Chris? Ich sagte, nein, es soll geheim bleiben, und Richie sagte: Warum? Es ist doch kein Weiberkram. Du bist doch nicht schwul. Ich meine, es sind doch keine *Gedichte*.

Dennoch ließ ich mir von ihm versprechen, mit niemandem darüber zu reden, aber natürlich redete er über meine Geschichten, und es stellte sich heraus, daß die meisten gern lasen, was ich geschrieben hatte. Meistens handelte es sich um jemanden, der lebendig begraben wurde, oder um einen, der von den Toten aufersteht und die Jury, die ihn verurteilt hat, auf interessante Weise abschlachtet –, einen nach dem anderen. Oder um einen Verrückten, der plötzlich durchdreht und eine Menge Leute zu Lammkoteletts zerhackt, bevor der Held, Curt Cannon, ihn mit einem Schuß nach dem anderen aus seiner Fünfundvierziger Automatic erledigt.

In meinen Geschichten gab es immer Schüsse. *Niemals* Kugeln. Als Abwechslung gab es die Geschichten über Le Dio. Le Dio war eine Stadt in Frankreich, und 1942 versuchte ein Bataillon müder amerikanischer Landser, sie von den Nazis zurückzuerobern (das war zwei Jahre bevor ich herausfand, daß die Alliierten erst 1944 in Frankreich landeten). Sie versuchten immer wieder, die Stadt zu nehmen und kämpften sich von einer Straße zur nächsten vor. Es waren etwa vierzig Geschichten, die ich zwischen meinem neunten und vierzehnten Lebensjahr schrieb. Teddy war ganz verrückt nach den Le-Dio-Geschichten, und ich glaube, das letzte Dutzend habe ich nur für ihn geschrieben – zu der Zeit hatte ich von Le Dio endgültig die Nase voll. Ich hatte auch keine Lust mehr, Sachen zu schreiben wie *Mon Dieu, Chercher le Boche!* und *Fermez la porte!* In Le Dio zischten die französischen Bauern ständig den GIs zu: Fermez la porte! Aber Teddy hockte wie gebannt mit großen Augen und schweißglänzender Stirn über den Seiten, und manchmal war sein Gesicht ganz verzerrt. Ich konnte fast hören, wie in seinem Kopf luftgekühlte Brownings und pfeifende 88er abgefeuert wurden. Er verlangte ständig neue Geschichten über Le Dio, und das war mir einerseits angenehm, andererseits fand ich es erschreckend.

Heute ist Schreiben mein Beruf, und das Vergnügen daran hat sich ein wenig verringert, und immer öfter verbindet sich dieses mit Schuldgefühlen befrachtete masturbatorische Vergnügen in meinem Kopf mit dem kalten klinischen Bild einer künstlichen Befruchtung: Ich arbeite nach den in meinem Vertrag festgeschriebenen Regeln. Und obwohl niemand mich je den Thomas Wolfe meiner Generation nennen wird, habe ich doch selten das Gefühl, daß ich meine Leser betrüge: Ich gebe mir jedes gottverdammte Mal die allergrößte Mühe. Weniger zu tun, würde mir auf seltsame Weise pervers vorkommen. Was mir angst macht, ist, daß mir das Schreiben heute so oft Schmerzen bereitet. Damals war ich manchmal entsetzt darüber, daß es so viel Freude machte. Heute betrachtete ich manchmal meine Schreibmaschine und fragte mich, wann ihr wohl vernünftige Worte ausgehen. Das darf nicht geschehen, denn solange ich noch vernünftige Worte finde, kann ich gelassen bleiben, wenn Sie wissen, was ich meine.

»Was für eine Geschichte?« fragte Vern besorgt. »Doch hoffentlich keine Horrorgeschichte, Gordie? Ich mag keine Horrorgeschichten mehr hören. Dazu bin ich nicht in der Stimmung.«

»Nein, das ist kein Horror«, sagte Chris. »Die Geschichte ist wirklich komisch. Unappetitlich aber komisch. Komm, Gordie. Hau uns das Ding um die Ohren.«

»Handelt sie von Le Dio?« fragte Teddy.

»Nein, nicht von Le Dio, du Idiot«, sagte Chris und stieß ihm in die Rippen. »Es geht um einen Wettbewerb im Pastetenessen.«

»He, ich hab' sie noch nicht mal aufgeschrieben«, sagte ich.

»Erzähl sie doch trotzdem.«

»Wollt ihr sie wirklich hören?«

»Klar«, sagte Teddy. »Spitze.»

»Gut. Es geht um diese erfundene Stadt. Gretna nenne ich sie. Gretna Maine.«

»*Gretna?* fragte Vern grinsend. »Was ist denn das für ein Name? In Maine gibt es kein *Gretna*.«

»Halt's Maul, du Trottel. Er hat doch gerade gesagt, daß der Name erfunden ist, oder nicht?«

»Ja, aber *Gretna*, das hört sich ziemlich dumm an...«

»Viele *richtige* Städte hören sich dumm an«, sagte Chris. »Was ist zum Beispiel mit *Alfred*, Maine? Oder *Saco*, Maine? Oder Jerusalem's Lot? Oder Castle Rock? Die meisten Städtenamen sind albern. Wir merken es bloß nicht, weil wir daran gewöhnt sind. Stimmt's Gordie?«

»Natürlich«, sagte ich, aber insgeheim fand ich, daß Vern recht hatte – Gretna war wirklich ein saudummer Name für eine Stadt. Ein anderer war mir nur nicht eingefallen. »Aber egal, da gibt es einmal im Jahr die Pioniertage, genau wie in Castle Rock –«

»Ja, die Pioniertage, verdammt feine Sache«, sagte Vern ernsthaft. »Ich habe meine ganze Familie in diesen Käfig auf Rädern gesetzt, den sie da haben, selbst den beknackten Billy. Es war nur für eine halbe Stunde und hat mich mein ganzes Taschengeld gekostet, aber es hat sich gelohnt, nur um zu wissen, wo der verdammte Hurensohn –«

»Hältst du jetzt das Maul und läßt ihn erzählen?« poltere Teddy.

Vern zuckte zusammen. »Natürlich. Ja. Okay.«

»Los, Gordie«, sagte Chris.

»Es ist eigentlich nicht viel –«

»Wir erwarten von einem Arschloch wie dir auch nicht viel«, sagte Teddy, »aber erzähl trotzdem.«

Ich räusperte mich. »Also dann. Bei den Pioniertagen gibt es am letzten Abend drei große Wettbewerbe. Es gibt Eierlaufen für die Kleinen, Sackhüpfen für die Kinder von acht oder neun Jahren und den Wettbewerb im Pastetenessen. Und die Hauptperson der Geschichte ist Davie Hogan, ein fetter Junge, den keiner leiden kann.«

»Wie Charlie Hogans Bruder, wenn er einen hätte«, sagte Vern und bekam einen Schreck, als Chris ihn wieder boxte.

»Dieser Junge ist so alt wie wir, aber er ist fett. Er wiegt hundertvierzig Pfund und wird dauernd verprügelt und verspottet. Und statt ihn Davie zu nennen, sagen alle Jungs Schmalzarsch Hogan zu ihm, und sie ärgern ihn, wo sie nur können.«

Die anderen nickten und zeigten Mitgefühl für Schmalzarsch. Wenn allerdings ein solcher Junge in Castle Rock aufgetaucht wäre, hätten wir ihn genauso verscheißert.

»Er beschließt also, sich zu rächen, denn er hat die Schnauze voll, versteht ihr? Er macht nur beim Wettbewerb im Pastetenessen mit, aber der ist eigentlich das wichtigste Ereignis der Pioniertage, und die Leute von Gretna sind ganz wild darauf. Der Preis ist fünf Dollar –«

»Und er gewinnt das Geld und sagt den andern, sie können ihn mal am Arsch lecken«, rief Teddy begeistert.

»Nein, es kommt noch viel besser«, sagte Chris. »Halt's Maul und hör zu.«

»Schmalzarsch überlegt sich, fünf Dollar, was ist das? Wenn jemand sich in zwei Wochen überhaupt noch an etwas erinnert, dann weiß er nur, daß Hogan, dieses blöde Schwein, mehr und schneller gefressen hat als alle andern. Und dann, so sagt er sich, verscheißern ihn die andern noch mehr, nur daß sie ihn nicht mehr Schmalzarsch nennen, sondern Pastetenarsch.«

Wieder nickten alle und fanden, daß David Hogan gar nicht so dumm war. Langsam fing meine Geschichte an, mir zu gefallen.

»Aber alle erwarteten, daß er sich an dem Wettbewerb beteiligt, sogar seine Eltern. Sie haben die fünf Dollar für ihn praktisch schon ausgegeben.«

»Klar«, sagte Chris.

»Er denkt also darüber nach, und das Ganze gefällt ihm überhaupt nicht. Es ist ja überhaupt nicht seine Schuld, daß er so fett ist. Das liegt an irgendwelchen Scheißdrüsen oder so, und –«

»Meine Cousine auch!« rief Vern aufgeregt. »Ehrlich! Sie wiegt über zweihundertfünfzig Pfund! Das soll an der hyboiden Drüse liegen, oder so was. Ich versteh' nichts von ihrer hyboiden Drüse, aber mein Gott, was für ein Ballon! Ich red' keine Scheiße, sie sieht aus wie 'ne Weihnachtsgans, und einmal, da hat sie –«

»Hältst du jetzt deine gottverdammte Schnauze, Vern?« sagte Chris böse. »Das war das letzte Mal! Das schwör' ich dir!« Er hatte seine Cola ausgetrunken, und jetzt drehte er die wie ein Stundenglas geformte grüne Flasche um und schwenkte sie über Verns Kopf.

»Ist ja schon gut. Tut mir leid. Weiter, Gordie. Das ist ne gute Geschichte.«

Ich lächelte. Mich störten Verns Unterbrechungen nicht, aber das konnte ich Chris natürlich nicht sagen; er war der selbsternannte Wächter der Kunst.

»Wißt ihr, die ganze Woche vor dem Wettbewerb ließ er sich immer wieder alles durch den Kopf gehen. In der Schule kamen die Jungs zu ihm und fragten: He, Schmalzarsch, wie viele Pasteten willst du fressen? Willst du zehn fressen? Zwanzig? Verdammt, vielleicht achtzig? Und Schmalzarsch, *er* sagt, wie kann ich das wissen? Ich weiß ja noch nicht mal, welche *Sorte* Pasteten das ist. Ihr müßte wissen, daß die alle an dem Wettbewerb sehr interessiert sind, denn der Champion ist ein Erwachsener. Er heißt, eh, Bill Traynor, ja, so hieß er. Und dieser Traynor ist überhaupt nicht fett. Im Gegenteil, er sieht aus wie eine Bohnenstange. Aber Pasteten kann er fressen, das glaubst du einfach nicht, und im Vorjahr hatte er sechs Pasteten in fünf Minuten gefressen.«

»*Ganze* Pasteten?« fragte Teddy ehrfürchtig.

»Ganz richtig, und Schmalzarsch ist der Jüngste, der je an dem Wettbewerb teilgenommen hat.«

»Los, Schmalzarsch!« schrie Teddy aufgeregt. »Friß die verdammten Pasteten!«

»Erzähl ihnen, wer sonst noch mitmachte«, sagte Chris.

»Okay. Außer Schmalzarsch Hogan und Bill Traynor war da noch Calvin Spier, der fetteste Kerl in der ganzen Stadt – er hatte ein Juweliergeschäft –«

»Gretna-Juwelen«, sagte Vern und kicherte. Chris sah ihn strafend an.

»Und dann ist da noch dieser Disk-Jockey von Radio Lewiston. Er ist nicht gerade fett, eher dicklich. Und der letzte war Hubert Gretna der Dritte, der Direktor von Schmalzarsch Hogans Schule.«

»Er wollte also gegen seinen eigenen Direktor anfressen?« fragte Teddy.

Chris schlang die Arme um die Knie und schaukelte fröhlich hin und her. »Ist das nicht *großartig*? Weiter, Gordie!«

Jetzt hatte ich sie im Griff. Sie beugten sich vor. Ich hatte ein Gefühl der Überlegenheit, das mich fast besoffen machte. Ich warf die leere Colaflasche ins Gebüsch und rückte ein wenig, um bequemer zu sitzen. Ich weiß noch, daß ich wieder irgendwo im Wald die Meise hörte, diesmal weiter weg. Unaufhörlich und monoton sang sie ihr Dii-diidiii in den Himmel...

»Und dann hat er einen Einfall«, sagte ich. »Die schönste Rache, die ein Junge sich je einfallen ließ. Der große Tag kommt – das Ende der Pioniertage. Der Wettbewerb im Pastetenessen findet kurz vor dem Feuerwerk statt. Die Hauptstraße von Gretna ist für den Verkehr gesperrt, damit die Leute da rumlaufen können, und mitten auf der Straße ist eine große Tribüne errichtet worden. Überall hängen Wimpel, und eine große Menschenmenge hat sich versammelt. Die örtliche Zeitung hat Fotoreporter geschickt, die den Sieger aufnehmen wollen, das ganze Gesicht von Blaubeeren, denn in diesem Jahr sollen die Pasteten mit Blaubeerfüllung serviert werden. Ach, fast hätte ich es vergessen: den Teilnehmern werden die Hände auf dem Rücken zusammengebunden. Und dann steigen sie auf die Tribüne...

16

Aus *Schmalzarsch Hogans Rache*, von Gordon Lachance. Ursprünglich veröffentlicht in *Cavalier Magazine*, März 1975. Mit freundlicher Genehmigung.

Einer nach dem anderen betraten sie die Tribüne und stellten sich hinter einen langen, mit einem Leinentuch bedeckten Tisch. Der Tisch stand am Rand der Tribüne, und auf ihm häuften sich Pasteten. Darüber hingen an Schnüren nackte Hundert-Watt-Birnen. Diese waren so dicht von Motten und anderen Insekten umschwirrt, daß es aussah, als hätte jede einen Heiligenschein. Über der Bühne hing außerdem ein beleuchtetes Plakat mit der Aufschrift: GRETNAS GROSSES PASTETENESSEN 1960. An beiden Seiten des Plakats hingen verbeulte Lautsprecher, die Chuck Day vom Great Day Appliances Shop zur Verfügung gestellt hatte. Bill Travis, der amtierende Champion war nämlich Chucks Vetter.

Immer wenn ein Teilnehmer die Tribüne betrat, mit auf dem Rücken zusammengebundenen Händen und offenem Hemd, wie Sydney Carton auf dem Weg zur Guillotine, rief Bürgermeister Charbonneau über Chucks Lautsprechersystem seinen Namen aus und band ihm ein weißes Lätzchen um. Calvin Spier bekam nur Höflichkeitsapplaus; trotz seines Wanstes, der einer riesigen Tonne glich, galt er genauso wie der junge Hogan als Außenseiter (die meisten betrachteten Schmalzarsch zwar als großes Talent, hielten ihn aber für zu jung und unerfahren, um in diesem Jahr viel Erfolg zu haben).

Nach Spier wurde Bob Cormier vorgestellt. Cormier war Disk-Jockey bei WLAM in Lewiston. Er bekam schon stärkeren Applaus, und einige seiner jungen weiblichen Fans kreischten. Die Mädchen fanden ihn ›klasse‹. Nach Cormier betrat John Wiggins, der Direktor der Volksschule von Gretna, die Tribüne. Er wurde besonders von den älteren Zuschauern herzlich begrüßt – es gab natürlich auch Buhrufe von einigen Schülern. Wiggins brachte es fertig, gleichzeitig freundlich zu lächeln und finster die Stirn zu runzeln.

Dann stellte Bürgermeister Charbonneau Schmalzarsch vor.

»Ein neuer Teilnehmer an Gretnas großem jährlichen Pastetenessen, aber jemand, von dem wir in Zukunft Großes erwarten... *der junge David Hogan!*«

Schmalzarsch erhielt gewaltigen Applaus, als Bürgermeister Charbonneau ihm das Lätzchen umband, und als der Applaus abebbte, skandierten gewisse Zuschauer jenseits der von den Lichterketten beleuchteten Szene, wie der Chor in einer griechischen Tragödie, in boshaftem Gleichklang: *»Mach-sie-alle-Schmalzarsch!«*

Es gab unterdrücktes Gelächter, und Fußgetrappel von Leuten, die rannten, Schatten, die niemand identifizieren konnte (oder wollte), nervöses Lachen, strenge Blicke (hauptsächlich von Hizzoner Charbonneau, der als Autoritätsperson hervorstach). Schmalzarsch selbst schien das alles gar nicht wahrzunehmen.

Er verzog seine dicken Backen und seine aufgeworfenen Lippen zu einem dünnen Lächeln, und er lächelte noch immer, als der Bürgermeister ihm das Lätzchen hinten zuband, wobei er ihn ermahnte, sich nicht um die paar Narren im Publikum zu kümmern (als ob der Bürgermeister auch nur die leiseste Ahnung hätte, wie schrecklich Schmalzarsch Hogan schon unter diesen Narren gelitten hatte und auch in Zukunft leiden würde, während er durch das Leben rumpelte wie ein Nazi-Panzer). Der Atem des Bürgermeisters war warm und roch nach Bier.

Der letzte Bewerber, der die mit Wimpeln dekorierte Tribüne betrat, erhielt den meisten und längsten Beifall; es war der legendäre Bill Travis, über eins neunzig groß und spindeldürr und außerordentlich gefräßig. Travis war Autoschlosser bei der örtlichen Amoco-Tankstelle unten am Bahnhof, und er war wirklich ein netter Kerl.

Jeder in der Stadt wußte, daß es beim Großen-Pasteten-essen um mehr ging als um die fünf Dollar – jedenfalls für Bill Travis. Dafür gab es zwei Gründe. Erstens suchten, immer wenn Bill gewonnen hatte, die Leute seine Tankstelle auf, um ihm zu gratulieren, und dabei ließen sie sich natürlich den Tank füllen.

Und die Autoreparatur war nach dem Wettbewerb für einen ganzen Monat ausgebucht. Die Leute ließen sich einen neuen Auspufftopf einbauen oder irgendwelche Kugellager schmieren und setzten sich auf die an der Wand aufgestellten Kinosessel und tranken Cola aus dem Automaten. Die Sessel hatte Jerry Maling, der Besitzer der Tankstelle, aus dem Gem-Kino gerettet, als es 1957 abgerissen wurde. Die Leute unterhielten sich mit Billy über das Pastetenessen, während er Zündkerzen auswechselte oder einen Spiegel unter einen International-Harvester-Lieferwagen schob, um Löcher im Auspuff festzustellen. Bill war immer ansprechbar, und deshalb war er in Gretna auch so beliebt.

In der Stadt diskutierte man darüber, ob Jerry Maling Bill für dieses Extrageschäft eine Gratifikation zahlte (denn schließlich erhöhte Bills jährliches Pastetenfressen den Umsatz) oder ob er nur einfach Bills Gehalt aufbesserte. Jedenfalls stand fest, daß es Bill besserging als den anderen Autoschlossern in der Stadt, denn er hatte ein hübsches zweistöckiges Haus in der Sabbatus Road, das von gewissen Neidern das ›Pastetenhaus‹ genannt wurde. Das mag eine Übertreibung gewesen sein, aber für Bill lag noch mehr darin – und das ist der zweite Grund, warum es für Travis nicht nur um die fünf Dollar ging.

Auf den Ausgang des Pastetenessens in Gretna wurde heiß gewettet. Die meisten kamen vielleicht nur, um ihren Spaß zu haben, aber es gab eine beachtliche Minderheit, die auch Geld hinlegte. Diese Wetter beobachteten die Bewerber und diskutierten ihre Erfolgschancen wie Rennbahnbesucher es mit Vollblütern zu halten pflegen. Die Wetter sprachen mit Freunden, Verwandten und sogar mit bloßen Bekannten der Bewerber. Sie versuchten, sich Einblick in ihre Eßgewohnheiten zu verschaffen. Auch die Zusammensetzung der offiziellen Pastete wurde eifrig diskutiert – eine Apfelpastete galt als ›schwer‹ und eine mit Aprikosenfüllung als ›leicht‹ (wenn auch ein Bewerber, nachdem er drei oder vier Aprikosenpasteten verzehrt hatte, zwei Tage lang die Scheißerei hatte). Die diesjährige Pastete hatte eine Füllung aus Blaubeeren, und das betrachtete man als glückliche Lösung. Die Wetter waren natürlich sehr daran interessiert zu erfahren, wie ihr Favorit Blaubeeren vertrug. Mochte er lieber Blaubeermarmelade oder zog er Erdbeergelee vor? Tat er zum Frühstück Blaubeeren an seine Cornflakes oder war er eher ein Banane-mit-Sahne-Typ?

Es gab auch andere Fragen von einiger Bedeutung. War er ein schneller Esser, der dann langsamer wurde, oder ein langsamer Esser, der zulegen konnte, wenn es ernst wurde? Oder war er ein Allround-Esser, der ein gleichmäßiges Tempo beibehielt?

Wie viele Hotdogs konnte er verdrücken, während er auf dem St.-Dom-Platz ein Baseballspiel sah? War er ein brauchbarer Bietrinker, und wenn, wie viele Flaschen konnte er an einem Abend schlucken? Konnte er gut schlagen.

Alle diese Informationen wurden sorgfältig überprüft, die Chancen ausgerechnet und die Wetten abgeschlossen. Wieviel Geld in der Woche nach dem Pastetenessen den Besitzer wechselte, weiß ich nicht, aber wenn Sie mir eine Pistole an den Kopf hielten und ich raten müßte, würde ich auf tausend Dollar tippen. Das mag als eine geringe Summe erscheinen, aber in einer so kleinen Stadt und zu einem solchen Anlaß war das vor fünfzehn Jahren eine Menge Geld.

Und weil das Wettessen eine faire Sache und dafür eine strikte zeitliche Begrenzung festgelegt war, hatte niemand etwas dagegen, wenn ein Bewerber auf sich selbst Wetten abschloß, und Bill Travis tat das jedes Jahr. Während er den Zuschauern lächelnd zunickte, wurde geraunt, daß er eine beträchtliche Summe eingesetzt habe und daß die Chancen für ihn in diesem Jahr eins zu fünf standen. Falls Sie sich auf Wetten nicht so gut verstehen, möchte ich es so erklären: um fünfzig zu gewinnen, hätte er zweihundertfünfzig einsetzen müssen.

Kein sehr gutes Geschäft, aber es war der Preis für den Erfolg – und als er da so stand und lächelnd den Applaus genoß, sah er nicht so aus, als machte er sich große Sorgen.

»Und hier kommt der Titelverteidiger«, dröhnte Bürgermeister Charbonneau, »Gretnas *Bill Travis!*«

»Hallo, Bill!«

»Wie viele packst du heute, Bill?«

»Schaffst du zehn, Billy-Boy?«

»Ich habe zwanzig auf dich gesetzt, Bill. Laß mich nicht im Stich, Junge!«

»Laß eine von den Pasteten für mich übrig, Trav!«

Nickend und lächelnd und in aller Bescheidenheit ließ Bill Travis sich von dem Bürgermeister das Lätzchen umbinden.

Dann setzte er sich an das äußere Ende des Tisches, ungefähr dorthin, wo Bürgermeister Charbonneau während des Wettkampfes stehen würde. Die Esser waren somit, von rechts nach links, Bill Travis, David ›Schmalzarsch‹ Hogan, Bob Cormier, Schulleiter John Wiggins und Calvin Spier.

Bürgermeister Charbonneau stellt Sylvia Dodge vor, die bei diesem Wettbewerb sogar eine noch wichtigere Rolle spielte als Bill Travis. Sie war seit undenklichen Zeiten Präsidentin des Frauenvereins von Gretna (ein paar besonders witzige Leute behaupteten, sie sei es seit Methusalems Zeiten), und sie überwachte jedes Jahr die Herstellung der Pasteten, die ihrer rigorosen Qualitätskontrolle genügen mußten.

Anschließend wurden sie im Freedom Market auf Schlachter Bancicheks Waage gewogen, denn sie durften um nicht mehr als eine Unze voneinander abweichen.

Sylvia schenkte den Zuschauern ein königliches Lächeln. Ihr blaues Haar glitzerte im Licht der Glühbirnen. In einer kurzen Ansprache begrüßte sie es, daß so viele Einwohner der Stadt erschienen waren, um die kühnen Pioniere zu feiern, die das Land groß gemacht hatten.

Denn es sei in der Tat ein großes Land, nicht nur auf örtlicher Ebene, wo Bürgermeister Charbonneau auch in diesem Jahr die örtlichen Republikaner in das altehrwürdige Stadtparlament führen würde, sondern auch auf nationaler Ebene, wo Nixon und Lodge uns die von unserem großen und geliebten General übernommene Fackel der Freiheit vorantragen –

Calvin Spiers Magen knurrte laut.

Es gab sogar Applaus. Sylvia Dodge, die wohl wußte, daß Calvin Demokrat und Katholik war (eins allein hätte man verzeihen können, beides zusammen niemals), errötete und lächelte, wobei es ihr gleichzeitig gelang, ein böses Gesicht zu machen.

Sie räusperte sich und beendete ihre Aussprache mit einer tönenden Ermahnung an alle Jungen und Mädchen unter den Zuschauern, allzeit die Farben, Rot, Weiß und Blau hochzuhalten und im Herzen zu tragen und die widerliche Unsitte des Rauchens zu meiden, von der man nur Husten bekommt. Die Jungen und Mädchen, von denen die meisten in acht Jahren Friedensmedaillen tragen und nicht Camel, sondern Marihuana rauchen würden, scharrten mit den Füßen und warteten auf den Beginn der Veranstaltung.

»Weniger reden, mehr essen!« ertönte es aus den hinteren Reihen, und wieder gab es Applaus – diesmal schon herzlicher.

Bürgermeister Charbonneau reichte Sylvia eine Stoppuhr und eine silberne Polizeipfeife, mit der sie nach zehn Minuten das Essen abpfeifen würde.

Bürgermeister Charbonneau würde dann vortreten und die Hand des Siegers hochheben.

»Seid ihr bereit?« dröhnte Hizzoners triumphierende Stimme aus den Lautsprechern über die Main Street.

Die fünf Pastetenesser erklärten, daß sie bereit seien.

»FERTIG?« fragte Hizzoner.

Sie seien fertig, murmelten die Kontrahenten. Weiter hinten auf der Straße brannte ein Junge Knallfrösche ab. Bürgermeister Charbonneau hob seine fette Hand und ließ sie sinken. »LOS!!!«

Fünf Köpfe senkten sich auf fünf Teller mit Pasteten herab.

Es gab ein Geräusch, als stampften fünf Füße in Schlamm. Lautes, nasses Schmatzen stieg in die milde Nachtluft und wurde dann vom Beifall übertönt, mit dem die Leute ihre Favoriten anfeuerten. Die erste Pastete war noch nicht verzehrt, als die meisten Leute merkten, daß sich eine Sensation anbahnte.

Schmalzarsch Hogan, dem man wegen seiner Jugend und seiner mangelnden Erfahrung kaum Chancen eingeräumt hatte, fraß wie ein Besessener. Seine Kinnbacken zermalmten die Kruste der Pasteten (die Regeln schrieben vor, daß nur die obere Kruste gegessen werden mußte, nicht die untere), und als die verschwunden war, kam von seinen Lippen ein gewaltiges Sauggeräusch. Es hörte sich an, als würde ein Industriestaubsauger eingeschaltet. Dann verschwand sein ganzer Kopf im Teller. Fünfzehn Sekunden später nahm er den Kopf wieder hoch, am anzuzeigen, daß er fertig sei. Sein ganzes Gesicht war mit Blaubeersaft beschmiert, und er sah aus wie eine Extraeinlage in einer Exotenschau. Er war fertig, bevor der legendäre Bill Travis auch nur die *Hälfte* seiner ersten Pastete geschafft hatte.

Beifall brandete auf, als der Bürgermeister Schmalzarschs Teller inspizierte und ihn für leer genug hielt. Er setzte dem in Führung liegenden Jungen eine neue Pastete vor. Schmalzarsch hatte die erste in genau zweiundvierzig Sekunden erledigt. Ein neuer Rekord.

Noch wilder machte er sich an die zweite Pastete. Er fuhr mit dem Kopf in die weiche Blaubeerfüllung, und Bill Travis warf ihm einen besorgten Blick zu, als er nach seiner zweiten Pastete rief. Wie er später Freunden erzählte, hatte er zum ersten Mal seit 1957 das Gefühl, daß er ernsthaft gefordert wurde. Damals hatte George Gamache drei Pasteten in vier Minuten gegessen und war dann in Ohnmacht gefallen. Er mußte sich fragen, so sagte Bill, ob er es mit einem Jungen zu tun hatte oder mit einem Dämon. Er dachte an das Geld, das er eingesetzt hatte, und verdoppelte seine Anstrengungen.

Aber wenn Travis seine Anstrengungen verdoppelt hatte, dann hatte Schmalzarsch sie verdreifacht. Blaubeersaft spritzte von seiner zweiten Pastete auf das Tischtuch, daß es aussah wie ein Gemälde von Jackson Pollock. Er hatte Blaubeeren im Haar, Blaubeeren auf seinem Lätzchen und Blaubeeren auf der Stirn, als ob er in seiner angestrengten Konzentration tatsächlich angefangen habe, Blaubeeren zu schwitzen.

»*Fertig!*« schrie er und hob den Kopf vom Teller mit seiner zweiten Pastete, bevor Bill Travis noch die Kruste seiner zweiten geschafft hatte.

»Nicht so schnell, Junge«, murmelte Hizzoner Charbonneau, der selbst zehn Dollar auf Bill Travis gesetzt hatte. »Du mußt es dir ein wenig einteilen, wenn du durchhalten willst.«

Es war, als hätte Schmalzarsch ihn nicht gehört. Mit ungeheurer Geschwindigkeit machte er sich an die dritte Pastete, und seine Kiefer bewegten sich blitzschnell. Und dann...

Aber ich muß einen Augenblick unterbrechen, um zu berichten, daß im Medizinschrank im Haus der Hogans eine leere Flasche stand. Vorher hatte sie gelbes Rizinusöl enthalten. Sie war drei Viertel voll gewesen. Dieses Öl, vielleicht die widerlichste Flüssigkeit, die der Herr in seiner unendlichen Weisheit je erschaffen hat, hatte Schmalzarsch bis auf den letzten Tropfen getrunken. Er hatte sogar noch den Rand abgeleckt, wenn sich ihm auch der Magen umdrehte und er den Mund vor Ekel verzog. Dabei hatte er süße Rachegedanken.

Und während er sich durch seine dritte Pastete hindurchfraß (Calvin Spier war im übrigen, wie vorausgesagt, Letzter und noch nicht einmal mit seiner ersten fertig), quälte sich absichtlich mit scheußlichen Fantasien. Er aß keine Pasteten; er aß Kuhfladen. Er aß dicke schleimige Klumpen von Rattengedärmen. Er aß mit Blaubeerensoße übergossene Eingeweide von Waldmurmeltieren. Mit *ranziger* Blaubeerensoße.

Er war mit seiner dritten Pastete fertig und rief nach einer vierten. Er lag schon um eine ganze Pastete vor Bill Travis. Die launische Menge ahnte schon den neuen Champion und feuerte ihn eifrig an.

Aber Schmalzarsch konnte nicht hoffen, den Wettbewerb zu gewinnen, und das war auch gar nicht seine Absicht. Selbst wenn das Leben seiner eigenen Mutter auf dem Spiel gestanden hätte, wäre es ihm unmöglich gewesen, mit der gleichen Geschwindigkeit weiterzuessen. Außerdem wäre zu gewinnen für ihn gleichbedeutend mit Verlieren gewesen; Rache war der einzige Triumph, den er erstrebte. Sein Bauch litt entsetzlich unter der Wirkung des Rizinusöls, und Ekel stieg ihm in die Kehle, aber er aß seine vierte Pastete und rief nach seiner fünften – der letzten. Er ließ den Kopf auf den Teller fallen und zog die Blaubeeren in die Nase ein. Sie liefen ihm über das Hemd. Sein Mageninhalt schien plötzlich immer schwerer zu werden. Er zerkaute die Kruste und schluckte sie hinunter. Er inhalierte Blaubeeren.

Und dann war der Augenblick der Rache gekommen. Sein über alles Erträgliche hinaus beladener Magen revoltierte. Er krampfte sich zusammen wie eine kräftige Hand in einem glatten Gummihandschuh. Seine Kehle öffnete sich.

Schmalzarsch hob den Kopf.

Er grinste Bill Travis mit blauen Zähnen an.

Die Kotze schoß ihm den Schlund hoch, wie ein Sechstonner Peterbilt durch einen Tunnel donnert.

Warm und dampfend sprudelte sie in einer gewaltigen blaugelben Fontäne aus seinem Mund. Bill Travis wurde über und über bekotzt und konnte nur noch eine unsinnige Silbe ausstoßen. Es hörte sich an wie »Uuuug!« Ein paar Frauen unter den Zuschauern kreischten auf. Calvin Spier, der dieses nicht angekündigte Ereignis starr vor Staunen beobachtet hatte, lehnte sich über den Tisch, als wollte er den Zuschauern den Vorfall erklären, und kotzte Marguerite Charbonneau, der Frau des Bürgermeisters auf den Kopf. Schreiend fuhr sie zurück und griff sich ins Haar, das jetzt mit einer Mischung aus zerkauten Blaubeeren, gebackenen Bohnen und Würstchen bedeckt war (aus den letzteren hatte Calvin Spiers Abendessen bestanden). Sie drehte sich zu ihrer besten Freundin Maria Lavin um und erbrach sich über deren neue Wolljacke.

Das alles in so rascher Folge, als würden Feuerwerkskörper abgebrannt.

Bill Travis spuckte einen breiten – anscheinend unter hohem Druck stehenden – Strahl über die ersten beiden Zuschauerreihen, und in seinem erstaunten Gesicht stand zu lesen: *Mein Gott, ich kann gar nicht glauben, daß ich so etwas tue!*

Chuck Day, der eine reichliche Portion von Bill Travis' Überraschungsgeschenk abbekommen hatte, erbrach sich auf seine Hush Puppies und schaute verwundert nach unten. Er wußte nur allzu gut, daß das Zeug von Wildleder nicht wieder abgeht.

John Wiggins, der Direktor der Volksschule von Gretna öffnete seinen blaugeränderten Mund und sagte tadelnd: »Aber ich muß doch sehr... AAAARRKS!« Wie es sich für einen Mann von seiner Bildung und Position gehört, kotzte er auf seinen eigenen Teller.

Hizzoner Charbonneau, der plötzlich feststellen mußte, daß er eher ein Hospital mit Magengrippekranken leitete als einen Wettbewerb im Pastetenessen, öffnete den Mund, um die ganze Veranstaltung abzubrechen, und kotzte auf das Mikrofon.

»Um Gottes willen!« stöhnte Sylvia Dodge und ihr Abend-

essen – gebratene Muscheln, Krautsalat, Buttermais (zwei Kolben) und eine reichliche Portion Schokoladentorte – schoß aus dem Notausgang heraus und spritzte klatschend auf die Jacke des Bürgermeisters.

Schmalzarsch Hogan, der jetzt den absoluten Höhepunkt seines jungen Lebens erreicht hatte, schaute strahlend in das Publikum. Überall lag Erbrochenes. Wie betrunken torkelten die Leute hin und her, hielten sich die Hände vor den Mund und gaben Würgelaute von sich. Ein Pekinese rannte wild kläffend an der Tribüne vorbei, und ein Mann in Jeans und Westernhemd erbrach sich so gewaltig über das Tier, daß es fast ertrunken wäre. Mrs. Brockway, die Frau des Methodistenpfarrers, stieß einen lauten Rülpser aus, dem ein Strahl von verdorbenem Roastbeef, Kartoffelpüree und Apfelwein folgte. Jerry Maling, der gekommen war zu erleben, daß sein bester Schlosser wieder einmal den Preis davontrug, beschloß, aus diesem Irrenhaus zu verschwinden. Nach ungefähr zwölf Metern stolperte er über den roten Spielzeugwagen eines Kindes und fand sich in einer Pfütze warmer Galle wieder. Jerry kotzte sich auf den Schoß und dankte der Vorsehung – wie er später den Leuten erzählte –, daß er seinen Overall trug. Miß Norman, die an der örtlichen High School Englisch und Latein unterrichtete, versuchte verzweifelt, Anstand zu wahren und kotzte sich in ihre Handtasche.

Schmalzarsch Hogan sah das alles, und sein breites Gesicht strahlte. Er hatte plötzlich ein höchst angenehmes Gefühl im Magen, ein Gefühl wie von Balsam. Ein Gefühl, wie er es vielleicht nie wieder erleben würde. Ein Gefühl höchster Befriedigung. Er stand auf, nahm Bürgermeister Charbonneau das etwas schmierige Mikrofon aus der Hand und sagte...

17

>Der Wettbewerb endet unentschieden.‹ Dann legt er das Mikrofon hin, steigt hinten von der Tribüne und geht sofort nach Hause. Seine Mutter ist da, denn sie konnte für Schmalzarschs kleine Schwester, die erst zwei ist, keinen Babysitter finden. Und als er reinkommt, immer noch voll Kotze und Blaubeeren und mit dem Lätzchen um den Hals, fragt sie ›Davie, hast du gewonnen?‹ Aber er sagt kein verdammtes Wort, sondern geht gleich auf sein Zimmer, schließt die Tür ab und legt sich aufs Bett.«

Ich trank den letzten Schluck aus Chris' Colaflasche und warf sie ins Gebüsch.

»Toll«, sagte Teddy. »Und was passierte dann?«

»Das weiß ich nicht.«

»Was soll das heißen, du *weißt* es nicht?« fragte Teddy.

»Das heißt, die Geschichte ist zu Ende. Wenn man nicht weiß, was als nächstes passiert, ist die Geschichte zu Ende.«

»*Waaaas?*« rief Vern. Er sah mich mißtrauisch an, ganz als hätte ich ihn im Bingo betrogen. »Was ist denn das für eine Scheiße? Ich will wissen, wie es *ausgegangen* ist!«

»Du mußt deine Fantasie anstrengen«, sagte Chris geduldig.

»Nein, ich nicht«, sagte Vern wütend. »*Er* soll *seine* Fantasie anstrengen! Er hat die verdammte Geschichte doch erfunden!«

»Ja, was geschah dann mit ihm?« wollte auch Teddy wissen. »Los, Gordie, erzähl es uns.«

»Wahrscheinlich war sein Vater auch bei dem Pastetenessen und hat ihn anschließend fürchterlich verprügelt.«

»Richtig«, sagte Chris. »Ich möchte wetten, daß er Schmalzarsch verprügelt hat.«

»Und die Jungs nannten ihn weiter Schmalzarsch«, sagte ich. »Vielleicht nannten einige ihn jetzt auch Kotzdarm.«

»Der Schluß ist Betrug«, sagte Teddy traurig.

»Deshalb wollte ich ihn ja auch nicht erzählen.«

»Er hätte seinen Vater ja auch erschießen können. Dann

wäre er weggelaufen und zu den Texas Rangers gegangen«, sagte Teddy. »Was hältst du davon?«

Chris und ich sahen uns an. Chris zuckte kaum merklich die Achseln. »Möglich«, sagte ich.

»Hast du noch neue Geschichten über Le Dio, Gordie?«

»Im Moment nicht. Vielleicht fallen mir noch welche ein.« Ich wollte Teddy nicht enttäuschen, aber was weiter in Le Dio geschah, interessierte mich herzlich wenig. »Schade, daß dir diese Geschichte nicht gefallen hat.«

»Oh, doch, sie war ganz gut«, sagte Teddy. »Bis auf den Schluß war sie gut. Das viele Gekotze war toll.«

»Ja, richtig dreckig«, sagte Vern. »Aber mit dem Schluß hat Teddy recht. Da fehlt was.«

»Ja«, sagte ich und seufzte.

Chris stand auf. »Laßt uns weitergehen«, sagte er. Es war immer noch heller Tag und der Himmel ein heißes, stählernes Blau, aber unsere Schatten waren länger geworden. Ich weiß noch, daß mir Septembertage als Kind immer viel zu kurz vorkamen und plötzlich überraschend vorbei waren – irgendwie hatte ich innerlich das Gefühl, es müsse immer Juni sein und die Sonne müsse bis halb zehn scheinen. »Wie spät ist es, Gordie?«

Ich schaute auf die Uhr und war erstaunt, daß es schon nach fünf war.

»Kommt, wie gehen«, sagte Teddy. »Aber wir sollten unser Lager aufschlagen, bevor es dunkel wird, damit wir noch Holz sammeln können. Außerdem habe ich Hunger.«

»Um halb sieben«, schlug Chris vor. »Einverstanden?«

Wir waren einverstanden. Wir gingen weiter, diesmal auf der Schlacke neben den Gleisen. Bald lag der Fluß so weit hinter uns, daß wir ihn nicht einmal mehr hören konnten. Moskitos summten, und ich wischte eine von meinem Genick. Vern und Teddy gingen voraus und unterhielten sich über irgendeinen komplizierten Tauschhandel mit Comics. Chris ging mit den Händen in den Taschen neben mir. Sein Hemd hing ihm wie eine Schürze über Knie und Schenkel.

»Ich habe ein paar Winstons«, sagte er. »Die habe ich meinem Alten aus dem Schrank geklaut. Für jeden eine. Nach dem Essen.«

»Gut«, sagte ich.

»Nach dem Essen schmeckt eine Zigarette am besten«, meinte Chris.

»Stimmt.«

Wir gingen eine Weile schweigend nebeneinander her.

»Die Geschichte war wirklich gut«, sagte er plötzlich. »Sie sind nur zu dumm, das zu kapieren.«

»Nein, so toll ist sie nun auch wieder nicht. Ein bißchen langweilig.«

»Das sagst du immer. Erzähl mir doch keinen Scheiß, den du selbst nicht glaubst. Willst du sie aufschreiben? Die Geschichte?«

»Wahrscheinlich. Aber noch nicht. Ich kann eine Geschichte nicht gleich, nachdem ich sie erzählt habe, aufschreiben.«

»Wegen was Vern sagte? Daß der Schluß Betrug ist?«

»Ja?«

Chris lachte. »Das *Leben*, ist Betrug, weißt du das? Ich meine, du brauchst dir doch nur uns anzusehen.«

»Nein, uns geht es doch bestens.«

»Klar«, sagte Chris. »Könnte gar nicht besser sein, du Arschloch.«

Ich lachte. Chris auch.

»Sie kommen aus dir raus wie Blasen aus einer Sodaflasche.«

»Was?« fragte ich, aber ich glaubte zu wissen, was er meinte.

»Die Geschichten. Das ist mir schleierhaft, Mann. Ich glaube du könntest eine Million Geschichten erzählen und hättest immer noch welche auf Lager. Eines Tages wirst du ein berühmter Schriftsteller sein, Gordie.«

»Nein, das glaub' ich nicht.«

»Doch, bestimmt. Vielleicht schreibst du sogar mal über uns, wenn dir der Stoff ausgeht.«

»Da müßte mir aber verdammt noch mal einiges ausgehen.« Ich stieß ihn mit dem Ellenbogen.

Wieder schwiegen wir eine Weile. Dann fragte er plötzlich: »Freust du dich auf die Schule?«

Ich zuckte die Achseln. Wer tat das schon? Man freute

sich natürlich darauf, seine Freunde wiederzusehen, und man war neugierig auf die neuen Lehrer – hübsche junge Dinger direkt vom College, die man ärgern konnte, oder irgendwelche alten Knacker, die schon seit Urzeiten unterrichteten. Ein bißchen freute man sich sogar auf die Stunden, denn wenn die Sommerferien sich ihrem Ende näherten, war man manchmal schon so gelangweilt, daß man tatsächlich glaubte, man könne was lernen. Aber die Langeweile in den Sommerferien war nicht mit der Langeweile in der Schule zu vergleichen, die immer gegen Ende der zweiten Woche einsetzte. In der dritten Woche ging es dann *richtig* los. Konnte man Stinky Fiske mit dem Kaugummi am Hinterkopf treffen, während der Lehrer die wichtigsten Ausfuhrprodukte Südamerikas an die Tafel schrieb? Wie viele schöne laute Quietscher konnte man auf der polierten Tischplatte verursachen, wenn man wirklich feuchte Hände hatte? Wer konnte im Umkleideraum am lautesten furzen, wenn wir uns auf die Turnstunde vorbereiteten? Höhere Bildung, Baby.

»Junior High School«, sagte Chris. »Und weißt du was, Gordie? Im nächsten Juni sind wir nicht mehr zusammen.«

»Warum *das* denn?«

»Dann wird alles anders sein. Du nimmst die College-Fächer, und Teddy, Vern und ich nehmen Werkunterricht, spielen mit den andern Zurückgebliebenen Poolbillard und basteln Aschenbecher und Vogelkäfige. Vern muß vielleicht sogar in die Sonderschule. Du wirst eine Menge neue Leute kennenlernen. Intelligente Leute. So ist es nun einmal, Gordie.«

»Ich werde eine Menge Waschweiber kennenlernen«, sagte ich.

Er packte meinen Arm. »Warum sagst du das? Du glaubst es doch *selbst* nicht. Sie werden deine Geschichten verstehen. Anders als Vern und Teddy.«

»Zur Hölle mit den Geschichten. Ich will mit diesen Waschweibern nichts zu tun haben. No, Sir.«

»Wenn du das nicht willst, bist du ein Arschloch.«

»Wieso bin ich ein Arschloch, wenn ich mit meinen Freunden zusammenbleiben will?«

Er sah mich nachdenklich an, als überlegte er, ob er mir etwas Bestimmtes sagen solle. Wir waren langsamer geworden. Vern und Teddy waren fast eine halbe Meile voraus. Die Sonne stand schon tief, und ihre Strahlen fielen gebrochen durch die Zweige der überhängenden Bäume und verwandelten alles in Gold – aber es war Flittergold, Gold aus dem Kaufhaus, wenn Sie wissen, was ich meine. Die Gleise erstreckten sich vor uns in der langsam einbrechenden Dämmerung – fast schien es, als blinzelten sie uns zu. Hier und da glitzerten Lichtpunkte auf ihnen wie Sterne, als hätte irgendein verrückter Reicher in Abständen von vielleicht zwanzig Metern Diamanten in sie eingelassen. Es war immer noch heiß, und wir schwitzten.

»Du müßtest doch beknackt sein, wenn du dich dann noch mit uns abgibst«, sagte Chris endlich. »Ich weiß doch, wie es mit dir und deinen Eltern steht. Du interessierst sie einen Scheißdreck. Sie haben sich immer nur um deinen großen Bruder gekümmert. Genau so war es bei uns, als Frank in Portsmouth in den Knast ging. Seitdem war mein Alter wütend auf uns andere Kinder und fing an, auf uns herumzuprügeln. Dein Vater schlägt dich nicht, aber das ist vielleicht sogar noch schlimmer. Er beachtet dich nicht. Du könntest ihm erzählen, du willst dich für den Werkunterricht anmelden, und weißt du, was er dann tut? Er blättert in der Zeitung weiter und sagt, das ist aber schön, Gordon, und jetzt frag deine Mutter, was es zum Mittagessen gibt. Versuch nicht, mir etwas anderes zu erzählen. Ich kenne ihn.«

Ich versuchte nicht, ihm etwas anderes zu erzählen. Man erschrickt, wenn man erfährt, daß ein anderer, und sei es ein Freund, weiß, wie es um einen steht.

»Du bist noch ein Kind, Gordie –«

»Vielen Dank, Dad.«

»Ich wollte verdammt, ich *wäre* dein Vater«, sagte er böse. »Dann würdest du nicht rumlaufen und erzählen, daß du an diesem blöden Werkunterricht teilnehmen willst! Es ist, als ob Gott dir was gegeben hat, die Geschichten, die du erfinden kannst, und Er sagt: Das ist für dich, Junge. Versuch, es nicht zu verlieren. Aber Kinder verlieren *alles*, wenn nicht ein Erwachsener auf sie aufpaßt, und wenn deine Leute es nicht fertigbringen, sollte ich es vielleicht tun.«

Er sah aus, als erwartete er, daß ich auf ihn einschlagen würde. Sein Gesicht sah ganz unglücklich aus im grüngoldenen Licht des späten Nachmittags. Er hatte ein ungeschriebenes Gesetz gebrochen, das damals únter Jungen galt. Man konnte über einen Jungen sagen, was man wollte, man konnte ihn bis aufs Blut reizen, aber man sagte *niemals* ein böses Wort über seine Mutter oder seinen Vater. Das vermied man genauso peinlich wie man es vermied, einen Katholiken am Freitag zum Essen einzuladen, es sei denn zu einer fleischlosen Mahlzeit. Wenn ein Junge etwas Abfälliges über die Mutter oder den Vater eines anderen sagte, gab es Prügel.

»Die Geschichten, die du erzählst, nützen nur dir selbst, Gordie. Wenn du weiter mit uns zusammenbleibst, weil du nicht willst, daß die Clique auseinanderbricht, bleibst du ein dummes Schwein. Du gehst zur High School und machst den Scheißwerkunterricht mit. Du schmeißt Radiergummis durch die Gegend und machst zusammen mit den anderen dummen Schweinen allen möglichen Blödsinn. Du kriegst Arrest. Vielleicht wirst du sogar von der Schule geschmissen. Und dann bist du nur noch daran interessiert, möglichst schnell ein Auto zu kriegen, um irgendeine dumme Schlampe in den Wald zu fahren oder runter zur Twin Bridges Tavern. Dann machst du sie schwanger, und für den Rest deines Lebens arbeitest du in einer Spinnerei oder in irgendeinem Scheißschuhladen in Auburn oder vielleicht sogar oben in Hillcrest, wo du Hühner rupfen mußt. Und die Pastetengeschichte wird nie geschrieben werden. *Nichts* wird geschrieben werden. Du bist dann nur einer von den Klugscheißern, die statt Gehirn feuchte Pappe im Kopf haben.«

Chris Chambers war zwölf, als er mir das alles sagte. Aber als er sprach, schien sein Gesicht zerfurcht, und es verwandelte sich in ein älteres, ein sehr altes Gesicht. In ein Gesicht, das weder jung noch alt war. Er sprach monoton und ohne Ausdruck, aber was er sagte, erschreckte mich. Es war, als hätte er dieses ganze Leben schon gelebt, dieses Leben, in dem einem gesagt wird, man soll das Glücksrad drehen, und es dreht sich so schön, und der Kerl tritt auf ein Pedal, und es bleibt bei der doppelten Null stehen; es ist die Hausnummer, und alle verlieren. Sie geben einem eine Freikarte, und dann drehen sie die Regenmaschine auf, haha, sehr komisch, ein Witz, den sogar Vern Tessio verstehen würde.

Chris packte meinen nackten Arm und drückte fest zu, so fest, daß es weh tat. Seine Augen waren ganz dunkel und tot – so tot, als sei er gerade aus seinem eigenen Sarg gefallen.

»Ich weiß, was die Leute in der Stadt von meiner Familie halten. Ich weiß, was sie über mich denken und was sie von mir erwarten. Ich wurde nicht einmal *gefragt*, ob ich damals das Milchgeld genommen hab'. Ich bekam ganz einfach drei Tage Ferien.«

»*Hast* du es denn genommen?« fragte ich. Danach hatte ich ihn nie gefragt, und wenn jemand mir gesagt hätte, daß ich das eines Tages tun würde, hätte ich ihn für verrückt erklärt. Die Worte kamen ganz trocken raus.

»Ja«, sagte er. »Ja, ich habe es genommen.« Er schwieg eine Weile und schaute Teddy und Vern nach. »Du wußtest, daß ich es genommen habe. Teddy wußte es. Alle wußten es. Wahrscheinlich wußte sogar Vern es.«

Ich wollte es abstreiten, aber ich hielt den Mund. Er hatte recht. Auch wenn ich meinen Eltern gesagt hatte, daß ein Mann als unschuldig gilt, bis seine Schuld erwiesen ist. Ich hatte es gewußt.

»Später tat es mir vielleicht leid, und vielleicht habe ich versucht, das Geld zurückzugeben.«

Ich machte große Augen. »Du hast versucht, es *zurückzugeben*?«

»*Vielleicht*, hab' ich gesagt. Nur *vielleicht*. Und vielleicht habe ich das Geld der alten Miß Simons gegeben und ihr alles erzählt. Und vielleicht war das ganze Geld wieder da, aber ich bekam *trotzdem* drei Tage Ferien, denn das Geld tauchte nicht wieder auf. Und vielleicht trug die alte Miß Simons eine Woche später einen neuen Rock, als sie zur Schule kam.«

Sprachlos vor Entsetzen starrte ich Chris an. Er lächelte, aber es war ein verkrampftes, schreckliches Lächeln, an dem seine Augen keinen Anteil hatten.

»Nur *vielleicht*«, sagte er, aber auch ich erinnerte mich an den neuen Rock – einen hellbraunen Wollrock. Ich erinnerte mich noch daran, daß die alte Miß Simons darin jünger, fast hübsch aussah.

»Chris, dieses Milchgeld, wieviel war es?«

»Fast sieben Dollar.«

»Mein Gott!« flüsterte ich.

»*Ich* habe also das Geld gestohlen, und dann hat die alte Miß Simons es *mir* gestohlen. Stell dir vor, ich würde diese Geschichte erzählen. Ich, Chris Chambers, der kleine Bruder von Frank Chambers und Eyeball Chambers. Denkst du vielleicht, daß jemand mir glauben würde?«

»Kein Mensch«, flüsterte ich. »Mein Gott!«

Er lächelte sein eisiges, schreckliches Lächeln. »Und glaubst du, daß dieses Miststück so etwas gewagt hätte, wenn einer von den feinen Pinkeln oben in The View das Geld genommen hätte?«

»Nein«, sagte ich.

»Genau. Wenn es einer von denen gewesen wäre, hätte die alte Simons gesagt: Okay, okay, diesmal wollen wir noch nichts unternehmen. Du bekommst nur ein paar Schläge auf die Hand. Aber wenn du es noch mal tust, bekommst du Schläge auf *beide* Hände. Aber *ich*... nun, vielleicht hatte sie schon lange ein Auge auf den Rock geworfen. Jedenfalls hat sie ihre Chance erkannt und wahrgenommen. Es war dumm von mir, das Geld zurückzugeben. Aber ich hätte nie gedacht... ich hätte nie gedacht, daß eine *Lehrerin*... aber was soll die ganze Scheiße? Warum rede ich überhaupt darüber?«

Wütend wischte er sich mit dem Arm über die Augen, und ich merkte, daß er den Tränen nahe war.

»Chris«, sagte ich, »warum belegst du nicht auch die College-Fächer? Du bist intelligent genug.«

»Das wird alles am grünen Tisch entschieden. Und in ihren albernen Konferenzen. Die Pauker sitzen im Kreis herum, und kaum einer sagt mehr als Ja, Ja, ganz recht. Es interessiert sie einzig und allein, wie du dich in der Schule benommen hast oder was die Leute von deiner Familie halten. Sie fragen sich nur, ob du die vornehmen Jungs, die sich auf das College vorbereiten, vielleicht versauen könntest. Aber vielleicht arbeite ich mich hoch. Ich weiß nicht, ob ich es schaffe, aber ich könnte es ja versuchen. Ich will weg von Castle Rock, und ich möchte auch gern ein College besuchen. Ich will meinen Alten und meine Brüder nie wiedersehen. Ich will in eine Stadt gehen, wo niemand mich kennt und wo ich nicht von Anfang an schlechte Karten habe. Aber ich weiß nicht, ob ich es schaffe.«

»Warum denn nicht?«

»Die Leute. Die Leute ziehen dich runter.«

»Wer?« fragte ich und dachte, daß er vielleicht die Lehrer meinte oder erwachsene Ungeheuer wie Miß Simons, die einen neuen Rock brauchte, oder vielleicht seinen Bruder Eyeball, der sich mit Ace und Billy und Charlie und noch ein paar andern herumtrieb. Vielleicht auch seine Eltern.

Aber er sagte: »Die Freunde ziehen dich runter, Gordie. Weißt du das denn nicht?« Er zeigte auf Vern und Teddy, die stehengeblieben waren und auf uns warteten. Sie lachten über etwas; besonders Vern. Er hielt sich den Bauch vor Lachen. »Es sind immer die Freunde. Sie klammern sich an deine Beine, als müßten sie ertrinken. Du kannst sie nicht retten. Du kannst nur mit ihnen zusammen ersaufen.«

»Beeilt euch, ihr verdammten Blindschleichen«, brüllte Vern, der immer noch lachte.

»Wir sind ja schon da«, sagte Chris, und bevor ich etwas sagen konnte, fing er an zu rennen. Ich rannte auch, aber er hatte sie schon erreicht, bevor ich ihn einholen konnte.

18

Wir gingen noch etwa eine Meile und beschlossen dann, unser Lager aufzuschlagen. Es war noch nicht ganz dunkel, aber wir waren erschöpft. Der Auftritt bei der Deponie und das gefährliche Erlebnis auf der Eisenbahnbrücke hatten uns ziemlich geschlaucht, aber das war es nicht allein. Wir hatten den Wald von Harlow erreicht, und irgendwo vor uns lag der tote Junge, wahrscheinlich von Fliegen umschwirrt und inzwischen auch schon mit Maden bedeckt. Keiner wollte ihm bei Anbruch der Nacht zu nahe kommen. Ich hatte irgendwo gelesen – ich glaube in einer Geschichte von Algernon Blackwood – daß der Geist eines Toten in der Nähe der Leiche bleibt, bis sie ein christliches Begräbnis erhält, und ich wollte wirklich nicht nachts aufwachen und Ray Browers körperlosem Geist begegnen, wie er stöhnend und schnatternd und zwischen den dunklen, rauschenden Tannen schwebte. Wenn wir hier rasteten, mußten wir nach unserer Rechnung noch etwa zehn Meilen von der Leiche entfernt sein. Wir wußten natürlich alle, daß es keine Geister gab, aber zehn Meilen schien eine sichere Entfernung für den Fall, daß das, was wir alle wußten, vielleicht nicht stimmte.

Vern, Chris und Teddy sammelten Holz und zündeten auf einer Schlackenunterlage ein bescheidenes kleines Lagerfeuer an. Chris kratzte den Boden um das Feuer herum frei, denn der Wald war knochentrocken, und er wollte kein Risiko eingehen. Inzwischen spitzte ich einige Zweige an, um etwas vorzubereiten, was mein Bruder Dennis ›Pionierschlegel‹ zu nennen pflegte – Hackfleischklumpen, auf grüne Zweige gespießt und am Feuer gebraten. Die drei anderen erzählten groß über ihre Waldläuferqualitäten (die nicht der Rede wert waren) und stritten sich darüber, ob man das Fleisch besser über dem Feuer oder über der Glut braten solle. Eine müßige Diskussion, denn wir waren zu hungrig, um auf die Glut zu warten. Sie überlegten, ob trockenes Moos zum Anzünden geeignet sei, und fragten sich, was zu tun sei, wenn uns die Streichhölzer ausgingen. Teddy behauptete, er könne Feuer machen, indem er zwei Stöcke Holz aneinander rieb. Chris behauptete, Teddy stecke so voll Scheiße, daß es schon quietschte. Teddy brauchte sich nicht zu bemühen, denn Vern brauchte nur zwei Streichhölzer, um das Feuer in Gang zu setzen. Der Tag war völlig windstill. Wir schoben Reisig nach, und als die Flammen größer wurden, schoben wir dickeres Holz nach, das wir von einem umgestürzten Baum geholt hatten. Als das Feuer gleichmäßig brannte, stieß ich die Zweige mit den Pionierschlegeln fest in den Boden, so daß sie in einem Winkel über die Flamme ragten. Wir schauten zu, wie sie langsam braun wurden. Unsere Mägen knurrten.

Wir konnten nicht warten, bis sie gar waren. Jeder nahm einen Zweig, legte ihn zwischen seine Brötchenhälften und zog das heiße Holz heraus. Die Fleischklumpen waren außen angekohlt und innen noch roh, aber sie schmeckten köstlich. Wir verschlangen sie und wischten uns das Fett mit den nackten Armen vom Mund. Chris öffnete sein Bündel und holte eine Blechschachtel heraus. Er öffnete die Schachtel und gab jedem eine zerknüllte Winston. Wir zündeten sie mit brennenden Zweigen an und lehnten uns zurück, Männer von Welt, und schauten dem Rauch nach, der in der Dämmerung davonzog. Keiner von uns inhalierte. Wir fürchteten Husten und die Frotzeleien der anderen. Aber es war auch schon angenehm, zu ziehen und den Rauch auszupusten und dann in die Flammen zu spucken, daß es knisterte (in diesem Sommer erfuhr ich, woran man einen Anfänger erkennt: er spuckt viel). Wir rauchten die Zigaretten bis auf den Filter und warfen sie dann in das Feuer.

»Es geht nichts über eine Zigarette nach dem Essen«, sagte Teddy.

»Ja. Klasse«, stimmte Vern zu.

In der grünen Dunkelheit hatten die Grillen ihr Konzert begonnen. Ich blickte zum Himmel auf, der über dem Bahndamm zu sehen war, und sah, daß das Blau sich zu einem dunklen Purpur verfärbt hatte. Diesen Vorboten der Dunkelheit zu sehen, machte mich traurig und beruhigte mich zugleich. Ich fühlte mich stark und etwas einsam, aber es war keine unangenehme Einsamkeit.

Unten an der Böschung suchten wir uns im Unterholz eine geeignete Stelle und breiteten unsere Decken aus. Wir ließen das Feuer noch ungefähr eine Stunde brennen und führten die Art von Unterhaltung, an die man sich nicht mehr genau erinnern kann, wenn man älter als fünfzehn geworden ist und die Mädchen entdeckt hat. Wir diskutierten

Bostons Chancen, dieses Jahr in der Tabelle ein wenig höher zu kommen, und wir unterhielten uns über den Sommer, der langsam zu Ende ging. Teddy erzählte von seinem Aufenthalt in White's Beach in Brunswick, wo ein Junge sich beim Tauchen so den Kopf gestoßen hatte, daß er fast ertrunken wäre. Ausführlich unterhielten wir uns über die Qualitäten unserer Lehrer. Wir waren uns alle darüber einig, daß Mr. Brooks der größte Schlappschwanz an der Volksschule von Castle Rock war – wenn man ihn ärgerte, würde er am liebsten anfangen zu weinen. Und dann gab es noch Mrs. Cote (ausgesprochen wie ›Cody‹), und sie war das gemeinste Miststück, das Gott je auf die Erde gelassen hatte. Vern erzählte, sie habe vor zwei Jahren einmal einen Jungen so geschlagen, daß er fast blind geworden wäre. Ich sah Chris an, und fragte mich, ob er sich wohl über die alte Simons äußern würde, aber er sagte überhaupt nichts und merkte auch nicht, daß ich ihn ansah. Er hörte sich Verns Geschichte an und nickte dabei gelegentlich.

Über Ray Brower sprachen wir nicht, als es dunkel wurde. Im Wald hat der Anbruch der Dunkelheit etwas Schreckliches und zugleich Faszinierendes. Er wird nicht durch Straßenlaternen oder erleuchtete Wohnungen abgemildert. Keine Stimmen von Müttern, die ihre Kinder rufen, kündigen ihn an. Wenn man das Leben in der Stadt gewohnt ist, scheint der Anbruch der Dunkelheit im Wald weniger ein Naturereignis als eine Naturkatastrophe zu sein; die Dunkelheit steigt herauf wie im Frühjahr das Wasser des Castle River ansteigt.

Und als ich unter diesem Aspekt an Ray Browers Leiche dachte, empfand ich keine Übelkeit und keine Angst, daß er plötzlich vor uns auftauchen könnte, als ein widerliches grünes Gespenst, das uns zurückjagen wollte, bevor wir seinen Frieden stören konnten, sondern ich empfand plötzlich Mitgefühl mit dem Jungen, der dort so allein und schutzlos in der Dunkelheit liegen mußte, die jetzt unsere Hälfte der Erdkugel überzog. Wenn etwas jetzt an ihm nagen wollte, wäre jetzt die Zeit. Seine Mutter konnte ihm nicht helfen und auch sein Vater nicht und auch nicht Jesus Christus mit allen seinen Heiligen. Er war tot, und er war allein, von den

Schienen herab in den Graben geschleudert, und wenn ich noch länger daran gedacht hätte, wären mir die Tränen gekommen.

Deshalb erzählte ich eine Geschichte aus Le Dio – keine sehr gute –, die ich mir an Ort und Stelle ausgedacht hatte und die so endete wie die meisten meiner Geschichten aus Le Dio: mit einem sterbenden GI, der seinem Zugführer eine letzte patriotische Erklärung und Grüße an sein Mädchen in der Heimat in das blasse und ernste Gesicht stammelte. Und es war nicht das angsterfüllte blasse Gesicht eines Gefreiten aus Castle Rock oder White River Junction, sondern das Gesicht eines weit Jüngeren, der schon tot war, der mit geschlossenen Augen dalag und dem aus dem linken Mundwinkel Blut über das Gesicht lief, und hinter ihm lagen nicht die zerschossenen Häuser und Kirchen meiner erfundenen Stadt Le Dio. Ich sah nur den dunklen Wald, und den mit Schlacken beworfenen Eisenbahndamm, der wie ein prähistorisches Grabmal in den Himmel ragte.

19

Ich wachte mitten in der Nacht auf und wußte zuerst nicht, wo ich war. Ich wunderte mich darüber, daß es in meinem Schlafzimmer so kalt war und fragte mich, wer wohl das Fenster offengelassen hatte. Denny vielleicht. Ich hatte von Denny geträumt, es hatte mit Surfen im Harrison State Park zu tun. Allerdings war er vor vier Jahren zuletzt dort gewesen.

Es war nicht mein Zimmer. Ich war woanders. Jemand hielt mich umklammert. Ein anderer drückte sich an meinen Rücken, und ein weiterer Schatten hockte neben mir und hielt den Kopf schief, als ob er lauschte.

»Was, zum Teufel, ist denn los?« fragte ich erstaunt.

Als Antwort kam ein langgezogenes Stöhnen. Es klang wie Vern.

Das rückte die Dinge zurecht, und ich wußte wieder, wo ich war... aber warum schliefen die anderen mitten in der

Nacht nicht? Oder hatte ich selbst nur ein paar Sekunden geschlafen? Nein, das konnte nicht sein, denn eine schmale Mondsichel hing mitten am tiefdunklen Himmel.

»Es darf mich nicht kriegen!« jammerte Vern. »Ich schwöre, daß ich immer brav sein will. Ich will nichts Böses mehr tun. Ich will auch immer die Brille hochheben, wenn ich pissen muß. Ich will... ich will...« Mit einigem Erstaunen registrierte ich, daß ich ein Gebet hörte – oder wenigstens das, was Vern Tessio sich unter einem Gebet vorstellte.

Erschrocken richtete ich mich auf.

»Halt's Maul, Vern«, sagte Chris. Er war es, der neben mir hockte und lauschte. »Es ist nichts.«

»Oh, doch«, sagte Teddy dumpf. »Da ist etwas.«

»*Was* ist los?« fragte ich schlaftrunken. Ich konnte mich immer noch nicht recht orientieren. Ich hatte meine Position in Raum und Zeit verloren. Es beunruhigte mich, daß ich nicht von Anfang an Zeuge der Entwicklung gewesen war, ganz gleich, um was es sich handelte. Vielleicht war ich zu spät aufgewacht, um mich richtig verteidigen zu können.

Dann, wie als Antwort auf meine Frage, stieg ein langgezogener, hohler Schrei aus dem Wald auf – wie der Schrei einer Frau, die außer sich vor Angst einen qualvollen Tod stirbt.

»Oh, du lieber Gott«, winselte Vern mit hoher und tränenerstickter Stimme. Wieder umklammerte er mich, daß ich kaum atmen konnte, und das vergrößerte mein eigenes Entsetzen. Ich stieß ihn mit Gewalt weg, aber er kam sofort wiedcr angekrochen, wie ein junger Hund, der nicht weiß, wohin er laufen soll.

»Das ist der Junge«, flüsterte Teddy heiser. »Sein Geist läuft draußen im Wald herum.«

»Oh, Gott!« kreischte Vern, dem dieser Gedanke anscheinend überhaupt nicht gefiel. »Ich verspreche, daß ich in Dahlies Market nie wieder Pornohefte klaue! Ich will meine Karotten auch nie wieder dem Hund geben! Ich... ich... ich...« Er verhaspelte sich. Bei diesem Versuch, Gott mit allem möglichen zu bestechen, fiel ihm in seiner

Angst nichts wirklich Brauchbares ein. *»Ich will auch keine Zigaretten ohne Filter mehr rauchen! Ich will auch nicht mehr fluchen! Ich will ...«*

»Halt's Maul, Vern«, sagte Chris, und in seinem herrischen Ton schwang dumpf seine eigene Angst mit. Ob er wohl wie ich am Rücken und an den Armen eine Gänsehaut hatte? Ob sich auch ihm die Nackenhaare sträubten?

Verns Stimme wurde zu einem Flüstern, als er fortfuhr, die Reformen zu erläutern, die in Kraft treten sollten, wenn Gott ihn nur diese Nacht überleben ließ.

»Ist es vielleicht ein Vogel?« fragte ich Chris.

»Nein, das glaub' ich nicht. Eher eine Wildkatze. Mein Dad sagt, daß sie mörderisch schreien, wenn sie sich paaren wollen. Klingt wie eine Frau, nicht wahr?«

»Ja«, sagte ich. Meine Stimme brach mitten im Wort. Es klang als ob zwei Eiswürfel auseinanderbrechen.

»Aber eine Frau könnte nicht so laut schreien«, sagte Chris ... und fügte hilflos hinzu: »Nicht wahr, Gordie?«

»Es ist ein Geist«, flüsterte Teddy. In seinen Brillengläsern spiegelte sich der Mond in schwachen, irgendwie verträumten Flecken. »Ich geh' ihn suchen.«

Ich glaube nicht, daß er das ernst meinte, aber wir waren vorsichtig. Als er aufstehen wollte, rissen wir ihn zurück. Wir faßten ihn vielleicht ein wenig zu unsanft an, aber unsere Muskeln hatten sich vor Angst in Stahlseide verwandelt.

»Laßt mich los, ihr Idioten!« zischte Teddy und wollte sich losreißen. »Wenn ich sage, daß ich ihn suchen will, dann suche ich ihn auch! Ich will ihn sehen! Ich will den Geist sehen! Ich will sehen, ob –«

Der wilde schluchzende Schrei stieg wieder in die Nacht und durchschnitt die Stille wie ein Messer mit einer Kristallklinge. Wir erstarrten, während wir Teddy festhielten – wenn er eine Fahne gewesen wäre, hätten wir ausgesehen wie das Bild der Marines bei der Eroberung von Iwo Jima. Der Schrei durcheilte mit verrückter Leichtigkeit die Oktaven und war zuletzt so gellend und schrill, daß es uns kalt über den Rücken lief. Dann fiel er wieder ab und endete in einem unmöglichen Baßton, der sich wie das Summen einer riesenhaften Biene anhörte. Dann ein Geräusch wie das Lachen eines Wahnsinnigen... und endlich wieder Ruhe.

»O Gott, o Gott«, flüsterte Teddy und hatte offenbar seine Absicht aufgegeben, in den Wald zu gehen, um festzustellen, was da so grauenhaft schrie. Wir drängten uns alle vier zusammen, und ich dachte daran, einfach wegzurennen. Ich war wohl nicht der einzige. Wenn wir auf Verns Feld gezeltet hätten – wo uns unsere Eltern *vermuteten* –, *wären* wir wahrscheinlich weggerannt. Aber Castle Rock war zu weit, und der Gedanke, in der Dunkelheit über die Brücke zu laufen, ließ mir das Blut gerinnen. Weiter nach Harlow hineinzulaufen und damit Ray Browers Leiche immer näher zu kommen, war genauso unvorstellbar. Wir saßen in der Falle. Wenn es hier draußen ein Gespenst gab, das hinter uns her war, würde es uns auch kriegen.

Chris schlug vor, eine Wache aufzustellen, und wir waren alle einverstanden. Wir warfen Münzen, und Vern machte die erste Wache. Ich kriegte die letzte. Vern setzte sich an die Überreste des Lagerfeuers, und wir anderen legten uns wieder hin. Wir drängten uns zusammen wie die Schafe.

Ich war überzeugt, daß ich keinen Schlaf finden würde, aber ich schlief dennoch ein – es war ein leichter, unruhiger Schlaf, der wie ein U-Boot mit ausgefahrenem Sehrohr durch das Unterbewußte trieb. In meinen Halbschlaf-Träumen gab es viele wilde Schreie, die vielleicht wirklich waren, vielleicht aber auch nur Produkte meiner Fantasie. Ich sah – oder glaubte zu sehen –, wie etwas Weißes, Gestaltloses durch die Bäume schlich wie ein wandelndes Bettlaken.

Endlich versank ich in einen wirklichen Traum. Chris und ich schwammen in einer Kiesgrube in White's Beach in Brunswick, die zu einem Miniatursee geworden war, nachdem die Kiesschürfer auf Grundwasser gestoßen waren. Hier hatte Teddy den Jungen gesehen, der sich beim Tauchen den Kopf stieß und beinahe ertrunken wäre.

In meinem Traum schwammen wir langsam im tiefen Wasser, und die heiße Julisonne brannte auf unsere Köpfe. Von dem Floß, das hinter uns trieb, kamen Schreie und Rufe und helles Lachen, wenn die Kinder ins Wasser sprangen und wieder auf das Floß kletterten, um gleich darauf von einem andern Kind wieder ins Wasser gestoßen zu werden. Ich hörte, wie die leeren Kerosinfässer gegeneinanderstießen, auf denen das Floß schwamm – sie dröhnten wie Kirchenglocken, die so feierlich und tief klingen, und auch ein wenig leer. Auf dem Sandstrand lagen eingeölte Leiber auf Wolldecken, mit dem Gesicht nach unten, und kleine Kinder mit Eimern hockten am Wasser und schaufelten sich gegenseitig fröhlich Sand in die Haare. Lachende Teenager schlenderten über den Strand und schauten den vielen jungen Mädchen nach, die zu zweit und zu dritt, aber niemals einzeln, über den Strand promenierten, die intimen Körperstellen in Jantzen-Badeanzüge gepackt. Leute liefen auf den Fußballen über den heißen Sand zur Snackbar. Sie kamen mit gepfefferten Hot dogs, Kartoffelchips und rotem Eis am Stiel zurück.

In einem aufblasbaren Gummiboot trieb Mrs. Cote an uns vorbei. Sie lag auf dem Rücken und trug ihre typische Schulkleidung, ein graues Kostüm und statt der Bluse unter der Jacke einen grauen Pullover. Auf einer fast nicht vorhandenen Brust steckte eine Blume, und an den Beinen trug sie grüne Stützstrümpfe. Ihre schwarzen, hochhackigen Altweiberschuhe hingen ins Wasser und zogen V-förmige Wellen. Ihr Haar war blaugetönt, wie das meiner Mutter, und zu widerlichen sterilen Locken frisiert. Ihre Brillengläser schossen unter der Sonne brutale Blitze.

»Paßt nur auf, Jungs«, sagte sie. »Paßt nur auf, sonst schlage ich euch blind. Ich darf das; die Schulaufsichtsbehörde hat es genehmigt. Und jetzt, Mr. Chambers, das Gedicht. *Auswendig*, bitte.«

»Ich hab' versucht, das Geld zurückzugeben«, sagte Chris. »Die alte Miß Simons sagte, in Ordnung, aber sie hat es *behalten*! Verstehen Sie? Sie hat es *behalten*! Was wollen Sie jetzt tun? Sie schlagen, bis *sie* blind ist?«

Chris warf mir einen verzweifelten Blick zu, als wollte er sagen: *Hab' ich dir nicht gesagt, daß es so kommen würde?* Dann fing er an, Wasser zu treten. Er sagte das Gedicht auf: »Es gibt etwas, das keine Mauern liebt, und den gefror'nen Boden unter ihnen hebt –« Sein Kopf tauchte unter, und sein geöffneter Mund füllte sich mit Wasser.

Dann tauchte er wieder auf und schrie: »Hilf mir, Gordie! Hilf mir!«

Er wurde wieder nach unten gezogen. Im klaren Wasser sah ich zwei aufgedunsene nackte Leichen, die seine Füße festhielten. Die eine war Vern, und die andere Teddy, und ihre geöffneten Augen waren so leer und ohne Pupillen wie die von griechischen Statuen. Ihre kleinen, noch nicht voll entwickelten Schwänze hingen wie weißer Seetang an ihren geschwollenen Leibern. Chris tauchte wieder auf. Schlaff hob er die Hand und stieß einen lauten Schrei aus. Wie eine Frau schrie er in die heiße Sommerluft. Ich riß den Kopf herum und schaute zum Strand hinunter, aber niemand hatte den Schrei gehört. Der Rettungsschwimmer auf dem weiß gestrichenen, kreuzförmigen Turm stellte seinen bronzefarbenen athletischen Körper zur Schau und lächelte ein Mädchen an, das unten vorbeiging und einen roten Badeanzug trug. Chris' Schrei war nur noch ein Gurgeln, als die Leichen ihn wieder unter das Wasser zogen. Unten, wo das Wasser dunkler wurde, sah ich schrecklich verzerrt seine weit aufgerissenen Augen. Sie flehten um Hilfe. Ich sah, daß er seine weißen Arme hochreckte. Aber anstatt zu tauchen, um ihn zu retten, versuchte ich verzweifelt, ans Ufer zu schwimmen. Bevor ich es erreichte – bevor ich überhaupt in die Nähe des Ufers kam – packte mich eine weiche verrottete Hand an der Wade und zog mich erbarmungslos in die Tiefe. Ich wollte schreien... aber in diesem Augenblick glitt ich aus meinem Traum in die Wirklichkeit zurück. Teddy hielt mein Bein und versucht, mich wachzurütteln. Es war Zeit für meine Wache.

Noch halb im Schlaf fragte ich: »Du lebst noch, Teddy?«

»Nein. Ich bin tot, und du bist ein schwarzer Nigger«, sagte er wütend. Ich setzte mich an das Lagerfeuer, und Teddy legte sich hin.

20

Im weiteren Verlauf der Nacht schliefen die anderen fest, während ich selbst oft aufwachte und dann wieder einschlief. Die Nacht war alles andere als still. Ich hörte das triumphierende Kreischen einer Eule, die ihre Beute schlug, den leisen Schrei eines kleinen Tieres, das vielleicht gerade von einem anderen gefressen zu werden drohte, das Geräusch eines größeren Tieres, das wild durch das Unterholz brach, und im Hintergrund das ständige Zirpen der Grillen. Den fürchterlichen Schrei hörte ich nicht wieder. Ich schlief ein und wachte auf. Ich lag eine Weile wach und dann schlief ich wieder ein. Wenn ich in Le Dio so nachlässig Wache gehalten hätte, wäre ich wahrscheinlich vor ein Kriegsgericht gekommen und erschossen worden.

Schließlich fuhr ich endgültig aus dem Schlaf und merkte, daß etwas sich verändert hatte. Ich brauchte ein paar Sekunden, um zu erkennen, was es war. Obwohl der Mond untergegangen war, konnte ich meine Hände sehen, die auf meinen Schenkeln lagen. Meine Uhr stand auf fünf. Es dämmerte.

Als ich aufstand, hörte ich mein Rückgrat knacken. Ich entfernte mich ein paar Meter von meinen schlafenden Freunden und pißte in einen Sumachstrauch. Ich schüttelte den Schlaf ab, und damit war auch meine nächtliche Nervosität verflogen. Es war ein gutes Gefühl.

Ich kletterte die Böschung hoch und setzte mich auf eine der Schienen. Ich hatte es nicht eilig, meine Freunde zu wecken. In diesem Augenblick war der neue Tag viel zu schön, als daß ich ihn mit anderen hätte teilen mögen.

Der Morgen kam rasch. Die Grillen verstummten, und die Schatten unter den Bäumen verdampften wie Pfützen nach einem Regenschauer. In der Luft lag diese sonderbare Leere, die den letzten heißen Tag einer langen Reihe von heißen Tagen ankündigt. Vögel, die während der Nacht wahrscheinlich genau wie wir irgendwo gehockt hatten, fingen an zu zwitschern. Ein Zaunkönig landete auf dem umgestürzten Baum, von dem wir unser Feuerholz geholt hatten, putzte sich die Federn und flog davon.

Ich weiß nicht mehr, wie lange ich so auf der Schiene saß und zuschaute, wie sich die Röte so leise aus dem Himmel stahl, wie sie am Abend vorher gekommen war. Jedenfalls lange genug, daß mein Hintern sich beschwerte. Ich wollte gerade aufstehen, als ich rechts von mir, keine zehn Meter entfernt, ein Reh stehen sah, eine Ricke.

Das Herz fuhr mir in die Kehle, daß ich es mit der Hand hätte anfassen können. Mein Magen und meine Genitalien füllten sich mit einer heißen, trockenen Erregung. Ich bewegte mich nicht. Ich hätte es gar nicht können. Ihre Augen waren nicht braun sondern ein dunkles staubiges Schwarz – wie der Samt, auf dem Juwelen ausgestellt werden. Ihre kleinen Ohren sahen aus wie abgetretenes Wildleder. Sie sah mich freundlich an und hielt den Kopf leicht gesenkt. Sie sah einen Jungen mit vom Schlaf zerwühltem Haar, in Jeans mit Aufschlägen und einem braunen Khakihemd mit geflickten Ellenbogen und hochgeschlagenem Kragen und war wahrscheinlich sehr neugierig. Was ich sah, war eine Art Geschenk, das mit einer Sorglosigkeit dargeboten ward, die etwas Erschreckendes an sich hatte.

Wir sahen uns lange an... jedenfalls *erschien* es mir lange. Dann drehte sie sich um und sprang auf die andere Seite der Gleise und wackelte unbekümmert mit ihrem weißen Stummelschwanz. Sie fand Gras und fing an zu äsen. Ich konnte es kaum glauben, sie fing tatsächlich an zu *äsen*. Dabei schaute sie sich nicht ein einziges Mal nach mir um, und das brauchte sie auch nicht; ich war wie erstarrt.

Dann fing die Schiene unter meinem Arsch an zu summen, und nur Sekunden später hob das Reh den Kopf. Mit seiner schwarzen Nase zog es die Luft ein. Dann verschwand es mit drei eckigen Sprüngen lautlos im Wald. Nur ein morscher Zweig knackte. Es hörte sich an wie ein Startschuß.

Ich blieb sitzen und schaute gebannt auf die Stelle, wo das Reh gestanden hatte, bis der Güterzug in der Stille zu hören war. Dann glitt ich die Böschung hinunter und ging zu den Schlafenden zurück.

Langsam und laut rollte der Güterzug vorbei, und gähnend und sich kratzend wachten sie auf. Nervös unterhielten wir uns über ›den Fall des schreienden Geistes‹, wie Chris es nannte, aber eigentlich nicht sehr lange. Bei Tageslicht kam uns die Sache eher albern als interessant vor – fast peinlich. Lieber alles vergessen.

Es lag mir auf der Zunge, ihnen von dem Reh zu erzählen, aber ich ließ es. Ich behielt es für mich, und bis heute habe ich darüber weder gesprochen noch geschrieben. Und ich muß gestehen, daß es sich geschrieben weniger wichtig ausnimmt, fast bedeutungslos. Aber für mich war es das schönste Erlebnis auf unserer Expedition und auch das reinste, und wenn ich später im Leben in Schwierigkeiten steckte, habe ich mich fast hilflos an diesen Augenblick erinnert – an meinem ersten Tag im Busch von Vietnam, als einer der Männer auf die Lichtung kam, wo wir saßen, und sich die Nase hielt, und als er die Hand vom Gesicht nahm, gar keine Nase mehr hatte, weil sie ihm abgeschossen worden war; an dem Tag, als der Arzt uns sagte, daß unser jüngster Sohn möglicherweise einen Wasserkopf habe (wie sich herausstellte, hatte er Gott sei Dank nur einen überdurchschnittlichen großen Kopf); während der langen und verrückten Wochen, bevor meine Mutter starb. Immer wieder kehrten meine Gedanken zu jenem Morgen zurück, und ich dachte an das abgetragene Wildleder ihrer Ohren und an ihren weißen Stummelschwanz. Aber achthundert Millionen Rotchinesen interessiert das einen Scheißdreck, nicht wahr? Die wichtigsten Dinge lassen sich am schwersten ausdrücken, denn Worte verkleinern sie. Die guten Dinge im eigenen Leben kann man Fremden kaum verständlich machen.

21

Die Gleise bogen jetzt nach Südwesten ab und verliefen durch ein dichtes Gestrüpp von Krüppelfichten. Zum Frühstück aßen wir Brombeeren, die wir im Unterholz fanden, aber Beeren machen nicht satt. Der Magen beruhigt sich für eine halbe Stunde und fängt dann um so lauter an zu knurren. Wir gingen auf die Gleise zurück – es war inzwischen etwa acht Uhr – und machten eine kleine Pause. Unsere Münder waren schwarz von den Brombeeren, und am Oberkörper hatten wir Kratzspuren von den Dornen. Vern dachte laut. Er wünschte sich Spiegeleier mit Speck.

Es war der letzte heiße Tag, und ich glaube, es war der schlimmste von allen. Die Wolkenfetzen vom frühen Morgen waren verschwunden, und gegen neun Uhr hatte der Himmel wieder dieses Stahlblau, das man nur anzuschauen brauchte, um sich noch heißer zu fühlen. Der Schweiß lief uns von Brust und Rücken und zeichnete weiße Streifen auf unsere dreckige Haut. Moskitos und Mücken sirrten in dichten Wolken um unsere Köpfe. Das Wissen, daß noch viele Meilen vor uns lagen, erhöhte nicht gerade unser Wohlbefinden. Aber die Faszination trieb uns vorwärts und ließ uns schneller laufen, als es bei der Hitze für uns gut war. Wir waren alle ganz verrückt danach, die Leiche des toten Jungen zu sehen – einfacher und ehrlicher kann ich es nicht ausdrücken. Ob sie nun ganz harmlos aussehen oder uns mit tausend scheußlichen Träumen den Schlaf rauben würde, war uns gleichgültig. Wir wollten die Leiche sehen. Langsam waren wir so weit, daß wir glaubten, wir hätten es *verdient*.

Es war ungefähr halb zehn, als Teddy und Chris irgendwo vor uns Wasser entdeckten – sie riefen es Vern und mir zu. Wir rannten sofort hin. Chris lachte und freute sich. »Seht mal! Das waren Biber!« Er zeigte hin.

Das mußten tatsächlich Biber gewesen sein. Vor uns führte ein breiter Abzugskanal unter den Bahndamm hindurch, und wo das Wasser herausfloß, hatten die Biber einen sauberen kleinen Damm gebaut – aus mit Blättern, Zweigen und Schlamm zusammengeklebten Stöcken und Ästen. Biber sind wirklich fleißige kleine Tiere. Hinter dem Damm war ein klarer, heller Teich entstanden, in dem sich gleißend die Sonne spiegelte. An verschiedenen Stellen ragten die Biberhöhlen aus dem Wasser – sie sahen aus wie Iglus aus Holz. Am hinteren Ende floß ein kleiner Bach in den

Teich, und die Bäume, die in der Nähe standen, waren stellenweise bis zu einem Meter hoch so weit abgenagt, daß sie ganz weiß aussahen.

»Die Eisenbahn wird diese Scheiße schon sehr bald wegräumen«, sagte Chris.

»Warum?« fragte Vern.

»Sie können hier keinen Teich gebrauchen«, sagte Chris. »Er könnte ihre wertvolle Strecke unterspülen. Deshalb haben sie schon mal den Abzugskanal gebaut. Sie werden ein paar Biber schießen, und der Rest haut ab. Dann zerstören sie den Damm. Dann wird dies wieder sumpfiges Gelände, was es wahrscheinlich vorher schon war.«

»Das finde ich eine Sauerei«, sagte Teddy.

Chris zuckte die Achseln. »Wer schert sich schon um Biber? Bestimmt nicht die Great Southern and Western Maine.«

»Ob es so tief ist, daß man darin schwimmen kann?« fragte Vern und schaute sehnsüchtig zum Wasser hinüber.

»Das können wir feststellen«, sagte Teddy.

»Wer geht zuerst?« fragte ich.

»Ich«, sagte Chris. Er rannte zum Teich und trat sich die Turnschuhe von den Füßen. Mit einem Ruck löste er das Hemd, das er sich um die Hüften gebunden hatte. Mit den Daumen schob er sich Hosen und Unterhosen runter und balancierte erst auf dem einen, dann auf dem anderen Bein, um sich die Socken auszuziehen. Dann machte er einen flachen Kopfsprung. Er kam wieder hoch und schüttelte sich das nasse Haar aus den Augen. »Verdammt *gut*!« schrie er.

»Wie tief?« fragte Teddy, der nicht schwimmen konnte.

Chris stellte sich hin, und das Wasser reichte ihm bis an die Schultern. Ich sah etwas auf seiner Schulter – etwas Schwärzlichgraues. Es mußte Schlamm sein, und ich dachte nicht weiter darüber nach. Wenn ich besser hingeschaut hätte, wären mir viele Alpträume erspart geblieben. »Kommt rein, ihr Feiglinge!« schrie Chris.

Er wandte sich ab und platschte im Bruststil über den Teich. Dann machte er eine Wende und schwamm wieder zurück. Inzwischen zogen wir anderen uns aus. Vern sprang als nächster ins Wasser, dann ich.

Es war ein fantastisches Gefühl – das Wasser war klar und kühl. Ich schwamm zu Chris hinüber. Es war wunderbar, nichts als Wasser anzuhaben. Ich richtete mich auf und wir grinsten uns an.

»Klasse!« sagten wir beide gleichzeitig.

»Da geht dir einer ab«, sagte er, spritzte mir Wasser ins Gesicht und schwamm davon.

Wir tobten fast eine halbe Stunde lang im Wasser herum, bevor wir merkten, daß der Teich von Blutegeln wimmelte. Wir tauchten, schwammen unter Wasser, bespritzten uns und tauchten uns gegenseitig unter. Noch wußten wir von nichts. Dann schwamm Vern an eine flache Stelle, tauchte unter und machte einen Handstand. Als seine Beine aus dem Wasser hochkamen und ein wackliges V bildeten, sah ich, daß sie mit schwärzlichgrauen Klumpen bedeckt waren. Sie sahen genauso aus wie der Klumpen, den ich an Chris' Schulter gesehen hatte. Wie große Schnecken.

Chris stand mit offenem Mund da, und mir gefror das Blut zu Eis. Teddy kreischte laut auf. Er war leichenblaß. So schnell wir konnten schwammen wir an Land. Ich weiß heute nicht mehr über Süßwasseregel als damals, aber die Tatsache, daß sie fast alle harmlos sind, hat den geradezu krankhaften Ekel nicht beseitigt, den ich seit jenem Tag im Biberteich vor ihnen empfinde. In ihrem Speichel haben sie eine Substanz, die betäubend wirkt, und eine andere, die das Gerinnen des Blutes verhindert. Wenn man sie also nicht sieht, saugen sie so lange, bis ihre widerlichen geschwollenen Leiber von einem abfallen oder bis sie platzen.

Wir kletterten ans Ufer, und Teddy bekam hysterische Anfälle, als er an sich herabsah. Er schrie, während er sich die Blutegel vom nackten Körper riß.

Vern stieg aus dem Wasser und sah uns erstaunt an. »Verdammt, was hat er denn?«

»Blutegel!« kreischte Teddy, riß zwei von seinen zitternden Schenkeln und warf sie so weit er konnte. »Diese gottverdammten *Blutsauger!*« Beim letzten Wort schnappte seine Stimme über.

»*OhGottOhGottOhGott!*« schrie Vern. Er paddelte durch das Wasser und torkelte an Land.

Es war noch kühl; die Tageshitze hatte mich noch nicht wieder. Ich versuchte, mich zu beherrschen. Nur nicht schreien. Kein Waschlappen sein. Ich sammelte ein halbes Dutzend von meinen Armen und meiner Brust.

Chris drehte mir den Rücken zu. »Gordie? Sind da noch mehr? Nimm sie bitte ab, Gordie!« Da *waren* mehr. Fünf oder sechs, die an seinem Rücken klebten wie groteske schwarze Köpfe. Ich entfernte die weichen, knochenlose Tiere.

Ich wischte noch einige von meinen Schenkeln, und dann bat ich Chris, sich meinen Rücken anzusehen.

Ich hatte mich schon ein wenig beruhigt, als ich sah, daß der größte von allen an meinen Hoden hing. Sein Körper war zu vierfacher Größe angeschwollen. Seine schwärzlichgraue Haut hatte sich purpurrot verfärbt. In diesem Augenblick verlor ich die Beherrschung. Nicht äußerlich, jedenfalls nicht spürbar, aber innerlich, wo es zählt.

Ich wischte mit dem Handrücken über seinen klebrigen Leib, aber er hielt fest. Ich versuchte es noch einmal, aber ich brachte es nicht einmal fertig, das Tier zu berühren. Ich wandte mich an Chris, aber ich brachte kein Wort heraus. Ich zeigte auf den Blutegel. Chris' schon blasses Gesicht wurde aschfahl.

»Ich krieg' ihn nicht ab«, stieß ich hervor. »Du... kannst du...«

Aber er sprang zurück und schüttelte den Kopf. Sein Mund war verzerrt. »Ich kann nicht, Gordie«, sagte er und konnte doch den Blick nicht abwenden. »Es tut mir leid, aber ich kann es nicht. Nein. Oh. Nein.«

Er wandte sich ab, hielt sich die Hand vor den Bauch und verbeugte sich wie der Butler in einer Operette. Dann kotzte er in einen Wacholderbusch.

Du mußt dich beherrschen, dachte ich und betrachtete den Blutegel, der wie ein komischer Bart an meinen Hoden hing. Er schwoll immer noch sichtbar an. *Du mußt dich beherrschen und ihn abnehmen. Nicht weich werden. Es ist der letzte. Der Letzte.*

Ich griff nach unten und riß ihn ab. Er platzte zwischen

meinen Fingern, und mein eigenes warmes Blut lief mir über die Handfläche. Ich fing an zu weinen.

Immer noch weinend ging ich meinen Kleidern und zog sie an. Ich wollte aufhören zu weinen, aber ich konnte das Wasser einfach nicht abstellen. Und dann setzte das Zittern ein und machte alles noch schlimmer. Vern rannte auf mich zu. Er war immer noch nackt.

»Sind sie ab, Gordie? Sind sie ab? Sind sie ab?«

Er hüpfte vor mir auf und ab wie ein verrückter Tänzer im Karneval.

»Sind sie ab? Sind sie ab, Gordie?«

Er schaute an mir vorbei, und seine Augen waren so groß und weiß wie die eines Karusselpferdes auf der Kirmes.

Ich nickte bestätigend, aber heulte weiter. Heulen schien meine neue Karriere zu werden. Ich stopfte mir das Hemd in die Hose und knöpfte es bis zum Hals zu. Ich zog meine Socken und meine Turnschuhe an. Ganz allmählich wurden die Tränen weniger, und dann hörte ich ganz auf zu weinen.

Chris kam zu mir und wischte sich den Mund mit einer Handvoll Ulmenblätter ab. In seinen aufgerissenen Augen las ich stummes Bedauern.

Als wir alle angezogen waren, blieben wir noch einen Augenblick stehen und sahen uns an. Dann kletterten wir wieder den Bahndamm hinauf. Ich schaute mich noch einmal nach dem geplatzten Blutegel um, der bei einem der niedergetrampelten Büsche lag, auf denen wir schreiend herumgesprungen waren, während wir uns gegenseitig die Blutegel absammelten. Er sah geschrumpft aus... aber immer noch unheimlich.

Vierzehn Jahre später verkaufte ich meinen ersten Roman und reiste zum ersten Mal nach New York. »Es wird eine Feier von drei Tagen«, sagte mein Verleger mir am Telefon. »Und jeder, der Scheiße redet, wird sofort erschossen.« Aber natürlich wurde an diesen drei Tagen *nur* Scheiße geredet.

Während ich dort war, wollte ich all das tun, was ein Besucher normalerweise tut – in der Radio City Music Hall ein Bühnenstück sehen, auf das Empire State Building steigen (zur Hölle mit dem World Trade Center; das Gebäude, das King Kong 1933 bestieg, wird für mich immer das höchste der Welt bleiben), den Times Square bei Nacht besuchen. Keith, mein Verleger, schien hocherfreut zu sein, mir seine Stadt zeigen zu können. Unsere letzte touristische Pflichtübung war eine Fahrt mit der Staten-Island-Fähre, und als ich an der Reeling lehnte und nach unten schaute, sah ich Dutzende von gebrauchten Kondomen in der sanften Dünung treiben. Es war ein Augenblick totaler Vergegenwärtigung – oder vielleicht war es tatsächlich eine Zeitreise. Wie dem auch sei, eine Sekunde lang befand ich mich buchstäblich *in* der Vergangenheit. Ich stand am Bahndamm und schaute mich nach dem geplatzten Blutegel um: tot und geschrumpft... aber immer noch unheimlich.

Keith schien mir irgend etwas am Gesicht angesehen zu haben, denn er sagte: »Nicht gerade sehr schön, was?«

Ich schüttelte den Kopf und wollte ihn bitten, sich nicht zu entschuldigen, ich wollte ihm sagen, daß man nicht zum Apple kommen und die Fähre benutzen muß, um gebrauchte Gummis zu sehen, und ich wollte sagen: *die Leute schreiben nur Bücher, um die Vergangenheit zu verstehen und sich auf irgendeine künftige Sterblichkeit vorzubereiten; deshalb haben die Verben in den Geschichten auch immer Vergangenheitsform, Keith, alter Junge, und das gilt auch für die Leute, die Millionen von Taschenbüchern verkaufen.*

Wie Sie vielleicht erraten haben, war ich an jenem Abend ziemlich betrunken.

Was ich ihm in Wirklichkeit sagte, war: »Ich dachte gerade an etwas anderes.« Die wichtigsten Dinge lassen sich am schwersten sagen.

22

Wir gingen weiter die Gleise entlang – ich weiß nicht genau wie weit – und ich dachte bei mir: *Okay, damit werde ich schon fertig. Es ist ja vorbei, und es waren ja nur Blutegel. Da soll doch der Hund drauf scheißen.* Das dachte ich immer noch, als plötzlich alles um mich herum weiß wurde und ich umfiel. Ich mußte hart gefallen sein, aber auf den Schwellen zu landen, war wie in ein warmes flauschiges Federbett zu sinken. Jemand drehte mich um. Die Berührung der Hände war schwach und ich registrierte sie kaum.

Die Gesichter waren körperlose Ballons, die aus vielen Meilen Höhe auf mich herabschauten. Sie sahen aus, wie das Gesicht des Ringrichters für einen Boxer aussehen muß, der sich gerade zehn Sekunden lang auf dem Ringboden ausruht. Ihre Worte kamen in sanften Schwingungen, die mal stärker, dann wieder schwächer waren.

»...ihm?«

»...ist alles...«

»...vielleicht die Sonne...«

»Gordie, bist du...«

Dann muß ich etwas ziemlich Unsinniges gesagt haben, denn sie sahen jetzt *wirklich* besorgt aus.

»Wir müssen ihn zurückschaffen«, sagte Teddy, und dann wurde alles wieder weiß.

Als das Weiß sich verzogen hatte, schien mit mir alles wieder in Ordnung zu sein. Chris kniete neben mir und sagte: »Hörst du mich, Gordie? Bist du wieder wach?«

»Ja«, sagte ich und setzte mich auf. Ein Schwarm schwarzer Punkte explodierte vor meinen Augen und verschwand. Ich wartete darauf, daß sie wiederkamen, aber das war nicht der Fall, und ich stand auf.

»Wir hatten vielleicht eine Scheißangst um dich, Gordie«, sagte er. »Willst du einen Schluck Wasser trinken?«

»Ja.«

Er reichte mir seine Feldflasche, die noch halb voll war, und ich nahm drei warme Schlucke.

»Warum bist du in Ohnmacht gefallen, Gordie?« fragte Vern besorgt.

»Ich hab' den Fehler gemacht«, sagte ich, »und dir ins Gesicht gesehen.«

»I-iiii-iiii«, gackerte Teddy. »Verdammt, Gordie. Du bist vielleicht ein Arschloch.«

»Ist wirklich alles wieder in Ordnung?« fuhr Vern unbeirrt fort.

»Ja, klar. Es war... mir war einen Augenblick schlecht. Ich hab' an die verdammten Blutegel gedacht.«

Sie nickten ernst. Wir hielten im Schatten eine kurze Rast und gingen dann weiter, Vern und ich auf der einen Seite der Gleise, Chris und Teddy auf der anderen. Wir rechneten uns aus, daß wir unserem Ziel schon nahe sein mußten.

23

Wir waren noch nicht so nahe, wie wir dachten. Wenn wir genug Verstand gehabt hätten, einen Blick auf die Karte zu werfen, hätten wir gesehen, warum. Wir wußten, daß Ray Browers Leiche in der Nähe der Back Harlow Road liegen mußte, die am Ufer des Royal River in einer Sackgasse endet. Auf einer zweiten Brücke führen die Gleise der GS & WM über den Royal. Und da der Royal nur zehn Meilen vom Castle River entfernt ist, glaubten wir, daß wir es fast geschafft hätten.

Aber es waren zehn Meilen Luftlinie, und die Gleise verliefen zwischen dem Castle und dem Royal nicht gerade sondern in einer langgezogenen Kurve, um eine hügelige Region zu umgehen, die The Bluffs hieß. Jedenfalls hätten wir diese Schleife deutlich erkannt, wenn wir auf die Karte geschaut hätten. Dann hätten wir gewußt, daß wir statt zehn noch ungefähr sechzehn Meilen zu gehen hatten.

Chris begann die Wahrheit zu ahnen, als es Mittag wurde und der Royal immer noch nicht in Sicht war. Wir machten halt, und Chris stieg auf eine große Tanne, um sich im Gelände umzusehen. Er stieg wieder herunter und gab uns einen knappen Bericht. Wir würden den Royal frühestens um vier Uhr nachmittags erreichen, und auch das nur, wenn wir uns beeilten.

»Ach, Scheiße«, rief Teddy. »Und was machen wir jetzt?«

Wir sahen uns in die müden verschwitzten Gesichter. Wir hatten Hunger und schlechte Laune. Das große Abenteuer hatte sich in ein mühseliges, dreckiges und manchmal furchterregendes Unternehmen verwandelt. Inzwischen würde man uns zu Hause schon vermissen, und wenn Milo Pressman nicht schon die Polizei angerufen hatte, dann hatte es vielleicht der Ingenieur des Güterzuges, der über die Brücke fuhr, getan. Wir hatten per Anhalter nach Castle Rock zurückfahren wollen, aber vier Uhr war genau drei Stunden vor Einbruch der Dunkelheit, und *niemand* nimmt auf einer einsamen Landstraße bei Dunkelheit vier Jungen mit.

Ich versuchte, mir das Reh vorzustellen, das in dem frischen Gras geäst hatte, aber selbst dieses Bild war trocken und staubig und nicht besser als eine ausgestopfte Jagdtrophäe über dem Kamin irgendeiner Jagdhütte, mit lackierten Augen, um ihnen einen unechten lebendigen Glanz zu geben.

Endlich sagte Chris: »Wir haben keine Wahl. Gehen wir weiter.«

Er ging mit gesenktem Kopf in seinen staubigen Turnschuhen voran. Der Schatten zu seinen Füßen war winzig. Nach ungefähr einer Minute folgen wir anderen ihm im Gänsemarsch.

24

In den Jahren bis zur Niederschrift dieser Erinnerungen habe ich bemerkenswert selten an jene beiden Septembertage gedacht, jedenfalls nicht bewußt. Die Assoziationen, die der Gedanke daran wachruft, sind so unangenehm wie Leichen in einem Fluß, die von Geschützfeuer an die Wasseroberfläche geschleudert werden. Deshalb habe ich auch nie unseren Entschluß, die Bahnlinie entlangzugehen, in Frage gestellt. Anders ausgedrückt, ich habe mich manchmal gefragt, *wozu* wir uns damals eigentlich entschlossen hatten, aber nie, wie wir diesen Entschluß ausgeführt haben.

Aber heute steht mir ein viel einfacheres Szenarium vor Augen. Wenn uns die Idee *gekommen* wäre, hätten wir sie wohl einstimmig abgelehnt – die Gleise entlangzugehen schien uns näher und interessanter. Aber wenn einem von uns die Idee gekommen wäre und wir sie *nicht* abgelehnt hätten, wäre nichts von dem passiert, was später eintrat. Vielleicht würden Chris und Teddy und Vern sogar heute noch leben. Nein, sie sind nicht im Wald oder auf den Bahngleisen gestorben; niemand stirbt in dieser Geschichte, außer Blutegeln und Ray Brower, und genaugenommen war er schon tot, bevor sie begann. Aber es ist eine Tatsache, daß von den vier Jungen, die Münzen warfen, um zu bestimmen, wer zum Florida Market laufen und Vorräte kaufen sollte, nur der eine noch lebt, der schließlich gehen mußte. In einem Alter, in dem man uns alle vier als zu jung und unreif ansehen würde, Präsident zu werden, sind drei von uns schon tot. Und wenn es stimmt, daß belanglose Ereignisse im Laufe der Zeit größere Bedeutung erlangen, dann hätten wir nur etwas Naheliegendes tun müssen: per Anhalter nach Harlow zu fahren. Dann wären sie vielleicht heute noch am Leben.

Wir hätten über die Route 7 bis zur Shilo-Kirche fahren können, die an der Kreuzung zur Back Harlow Road stand, bis sie 1967 eingeäschert wurde. Es hieß, das Feuer sei durch die weggeworfene Zigarette eines Landstreichers verursacht worden. Mit Glück hätten wir noch vor Sonnenuntergang am ersten Tag die Leiche gefunden.

Aber eine solche Idee hätte keine Chance gehabt. Sie wäre nicht mit fundierten Argumenten und der Rhetorik eines Debattier-Klubs abgelehnt worden, sondern unter Grunzen und finsteren Blicken und Furzen und mit erhobenem Mittelfinger. Der verbale Teil der Diskussion hätte aus so durchschlagenden Beiträgen wie »Scheiße, nein« oder »So ein Quatsch« bestanden und vielleicht aus dem zuverlässigen alten Spruch: »Hatte deine Mutter eigentlich nie 'ne Lebendgeburt?«

Unausgesprochen – vielleicht war das etwas zu Grundsätzliches, als daß wir darüber geredet hätten – hielten wir unsere Expedition für eine *große* Sache. Das war doch etwas anderes als Knallfrösche abzubrennen oder im Harrison State Park durch ein Astloch in die Mädchentoilette zu gukken. Es war an Bedeutung der ersten Nummer vergleichbar oder der Einberufung zur Armee oder dem Einkauf der ersten legalen Falsche Schnaps – wenn man einfach in den Laden geht, sich eine Flasche guten Scotch aussucht, seinen Einberufungsbefehl und seinen Führerschein vorlegt und dann grinsend mit der braunen Tüte in der Hand wieder rausgeht und nun Mitglied eines Klubs ist, der ein paar mehr Rechte und Privilegien hat als wir mit unserem alten Baumhaus mit dem Blechdach.

Für alle wesentlichen Ereignisse gibt es ein hohes Ritual, Übergangsriten, den magischen Korridor, in dem sich die Veränderung vollzieht. Wenn man Präservative kauft. Vor dem Pfarrer steht. Die Hand zum Schwur hebt. Oder meinetwegen auch, wenn man die Bahngleise entlanggeht, um einen toten Jungen in seinem Alter zu suchen, genauso wie ich Chris bis zur Pine Street entgegengehe, wenn er mich besucht, oder wie Teddy mir durch die Gates Street entgegenkommt, wenn ich zu ihm gehe. Das hat alles seine Ordnung, denn der Übergangsritus *ist* ein magischer Korridor, und deshalb verschaffen wir uns immer einen Gang – wir gehen durch diesen Korridor zur Trauung, und wir werden durch ihn zu unserer Beerdigung getragen. Unser Korridor waren diese beiden Schienen, an denen wir entlanggingen und uns unserem Ziel näherten, was immer das sein würde. Und vielleicht fährt man zu einem solchen Anlaß ganz einfach nicht per Anhalter. Und vielleicht fanden wir es auch ganz in Ordnung, daß es sich als schwieriger herausstellte, als wir erwartet hätten. Die Ereignisse, die unseren Ausflug begleitet hatten, bestätigten was wir schon die ganze Zeit vermutet hatten: dies war eine todernste Sache.

Was wir noch *nicht* wußten, während wir unseren Bogen um The Bluffs schlugen, war, daß Billy Tessio, Charlie Hogan, Jack Mudgett, Norman ›Fuzzy‹ Bracowicz, Vince Desjardins, Chris' älterer Bruder Eyeball und Ace Merrill alle schon selbst unterwegs waren, um sich die Leiche anzusehen – auf unheimliche Weise war Ray Brower zu einer Art Berühmtheit und unser Geheimnis war zu einem regelrechten Ausstellungsstück geworden. Sie zwängten sich in Ace Merrils klapprigen 1952er Ford und Vinces rosa 1954er Studebaker und fuhren los, als wir gerade die letzte Etappe unseres Weges in Angriff nahmen.

Billy und Charlie hatten es geschafft, ihr gewaltiges Geheimnis ungefähr sechsunddreißig Stunden für sich zu behalten. Dann hatte Charlie es Ace erzählt, als sie Poolbillard spielten, und Billy hatte es Jack Mudgett gesteckt, als sie an der Boom Road Bridge Weißfische angelten. Ace und Jack hatten feierlich beim Namen ihrer Mutter geschworen, das Geheimnis nicht zu verraten, und so kam es, daß bis zum Mittag alle anderen aus ihrer Clique es ebenfalls wußten. Da können Sie sehen, was diese Arschlöcher von ihren Müttern halten.

Sie versammelten sich alle unten im Billardsaal, und Fuzzy Bracowicz trug die Theorie vor (die dem geneigten Leser schon bekannt ist), daß sie alle Helden werden könnten – von Auftritten im Radio und im Fernsehen ganz zu schweigen – wenn sie die Leiche ›fänden‹. Sie brauchten nur, wie Fuzzy sagte, zwei Wagen zu nehmen und Angelgerät in die Kofferräume zu packen. Nachdem sie die Leiche gefunden hätten, hätten sie eine perfekte Story. Wir wollten nur ein paar Hechte aus dem Royal River holen, Officer. Ha-ha-ha. Sehen Sie mal, was wir gefunden haben.

Als wir uns endlich der Leiche näherten, fraßen ihre Wagen schon die Meilen zwischen Castle Rock und der Gegend um Back Harlow.

25

Gegen zwei Uhr zogen sich Wolken am Himmel zusammen, aber anfangs nahm keiner von uns das ernst. Es hatte seit Anfang Juli nicht mehr geregnet, warum sollte es also heute regnen? Aber südlich von uns türmten sich die Wolken immer höher auf, riesige Gewitterwolken, purpurfarbig wie Blutergüsse, und sie bewegten sich langsam in unsere Richtung. Ich sah genau hin, um den Schleier unter ihnen zu entdecken, der bedeutet, daß es in dreißig oder fünfzig Meilen Entfernung schon regnet. Aber das war nicht der Fall. Die Gewitterfront baute sich erst auf.

Vern hatte sich an der Hacke eine Blase gelaufen, und wir hielten an und ruhten uns aus, während Vern sich hinten Moos in den Schuh stopfte, das er von der Rinde einer alten Eiche abgekratzt hatte.

»Ob wir Regen kriegen, Gordie?« fragte Teddy.

»Ich glaube, ja.«

»Einen gewaltigen Piß«, sagte er und seufzte. »Ein Piß ist ein gutes Ende für einen beschissenen Tag.«

Ich lachte, und er blinzelte mir zu.

Wir gingen weiter, aber aus Rücksicht auf Verns schmerzenden Fuß ein wenig langsamer. Und in der Stunde zwischen zwei und drei gewann das Tageslicht eine andere Qualität. Jetzt wußten wir genau, daß es regnen würde. Es war zwar noch so heiß wie vorher, aber es war feuchter geworden. Es gab keinen Zweifel mehr. Auch die Vögel wußten es. Sie schienen aus dem Nichts zu kommen. Plötzlich waren sie da. Sie schossen durch die Luft und zwitscherten und stießen schrille Schreie aus. Und das Licht. Die vorher durch nichts getrübte Helle wirkte jetzt wie gefiltert, fast perlmuttartig. Unsere Schatten, die inzwischen wieder länger geworden waren, hatten ihre scharfen Umrisse verloren. Die Sonne verschwand immer wieder hinter den dichter werdenden Wolken, und der südliche Himmel sah aus wie Kupfer. Die hoch aufgetürmten Wolken zogen immer näher, und wir waren fasziniert von ihrer Größe und der stummen Drohung, die von ihnen ausging. Hin und wieder sah es aus, als werde ein riesiges Blitzlicht in ihnen gezündet, das ihre Purpurfarbe für einen Moment in helles Grau verwandelte. Unter der Wolke, die uns am nächsten stand, sah ich einen gezackten Blitz herabfahren. Er war so hell, daß er eine blaue Tätowierung auf meine Netzhaut malte. Dann folgte langanhaltendes Donnergrollen.

Wir fluchten noch ein wenig darüber, daß uns jetzt hier im Freien der Regen erwischte, aber das tut man immer – in Wirklichkeit freuten wir uns natürlich darauf. Der Regen würde kühl und erfrischend sein ... und völlig frei von Blutegeln.

Kurz nach halb vier sahen wir durch eine Lücke im Baumbestand Wasser.

»Das ist er!« schrie Chris triumphierend. »Das ist der Royal!«

Wir gingen schneller, holten noch einmal alles aus uns heraus. Der Sturm kam näher. Die Luft regte sich, und es schien, als sei die Temperatur innerhalb von Sekunden um zehn Grad gefallen. Ich schaute nach unten und sah, daß mein Schatten jetzt ganz verschwunden war.

Wir gingen jetzt wieder zu zweit auf beiden Seiten des Bahndamms. Mein Mund war wie ausgetrocknet, und ich empfand eine unangenehme Spannung. Die Sonne verschwand hinter einer Wolkenbank, und diesmal kam sie nicht wieder zum Vorschein. Für einen Augenblick waren die Ränder des Bahndamms wie mit Gold gesäumt, wie eine Wolke in einer Illustration im Alten Testament, und dann löschte die weinfarbene, tiefhängende Wolke alle Spuren der Sonne aus. Es wurde dunkel – die Wolken ließen rasch das letzte Blau verschwinden. Wir rochen den Fluß so deutlich, als seien wir Pferde – aber vielleicht war es auch der Geruch des Regens, der in der Luft hing. Über uns hing ein Ozean in einem dünnwandigen Sack, der jede Sekunde reißen und seine Fluten auf uns herabstürzen konnte.

Ich versuchte dauernd, in das Unterholz zu schauen, aber meine Blicke richteten sich immer wieder auf den turbulenten Himmel, der über uns hinwegzurasen schien; in seinen immer dichteren Wolken konnte man jedes Unheil lesen: Wasser, Feuer, Sturm und Hagel. Der kalte Wind wurde stärker und ließ die Fichten rauschen. Ein plötzlicher gewaltiger Blitz fuhr herab, direkt über unseren Köpfen. Ich schrie auf und schlug die Hände vor die Augen. Gott hatte mich fotografiert, einen kleinen Jungen mit dem Hemd um die Hüften gebunden, Gänsehaut auf der Brust und Schlackespuren im Gesicht. Keine fünfzig Meter entfernt hörte ich das knarrende Geräusch eines stürzenden Baumes. Der krachende Donnerschlag, der folgte, ließ mich zusammenzucken. Ich wäre gern zu Hause gewesen und hätte an einem sicheren Ort ein gutes Buch gelesen... vielleicht unten im Kartoffelkeller.

»Oh, mein Gott!« schrie Vern mit heller, aber schwacher Stimme. »Oh, mein Gott, seht euch *das* an!«

Unsere Blicke folgten seinem ausgestreckten Finger und sahen einen blauweißen Feuerball auf der linken Schiene der GS & WM heranrasen. Er prasselte und zischte wie eine verbrannte Katze. Als er an uns vorbeisauste, drehten wir uns um und schauten ihm nach. Starr vor Staunen sahen wir zum ersten Mal, daß es solche Dinge wirklich gab. Sechs Meter hinter uns machte er plötzlich – popp! – und war weg. Ein fettiger Ozongeruch blieb in der Luft zurück.

»Was *suche* ich hier überhaupt?« murmelte Teddy.

»Was für ein Piß!« schrie Chris förmlich und hob das Gesicht zum Himmel. »Dies wird ein Piß, den ihr euch gar nicht *vorstellen* könnt!« Aber ich neigte Teddys Ansicht zu. Wenn ich zum Himmel aufsah, ergriff mich ein erschreckendes Schwindelgefühl. Es war, als schaute ich in eine geheimnisvolle Schlucht aus Marmor. Wieder fuhr ein Blitz herab, so daß wir uns duckten. Diesmal war der Ozongestank heißer und schärfer. Der Donner folgte ohne wahrnehmbare Pause.

Meine Ohren dröhnten noch, als Vern kreischte: »DA! DA IST ER! GENAU DA UNTEN! ICH SEHE IHN!«

Wenn ich wollte, könnte ich Vern noch in dieser Minute vor mir sehen – ich bräuchte mich nur einen Augenblick zu setzen und die Augen zu schließen. Er steht dort auf der linken Schiene wie ein Seefahrer am Bug seines Schiffs, die eine Hand vor den Augen, um sie vor dem grellen Blitz zu schützen, der gerade niederfährt, die andere ausgestreckt.

Wir rannten zu ihm hinüber und schauten in die angezeigte Richtung. Ich dachte bei mir: *Verns Fantasie ist mit ihm durchgegangen, weiter nichts. Die Blutegel, die Hitze und jetzt das Gewitter ... seine Augen spielen ihm einen Streich, das ist alles.* Aber es stimmte nicht, wenn ich es mir auch für den Bruchteil einer Sekunde wünschte. In diesem Sekundenbruchteil wußte ich, daß ich ganz gewiß keine Leiche sehen wollte, noch nicht einmal die eines totgefahrenen Waldmurmeltiers.

Wo wir standen, hatten die Regenfälle des Frühjahrs einen Teil der Böschung weggespült, so daß sie an einer Stelle über einen Meter tief abfiel. Entweder waren die Streckenarbeiter mit ihrem gelben dieselgetriebenen Wartungsfahrzeug hier noch nicht gewesen, oder die Beschädigung war noch nicht aufgefallen. Unten in diesem Loch war ein Gewirr von Unterholz, das stank. Und aus den Brombeerzweigen ragte eine blasse Hand hervor.

Ob einer von uns in diesem Augenblick geatmet hat? Ich nicht.

Die Brise war jetzt ein kräftiger Wind. Hart und in Böen kam er aus allen Richtungen und fegte über unsere schweißbedeckte Haut und unsere offenen Poren. Ich spürte ihn kaum. Ich glaube, ich erwartete in diesem Augenblick, daß Teddy *Fertigmachen zum Absprung* schreien würde, und wenn er das getan hätte, wäre ich wahrscheinlich verrückt geworden. Es wäre besser gewesen, wenn wir sofort die ganze Leiche gesehen hätten. Statt dessen sahen wir nur die hochgereckte schlaffe Hand, grauenhaft weiß, die Finger gespreizt. Wie die Hand eines ertrunkenen Kindes. Sie erzählte uns die ganze Wahrheit. Sie erklärte alle Friedhöfe der Welt. Das Bild dieser Hand hatte ich immer vor Augen, wenn ich später von einer Grausamkeit hörte oder las. Irgendwo an dieser Hand hingen die Überreste Ray Browers.

Ein Blitz flammte auf und schlug irgendwo ein, und wieder ein Blitz. Und nach jedem Blitz das Grollen des Donners.

»Scheiiiiii...« sagte Chris, aber es war nicht ganz die landläufige Version von *Scheiße* – es war eher ein Seufzer, der zufällig über die Stimmbänder lief.

Vern leckte sich wie unter einem Zwang die Lippen, als ob er eine unbekannte neue Delikatesse kostete, Tibetanische Würste oder interstellare Schnecken, irgend etwas so Seltsames, daß es ihn gleichzeitig aufregte und anwiderte.

Teddy stand nur da und schaute. Der Wind blies ihm das fettige, verfilzte Haar von den Ohren und wieder zurück. Sein Gesicht war völlig leer. Ich könnte sagen, daß ich in seinem Gesicht etwas gelesen habe, und im Rückblick tat ich es vielleicht auch... aber damals nicht.

Auf der Hand liefen schwarze Ameisen hin und her.

Im Wald erhob sich auf beiden Seiten der Gleise ein lautes

flüsterndes Geräusch, als ob der Wald gerade unsere Anwesenheit bemerkt hätte und sie kommentierte. Der Regen hatte eingesetzt.

Tropfen so groß wie Zehncentstücke trafen meinen Kopf und meine Arme. Sie prasselten auf die Böschung und ließen die Schlacke zwischen den Schienen dunkel werden. Dann hellte sich ihre Farbe wieder auf, als der ausgetrocknete Boden gierig die Flüssigkeit aufsaugte.

Die großen Tropfen fielen nur fünf Sekunden lang, und dann hörte der Regen auf. Chris und ich sahen uns an.

Dann kam der Sturm mit aller Gewalt. Der Himmel hatte alle Schleusen geöffnet. Das Flüstern im Wald schwoll zu lautem Streit an. Es war, als würden wir wegen unserer Entdeckung getadelt, und es war beängstigend. Erst am College lernt man, daß solche Vorstellungen Täuschungen sind, aber selbst dann glauben es längst nicht alle.

Chris sprang über den Rand der Auswaschung. Seine Haare waren schon klatschnaß und klebten ihm am Kopf. Ich folgte ihm. Vern und Teddy kamen gleich hinterher, aber Chris und ich erreichten Ray Browers Leiche zuerst. Er lag mit dem Gesicht nach unten. Mit ernstem Gesicht sah Chris mir in die Augen – es war das Gesicht eines Erwachsenen. Ich nickte leicht, als ob er laut gesprochen hätte.

Ich glaube, daß er deshalb relativ intakt hier unten lag, statt zermalmt und zerfetzt oben auf den Schienen, weil er, als der Zug ihn traf, gerade zur Seite springen wollte. Dann mußte der Zug ihn die Böschung hinausgeschleudert haben. Er lag den Schienen zugewandt, die Arme über dem Kopf wie einer, der gerade zum Kopfsprung ansetzt. Er war auf diesem morastigen Boden gelandet, der sich allmählich zu einem kleinen Sumpf entwickelte. Er hatte dunkle, rötliche Haare, die sich von der Feuchtigkeit an den Enden kräuselten. Es war Blut in ihnen, aber nicht sehr viel. Keine Menge, die einen erschrecken ließ. Da waren die Ameisen schon erschreckender. Er trug ein derbes dunkelgrünes T-Shirt und Blue jeans. Er war barfuß, und hinter ihm sah ich ein Paar dreckige flache Turnschuhe in den Brombeerranken hängen. Zuerst wunderte ich mich – warum war er hier und seine Turnschuhe dort? Aber dann wußte ich es, und diese Erkenntnis traf mich wie ein Schlag unter die Gürtellinie. Meine Frau, meine Kinder, meine Freunde – sie alle glauben, daß es angenehm sein muß, eine solche Fantasie zu haben wie ich; ganz abgesehen von dem Geld, das ich damit verdiene, kann ich, immer wenn es langweilig wird, sozusagen aus meinem Kopf heraus eine Kinovorstellung inszenieren. Meistens haben sie recht. Aber hin und wieder stürzt sich diese Fantasie mit langen Zähnen auf mich, spitzgefeilt wie bei einem Kannibalen, und frißt sich in meine Eingeweide. Man sieht Dinge, die man lieber nicht sieht, Dinge, die einen wachhalten, bis der Morgen graut. Eines dieser Dinge sah ich jetzt. Ich sah es mit absoluter Klarheit und Gewißheit. Der Zug hatte ihn aus seinen Schuhen gerissen, genau wie er ihm das Leben aus dem Körper gerissen hatte.

Die ganze Wahrheit traf mich wie ein Schlag. Der Junge war tot. Der Junge war nicht krank, und der Junge schlief nicht. Der Junge würde nie wieder morgens aufstehen, er würde nie wieder Durchfall bekommen, weil er zu viele Äpfel gegessen hatte. Er würde nie von Giftsumach krank werden oder während einer schweren Mathe-Arbeit einen ganzen Radiergummi verschleißen. Der Junge war tot; mausetot. Der Junge würde nie wieder mit seinen Freunden, einen Sack auf dem Rücken, Pfandflaschen suchen, die der Schnee im Frühling freigibt. Er würde in diesem Jahr am Morgen des ersten November nicht um zwei Uhr aufwachen und ins Badezimmer rennen, um die billigen Süßigkeiten von Allerheiligen wieder auszubrechen. Er würde im Pausenraum keinem einzigen Mädchen am Zopf ziehen. Der Junge würde niemandem die Nase blutig schlagen und auch selbst keine blutige Nase bekommen. Der Junge war *kann nicht, will nicht, soll nicht, wird nicht, niemals, nimmermehr*. Er war die Seite der Batterie, wo der Pol mit NEG bezeichnet ist. Die Sicherung, in die man ein Centstück stekken muß. Der Papierkorb neben dem Schreibtisch des Lehrers, der immer nach den Holzspänen aus dem Bleistiftspitzer und nach Orangenschale vom Lunch riecht. Das verlassene Haus am Stadtrand mit den eingeschlagenen Scheiben, mit dem Schild ZUTRITT VERBOTEN, dem Dachboden voller Fledermäuse und dem Keller voller Ratten. Der Junge war tot, Mister, Madam, junger Herr, kleine Miß. Ich könnte es den ganzen Tag lang versuchen und würde doch nicht die Entfernung zwischen seinen bloßen Füßen und seinen Turnschuhen ermessen können. Es waren etwas über dreißig Zoll. Es waren viele Lichtjahre. Der Junge war so weit von seinen Turnschuhen entfernt, daß beides nie wieder vereint werden konnte. Der Junge war wirklich tot.

Wir drehten sein Gesicht in den strömenden Regen, das Zucken der Blitze und das Grollen des Donners.

Auch über sein Gesicht liefen Ameisen und Käfer. Sie rannten unter dem runden Ausschnitt seines T-Shirts hervor und wieder unter das Hemd. Seine Augen waren offen, aber ihre Stellung war auf entsetzliche Weise verschieden. Das eine war so nach oben verdreht, daß wir von der Pupille nur einen winzigen Rand sahen; das andere starrte direkt zu den sturmgepeitschen Wolken hinauf. Über dem Mund und am Kinn klebte getrocknetes schaumiges Blut – wahrscheinlich hat seine Nase geblutet, dachte ich – und die rechte Gesichtsseite war zerschunden und wies dunkle Quetschungen auf. Dennoch fand ich, daß er eigentlich gar nicht so schlimm aussah. Ich war mal gegen eine Tür gelaufen, die mein Bruder Dennis gerade aufstieß, und hatte schlimmere Quetschungen als dieser Junge *und* eine blutige Nase, aber trotzdem ließ ich mir beim Abendessen sogar noch einen Nachschlag geben.

Teddy und Vern standen hinter uns, und wenn Ray Brower mit seinem nach oben gerichteten Auge noch hätte sehen können, hätte er uns wahrscheinlich für Sargträger in einem Horrorfilm gehalten.

Ein Käfer kroch aus seinem Mund, lief über die flaumlose Wange auf ein Blatt und war verschwunden.

»Habt ihr gesehen?« fragte Teddy mit einer seltsam hohen und tonlosen Stimme. »Ich wette, er ist ganz *voll* von diesen verdammten Käfern. Ich wette, sein *Gehirn* ist –«

»Halt's Maul, Teddy«, sagte Chris, und Teddy schwieg. Er wirkte erleichtert.

Blau fuhr ein Blitzstrahl über den Himmel, und das Auge

des toten Jungen leuchtete auf. Es sah aus, als sei er froh, daß wir ihn gefunden hatten und daß wir Jungs in seinem Alter waren. Sein Leib war aufgetrieben und verströmte einen gasigen Geruch. Es roch nach abgestandenen Fürzen.

Ich wandte mich ab, weil ich fürchtete, kotzen zu müssen, aber mein Magen war hart und trocken und blieb unbeeindruckt. Ich steckte mir plötzlich zwei Finger in den Hals, weil ich kotzen *wollte*, als ob ich damit alles loswerden könnte. Aber mein Magen zog sich nur kurz zusammen und war dann wieder ruhig.

Das Rauschen des strömenden Regens und der ihn begleitende Donner hatte das Motorengeräusch der Wagen übertönt, die sich auf der Back Harlow Road näherten, die nur einige Meter unter diesem mit Gestrüpp bewachsenen Sumpf lag. Und wir hörten auch nicht das Knacken im Unterholz, als sie von der Sackgasse her heraufstürmten, wo sie ihre Wagen abgestellt hatten.

Wir bemerkten sie erst, als wir über den rasenden Sturm hinweg Ace Merrill schreien hörten: »Verdammt noch mal, was wollt ihr denn hier?«

26

Wir sprangen, als hätte man uns mit einer Nadel in den Arsch gestochen, und Vern schrie laut auf. Wie er später zugab, hatte er eine Sekunde lang geglaubt, der tote Junge habe gesprochen.

Jenseits der morastigen Stelle, wo der Wald wieder anfing und die Bäume den Blick auf die Straße versperrten, standen Ace Merrill und Eyeball Chambers, hinter dem Regenschleier gerade noch zu erkennen. Sie trugen beide ihre roten Nylonjacken von der High School, die man als eingeschriebener Schüler im Schulbüro kaufen kann. Es war die Sorte Jacken, die an Universitätssportler umsonst abgegeben wird. Ihr Haar lag angeklatscht an ihren Schädeln, und eine Mischung von Regenwasser und Brillantine lief ihnen über die Backen wie synthetische Tränen.

»Verflucht!« sagte Eyeball. »Das ist mein kleiner Bruder!«

Chris starrte Eyeball mit offenem Mund an. Sein nasses Hemd hing ihm immer noch um die mageren Hüften. Sein von der Nässe dunkel gewordenes Bündel hing über seinen nackten Schulterblättern.

»Du verschwindest hier, Rich«, sagte er mit zitternder Stimme. »Wir haben ihn gefunden. Wir machen das Spiel.«

»Scheiß darauf. Wir melden die Sache.«

»Das werdet ihr nicht tun«, sagte ich. Ich war plötzlich wütend darüber, daß sie so in letzter Minute aufgekreuzt waren. Wenn wir ein wenig nachgedacht hätten, wäre uns klar gewesen, daß so etwas passieren würde... aber irgendwie war dies endlich mal ein Fall, wo wir nicht zulassen durften, daß die älteren, größeren Jungs uns etwas stahlen – uns etwas wegzunehmen wie nach göttlichem Recht, als ob die leichtere Methode, die sie gewählt hatten, die richtige und einzige Methode sei. Sie waren mit dem *Wagen* gekommen – ich glaube, das erboste mich am allermeisten. »Wir sind vier, Eyeball. Versucht's nur.«

»Wir versuchen es schon, keine Sorge«, sagte Eyeball. Hinter ihm bewegten sich die Büsche, und Ace, Charlie Hogan und Verns Bruder Billy traten heraus. Sie fluchten und wischten sich das Wasser aus den Augen. Mir fiel eine Bleikugel in den Magen. Sie wurde noch größer, als auch noch Jack Mudgett, Fuzzy Bracowicz und Vince Desjardins aus dem Gebüsch traten.

»Das sind alle« sagte Ace grinsend. »Du kannst also –«

»VERN!« schrie Bill Tessio, und in seiner Stimme lagen Vorwurf und Drohung zugleich. Er ballte seine herabhängenden Hände zu Fäusten. »Du kleiner Hurensohn! Du warst unter der Veranda! *Du Miststück!*«

Vern zuckte zusammen.

Charlie Hogan wurde ausgesprochen lyrisch. »Du kleiner schlüssellochguckender, fotzenleckender *Arschwisch*! Ich sollte dir die Scheiße aus deinem Arsch prügeln!«

»So? Dann versuch's doch!« schrie Teddy plötzlich. Seine Augen funkelten verrückt hinter den regenbespritzten Brillengläsern. »Kommt, ich schlage mich für ihn. Kommt doch! Kommt doch, ihr Großen!«

Das ließen sich Billy und Charlie nicht zweimal sagen. Sie setzten sich in Bewegung, und wieder zuckte Vern zusammen – zweifellos dachte er dabei an die Prügel, die er schon bezogen hatte, und an die, die noch kommen würde. Er zuckte zwar zusammen, blieb aber tapfer stehen. Er war bei seinen Freunden. Gemeinsam hatten wir viel durchmachen müssen, und wir waren *nicht* mit dem Auto hergekommen.

Aber Ace hielt Billy und Charlie zurück. Er legte einfach jedem eine Hand auf die Schulter.

»Nun hört mal zu, Jungs«, sagte Ace. Er sprach geduldig, ganz als stünden wir überhaupt nicht in einem tobenden Gewittersturm. »Wir sind mehr als ihr. Wir sind größer. Wir geben euch die Chance abzuhauen. Mir ist es scheißegal, wohin. Macht es wie die Bäume und verblättert euch.«

Chris' Bruder kicherte, und Fuzzy klopfte Ace in Anerkennung dieses großartigen Witzes auf die Schulter. Der Caesar unter den jugendlichen Kriminellen.

»Natürlich nehmen *wir* ihn«, sagte Ace mit einem sanften Lächeln, und man konnte sich dieses Lächeln auf seinem Gesicht vorstellen, wenn er sein Billardqueue auf dem Kopf irgendeines ungebildeten Arschlochs zerbrach, der den entsetzlichen Fehler gemacht hatte, das Maul aufzureißen, als Ace gerade zu einem Stoß ansetzte. »Wenn ihr geht, nehmen wir ihn. Wenn ihr bleibt, schlagen wir euch die Pisse aus dem Leib und nehmen ihn trotzdem. Außerdem«, fügte er hinzu, um seine Brutalität mit ein wenig Redlichkeit zu verbrämen, »haben Charlie und Billy ihn gefunden, und deshalb haben sie sowieso ein Anrecht auf ihn.«

»Die hatten Angst!« schoß Teddy zurück. »Das hat Vern uns erzählt! Die hatten so viel Schiß, daß sie fast den Verstand verloren hätten!« Er verzog das Gesicht zu einer ängstlichen und schniefenden Parodie Charlie Hogans. »Hätten wir doch nur den Wagen nicht geklaut! Wären wir doch nur nicht zum Bumsen in die Back Harlow Road gefahren! Oh, Billy, was soll'n wir tun? Oh, Billy, ich glaube, ich habe eben meine Unterhose in eine Schokoladenfabrik verwandelt! Oh, Billy –«

»Das reicht«, sagte Charlie und setzte sich wieder in Bewegung. Er verzog das Gesicht vor Wut und Verlegenheit.

»Kleiner, ich weiß nicht, wie du heißt, aber wenn du dir das nächste Mal in der Nase bohren willst, mußt du schon in deinen verdammten Rachen greifen.«

Ich schaute wild zu Ray Brower hinunter. Er starrte mit seinem einen Auge ruhig in den Regen, von unten aber doch über uns allen. Der Donner rollte unablässig, aber der Regen hatte ein wenig nachgelassen.

»Was meinst du, Gordie?« fragte Ace. Er hielt Charlie lokker am Arm, ungefähr wie ein geübter Ausbilder einen bösartigen Hund zurückhalten würde. »Du müßtest doch wenigstens halb so viel Verstand wie dein Bruder haben. Sag den Jungs, daß sie abhauen sollen. Charlie wird dem vieräugigen kleinen Drecksack noch eine Abreibung verpassen, und dann kümmern wir uns alle um unsere eigenen Angelegenheiten. Was hältst du davon?«

Es war sein Fehler, Denny zu erwähnen. Ich hatte mit ihm argumentieren wollen. Ich hatte Ace sagen wollen, was er selbst wußte, nämlich, daß Billy und Charlie jedes Recht an der Leiche verloren hatten. Sie hatten es selbst aufgegeben. Das konnte Vern bezeugen. Ich wollte ihm sagen, daß Vern und ich auf der Brücke über den Castle River fast vom Güterzug erfaßt worden wären. Ich wollte ihm von Milo Pressman und seinem furchtlosen – wenn auch dummen – Gehilfen Chopper, dem Wunderhund erzählen. Auch von den Blutegeln. Ich denke, was ich ihm eigentlich sagen wollte, war: Komm, Ace, fair ist fair. Das weißt du. Aber er mußte Denny in die Sache reinbringen, und was ich statt schöner Vernunft aus meinem Mund kommen hörte, war mein eigenes Todesurteil: »Lutsch meinen Dicken, du billiger Kaufhausdieb.«

Vor Überraschung formte Ace mit dem Mund ein perfektes O – sein Gesichtsausdruck war so unerwartet gouvernantenhaft, daß es unter anderen Umständen gewissermaßen eine Lachorgie gegeben hätte. Alle anderen – an beiden Seiten des sumpfigen Geländestreifens – starrten mich verblüfft an.

Dann kreischte Teddy fröhlich: »Das hast du ihm aber gegeben, Gordie! Oh, Junge! Das war vielleicht cool!«

Ich stand wie betäubt und konnte es nicht glauben. Es

war, als sei ein wildgewordener Statist auf die Bühne gesprungen und hätte Zeilen zitiert, die im Stück nicht einmal vorkamen. Einen Kerl aufzufordern, einem am Schwanz zu lutschen, war fast so schlimm, wie seine Mutter ins Spiel zu bringen. Aus dem Augenwinkel sah ich, daß Chris sein Bündel von der Schulter genommen hatte und verzweifelt darin herumwühlte, aber ich begriff nicht, warum – jedenfalls noch nicht.

»Okay«, sagte Ace leise. »Holen wir sie uns. Aber keiner faßt Lachance an. Dem breche ich selbst beide Arme.«

Ich erstarrte zu einem Eisklumpen. Ich bepißte mich nicht vor Angst wie auf der Eisenbahnbrücke, aber das war nur deshalb, weil ich nicht mehr pissen konnte. Er meinte es ernst; in den Jahren, die seitdem vergangen sind, habe ich meine Ansichten über manches geändert, aber darüber nicht. Als Ace sagte, daß er mir beide Arme brechen würde, war er dazu fest entschlossen.

Sie kamen durch den nachlassenden Regen auf uns zu. Jackie Mudgett holte ein Klappmesser aus der Tasche und schlug auf den Chrom. Sechs Zoll Stahl fuhren heraus und blinkten taubengrau im Zwielicht auf. Links und recht neben mir gingen Vern und Teddy in Kampfhaltung. Teddy mit Begeisterung, aber Verns Gesicht hatte sich zu einer verzweifelten Grimasse verzogen.

Die größeren Jungs kamen in einer Reihe auf uns zu, und ihre Füße spritzten das Wasser in dem Morast hoch, der inzwischen zu einer großen Pfütze geworden war. Ray Browers Leiche lag unter uns wie ein Faß voll Wasser. Ich war kampfbereit... und in diesem Augenblick feuerte Chris die Pistole ab, die er seinem Alten aus dem Schrank geklaut hatte.

WUMMMM!

Mein Gott, was war das für ein herrliches Geräusch! Charlie Hogan sprang in die Luft. Ace Merrill, der mich angestarrt hatte, fuhr herum und sah Chris an. Sein Mund sah wieder wie ein O aus. Eyeball machte ein absolut erstauntes Gesicht.

»He, Chris, das ist Daddys Knarre«, sagte er. »Du kriegst die Prügel deines Lebens —«

»Das ist nichts, verglichen mit dem, was du gleich kriegst«, sagte Chris. Er war grauenhafte blaß, und alles Leben in ihm schien in seine Augen geflossen zu sein. Sie schossen dunkle Blitze.

»Gordie hat recht. Ihr seid billige Ganoven. Charlie und Billy wollten nicht mehr, und ihr alle wißt das. Sonst hätten wir den weiten Weg nicht gemacht. Sie haben die Story überall ausgekotzt, und Ace mußte für sie das Denken übernehmen.« Seine Stimme hob sich zu einem Schrei. »Aber ihr kriegt ihn nicht. Habt ihr verstanden?«

»Jetzt hör mal zu«, sagte Ace. »Steck das Ding lieber wieder weg, bevor du dir den Fuß abschießt. Du hast nicht mal den Mut, ein Waldmurmeltier zu erschießen.« Er kam näher und lächelte dabei sein sanftes Lächeln. »Du bist nur ein abgesägter pißärschiger kleiner Zwerg, und du wirst gleich die verfluchte Kanone *fressen*.«

»Ace, wenn du nicht stehenbleibst, erschieße ich dich. Das schwöre ich bei Gott.«

»Du gehst in den Knast!« brüllte Ace, ohne seine Schritte zu verlangsamen. Er lächelte immer noch. Die anderen beobachteten ihn mit entsetzter Faszination... ungefähr so, wie Teddy, Vern und ich Chris beobachteten. Ace Merrill war der härteste Bursche im Umkreis von Meilen, und ich glaubte nicht, daß Chris ihn würde bluffen können. Und was blieb dann noch übrig? Ace glaubte einfach nicht, daß ein zwölfjähriger Rotzlümmel ihn wirklich erschießen würde. Ich glaubte, daß er sich irrte; ich war überzeugt, daß Chris schießen würde, bevor er sich von Ace die Pistole seines Alten wegnehmen ließ. In diesen wenigen Sekunden war ich sicher, daß es bösen Ärger geben würde, die übelste Scheiße, die ich je erlebt hatte. Vielleicht sogar einen Toten. Und das alles wegen einer Leiche.

Leise und mit großem Bedauern in der Stimme sagte Chris: »Wohin willst du das Ding haben, Ace? Arm oder Bein? Ich lass' dir die Wahl. Du kannst es dir selber aussuchen.«

Und Ace blieb stehen.

27

Ich las Entsetzen in seinem plötzlich ganz eingefallenen Gesicht. Ich glaube, es lag an Chris' Ton und weniger an den Worten selbst; in seinem Ton lag echtes Bedauern darüber, daß aus einer schlimmen Sache sich jetzt noch Schlimmeres entwickelte. Wenn es ein Bluff war, ist es jedenfalls der beste, den ich je gesehen habe. Die anderen großen Jungen waren völlig überzeugt. Ihre Gesichter waren so verkniffen, als hätte jemand gerade ein Streichholz an einen Kanonenschlag mit sehr kurzer Lunte gehalten.

Ace bekam sich allmählich wieder in die Gewalt. Seine Gesichtsmuskeln strafften sich wieder, und er sah Chris so an wie man einen Mann ansieht, der eben ein seriöses geschäftliche Angebot gemacht hat – der mit einem fusionieren will, einem einen Kredit besorgt, oder der einem die Eier abschießt. In seinem Gesicht lag ein lauernder, fast neugieriger Ausdruck, an dem man erkennen konnte, daß er sein Entsetzen überwunden oder es wenigstens unter Kontrolle gebracht hatte. Ace hatte das Risiko abgeschätzt und hielt es jetzt für größer, als er vorher geglaubt hatte. Aber er war immer noch gefährlich – vielleicht gefährlicher als vorher. Ein so gefährliches Spiel am Rande des Abgrunds habe ich seitdem nicht mehr erlebt. Keiner der beiden bluffte, beide meinten es ernst.

»Okay«, sagte Ace leise zu Chris. »Aber ich weiß, was du dir damit einhandelst, du Drecksstück.«

»Das weißt du nicht«, sagte Chris.

»Du kleiner Scheißkerl«, sagte Eyeball laut. »Dafür kommst du hinter Gitter!«

»Leck mich am Arsch«, forderte Chris ihn auf.

Mit einem unartikulierten Wutschrei stürmte Eyeball vorwärts, und Chris feuerte ein paar Schritte vor ihm eine Kugel ins Wasser, daß es spritzte. Fluchend sprang Eyeball ein Stück zurück.

»Okay, und nun?« fragte Ace.

»Jetzt steigt ihr Jungs in eure Autos und schert euch nach Castle Rock zurück. Was dann ist, interessiert mich nicht.

Aber ihn kriegt ihr nicht.« Fast ehrfurchtsvoll berührte er den toten Ray Brower mit der Spitze eines seiner durchgeweichten Turnschuhe. »Hast du kapiert?«

»Aber wir kriegen *euch*«, sagte Ace. Er fing wieder an zu lächeln. »Weißt du das nicht?«

»Vielleicht. Vielleicht auch nicht.«

»Wir werden euch zusammenschlagen«, sagte Ace lächelnd. »Wir werden euch fertigmachen. Ich kann mir nicht vorstellen, daß du das nicht *weißt*. Ihr geht verdammt alle ins Krankenhaus, denn wir brechen euch jeden eurer Scheißknochen. Ehrlich.«

»Ach, warum gehst du nicht nach Hause und fickst deine Mutter. Das hat sie doch so gern.«

Aces Lächeln gefror. »Dafür bring' ich dich um. Niemand beleidigt meine Mutter.«

»Ich habe erfahren, deine Mutter fickt für Dollars«, informierte ihn Chris, und als Ace blaß wurde, als seine Gesichtsfarbe sich der Chris' annäherte, der selber kalkweiß war, fügte Chris hinzu: »Wenn du ihr Geld für die Musikbox gibst, bläst sie dir sogar einen. Ich habe gehört...«

Bösartig und ohne Vorwarnung tobte der Sturm wieder los. Aber diesmal war es nicht Regen oder Hagel. Statt zu flüstern oder zu reden, wartete der Wald jetzt mit Buschtrommeln wie aus einem billigen Kinofilm auf – es war das Geräusch großer Hagelkörner, die von den Baumstämmen abprallten. Schmerzhaft schlugen sie auf meine Schultern wie Kieselsteine – wie von einer bösartigen wissenden Macht geschleudert. Schlimmer noch, mit einem klatschenden Geräusch schlug sie auf Ray Browers Gesicht, ein fürchterliches Geräusch, das uns wieder an ihn und an seine unendliche Geduld erinnerte. Mit einem klagenden Schrei brach Vern als erster zusammen. Unbeholfen sprang er die Böschung hinauf. Teddy hielt es eine Minute länger aus. Dann rannte er Vern hinterher, die Hände über den Kopf erhoben. Drüben rannte Vince Desjardins unter die nahen Bäume, und Fuzzy Bracowicz tat es ihm gleich. Aber die anderen blieben stehen, und Ace fing schon wieder an zu grinsen.

»Halt dich an mich, Gordie«, sagte Chris mit zitternder Stimme. »Halt dich an mich, Mann.«

»Ich bin doch hier.«

»Nun mach schon«, sagte Chris zu Ace, und, wie durch ein Wunder zitterte seine Stimme nicht mehr. Sie klang, als erteilte er einem dummen Kind einen Verweis.

»Wir kriegen euch«, sagte Ace. »Wenn du denkst, daß wir dies vergessen, hast du dich geirrt. Wir werden noch viel Spaß haben, Baby.«

»Prima. Aber heute nicht mehr. Und jetzt mach, daß du wegkommst.«

»Wir werden euch auflauern, Chambers. Wir –«

»Weg hier!« schrie Chris und hob die Pistole. Ace trat einen Schritt zurück.

Er sah Chris noch einen Augenblick an, nickte und wandte sich ab. »Kommt«, sagte er zu den andern. »Wir sehen uns wieder«, sagte er.

Sie verschwanden hinter den Bäumen, die zwischen dem Sumpf und der Straße standen. Trotz des Hagels, der auf uns prasselte, und uns die Haut rötete, blieben Chris und ich wie angewurzelt stehen. Wir standen und lauschten, und über dem verrückten Trommeln der Hagelkörner, wie in einem billigen Dschungelfilm, hörten wir zwei Wagen starten.

»Bleib hier«, befahl Chris und rannte durch den Morast zur Straße hinüber.

»Chris!« rief ich entsetzt.

»Ich muß. Bleib du hier.«

Er schien sehr lange wegzubleiben. Ich war überzeugt, daß Ace oder Eyeball ihm aufgelauert und ihn geschnappt hatten. Ich blieb stehen, und nur Ray Brower war bei mir. Ich wartete, daß jemand – irgend jemand – zurückkam. Nach einer Weile war es dann Chris.

»Wir haben's geschafft«, sagte er. »Sie sind weg.«

»Bist du sicher?«

»Ja. Beide Autos.« Er hob die Hände über den Kopf, die noch die Pistole hielten, und schüttelte die doppelte Faust in einer Art Siegergeste. Dann nahm er die Hände wieder runter und lächelte mich an. Es war das traurigste und ängstlichste Lächeln, das ich je sah. »Lutsch meinen Dicken – wer hat dir gesagt, daß du einen Dicken hast, Lachance?«

»Den Dicksten in vier Staaten«, sagte ich. Ich zitterte am ganzen Körper.

Wir sahen uns freundlich an und schlugen dann die Augen nieder. Vielleicht waren wir etwas verlegen. Und plötzlich durchfuhr mich die Angst. An Chris' Bewegung, die das Wasser aufspritzen ließ, merkte ich, daß auch er es gesehen hatte. Ray Browers Augen waren groß und weiß geworden und hatten keine Pupillen mehr. Es dauerte nur eine Sekunde, bis wir begriffen hatten, was geschehen war, aber das änderte nichts an unserem Entsetzen. In seinen Augen lagen runde weiße Hagelkörner. Nun schmolzen sie, und das Wasser floß an seinen Wangen herab, als beweinte er seine groteske Situation – und um diesen Preis stritten sich zwei Gruppen von dummen Kindern. Auch seine Kleidung war weiß vom Hagel. Er schien in seinem eigenen Totenhemd zu liegen.

»Oh, Gordie«, sagte Chris erschüttert. »Wie scheußlich muß das für ihn sein.«

»Er merkt es doch nicht –«

»Vielleicht *war* es sein Geist, den wir gehört haben. Vielleicht wußte er, daß dies alles passieren mußte. Oh, wie entsetzlich.«

Hinter uns knackten Zweige. Ich wirbelte herum, weil ich einen Hinterhalt fürchtete, aber Chris schaute nur fast gleichgültig hin und betrachtete dann wieder die Leiche. Es waren Vern und Teddy. Ihre klatschnassen Jeans klebten ihnen an den Beinen, und sie grinsten wie Hunde, die Eier ausgeleckt haben.

»Was sollen wir jetzt machen, Mann?« fragte Chris, und mich überlief ein kalter Schauer. Vielleicht sprach er mit mir, vielleicht... jedenfalls betrachtete er immer noch die Leiche.

»Wir nehmen ihn doch mit?« fragte Teddy erstaunt. »Dann sind wir Helden, stimmt's?« Er schaute Chris an, dann mich, dann wieder Chris.

Chris hob den Kopf, als sei er gerade aus einem Traum erwacht. Er verzog die Lippen. Er ging zwei Schritte auf Teddy zu, legte beide Hände auf Teddys Brust und stieß ihn brutal zurück. Teddy stolperte, wedelte mit den Armen, um die Balance zu halten, und setzte sich mit einem klatschenden Geräusch in den Matsch.

Er blinzelte Chris an, wie eine in die Enge getriebene Bisamratte. Vern schaute mißtrauisch zu Chris hinüber, als hielte er ihn für verrückt. Vielleicht hatte er nicht ganz unrecht.

»Du hältst die Klappe«, sagte Chris zu Teddy. »Fertigmachen zum Absprung, mein Arsch. Du lausiges Gummiküken.«

»Es war der *Hagel*!« schrie Teddy. Er war wütend, und er schämte sich. »Es waren nicht diese Jungs, Chris! Ich habe Angst vor Gewitter! Ich kann nichts dafür! Ich hätte vor allen zusammen keine Angst gehabt! Das schwör ich beim Namen meiner Mutter! Aber ich habe Angst vor Gewitter! Scheiße. Ich kann nichts dafür!« Er blieb im Wasser sitzen und fing an zu weinen.

»Und was ist mit dir?« fragte Chris Vern. »Hast du auch Angst vor Gewitter?«

Vern schüttelte stumm den Kopf. Er war immer noch erstaunt darüber, daß Chris so wütend war. »He, Mann, ich dachte, wir liefen alle weg.«

»Dann mußt du Gedanken lesen können, denn du bist zuerst gerannt.«

Vern schluckte zweimal und sagte nichts.

Chris sah ihn wütend an. Dann wandte er sich an mich. »Sollen wir 'ne Trage für ihn bauen, Gordie?«

»Wenn du meinst, Chris.«

»Klar! Wie bei den Pfadfindern.« Seine Stimme wurde seltsam hoch und schrill. »Genau wie bei den Scheißpfadfindern. Eine Trage – aus Stöcken und Hemden. Wie im Handbuch. Stimmt's, Gordie?«

»Ja. Wenn du willst. Aber wenn diese Kerle nun –«

»*Scheiß auf diese Kerle!*« schrie er. »*Ihr seid alle Feiglinge! Verpißt euch, ihr Arschlöcher!*«

»Chris, vielleicht rufen sie die Bullen an. Um es uns heimzuzahlen.«

»*Er gehört uns, und wir bringen ihn hier RAUS!*«

»Die Jungs werden alles mögliche erzählen, nur damit wir Schwierigkeiten kriegen«, sagte ich. Meine Worte klangen dürftig und dumm. »Sie werden irgend etwas sagen, und einer wird mehr lügen als der andere. Du weißt, wie die Leute einen durch Lügen in Schwierigkeiten bringen können. Wie damals mit dem Milchgeld —«

»DAS IST MIR EGAL!« schrie er und stürzte sich mit erhobenen Fäusten auf mich. Aber mit einem Fuß blieb er an Ray Browers Brustkorb hängen. Es gab einen dumpfen Laut, und die Leiche bewegte sich. Chris stolperte und fiel der Länge nach hin. Ich erwartete, daß er aufstehen würde, um mir ins Gesicht zu schlagen, aber er blieb liegen. Er lag dem Bahndamm zugewandt, die Arme über den Kopf gehoben, wie jemand, der zum Kopfsprung ansetzt. Es war genau die gleiche Haltung, in der wir Ray Brower gefunden hatten. Erschrocken starrte ich auf Chris' Füße, ob er seine Turnschuhe noch anhatte. Dann fing er an zu weinen und zu schreien. Sein Körper bäumte sich im Morast auf, und mit den Fäusten schlug er in das schlammige Wasser, daß es aufspritzte. Dabei warf er den Kopf von einer Seite auf die andere. Auch Teddy und Vern starrten ihn an; denn keiner von ihnen hatte Chris Chambers je weinen sehen. Nach einer Weile stieg ich auf den Bahndamm und setzte mich auf eine Schiene. Teddy und Vern folgten mir. Wir saßen dort im Regen, ohne zu reden, und sahen aus wie die drei tugendhaften Affen, die man in jedem Kaufhaus bekommen kann und in diesen Geschenkläden, die immer aussehen, als ob sie kurz vor der Pleite stünden.

28

Es dauerte zwanzig Minuten, bis Chris ebenfalls die Böschung hochstieg und sich neben uns setzte. Die Wolken waren aufgerissen, und die Sonne kam wieder hervor. Die Büsche schienen in den letzten fünfundvierzig Minuten dreimal so dunkel wie vorher geworden zu sein. Chris war schlammbedeckt, und seine Haare standen hoch vor Dreck. Das einzige Saubere an ihm waren die von Tränen weißgewaschenen Kreise um seine Augen.

»Du hast recht, Gordie«, sagte er. »Niemand bekommt am Ende sein Recht. Pech auf der ganzen Linie, was?«

Ich nickte. Fünf Minuten vergingen. Und dann fiel mir etwas ein – nur für den Fall, daß sie *tatsächlich* Bannerman anriefen. Ich ging zu der Stelle an der Böschung zurück, wo Christ gestanden hatte. Ich kniete mich hin und suchte mit den Fingern sorgfältig das Wasser und das Gras ab.

»Was machst du da?« fragte Teddy, der mir gefolgt war.

»Es ist weiter links, glaube ich«, sagte Chris und zeigte mit dem Finger.

Ich suchte an der angegebenen Stelle, und nach ungefähr zwei Minuten hatte ich die beiden Patronenhülsen gefunden. Sie glänzten in der neuen Sonne. Ich gab sie Chris. Er nickte und steckte sie in eine seiner Jeanstaschen.

»Wir gehen jetzt«, sagte Chris.

»He, was soll das?« schrie Teddy gequält. »Ich will ihn *mitnehmen*!«

»Hör zu, du Dummkopf«, sagte Chris, »wenn wir ihn zurückbringen, landen wir alle in der Erziehungsanstalt. Es ist genau wie Gordie sagt. Die Kerle könnten jede beliebige Geschichte erzählen. Wenn sie nun sagen, daß *wir* ihn umgebracht haben? Wie würde dir *das* gefallen?«

»Das wäre mir scheißegal«, sagte Teddy mürrisch. Dann sah er uns hoffnungsvoll an. »Außerdem kriegen wir vielleicht nur ein paar Monate. Wir sind doch, verdammt, erst zwölf Jahre alt. Sie werden uns schon nicht gleich nach Shawshank schicken.«

Chris sagte leise: »Wenn du vorbestraft bist, nimmt die Armee dich nicht, Teddy.«

Ich war ganz sicher, daß das eine dreckige Lüge war – aber irgendwie konnte ich es zu diesem Zeitpunkt nicht aussprechen. Teddy sah Chris lange an. Seine Lippen zitterten. Endlich quiekte er: »Erzählst du Scheiße?«

»Frag doch Gordie.« Er sah mich hoffnungsvoll an.

»Er hat recht«, sagte ich und kam mir wie ein großes Schwein vor. »Sobald du dich freiwillig gemeldet hast, prüfen sie, ob du auch keine Vorstrafen hast.«

»Du mein *Gott*!«

»Jetzt hoch mit dem Arsch und zur Brücke«, sagte Chris.

»Anschließend verlassen wir die Gleise und erreichen Castle Rock aus der anderen Richtung. Wenn jemand fragt, wo wir waren, sagen wir, wir hätten oben am Brickyard Hill ein Camp gemacht und uns dann verirrt.«

»Milo Pressman weiß es besser«, sagte ich. »Dieses Arschloch im Florida Market auch.«

»Gut, dann sagen wir, daß Milo uns erschreckt hat und wir dann beschlossen, auf den Brickyard zu gehen.«

Ich nickte. Das könnte funktionieren. Wenn Vern und Teddy nicht vergaßen, an dieser Version festzuhalten.

»Was ist, wenn unsere Eltern sich treffen?« fragte Vern.

»Darüber kannst *du* dir Sorgen machen, wenn du Lust hast«, sagte Chris. »Mein Dad ist ohnehin noch besoffen.«

»Dann kommt«, sagte Vern und schaute zu den Bäumen hinunter, die den Blick auf die Back Harlow Road versperrten. Er sah aus, als erwarte er, daß jeden Augenblick Bannerman mit einer Meute von Bluthunden aus dem Gebüsch hervorbrechen würde. »Laßt uns gehen, solange die Gelegenheit noch günstig ist.«

Wir waren alle schon auf den Füßen und marschbereit. Die Vögel zwitscherten wie verrückt. Sie freuten sich über den Regen und den Sonnenschein und die Würmer und wahrscheinlich über fast alles in der Welt. Wie von Fäden gezogen drehten wir uns alle um und warfen noch einen Blick auf Ray Browers Leiche. Er lag nun wieder allein da. Seine Arme waren zur Seite gefallen, als wir ihn umdrehten, und er lag jetzt mit ausgestreckten Armen da, als ob er die Sonne begrüßte. Einen Augenblick lang schien alles seine Ordnung zu haben. Es war eine schönere Todesszene, als sie je ein Leichenbestatter zu Anschauungszwecken hätte herrichten können. Dann sah man die Verletzungen und das geronnene Blut an Kinn und Nase, und man sah, wie der Leib aufschwoll. Man sah, daß mit der Sonne auch die Schmeißfliegen wiedergekommen waren und mit trägem Summen die Leiche umschwirrten. Man erinnerte sich an den glasigen Gestank, trocken, aber widerlich, wie Fürze in einem geschlossenen Raum. Er war ein Junge in unserem Alter, und er war tot. Nichts daran war natürlich; ich wies den Gedanken mit Entsetzen zurück.

»Okay«, sagte Chris, und das sollte energisch klingen, aber das Wort kam aus seiner Kehle wie Borsten von einem alten Besen brechen. »Doppeltes Tempo.«

Fast trabten wir den Weg zurück, den wir gekommen waren. Wir redeten nicht. Ich weiß nicht, wie es den anderen erging, aber ich mußte zu viel nachdenken, um reden zu können. An der Leiche von Ray Brower war etwas, das mir Sorgen machte – es machte mir damals Sorgen und es macht mir noch heute Sorgen.

Eine böse Quetschung an der einen Gesichtsseite, Verletzungen an der Kopfhaut und eine blutige Nase. Mehr nicht – wenigstens nichts Sichtbares. Nach Kneipenschlägereien gehen Leute in üblerem Zustand nach Hause oder saufen sogar weiter. Aber der Zug *mußte* ihn erfaßt haben. Wie wären ihm sonst die Schuhe von den Füßen gerissen worden? Und warum hatte der Ingenieur ihn nicht gesehen? War es denkbar, daß der Zug ihn mit einer Wucht erfaßt hatte, die ausreichte ihn vom Bahndamm zu schleudern, aber nicht, ihn zu töten? Unter gewissen Umständen, so glaubte ich, hätte das der Fall sein können. Hatte der Zug ihn erfaßt, als er zur Seite springen wollte, und ihn nur vom Bahndamm geschleudert, daß er unten an der ausgewaschenen Stelle landete? Hatte er vielleicht in der Dunkelheit stundenlang zitternd wach gelegen? Nicht ganz verloren, aber ohne daß er wußte, wo er war, und abgeschnitten von aller Welt. Vielleicht war er vor Angst gestorben. Ein Vogel mit zerquetschten Schwanzfedern war einmal auf diese Weise in meiner Hand gestorben. Sein Körper zitterte und vibrierte leicht, der Schnabel öffnete und schloß sich, und mit seinen schwarzen Augen starrte er mich an. Dann zitterte er nicht mehr, der Schnabel blieb halb geöffnet, und die schwarzen Augen verloren jeden Glanz und blickten nicht mehr ängstlich. So konnte es mit Ray Brower gewesen sein. Er konnte gestorben sein, weil er zu viel Angst hatte, um weiterzuleben.

Aber da war noch etwas anderes, und ich glaube, das machte mir die meisten Sorgen. Er hatte Beeren sammeln wollen. Ich glaubte mich zu erinnern, daß es in den Zeitungen hieß, er habe einen Behälter bei sich gehabt, in den er die Beeren tun wollte. Als wir zurückkamen, ging ich in die Bibliothek und schaute in den Zeitungen nach, um mich zu vergewissern, und es stimmte. Er hatte Beeren gesammelt, und er hatte einen Eimer oder einen Topf gehabt – oder so etwas Ähnliches. Aber wir hatten keinen Eimer gefunden. Wir fanden ihn, und wir fanden seine Turnschuhe. Er mußte den Eimer irgendwo zwischen Chamberlain und dem Morast von Harlow, wo er starb, fortgeworfen haben. Vielleicht hatte er ihn zuerst nur noch fester gepackt, weil er seine letzte Verbindung mit seinem sicheren Zuhause war. Aber als seine Angst wuchs und mit ihr sein Gefühl der Verlassenheit als er merkte, daß niemand ihn retten würde, daß ihm nur noch das blieb, was er selbst tun konnte, als das wirkliche Entsetzen ihn packte, warf er ihn vielleicht in den Wald, entweder nach der einen oder der anderen Seite, und vielleicht merkte er nicht einmal, daß er ihn nun nicht mehr hatte.

Ich habe schon daran gedacht, wieder dorthin zu gehen, um ihn zu suchen. Ist das nicht morbide? Ich habe daran gedacht, in meinem fast neuen Ford-Lieferwagen bis ans Ende der Back Harlow Road zu fahren, ganz allein und an einem schönen Sommermorgen. Meine Frau und meine Kinder hätte ich in einer anderen Welt zurückgelassen, wo die Dunkelheit hell wird, wenn man einen Schalter dreht. Ich wäre dann ausgestiegen und hätte mein Bündel vom Rücksitz genommen und mir das Hemd ausgezogen und um die Hüften gebunden. Ich hätte Brust und Schultern mit einem Insektenschutzmittel eingerieben und wäre durch das Unterholz an die sumpfige Stelle gegangen, wo wir ihn damals fanden. Würde das Gras dort in den Umrissen seines Körpers gelb wachsen? Natürlich nicht. Es würde nichts mehr zu sehen sein. Aber dennoch merkt man plötzlich, welche dünne Schicht zwischen dem Autor in seinem normalen Anzug mit den Lederflicken an den Ellenbogen seiner Kordjacke und den dunklen Mythen seiner Kindheit liegt. Und dann wäre ich auf die Böschung gestiegen, die jetzt von Unkraut überwachsen ist, und wäre langsam in Richtung Chamberlain die rostigen Schienen und verrotteten Schwellen entlanggewandert.

Was für eine blöde Idee! Eine Expedition, um einen zwanzig Jahre alten Eimer für Blaubeeren zu suchen, der wahrscheinlich tief in den Wald hineingeworfen wurde, vielleicht von einem Bulldozer unterpflügt, um Platz für ein Streckenwärterhaus zu schaffen, oder von Gras und Brombeeren so überwachsen, daß er nicht mehr zu sehen ist. Aber ich bin überzeugt, daß er dort noch liegt, irgendwo an der schon lange eingestellten Strecke der GS & WM, und manchmal artet der Drang, dort hinzufahren und ihn zu suchen, in Wahn aus. Meistens erlebe ich das am frühen Morgen, wenn meine Frau unter der Dusche steht und die Kinder auf Kanal 38 aus Boston Batman und Scooby-Doo sehen; dann fühlte ich am meisten den zwölfjährigen Gordon Lachance nach, der einmal über diese Erde schritt, der ging und sprach und manchmal wie ein Reptil auf dem Bauch kroch. Dieser Junge warst du, sage ich mir. Und dann kommt ein Gedanke, der mich abkühlt wie ein Guß kaltes Wasser: *Welchen Jungen meinst du?*

Wenn ich dann meinen Tee trinke und die Sonne sehe, die durch das Küchenfenster hereinfällt, und vom einen Ende des Hauses das Fernsehen, vom andern die Dusche höre und das leichte Klopfen hinter den Augen spüre, das meinen zu hohen Bierkonsum vom Abend vorher anzeigt, dann bin ich sicher, daß ich ihn finden würde.

Ich würde durch die Rostschicht hindurch das helle Metall erkennen, dessen Glanz mir die Sonne in die Augen schickt. Ich würde die Böschung hinunterspringen und das Gras zur Seite schieben, ich würde das Gras, das um seinen Henkel gewachsen ist, lösen, und dann würde ich... was tun? Ich würde ihn einfach aus der Zeit herausnehmen. Ich würde ihn in meinen Händen hin und her drehen, darüber staunen, wie er sich anfühlt, und mich darüber wundern, daß der letzte Mensch, der ihn angefaßt hat, seit zwanzig Jahren in seinem Grab liegt. Und wenn jetzt ein Zettel in dem Eimer liegt? *Helft mir, ich bin verloren.* Natürlich nicht – Jungen, die ausgehen, Blaubeeren zu suchen, nehmen nicht Zettel und Papier mit – aber nur einmal angenommen. Ich glaube, das Entsetzen, das ich dann empfinden würde, wäre so dunkel wie eine Sonnenfinsternis. Dennoch ist es

wohl eher der Gedanke, diesen Eimer in meinen beiden
Händen zu halten – der so sehr ein Symbol dafür ist, daß ich
noch lebe und er schon tot ist, ein Beweis, daß ich wirklich
weiß, welcher Junge es war – welcher von uns fünfen. Ich
halte ihn in der Hand.

Und in der dicken Rostschicht und dem verlorenen Glanz
lese ich jedes Jahr. Ich fühle ihn und versuche, die Sonne zu
begreifen, die auf ihn geschienen hat, den Regen, der auf
ihn gefallen ist, und den Schnee, der ihn bedeckte. Und ich
frage mich, wo ich war, als ihm all diese Dinge an diesem
einsamen Ort geschahen, wo ich war, was ich tat, wen ich
liebte, wie es mir ging, wo ich war. Ich halte ihn, ich lese in
ihm, ich fühle ihn... und in dem verbliebenen Glanz sehe
ich mein eigenes Gesicht. Begreifen Sie das?

29

Um kurz nach fünf Uhr morgens am Sonntag vor dem Tag
der Arbeit waren wir wieder in Castle Rock. Wir waren die
ganze Nacht marschiert. Niemand beschwerte sich, obwohl
wir alle Blasen hatten und einen Bärenhunger. Ich hatte
mörderische Kopfschmerzen, und meine Beine fühlten sich
verbogen an und brannten vor Erschöpfung. Zweimal mußten wir von den Gleisen runter, um einem Güterzug Platz
zu machen. Einer von ihnen fuhr in unsere Richtung, aber
zu schnell, als daß wir hätten aufspringen können. Der Morgen graute, als wir die Brücke über den Castle River erreichten. Chris schaute die Brücke entlang und über den Fluß.
Dann sah er uns an.

»Scheiße. Ich geh' rüber. Wenn mich ein Zug erwischt,
brauche ich wenigstens vor diesem Scheißkerl Merrill keine
Angst mehr zu haben.«

Wir gingen alle über die Brücke – wir quälten uns hinüber, wäre der passendere Ausdruck. Es kam kein Zug. Wir
erreichten die Deponie und kletterten über den Zaun (kein
Milo und kein Chopper, so früh nicht, und schon gar nicht
am Sonntag) und gingen direkt zur Pumpe. Vern warf sie

an, und nacheinander steckten wir alle den Kopf unter das eiskalte Wasser, ließen es über unseren Körper fließen und tranken, bis wir nicht mehr konnten. Dann mußten wir wieder unsere Hemden anziehen, denn der Morgen schien kühl zu werden. Wir gingen – hinkten – in die Stadt zurück und blieben einen Augenblick vor dem Grundstück stehen, wo unser Baumhaus hing. Wir sahen hin, weil wir uns so gegenseitig nicht ansehen mußten.

»Gut«, sagte Teddy endlich, »wir sehen uns also am Mittwoch in der Schule. Ich glaube, bis dahin werd' ich schlafen.«

»Ich auch«, sagte Vern. »Ich bin total alle.«

Chris pfiff durch die Zähne und sagte nichts.

»He, Mann«, sagte Teddy unbeholfen. »Keine Feindschaft.«

»Nein«, sagte Chris, und plötzlich verzog sich sein ernstes und müdes Gesicht zu einem fröhlichen Grinsen. »Wir haben ihn geschafft. Das Schwein haben wir geschafft.«

»Ja«, sagte Vern. »Du bist wirklich ein As. Und jetzt schafft Billy *mich*.«

»Na und?« sagte Chris. »Richie wird sich um mich kümmern und Ace wahrscheinlich um Gordie. Irgendein anderer nimmt sich Teddy vor. Aber wir haben es *geschafft*.«

»Stimmt«, sagte Vern. Aber er schien darüber nicht ganz glücklich zu sein.

Chris sah mich an. »Wir haben es geschafft, oder etwa nicht?« sagte er leise. »Hat es sich nicht gelohnt?«

»Klar«, sagte ich.

»Scheiße«, sagte Teddy, den die Unterhaltung nicht mehr interessierte. »Wollt ihr 'ne Pressekonferenz abhalten? Laßt mich in Ruhe. Ich muß nach Hause. Vielleicht hat Mom mich schon auf die Liste der zehn meistgesuchten Männer setzen lassen.«

Wir lachten, und Teddy machte wieder ein Gesicht, als wollte er fragen: Was ist denn nun schon wieder los? Dann machten er und Vern sich auf den Weg. Ich hätte mich auch auf den Weg machen sollen... aber ich zögerte eine Sekunde.

»Ich bring' dich ein Stück«, sagte Chris.

»Okay.«

Wir gingen schweigend bis zur nächsten Straßenkreuzung. Im ersten Tageslicht lag Castle Rock furchtbar still um uns herum, und ich hatte ein fast feierliches Gefühl. Es war, als sei alle Müdigkeit von mir abgefallen. Wir waren wach, und die übrige Welt schlief. Ich wäre kaum erstaunt gewesen, wenn hinter der nächsten Ecke am Ende der Carbine Street mein Reh gestanden hätte, dort wo die Gleise der GS & WM am Verladebahnhof der Spinnerei entlangführten.

Endlich sagte Chris etwas. »Sie werden es verpetzen«, sagte er.

»Darauf kannst du dich verlassen«, sagte ich. »Aber nicht heute oder morgen, falls das deine Sorge ist. Ich glaube, es wird sehr lange dauern, bis sie es erzählen. Vielleicht Jahre.«

Er sah mich überrascht an.

»Sie haben Angst, Chris. Besonders Teddy hat Angst davor, daß die Armee ihn nicht nimmt. Auch Vern hat Angst. Sie werden einigen Schlaf darüber verlieren, und irgendwann im Herbst wird es ihnen auf der Zunge liegen. Sie *möchten* es gern jemandem erzählen, aber sie werden es wohl nicht tun. Und... weißt du, was dann? Es hört sich verdammt verrückt an, aber... ich glaube, sie werden alles, was passiert ist, so gut wie vergessen.«

Er nickte langsam. »So habe ich es noch nicht gesehen. Du kannst in die Leute hineinsehen, Gordie.«

»Mann, ich wollte, ich könnte es.«

»Du kannst es.«

Schweigend gingen wir den nächsten Straßenzug entlang.

»Ich komm' nie aus dieser Stadt raus«, sagte Chris und seufzte. »Wenn du in den Sommerferien vom College zurückkommst, kannst du mich und Teddy und Vern oben bei Sukey's besuchen. Wenn die Frühschicht vorbei ist. Wenn du es dann noch willst. Aber du wirst es wahrscheinlich nicht wollen.« Sein Lachen klang unheimlich.

»Mach dich bloß nicht naß«, sagte ich und versuchte härter zu reden als mir ums Herz war – ich dachte an die Tage draußen im Wald, und ich dachte an Chris' Worte: *Und viel-*

515

leicht habe ich es der alten Miß Simons gebracht und habe es ihr er-
zählt, und vielleicht war das ganze Geld wieder da, und ich kriegte
trotzdem drei Tage Ferien, weil das Geld nicht wiederauftauchte.
Und vielleicht hatte die alte Miß Simons eine Woche später diesen
neuen Rock an, als sie zur Schule kam... Der Blick. Der Blick,
den seine Augen dabei hatten.

»Keine Angst, ich mach' mich nicht naß«, sagte Chris.

Ich rieb meinen Zeigefinger gegen den Daumen. »Dies ist
die kleinste Violine der Welt, und sie spielt ›Mein Herz
pumpt Purpurpisse für dich‹.«

»Er gehörte *uns*«, sagte Chris, und seine Augen sahen im
Morgenlicht ganz dunkel aus.

Wir hatten die Ecke meiner Straße erreicht und blieben
stehen. Es war Viertel nach sechs. Hinter uns, zur Stadt hin,
sahen wir den Auslieferungswagen des *Sunday Telegram*,
der vor dem Papierwarengeschäft hielt, das Teddys Onkel
gehörte. Ein Mann in Blue jeans und T-Shirt warf ein Zei-
tungsbündel vom Wagen, das vom Bürgersteig hochsprang
und mit den bunten Comics nach oben liegenblieb (Dick
Tracy und Blondie erschienen immer auf der ersten Seite).
Dann fuhr der Wagen weiter, um die Außenwelt in die übrigen Kleinstädte an der Strecke hineinzutragen – Otisfield,
Norway-South Paris, Waterford, Stoneham. Ich wollte Chris
noch etwas sagen, aber ich wußte nicht, wie.

»Ich muß gehen«, sagte er. Es klang müde.

»Chris –«

Er reichte mir die Hand. »Wir sehen uns«, sagte ich.

Er grinste – es war wieder das alte sonnige Grinsen. »Ich
dich zuerst, du Arschloch.«

Er ging davon, immer noch lachend, und bewegte sich so
leicht und elegant, als hätte er keine Schmerzen wie ich und
keine Blasen wie ich und keine Stiche von Moskitos und
schwarzen Fliegen wie ich. Als hätte er nicht die geringsten
Sorgen und als ginge er an einen sehr schönen Ort anstatt
zu einem Haus mit drei Zimmern (Schuppen käme der
Wahrheit näher) mit der Toilette im Hof und Plastik vor den
zerbrochenen Fensterscheiben und einem Bruder, der wahrscheinlich schon auf ihn wartete. Selbst wenn mir die richtigen Worte eingefallen wären, hätte ich sie wahrscheinlich

nicht sagen können. Sprache zerstört die Funktionen der
Liebe – das klingt wahrscheinlich seltsam, wenn ausgerechnet ein Schriftsteller das sagt, aber ich glaube dennoch, daß
es stimmt. Wenn man einem Reh sagt, daß man ihm nichts
tun will, zuckt es mit dem Schwanz und ist verschwunden.
Das Wort tut ihm etwas. Liebe ist nicht, was diese Arschlöcher von Poeten wie McKuen einen glauben machen wollen. Die Liebe hat Zähne; sie beißen; die Wunden schließen
sich nie. Kein Wort, keine Vielzahl von Worten kann diese
Liebesbisse heilen. Es ist genau umgekehrt, das ist der Witz.
Wenn diese Wunden verheilen, sterben die Worte mit ihnen. Glauben Sie mir. Ich habe mein Leben auf Worten auf-
gebaut, und ich weiß, daß es so ist.

30

Die Hintertür war abgeschlossen. Ich nahm den Schlüssel
unter der Matte hervor und schloß auf. Die Küche war leer
und still und selbstmörderisch sauber. Ich hörte das Summen der Neonröhren über der Spüle, als ich sie einschaltete.
Es lag Jahre zurück, daß ich einmal vor meiner Mutter auf-
gewesen war; ich konnte mich nicht einmal mehr daran erinnern.

Ich zog das Hemd aus und legte es in den Plastikkorb hinter der Waschmaschine. Ich nahm einen sauberen Waschlappen und wusch mich – Gesicht, Hals, Achselhöhlen,
Bauch. Dann zog ich die Hose aus und wusch mich zwischen den Beinen – besonders die Hoden – bis mir die Haut
weh tat. Ich konnte unten gar nicht sauber genug sein,
wenn auch der Fleck, den der Blutegel hinterlassen hatte,
kaum noch zu sehen war. Es blieb allerdings eine winzige
halbmondförmige Narbe, die ich heute noch habe. Als
meine Frau mich einmal fragte, was das sei, log ich, bevor
ich überhaupt wußte, daß ich lügen wollte.

Als ich mit dem Waschen fertig war, warf ich den Lappen
weg. Für mich war er jetzt besudelt.

Ich holte ein Dutzend Eier aus dem Schrank und machte

mir aus sechs davon Rührei. Als sie in der Pfanne ge-
stockt waren, nahm ich mir noch eine Dose Ananas und
einen Viertelliter Milch hinzu. Ich setzte mich gerade zum
Essen an den Tisch, als meine Mutter hereinkam, das
graue Haar hinten am Kopf zu einem Knoten gebunden.
Sie trug einen rosa Bademantel und rauchte eine Camel.

»Gordon, wo bist du gewesen?«

»Campen«, sagte ich und fing an zu essen. »Wir waren
erst auf Verns Feld und sind dann auf den Brickyard Hill
gegangen. Verns Mutter sagte, daß sie dich anrufen
wollte. Hat sie das nicht getan?«

»Sie hat wahrscheinlich mit deinem Vater gesprochen«,
sagte sie und glitt an mir vorüber zur Spüle. Sie sah aus
wie ein rosa Gespenst. Die Neonleuchten behandelten ihr
Gesicht nicht gerade freundlich. Sie ließen es fast gelblich
erscheinen. Sie seufzte... es war fast ein Schluchzen.
»Morgens vermisse ich Dennis immer am meisten«, sagte
sie. »Ich schaue immer in sein Zimmer, und es ist immer
leer, Gordon. Immer.«

»Ja, das ist alles schrecklich«, sagte ich.

»Er schlief immer bei offenem Fenster, und die Wolldecken... sagtest du was, Gordon?«

»Nichts Wichtiges, Mom.«

»...und die Wolldecken zog er immer bis ans Kinn«,
beendete sie den Satz. Dann starrte sie aus dem Fenster,
den Rücken mir zugewandt. Ich aß weiter. Ich zitterte am
ganzen Körper.

31

Die Geschichte kam nie raus.

Oh, ich meine nicht, daß Ray Browers Leiche nicht gefunden wurde; sie wurde gefunden. Aber weder unsere
noch ihre Clique bekamen dafür Anerkennung. Ace
mußte sich schließlich gesagt haben, daß ein anonymer
Anruf das sicherste sei; denn auf diese Weise wurde festgestellt, wo sie lag. Was ich meine, ist, daß unsere Eltern

nie erfuhren, was wir an diesem Wochenende getrieben hatten.

Chris' Vater hatte seine Sauftour noch nicht beendet, wie Chris vorausgesagt hatte. Seine Mutter war nach Lewiston zu ihrer Schwester gefahren, was sie fast immer tat, wenn Mr. Chambers sein Quartal hatte. Sie hatte Eyeball zurückgelassen, der auf die jüngeren Geschwister aufpassen sollte. Eyeball war seinen Pflichten nachgekommen, indem er mit Ace und der restlichen Bande abhaute und den neunjährigen Sheldon, den fünfjährigen Emery und die zweijährige Deborah sich selbst überließ.

Teddys Mutter machte sich am zweiten Abend Sorgen und rief Verns Mutter an. Verns Mutter, die das Pulver ebenfalls nicht erfunden hatte, sagte, sie seien noch in Verns Zelt. Sie wüßte das genau weil sie am Abend vorher dort Licht gesehen hatte. Teds Mutter sagte, sie hoffe, daß die Jungs dort keine Zigaretten rauchten. Verns Mutter sagte, das Licht sei eine Taschenlampe, und sie sei sicher, daß keiner von Verns und Billys Freunden rauche.

Mein Vater stellte einige vage Fragen, schien ein wenig besorgt über meine ausweichenden Antworten, und sagte, wir würden bei Gelegenheit mal zusammen angeln gehen. Dabei blieb es. Wenn unsere Eltern sich während der nächsten paar Wochen gesehen hätten, wäre alles aufgeflogen... aber das war nicht der Fall.

Auch Milo Pressman hatte sich nicht geäußert. Ich schätze, er wird es sich zweimal überlegt haben, denn hier stand sein Wort gegen das von uns allen, und wir hätten alle geschworen, daß er Chopper auf mich gehetzt hatte.

So kam die Geschichte nie raus – aber damit war sie noch nicht zu Ende.

32

Eines Tages gegen Ende des Monats, als ich von der Schule nach Hause ging, schwenkte vor mir ein schwarzer 1952er Ford ein und fuhr an den Kantstein. Ich erkannte den Wagen schon an den weißwandigen Gangsterstreifen, den Radkappen und den hochgezogenen Chromstoßstangen.

Die Türen flogen auf, und Ace Merrill und Fuzzy Bracowicz stiegen aus.

»Billiger Kaufhausdieb, stimmt's?« sagte Ace und lächelte freundlich. »Und was sollte ich mit meiner Mutter machen, weil es ihr so gut gefällt?«

»Wir machen dich alle, Baby«, sagte Fuzzy.

Ich ließ meine Schulbücher auf den Bürgersteig fallen und rannte los. Ich rannte so schnell ich nur konnte, aber schon bevor der Block zu Ende war, hatten sie mich eingeholt. Ace schlug mich noch im Laufen, und ich fiel der Länge nach auf das Pflaster. Mein Kinn schlug auf den Beton, und ich sah nicht nur Sterne; ich sah ganze Konstellationen, ganze Spiralnebel. Ich weinte, als sie mich hochrissen, nicht so sehr wegen meiner aufgeschürften Ellenbogen und Knie, nicht einmal aus Angst – ich weinte vor rasender, ohnmächtiger Wut. Chris hatte recht. Er hatte *uns* gehört.

Ich wand mich und strampelte und hätte mich fast losgerissen, als Fuzzy mir das Knie zwischen die Beine stieß. Der Schmerz war erstaunlich, unglaublich, unvergleichlich; er erweiterte die Schmerzhorizonte von der alten Breitwandleinwand zu Vistavision. Ich fing an zu schreien.

Ace boxte mir zweimal ins Gesicht. Es waren weit ausgeholte Schwinger. Der erste schloß mein linkes Auge; mindestens vier Tage würden vergehen, bevor ich daraus überhaupt wieder würde sehen können. Der zweite brach mir das Nasenbein. Es gab ein Knirschen wie das Knirschen, das man im Kopf hört, wenn man Cornflakes ißt. Dann kam die alte Mrs. Chalmers auf ihre Veranda, den Stock in der von Arthritis gekrümmten Hand. Sie bellte die beiden an.

»He, he, ihr da! Sofort aufhören! Polizei! Polizeiiii!«

»Laß dich nur nicht wieder blicken, du Scheißhaufen«, sagte Ace lächelnd. Sie ließen mich los und traten einen Schritt zurück. Ich setzte mich auf und beugte mich vor, die Hände vor meinen mißhandelten Eiern. Ich war sicher, daß ich mich zuerst übergeben und dann sterben würde. Aber als Fuzzy um mich herumging und als ich seine genagelten Jeans sah, die über seine Motorradstiefel fielen, war die ganze Wut wieder da. Ich packte ihn und biß ihm durch seine Jeans in die Wade. Ich biß so kräftig zu, wie ich konnte. Fuzzy schrie jetzt seinerseits und hüpfte auf einem Bein herum. Es war unglaublich, aber er nannte mich hinterlistig. Ich schaute zu, wie er herumsprang, und in diesem Augenblick trat Ace mir mit aller Gewalt auf die linke Hand und brach mir dabei die ersten beiden Finger. Ich hörte sie knacken. Das hörte sich nicht wie Cornflakes an, eher wie Brezeln. Dann gingen Ace und Fuzzy zu ihrem Wagen zurück. Ace hatte die Hände in den Gesäßtaschen, und Fuzzy stieß wilde Flüche aus. Ich krümmte mich weinend auf dem Bürgersteig zusammen. Die alte Evvie kam herbei und stampfte wütend mit dem Fuß auf. Sie fragte mich, ob ich einen Arzt brauchte. Ich setzte mich wieder auf, und es gelang mir, mit dem Weinen aufzuhören. Ich sagte nein.

»Quatsch«, bellte sie – Tante Evvie war taub und bellte alles was sie sagte. »Ich habe gesehen, wo der verdammte Schläger dich getroffen hat. Deine Dinger werden dir anschwellen wie Tennisbälle.«

Sie nahm mich mit in ihr Haus und gab mir einen nassen Lappen für meine Nase – sie war einem Kürbis immer ähnlicher geworden – und gab mir eine große Tasse Kaffee, der nach Medizin schmeckte, aber irgendwie beruhigend wirkte. Immer wieder bellte sie, daß sie einen Arzt rufen wolle, und immer wieder sagte ich ihr, daß das nicht nötig sei. Endlich gab sie es auf, und ich ging nach Hause. Sehr langsam ging ich nach Hause. Meine Eier hatten noch nicht die Größe von Tennisbällen, aber sie waren auf dem besten Wege dazu.

Meinen Eltern wurde ganz schlecht, als sie mich sahen – um die Wahrheit zu sagen, ich war irgendwie überrascht, daß sie überhaupt etwas merkten. Wer die Jungen seien? Ob ich sie aus einer Anzahl von Jungen herausfinden würde? Das von meinem Vater, der *Naked City* und *The Untouchables* nie ausließ. Ich sagte, ich würde sie wohl nicht wiedererkennen. Ich sagte, ich sei müde. In Wirklichkeit hatte ich wohl einen Schock bekommen – einen Schock, und außerdem war ich ein wenig betrunken, denn Tante Evvies Kaffee mußte mindestens sechzig Prozent VSOP Brandy enthalten haben. Ich sagte, sie seien wahrscheinlich von außerhalb oder von ›oben aus der Stadt‹ – eine Wendung, bei der jeder gleich wußte, daß Lewiston-Auburn gemeint war.

Sie brachten mich in ihrem Kombi zu Dr. Clarkson – Dr. Clarkson, der heute noch lebt, war schon damals so alt, daß er Gott auf seinem Thron wahrscheinlich schon sehen konnte. Er richtete meine Nase und schiente meine Finger und gab meiner Mutter ein Rezept für Schmerzmittel. Dann schickte er die beiden unter irgendeinen Vorwand aus dem Behandlungszimmer und schlurfte vornübergebeugt auf mich zu wie Boris Karloff, der sich Igor nähert.

»Wer hat das getan, Gordon?«

»Ich weiß nicht, Dr. Cla –«

»Du lügst.«

»No, Sir. Huh-uh.«

Seine fahlen Wangen bekamen Farbe. »Warum solltest du die Schwachsinnigen, die das getan haben, schützen? Glaubst du, sie werden dich deshalb achten? Sie werden lachen und dich einen Narren nennen! ›Oh, da geht der Trottel, den wir neulich zusammengeschlagen haben. Ha-ha! Hoo-hoo! Ha-ha-ha-ha-ha!‹«

»Ich kannte sie nicht. Wirklich.«

Ich sah, daß es ihm in den Fingern juckte, mich zu schütteln, aber das konnte er natürlich nicht tun. Deshalb schickte er mich zu meinen Eltern hinaus, schüttelte seinen weißhaarigen Kopf und murmelte etwas über jugendliche Kriminelle. Zweifellos würde er seinem alten Freund, dem lieben Gott, alles erzählen, wenn er bei Sherry und einer guten Zigarre abends mit ihm zusammensaß.

Mir war es gleichgültig, ob Ace und Fuzzy und all die andern Arschlöcher mich achteten oder für dumm hielten oder überhaupt an mich dachten. Ich mußte an Chris denken. Sein Bruder Eyeball hatte ihm den Arm an zwei Stellen gebrochen und sein Gesicht so zugerichtet, daß es aussah wie ein kanadischer Sonnenaufgang. Der Ellenbogenbruch mußte sogar genagelt werden. Mrs. McGinn, die weiter unten in der Straße wohnte, hatte Chris auf dem weichen Bankett entlangtorkeln sehen, wobei er aus den Ohren blutete und einen Richie Rich Comic las. Sie brachte ihn zur CMG-

Unfallstation, wo Chris dem Arzt erzählte, er sei im Dunkeln die Kellertreppe runtergefallen.

»Natürlich«, sagte der Arzt und war genauso empört über Chris wie Dr. Clarkson über mich. Dann rief er Constable Bannerman an.

Während er das von seinem Büro aus tat, ging Chris langsam durch den Flur und hielt dabei die Schlinge, in der sein Arm hing, gegen die Brust, damit der Knochen sich nicht bewegen konnte. Er warf ein Fünfcentstück in den Münzfernsprecher und rief Mrs. McGinn an – er erzählte mir später, daß dies sein erstes R-Gespräch gewesen sei und er eine Heidenangst gehabt hätte, daß sie die Rechnung nicht akzeptieren würde – aber sie tat es.

»Chris, ist alles in Ordnung?« fragte sie.

»Ja, danke«, sagte Chris.

»Es tut mir leid, daß ich nicht bei dir bleiben konnte, aber ich hatte Pasteten im –«

»Das ist schon in Ordnung, Mrs. McGinn«, sagte Chris. »Steht der Buick auf unserm Hof?«

Der Buick war der Wagen, den Chris' Mutter fuhr. Er war zehn Jahre alt, und wenn die Maschine heißlief, roch er wie gebratene Hush Puppies.

»Er steht da«, sagte sie vorsichtig. Man durfte sich nicht zu sehr mit den Chambers einlassen. Weißes Lumpenproletariat; Bruchbuden-Iren.

»Würden Sie bitte rübergehen und meiner Mutter sagen, sie soll im Keller die Birne rausdrehen?«

»Chris, wirklich, meine Pasteten –«

»Sagen Sie ihr«, sagte Chris unerbittlich, »sie soll es sofort tun. Wenn sie nicht will, daß mein Bruder ins Gefängnis muß.«

Es gab eine sehr lange Pause, und dann war Mrs. McGinn einverstanden. Sie stellte keine Fragen, und Chris brauchte ihr nichts vorzulügen. Constable Bannerman kam tatsächlich zum Haus der Chambers, aber Richie Chambers mußte nicht ins Gefängnis.

Auch Vern und Teddy kriegten ihre Beulen, wenn auch nicht so schlimm wie Chris und ich. Billy wartete schon, als Vern nach Hause kam. Er drosch vier oder fünfmal mit einem Ofenrohr auf ihn ein und schlug so hart zu, daß Vern bewußtlos wurde. Vern war nur betäubt, aber Billy hörte auf. Er hatte Angst, daß er Vern umgebracht hatte. Drei anderen griffen sich Teddy, als er eines Nachmittags vom Baumhaus nach Hause gehen wollte. Sie schlugen ihn und zerbrachen dabei seine Brille. Er wehrte sich, aber als sie sahen, daß er wie ein Blinder im Dunkeln umhertappte, ließen sie von ihm ab.

In der Schule wirkten wir vier wie die Überlebenden einer Kampfgruppe in Korea. Niemand wußte genau, was geschehen war, aber jeder konnte sich denken, daß wir ernsthaft mit größeren Jungs aneinandergeraten waren und uns wie Männer geschlagen hatten. Ein paar Geschichten machten die Runde.

Als der Gips abgenommen war und die Wunden heilten, setzten sich Vern und Teddy von uns ab. Sie hatten eine ganz neue Gruppe von Zeitgenossen entdeckt, denen sie sich überlegen fühlten. Die meisten waren richtige Waschlappen, kümmerliche, picklige Arschlöcher aus der fünften Klasse – aber Vern und Teddy brachten sie immer wieder ins Baumhaus mit, kommandierten sie herum und führten sich auf wie Nazigenerale.

Chris und ich gingen immer seltener hin, und nach einiger Zeit überließen wir den anderen den Laden ganz, weil wir einfach keine Lust mehr hatten. Ich weiß noch, daß ich im Frühling 1961 noch einmal im Baumhaus war und daß es da stank wie verbranntes Heu. Ich blieb endgültig weg. Teddy und Vern waren nur noch zwei Gesichter in den Schulfluren und beim nachmittäglichen Nachsitzen. Wir nickten und sagten hallo, wenn wir uns sahen, aber das war alles. So ist das nun mal. Freunde kommen und gehen wie Kellner im Restaurant. Haben Sie das auch schon gemerkt? Doch wenn ich an diesen Traum denke, an die Leichen im Wasser, die mich erbarmungslos herabziehen wollten, dann erscheint es mir richtig, daß es so ist. Einige ertrinken, das ist alles. Es ist nicht fair, aber es passiert. Einige ertrinken.

33

Vern Tessio starb 1966 in Lewiston bei einem Hochhaus-
brand – Slums nennt man in Brooklyn und in der Bronx solche Wohnquartiere, wenn ich mich nicht irre. Die Feuerwehr berichtete, das Feuer sei um zwei Uhr morgens ausge-
brochen und das Gebäude bis auf die Grundmauern abgebrannt. Es hatte ein Saufgelage gegeben. Vern war dabei. Jemand sei mit einer brennenden Zigarette eingeschlafen.
Vielleicht war es sogar Vern selbst, und vielleicht träumte er
dabei von seinen vergrabenen Münzen. Er und vier weitere
Opfer wurden an ihren Zähnen identifiziert.

Teddy starb bei einem häßlichen Autounfall. Ich glaube,
das war 1971, vielleicht auch Anfang 1972. Als ich noch ein
Junge war, pflegte man zu sagen: »Wenn du allein gehst,
bist du ein Held. Nimm jemanden mit, und du bist Hundepisse.« Teddy, der seit er daran denken konnte, nichts anderes gewollt hatte, als in die Armee einzutreten, wurde
von der Air Force abgelehnt, und bei der Musterung wurde
ihm nur der vierte Tauglichkeitsgrad zuerkannt. Jeder, der
seine Brille und sein Hörgerät sah, wußte, daß es gar nicht
anders kommen konnte – nur Teddy wußte es nicht. In seinem ersten Jahr in der High School wurde er einmal drei
Tage vom Unterricht ausgeschlossen, weil er den pädagogischen Berater einen verlogenen Sack voll Scheiße genannt
hatte. Der Mann hatte bemerkt, daß Teddy sich intensiv für
Literatur über die Armee interessierte. Er riet Teddy, sich
Gedanken über einen anderen Beruf zu machen, und da
war Teddy durchgedreht.

Wegen häufigen Fehlens, vieler Verspätungen und unge-
nügender Leistungen mußte er ein Jahr wiederholen… aber
er bekam dann *doch* seinen Schulabschluß. Er hatte einen alten Chevrolet Bel Air, und er hing herum, wo Ace und
Fuzzy und die andern vor ihm herumgehangen hatten: im
Billardsaal, in der Tanzhalle, in Sukey's Tavern, die es nicht
mehr gibt, und im Sanften Tiger, der noch existiert. Endlich
bekam er einen Job beim Amt für Öffentliche Arbeiten, wo
er bei Straßenreparaturarbeiten beschäftigt wurde.

Der Unfall passierte in Harlow. Er hatte seinen Bel Air mit Freunden vollgeladen (zwei von ihnen hatten schon zu der Gruppe gehört, die Vern und Teddy 1960 kommandiert hatten). Joints machten die Runde, und sie hatten auch ein paar Flaschen Wodka dabei. Sie rasten gegen einen Leitungsmast, den sie glatt abrasierten. Der Chevrolet überschlug sich sechsmal. Nur eins der Mädchen, die mitgefahren waren, überlebte, jedenfalls im technischen Sinne. Sie lag sechs Monate lang auf der Intensivstation des Central Main General Hospital. Dann zog irgendeine barmherzige Seele den Stecker ihres Atemgeräts heraus. Teddy Duchamp bekam posthum den Preis für die Hundepisse des Jahres.

Im zweiten Jahr an der High School schrieb sich Chris für die College-Fächer ein – er und ich wußten, daß es zu spät sein würde, wenn er noch länger wartete; er würde das Pensum dann nicht mehr aufholen können. Alle misteten ihn deswegen an: seine Eltern, die glaubten, daß er sich für was Besseres hielt, seine Freunde, in deren Augen er ein Waschlappen war, der pädagogische Berater, der nicht glaubte, daß er es schaffen würde, und am allermeisten die Lehrer, die diese Erscheinung mit Haartolle, Motorradjacke und Stiefeln mißbilligten, die sich ohne Vorwarnung in ihren Klassenräumen materialisiert hatte. Man sah, daß der Anblick dieser Stiefel und der Lederjacke mit den vielen Reißverschlüssen im Zusammenhang mit so hochgeistigen Fächern wie Latein, Algebra und Geologie für sie eine Beleidigung war. Ein solcher Aufzug gehörte in den Werkunterricht. Chris saß zwischen den gutgekleideten, lebhaften Jungen und Mädchen der Mittelstandsfamilien von Castle View und Brickyard Hill wie ein stummes, dumpf brütendes Ungeheuer, das jeden Augenblick ein fürchterliches Gebrüll ausstoßen konnte, um sie dann alle aufzufressen, ihre Mokassins und teuren Wollhemden eingeschlossen.

Im ersten Jahr hätte er ein dutzendmal fast aufgegeben. Besonders sein Vater schikanierte ihn und beschuldigte Chris, er wolle sich über seinen Vater erheben und ›ans College gehen, um mich bankrott zu machen‹. Einmal schlug er ihm eine Rheingoldflasche auf den Hinterkopf, und Chris landete wieder in der Unfallstation des CMG, wo man die

Wunde mit vier Stichen nähen mußte. Seine alten Freunde pöbelten ihn auf der Straße an. Der pädagogische Berater drängte ihn, doch wenigstens *einige* praktische Fächer zu belegen, um wenigstens ein *paar* gute Noten zu bekommen.

Wir arbeiteten fast jeden Abend zusammen, manchmal bis zu sechs Stunden auf einmal. Nach diesen Sitzungen war ich immer völlig erschöpft, und manchmal hatte ich auch Angst – Angst vor der unglaublichen Verbissenheit, mit der er arbeitete. Er zahlte einen mörderischen Preis. Bevor er auch nur die elementare Algebra begriff, mußte er die ganze Bruchrechnung nachholen, die er, Teddy und Vern in der fünften Klasse verpennt hatten. Bevor er auch nur daran denken konnte, *Pater noster qui es in coelis* zu verstehen, mußte man ihm beibringen, was Substantive, Präpositionen und Objekte sind. Auf die innere Umschlagseite seiner englischen Grammatik hatte er schön säuberlich ZUR HÖLLE MIT DEM GERUNDIUM geschrieben. Der Satzbau gelang ihm ganz gut, aber seine grammatischen Kenntnisse waren schlecht, und richtige Zeichensetzung war bei ihm reiner Zufall. Als die Grammatik, die er benutzte, völlig zerfleddert war, kaufte er sich in einem Buchladen in Portland eine neue. Es war das erste richtige Buch, das er besaß und es wurde für ihn zu einer Art Bibel.

Aber er bestand später die Prüfung. Keiner von uns beiden erzielte ein überragendes Ergebnis, aber immerhin lag ich an siebenter und Chris an neunzehnter Stelle. Wir wurden beide an der Universität von Maine zugelassen, aber ich ging zum Orono Campus, während er sich am Portland Campus einschreiben ließ. Rechtswissenschaften, können Sie sich das vorstellen? *Noch* mehr Latein!

In der High School hatten wir beide Mädchenbekanntschaften, aber nie hatten wir wegen eines Mädchens Schwierigkeiten miteinander. Das konnten wir uns nicht erlauben. Für uns ging es ums Überleben. Wir klammerten uns aneinander im tiefen Wasser. Wie das im Zusammenhang mit Chris zu verstehen ist, habe ich schon erklärt; meine Gründe dafür, mich an Chris zu klammern, waren weniger leicht zu definieren. Sein Bestreben, Castle Rock und den Schatten der Spinnerei zu verlassen, war ein Teil

von mir geworden, und ich konnte es ihm nicht allein über-
lassen, ob er schwamm oder ertrank. Wenn er ertrunken
wäre, dann wäre dieser Teil von mir mit ihm ertrunken.

Gegen Ende 1971 ging Chris in einen Imbiß in Portland,
um eine Kleinigkeit zu essen. Vor ihm stritten sich zwei
Männer darüber, wer als erster an der Reihe sei. Einer von
ihnen zog ein Messer. Chris, der von uns allen immer am
besten Frieden stiften konnte, trat dazwischen, und der
Mann stieß ihm das Messer in die Kehle. Der Mann mit dem
Messer hatte schon in vier verschiedenen Anstalten gesessen; er war erst vor einer Woche aus dem Staatsgefängnis
Shawshank entlassen worden. Chris war auf der Stelle tot.

Ich las es in der Zeitung – Chris stand kurz vor der Beendigung seines Studiums. Ich selbst war damals anderthalb
Jahre verheiratet und unterrichtete Englisch an einer High
School. Meine Frau war schwanger, und ich versuchte ein
Buch zu schreiben. Als ich den Bericht las – STUDENT IN
RESTAURANT IN PORTLAND ERSTOCHEN – sagte ich zu
meiner Frau, ich wolle noch irgendwo einen Milkshake trinken. Ich fuhr aus der Stadt heraus, parkte den Wagen und
weinte um ihn. Ich glaube, ich habe fast eine halbe Stunde
geheult. Vor meiner Frau hätte ich es nicht tun können so
sehr ich sie auch liebe. Ich wäre mir wie ein Weichling vorgekommen.

34

Und ich?

Wie schon gesagt, bin ich jetzt Schriftsteller. Viele Kritiker
meinen, daß ich Scheiße schreibe. Sehr oft denke ich, daß
sie recht haben... es kommt mir immer noch komisch vor,
auf Formularen beim Arzt oder bei der Bank unter *Beruf*
›Freier Schriftsteller‹ einzutragen. Meine Geschichte hört
sich so märchenhaft an, daß es geradezu absurd ist.

Ich verkaufte das Buch, und es wurde verfilmt. Der Film
erhielt gute Kritiken und war außerdem ein Hit. Ich war damals gerade sechsundzwanzig Jahre alt. Das zweite Buch

wurde ebenfalls verfilmt. Auch das dritte. Ich sagte ja schon – es ist absurd. Meiner Frau scheint es nichts auszumachen, daß ich dauernd zu Hause bin, und inzwischen haben wir drei Kinder. Ich finde sie gelungen, und meistens bin ich einigermaßen glücklich.

Aber, wie gesagt, das Schreiben ist nicht mehr so leicht und macht auch nicht mehr so viel Spaß wie früher. Das Telefon klingelt oft. Manchmal kriege ich Kopfschmerzen, schlimme Kopfschmerzen, und dann muß ich in ein abgedunkeltes Zimmer gehen und mich hinlegen, bis sie wieder weg sind. Der Arzt sagt, es sei keine echte Migräne; er nannte es ›Streß-Schmerzen‹ und riet mir, kürzerzutreten. Manchmal mache ich mir Sorgen um mich. Es ist eine dumme Angewohnheit... aber ich werde sie nicht los. Und ich frage mich, ob das, was ich tue, sinnvoll ist, oder was ich von einer Welt halten soll, in der ein Mann reich werden kann, der sich Dinge in seinem Kopf vorstellt.

Aber es ist komisch, wie ich Ace Merrill wiedersah. Meine Freunde sind tot, aber Ace Merrill lebt noch. Als ich das letzte Mal mit den Kindern meinen Vater besuchte, sah ich ihn kurz nach der Drei-Uhr-Sirene vom Parkplatz der Spinnerei fahren.

Aus dem 1952er Ford ist ein 1977er Ford Kombi geworden. Auf einem verblichenen Aufkleber an der Stoßstange stand REGAN/BUSH 1980. Er trug einen Bürstenhaarschnitt und war fett geworden. Die männlich-scharfen Züge, an die ich mich erinnerte, waren in einer Fleischlawine begraben. Ich hatte die Kinder bei Dad gelassen und war in die Stadt gefahren, um eine Zeitung zu kaufen. Ich stand an der Ecke Main und Carbine Street und wartete auf Grün. Er wartete neben mir, und wir sahen uns kurz an. Im Gesicht dieses zweiunddreißigjährigen Mannes, der mir in einer anderen Zeitdimension die Nase gebrochen hatte, sah ich kein Zeichen des Wiedererkennens.

Ich sah, wie er den Wagen auf den Parkplatz des Sanften Tigers rollen ließ, ausstieg, sich die Hosen hochzog und das Lokal betrat. Ich konnte mir die Klangfetzen von einem Country-Western vorstellen, als er die Tür öffnete und den sauren Geruch von Knick und Gansett vom Faß. Die Begrüßungsrufe der anderen Stammgäste, als er die Tür schloß und seinen fetten Arsch auf den Hocker schob, auf dem er wahrscheinlich seit seinem einundzwanzigsten Lebensjahr – außer Sonntags – jeden Tag mindestens drei Stunden gesessen hatte.

Ich dachte: *Das also ist aus Ace geworden.*

Ich schaute nach links, und jenseits der Spinnerei sah ich den Castle River fließen, nicht mehr ganz so breit, aber ein wenig sauberer, der immer noch zwischen Castle Rock und Harlow unter der Brücke hindurchfloß. Die weiter stromaufwärts gelegene Brücke ist verschwunden, aber der Fluß ist noch da. Ich auch.

Ein Wintermärchen

Atemtechnik

I. Der Club

An jenem stürmischen Winterabend zog ich mich etwas schneller an als sonst – das muß ich zugeben. Es war der 23. Dezember 197-, und ich habe den Verdacht, daß ein paar andere Clubmitglieder es genauso machten. In New York bei Schneesturm ein Taxi zu finden, ist nicht leicht, deshalb rief ich lieber gleich die Vermittlung an. Es war halb sechs, als ich mir einen Wagen für acht Uhr bestellte. Meine Frau zog eine Augenbraue hoch, sagte aber nichts. Um Viertel vor acht stand ich vor dem Apartmenthaus in der Achtundfünfzigsten Straße Ost, in dem Ellen und ich seit 1946 wohnten, und als das Taxi fünf Minuten überfällig war, stapfte ich ungeduldig unter dem Vordach auf und ab.

Der Wagen fuhr um zehn nach acht vor, und ich war so froh, einsteigen zu können, daß ich vergaß, dem Fahrer wegen der Verspätung Vorwürfe zu machen. Dieser Sturm, Teil einer Wetterfront, die seit gestern von Kanada aus über uns hinwegzog, belebte das Geschäft. Er pfiff und heulte um die Fenster, schüttelte den schweren Wagen auf seiner Federung und übertönte gelegentlich die Stimmen aus dem Radio des Fahrers. Ein paar Läden hatten noch geöffnet, aber die Straßen waren fast menschenleer.

Mit einigen Unterbrechungen hatte es den ganzen Tag geschneit, und jetzt fing es wieder an, zuerst in zarten einzelnen Flocken, dann in windgepeitschten dichten Wolken. Auf dem Heimweg an diesem Abend sollte mich die Kombination von Schnee, Taxi und New York City noch mehr beunruhigen... aber das wußte ich zu der Zeit natürlich noch nicht.

An der Ecke Zweite und Vierzigste Straße schwang eine riesige glitzernde Weihnachtsglocke über der Kreuzung wie ein Gespenst.

»Was für ein Wetter«, sagte der Fahrer. »Morgen werden sie zwei Dutzend Extra-Eingänge im Leichenschauhaus haben. Gefrorene Schnapsleichen und ein paar gefrorene Nutten dazu.«

»Wahrscheinlich.«

Der Fahrer schwieg eine Weile. »Weg mit Schaden«, sagte er dann. »Die liegen ja doch nur dem Staat auf der Tasche.«

»Fröhliche Weihnachten«, seufzte ich. »Ihre Nächstenliebe ist ja geradezu überwältigend.«

Er versank wieder in Nachdenken. Schließlich fragte er: »Sie sind wohl einer von diesen weichlichen Liberalen?«

»Dazu verweigere ich die Aussage, denn meine Antwort könnte belastend für mich ausfallen«, gab ich zurück. Der Fahrer schnaubte verächtlich und hielt endlich den Mund.

An der Ecke Zweite und Fünfunddreißigste Straße stieg ich aus und ging das Stück bis zum Club zu Fuß. Ich mußte mich vornübergebeugt gegen den Wind stemmen und mit einer behandschuhten Hand den Hut auf meinem Kopf festhalten. Schon nach ein paar Schritten hatte ich das Gefühl, daß meine Lebenskraft sich tief in meinen Körper zurückzog. Sie schien auf die Größe der Zündflamme in einem Gasofen geschrumpft zu sein. Mit dreiundsiebzig fühlt ein Mann die Kälte schneller und tiefer. Er sollte lieber zu Haus am Kamin sitzen oder sich doch wenigstens an der elektrischen Heizung wärmen. Mit dreiundsiebzig hat man vergessen, daß Blut auch heiß sein kann. Man erinnert sich höchstens mal etwas darüber gelesen zu haben.

Der Sturm ließ etwas nach, aber immer noch trieben Schneekristalle hart und fein wie trockener Sand in mein Gesicht. Ich war froh, daß die Stufen, die zum Eingang von Nr. 249 B hinaufführten, mit Sand bestreut waren – das hatte Stevens getan, natürlich – Stevens kannte die Alchemie des Alters: da verwandelt sich nicht Blei in Gold, sondern Knochen in Glas. Wenn ich über solche Dinge nachdenke, glaube ich, daß Gott ähnlich denkt wie Groucho Marx.

Dann war Stevens da, hielt mir die Tür auf, und ich betrat das Haus, ging die mahagonigetäfelte Eingangshalle hinunter in die Bibliothek *cum* Lesezimmer *cum* Bar. In dem sonst dunklen Raum bildeten einige Leselampen kleine Lichtinseln. Der Parkettfußboden aus Eichenholz glänzte im lebendigen Schein des Feuers, das in einem mächtigen Kamin brannte. Ich hörte das Zischen und Knistern der brennenden Birkenstämme. Die Wärme erfüllte den ganzen Raum – ich glaube, es gibt für einen Menschen keinen schöneren Willkommensgruß als ein Feuer am Kamin. Eine Zeitung raschelte – trocken, ein bißchen ungeduldig. Das mußte Johanssen sein, mit seinem *Wall Street Journal*. Nach zehn Jahren konnte ich ihn allein daran erkennen, wie er seine Börsenberichte las.

Stevens half mir aus dem Mantel, murmelte etwas von einem mörderischen Sturm und daß der Wettergott noch mehr Schnee für die Nacht vorausgesagt hätte.

Ich sagte, es sei in der Tat ein mörderischer Sturm, und ließ meinen Blick durch den großen, hohen Raum schweifen. Ein mörderischer Sturm, ein loderndes Feuer... und eine unheimliche Geschichte. Sagte ich, daß man mit dreiundsiebzig nicht mehr weiß, was heißes Blut ist? Wahrscheinlich stimmt das auch. Aber ich fühlte bei dem Gedanken etwas Warmes in meiner Brust, und das lag nicht am Kaminfeuer oder an Stevens' altgewohnter, respektvoller Begrüßung.

Ich glaube der Grund war, daß McCarron heute abend seine Geschichte erzählen würde.

Ich besuchte dieses große Sandsteingebäude Nr. 249B in der Fünfunddreißigsten Straße Ost seit zehn Jahren – in fast regelmäßigen Abständen. Wenn ich dem Etablissement einen Namen geben sollte, würde ich es einen ›Herren-Club‹ nennen, eine amüsante Antiquität aus der Zeit vor Gloria Steinem. Aber ob es das wirklich ist, oder zu welchem Zweck es gegründet wurde, weiß ich bis heute nicht.

An dem Abend, als Emlyn McCarron seine Geschichte erzählte – die Geschichte von der Atemtechnik – hatte der Club ungefähr dreizehn Mitglieder, allerdings hatten sich nur sechs von ihnen in den heulenden, eisigen Schneesturm hinausgetraut. Ich erinnere mich an Jahre, in denen der Club nur etwa acht Mitglieder hatte, und an Zeiten wo es zwanzig oder mehr waren.

Ich nehme an, daß Stevens die ganze Geschichte des

Clubs kennt, und ich bin *ganz* fest davon überzeugt, daß er von Anfang an dabei war – egal wie lange das schon her sein mag... und ich glaube, daß Stevens älter ist, als er aussieht. Viel, *viel* älter. Trotz seines leichten Brooklynakzents ist er so unerbittlich korrekt und so gnadenlos förmlich wie ein englischer Butler in der dritten Generation. Seine Zurückhaltung ist Teil seines oft unwiderstehlichen Charmes, und sein feines Lächeln wirkt wie eine zweimal verriegelte Tür. Es scheint keinerlei Aufzeichnungen über den Club zu geben – ich habe jedenfalls nie etwas dergleichen gesehen. Ich habe noch nie eine Beitragsquittung erhalten – es gibt keine Beiträge. Ich bin nicht ein einziges Mal vom Sekretär des Clubs angerufen worden – es gibt keinen Sekretär, und im Haus 249B Fünfunddreißigste Ost gibt es kein Telefon. Es gibt auch keinen Kasten mit weißen Steinchen und schwarzen Kugeln, und der Club – wenn es denn wirklich einer ist – hat niemals einen Namen gehabt.

Zum ersten Mal besuchte ich den Club (ich muß ihn weiterhin so nennen) als Gast von George Waterhouse. Waterhouse war Chef der Anwaltspraxis, in der ich seit 1951 arbeitete. Mein Aufstieg in dieser Firma – einer der drei größten in New York – war zwar stetig, aber außerordentlich langsam gewesen. Ich war ein guter Arbeiter: gewissenhaft, fleißig, ausdauernd... aber ohne hervorragende Eigenschaften oder Fähigkeiten. Ich erinnere mich an Männer, die zur gleichen Zeit wie ich angefangen hatten, und mit Riesenschritten von einer Beförderung zur nächsten eilten, während ich nur im Schneckentempo vorankam – und das überraschte mich nicht einmal.

Waterhouse hatte in dieser ganzen Zeit gelegentlich ein paar höfliche Worte mit mir gewechselt, besonders während des obligatorischen Festessens, das die Firma jedes Jahr im Oktober veranstaltete. Das änderte sich nicht bis zum Herbst 196-, als er plötzlich eines Tages Anfang November in meinem Büro auftauchte.

Das war so ungewöhnlich, daß mir sofort ein schlimmer Gedanke kam (Kündigung), dann ein leichtsinniger (unerwartete Beförderung). Ein rätselhafter Besuch. Waterhouse lehnte am Türpfosten, von seiner Weste schimmerte der matte Glanz seiner Phi-Beta-Kappa-Nadel, und er sprach zu mir in liebenswürdigem Ton über sehr allgemeine Dinge. Nichts von dem, was er sagte, hatte irgendwelche Bedeutung. Ich erwartete jeden Augenblick, daß er die Präliminarien beenden und zur Sache kommen würde: »Was diese Casey-Sache betrifft... oder Wir sind gebeten worden, Nachforschungen anzustellen über...« Aber es schien keine Sache zu geben, zu der er hätte kommen können. Endlich warf er einen Blick auf seine Uhr, verabschiedete sich mit noch ein paar höflichen, nichtssagenden Worten und wandte sich zum Gehen.

Ich saß noch völlig verwirrt da, als er sich umwandte und beiläufig sagte: »Ich gehe fast jeden Donnerstagabend zu einer Art Club. Eine Versammlung von alten Dummköpfen, aber ein paar davon sind ganz interessante Typen, und der Wein ist ausgezeichnet. Hin und wieder erzählt jemand eine gute Geschichte. Haben Sie nicht Lust, einmal mitzukommen, David? Als mein Gast?«

Ich stotterte eine Antwort, aber ich kann mich bis heute nicht erinnern, was ich sagte. Das Angebot hatte mich total verwirrt. Es hatte sehr beiläufig geklungen, aber sein Blick war alles andere als beiläufig gewesen: blaues angelsächsisches Eis unter den buschigen weißen Wirbeln seiner Augenbrauen. Und wenn ich nicht mehr weiß, was ich ihm antwortete, dann liegt das daran, daß mir gerade in diesem Augenblick urplötzlich klar wurde, daß nur dieses Angebot – so verschwommen und rätselhaft es auch sein mochte – der Grund für seinen Besuch war.

Ellen reagierte amüsiert, aber mit einer gewissen Erbitterung auf diese Neuigkeit. Ich hatte jetzt ungefähr fünfzehn Jahre mit Waterhouse, Carden, Lawton, Frasier und Effingham zusammengearbeitet, und es war klar, daß ich nicht mehr wesentlich über die mittlere Position, die ich jetzt in der Firma innehatte, aufsteigen würde. Ellen betrachtete die Einladung als kostengünstigen Ersatz für eine goldene Uhr.

»Alte Männer, die sich ihre Kriegserlebnisse erzählen und Poker spielen«, sagte sie. »Sie werden annehmen, daß das genügt, damit du friedlich und ohne Murren auf deine Pensionierung wartest... oh, ich habe zwei Flaschen Bier für dich kaltgestellt.«

Sie küßte mich zärtlich. Wahrscheinlich hatte sie etwas in meinem Gesicht gelesen – weiß Gott, nach all den Jahren, die wir zusammengelebt haben, kann ich kaum noch eine Gemütsbewegung vor ihr verbergen.

Wochenlang passierte nichts. Ich dachte gelegentlich an Waterhouses erstaunliche Einladung – erstaunlich war sie sicher, von einem Mann, mit dem ich kaum ein Dutzend Mal im Jahr sprach, und den ich höchstens dreimal im Jahr auf einer Party sah, das Betriebsfest im Oktober eingeschlossen – aber ich glaubte inzwischen, daß ich mich getäuscht haben mußte. Wahrscheinlich hatte er sich überhaupt nichts dabei gedacht und die ganze Sache längst vergessen. Womöglich bedauerte er seine Äußerung sogar? Wie peinlich! Aber eines Abends, als ich gerade gehen wollte und meinen Mantel anzog, sprach er mich an. Ein Mann von fast siebzig Jahren, der immer noch breitschultrig war und einen sportlichen Eindruck machte. Er sagte: »Wenn Sie noch an meiner Einladung zum Club interessiert sind – wie wär's mit heute abend?«

»Ich...«

»Schon gut«, sagte er und drückte mir ein Stück Papier in die Hand. »Hier ist die Adresse.«

An diesem Abend wartete er vor den Eingangsstufen auf mich, und Stevens hielt uns die Tür auf. Der Wein war so ausgezeichnet, wie Waterhouse gesagt hatte, aber mein Gastgeber machte keinerlei Anstalten, mich den übrigen Clubmitgliedern vorzustellen. Ich hielt das für Snobismus, bereute aber später mein voreiliges Urteil. Zwei oder drei der Herren machten sich selbst mit mir bekannt. Einer von ihnen war Emlyn McCarron, der schon damals hoch in den Sechzigern war. Er streckte mir seine Hand entgegen, und ich drückte sie kurz. Seine Haut war trocken, ledern, zäh. Ich mußte an Schildkröten denken. Er fragte mich, ob ich Bridge spielte. Ich verneinte.

»Großartig«, sagte er. »Dieses verdammte Spiel hat in diesem Jahrhundert schon mehr intelligente Konversation vereitelt als irgend etwas anderes.« Und nach dieser Feststellung drehte er sich um und verschwand in den dämmrigen Tiefen der Bibliothek, wo die Regale mit Büchern sich ohne Ende zu dehnen schienen.

Ich sah mich nach Waterhouse um, aber der war verschwunden. Mir war etwas unbehaglich zumute, und ich fühlte mich ganz und gar fehl am Platz. Ich ging zum Kamin hinüber, der – ich glaube, ich erwähnte es schon – enorme Ausmaße hatte. Vielleicht wirkte er in New York besonders riesig. Apartmentbewohner wie ich können sich kaum noch eine Feuerstelle vorstellen, die mehr Platz bietet als man zum Rösten von Popcorn oder ein paar Scheiben Toast braucht. In diesem Kamin hätte man einen ganzen Ochsen braten können. Statt einer Ummantelung wölbte sich ein aus Steinen gefügter Rundbogen über der Feuerstelle. Auf dem Mittelstein, der etwas hervorragte und sich für mich gerade in Augenhöhe befand, war etwas eingraviert. Ich las: *DIE GESCHICHTE ZÄHLT, NICHT DER ERZÄHLER.*

Ich zuckte zusammen, als ich hinter mir Waterhouses Stimme hörte. Er hatte mich also doch nicht im Stich gelassen, sondern von irgendwoher Drinks besorgt. »Hier, David«, sagte er. »Sie nehmen Whiskey mit Soda, stimmt's?«

»Ja. Danke, Mr. Waterhouse...«

»George«, unterbrach er mich. »Hier heiße ich nur George.«

»Gut, also George«, sagte ich, obwohl es mir verrückt vorkam, ihn beim Vornamen zu nennen. »Was ist dies...«

»Cheers«, sagte er.

Wir tranken.

»Stevens ist ein exzellenter Barkeeper. Macht gute Drinks. Er sagt gern, das sei zwar keine große, aber eine lebenswichtige Kunst.«

Der Scotch munterte mich etwas auf, und ich fühlte mich nicht mehr so unsicher und desorientiert wie am Anfang (ich hatte an diesem Abend fast eine halbe Stunde überlegt, was ich anziehen sollte, und mich endlich für dunkelbraune Hosen und eine grobe Tweedjacke in fast dem gleichen Farbton entschieden, in der Hoffnung, damit nicht in eine Gesellschaft von Smokingträgern zu geraten oder unter Menschen in Blue jeans und Lederjacken. Es schien allerdings, als hätte ich mich bei der Wahl meiner Kleidung nicht allzusehr vergriffen). In einer neuen Umgebung und einer ungewohnten Situation ist man wohl besonders darauf bedacht, keinen Formfehler zu begehen, und in diesem Augenblick, mit dem Glas in der Hand und dem obligatorischen Trinkspruch noch im Ohr, war mir nichts wichtiger, als mich zu vergewissern, daß ich keine Formalität übersehen hatte.

»Gibt es hier ein Gästebuch, in das ich mich eintragen sollte?« fragte ich.

Waterhouse sah mich erstaunt an. »So etwas haben wir nicht«, sagte er. »Jedenfalls weiß ich nichts davon.« Er sah sich in dem stillen schwachbeleuchteten Raum um. Johanssen raschelte mit seinem *Wall Street Journal*. Ich sah Stevens durch eine Tür am fernen Ende des Raumes verschwinden – gespenstisch in seiner weißen Jacke. George stellte sein Glas auf einer Tischecke ab und schob ein neues Stück Birkenholz ins Feuer. Funken stoben den schwarzen Schlund des Schornsteins hinauf.

»Was bedeutet dies«, fragte ich und zeigte auf den Spruch auf dem Mittelstein. »Haben Sie eine Ahnung?«

Er las ihn sorgfältig, wie zum ersten Mal. *DIE GESCHICHTE ZÄHLT, NICHT DER ERZÄHLER.*

»Ich glaube schon, daß ich eine Ahnung habe«, sagte er, »und die wird *Ihnen* auch noch kommen, wenn Sie den Club öfter besuchen. Ja, ich bin sicher, die eine oder andere Ahnung wird Ihnen kommen. Nach und nach. Ich wünsche Ihnen einen angenehmen Abend, David.«

Er drehte sich um und ging davon. Und, so unwahrscheinlich es klingt: es wurde wirklich ein angenehmer Abend. Schon wegen der vielen Bücher. Ich war schon immer ein Büchernarr, und das Angebot hier schien mir doch sehr interessant. Ich ging langsam die Regale entlang und versuchte zu entziffern, was auf den Buchrücken stand. Dann und wann zog ich eins heraus und schlug es auf. Einmal hielt ich inne und blickte durch ein schmales Fenster auf die Second Avenue hinaus. Ich stand da und sah durch das von Eisblumen bedeckte Glas wie die Verkehrsampel an der Kreuzung von Rot auf Grün und Gelb wechselte, und wieder zurück auf Rot, und plötzlich überkam mich ein sonderbares – und doch sehr willkommenes – Gefühl der Geborgenheit. Es überkam mich nicht plötzlich, es schlich sich so langsam ein. *Logisch*, höre ich Sie sagen, *eine Verkehrsampel anzustarren gibt jedem ein Gefühl der Geborgenheit.*

Nun gut; es *ist* unlogisch. Ich gebe es zu. Aber das Gefühl war trotzdem da. Es erinnerte mich zum ersten Mal seit Jahren an die Winternächte in dem Bauernhaus in Wisconsin, wo ich als Junge in einem zugigen Zimmer im Obergeschoß schlief und mich über die Wärme unter meinen zwei Steppdecken freute, während der Januarwind ums Haus pfiff und Schnee, der so trocken war wie Sand, gegen meilenlange Schneezäune fegte.

Ich fand einige Bücher über juristische Themen, aber ihre Titel waren ziemlich merkwürdig: *Zwanzig Fälle von Zerstükkelung und ihre Verurteilung nach britischem Recht* ist einer, an den ich mich erinnere, *Lieblingstiere vor Gericht* ein anderer. Dieser wissenschaftliche Wälzer befaßte sich mit der Darstellung von Gerichtsverfahren, in denen Lieblingstiere eine Rolle spielten, (amerikanisches Recht, dieses Mal). Da gab es alles – von der Hauskatze, die eine große Erbschaft gemacht hatte, bis zum Ozelot, der sich von seiner Kette losriß und einen Postboten schwer verletzte.

Es gab eine Gesamtausgabe von Dickens, eine von Defoe, eine schier endlose Reihe von Trollope – und elf Romane von einem Mann namens Edward Grey Seville. Sie waren hübsch in grünes Leder gebunden und trugen auf dem Rükken in goldenen Buchstaben den Firmennamen Stedham & Son. Ich hatte weder von Seville noch von seinem Verleger jemals etwas gehört. Das Copyrightdatum des ersten Romans – *Das waren unsere Brüder* – war 1911, das des letzten, *Brecher*, 1935.

Zwei Regale weiter stand ein umfangreicher Folioband mit Anleitungen für Liebhaber von Metallbaukästen und daneben ein Band des gleichen Formats mit Fotos von berühmten Filmszenen. Jedem dieser ganzseitigen Bilder war auf der nächsten Seite ein Gedicht gegenübergestellt, das die Szene entweder kommentierte oder durch sie inspiriert war. Das Konzept war nicht gerade bemerkenswert, aber die Dichter *waren* es: Robert Frost, Marianne Moore, William Carlos Williams, Wallace Stevens, Louis Zukofsky und Erica Jong, um nur ein paar zu nennen. Ungefähr in der Mitte des Buches fand ich ein Gedicht von Archibald MacLeish neben dem berühmten Bild von Marilyn Monroe auf dem U-Bahn-Gitter, wo sie versucht, ihren hochfliegenden Rock herunterzudrücken. Das Gedicht hatte den Titel ›Die Glocke‹ und begann so

> Die Form des Rockes ist
> – könnte man sagen –
> die Form einer Glocke
> Die Beine der Klöppel
> ...

Und so weiter. Nicht schlecht, aber MacLeish hat wesentlich Besseres geschrieben. Ich konnte mir ein solches Urteil erlauben, denn ich hatte im Laufe der Jahre viel von Archibald MacLeish gelesen, aber an dieses Gedicht über Marilyn Monroe konnte ich mich nicht erinnern. (Daß Marilyn gemeint ist, geht eindeutig aus den letzten Zeilen hervor, wo es heißt: *Meine Beine klopfen meinen Namen: / Marilyn,* ma belle.) Seit damals habe ich dieses Gedicht gesucht und habe es nicht gefunden... was natürlich nichts bedeutet. Gedichte sind schließlich nicht mit Romanen oder Rechtsgutachten zu vergleichen. Sie ähneln eher im Wind tanzenden Blättern, und jede Gesamtausgabe, die sich als vollständige bezeichnet, muß notwendigerweise eine Lüge sein. Gedichte haben die Eigenschaften, verlorenzugehen und sich zu verstecken. Das macht sie so liebenswert und ist eine der Gründe, warum sie so beständig sind. Aber...

Irgendwann kam Stevens vorbei und brachte mir einen zweiten Scotch (ich hatte es mir inzwischen mit einem Band Ezra Pound in einem Sessel bequem gemacht). Der Drink war so gut wie der erste. Als ich einen Schluck davon nahm, sah ich zwei der Herren, George Gregson und Harry Stein (an dem Tag als Emlyn McCarron uns die Geschichte von der Atemtechnik erzählte, war Harry schon sechs Jahre tot), den Raum durch eine seltsame Tür, die kaum höher als einen Meter sein konnte, verlassen. Es war eine Tür für Alice im Kaninchenbau, wenn es so was geben sollte. Sie ließen die Tür offen, und kurz nach ihrem Verschwinden hörte ich das gedämpfte Klicken von Billardkugeln.

Stevens kam vorbei und fragte mich, ob ich noch einen Scotch haben wollte. Ich lehnte ab – mit ehrlichem Bedauern. Er nickte. »All right, Sir.« Und obwohl er keine Miene verzog, hatte ich ein obskures Gefühl, daß ihn dies irgendwie freute.

Etwas später ließ mich Gelächter von meinem Buch aufschauen. Jemand hatte ein Päckchen chemisches Pulver ins Feuer geworfen, so daß die Flammen für kurze Zeit in vielen Farben leuchteten. Und wieder mußte ich an meine Kindheit denken, aber nicht auf diese sehnsüchtig-sentimentale, romantisch-nostalgische Art. Das möchte ich ausdrücklich betonen – der Himmel mag wissen, warum. Ich dachte an die Gelegenheit, bei denen ich als Kind solches Pulver ins Feuer geworfen hatte, und die Erinnerung war deutlich, angenehm und frei von Bedauern.

Ich sah, daß die anderen Stühle herangezogen und sich im Halbkreis um den Kamin gesetzt hatten. Stevens brachte eine Schüssel mit herrlichen, dampfenden heißen Würsten. Harry Stein war durch die Kaninchenbautür zurückgekehrt und stellte sich mir eilig, aber freundlich vor. Gregson wollte offenbar im Billardzimmer bleiben – nach dem Geräusch zu urteilen, übte er Stöße.

Nach kurzem Zögern setzte ich mich zu den anderen. Eine Geschichte wurde erzählt – keine sehr erfreuliche. Der Erzähler war Norman Stett. Ich will die Geschichte hier nicht wiedergeben. Vielleicht genügt es, wenn ich Ihnen sage, daß sie von einem Mann handelt, der in einer Telefonzelle ertrinkt.

Als Stett – der inzwischen auch tot ist – zu Ende erzählt hatte, sagte jemand »Die hättest du für Weihnachten aufheben können, Norman.« Die Feststellung löste Gelächter aus, aber ich wußte damals noch nicht, warum.

Und dann erzählte Waterhouse eine Geschichte – eine Geschichte, die ich ihm nie zugetraut hätte. George Waterhouse, Absolvent der Yale-Universität, Phi Beta Kappa,

weißhaarig, im korrekten Dreiteiler, Chef einer bedeuten-
den Anwaltspraxis – *dieser* Waterhouse erzählte eine Geschichte von einer Lehrerin, die in einem Klosett steckengeblieben war. Das Klosett stand hinter der einklassigen
Zwergschule, in der sie unterrichtet hatte, und der Tag, an
dem sie mit ihrem Hinterteil in einem der beiden Löcher dieses Häuschens steckenblieb, war der, an dem dieses antike
Stück nach Boston transportiert werden sollte, um als Anni-
ston Countys Beitrag zu der Ausstellung ›Life as it was in
New England‹ gezeigt zu werden. Während der ganzen
Zeit, die gebraucht wurde, das Häuschen auf den Tieflader
zu setzen und dort zu befestigen, hatte die Lehrerin keinen
Laut von sich gegeben. Sie war von Entsetzen über diese
peinliche Situation wie gelähmt, sagte Waterhouse. Und als
die Tür des Häuschens mitten im Feierabendverkehr auf der
Route 128 in Somerville ausriß und auf die Straße fiel –

Aber lassen wir diese Geschichte und alle anderen, die ihr
folgten; es sind nicht die, die ich Ihnen erzählen will. Irgendwann tauchte Stevens mit einer Flasche Brandy auf, die
mehr als gut war; sie war sozusagen exquisit. Sie wurde her-
umgereicht, und Johanssen brachte einen Toast aus – *den*
Toast, könnte man sagen: Auf die Geschichte, nicht den Erzähler.

Darauf tranken wir.

Nicht lange danach fingen die Herren an, sich davonzu-
machen. Es war nicht spät. Noch vor Mitternacht. Aber ich
habe festgestellt, daß spät früher und früher kommt, je
mehr die Fünfziger sich den Sechzigern nähern. Ich sah Waterhouse in seinen Mantel schlüpfen, den Steven für ihn
hielt. Es kam mir seltsam vor, daß er gehen wollte, ohne mir
noch ein Wort zu sagen. Aber genau das war offenbar seine
Absicht, denn hätte ich nur ein paar Sekunden mehr gebraucht, um den Pound-Band an seinen Platz zurückzustel-
len, wäre Waterhouse fortgewesen. Es war so seltsam wie
alles, was ich an diesem Abend erlebt hatte.

Ich trat direkt hinter ihm aus der Tür, und Waterhouse
sah sich erstaunt um, ganz so, als sei er überrascht, mich zu
sehen. Er schien mit seinen Gedanken ganz weit weg zu
sein. »Wollen wir zusammen ein Taxi nehmen?« fragte er,

als hätten wir uns gerade zufällig in dieser menschenleeren windigen Straße getroffen.

»Vielen Dank«, sagte ich und meinte damit viel mehr als die Einladung zur gemeinsamen Taxifahrt. Das hatte mein Ton auch, wie ich meine, unmißverständlich zum Ausdruck gebracht, aber er nickte nur, als sei nichts anderes gemeint. Ein freies Taxi fuhr langsam die Straße entlang, und Waterhouse winkte es heran. Leute wie er brauchten sich wohl nur ein Taxi zu wünschen, und schon war eins da, selbst bei diesem Sauwetter, wo man geschworen hätte, daß in ganz Manhattan keins aufzutreiben ist.

Als wir im Taxi saßen, und der Taxameter mit gemessenem Klicken unsere Fahrtkosten zusammenzählte, sagte ich ihm, wie gut mir seine Geschichte gefallen habe. Seit ich achtzehn war, hätte ich nicht mehr so heftig und spontan gelacht wie heute abend, erzählte ich ihm, und das war keine Schmeichelei, sondern die reine Wahrheit.

»Ach, wie nett von Ihnen.« Seine eisige Höflichkeit traf mich wie eine Ohrfeige. Als ich mich enttäuscht in den Sitz zurückfallen ließ, fühlte ich Hitze in meine Wangen steigen. Man braucht nicht immer den Knall zu hören, um zu wissen, daß eine Tür zugefallen ist.

Als das Taxi am Bordstein vor dem Haus, in dem ich wohnte, hielt, dankte ich ihm noch einmal, und dieses Mal war er nicht ganz so abweisend. »Es war nett von Ihnen, heute abend so kurz entschlossen mitzukommen«, sagte er. »Wenn es Ihnen gefallen hat, kommen Sie wieder. Warten Sie nicht auf eine Einladung. In zwei-vier-neun-B halten wir nichts von Formalitäten. Donnerstags werden Geschichten erzählt, aber hingehen kann man jeden Abend.«

Müßte ich dann nicht Mitglied werden?

Ich hatte die Frage auf der Zunge. Ich wollte sie stellen. Es schien mir *notwendig*, diese Frage zu stellen. Aber ich dachte noch über die Formulierung nach – war es so nicht ein bißchen zu direkt? – Aber da hatte Waterhouse dem Fahrer schon das Zeichen zur Weiterfahrt gegeben, und der Wagen fuhr an. Ich stand mit wehendem Mantel auf dem Fußweg und dachte: *Er wußte, daß ich ihm diese Frage stellen wollte – er wußte es und hat mich absichtlich daran gehindert, indem er sich schnell davonmachte.* Dann sagte ich mir, das sei völlig absurd – um nicht zu sagen paranoid. Und das war es in der Tat. Aber es blieb trotzdem wahr. Ich schimpfte mich einen Idioten, aber das nützte nichts – die Überzeugung blieb.

Ich ging langsam auf die Haustür zu und trat ins Haus.

Ellen schlief zu sechzig Prozent als ich mich auf die Bettkante setzte, um mir die Schuhe auszuziehen. Sie drehte sich zu mir um und murmelte etwas Unverständliches. Ich befahl ihr weiterzuschlafen.

Aber sie wiederholte ihr unverständliches Gemurmel, das sich dieses Mal anhörte wie ›Wie war es?‹

Ich knöpfte mein Hemd weiter auf und dachte: *Wenn ich es ihr erzähle, werde ich nie wieder hingehen.*

»Ganz gut«, sagte ich. »Alte Männer, die sich ihre Kriegserinnerungen erzählen.«

»Habe ich dir das nicht gleich gesagt?«

»So schlimm war es nun auch wieder nicht. Vielleicht gehe ich sogar wieder hin. Ich kann meinen Chef doch nicht vor den Kopf stoßen.«

»Dein Chef... und deine Firma... als ob es nichts Wichtigeres gäbe.«

»Das gibt es«, sagte ich, aber sie war schon wieder eingeschlafen. Nach dem Duschen zog ich meinen Morgenrock über den Pyjama und ging in die Küche. Statt ins Bett zu gehen, was vielleicht besser gewesen wäre (es war jetzt schon kurz nach eins), setzte ich mich an den Küchentisch und trank noch eine Flasche Bier. Ich trank langsam, sah aus dem Fenster in den kalten Canyon der Madison Avenue und dachte nach. In meinem Kopf summte es ein bißchen. Ich war so viel Alkohol nicht gewöhnt. Aber es war kein unangenehmes Gefühl, und es kündigte sich auch noch kein Kater an.

Der Gedanke, der mir kam, als Ellen mich fragte, wie es gewesen sei, war genauso lächerlich wie der unten auf der Straße, als Waterhouse im Taxi von mir wegfuhr. Was, um alles in der Welt, konnte daran verkehrt sein, wenn ich meiner Frau von dem absolut harmlosen Abend im Altherrenclub meines Chefs erzählte... und selbst *wenn* es verkehrt wäre – wer würde es erfahren? Es war genauso lächerlich und paranoid wie meine früheren Ahnungen... und, wie mein Herz mir sagte, genauso wahr.

Am nächsten Tag traf ich George Waterhouse auf dem Flur zwischen der Buchhaltung und der Bibliothek. Genauer gesagt: wir gingen aneinander vorbei. Er nickte mir zu und ging weiter, ohne ein Wort zu sagen... wie er es immer getan hatte.

Ich hatte den ganzen Tag Magenschmerzen – und das war das einzige, was mich davon überzeugte, daß der gestrige Abend Wirklichkeit war.

Es vergingen drei Wochen. Vier... fünf. Keine neue Einladung kam von Waterhouse. Ich war wohl nicht der richtige Typ. Paßte nicht dazu – so sagte ich mir. Es war ein deprimierender, enttäuschender Gedanke. Ich hoffte, daß er mit der Zeit verblassen und seinen Stachel verlieren würde, wie es meistens der Fall ist. Aber ich mußte immer wieder an den Abend im Club denken – die Insel von Licht in der sonst dämmrigen Bibliothek, so still und heiter und irgendwie zivilisiert; Waterhouses absurde und lustige Geschichte von der Lehrerin im Klosett; der Duft vom Leder der vielen Bücher. Aber meistens dachte ich daran, wie ich an dem schmalen Fenster gestanden hatte, dessen Eisblumen erst grün, dann gelb, dann rot schimmerten. Und ich dachte an das Glücksgefühl, das ich dabei empfunden hatte.

In diesen fünf Wochen ging ich zur New York Public Library und durchsuchte vier Gedichtbände von Archibald MacLeish nach dem Gedicht über Marilyn Monroe (bei den drei Bänden, die ich selbst besaß, hatte ich das bereits getan); einer der Bände nannte sich Gesamtausgabe. Ich schloß neue Freundschaft mit meinen alten Favoriten, einschließlich meinem Lieblingsgedicht von MacLeish ›Epistle to Be Left in Earth‹. Aber in keinem der Bände fand ich ein Gedicht mit dem Titel ›Die Glocke‹.

Bei dieser Gelegenheit durchsuchte ich auch die Roman-Kartei nach Werken des Schriftstellers Edward Gray Seville. Aber ich fand nur einen Kriminalroman von einer Dame namens Ruth Seville.

Wenn es Ihnen gefallen hat, kommen Sie wieder. Warten Sie nicht auf eine Einladung...

Natürlich wartete ich auf eine Einladung. Es hat meine Mutter viel Mühe gekostet, mir beizubringen, daß man so leichtfertigen Redewendungen wie ›komm doch mal vorbei‹ oder ›du bist immer willkommen‹ mit äußerstem Mißtrauen begegnen muß. Ich verlange ja keine Einladungskarte auf einem silbernen Tablett von einem livrierten Diener an meiner Wohnungstür serviert. Aber *irgend etwas* hätte ich doch erwartet. Vielleicht eine beiläufige Bemerkung, wie zum Beispiel ›Kommen Sie doch mal wieder vorbei, David. Oder haben wir Sie zu sehr gelangweilt?‹ Etwas in der Art.

Aber nichts dergleichen geschah, und ich fing an, ernsthaft darüber nachzudenken, ob ich nicht doch einfach hingehen sollte. Manchmal waren diese leichtfertig klingenden Redewendungen vielleicht doch ernst gemeint – und wer konnte wissen, ob Mütter wirklich immer recht haben?

...Warten Sie nicht auf eine Einladung...

Jedenfalls zog ich am 10. Dezember dieses Jahres wieder meine dunkelbraune Hose und das grobe Tweedjackett an und suchte nach meinem dunkelroten Schlips. Es kam mir vor, als ob mein Herz an jenem Abend etwas lauter klopfte als sonst.

»Hat George Waterhouse endlich sein Schweigen gebrochen und dich wieder in seinen Club alter Kriegskameraden eingeladen?« fragte Ellen.

»Ja«, sagte ich und dachte, daß es mindestens ein Dutzend Jahre her sein mußte, daß ich sie zuletzt belogen hatte... und dann fiel mir ein, daß meine Antwort auf ihre Frage nach dem ersten Treffen auch eine Lüge gewesen war. Alte Männer, die sich ihre Kriegserinnerungen erzählte, hatte ich gesagt.

»Wer weiß, vielleicht springt ja wirklich eine Beförderung dabei heraus«, meinte sie – zwar nicht sehr hoffnungsvoll, aber auch ohne viel Bitterkeit in der Stimme.

»Es sind schon seltsamere Dinge passiert«, sagte ich und gab ihr einen Abschiedskuß.

»Oink-oink«, sagte sie, als ich hinausging.

Die Taxifahrt kam mir an diesem Abend sehr lang vor. Es

war kalt, still und sternenklar. Ich fühlte mich in dem großen Wagen sehr klein, wie ein Kind, das zum ersten Mal die Großstadt sieht. Als der Fahrer vor dem großen Sandsteingebäude hielt, war ich richtig aufgeregt – es mußte eine Art Vorfreude sein. Solche einfachen Gefühle scheinen einem im Laufe der Zeit fast unbemerkt verlorenzugehen, und ihre Wiederentdeckung im Alter ist immer eine Überraschung – ungefähr so, als wenn man nach Jahren wieder einmal ein schwarzes Haar im Kamm findet.

Ich bezahlte den Fahrer, stieg aus und ging auf die vier Stufen zu, die zum Eingang hinaufführten. Als ich sie hinaufstieg, schlug meine Aufregung in Angst um (ein Gefühl, das alten Leuten nur zu vertraut ist). Was, um Gottes willen, wollte ich hier?

Die Eingangstür war aus massivem Eichenholz und wirkte so unüberwindlich wie die Tür eines Festungsturms. Ich sah keine Klingel, keinen Klopfer, keine unauffällig angebrachte TV-Kamera und, natürlich, keinen Waterhouse, der auf mich wartete, um mich hineinzuführen. Vor den Stufen blieb ich stehen und sah mich um. Die Dreiundfünfzigste Straße Ost kam mir plötzlich dunkler vor, kälter und irgendwie bedrohlich. Jeder Stein des Hauses schien ein Geheimnis zu hüten, das man besser nicht lüftete. Die Fenster sahen mich an wie Augen.

Irgendwo hinter einem dieser Fenster wird vielleicht gerade ein Mord geplant, dachte ich erschauernd. *Geplant... oder ausgeführt.*

Dann war die Tür plötzlich offen, und Stevens stand da.

Ich fühlte mich unsagbar erleichtert. Ich halte mich nicht für besonders fantasiebegabt – jedenfalls nicht unter normalen Umständen –, aber dieser Gedanke hatte die gespenstische Klarheit des zweiten Gesichts gehabt.

Ich fühlte den Impuls, Stevens überschwenglich zu begrüßen, aber ein Blick in seine Augen hielt mich davon ab. Seine Augen kannten mich nicht.

Dann hatte ich einen neuen gespenstischen Anfall von prophetischer Klarheit: Ich sah den Ablauf dieses Abends in allen Einzelheiten. Drei Stunden in einer stillen Bar. Drei Glas Scotch (vielleicht vier), um die Verlegenheit zu lindern, in die ich mich gebracht hatte, weil ich dumm genug gewesen war zu glauben, ich sei hier willkommen. Das war die Demütigung, die meine Mutter mir hatte ersparen wollen.

Ich sah mich leicht angetrunken den Heimweg antreten. Sah mich die Taxifahrt eher absitzen als erleben und hörte mich zu Ellen sagen, *es wird langsam langweilig... Waterhouse erzählte dieselbe Geschichte von der Wagenladung Steaks, die er beim Pokern für das Dritte Bataillon gewann... und sie spielen um einen Dollar, kannst du dir das vorstellen...? Ob ich wieder hingehe...? Vielleicht, aber ich glaube kaum.* Und das wäre dann wohl das Ende – nur meine Demütigung würde mir bleiben.

Das alles sah ich in Stevens distanziertem Blick. Dann blitzte es auf in seinen Augen, und er lächelte ein wenig. »Mr. Adley! Kommen Sie herein. Ich nehme Ihnen den Mantel ab.«

Ich stieg die Stufen hinauf, und Stevens schloß die Tür hinter mir. Wie anders eine Tür doch aussieht, wenn man auf ihrer warmen Seite steht! Er nahm meinen Mantel und verschwand damit. Ich stand einen Augenblick in der Eingangshalle und betrachtete mich im Spiegel: Ein Mann von dreiundsechzig, dessen Gesicht inzwischen so hager geworden war, daß man es nur noch alt nennen konnte. Trotzdem gefiel mir mein Spiegelbild.

Ich ging in die Bibliothek.

Johanssen las sein *Wall Street Journal*. In einer anderen Lichtinsel saßen Emlyn McCarron und Peter Andrews über ein Schachbrett gebeugt. McCarron hat ein sehr blasses Gesicht, das von einer schmalen scharfen Nase beherrscht wird. Andrews war ein breitschultriger Koloß und ein Choleriker. Ein mächtiger rötlicher Bart wucherte über seine Weste. Über dem Schachbrett mit seinen Ebenholz- und Elfenbeinfeldern sahen die beiden aus wie indianische Totemfiguren: Adler und Bär.

Waterhouse war auch da – versunken in die Lektüre der *Times*. Er blickte auf, nickte mir ohne das geringste Zeichen von Überraschung zu, und verschwand wieder hinter seiner Zeitung.

Stevens brachte mir – unaufgefordert – einen Scotch.

Ich nahm das Glas und ging zu den Bücherregalen. Die elf

rätselhaften Bände in grünem Leder standen noch da. An diesem Abend begann ich, die Werke von Edward Gray Seville zu lesen. Ich fing mit dem ersten Buch an, mit *Das waren unsere Brüder*. Inzwischen habe ich sie alle gelesen und finde, daß sie elf der schönsten Romane unseres Jahrhunderts sind.

Gegen Ende des Abends wurde eine Geschichte erzählt – nur eine –, und Stevens reichte Brandy dazu. Als die Geschichte zu Ende war, standen die Leute auf, um zu gehen. Stevens stand in der Tür zur Eingangshalle. Er sprach nicht besonders laut, aber seine angenehme Stimme war deutlich zu verstehen:

»Wer will denn diesmal die Geschichte zu Weihnachten übernehmen?«

Die Männer hielten in ihren Beschäftigungen inne und sahen sich an. Es wurden ein paar Worte gewechselt und Lachen klang auf. Stevens, lächelnd, aber ernst, klatschte zweimal in die Hände wie ein Lehrer, der eine undisziplinierte Klasse zur Ordnung ruft. »Bitte, meine Herren, – wer wird die Geschichte erzählen?«

Peter Andrews, der Koloß mit dem rötlichen Bart, räusperte sich. »Ich glaube, ich hätte da etwas. Ich weiß nicht, ob es ganz das Richtige ist. Vielleicht – ich meine...«

»Das ist in Ordnung, vielen Dank«, unterbrach Stevens, es gab neues Gelächter, und man klopfte Andrews freundschaftlich auf die Schultern. Die Herren verließen das Gebäude, und jedesmal wenn die Tür aufging, fuhr ein kalter Luftzug die Eingangshalle entlang.

Dann war Stevens plötzlich bei mir und hielt meinen Mantel. »Gute Nacht, Mr. Adley. Es hat mich sehr gefreut.«

»Treffen Sie sich wirklich am Weihnachtsabend?« fragte ich ihn, als ich meinen Mantel zuknöpfte. Es tat mir leid, daß ich Andrews Geschichte nicht würde hören können, weil wir verabredet hatten, die Feiertage bei Ellens Schwester in Schenectady zu verbringen.

Stevens brachte es fertig, gleichzeitig schockiert und amüsiert dreinzublicken. »Aber nein«, sagte er. »Am Weihnachtsabend muß jeder Mann zu Hause bei seiner Familie sein. An jedem anderen Abend kann er ausgehen, aber nicht am Weihnachtsabend. Da sind Sie doch sicher meiner Meinung, Sir?«

»Selbstverständlich.«

»Wir treffen uns immer am Donnerstag vor Weihnachten. Das ist eigentlich der einzige Abend im Jahr, an dem es etwas spät wird.«

Mir fiel auf, daß er nicht das Wort *Mitglieder* benutzte. War das Zufall, oder vermied er es bewußt?

»Vor unserem Kamin sind schon viele Geschichten erzählt worden. Geschichten aller Art: von komisch bis tragisch, von ironisch bis sentimental. Aber am Donnerstag vor Weihnachten ist es immer eine unheimliche Geschichte. Das ist immer so gewesen, jedenfalls soweit ich mich zurückerinnern kann.«

Das erklärte die Bemerkung, die ich bei meinem ersten Besuch gehört hatte, als jemand sagte, Norman Stett hätte seine Geschichte für Weihnachten aufheben sollen. Ich hätte gern weitere Fragen gestellt, aber in Stevens' Augen stand eine Warnung. Sie bedeutete nicht, daß er meine Fragen nicht beantworten würde. Es war eine Warnung, die Fragen besser nicht zu stellen.

»Kann ich noch etwas für Sie tun, Mr. Adley?«

Wir standen jetzt allein zwischen Eingangshalle und Bibliothek. Alle anderen waren fort. Und plötzlich erschien mir die Eingangshalle dunkler, Stevens' Gesicht blasser, seine Lippen roter. Im Kamin explodierte ein knorriges Scheit, und die auflodernden Flammen tauchten den polierten Parkettfußboden in rote Glut. Aus einem der mir noch unbekannten Zimmer meinte ich, ein schleifendes Geräusch und einen dumpfen Aufschlag zu hören. Das gefiel mir nicht. Das gefiel mir überhaupt nicht.

»Nein«, sagte ich mit etwas unsicherer Stimme, »vielen Dank.«

»Dann wünsche ich Ihnen eine gute Nacht«, sagte Stevens, und ich trat über die Schwelle. Ich hörte wie die schwere Tür sich hinter mir schloß und wie der Schlüssel herumgedreht wurde. Dann ging ich den Lichtern der Third Avenue entgegen, ohne mich noch einmal umzusehen. Ich hatte Angst zurückzuschauen, denn ich fürchtete, irgendein gräßliches Monster könnte mich verfolgen, oder ein Geheimnis, das besser bewahrt bliebe, könnte sich mir enthüllen. Ich kam an der Ecke an, sah ein Taxi und winkte es heran.

»Neue Kriegserlebnisse, heute abend?« fragte Ellen, als ich nach Hause kam. Sie lag im Bett mit Philip Marlowe, dem einzigen Liebhaber, den sie neben mir hatte.

»Sicher – das eine oder andere«, sagte ich und hängte meinen Mantel auf. »Aber die meiste Zeit habe ich gelesen.«

»Wenn du nicht mit den anderen geschwafelt hast.«

»Stimmt genau.«

»Hör dir das an: ›Als ich Terry Lennox zum erstenmal zu Gesicht bekam, lag er betrunken in einem Rolls-Royce Silver Wraith draußen vor der Terrasse des Dancers‹«, las Ellen – »›Sein Gesicht wirkte jung, aber sein Haar war schlohweiß. Man konnte seinen Augen ansehen, daß er blau war wie ein Veilchen, aber ansonsten sah er aus wie jeder andere nette junge Kerl im Abendanzug, der ein bißchen zuviel Geld in einem Lokal gelassen hatte, dessen Zweck eben darin und in nichts anderem bestand.‹ Ist das nicht hübsch? Es ist...«

»Der lange Abschied«, sagte ich und zog mir die Schuhe aus. »Diese Passage liest du mir alle drei Jahre einmal vor – sozusagen periodisch.«

Sie schnitt eine Grimasse »Oink-oink«.

»Danke«, sagte ich.

Sie vertiefte sich wieder in ihr Buch, und ich ging in die Küche, um mir eine Flasche Bier zu holen. Als ich zurückkam, hatte sie das Buch offen auf die Bettdecke gelegt und sah mich prüfend an. »David«, fragte sie, »willst du diesem Club beitreten?«

»Schon möglich... wenn man mich fragt.« Es war mir unangenehm. Wahrscheinlich hatte ich sie schon wieder belogen. Wenn es so etwas wie Mitgliedschaft bei 249B Fünfunddreißigste Ost gab, dann war ich bereits Mitglied.

»Das freut mich«, sagte sie. »Du brauchst etwas in der Art. Ich glaube, du hast das noch gar nicht bemerkt, aber so etwas fehlt dir schon lange. Ich habe den Sozialhilfeausschuß und die Frauenrechtskommission und den Theaterverein. Und du brauchst auch etwas. Ein paar Leute, mit denen man alt werden kann.« Ich setzte mich zu ihr auf die Bettkante und nahm *Der lange Abschied* in die Hand. Es war eine farbenfreudige, brandneue Taschenausgabe. Ich erinnerte mich, daß ich die gebundene Ausgabe 1953 als Geburtstagsgeschenk für sie gekauft hatte. »Sind wir alt?« fragte ich sie.

»Ich fürchte, ja«, sagte sie und schenkte mir ein strahlendes Lächeln.

Ich legte das Buch weg und berührte ihre Brust. »Zu alt für dies?«

Mit damenhafter Grazie schlug sie die Bettdecke zurück, um sie dann kichernd mit den Füßen auf den Boden zu stoßen.

»Hau mich, Daddy«, sagte Ellen, »aber im Takt!«

»Oink, oink«, sagte ich, und dann lachten wir beide.

Der Donnerstag vor Weihnachten kam. Der Abend verlief ähnlich wie die anderen, mit zwei bemerkenswerten Ausnahmen. Es waren mehr Leute da, ungefähr achtzehn, und es lag eine gewisse Erregung in der Luft. Johanssen warf nur einen flüchtigen Blick in sein *Journal* und gesellte sich dann zu McCarron, Hugh Beagleman und mir. Wir saßen am Fenster, redeten über dies und das, und führten schließlich eine leidenschaftliche – oft übermütige – Diskussion über Vorkriegsautomobile.

Da war noch etwas, was diesen Abend von den anderen unterschied: Stevens hatte einen köstlichen Eierpunsch gezaubert. Der war milde und süffig, heiß und anregend, und duftete nach Rum und Gewürzen. Er servierte ihn aus einer unglaublichen Waterford-Bowle, die wie eine Eisskulptur aussah. Und das angeregte Summen der Unterhaltung nahm zu in dem Maße, wie der Pegel in der Punschbowle fiel.

In der Ecke neben der winzigen Tür, die zum Billardzimmer führte, sah ich zu meinem Erstaunen Waterhouse und Norman Stett Baseballkarten in einen Zylinderhut werfen, wobei sie lärmend lachten.

Man unterhielt sich in wechselnden Gruppen. Es wurde

spät... und dann, zu der Zeit wo wir sonst schon das Haus verlassen, sah ich Peter Andrews vor dem Kamin sitzen. In einer Hand hielt er ein unbedrucktes Päckchen, ungefähr so groß wie eine Samentüte. Er warf es ins Feuer ohne es zu öffnen, und einen Augenblick später tanzten in den Flammen alle Farben des Spektrums, und – so hätte ich schwören mögen – noch ein paar mehr. Stühle wurden herangezogen. Über Andrews Schulter sah ich den Stein mit dem Spruch: *DIE GESCHICHTE ZÄHLT, NICHT DER ERZÄHLER.*

Stevens bewegte sich geschickt und unaufdringlich zwischen den Stuhlreihen, nahm uns die Punschgläser ab und ersetzte sie durch bereits gefüllte Cognacschwenker. Ich hörte gemurmelte Glückwünsche ›Fröhliche Weihnachten‹, und ›Schöne Feiertage, Stevens‹, und zum ersten Mal sah ich Geld den Besitzer wechseln – eine unauffällig zugesteckte Zehndollarnote hier, dort ein Schein, der wie ein Fünfziger aussah, einen erkannte ich deutlich als einen Hunderter.

»Danke, Mr. McCarron... Mr. Johanssen... Mr. Beagleman...« Ein leises wohlerzogenes Murmeln.

Ich habe lange genug in New York gelebt, um zu wissen, daß die Vorweihnachtszeit ein Karneval der Trinkgelder ist: etwas für den Bäcker, den Schlachter, den Gemischtwarenhändler – ganz zu schweigen von dem Portier, dem Hausmeister und der Putzfrau. Ich kenne niemand in meiner gesellschaftlichen Stellung, der dies für etwas anderes als ein notwendiges Übel hält. Aber heute abend war nichts von diesem Widerwillen zu spüren. Die Leute gaben gern, sogar mit einem gewissen Eifer... und plötzlich, ohne jeden Grund (das war die Art, wie mir oft die Gedanken kamen, wenn ich im Club war), dachte ich an den Jungen, der Scrooge an einem stillen, kalten Londoner Weihnachtsmorgen zurief: »Was? Die Gans, die so groß ist wie ich?« und wie Scrooge, fast verrückt vor Freude kicherte: »Ein *guter* Junge! Ein *vortrefflicher* Junge!«

Ich griff nach meiner Brieftasche. In dem hinteren Fach, hinter den Bildern von Ellen, steckte immer eine Fünfzigdollarnote – für Notfälle. Die steckte ich Stevens zu, als er mir meinen Cognac gab. Ich spürte nicht das geringste Bedauern dabei, obwohl ich kein reicher Mann war.

»Fröhliche Weihnachten, Stevens«, sagte ich.

»Vielen Dank, Sir. Ich wünsche Ihnen das gleiche.«

Er war dann bald mit dem Austeilen des Cognacs und dem Einsammeln seines Honorars fertig und zog sich zurück. Als Peter Andrews mit seiner Geschichte ungefähr in der Mitte war, drehte ich mich einmal um und sah Stevens am Eingang zur Bibliothek bei der Doppeltür stehen. Der düstere Schatten eines Mannes, unbewegt und schweigend.

»Wie die meisten von Ihnen wissen, bin ich Rechtsanwalt«, sagte Andrews, nachdem er einen kleinen Schluck aus seinem Glas genommen und sich geräuspert hatte. »Seit zweiundzwanzig Jahren habe ich Büroräume an der Park Avenue. Aber vorher war ich Assistent in einer Anwaltsfirma in Washington D. C. Eines Abends machte ich Überstunden, um Fallzitate für einen Schriftsatz zusammenzustellen, der mit meiner Geschichte nichts zu tun hat. Aber dann kam ein Mann herein – ein Mann, der damals einer der bekanntesten Senatoren auf dem Capitol Hill war und der später beinahe Präsident geworden wäre. Sein Hemd war blutgetränkt, und die Augen standen ihm aus dem Kopf.

›Ich muß Joe sprechen‹, sagte er. Joe, müssen Sie wissen, war Joseph Woods, der Chef der Firma. Einer der einflußreichsten Rechtsanwälte auf dem privaten Sektor in Washington und mit dem Senator eng befreundet.

›Der ist schon seit Stunden nicht mehr im Büro‹, sagte ich. Ich war entsetzt. Er sah aus wie ein Mann, der gerade von einem grauenhaften Verkehrsunfall oder einer Messerstecherei kam. Sein Gesicht, das ich von Zeitungsfotos und aus dem Fernseher kannte, war blutverschmiert, und die eine Wange zuckte krampfhaft unter einem wildblickenden Auge... das alles steigerte mein Entsetzen. ›Ich rufe ihn an, wenn Sie...‹ Ich wählte schon die Nummer, um diese unerwartete Verantwortung so schnell wie möglich loszuwerden. Hinter ihm auf dem Teppich sah ich seine Fußspuren – geronnenes Blut.

›Ich muß Joe sofort sprechen‹, wiederholte er, als hätte er

mich nicht gehört. ›Es ist etwas in meinem Auto... ich merkte es zuerst am Virginia-Platz. Ich habe geschossen und gestochen, aber ich kann es nicht töten. Es ist ein Ungeheuer, und ich kann es nicht töten.‹

Er begann zu kichern, dann lachte er, und schließlich fing er an zu schreien. Er schrie noch, als ich endlich Mr. Woods am Apparat hatte und ihm sagte, er müsse unter allen Umständen so schnell wie möglich kommen...«

Ich werde auch Peter Andrews Geschichte hier nicht erzählen. Wahrscheinlich hätte ich gar nicht den Mut dazu. Sie war so grausig, daß ich noch wochenlang davon träumte. Eines Morgens, als wir uns beim Frühstück gegenübersaßen, fragte Ellen mich, warum ich mitten in der Nacht geschrien hätte »Sein Kopf! Sein Kopf spricht noch in der Erde!«

»Ach, das war wohl ein Traum«, sagte ich. »Einer von denen, an die man sich nachher nicht erinnert.«

Aber ich konnte sie dabei nicht ansehen, und ich glaube, daß sie dieses Mal gemerkt hatte, daß ich log.

An einem Tag im August des folgenden Jahres rief man mich, als ich in der Bibliothek arbeitete. George Waterhouse bat mich in sein Büro. Als ich eintrat, sah ich, daß Robert Carden und Henry Effingham auch dort waren. Im ersten Moment dachte ich, ich hätte einen ganz grauenhaften Fehler gemacht, und sie wollten mir jetzt meine Unfähigkeit vorwerfen.

Dann trat Carden auf mich zu und sagte: »George meint, die Zeit sei reif, Sie zum Juniorpartner zu machen, David. Und wir sind alle damit einverstanden.«

»Das sieht zwar ein bißchen nach der Welt ältestem Junior aus«, sagte Effingham mit einem breiten Grinsen, »aber da müssen Sie durch, David. Mit etwas Glück sind Sie Weihnachten gleichberechtigter Partner.«

In dieser Nacht hatte ich keine schlechten Träume. Ellen und ich gingen essen, tranken zuviel, besuchten dann ein Jazzlokal, in dem wir mindestens sechs Jahre nicht gewesen waren, und hörten diesen erstaunlich blauäugigen Neger, Dexter Gordon, sein Horn blasen. Bis fast zwei Uhr morgens. Am nächsten Morgen wachten wir mit Kopfschmerzen und unguten Gefühlen im Magen auf und konnten immer noch nicht ganz glauben, was passiert war. Ein Aspekt meiner neuen Situation war nämlich, daß mein Gehalt sich um achttausend Dollar im Jahr erhöhte, lange nachdem wir alle Hoffnung auf einen derart fantastischen Anstieg meiner Einkünfte begraben hatten.

Die Firma schickte mich in diesem Herbst für sechs Wochen nach Kopenhagen, und als ich zurückkam, war John Hanrahan, einer der regelmäßigen Besucher von 249B, an Krebs gestorben. Für seine Witwe, die in einer unangenehmen finanziellen Situation zurückgeblieben war, sammelten wir, und man bat mich, das Geld zu zählen – es war ausschließlich Bargeld gegeben worden – und einen Bankscheck über die Gesamtsumme auszustellen. Es waren mehr als zehntausend Dollar zusammengekommen. Ich gab den Scheck Stevens und nehme an, daß er ihn an die Witwe geschickt hat.

Wie der Zufall so spielt, ist Arlene Hanrahan Mitglied von Ellens Theaterverein, und Ellen erzählte mir ein paar Wochen später, daß Arlene einen anonymen Scheck über zehntausendvierhundert Dollar erhalten hätte. Als Mitteilung an den Empfänger stand auf dem Scheck die wenig informative Botschaft: *Von Freunden Ihres verstorbenen Gatten John.*

»Ist das nicht das Erstaunlichste, was du je in deinem ganzen Leben gehört hast?« fragte Ellen mich.

»Nein«, sagte ich, »aber ich bin gern bereit, diesem Ereignis einen Platz unter den zehn merkwürdigsten, von denen ich je in meinem Leben gehört habe, einzuräumen. Kann ich noch ein paar Erdbeeren haben, Ellen?«

Die Jahre vergingen. Ich lernte die Räume im Obergeschoß von 249B kennen, es waren: ein Schreibzimmer, ein Schlafzimmer für Gäste – ich hätte dort nicht übernachten mögen, denn ich konnte den dumpfen Aufschlag nicht vergessen, den ich einmal spät abends gehört hatte (oder mir doch jedenfalls einbildete, gehört zu haben) –, außerdem noch ein kleiner aber gutausgerüsteter Fitneßraum und eine Sauna, dazu ein langer, schmaler Raum, der sich über die ganze

Länge des Gebäudes erstreckte und zwei Kegelbahnen enthielt.

In diesen Jahren las ich die Romane von Edward Gray Seville zum zweiten Mal, und entdeckte einen absolut atemberaubenden Dichter – vergleichbar etwa Ezra Pound und Wallace Stevens – namens Norbert Rosen. Verleger der drei Bände seines Werks, die hier im Regal standen, waren Stedham & Son, New York und Boston. Wie aus einem Klappentext hervorging, war der Dichter 1924 geboren und bei Anzio umgekommen.

In einem dieser Jahre (ich weiß nicht mehr in welchem) ging ich an einem sonnigen Frühlingsnachmittag wieder in die New York Public Library und verlangte Zwanzig Jahrgänge des *Literary Market Place*. Der *LMP* erscheint jährlich und hat ungefähr den Umfang der ›Gelben Seiten‹ für eine Großstadt, und der Bibliothekar war überhaupt nicht begeistert. Aber ich ließ mich nicht abwimmeln und sah jeden Band sorgfältig durch. Man kann mit ziemlicher Sicherheit annehmen, daß im *LMP* jeder Verlag der Vereinigten Staaten von Amerika aufgeführt ist, und sei er noch so klein, dazu noch Agenten, Herausgeber und Buch-Clubs. Trotzdem fand ich Stedham & Son nicht. Ein Jahr später – oder auch zwei – unterhielt ich mich mit einem Buchhändler in einem Antiquariat und fragte ihn danach. Er hatte nie davon gehört.

Wie gern hätte ich Stevens gefragt, aber ich sah die Warnung in seinem Blick und ließ es.

Und es wurden Geschichten erzählt in diesen Jahren

Komische Geschichten, Geschichten von glücklicher und unglücklicher Liebe, unheimliche Geschichten, und sogar ein paar Kriegsgeschichten, wenn auch keine von der Sorte, wie Ellen sie wahrscheinlich im Sinn hatte, als sie ihre Bemerkung machte.

Am deutlichsten erinnere ich mich an Gerard Tozemans Geschichte. Sie handelte von einem Volltreffer der deutschen Artillerie auf eine amerikanische Operationsbasis, den Tozeman als einziger überlebte. Das geschah vier Monate vor dem Ende des Ersten Weltkriegs.

Lathrop Carruthers, der amerikanische General, den zu der Zeit schon jedermann für wahnsinnig hielt (er hatte mindestens achtzehntausend Menschenleben auf dem Gewissen, die er so leichtfertig aufs Spiel setzte wie Sie oder ich einen Fünfziger in die Musikbox stecken), dieser Carruthers stand an einer Landkarte, die den Frontverlauf zeige, als die Granate einschlug. Er erklärte gerade eine neue, verrückte Operation, die er ausgeheckt hatte – eine Operation, die genauso enden würde, wie alle anderen vorher: Es würde wieder eine Menge neuer Witwen geben.

Und als der Qualm sich verzogen hatte, war Gerard Tozeman, benommen und betäubt, während ihm das Blut aus Nase, Ohren und Augenwinkeln lief und seine Hoden von der Gewalt des Aufpralls anzuschwellen begannen, auf der Suche nach einem Ausweg aus diesem Schlachthaus, das vor ein paar Minuten noch das Hauptquartier gewesen war, auf Carruthers Leiche gestoßen. Er sah den General... und begann zu schreien und zu lachen. Seine eigenen von der Detonation betäubten Ohren hörten sein Geschrei nicht, aber es war ein Zeichen für die Sanitäter, daß an diesem Ort der Verwüstung noch jemand lebte.

Carruthers war nicht verstümmelt... jedenfalls nicht in der Form, sagte Tozeman, was man damals als Verstümmelung betrachtete – Männer, denen die Arme abgerissen waren, Männer ohne Füße, ohne Augen, Männer, deren Lungen durch Gas geschrumpft waren. Nein, sagte er, nichts dergleichen. Seine Mutter hätte ihn sofort erkannt. Aber die Landkarte...

...die Landkarte, vor der Carruthers mit seinem Zeigestock gestanden hatte, als das Geschoß einschlug...

Sie war irgendwie *in sein Gesicht* getrieben worden. Tozeman starrte in eine gräßliche, tätowierte Totenmaske. Auf seiner Stirn war die felsige Küste der Bretagne. Der Rhein floß wie eine blaue Narbe seine linke Wange hinunter, einige der berühmtesten Weinanbaugebiete der Welt breiteten sich auf seinem Kinn aus, und um seinen Hals zog sich die Saar wie die Schlinge des Henkers... quer über einen seiner hervorgetretenen Augäpfel war das Wort VERSAILLES gedruckt.

Das war unsere Weihnachtsgeschichte im Jahr 197-.

Ich erinnere mich an viele andere, aber sie gehören nicht hierher. Die von Tozeman eigentlich auch nicht... aber ich konnte der Versuchung, sie zu erzählen, nicht widerstehen. Und als Stevens in diesem Jahr, am Donnerstag nach Thanksgiving, in die Hände klatschte und fragte, wer uns die Weihnachtsgeschichte erzählen wollte, da knurrte Emlyn McCarron: »Ich glaube, ich habe da etwas, was ich erzählen sollte. Jetzt oder nie. Gott wird mir ohnehin bald den Mund für immer schließen.«

In all den Jahren hatte ich es nie erlebt, daß McCarron eine Geschichte erzählte. Vielleicht rief ich deshalb das Taxi so früh, und vielleicht war ich deshalb so aufgeregt, als Stevens seinen Eiergrog an die sechs Leute austeilte, die sich bei dem eisigen Schneesturm hinausgetraut hatten. Es ging mir aber nicht allein so. Ich sah diese erwartungsvolle Erregung auch auf einigen anderen Gesichtern.

Alt, trocken und ledern saß McCarron in dem riesigen Sessel am Kamin, daß Päckchen mit dem Pulver in seinen knotigen Händen. Er warf es ins Feuer, und wir sahen die Flammen in den verrücktesten Farben auflodern, bis sie sich beruhigten und zu ihrem normalen Gelb zurückkehrten. Stevens teilte Kognak aus, und wir gaben ihm sein Weihnachtshonorar. Einmal hatte ich bei dieser jährlichen Zeremonie Hartgeld klirren gehört, und ein anderes Mal war im Schein des Feuers einen Augenblick lang eine Tausend-Dollar-Note zu sehen gewesen. Aber in beiden Fällen hatte Stevens' Stimme genau den gleichen Klang gehabt: ruhig, höflich und durch und durch korrekt. Es waren ungefähr zehn Jahre vergangen, seit ich mit George Waterhouse den Club zum ersten Mal besucht hatte, und während sich draußen in der Welt vieles verändert hatte, war hier alles noch genau wie damals, und Stevens schien nicht einen Monat älter geworden zu sein – nicht einen Tag.

Er zog sich in die Dunkelheit zurück, und einen Augenblick lang war es so still, daß wir das Zischen des Saftes in den brennenden Holzscheiten im Kamin hören konnten. Emlyn McCarron schaute ins Feuer, und wir alle folgten seinem Blick. Die Flammen schienen an diesem Abend besonders wild zu sein. Ich fühlte mich beim Anblick des Feuers fast hypnotisiert – so ähnlich mag es unseren Vorfahren, den Höhlenmenschen, gegangen sein, wenn der Wind um ihre kalten nördlichen Höhlen heulte.

Endlich, immer noch ins Feuer blickend, leicht vorgebeugt, die Unterarme auf die Schenkel gestützt, so daß die verschränkten Hände zwischen seinen Knien hingen, fing McCarron an zu sprechen.

II. Atemtechnik

Ich bin jetzt fast achtzig, was bedeutet, daß ich mit dem Jahrhundert geboren wurde, und mein Leben lang war ich mit einem Gebäude verbunden, das fast direkt an der Madison Square Garden steht. Dieses Gebäude, das wie ein großes, graues Gefängnis aussieht – wie aus der *Geschichte zweier Städte* –, ist, wie die meisten von Ihnen wissen, ein Krankenhaus. Das Harriet White Memorial Hospital. Die Harriet White, nach der es benannt wurde, war meines Vaters erste Frau, die ihre ersten Erfahrungen in Krankenpflege sammelte, als auf den Wiesen im Central Park noch Schafe weideten. Eine Statue der Dame steht auf einem Podest im Hof vor dem Gebäude, und wer sie sich genauer ansieht, wird sich fragen, wie eine derart ernst und kompromißlos dreinblickende Frau zu einem Beruf kommt, der so viel Mitgefühl und Nächstenliebe verlangt. Das auf dem Podest unter der Statue eingemeißelte Motto ist, wenn man den lateinischen Firlefanz in schlichtes Englisch übersetzt, womöglich noch weniger tröstlich: *Ohne Schmerz gibt es keinen Trost – ohne Leiden keine Erlösung*. Cato, wenn es Ihnen recht ist, und wenn nicht, dann auch.

Am 20. März 1900 wurde ich in diesem großen grauen Steinkasten geboren, und 1926 kehrte ich als Assistenzarzt dorthin zurück. Mit sechsundzwanzig ist man schon ziemlich alt für den Start in die Welt der Medizin, aber ich hatte ein ziemlich lehrreiches Praktikum hinter mir. Am Ende des Ersten Weltkriegs mußte ich zerfetzte Eingeweide wieder zusammenflicken und in aufgerissen Bäuche zurückpacken, und auf dem schwarzen Markt versuchen, an Morphium zu kommen, das oft gestreckt und manchmal gefährlich war.

Wie die Ärztegeneration nach dem Zweiten Weltkrieg, waren auch wir unsentimentale, erfahrene Praktiker, und in den Jahren 1919 bis 1928 ist die Anzahl der Versager in den wesentlichen medizinischen Fachrichtungen bemerkenswert gering. Wir waren älter, erfahrener, beständiger. Waren wir auch klüger? Ich weiß es nicht... aber bestimmt waren wir abgebrühter. Dieser Unfug, den man in volkstümlichen Arztromanen lesen kann, daß jemand bei seiner ersten Autopsie ohnmächtig wird oder sich übergeben muß, gab es bei uns nicht. Nicht nach Belleau Wood, wo Rattenweibchen ihre Würfe in den explodierten Eingeweiden von gefallenen Soldaten aufzogen, die im Niemandsland verrotteten. Wir hatten all unser Kotzen und Ohnmächtigwerden längst hinter uns gebracht.

Das Harriet White Memorial Hospital spielt auch eine Rolle in einer Sache, die ich neun Jahre später nach meinem Eintritt dort erlebte – und das ist die Geschichte, die ich Ihnen, meine Herren, heute abend erzählen will. Man konnte sagen, daß es eine Geschichte ist, die nicht in die Weihnachtszeit paßt (obwohl ihre letzte Szene am Weihnachtsabend spielt). Sie ist sicherlich grauenerregend; dennoch kommt es mir so vor, als käme in ihr zum Ausdruck, was für erstaunliche Kräfte in unserer unglücklichen, zum Untergang verdammten Spezies schlummern. Ich sehe in dieser Geschichte das Wunder unseres Willens... und auch seine schreckliche dunkle Kraft.

Eine Geburt, meine Herren, empfinden viele als etwas Schreckliches. Es ist heute Mode geworden, daß Väter bei der Geburt ihrer Kinder zusehen, und viele Männer haben dadurch Schuldgefühle entwickelt, die meiner Ansicht nach nicht gerechtfertigt sind (und einige Frauen nutzen diese Schuldgefühle bewußt und manchmal grausam aus). Dabei ist eine Geburt eigentlich eine gesunde und bekömmliche Angelegenheit. Dennoch habe ich Männer gesehen, die, überwältigt von den Schreien und dem Blut, in Ohnmacht fielen, und andere, die blaß und zitternd den Kreißsaal verließen. Ich erinnere mich an einen Vater, der sich sehr gut hielt... bis zu dem Augenblick als der Kopf seines absolut gesunden Sohnes auf dieser Welt erschien – da fing er an, hysterisch zu schreien. Die Augen des Kindes waren offen. Es sah aus, als schaute er sich im Zimmer um... und dann sah es seinen Vater an.

Der Vorgang der Geburt ist wunderbar, aber niemals schön. Ich glaube, er ist zu brutal, um schön zu sein. Die Gebärmutter einer Frau ist wie ein Motor. Mit der Empfängnis wird er angeworfen. Zuerst läuft er ganz langsam, sozusagen im Leerlauf. Aber je mehr sich das kreative Ereignis seinem Höhepunkt – der Geburt – nähert, um so mehr kommt der Motor auf Touren. Sein leises Wispern wird ein gleichmäßiges Summen, dann ein Rumpeln, und schließlich ein donnerndes, furchtbares Brüllen. Wenn dieser Motor einmal angeworfen ist, weiß jede werdende Mutter, daß ihr Leben auf dem Spiel steht. Entweder bringt sie das Baby normal zur Welt und der Motor kommt wieder zum Stillstand, oder er wird immer lauter und härter und schneller stampfen, bis er explodiert und sie in Blut und Schmerzen tötet.

Dies ist die Geschichte einer Geburt, meine Herren, am Abend jener Geburt, die wir jetzt seit fast zweitausend Jahren feiern.

1929 machte ich eine eigene Praxis auf – es war ein schlechtes Jahr für den Start in die Selbständigkeit. Mein Großvater lieh mir etwas Geld, so daß ich immerhin noch besser dran war als viele meiner Kollegen. Aber die ersten vier Jahre überstand ich mehr schlecht als recht.

1935 ging es dann etwas besser. Ich hatte einen Grundstock an ständigen Patienten, und das White Memorial schickte mir Patienten zur ambulanten Behandlung. Im April dieses Jahres kam eine neue Patientin zu mir, eine junge Frau, die ich Sandra Stansfield nennen will – sie hieß zwar nicht so, aber doch so ähnlich. Sie war eine junge Frau, eine Weiße. Ihr Alter gab sie mit achtundzwanzig an. Nach der Untersuchung war ich der Meinung, daß sie wohl drei bis fünf Jahre jünger sein mußte. Sie war blond, schlank, und für die damalige Zeit groß – etwa ein Meter zweiundsiebzig. Sie war von außerordentlich herber Schönheit und wirkte dadurch fast unnahbar. Ihre Gesichtszüge waren klar und regelmäßig, ihre Augen intelligent... und ihr Mund wirkte genau so entschlossen wie der von Harriet White auf ihrem Podest gegenüber von Madison Square Garden. Der Name, den sie auf ihrem Formular eintrug, war nicht Sandra Stansfield, sondern Jane Smith. Die Untersuchung ergab, daß sie ungefähr seit zwei Monaten schwanger war. Sie trug keinen Ehering.

Nach der ersten Untersuchung – aber bevor wir das Ergebnis des Schwangerschaftstest bekamen – sagte meine Sprechstundenhilfe, Ella Davidson: »Das Mädchen gestern? Jane Smith? Wenn das kein falscher Name ist, habe ich noch nie einen gehört.«

Der Ansicht war ich allerdings auch. Trotzdem bewunderte ich sie. Sie hatte nicht, wie die meisten Mädchen in ihrer Lage es tun, unentschlossen, weinerlich und errötend um den heißen Brei herumgeredet. Sie hatte ganz direkt und sachlich gesprochen. Und den Decknamen hatte sie wohl eher aus Vorsicht als aus Scham benutzt, wobei es ihr nicht der Mühe wert erschienen war, einen wahrscheinlicher klingenden Namen zu erfinden wie ›Betty Rucklehouse‹ oder ein mondänes ›Ternina DeVille‹. *Auf dem Formular muß ein Name stehen, so will es das Gesetz*, mochte sie gedacht haben. *Hier ist ein Name. Aber ehe ich mich auf die Berufsethik eines Mannes verlasse, den ich nicht kenne, verlasse ich mich lieber auf mich selbst. Wenn Sie nichts dagegen haben.*

Ella machte ein paar Bemerkungen – ›moderne Mädchen‹ und ›frech wie Oskar‹ – aber sie war eine gute Frau, und ich glaube, sie sagte das nur, um die Form zu wahren. Sie wußte genausogut wie ich, daß meine neue Patientin keine gemeine kleine Hure war. Nein. ›Jane Smith‹ war eine sehr ernsthafte, sehr willensstarke junge Frau, die sich in einer unangenehmen Lage befand, und sie war entschlossen, diese unangenehme Situation mit soviel Anstand und Würde wie irgend möglich zu meistern.

Eine Woche nach ihrem ersten Besuch kam sie wieder. Es war ein herrlicher Tag – der erste wirkliche Frühlingstag.

Die Luft war mild, der Himmel von einem sanften blassen Blau, und es roch nach Frühling: dieser warme, undefinierbare Geruch, mit dem die Natur uns anzeigt, daß sie zu neuem Leben erwacht ist. Es war einer jener Tage, an denen man von jeder Verpflichtung frei sein möchte, um einer schönen Frau gegenüberzusitzen, die einem allein gehört – auf Coney Island, vielleicht, oder am Ufer des Hudson mit einem Picknickkorb auf einer karierten Decke, und die Dame trägt einen riesigen weißen Hut und ein ärmelloses Gewand, das so hübsch ist wie der Frühling selbst.

Das Kleid, das ›Jane Smith‹ trug, hatte Ärmel, aber es war trotzdem fast so hübsch wie der Frühling selbst. Es war aus weißem Leinen und an den Rändern braun abgesetzt. Dazu trug sie braune Pumps, weiße Handschuhe und einen nicht mehr ganz modernen Hut. Für mich das erste Zeichen dafür, daß sie alles andere als eine reiche Frau war.

»Sie sind schwanger«, sagte ich. »Ich glaube nicht, daß dieser Befund Sie sehr überrascht. Habe ich recht?«

Wenn es Tränen gibt, dachte ich, dann jetzt.

»Ja«, sagte sie vollkommen ruhig, und ihre Augen waren so frei von aufsteigenden Tränen wie der Frühlingshimmel von Wolken. »Mein Zyklus ist sonst sehr regelmäßig.«

Eine Zeitlang sagte keiner von uns beiden etwas.

Dann fragte sie mit einem fast unhörbaren Seufzer: »Wann kann ich mit der Entbindung rechnen?« Es war der Seufzer, den ein Mensch von sich gibt, der sich gerade entschlossen hat, eine schwere Last aufzuheben.

»Es wird ein Christkind werden«, sagte ich. »Das errechnete Datum ist der 10. Dezember, aber es könnte auch zwei Wochen früher oder später kommen.«

»Gut.« Sie zögerte kurz und fragte dann: »Kann ich mit Ihrem ärztlichen Beistand rechnen, auch wenn ich nicht verheiratet bin?«

»Ja«, sagte ich, »unter einer Bedingung.«

Sie runzelte die Stirn, was ihr Gesicht dem von Harriet White noch ähnlicher machte. Man sollte nicht glauben, daß das Stirnrunzeln einer Frau, die vielleicht erst dreiundzwanzig ist, so furchterregend sein kann. Dieses war es. Sie war imstande zu gehen, und nicht einmal die Aussicht, diese ganze peinliche Prozedur noch einmal bei einem anderen Arzt durchmachen zu müssen, würde sie davon abhalten.

»Und was ist diese Bedingung?« fragte sie mit perfekter, nichtssagender Höflichkeit.

Obwohl ich jetzt gern ausgewichen wäre, hielt ich dem geraden Blick ihrer haselnußbraunen Augen stand. »Ich bestehe darauf«, sagte ich, »daß Sie mir Ihren richtigen Namen nennen. Ich habe nichts dagegen, daß Sie weiterhin bar bezahlen, wenn Sie das gern möchten, und Mrs. Davidson kann Ihre Rezepte weiterhin auf den Namen Jane Smith ausstellen, aber wenn Sie sich mir für die nächsten sieben Monate oder länger zur Behandlung anvertrauen, möchte ich Sie mit Ihrem richtigen Namen anreden können.«

Nach diesem auf absurde Weise steifen kleinen Vortrag schwieg sie, und ich sah zu, wie sie darüber nachdachte. Irgendwie war ich überzeugt, daß sie aufstehen, mir für meine Bemühungen danken und für immer gehen würde. Ich fing an Enttäuschung zu spüren. Sie gefiel mir. Ich mochte die offene und ehrliche Art, mit der sie ein Problem behandelte, das neunzig von hundert Frauen zu unsicheren und würdelosen Lügnerinnen machte, die beim Gedanken an das lebende Uhrwerk in ihrem Bauch in Panik gerieten, und vor Scham über ihre Situation außerstande waren, die Lösung ihres Problems vernünftig in den Griff zu bekommen.

Heutzutage würden viele junge Leute eine solche Haltung wohl lächerlich oder unvernünftig finden. Vielleicht würden sie gar nicht glauben, daß es so etwas gegeben hat. Die Menschen sind jetzt ja geradezu versessen darauf, ihre Toleranz zu demonstrieren, so daß einer unverheirateten schwangeren Frau womöglich doppelt so viel Zuwendung zuteil wird wie einer verheirateten. Sie, meine Herren, werden sich aber sehr gut daran erinnern, daß die Situation einmal ganz anders war – Sie werden sich an eine Zeit erinnern, als Korrektheit und Heuchelei diese Situation für eine unverheiratete Frau verteufelt schwierig machten. In jenen Tagen war eine verheiratete schwangere Frau strahlend, selbstsicher, und stolz darauf, ihre gottgewollte Funktion zu erfüllen. Eine unverheiratete schwangere Frau aber war in den Augen ihrer Mitmenschen eine Hure – und meistens auch in ihren eigenen. Diese Mädchen waren, wie Ella Davidson sagte, ›leicht zu haben‹. Und das wurde damals schwer verziehen. Die unglücklichen Frauen schlichen sich davon, um ihre Babys in fremden Städten zur Welt zu bringen. Einige nahmen Tabletten oder sprangen von hohen Gebäuden. Andere gingen zu ›Engelmachern‹ mit schmutzigen Händen oder versuchten, selbst abzutreiben. Während meiner Zeit als Arzt habe ich vier Frauen an Gebärmutterverletzungen verbluten sehen – in einem Fall war die Blutung durch einen abgebrochenen Flaschenhals hervorgerufen, der am Stiel eines Handfegers befestigt war. Es ist kaum zu glauben, meine Herren, daß solche Dinge passiert sind. Aber sie sind passiert. Sie sind wirklich passiert. Schwanger zu werden, war ganz einfach das Schlimmste, was einem gesunden jungen Mädchen passieren konnte.

»Gut«, sagte sie schließlich. »Das kann ich verstehen. Mein Name ist Sandra Stansfield.« Sie streckte mir die Hand entgegen, die ich – ziemlich überrascht – ergriff und schüttelte. Ich bin sehr froh, daß Ella Davidson das nicht gesehen hat. Sie hätte sicher nichts gesagt, aber der Kaffee wäre eine Woche lang bitter gewesen.

Sandra Stansfield lächelte – wahrscheinlich über die Verwirrung, die auf meinem Gesicht zu lesen war – und sah mich freimütig an. »Ich hoffe, wir können Freunde sein, Dr. McCarron. Ich brauche gerade jetzt einen Freund. Ich habe nämlich ziemliche Angst.«

»Das kann ich verstehen, und ich will versuchen, Ihnen ein Freund zu sein, Miß Stansfield. Wenn ich irgend etwas für Sie tun kann, sagen Sie es mir bitte.«

Sie öffnete ihre Handtasche und zog einen kleinen billigen Notizblock und einen Schreibstift hervor. Sie öffnete den Block, nahm den Stift in Schreibposition und sah zu mir auf. Für einen gräßlichen Augenblick dachte ich, sie wollte mich nach einer Abtreibungsadresse fragen. Dann sagte sie: »Ich möchte gern wissen, wie ich mich jetzt ernähren sollte – wegen des Babys, meine ich.«

Ich lachte laut heraus, und sie sah mich verblüfft an.

»Entschuldigen Sie. Aber Sie wirken gar zu geschäftsmäßig.«

»Ich meine«, sagte sie, »dieses Baby gehört jetzt zu meinen Geschäften. Finden Sie das nicht auch, Dr. McCarron?«

»Aber sicher. Sie haben vollkommen recht. Ich habe ein Merkblatt, das ich allen meinen schwangeren Patientinnen gebe. Darin steht alles, was Sie wissen müssen – über Essen und Trinken und Rauchen und vieles andere. Bitte lachen Sie nicht, wenn Sie es lesen, das würde mich sehr kränken, denn ich habe es selbst geschrieben.«

Ich hatte es in der Tat selbst geschrieben, aber es war schon damals mehr als ein Merkblatt und wurde mit der Zeit mein Buch, das ich *Ein praktischer Wegweiser für Schwangerschaft und Geburt* nannte. Gynäkologie und Geburtshilfe waren Fachgebiete, die mich sehr interessierten, das hat sich bis heute nicht geändert, aber damals war es nicht ratsam, sich darauf zu spezialisieren – es sei denn, man hätte sehr gute Beziehungen zu den besseren Kreisen gehabt, und selbst dann konnte es zehn oder fünfzehn Jahre dauern, eine gutgehende Praxis aufzubauen. Da ich mich aber ziemlich spät selbständig gemacht hatte, glaubte ich, dafür nicht mehr genug Zeit zu haben. Ich tröstete mich damit, daß ich auch in meiner allgemeinmedizinischen Praxis sehr viele glückliche werdende Mütter sehen und sehr vielen Babys auf die Welt helfen würde. Und so kam es dann auch: nach meiner letzten Zählung waren es über zweitausend – genug um fünfzig Schulklassen zu füllen.

Ich las alles, was irgendwie mit Kinderkriegen zu tun hatte, und war auf dem Gebiet bald besser informiert als auf allen anderen der medizinischen Praxis. Und weil ich ziemlich enthusiastisch war, schrieb ich mein eigenes Merkblatt, anstatt den jungen Frauen die Pamphlete anzubieten, die damals im Umlauf waren. Ich will hier nicht den ganzen Katalog dieser guten Ratschläge aufzählen – wir würden sonst morgen früh noch hier sitzen –, aber ich will ein paar davon zum besten geben.

Zum Beispiel empfahl man werdenden Müttern, viel zu sitzen oder zu liegen, und warnte dringend davor, größere Entfernungen zu Fuß zurückzulegen, um einer Fehlgeburt oder Schwierigkeiten bei der Geburt vorzubeugen. Nun ist eine Geburt ein außerordentlich hartes Stück Arbeit, und würde man etwa einem Fußballspieler den Rat geben, sich auf das große Spiel vorzubereiten, indem er so viel wie möglich herumsitzt und sich nur ja nicht anstrengt? Ein anderer fabelhafter Rat, den viele Ärzte damals gaben, war, daß werdende Mütter mit Neigung zu Übergewicht anfangen sollten zu rauchen... *Rauchen!* Die Zigarettenindustrie war natürlich der gleichen Meinung und brachte sie in einem überzeugenden Werbeslogan zum Ausdruck: ›Nehmen Sie eine Lucky statt eines Bonbons.‹ Leute, die glauben, daß das zwanzigste Jahrhundert das Zeitalter der Aufklärung in der Medizin ist, haben keine Ahnung, was für himmelschreiender Unfug schon im Namen der Medizin verzapft worden ist. Vielleicht ist das gut so. Sie würden sich sonst die Haare raufen.

Ich gab Miß Stansfield mein Merkblatt, und sie las es aufmerksam durch. Ich bat sie um die Erlaubnis, meine Pfeife zu rauchen, und sie gab sie zerstreut, ohne aufzublicken. Als sie endlich, nach etwa fünf Minuten aufsah, lächelte sie. »Sind Sie ein Radikaler, Dr. McCarron?«

»Wie kommen Sie darauf? Weil ich der werdenden Mutter empfehle, ihre Besorgungen zu Fuß zu erledigen, anstatt in der verräucherten, rumpelnden Straßenbahn zu fahren?«

»Prä-natale Vitamine, was immer das ist... Schwimmen... und Atemübungen. Was für Atemübungen?«

»Das kommt später, und – nein, radikal bin ich nicht – weit gefehlt. Im übrigen wartet mein nächster Patient schon fünf Minuten auf seinen Termin.«

»Oh! Das tut mir leid.« Sie stand schnell auf und schob das umfangreiche Merkblatt in ihre Handtasche.

»Keine Ursache.«

Als sie in ihren leichten Mantel schlüpfte, sah sie mich mit ihren ehrlichen, haselnußbraunen Augen an. »Nein«, sagte sie, »Sie sind nicht radikal. Ich habe eher den Verdacht, Sie sind ziemlich... umgänglich. Ist das das richtige Wort?«

»Es könnte passen«, sagte ich. »Jedenfalls ist es ein

Wort, das mir gefällt. Lassen Sie sich von Mrs. Davidson einen Terminplan geben. Ich möchte Sie Anfang nächsten Monats wiedersehen.«

»Ich glaube, Ihre Mrs. Davidson hat etwas gegen mich.«

»Ach, das meinen Sie nur. Das stimmt nicht.« Aber ich bin noch nie ein guter Lügner gewesen, und ich spürte, wie die Wärme zwischen uns plötzlich verflog. Ich blieb stehen, anstatt sie zur Tür meines Sprechzimmers zu begleiten. »Miß Stansfield?«

Sie drehte sich um und sah mich kühl fragend an.

»Wollen Sie das Baby behalten?«

Nach einem prüfenden Blick in meine Augen lächelte sie – ein Lächeln, wie es nur schwangere Frauen lächeln können, davon bin ich überzeugt. »Oh, ja«, sagte sie und ging hinaus.

Als der Tag zu Ende ging, hatte ich eineiige Zwillinge behandelt, die an absolut identischer Efeuvergiftung litten, außerdem ein Furunkel gestochen, einem Schweißer einen Metallsplitter aus dem Auge entfernt, und einen meiner ältesten Patienten wegen Krebsverdacht ans White Memorial überwiesen. Sandra Stansfield hatte ich total vergessen. Ella Davidson erinnerte mich an sie, indem sie sagte:

»Sie ist wohl doch keine Schlampe.«

Ich sah von der Akte meines letzten Patienten auf, die ich noch einmal durchgeblättert hatte mit diesem Gefühl hilfloser Wut, das einen überkommt, wenn man feststellen muß, daß man nicht mehr helfen kann. Was macht man in solchen Fällen? Vielleicht sollte man auch dafür einen Stempel haben, nur daß der nicht sagt BEZAHLT oder PATIENT VERZOGEN sondern ZUM TODE VERURTEILT. Vielleicht mit einem Totenkopf und gekreuzten Knochen wie auf einer Giftflasche.

»Bitte?«

»Ihre Miß Jane Smith. Bevor sie heute morgen ging, tat sie etwas sehr Erstaunliches.« Die Art wie Mrs. Davidson das sagte, ließ vermuten, daß es sich um eine Tat handelte, die ihren Beifall gefunden hatte.

»Und was war das?«

»Als ich ihr ihre Terminkarte gab, bat sie mich, zusammenzuzählen, was sie zu bezahlen hat. *Alles*. Einschließlich Entbindung und Krankenhausaufenthalt.«

Das war in der Tat erstaunlich. Sie müssen bedenken, es war 1935, und Miß Stansfield war allem Anschein nach eine alleinstehende Frau. Lebte sie in guten finanziellen Verhältnissen? Oder war sie gar wohlhabend? Den Eindruck hatte ich nicht. Sie trug zwar geschmackvolle Kleidung, aber keinen Schmuck – nicht mal Modeschmuck. Und dann dieser unmoderne Hut...

»Haben Sie es getan?« fragte ich.

Mrs. Davidson sah mich an, als fürchtete sie, ich hätte den Verstand verloren. »Da fragen Sie noch? Und ob ich das getan habe! Und sie hat die ganze Summe bezahlt. In bar.«

Diese zuletzt erwähnte Tatsache, die Mrs. Davidson offensichtlich am meisten überrascht hatte (wenn auch äußerst angenehm), überraschte mich kein bißchen. Denn wenn die Jane Smiths' dieser Welt etwas nicht können, dann ist es Schecks ausschreiben.

»Sie nahm ein Sparbuch aus ihrer Handtasche, öffnete es, und zählte das Geld auf meinen Schreibtisch«, fuhr Mrs. Davidson fort. »Dann tat sie die Quittung dorthin, wo vorher das Geld gelegen hatte, steckte das Sparbuch zurück in ihre Handtasche und wünschte mir einen guten Tag – nicht schlecht, wenn man bedenkt, wie oft wir einige dieser sogenannten ›respektablen‹ Leute mahnen mußten, bis sie endlich ihre Rechnungen bezahlten.«

Ich fand die ganze Sache ärgerlich. Es mißfiel mir, daß Miß Stansfield das getan hatte, und mir mißfiel Mrs. Davidsons Freude und Selbstzufriedenheit, und nicht zuletzt war ich unzufrieden mit mir selbst. Warum, konnte ich mir damals nicht erklären – ich kann es heute noch nicht. Irgend etwas an der ganzen Sache machte mich sehr klein.

»Aber sie kann doch nicht jetzt schon ihren Krankenhausaufenthalt bezahlen«, sagte ich. Mir fiel nichts Besseres ein, um meinem Ärger Luft zu machen. »Schließlich kann doch jetzt noch keiner von uns wissen, wie lange sie im Krankenhaus bleiben muß. Haben Sie das aus dem Kaffeesatz gelesen, Ella?«

»Ich hab' ihr das natürlich gesagt, aber sie fragte, wie

lange man durchschnittlich nach einer unkomplizierten Geburt im Krankenhaus bleibt, und ich sagte ihr, sechs Tage. War das nicht richtig, Dr. McCarron?«

Ich mußte zugeben, daß es richtig war.

»Sie sagte, daß sie dann für sechs Tage zahlen wollte, und wenn sie länger bleiben müßte, würde sie die Differenz nachzahlen, und wenn –«

»– und wenn es schneller ginge, könnten wir ihr die Differenz zurückzahlen«, sagte ich resigniert. Ich dachte: *Dieses verflixte Frauenzimmer!* Aber dann lachte ich. »Eins muß man ihr lassen: Sie weiß, was sie will.«

Mrs. Davidson erlaubte sich ein Lächeln... und wenn ich jemals in Versuchung kommen sollte – jetzt wo ich langsam senil werde – zu glauben, ich hätte einen meiner Mitmenschen ganz und gar durchschaut, dann versuche ich, mich an dieses Lächeln zu erinnern. Bis zu diesem Tag hätte ich meine Hand dafür ins Feuer gelegt, daß ich es nie erleben würde, Mrs. Davidson – eine der sittenstrengsten Frauen, die ich je gekannt habe – beim Gedanken an eine unverheiratete schwangere Frau anerkennend lächeln zu sehen.

»Sie haben recht, Herr Doktor, diese Frau weiß, was sie will.«

Ein Monat verging, und Miß Stansfield erschien pünktlich zu ihrem Termin – tauchte einfach auf aus dem fantastischen, unübersehbaren Menschenstrom, der New York damals war und noch heute ist. Sie trug ein Kleid von erfrischendem Blau, dem man, von ihr getragen, nicht anmerkte, daß es Hunderte davon gab. Ihre Pumps paßten nicht dazu. Es waren dieselben braunen, die sie das letzte Mal angehabt hatte.

Ich untersuchte sie gründlich. Das Ergebnis war in jeder Beziehung zufriedenstellend. Ich sagte ihr das, und sie war erfreut. »Ich habe die prä-natalen Vitamine gefunden, Dr. McCarron.«

»Ja? Das ist gut.«

Ihre Augen funkelten spitzbübisch. »Der Apotheker hat mir davon abgeraten.«

»Gott schütze mich vor Pillendrehern«, stöhnte ich, und

sie kicherte gegen die vor den Mund gehaltene Hand – eine kindliche Geste, die in ihrer Unbefangenheit gewinnend wirkte. »Mir ist noch nie ein Apotheker begegnet, der sich nicht für einen verhinderten Arzt gehalten hätte. Und sie sind alle Republikaner. Prä-natale Vitamine sind neu, deshalb werden sie mit Mißtrauen betrachtet. Haben Sie seinen Rat angenommen?«

»Nein. Ich halte mich an Ihren Rat. Sie sind mein Arzt.«

»Danke.«

»Keine Ursache.« Sie sah mich ernst an. Das Kichern war vorbei. »Dr. McCarron, wie lange wird es noch dauern, bis es auffällt, daß ich schwanger bin?«

»Bis August, würde ich sagen, vielleicht sogar September, wenn Sie nicht zu enge Kleidung tragen.«

»Danke.« Sie griff nach ihrer Tasche, stand aber nicht gleich auf. Ich nahm an, daß sie noch etwas auf dem Herzen hatte und nicht wußte, wo oder wie sie anfangen sollte.

»Sie sind berufstätig, nehme ich an?«

Sie nickte. »Ja, ich arbeite.«

»Darf ich fragen, wo? Wenn Sie nicht darüber...«

Sie lachte – ein sprödes, freudloses Lachen, das mit ihrem Kichern von vorhin so viel Ähnlichkeit hatte wie die Nacht mit dem Tage. »In einem Warenhaus. Wo sonst soll eine unverheiratete Frau in dieser Stadt arbeiten? Ich verkaufe Parfüm an fette Damen, die sich ihr Haar selbst waschen und mit winzigen Ringellöckchen auf dem Kopf herumlaufen.«

»Wie lange wollen Sie das noch machen?«

»Bis mein Zustand bekannt wird. Ich nehme an, daß man mir dann kündigen wird, damit nicht eine der fetten Damen Anstoß nimmt. Der Schock, wenn sie feststellen müßten, von einer unverheirateten schwangeren Frau bedient zu werden, könnte ihr Haar glätten.«

Ganz plötzlich standen ihre Augen voller Tränen. Ihre Lippen zitterten, und ich fing an, nach einem Taschentuch zu suchen. Aber die Tränen fielen nicht. Nicht eine einzige. Einen Moment drohten ihre Augen überzulaufen, aber dann blinkte sie die Tränen zurück und preßte die

Lippen aufeinander, so daß sie aufhörten zu zittern. Sie hatte ganz einfach beschlossen, sich von ihren Gefühlen nicht überwältigen zu lassen. Es war ein bemerkenswertes Schauspiel.

»Entschuldigen Sie bitte«, sagte sie. »Sie sind so nett zu mir, und ich will das nicht damit vergelten, daß ich Ihnen meine gewöhnliche kleine Geschichte erzähle.«

Sie stand auf, und auch ich erhob mich.

»Ich bin kein schlechter Zuhörer«, sagte ich. »Und ich habe Zeit. Mein nächster Patient hat abgesagt.«

»Nein«, sagte sie. »Vielen Dank, aber ich möchte nicht.«

»Gut«, sagte ich. »Aber da ist noch etwas anderes.«

»Ja?«

»Es ist in meiner Praxis nicht üblich, daß meine Patienten im voraus bezahlen. Ich hoffe, wenn Sie... Ich meine, Sie sollten... wenn Sie das Geld brauchen...« Ich gab es auf.

»Ich bin jetzt vier Jahre in New York, Dr. McCarron, und ich bin von Natur aus sparsam. Ab August – oder September – werde ich von meinen Ersparnissen leben müssen, bis ich wieder arbeiten kann. Es ist nicht viel, was ich gespart habe, und manchmal, wenn ich nachts daran denke, bekomme ich Angst.«

Sie sah mich mit ihren wundervollen haselnußbraunen Augen an.

»Es erschien mir besser – sicherer –, zuerst für das Baby zu zahlen. Vor allem anderen. Denn das Kind ist jetzt das Wichtigste. Später, wenn ich nicht mehr arbeite, könnte die Versuchung, das Geld auszugeben, sehr groß werden.«

»Gut«, sagte ich. »Aber bitte denken Sie daran, daß ich das Geld nur verwalte. Wenn Sie es brauchen, sagen Sie es mir bitte.«

»Damit Mrs. Davidson wieder böse auf mich wird?« Das spitzbübische Funkeln war wieder in ihren Augen. »Doch lieber nicht. Und nun, Herr Doktor...«

»Sie wollen so lange wie möglich arbeiten? So lange wie *irgend* möglich?«

»Ja, das muß ich. Warum?«

»Ich glaube, ich muß Ihnen ein bißchen Angst machen, bevor Sie gehen«, sagte ich.

Sie sah mich erschrocken an. »Bitte nicht«, sagte sie. »Ich habe schon genug Angst.«

»Gerade deshalb tue ich es ja. Bitte setzen Sie sich wieder, Miß Stansfield. Und als sie sich nicht rührte, sagte ich noch einmal: »Bitte.«

Sie nahm widerstrebend Platz.

Ich setzte mich auf eine Ecke meines Schreibtisches und sagte zu ihr: »Sie sind in einer außergewöhnlichen und nicht beneidenswerten Situation, und Sie meistern diese Situation mit erstaunlichem Geschick.«

Sie wollte etwas sagen, aber ich hob die Hand, und sie ließ mich weitersprechen.

»Das ist gut. Dafür spreche ich Ihnen meine Hochachtung aus. Aber ich kann nicht zulassen, daß Sie dem Baby Schaden zufügen, nur um Ihre finanzielle Situation aufzubessern. Ich hatte eine Patientin, die sich, gegen meinen ausdrücklichen Rat, in ein Korsett zwängte und sich fester und fester schnürte, je mehr ihre Schwangerschaft fortschritt. Sie war eine eitle und dumme Person, und wahrscheinlich wollte sie das Kind gar nicht haben. Ich glaube nicht an diese Theorien vom Unterbewußtsein, die jetzt überall diskutiert werden, aber wenn es so wäre, dann würde ich sagen, daß sie – oder ein Teil von ihr – das Baby töten wollte.«

»Und – hat sie es getötet?« fragte sie ängstlich.

»Nein, keineswegs. Aber das Kind kam geistig behindert zur Welt. Es ist durchaus möglich, daß das ohnehin geschehen wäre – wir wissen kaum etwas über diese Dinge. Aber es ist ebensogut möglich, daß die Mutter es durch ihr Verhalten bewirkt hat.«

»Ich verstehe«, sagte Miß Stansfield leise. »Sie möchten nicht, daß ich mich... schnüre, um noch einen Monat oder sechs Wochen länger arbeiten zu können. Ich gebe zu, daß mir der Gedanke schon gekommen ist. Deshalb... danke für die Angst.«

Dieses Mal brachte ich sie zur Tür. Gern hätte ich sie gefragt, wie viel – oder wie wenig – Geld noch auf ihrem Sparbuch übrig war. Sie würde diese Frage nicht beantworten, das wußte ich nur zu gut. So sagte ich ihr nur auf Wiedersehen und machte einen Scherz über ihre Vitamine. Sie ging –

und ich mußte im Laufe des Monats hin und wieder an sie denken. Dann...

An diesem Punkt unterbrach Johanssen McCarrons Geschichte. Die beiden waren alte Freunde, das gab ihm das Recht, die Frage zu stellen, die uns allen schon gekommen war.

»Warst du in sie verliebt, Emlyn? Erzählst du uns deshalb all die Sachen über ihre Augen und ihr Lächeln und daß du an sie denken mußtest?«

Ich fürchtete schon, McCarron könnte auf die Unterbrechung ärgerlich reagieren, aber das tat er nicht. »Die Frage ist berechtigt«, sagte er und schaute dann schweigend ins Feuer. Er schwieg so lange, daß ich fast glaubte, er wäre eingedöst. Aber dann explodierte ein knorriges Stück Holz im Kamin und ein Schwarm Funken wirbelte den Schornstein hoch. McCarron wandte den Kopf und sah uns an. Erst Johanssen, dann die anderen.

»Nein. Ich habe sie nicht geliebt. Was ich über sie gesagt habe, klingt zwar so, wie ein Verliebter redet: die Augen, ihre Kleider, ihr Lachen, aber...« Er steckte seine Pfeife mit einem speziellen Pfeifenanzünder an, den er bei sich trug, und zog, bis der Tabak glühte. Dann ließ er das Feuerzeug zuschnappen, steckte es wieder in seine Jackentasche, und verteilte die aromatische Rauchwolke, die seinen Kopf umschwebte mit ein paar Handbewegungen.

»Ich bewunderte sie, das ist alles. Und meine Bewunderung wuchs mit jedem ihrer Besuche. Wahrscheinlich halten einige von Ihnen dies für die Geschichte einer Liebe, die an unglücklichen Umständen scheitert. Nichts könnte weiter von der Wahrheit entfernt sein. Ich erfuhr ihre Geschichte Stück für Stück über das nächste halbe Jahr verteilt, und wenn Sie sie jetzt hören, meine Herren, werden Sie zugeben müssen, daß sie genauso gewöhnlich ist wie Miß Stansfield selbst es gesagt hat. New York hatte sie angezogen wie tausend andere Mädchen. Sie war aus einer kleinen Stadt gekommen...

...in Iowa oder Nebraska. Vielleicht war es auch Minnesota
– ich weiß es nicht mehr. Sie hatte viel Theater gespielt – in
der Schule und in der Laienspielgruppe ihrer kleinen Stadt –
hatte gute Kritiken in der Lokalzeitung bekommen von einem Theaterkritiker mit Diplom vom Kuh-und-Silo Junior
College – und war nach New York gekommen, um Schauspielerin zu werden.

Selbst dabei ging sie praktisch vor – so praktisch, wie eine
unpraktische Ambition es einem erlaubt. Sie kam nach New
York, erzählte sie mir, weil sie nicht an die unbewiesene Be-
hauptung der Filmmagazine glaubte, daß jedes Mädchen,
das nach Hollywood geht, ein Star werden kann – daß sie
heute in Schwab's Drugstore an ihrer Cola nippt und schon
morgen mit Gable oder MacMurray Aufnahmen macht. Sie
sagte, sie ging nach New York, weil sie glaubte, es würde
hier einfacher sein, ein Engagement zu bekommen... und,
wie ich glaube, weil das Theater sie mehr interessierte als
der Film.

Sie fand einen Job als Parfümverkäuferin in einem der
großen Kaufhäuser und nahm Schauspielunterricht. Sie war
intelligent und furchtbar ehrgeizig – ihr Wille war purer
Stahl, durch und durch –, aber im übrigen war sie ein
Mensch wie alle anderen auch. Sie fühlte sich einsam. So
einsam wie vielleicht nur ein Mädchen sein kann, das allein
aus einer kleinen Stadt im Mittleren Westen nach New York
kommt. Heimweh ist nicht immer ein undeutliches, nostal-
gisches, fast schönes Gefühl, wenn wir es uns auch meistens so vorstellen. Es kann so schneidend sein wie ein
scharfes Messer. Eine Krankheit nicht nur im übertragenen
Sinne, sondern wirklich eine Krankheit. Es kann bewirken,
daß man die Welt mit anderen Augen sieht: die Gesichter
auf der Straße sehen nicht nur gleichgültig aus, sondern
häßlich... vielleicht sogar bösartig. Heimweh ist wirklich
eine Krankheit – der Schmerz der aus dem Boden gerisse-
nen Pflanze.

Miß Stansfield – mit all ihrer bewundernswerten Willens-
stärke – war dagegen nicht immun, und ihre Geschichte
nimmt einen so natürlichen Verlauf, daß man sie fast gar
nicht zu erzählen braucht. Da war ein junger Mann in ihrer

Schauspielklasse. Die beiden gingen ein paarmal zusammen aus. Sie liebte ihn nicht, aber sie brauchte einen Freund. Als sie erkannte, daß er das nicht war und niemals sein würde, hatten sie schon zweimal miteinander geschlafen. Dann entdeckte sie, daß sie schwanger war. Sie erzählte es dem jungen Mann und er sagte, er würde ihr beistehen und ›tun was sich gehört‹. Eine Woche später war er aus seiner Wohnung verschwunden, ohne seine neue Adresse zu hinterlassen. Um die Zeit kam sie zu mir.

In ihrem vierten Monat machte ich Miß Stansfield mit der Atemtechnik bekannt – heute nennt man es die Lamaze-Methode. In jenen Tagen, müssen Sie wissen, hatte man von Monsieur Lamaze noch nichts gehört.

›In jenen Tagen‹ – mir fällt auf, daß ich diese Wendung ziemlich oft benutze. Es tut mir leid, aber ich glaube, es ist nicht zu ändern, weil so vieles von dem, was ich Ihnen erzählt habe und noch erzählen werde, nur deshalb so passierte, wie es passierte, weil die Geschichte ›in jenen Tagen‹ spielt.

Also... ›in jenen Tagen‹, vor fünfundvierzig Jahren, wäre Ihnen ein Besuch in einem Kreißsaal eines größeren amerikanischen Krankenhauses wie ein Besuch in einer Irrenanstalt erschienen. Sie hätten dort verzweifelt weinende Frauen gesehen, Frauen, die schrieen, sie wollten lieber tot sein, Frauen, die kreischten, sie könnten solche Schmerzen nicht mehr länger ertragen, Frauen, die Gott um Vergebung ihrer Sünden baten, Frauen, die Flüche ausstießen, die ihnen vorher nie über die Lippen gekommen waren. Darüber regte sich niemand auf – das war nun mal so. Andererseits gab es auch damals schon Frauen, die ihre Kinder ohne jeden Schmerzensschrei zur Welt brachten, abgesehen von den keuchenden Lauten der Anstrengung, die der Mensch bei jeder schweren körperlichen Arbeit von sich gibt.

Für einen Teil dieser Hysterie im Kreißsaal waren die Ärzte selbst verantwortlich, muß ich leider sagen. Dazu kamen die Geschichten, die schwangere Frauen von Freunden und Verwandten zu hören bekamen, die Erfahrung auf diesem Gebiet hatten. Und glauben Sie mir: wenn man Ihnen erzählt, daß ein Erlebnis, das Ihnen bevorsteht, weh tun wird, dann *wird* es weh tun! Die meisten Schmerzen kommen aus dem Kopf, und wenn eine Frau glaubt, daß der Vorgang der Geburt mit qualvollen Schmerzen verbunden ist – wenn sie das von ihrer Mutter, von ihrer Schwester, ihren verheirateten Freundinnen *und* von ihrem Arzt hört, dann *wird* diese Frau große Schmerzen fühlen.

Schon nach sechs Jahren Praxis war es für mich ein gewohntes Bild, daß werdende Mütter mit einem doppelten Problem zu kämpfen hatten. Da war nicht nur die Tatsache, daß man schwanger war und die Ankunft des neuen Erdenbürgers einplanen mußte, da war auch die Tatsache – die meisten empfanden es jedenfalls als Tatsache – daß sie das Tal des Todesschattens betreten hatten. Viele versuchten tatsächlich, ihre Angelegenheiten so zu ordnen, daß ihre Männer – für den Fall daß sie sterben sollten – in der Lage wären, allein zurechtzukommen.

Dies ist weder der Ort noch die Zeit für einen Vortrag über Geburtshilfe. Aber sie sollten wissen, daß lange Zeit vor ›jenen Tagen‹ eine Geburt in der westlichen Welt *wirklich* eine gefährliche Angelegenheit war. Eine Revolution in der Medizin, die ungefähr um 1900 begann, schränkte jedoch die Risiken gewaltig ein. Leider machte sich kaum ein Arzt die Mühe, dies seinen werdenden Müttern zu erklären. Gott weiß, warum. Aber es ist bei diesem Stand der Dinge ein Wunder, daß es in den meisten Kreißsälen zuging wie in einem Irrenhaus? Da erleben diese armen Frauen, deren Zeit nun gekommen ist, einen Vorgang, der ihnen wegen der fast viktorianischen Sitten nur äußerst vage beschrieben wurde, und wenn diese wundervolle Geburtsmaschine endlich auf vollen Touren läuft, begreifen sie nicht, was ihnen geschieht. Sie werden von Staunen und Ehrfurcht gepackt, was ihnen sofort wie unerträglicher Schmerz erscheint, und die meisten von ihnen glauben, daß ihr Ende gekommen ist.

Ich habe viel über das Thema Schwangerschaft gelesen und dabei das Prinzip der natürlichen Geburt und die Idee der Atemtechnik entdeckt. Durch Schreien wird Energie vergeudet, die besser angewandt wäre, um das Baby herauszupressen. Schreien verursacht Hyperventilation und läßt den Körper wie in einer Notlage reagieren – reichlicher

Adrenalinausstoß, Atmungs- und Pulsfrequenz steigen –, das ist alles nicht nötig. Die Atemtechnik soll den Frauen helfen, sich auf den Vorgang der Geburt zu konzentrieren und die Schmerzen durch Anwendung körpereigener Hilfsmittel erträglich zu machen.

Die Methode war damals in Indien und Afrika weit verbreitet. In Amerika waren es die Shoshone-, Kiowa- und Mikmak-Indianer, die sie anwandten. Auch die Eskimos nutzten sie schon lange. Aber die meisten Ärzte der modernen westlichen Welt interessierten sich nicht dafür. Einer meiner Kollegen – ein intelligenter Mann – schickte mir im Herbst 1931 das Manuskript meines Merkblattes für werdende Mütter zurück. Er hatte den ganzen Abschnitt über die Atemtechnik mit Rotstift durchgestrichen und an den Rand geschrieben, wenn er etwas über ›Neger-Aberglauben‹ lesen wollte, ginge er an einen Kiosk und kaufte sich Gespenstergeschichten.

Nun, ich habe den Abschnitt über die Atemtechnik nicht aus dem Merkblatt herausgenommen, wie dieser Arzt es vorschlug, aber die Ergebnisse, die ich mit ihr erzielte, waren unterschiedlich. Es gab Frauen, die sie mit großem Erfolg anwandten. Andere schienen die Idee im Prinzip begriffen zu haben, versagten aber, sobald die Wehen heftiger wurden. In den meisten dieser Fälle stellte ich fest, daß meine Bemühungen durch wohlmeinende Freunde und Verwandte untergraben worden waren, die niemals von einer solchen Sache gehört hatten und deshalb auch nicht glauben konnten, daß sie wirklich funktionierte.

Die Methode basiert auf der Idee, daß, obwohl keine Geburt der anderen völlig gleicht, der allgemeine Ablauf im ganzen gesehen doch immer derselbe ist. Es gibt vier Phasen: Die Eröffnungsperiode, die Austreibungsperiode, Geburt und Nachgeburt. Die Wehen sind eine starke Anspannung und totale Verhärtung der Bauch- und Beckenmuskulatur, die manchmal schon im sechsten Schwangerschaftsmonat auftreten. Viele Frauen, die ihr erstes Baby erwarten, erschrecken darüber und befürchten Darmkrämpfe oder etwas ähnlich Scheußliches. Es ist eine starke körperliche Empfindung, die sich bis zu Schmerzen ähnlich einem Muskelkater steigern kann. Eine Frau, die die Atemtechnik anwendet, beginnt in kurzen Abständen ein- und auszuatmen, wenn sie eine solche Zusammenziehung der Muskulatur kommen fühlt. Jedes Ausatmen endet mit einem Puff, als ob man in Dizzy-Gillespie-Manier Trompete bläst.

Während der Austreibungsperiode, wenn die Wehen stärker und schmerzhafter werden und etwa alle fünfzehn Minuten kommen, geht die Frau zu langen Atemzügen über – wie ein Marathonläufer, der zum Endspurt ansetzt. Je heftiger die Wehen, um so länger müssen die Atemzüge sein. In meinem Merkblatt nenne ich diese Technik ›auf den Wellen reiten‹.

Die Technik für das letzte Stadium der Geburt, mit dem wir uns hier befassen müssen, habe ich ›Lokomotive‹ genannt. Die Lamaze-Jünger von heute nennen es die ›Tschu-tschu-Technik‹. Die Wehen in der letzten Phase der Geburt werden oft als heftig und intensiv beschrieben. Sie sind begleitet von einem unwiderstehlichen Drang der Mutter zu pressen... das Baby auszutreiben. Und das ist der Punkt, meine Herren, an dem diese wunderbare, furchterregende Maschine ihr absolutes Crescendo erreicht. Der Gebärmutterhals hat sich vollkommen geöffnet. Das Baby beginnt seinen kurzen Weg durch den Geburtskanal, und wenn man der Mutter direkt zwischen die Beine schaute, könnte man, nur Zentimeter von der Freiheit entfernt, die Fontanelle des Kindes pulsieren sehen. Die Mutter, die die Atemtechnik anwendet, beginnt jetzt, kurz und stoßweise ein- und auszuatmen. Die Lungen werden nicht gefüllt. Es entsteht keine Hyperventilation. Die Frau keucht sozusagen, aber auf eine sehr beherrschte Art. Es ist tatsächlich das Geräusch, das Kinder machen, wenn sie versuchen, eine dampfgetriebene Lokomotive nachzuahmen.

Dies Art zu atmen wirkt sich sehr günstig aus – der Sauerstoffspiegel der Mutter bleibt hoch genug, ohne den Körper in eine Ausnahmesituation zu bringen, die Mutter selbst ist bei Bewußtsein und in der Lage, Fragen zu stellen und zu beantworten und Weisungen entgegenzunehmen. Aber die geistig-seelische Auswirkungen der Atemtechnik sind fast noch wichtiger. Die Mutter fühlt, daß sie aktiv an der Geburt ihres Kindes mitwirkt. Daß sie in gewisser Weise den Prozeß leitet. Sie kennt und beherrscht die Situation... und die Schmerzen.

Sie werden verstehen, daß die ganze Sache vollkommen von der geistigen Einstellung der Patientin abhängt. Diese Methode der ›natürlichen Geburt‹ ist außerordentlich gefährdet und verwundbar, und wenn ich eine ganze Anzahl Fehlschläge damit hatte, so möchte ich sie so erklären: so sehr der Arzt eine Patientin von etwas überzeugen kann, so sehr kann sie von Verwandten und Bekannten, die ob solch unerhörter Praktiken entsetzt die Hände über dem Kopf zusammenschlagen, verunsichert werden.

Was das betraf, war Miß Stansfield die ideale Patientin. Sie hatte weder Freunde noch Verwandte, die ihr ihren Glauben an die Atemtechnik ausreden konnten (allerdings bezweifle ich, daß irgend jemand ihr jemals irgend etwas ausreden konnte, wenn sie sich einmal dazu entschlossen hatte). Und sie *hatte* sich dazu entschlossen.

»Ist es nicht ein bißchen wie Selbsthypnose?« fragte sie, als wir uns das erste Mal eingehend darüber unterhielten.

Entzückt stimmte ich ihr zu. »Genau das ist es! Aber Sie dürfen deshalb nicht glauben, daß es ein Trick ist, oder daß es nicht mehr wirkt, wenn es hart auf hart geht.«

»Das glaube ich auf gar keinen Fall. Ich bin Ihnen sehr dankbar. Ich werde fleißig üben, Dr. McCarron.« Sie gehörte zu den Frauen, für die die Atemtechnik erfunden wurde, und als sie mir sagte, sie würde üben, sagte sie nichts als die Wahrheit. Ich habe niemals jemand sich so für eine Idee begeistern sehen. Aber, wie schon gesagt, die Atemtechnik war wie geschaffen für ihr Temperament. Es gibt Millionen von fügsamen Männern und Frauen in dieser Welt, und einige von ihnen sind verdammt nette Leute. Aber es gibt andere, die darauf brennen, ihr Schicksal in die eigenen Hände zu nehmen.

Wenn ich sage, daß sie ganz und gar von der Atemtechnik eingenommen war, dann meine ich das wirklich... und ich glaube, die Geschichte von ihrem letzten Arbeitstag in dem Kaufhaus, wo sie Parfüm und Kosmetika verkaufte, beweist das.

Das Ende ihrer Erwerbstätigkeit kam in der letzten Augustwoche. Miß Stansfield war eine schlanke junge Frau in guter körperlicher Verfassung, und es war natürlich ihr erstes Kind. Jeder Arzt wird Ihnen sagen, daß man einer solchen Frau ihre Schwangerschaft die ersten fünf, vielleicht sogar sechs Monate nicht anmerkt... aber dann, ganz plötzlich, ist es eines Tages nicht mehr zu verheimlichen.

Am 1. September kam sie zu ihrer monatlichen Untersuchung. Sie lachte traurig und erzählte mir, sie hätte noch eine andere Verwendungsmöglichkeit für die Atemtechnik entdeckt.

»Und was wäre das?« fragte ich sie.

»Sie wirkt viel besser, als bis zehn zu zählen, wenn man furchtbar wütend ist.« Ihre haselnußbraunen Augen funkelten übermütig. »Allerdings halten die Leute einen für verrückt, wenn man anfängt zu schnaufen und zu puffen.«

Dann erzählte sie mir die ganze Geschichte. Sie war am letzten Montag wie üblich zur Arbeit gegangen, und ich nehme an, daß die erstaunlich plötzliche Umwandlung einer schlanken jungen Frau in eine offensichtlich schwangere junge Frau über das Wochenende eingetreten ist – diese Umwandlung kann tatsächlich so schnell vonstatten gehen wie in den Tropen der Übergang vom Tag zur Nacht. Vielleicht war aber auch ihre Vorgesetzte nur zu der Überzeugung gekommen, daß ihr Verdacht nun kein Verdacht mehr war.

»Kommen Sie bitte in Ihrer Pause zu mir ins Büro«, hatte diese Frau, eine Mrs. Kelly, in strengem Ton zu ihr gesagt. Noch vor ein paar Tagen war sie sehr freundlich zu Miß Stansfield gewesen. Sie hatte ihr Fotos von ihren Kindern gezeigt, die beide schon die höhere Schule besuchten, und einmal hatten sie Rezepte ausgetauscht. Mrs. Kelly wurde nicht müde, Miß Stansfield zu fragen, ob sie schon einen ›netten Jungen‹ getroffen habe. Diese Güte und Freundlichkeit war nun verflogen, und Miß Stansfield wußte, was sie zu erwarten hatte, als sie Mrs. Kellys Büro betrat.

»Wie ich sehe, sind Sie in Schwierigkeiten«, sagte diese vor kurzem noch so freundliche Frau scharf.

»Ja«, sagte Miß Stansfield. »Manche Leute nennen es so.«

Mrs. Kellys Wangen färbten sich dunkelrot. »Werden Sie nicht auch noch frech, junge Frau. Nach der Form Ihres Bauches zu urteilen, sind Sie schon frech genug gewesen.«

Während sie erzählte, konnte ich mir die Szene genau vorstellen: Miß Stansfield, die Mrs. Kelly mit ihren haselnußbraunen Augen fixiert, ganz und gar beherrscht und nicht bereit, den Blick zu senken, zu weinen oder auf irgendeine andere Weise Scham zu zeigen. Dabei wußte sie sehr genau, in was für Schwierigkeiten sie war. Ihre Vorgesetzte mit ihren zwei fast erwachsenen Kindern und einem respektablen Ehemann, der seinen eigenen Friseurladen besaß und republikanisch wählte, war wohl kaum in der Lage, das Ausmaß ihrer Schwierigkeiten richtig einzuschätzen.

»Ich muß sagen, Sie zeigen bemerkenswert wenig Scham darüber, wie sehr Sie mich betrogen haben«, stieß Mrs. Kelly bitter hervor.

»Ich habe Sie nie betrogen. Bis heute ist meine Schwangerschaft mit keinem Wort erwähnt worden. Wie können Sie behaupten, ich hätte Sie betrogen?«

»Ich habe Sie mit zu mir nach Hause genommen!« rief Mrs. Kelly aus. »Zum Essen... mit meinen *Söhnen*.« Sie sah Miß Stansfield mit dem Ausdruck äußersten Abscheus an.

Das war der Augenblick, wo Miß Stansfield böse wurde. So böse, erzählte sie mir, wie sie in ihrem ganzen Leben noch nicht gewesen war. Sie hatte sich zwar auf einiges gefaßt gemacht, was die Reaktion betraf, die sie beim Bekanntwerden ihres Zustandes zu erwarten hatte, aber, wie jeder von Ihnen, meine Herren, mir bestätigen wird, der Unterschied zwischen Theorie und Praxis ist manchmal erschreckend groß.

Miß Stansfield verschränkte die Hände ganz fest in ihrem Schoß und sagte: »Wenn Sie damit andeuten wollen, ich hätte versucht, Ihre Söhne zu verführen, dann ist das die schmutzigste Gemeinheit, die ich in meinem ganzen Leben gehört habe.«

Mrs. Kelly fuhr zurück, als habe sie eine Ohrfeige erhalten. Die ziegelrote Farbe wich aus ihren Wangen bis auf zwei kleine hektische Flecken. In einem von Blütenduft erfüllten Raum und über einen Schreibtisch hinweg, auf dem

Dutzende von Parfümmustern herumstanden, starrten sich die beiden Frauen grimmig an. Es war ein Augenblick, sagte Miß Stansfield, der ihr viel länger vorkam, als er in Wirklichkeit gewesen sein konnte.

Dann riß Mrs. Kelly eine ihrer Schreibtischschubladen auf und brachte einen sandfarbenen Scheck zum Vorschein, an dem ein Abfindungspapier in leuchtendem Rosa befestigt war. Mit verkniffenem Mund, wobei sie jedes Wort einzeln abzubeißen schien, meinte sie: »In einer Stadt, wo Hunderte von anständigen Mädchen Arbeit suchen, haben wir es nicht nötig, eine Dirne wie Sie zu beschäftigen, meine Liebe.«

Sie sagte, es sei dieses mit äußerster Verachtung ausgesprochene ›meine Liebe‹ gewesen, das ihre Wut zum Überschäumen brachte. Einen Moment später klappte Mrs. Kellys Unterkiefer herunter und ihre Augen wurden immer größer, als Miß Stansfield – die Hände im Schoß so fest ineinanderverkrallt, daß Spuren davon noch am Tag ihres Besuches bei mir sichtbar waren – anfing, durch ihre zusammengebissenen Zähne hindurch wie eine Lokomotive zu puffen und zu fauchen.

Die Geschichte war eigentlich alles andere als komisch, aber weil ich mir die Szene mit den beiden Frauen so lebhaft vorstellte, brach ich in schallendes Gelächter aus, und Miß Stansfield lachte mit. Mrs. Davidson steckte den Kopf zur Tür herein – wohl um sicherzugehen, daß wir nicht ans Lachgas geraten waren – und verschwand wieder.

»Es war das einzige, was ich tun konnte.« Miß Stansfield lachte immer noch und trocknete sich die Tränen mit ihrem Taschentuch. »Jedenfalls fiel mir nichts Besseres ein, denn ich sah mich mit einer einzigen Bewegung alle diese Parfümmuster vom Tisch auf den kahlen Betonfußboden fegen. Ich *dachte* nicht nur daran, ich *sah* es! Ich sah sie alle auf dem Fußboden zersplittern und den Raum mit einem so grauenhaften Gestank erfüllen, daß man den Kammerjäger hätte rufen müssen. Ich war drauf und dran, es zu tun. Nichts konnte mich davon abhalten. Aber dann fing ich an wie eine Lokomotive zu atmen, und alles war in Ordnung. Ich war in der Lage, den Scheck entgegenzunehmen, das rosa Papier, ich konnte aufstehen und hinausgehen. Nur bedanken konnte ich mich natürlich nicht. Ich war ja immer noch eine Lokomotive!«

Wir lachten wieder, aber dann wurde sie ernst.

»Das ist nun alles vorbei, und sie tut mir inzwischen sogar ein bißchen leid – oder finden Sie, ich sollte so etwas nicht sagen?«

»Ganz im Gegenteil. Ich finde es bewundernswert, wenn jemand so denken und fühlen kann.«

»Darf ich Ihnen etwas zeigen, was ich mir von dem Abfindungsgeld gekauft habe, Dr. McCarron?«

»Gern. Wenn Sie möchten.«

Sie öffnete ihre Handtasche und holte eine kleine flache Schachtel heraus. »Ich habe es in einem Pfandhaus gekauft«, sagte sie. »Für zwei Dollar. Und das ist der einzige Punkt meiner Geschichte, an dem ich mich geschämt habe. Ist das nicht komisch?«

Sie öffnete das Kästchen und legte es auf meinen Schreibtisch, damit ich hineinschauen konnte. Ich war nicht überrascht. Es war ein schlichter goldener Ehering.

»Ich werde tun, was ich tun muß«, sagte sie. »Ich wohne in einem Haus, das Mrs. Kelly sicher eine ordentliche Pension nennen würde. Meine Wirtin war immer sehr nett und freundlich... aber das war Mrs. Kelly auch. Sie kann mir heute oder morgen kündigen, und ich vermute, daß sie mir ins Gesicht lachen wird, wenn ich sie auf die Rückzahlung der Mietdifferenz für den angebrochenen Monat anspreche, oder auf die Kaution, die ich hinterlegte, als ich einzog.«

»Meine liebe Miß Stansfield, das wäre illegal. Es gibt Gerichte und Rechtsanwälte, die...«

»Die Gerichte sind Herrenclubs«, sagte sie ruhig, »und nicht daran interessiert, einer Frau in meiner Situation zu helfen. Vielleicht würde ich das Geld bekommen, vielleicht auch nicht. Aber die Kosten und den Ärger und die... Peinlichkeiten... werde ich mir wegen vielleicht siebenundvierzig Dollar sicher nicht aufladen. Es war dumm von mir, es überhaupt zu erwähnen. Es ist ja noch nicht passiert, und vielleicht wird es auch gar nicht passieren. Aber ich muß von jetzt an praktisch denken.«

Sie hob den Kopf und blitzte mich an.

»Ich habe mir ein Zimmer unten in Greenwich Village angesehen – für alle Fälle. Es ist in der dritten Etage, aber sauber und fünf Dollar im Monat billiger als das, wo ich jetzt wohne.« Sie nahm den Ring aus der Schachtel. »Ich habe ihn getragen, als die Wirtin mir das Zimmer zeigte.«

Mit einem kleinen Seufzer, den sie wohl selbst gar nicht bemerkte, setzte sie sich den Ring auf den Mittelfinger der linken Hand. »So. Jetzt bin ich Mrs. Stansfield. Mein Mann war Lastwagenfahrer und ist bei einem Unfall auf der Strecke zwischen New York und Pittsburg ums Leben gekommen. Sehr traurig. Aber ich bin keine Hure mehr, und mein Kind ist kein Bastard.«

Sie sah mich an, und in ihren Augen waren wieder Tränen. Eine davon lief über und rollte ihre Wange hinunter.

»Bitte«, sagte ich und nahm ihre Hand. Sie war sehr, sehr kalt. »Bitte weinen Sie nicht.«

Sie drehte ihre Hand – es war die linke – in meiner Hand und schaute auf den Ring. Sie lächelte, und dieses Lächeln war so bitter wie Galle und Essig, meine Herren. Dann fiel noch eine Träne, und das war die letzte.

»Wenn ich Zyniker sagen höre, daß es keine Magie und keine Wunder mehr gibt, Dr. McCarron, könnte ich denen das Gegenteil beweisen, meinen Sie nicht auch? Wenn man für zwei Dollar in einem Leihhaus einen Ring kaufen kann, der, sobald man ihn nur aufsetzt, Liederlichkeit und Unehelichkeit in ihr Gegenteil verwandelt, das kann doch nur Magie sein – billige Magie!«

»Miß Stansfield... Sandra... wenn ich... wenn Sie Hilfe brauchen, wenn ich irgend etwas für Sie tun kann...«

Sie entzog mir ihre Hand – hätte ich ihre rechte genommen statt der linken, hätte sie es vielleicht nicht getan. Ich habe Ihnen gesagt, daß ich sie nicht liebte, aber in dem Augenblick hätte ich mich in sie verlieben können. Vielleicht – wenn ich ihre rechte Hand genommen hätte statt der anderen mit dem betrügerischen Ring darauf, und wenn sie mir erlaubt hätte, ihre Hand noch ein wenig länger zu halten – bis meine Hand die ihre erwärmte –, dann hätte ich mich vielleicht in sie verliebt.

»Sie sind ein guter, freundlicher Mensch, und Sie haben viel für mich und mein Baby getan... und Ihre Atemtechnik tut bessere Wunder als dieser scheußliche Ring. Schließlich hat sie mich davor bewahrt, wegen vorsätzlicher Sachbeschädigung ins Gefängnis zu kommen. Habe ich recht?«

Sie verabschiedete sich dann bald, und ich ging zum Fenster, um ihr nachzusehen, wie sie die Straße entlangging, auf die Fifth Avenue zu. Mein Gott, wie ich sie bewunderte! Wie schmächtig sie war, wie jung, und wie offensichtlich schwanger – dennoch war nichts Ängstliches oder Unsicheres in ihren Bewegungen. Sie eilte nicht davon. Sie ging, als sei es ihr gutes Recht, wie jeder andere diesen Bürgersteig zu benutzen.

Ich verlor sie aus den Augen und wandte mich wieder meinem Schreibtisch zu. Dabei fiel mein Blick auf die gerahmte Fotografie, die neben meinem Diplom an der Wand hing, und ein furchtbarer Schauder überkam mich. Mein ganzer Körper, sogar die Stirn und die Handrücken, überzog sich mit eiskalter Gänsehaut. Eine grauenhafte Angst schnürte mir die Kehle zu. Ich konnte kaum noch atmen. Es war eine Vorahnung, meine Herren. Ich beteilige mich nicht an Diskussionen darüber, ob es solche Dinge gibt oder nicht. Ich weiß, daß es sie gibt, weil ich es selbst erlebt habe. Nur das eine Mal an jenem heißen Nachmittag Anfang September. Und ich möchte das nie wieder erleben.

Meine Mutter hatte diese Aufnahme von mir gemacht, an dem Tag als ich die medizinische Prüfung bestanden hatte. Ich stehe mit auf dem Rücken verschränkten Händen vor dem White Memorial und strahle wie ein Kind, das gerade eine Tageskarte zum Ponyreiten geschenkt bekommen hat. Zu meiner Linken steht die Statue von Harriet White. Von der Dame selbst sind zwar wenig mehr als ihre Schuhe und der Rocksaum mit aufs Bild geraten, aber das Podest und die seltsam herzlose Inschrift sind deutlich zu sehen: *Ohne Schmerz gibt es keinen Trost – ohne Leiden keine Erlösung.* Am Fuß dieser Statue der ersten Frau meines Vaters, direkt unter dieser Inschrift, starb Sandra Stansfield knapp vier Monate später bei einem sinnlosen Verkehrsunfall, gerade als sie am Hospital eintraf, um ihr Kind zur Welt zu bringen.

Sie war etwas in Sorge, ich könnte nicht da sein, wenn ihre Wehen einsetzten – ich könnte auf Weihnachtsurlaub gehen, oder sonst nicht zu erreichen sein. Ein anderer Arzt würde womöglich ihren Wunsch, die Atemtechnik anzuwenden, ignorieren und ihr statt dessen Lachgas oder eine Rückenmarksspritze geben.

Ich beruhigte sie, so gut ich konnte. Ich hatte keinen Grund, die Stadt zu verlassen, keine Familienangehörigen, die ich zu den Festtagen hätte besuchen können. Meine Mutter war vor zwei Jahren gestorben, und die einzige Verwandte, die ich noch hatte, war eine unverheiratete Tante in Kalifornien... und eine Reise dorthin würde ich mir ganz gewiß ersparen, erklärte ich Miß Stansfield.

»Sind Sie nicht manchmal einsam?« fragte sie.

»Manchmal schon. Aber meistens bin ich zu beschäftigt. Nehmen Sie das.« Ich schrieb meine private Telefonnummer auf ein Kärtchen und gab es ihr. »Wenn Sie mich in der Klinik nicht erreichen, wenn Ihre Wehen anfangen, rufen Sie mich zu Hause an.«

»O nein, das...«

»Wollen Sie die Atemtechnik anwenden, oder wollen Sie, daß irgendein Knochenbrecher Ihnen eine Ladung Äther gibt, weil er glaubt, Sie sind verrückt geworden, wenn Sie anfangen wie eine Lokomotive zu zischen und zu puffen?«

Sie lächelte schwach. »Sie haben mich überzeugt.«

Aber als der Herbst fortschritt, und die Schlachter in der Third Avenue anfingen ihre ›jungen und fleischigen Truthähne‹ anzupreisen, wurde mir klar, daß sie noch etwas beunruhigte. Die Zimmerwirtin, bei der sie gewohnt hatte, als sie zuerst zu mir kam, hatte ihr tatsächlich gekündigt, und sie war nach Greenwich Village umgezogen. Aber das hatte sich glücklicherweise als vorteilhaft erwiesen; denn sie konnte sich dort etwas Geld verdienen. Eine blinde Frau in guten finanziellen Verhältnissen hatte sie gebeten, ihr im Haushalt zu helfen, und ihr aus den Werken von Gene Stratton Porter und Pearl Buck vorzulesen. Diese Dame wohnte in der ersten Etage des Hauses, in dem Miß Stansfield ihr neues Zimmer hatte. Sie sah jetzt so blühend und rosig aus wie die meisten gesunden Frauen im letzten Drittel ihrer Schwangerschaft. Aber auf ihrem Gesicht war ein Schatten. Wenn ich sie etwas fragte, dauerte es lange, bis sie antwortete... und einmal gab sie gar keine Antwort. Ich sah auf von den Notizen, die ich gerade machte, und bemerkte, daß sie mit seltsam abwesendem Blick zu der gerahmten Fotografie neben meinem Diplom hinüberschaute. Ich fühlte meine Gänsehaut zurückkehren... was sie sagte, hatte nichts mit meiner Frage zu tun und war nicht dazu angetan, meine Stimmung zu verbessern.

»Ich habe manchmal das Gefühl, Dr. McCarron, daß ich verdammt bin.«

Was für ein albernes, melodramatisches Wort! Und dennoch, meine Herren, die Antwort, die mir auf der Zunge lag, war diese: *Ja, das Gefühl habe ich auch.* Natürlich habe ich das nicht gesagt. Ein Arzt, der imstande ist, so etwas zu sagen, sollte sofort seine Instrumente und medizinischen Bücher verkaufen und mit dem Geld eine Klempner- oder Tischlerwerkstatt aufmachen. Ich sagte ihr, daß sie nicht die erste schwangere Frau sei, die solche Gefühle hat, und daß sie nicht die letzte sein würde. Ich erzählte ihr, daß dieses Gefühl so verbreitet sei, daß die Ärzte es das ›Schattental-Syndrom‹ nennen. Ich glaube, ich habe das heute abend schon erwähnt.

Miß Stansfield nickte ernst – ich erinnere mich, wie jung sie an diesem Tage aussah und wie stark ihr Leib war. »Ich weiß was Sie meinen«, sagte sie. »Auch das Gefühl habe ich schon kennengelernt. Aber was ich meine, ist ganz anders. Es ist wie... ich spüre einfach, daß mich etwas bedroht. Ich kann es nicht besser beschreiben. Es ist lächerlich, aber ich kann das Gefühl nicht abschütteln.«

»Sie müssen es versuchen«, sagte ich. »Es ist nicht gut für das...«

Sie hörte mir nicht zu. Sie sah wieder die Fotografie an. »Wer ist das?«

»Emlyn McCarron«, versuchte ich zu scherzen. »Vor dem Bürgerkrieg, als er noch ziemlich jung war.« Es klang außerordentlich schwach.

»Sie habe ich natürlich erkannt«, sagte sie. »Ich meine die Frau. Daß es eine Frau ist, sieht man nur an dem Rocksaum und den Schuhen. Wer ist das?«

»Ihr Name ist Harriet White«, sagte ich und dachte: *und ihr Gesicht wird das erste sein, was Sie sehen, wenn Sie ankommen, um Ihr Kind zur Welt zu bringen.* Das Frösteln kam zurück. Dieser gräßliche, erstickende Kälteschauer. *Ihr steinernes Gesicht.*

»Und was steht auf dem Sockel der Statue?« fragte sie. Ihr Blick war immer noch abwesend. Fast wie in Trance.

»Ich weiß es nicht«, log ich. »So weit reichen meine Lateinkenntnisse nicht.«

In der folgenden Nacht hatte ich den schlimmsten Traum meines Lebens. Ich erwachte aus ihm in panischer Angst, und wenn ich verheiratet gewesen wäre, hätte ich meine Frau vermutlich zu Tode erschreckt.

In dem Traum öffnete ich die Tür zu meinem Sprechzimmer, in dem Sandra Stansfield stand. Sie trug die braunen Pumps, das hübsche weiße, braun abgesetzte Leinenkleid und den unmodernen Hut. Aber der Hut war zwischen ihren Brüsten, weil sie ihren Kopf in den Händen hielt. Das weiße Kleid war blutbefleckt, und aus ihrem Hals schoß eine Blutfontäne gegen die Decke.

Dann zitterten ihre Augenlider und öffneten sich, und sie sah mich mit ihren wundervollen haselnußbraunen Augen an.

»Ich bin verdammt«, sagte der sprechende Kopf. »Ohne Leiden gibt es keine Erlösung. Es ist billige Magie, aber es ist alles, was wir haben.«

Das war der Moment, wo ich schreiend aufwachte.

Das errechnete Geburtsdatum, der 10. Dezember, kam und ging. Ich untersuchte sie am 17. Dezember und sagte ihr, daß Kind würde wohl erst nach Weihnachten geboren werden, aber bestimmt noch im Jahr 1935. Miß Stansfield akzeptierte das ohne Murren. Sie schien den Schatten, der im Herbst auf ihr gelastet hatte, abgeworfen zu haben. Mrs. Gibbs, die blinde Frau, der sie vorlas und im Haushalt half, war sehr von ihr angetan. Sie hatte allen ihren Freundinnen von der tapferen jungen Witwe erzählt, die trotz ihrer traurigen und schweren Situation mutig und zuversichtlich den

Kampf um ihre und ihres Kindes Zukunft aufgenommen hatte. Und einige ihrer Freundinnen hatten ihr Interesse bekundet, die junge Frau nach der Geburt ihres Kindes zu beschäftigen.

»Ich muß natürlich jetzt bei dieser Geschichte bleiben«, sagte sie. »Dem Baby zuliebe. Aber nur, bis ich wieder eine regelmäßige Arbeit gefunden habe. Manchmal denke ich, daß Schlimmste an der ganzen Sache ist, daß ich die Menschen jetzt so ganz anders beurteile. Manchmal wundere ich mich, daß ich nachts noch ruhig schlafen kann, wo ich doch genau weiß, wie sehr ich diese liebe alte Dame betrüge. Aber dann denke ich: Wenn sie die Wahrheit wüßte, würde sie mir die Tür weisen, genau wie alle anderen. Aber es ist trotzdem eine Lüge, und es bedrückt mich manchmal.«

Bevor sie an diesem Tage ging, zog sie ein hübsch verpacktes Päckchen aus ihrer Handtasche und schob es scheu über den Schreibtisch auf mich zu. »Frohe Weihnachten, Dr. McCarron.«

»Das hätten Sie nicht tun sollen«, sagte ich, zog eine Schublade auf und nahm auch ein Päckchen heraus. »Aber da ich auch etwas für sie habe...«

Sie sah mich einen Augenblick erstaunt an... und dann lachten wir beide. Sie hatte für mich eine silberne Krawattennadel mit einem Merkurstab darauf ausgesucht, und ich für sie ein Album für Fotos von ihrem Baby. Ich habe die Krawattennadel noch. Wie Sie sehen, meine Herren, trage ich sie heute abend. Was mit dem Album geschehen ist, kann ich nicht sagen.

Ich brachte sie zur Tür, und als wir dort ankamen, drehte sie sich zu mir um, legte ihre Hände auf meine Schultern, stellte sich auf die Zehenspitzen und küßte mich auf den Mund. Ihre Lippen waren kühl und fest. Es war kein leidenschaftlicher Kuß, meine Herren, aber er war auch nicht von der Art, wie man ihn von einer Schwester oder Tante erwarten würde.

»Danke Dr. McCarron«, sagte sie ein bißchen atemlos. Ihre Wangen glühten und ihre Augen auch. »Danke für alles.«

Ich lachte – ein bißchen unsicher. »Sie sprechen, als ob

wir uns nicht wiedersehen würden, Sandra.« Es war, glaube ich, das zweite und letzte Mal, daß ich sie beim Vornamen nannte.

»Oh, wir werden uns wiedersehen«, sagte sie. »Daran zweifle ich keinen Augenblick.«

Und sie hatte recht – allerdings konnte keiner von uns beiden die grauenhaften Umstände dieses letzten Treffens voraussehen. Sandra Stansfields Wehen kamen am Weihnachtsabend, die ersten kurz nach sechs Uhr. Es hatte den ganzen Tag geschneit, aber jetzt hagelte es, und knapp zwei Stunden später waren die Straßen der Stadt mit gefährlichem Glatteis überzogen.

Die blinde Mrs. Gibbs hatte eine geräumige Wohnung im ersten Stock, und um halb sieben kam Miß Stansfield vorsichtig die Treppe herunter, klopfte an ihrer Tür, wurde hereingebeten, und fragte, ob sie das Telefon benutzen dürfe, um ein Taxi zu rufen.

»Ist es das Baby?« fragte Mrs. Gibbs aufgeregt.

»Ja. Die Wehen haben gerade erst angefangen, aber bei diesem Wetter wird eine Taxe ziemlich lange brauchen.«

Sie bestellte die Taxe, und dann rief sie mich an. Um die Zeit, zwanzig vor sieben, kamen die Wehen in Abständen von ungefähr fünfundzwanzig Minuten. Sie wiederholte, daß sie wegen des schlechten Wetters die Taxe so früh bestellt hätte. »Ich möchte ja nicht, daß das Kind in einem Taxi zur Welt kommt«, sagte sie. Ihre Stimme war sehr ruhig.

Das Taxi verspätete sich, und Miß Stansfields Wehen schritten schneller fort, als ich erwartet hatte – aber, wie ich schon sagte: keine zwei Geburten sind gleich. Als der Taxifahrer sah, daß sein Fahrgast kurz vor der Entbindung stand, half er ihr die schlüpfrigen Stufen zur Straße herunter und mahnte sie dabei ständig zur Vorsicht. Miß Stansfield nickte nur. Sie war damit beschäftigt, tief ein- und auszuatmen, weil ihre Wehen gerade wieder einsetzten. Hagel tanzte auf Straßenlaternen und Autodächern. Er schmolz in großen Tropfen, die die gelben Leuchtbuchstaben auf dem Taxidach verzerrten. Mrs. Gibbs erzählte mir später, der Taxifahrer sei nervöser gewesen als ihre ›arme, liebe Sandra‹, und das hat wahrscheinlich zu dem Unfall beigetragen.

Und die Atemtechnik selbst. Da bin ich ziemlich sicher.

Der Fahrer lenkte seine Droschke langsam und vorsichtig über die vereiste Straße, um Zusammenstöße mit leichtsinnigen Fahrern zu vermeiden. Über die verstopften Kreuzungen ging es noch langsamer, und sie näherten sich dem Krankenhaus in einer Art Schneckentempo. Der Fahrer war bei dem Unfall nur leicht verletzt worden, und ich besuchte ihn im Krankenhaus. Er sagte, das ständige, gleichmäßige tiefe Atmen der Frau auf dem Rücksitz habe ihn nervös gemacht. Er habe dauernd in den Rückspiegel schauen müssen, um sich zu vergewissern, ob sie noch bei Besinnung sei. Er sagte, es wäre ihm lieber gewesen, sie hätte hin und wieder herzhaft gestöhnt oder laut geschrieen, wie man es von einer Frau in den Wehen erwartet. Er fragte sie ein oder zwei Mal, ob alles in Ordnung sei, und sie nickte nur und fuhr fort, in tiefen Atemzügen ›die Wellen zu reiten‹.

Als sie noch zwei oder drei Häuserblocks vom Krankenhaus entfernt waren, mußten die Preßwehen angefangen haben. Sie saß nun schon eine Stunde im Taxi, aber für eine Frau, die ihr erstes Kind bekommt, ging es bei ihr außergewöhnlich schnell. Der Fahrer hatte den Wechsel in der Atemtechnik bemerkt. »Sie fing an zu hecheln wie ein Hund an einem heißen Tag, Doc«, erzählte er mir. Sie hatte also mit der Tschu-tschu-Atmung angefangen.

Ungefähr um diese Zeit erspähte der Fahrer eine Lücke zwischen den dahinschleichenden Fahrzeugen und schoß hindurch. Der Weg zum White Memorial war jetzt frei. Es lag kaum drei Häuserblocks entfernt vor ihm. »Ich konnte schon die Statue sehen«, sagte er. Um endlich seinen hechelnden Fahrgast loszuwerden, trat er noch einmal aufs Gaspedal, der Wagen schoß davon, und die Räder fanden auf der vereisten Fahrbahn kaum Halt.

Ich war zu Fuß gegangen und kam nur deshalb zur gleichen Zeit wie die Taxe am Krankenhaus an, weil ich die Schwierigkeit, bei diesem Wetter zu fahren, total unterschätzt hatte. Ich nahm an, meine Patientin hätte die Aufnahmeformalitäten längst hinter sich und läge mit stetig fortschreitenden Wehen im Bett. Als ich die Eingangstreppe zum Gebäude hinaufstieg, sah ich auf einer blanken Eisfläche, die noch nicht mit Asche bestreut war, den Widerschein von Autoscheinwerfern. Ich drehte mich um, und sah wie der Unfall passierte.

Ein Ambulanzwagen verließ die Unfallstation und näherte sich der Ausfahrt, als Miß Stansfields Taxi auf das Krankenhaus zukam. Es fuhr viel zu schnell, um noch rechtzeitig zum Stehen zu kommen. Der Fahrer geriet in Panik und trat heftig auf die Bremse, anstatt zu pumpen. Der Wagen schleuderte und drehte sich um die eigene Achse. Das pulsierende Blinklicht des Krankenwagens schoß blutrote Lichtstreifen über die Szene, und in einem dieser Streifen sah ich Sandra Stansfields Gesicht. In diesem Augenblick sah es aus wie in meinem Traum. Dasselbe blutigrote Gesicht und die Augen, die mich aus dem abgetrennten Kopf angesehen hatten.

Ich rief ihren Namen, sprang zwei Stufen hinunter, rutschte aus und fiel hin. Ich stieß mir sehr heftig den Ellbogen, brachte es aber irgendwie fertig, meine Arzttasche festzuhalten. Was weiter geschah, sah ich im Liegen, mit brummendem Kopf und schmerzendem Ellbogen.

Der Krankenwagen bremste und fing auch an zu schleudern. Sein Heck schlug gegen den Sockel der Statue, die Türen flogen auf und eine Trage – glücklicherweise leer – schoß heraus wie eine Zunge und schlitterte dann schleppend über die Straße. Eine junge Frau auf dem Fußweg schrie auf und versuchte wegzulaufen, aber ihre Füße rutschten unter ihr weg, und sie landete auf dem Bauch. Ihre Handtasche schoß über den vereisten Fußweg wie der Gleiter beim Eiskegeln.

Die Taxe hatte sich einmal um sich selbst gedreht. Der Fahrer kurbelte wild an seinem Lenkrad, wie ein Kind im Autoscooter. Der Krankenwagen wurde von Harriet Whites Statue zurückgeschleudert und knallte gegen die Taxe, die sich noch einmal in einer engen Spirale um sich selbst drehte und mit ungeheurer Wucht gegen den Sockel der Statue donnerte. Das kleine Kästchen auf dem Dach mit den gelb leuchtenden Buchstaben ON RADIO CALL explodierte wie eine Bombe. Die linke Seite des Wagens zerknitterte wie Seidenpapier. Einen Augenblick später sah ich, daß es nicht nur die Seite war: die Taxe war so heftig gegen eine Kante des Sockels geschleudert worden, daß sie auseinanderbrach. Glassplitter sprühten auf die Straße wie ein Diamantenregen, und meine Patientin wurde wie eine Stoffpuppe durch das rechte hintere Fenster des zertrümmerten Wagens auf die Straße geschleudert.

Irgendwie war ich wieder auf die Beine gekommen. Ich rannte die vereisten Stufen hinunter, rutschte wieder aus, hielt mich am Geländer fest und lief weiter. Ich wußte ungefähr, wo Miß Stansfield lag: irgendwo in dem ungewissen Schatten, den diese gräßliche Statue von Harriet White warf. Vielleicht sieben Meter von der Stelle entfernt, wo der Krankenwagen zum Stillstand gekommen war. Er lag auf der Seite und blinkte immer noch rote Streifen in die Nacht. Irgend etwas war grausam verkehrt mit dem Menschen, der dort im Schnee lag, aber ich wußte nicht, was es war, bis ich über etwas stolperte und fast wieder gefallen wäre. Der Gegenstand, den ich mit dem Fuß angestoßen hatte, schlitterte davon, und nur an den Haaren – blutbeschmiert, aber deutlich blond – erkannte ich, was es war. Sie war bei dem Unfall geköpft worden. Was ich mit dem Fuß in die gefrorene Gasse gestoßen hatte, war ihr Kopf gewesen.

Wie betäubt lief ich weiter. Ich kam an die Stelle, wo sie lag, und drehte sie herum. Ich versuchte zu schreien. Wenn ich es getan habe, war es ein lautloser Schrei. Ich konnte keinen Ton herausbringen. Die Frau atmete noch, meine Herren. Ihre Brust hob und senkte sich in schnellen, flachen Atemzügen. Eis klebte an ihrem offenen Mantel und an ihrem blutgetränkten Kleid, und ich hörte ein hohes, dünnes, in der Lautstärke schwankendes Pfeifen, wie bei einem Teekessel, der nicht ganz zum Kochen kommen kann. Es war die Luft, die in ihre abgerissene Luftröhre eingesogen und dann wieder ausgestoßen wurde. Kleine Schreie der Stimmbänder, die keinen Mund mehr hatten, der die Laute formen konnte.

Mein erster Impuls war davonzulaufen, aber ich hatte keine Kraft. Ich fiel neben ihr auf die Knie und hielt mir mit einer Hand den Mund zu. Einen Augenblick später bemerkte ich, daß frisches Blut den unteren Teil ihres Kleides färbte... und daß sich dort etwas bewegte. Und plötzlich kam mir der Gedanke, es könnte noch eine Chance geben, das Kind zu retten.

Ich glaube, ich fing an zu lachen, als ich ihren Rock hochschlug. Ich muß verrückt gewesen sein. Ihr Körper war noch warm, daran erinnere ich mich genau, und ich sehe noch, wie er sich beim Atmen hob und senkte. Einer von den Sanitätern aus dem Krankenwagen kam heran, er schwankte wie ein Betrunkener. Eine Hand hielt er an die Schläfe gepreßt, und zwischen seinen Fingern tröpfelte Blut.

Ich lachte immer noch. Machte mir immer noch an ihrer Kleidung zu schaffen. Meine tastenden Hände hatten festgestellt, daß der Geburtskanal voll geöffnet war.

Der Sanitäter starrte mit weitaufgerissenen Augen auf Sandra Stansfields kopflosen Körper. Ich weiß nicht, ob er begriff, daß sie noch atmete. Vielleicht hielt er es für ein letztes Zucken der Nerven – eine Art letzte Reflexaktion. Wenn er das glaubte, konnte er noch nicht lange Sanitäter sein. Hühner können vielleicht eine Zeitlang ohne Kopf herumlaufen, aber Menschen zucken nur ein oder zwei Mal... wenn überhaupt.

»Hör auf, sie anzuglotzen, und bring mir eine Wolldecke«, fuhr ich ihn an.

Er drehte sich um und ging davon. Aber nicht zum Krankenwagen, sondern mehr oder weniger auf Times Square zu. Er ging einfach in die Nacht hinaus. Ich habe keine Ahnung, was aus ihm geworden ist. Ich wandte mich wieder der toten Frau zu, die doch eigentlich nicht tot war, und zog nach kurzem Zögern meinen Mantel aus. Dann hob ich ihre Hüften etwas an, um ihr den Mantel unterzuschieben. Ich hörte immer noch das Pfeifen ihres Atmens. Ich höre es manchmal jetzt noch. In meinen Träumen.

Dies alles geschah natürlich in außerordentlich kurzer Zeit. Es kam mir länger vor, weil ich in so fieberhafter Erregung war. Gerade erst erschienen die ersten Leute auf der Eingangstreppe, um zu sehen, was geschehen war, und hinter mir kreischte eine Frau, als sie den abgetrennten Kopf in der Gosse liegen sah.

Ich riß meine Tasche auf, dankte Gott, daß ich sie bei meinem Sturz nicht verloren hatte, und holte ein kurzes Skalpell heraus. Damit zerschnitt ich ihre Unterwäsche und warf die Reste zur Seite. Der Fahrer des Krankenwagens kam bis auf fünf Meter heran und blieb dann wie angewurzelt stehen. Ich sah zu ihm hinüber in der Hoffnung, von ihm eine Wolldecke zu kriegen. Mir wurde aber sehr schnell klar, daß er sie mir auch nicht bringen würde. Er starrte auf die atmende Leiche, und seine Augen wurden immer größer, bis ich dachte, sie müßten aus ihren Höhlen fallen und nur noch wie groteske Yo-Yos an den Sehnerven herunterbaumeln. Dann fiel er auf die Knie und hob die gefalteten Hände zum Himmel. Ich bin sicher, er wollte beten. Sein Kollege mochte nicht begriffen haben, daß er etwas Unmögliches sah, aber dieser Mann wußte es. Im nächsten Augenblick sank er bewußtlos in sich zusammen.

An diesem Abend hatte ich eine Zange in meine Tasche gepackt. Der Himmel mag wissen, warum. Ich habe diese Dinger nicht benutzt, seit ich mit ansehen mußte, wie ein Arzt, dessen Namen ich nicht nennen will, einem Neugeborenen mit einem dieser teuflischen Instrumente die Schläfe zerquetschte. Das Kind starb sofort, und auf dem Totenschein stand *tot geboren*.

Aber, aus welchem Grund auch immer, ich hatte meine an diesem Abend eingepackt.

Miß Stansfields Körper straffte sich, ihre Bauchmuskeln zogen sich zusammen, Fleisch wurde zu Stein. Und der Kopf des Kindes wurde sichtbar. Ich sah ihn nur einen Augenblick. Blutig und pulsierend. *Pulsierend*. Das Kind lebte. Es gab keinen Zweifel, es lebte!

Stein wurde wieder zu Fleisch, und der Kopf glitt zurück. Eine Stimme hinter mir sagte: »Kann ich etwas tun, Doktor?«

Es war eine Schwester in mittleren Jahren, von der Sorte, die so oft das Rückgrat unseres Berufes ist. Ihr Gesicht war weiß wie Milch. Sie sah die unheimliche Szene mit Grauen und einer Art abergläubischer Scheu, aber ohne Anzeichen von Betäubung oder Schock.

»Verschaffen Sie mir eine Wolldecke, Schwester«, sagte

ich schnell. »Ich glaube, wir haben noch eine Chance.« Hinter ihr sah ich etwa zwei Dutzend Leute auf den Stufen zum Portal stehen, die offenbar keine Neigung verspürten, näher zu kommen. Wie viel oder wie wenig konnten sie sehen? Ich weiß es nicht. Was ich weiß, ist, daß ich tagelang nach dem Vorfall gemieden wurde (von einige für immer), und niemand hat mich jemals darauf angesprochen, auch die Schwester nicht.

Sie drehte sich um und ging auf das Haus zu.

»Schwester!« rief ich. »So viel Zeit haben wir nicht. Holen sie eine aus dem Krankenwagen. Dieses Baby kommt *jetzt!*«

Sie änderte den Kurs und schlitterte auf ihren weißen Kreppsohlenschuhen auf den umgestürzten Ambulanzwagen zu, und ich kümmerte mich wieder um Miß Stansfield.

Statt schwächer zu werden, war ihr Atem sogar noch kräftiger, der Rhythmus schneller geworden... und dann zogen sich ihre Bauchmuskeln wieder zusammen, ihr Leib wurde hart. Der Kopf des Kindes wurde wieder sichtbar. Ich nahm an, daß es wieder zurückrutschen würde, aber das tat es nicht. Es glitt stetig auf mich zu. Ich brauchte die Zange nicht. Das Baby flog fast in meine Hände. Die Graupelkörner trafen seinen nackten, blutigen Körper – es war ein Junge. Dampf stieg von ihm auf, und die schwarze, eisige Nacht verschlang die Wärme, die seine Mutter ihm noch mitgegeben hatte. Er bewegte schwach seine kleinen, blutigen Fäustchen und stieß einen dünnen wimmernden Schrei aus.

»Schwester!« brüllte ich. »Beweg deinen Hintern, du alte Schlampe!« Das war eine nicht zu entschuldigende Entgleisung, aber in diesem Moment hatte ich das Gefühl, wieder in Frankreich zu sein. Jeden Augenblick konnten die Maschinengewehre ihr höllisches Geknatter anstimmen, die Granaten über uns hinwegpfeifen, die Deutschen aus der Finsternis auftauchen und rennen und stürzen und fluchen und sterben in Dreck und Qualm. *Billige Magie*, dachte ich und sah die verrenkten Körper der Soldaten sich drehen und fallen. *Aber du hast recht, Sandra, es ist alles, was wir haben.* Sie können es mir glauben, meine Herren, ich war noch nie so nahe daran, meinen Verstand zu verlieren.

»SCHWESTER, VERDAMMT NOCH MAL!«

Das Baby wimmerte noch einmal – was für ein winziger, verlorener Ton! –, und dann war es still. Von seinem Körper stieg kaum noch Dampf auf. Ich preßte meinen Mund auf sein Gesicht, das nach Blut und Plazenta roch. Ich atmete in seinen Mund und hörte seinen Atem zurückkehren. Dann war die Schwester mit der Decke da. Ich griff danach.

Sie reichte sie mir, aber plötzlich hielt sie sie zurück. »Doktor, vielleicht... vielleicht ist es ein Monster... ein Ungeheuer.«

»Geben Sie mir die Decke, Sergeant«, sagte ich, »und zwar sofort, sonst reiße ich Ihnen den Arsch auf bis zu den Schulterblättern.«

»Ja, Doktor«, sagte sie, vollkommen gefaßt, und gab mir die Decke. Gesegnet seien die Frauen, die so oft verstehen, einfach indem sie es gar nicht erst versuchen, meine Herren. Ich wickelte das Kind in die Decke und gab es ihr.

»Wenn Sie es fallen lassen, Sergeant, fressen Sie Ihre Ärmelstreifen.«

»Ja, Doktor.«

»Es ist alles elende, billige Magie, Sergeant, aber mehr hat Gott nicht für uns übrig.«

»Ja, Doktor.«

Ich beobachtete, wie sie vorsichtig auf den Eingang zulief, und die Menge auf den Stufen sich für sie teilte. Dann stand ich auf und trat einen Schritt von dem Körper zurück. Sein Atem ging jetzt so unregelmäßig wie vorhin der des Kindes. Er stockte, kam wieder... setzte aus... kam wieder... setzte aus...

Ich trat noch ein paar Schritte zurück und stieß mit dem Fuß an einen Gegenstand. Ich drehte mich um. Es war der Kopf. Irgend etwas zwang mich, niederzuknien und ihn herumzudrehen. Die Augen waren offen. Ihre haselnußbraunen Augen mit dem geraden Blick die immer so voll Leben und Entschlossenheit gewesen waren. Es war immer noch Entschlossenheit in ihnen, meine Herren. *Sie sah mich an.*

Ihre Zähne waren zusammengebissen, die Lippen leicht geöffnet, und ich hörte ihre Atemzüge zwischen ihren Zähnen und Lippen ein- und ausgehen. Ihre Augen bewegten sich. Sie rollten etwas nach links, als ob sie mich so besser sehen könnten. Ihre Lippen formten drei Worte: *Danke, Dr. McCarron.* Und ich *hörte* sie, meine Herren, aber nicht aus ihrem Mund. Sie kamen aus sechs Meter Entfernung. Von ihren Stimmbändern. Und weil die Zunge und Lippen und Zähne – alles was wir brauchen, um unsere Worte zu formen – hier waren, kamen von dort nur unartikulierte Laute. Aber es waren sieben. Sieben einzelne Laute, denn der Satz hat sieben Silben: *Danke, Dr. McCarron.*

»Ich gratuliere Ihnen, Miß Stansfield«, sagte ich. »Es ist ein Junge.«

Ihre Lippen bewegten sich wieder, und hinter mir klang es dünn und gespenstisch: *huuuunnge...*

Ihre Augen sahen mich nicht mehr und verloren ihre Entschlossenheit. Sie schienen jetzt etwas zu sehen, was hinter mir in dem schwarzen Winterhimmel war. Dann fielen sie ihr zu. Sie fing wieder an, kurz und zischend durch die Zähne zu atmen... und dann hörte sie einfach damit auf. Was passiert war, war nun vorbei. Die Schwester hatte einiges davon gesehen, und vielleicht der Fahrer des Krankenwagens, bevor er ohnmächtig wurde, und ein paar von den Zuschauern mochten sich ihre Gedanken machen. Aber jetzt war es vorbei, daran konnte kein Zweifel sein. Hier draußen gab es nur noch die Überreste eines häßlichen Unfalls... und drinnen ein neues Baby.

Ich sah auf zu Harriet White. Da stand sie und blickte starr über den Platz, als ob nichts geschehen wäre. Als ob solche Entschlossenheit in einer Welt, die so hart und so sinnlos wie die unsere ist, nichts zu bedeuten hätte... oder schlimmer, als ob es das einzige wäre, was überhaupt von Bedeutung ist.

Ich kniete dort im Schneematsch vor ihrem abgetrennten Kopf und fing an zu weinen. Ich weinte noch, als ein Arzt und zwei Schwestern mir auf die Beine halfen und mich ins Haus führten.

McCarrons Pfeife war ausgegangen.

Er zündete sie wieder an, während wir in absolutem,

atemlosen Schweigen dasaßen. Draußen heulte und stöhnte der Wind. McCarron ließ sein Feuerzeug zuschnappen und sah auf. Er schien erstaunt zu sein, daß wir noch da waren.

»Das ist alles«, sagte er. »Das war das Ende! Auf was warten Sie noch? Raketen und Böllerschüsse?« schnaubte er. Dann fiel ihm noch etwas ein. »Ich zahlte die Beerdigungskosten aus meiner Tasche. Sie hatte ja sonst niemand.« Er lächelte. »Aber Ella Davidson, meine Sprechstundenhilfe, bestand darauf, fünfundzwanzig Dollar beizusteuern. Ich wollte es nicht zulassen, aber wenn Ella Davidson sich etwas in den Kopf setzte...« Er zuckte die Achseln.

»Sie sind ganz sicher, daß es kein Reflex war?« hörte ich mich plötzlich fragen. »Sind Sie *ganz* sicher...«

»Ganz sicher«, sagte McCarron unerschütterlich. »Die erste Anspannung der Bauchmuskeln könnte noch ein Reflex gewesen sein. Aber die Vollendung der Geburt war keine Sache von Sekunden, sondern von Minuten. Und manchmal denke ich, sie hätte noch länger durchgehalten, wenn es nötig gewesen wäre. Gott sei Dank war es das nicht.«

»Was passierte mit dem Baby?« fragte Johanssen.

McCarron zog an seiner Pfeife. »Es wurde adoptiert«, sagte er. »Und wie wir alle wissen, sind Adoptionsakten streng geheim – das waren sie schon damals.«

»Ja, aber was wurde aus dem Baby?« fragte Johanssen wieder, und McCarron lachte, ohne es zu wollen.

»Kannst du denn niemals aufgeben?« fragte er.

Johanssen schüttelte den Kopf. »Das haben schon mehr Leute erfahren müssen. Was wurde aus dem Baby?«

»Nun gut. Da Sie die Geschichte bis hierher gehört haben, werden Sie verstehen, daß ich ein gewisses, berechtigtes Interesse daran hatte, zu erfahren, was aus dem Kind wurde. Ich wußte damals, wohin er kam, und ich weiß auch, was er jetzt macht. Da war ein junges Ehepaar. Ihr Name ist nicht Harrison, aber so ähnlich. Sie lebten in Maine. Sie konnten keine eigenen Kinder haben. Sie adoptierten das Kind und nannten es – sagen wir John – einverstanden?«

Er zog an der Pfeife, aber sie war wieder ausgegangen. Ich spürte Stevens irgendwo hinter mir und wußte, daß unsere Mäntel auf uns warteten. Bald würden wir wieder in sie hineinschlüpfen... und zurück in unser alltägliches Leben.

»Das Kind, das in jener Nacht zur Welt kam, ist jetzt Leiter der Abteilung für Englisch an einem der zwei oder drei besten privaten Colleges in unserem Land«, sagte McCarron. »Er ist noch keine fünfundvierzig. Ein junger Mann. Und ich halte es durchaus für möglich, daß er eines Tages Präsident dieser Schule sein wird. Um die Wahrheit zu sagen: ich zweifle keinen Augenblick daran. Er ist intelligent, charmant und sieht gut aus.

Einmal nahm ich unter einem Vorwand an einem Dinner teil, zu dem auch er geladen war. Wir waren vier an dem Abend. Ich sagte wenig und nahm die Gelegenheit wahr, ihn zu beobachten. Er hat die Entschlossenheit seiner Mutter, meine Herren...

...und ihre haselnußbraunen Augen.«

III. Der Club

Stevens verabschiedete uns wie immer, half in Mäntel, wünschte das schönste aller Weihnachtsfeste, dankte seinen Gästen für ihre Großzügigkeit. Es gelang mir, der letzte zu sein, und Stevens war überhaupt nicht überrascht, als ich sagte:

»Ich möchte Sie etwas fragen, wenn Sie nichts dagegen haben.«

Er lächelte ein wenig. »Vielleicht sollten Sie es tun«, sagte er. »Weihnachten ist die richtige Zeit, um Fragen zu stellen.«

Irgendwo zu unserer Linken, in einem Flur, den ich nie entlanggegangen war, tickte eine alte Uhr. Es war der wohltönende Klang eines vergehenden Zeitalters. Ich roch den Duft von altem Leder und poliertem Holz, und, sehr viel schwächer, Stevens' Rasierwasser.

Eine Windbö heulte ums Haus, als Stevens fortfuhr:

»Aber ich muß Sie warnen. Es ist besser, nicht zu viel zu fragen. Nicht, wenn Sie noch weiter herkommen möchten.«

»Sind denn schon Leute ausgeschlossen worden, weil sie zuviel fragten?« *Ausgeschlossen* schien mir nicht ganz das passende Wort, aber mir fiel nichts Besseres ein.

»Nein«, sagte Stevens, leise und höflich wie immer. »Sie zogen es einfach vor, nicht mehr zu kommen.«

Ich hielt seinem Blick stand und fühlte ein Kälteschauer meinen Rücken heraufkriechen. Es war, als ob mich eine große kalte unsichtbare Hand berührte. Ich erinnerte mich an diesen seltsam dumpfen Aufschlag, den ich eines Abends über mir gehört hatte, und fragte mich (nicht zum ersten Mal), wieviel Zimmer es dort oben wirklich gab.

»Wenn Sie noch eine Frage haben, Mr. Adley, dann fragen Sie. Der Abend ist fast vorbei...«

»Und Sie haben noch eine lange Bahnfahrt vor sich?« fragte ich, aber Stevens sah mich nur ausdruckslos an. »Also gut«, sagte ich. »In dieser Bibliothek gibt es Bücher, die ich sonst nirgends finden kann: nicht in der New York Public Library, in keinem der Kataloge, die ich bei antiquarischen Buchhändlern durchgesehen habe, und schon gar nicht in *Books in Print*. Der Billardtisch im Kleinen Zimmer ist ein ›Nord‹. Ich habe nie von einer solchen Marke gehört, deshalb rief ich die Internationale Markenzeichen-Kommission an. Dort sind zwei Firmen namens Nord bekannt, die eine macht Langlaufschier und die andere Küchenzubehör aus Holz. Im Langen Zimmer ist ein Seafront Musikautomat. Eingetragen ist aber nur ein *Seeburg*, und kein See*front*.«

»Was ist Ihre Frage, Mr. Adley?«

Seine Stimme war so sanft wie immer, aber es war plötzlich etwas Schreckliches in seinen Augen. Nein... wenn ich ehrlich sein soll... es war nicht nur in seinen Augen. Das Grauen, das ich fühlte, war überall. Das ständige Tock-tock aus dem Flur zu meiner Linken war nicht mehr das liebenswürdige Ticken einer Großvateruhr – es waren die Schritte des Henkers, der die Verurteilten zum Schafott führt. Der Geruch von Leder und geöltem Holz wurde bitter und bedrohlich, und als eine neue Windbö ums Haus fegte, glaubte ich, die Haustür müßte auffliegen und den Blick freigeben nicht auf die Fünfunddreißigste Straße, sondern auf eine wahnwitzige Landschaft von Clark Ashton Smith, wo die anklagenden Silhouetten verdorrter Bäume in einen sterilen Himmel ragen, unter dem doppelte Sonnen in schaurig rotem Schein untergehen.

Oh, er wußte, was ich hatte fragen wollen. Ich sah es in seinen grauen Augen.

Woher kommen alle diese Dinge? Hatte ich fragen wollen. *Oh, ich weiß genau, woher Sie kommen, Stevens. Dieser Akzent ist nicht Dimension X, es ist reiner Brooklyn Akzent. Aber wohin gehen Sie? Woher kommt dieser zeitlose Ausdruck in Ihren Augen und auf Ihrem Gesicht? Und, Stevens...*

...wo sind wir IN DIESER SEKUNDE?

Aber er wartete auf meine Frage.

Ich öffnete den Mund, und die Frage, die herauskam, war: »Gibt es noch sehr viele Zimmer in der oberen Etage?«

»Oh, ja, Sir«, sagte er, mich unverwandt anblickend. »Sehr viele. Ein Mensch könnte sich dort verirren. Einige haben sich dort tatsächlich schon verirrt. Manchmal kommt es mir vor, als ob sie gar kein Ende nehmen. Zimmer und Korridore.«

»Und Eingänge und Ausgänge?«

Seine Augenbrauen hoben sich ein wenig. »O ja. Eingänge und Ausgänge.«

Er wartete, aber ich hatte genug gefragt. Ich glaubte, an die Grenze von irgend etwas gekommen zu sein, das mich, vielleicht, zum Wahnsinn treiben könnte.

»Danke, Stevens.«

»Keine Ursache, Sir.« Er hielt mir den Mantel hin, und ich schlüpfte hinein.

»Wird es noch mehr Geschichten geben?«

»Hier, Sir, gibt es *immer* Geschichten.«

Dieser Abend liegt jetzt einige Zeit zurück, und mein Gedächtnis ist seitdem nicht besser geworden (in meinem Alter ist das Gegenteil wahrscheinlicher), aber ich erinnere mich ganz deutlich an die gräßliche Angst, die ich hatte, als Stevens die schwere Eichentür weit öffnete – die kalte Gewißheit, daß ich jene fremdartige Landschaft sehen würde, verdorrt und höllisch in dem blutigen Licht der doppelten Sonnen, die untergehen und eine unbeschreibliche Finsternis hinterlassen könnten, die vielleicht eine Stunde dauert, oder zehn Stunden oder zehntausend Jahre. Ich kann es nicht erklären, aber ich sage Ihnen, es *gibt* diese Welt – daran glaube ich so fest wie Emlyn McCarron daran glaubte, daß der abgetrennte Kopf von Sandra Stansfield atmete. In dieser einen langen Sekunde war ich fest davon überzeugt, daß die Tür aufgehen und Stevens mich hinausstoßen würde in diese Welt, und dann würde ich hören wie die Tür hinter mir ins Schloß fällt... für immer.

Statt dessen sah ich die Fünfunddreißigste Straße und ein Taxi, das mit laufendem Motor am Bordstein stand. Ich empfand eine totale, fast überwältigende Erleichterung.

»Ja, immer neue Geschichten«, wiederholte Stevens. »Gute Nacht, Sir.«

Immer neue Geschichten.

Es gab in der Tat neue Geschichten. Und eines Tages, vielleicht sehr bald, werde ich Ihnen wieder eine erzählen.

Nachwort

»Woher nehmen Sie bloß Ihre Einfälle?« ist die Frage, die man am häufigsten an mich richtet, aber gleich an zweiter Stelle kommt diese: »Schreiben Sie *nur* Horrorgeschichten?« Wenn ich die letztere verneine, weiß ich nie, ob der Fragesteller erleichtert oder enttäuscht ist.

Kurz bevor *Carrie*, mein erster Roman, veröffentlicht wurde, erhielt ich einen Brief von meinem Redakteur Bill Thompson, der meinte, wir sollten uns Gedanken über die nächste Veröffentlichung machen. Es mag Ihnen seltsam vorkommen, daß man vor der Veröffentlichung des ersten Buches schon über das zweite nachdenkt, aber die Prozedur vor der Veröffentlichung eines Buches dauert fast so lange wie die nach der Produktion eines Films. Somit hatten wir zu dem Zeitpunkt mit *Carrie* schon lange leben müssen – fast ein Jahr. Ich schickte Bill sofort die Manuskripte von zwei Romanen, der eine betitelt *Blaze*, der andere *Second Coming*. Der erstere war gleich nach *Carrie* geschrieben worden, und zwar während der sechs Monate, da der erste Entwurf von *Carrie* in einer Schreibtischschublade lag und reifte; der letztere wurde innerhalb etwa eines Jahres geschrieben. Es war das Jahr, in dem *Carrie* langsam wie eine Schildkröte ihrer Veröffentlichung entgegenkroch.

Blaze war ein Melodram über einen ungeschlachten, geistig zurückgebliebenen Kriminellen, der ein Baby entführt, um es den reichen Eltern des Kindes gegen ein Lösegeld zurückzugeben... und sich statt dessen in das Kind verliebt. *Second Coming* war ein Melodram über Vampire, die eine Kleinstadt in Maine übernehmen. Beide waren sozusagen literarische Imitationen. *Second Coming* lehnte sich an *Dracula*, *Blaze* an Steinbecks *Of Mice and Men* (›Von Mäusen und Menschen‹) an.

Bill wird verblüfft gewesen sein, als diese beiden Manuskripte in einem einzigen Paket ankamen (von *Blaze* waren einige Seiten auf die Rückseiten von Milchrechnungen getippt worden, und das Manuskript von *Second Coming* stank nach Bier, weil jemand drei Monate zuvor anläßlich einer Silvesterparty einen Krug Black Label darüber ausgeschüttet hatte. Er mag sich vorgekommen sein wie eine Frau, die sich einen Blumenstrauß wünscht und der ihr Mann ein ganzes Treibhaus schenkt. Die beiden Manuskripte hatten zusammen ungefähr fünfhundertfünfzig Seiten, einzeilig beschrieben.

Während der nächsten paar Wochen las er sie beide – kratz an einem Redakteur und du entdeckst einen Heiligen –, und ich fuhr von Maine nach New York, um die Veröffentlichung von *Carrie* zu feiern (April 1974, Freunde und Nachbarn – Lennon lebte noch, und Nixon hing immer noch als Präsident herum, und dieser Junge hier wartete noch auf die ersten grauen Haare in seinem Bart) und darüber zu diskutieren, welches davon das nächste Buch werden sollte... oder vielleicht keines von beiden.

Ich hielt mich ein paar Tage in der Stadt auf, und wir besprachen das Problem drei oder viermal. Die Entscheidung fiel an einer Straßenecke – Park Avenue und Forty-sixth Street genaugenommen. Bill und ich standen dort und warteten auf Grün und sahen die Taxen in diesen komischen Tunnel rollen – ich meine den, der sich direkt durch das Pan Am Building zu fressen scheint. Und Bill sagte: »Ich denke, wir nehmen *Second Coming*.«

Nun, das gefiel auch mir selbst besser – aber er sagte es widerstrebend, und ich fragte ihn ganz direkt, was denn los sei. »Wenn Sie erst ein Buch schreiben über ein Mädchen, das durch Gedankenkräfte Gegenstände bewegen kann, und anschließend eins über Vampire, dann sind Sie abgestempelt«, sagte er.

»Abgestempelt?« fragte ich verblüfft. Ich sah keine nennenswerte Ähnlichkeit zwischen Vampiren und Telekinese. »Als was?«

»Als jemand, der Horrorgeschichten schreibt«, sagte er noch widerstrebender.

»Oh«, sagte ich erleichtert. »Ist das alles?«

»Warten Sie ein paar Jahre«, sagte er. »Dann werden Sie schon sehen.«

»Bill«, sagte ich amüsiert, »in Amerika kann keiner seinen Lebensunterhalt nur mit Horrorgeschichten verdienen. Lovecraft in Providence fing damit an. Bloch gab es auf und schrieb statt dessen Kriminalromane und humoristische Geschichten in der *Unknown*-Manier. Der *Exorzist* war eine einmalige Sache. Sie werden schon sehen.«

Die Ampel sprang um. Bill klopfte mir auf die Schulter. »Ich denke, Sie werden viel Erfolg haben«, sagte er, »aber ich glaube, Sie können Scheiße nicht von Schuhwichse unterscheiden.«

Er war der Wahrheit näher als ich. Es stellte sich heraus, daß man in Amerika sehr wohl seinen Lebensunterhalt mit Horrorgeschichten verdienen kann. *Second Coming*, das unter dem Titel ›Salem's Lot‹ (›Brennen muß Salem‹) erschien, verkaufte sich sehr gut. Als das Buch veröffentlicht wurde, lebte ich mit meiner Familie in Colorado und schrieb einen Roman über ein Spukhotel. Als wir einmal durch New York streiften, saß ich mit Bill die halbe Nacht in Jaspers' Bar (wo ein riesiger nebelgrauer Kater so tat, als gehörte ihm die Musikbox; man mußte ihn wegschieben, wenn man Platten drücken wollte) und erzählte ihm den Inhalt. Am Ende saß er, seinen Bourbon zwischen den Ellenbogen und den Kopf in die Hände gestützt, da wie ein Mann mit einem besonders schweren Migräneanfall.

»Es gefällt Ihnen nicht«, sagte ich.

»Es gefällt mir sehr gut«, sagte er hohl.

»Was ist denn noch?«

»*Erst* das telekinetische Mädchen, *dann* Vampire, und *jetzt* das Spukhotel und das telepathische Kind. Man wird Sie abstempeln.«

Diesmal dachte ich ein wenig ernsthafter darüber nach. Ich dachte an die vielen Autoren, die man als Horrorschreiber abgestempelt hatte und die mir über die Jahre hinweg so viel Vergnügen bereitet haben – Lovecraft, Clark Ashton Smith, Frank Belknap, Fritz Leiber, Robert Bloch, Richard Matheson und Shirley Jackson (ja, auch sie wurde als Gruselautorin abgestempelt). Und in Jaspers' Bar mit der Katze, die auf der Musikbox schlief, und einem Redakteur, der mit dem Kopf in die Hände gestützt neben mir am Tisch saß, fand ich, daß ich mich in schlechter Gesellschaft befinden könnte. Ich hätte zum Beispiel ein ›wichtiger‹ Autor sein können, wie Joseph Heller. Dann hätte ich ungefähr alle sieben Jahre einen Roman veröffentlicht. Ich hätte auch ein ›brillanter Autor‹, wie John Gardner sein können. Dann hätte ich dunkle Bücher für helle Akademiker geschrieben, die makrobiotisch essen und einen alten Saab fahren, an dessen Stoßstangen man auf den verblichenen Aufklebern noch lesen kann: GENE McCARTHY FOR PRESIDENT.

»Das ist schon in Ordnung, Bill«, sagte ich. »Wenn die Leute das wollen, bin ich eben ein Horrorschreiber. Das paßt mir sehr gut.«

Darüber haben wir nie wieder diskutiert. Bill gibt immer noch Bücher heraus, und ich schreibe immer noch Horrorgeschichten. Eine Analyse findet nicht mehr statt. So soll es auch sein.

Ich bin also abgestempelt, und es macht mir nicht viel aus – schließlich werde ich meinem Ruf gerecht... jedenfalls *meistens*. Aber schreibe ich *nur* Horrorgeschichten? Wenn Sie die vorstehenden Geschichten gelesen haben, *wissen* Sie, daß das nicht stimmt... aber Elemente von Horror findet man in allen vier Geschichten, nicht nur in *Atemtechnik* – die Sache mit den Blutegeln in *Die Leiche* ist ziemlich schaurig, genauso wie einige der Traumvorstellungen in *Musterschüler*. Früher oder später kehre ich immer wieder in diese Richtung zurück. Gott weiß warum.

Jede dieser längeren Geschichten wurde kurz nach Fertigstellung eines Romans geschrieben – es ist, als hätte ich nach Beendigung einer großen Sache immer noch genug Gas im Tank, eine Novelle folgen zu lassen. *Die Leiche*, die älteste Geschichte in diesem Buch, schrieb ich gleich nach *Salem's Lot*; *Musterschüler* wurde nach Fertigstellung von *The Shining* innerhalb von zwei Wochen geschrieben (und nach *Musterschüler* schrieb ich drei Monate lang überhaupt nichts – ich war geschafft). *Pin-up* wurde nach Beendigung von *The Dead Zone* (›Das Attentat‹) geschrieben; und *Atemtechnik*, die jüngste dieser vier Geschichten entstand nach *Firestarter* (›Feuerkind‹).

Keine von ihnen wurde vorher veröffentlicht; sie wurden

nicht einmal zur Veröffentlichung angeboten. Warum? Weil jede 25 000 bis 30 000 Worte hat – vielleicht nicht genau, aber sie sind lang genug, um Schwierigkeiten zu machen. Ich muß Ihnen dazu sagen: 25 000 bis 30 000 Worte ist genau die Anzahl, die einen Autor zittern läßt. Es gibt keine genaue Definition darüber, was eine Novelle oder eine Kurzgeschichte ist – jedenfalls nicht auf der Basis der Anzahl der Worte – und das sollte es auch nicht geben. Aber wenn ein Autor die 20 000-Worte-Grenze überschreitet, weiß er, daß er das Gebiet der Kurzgeschichte verlassen hat. Andererseits weiß er, wenn er 40 000 Worte überschritten hat, daß er sich dem Gebiet des Romans nähert. Die Grenzen zwischen diesen ordentlichen Gebieten sind schwer zu ziehen, aber an irgendeinem Punkt wacht der Autor erschrocken auf und weiß, daß er im Begriff ist, einen schrecklichen Ort zu erreichen – wenn er ihn nicht schon erreicht hat – eine anarchische Bananenrepublik genannt Novelle.

Künstlerisch gesehen ist an einer Novelle nichts auszusetzen. Es gibt gute Novellen, aber traditionell verkaufen sie sich nur auf den Genre-Märkten (das ist der höfliche Ausdruck; der unhöfliche aber genauere lautet Getto-Märkte). Man kann eine gute Kriminalnovelle an *Ellery Queen's Mystery Magazine* oder *Mike Shayne's Mystery Magazine* verkaufen, eine gute Science-fiction-Novelle an *Amazing* oder *Analog*, vielleicht sogar an *Omni* oder *The Magazine of Fantasy and Science Fiction*. Ironischerweise sind die genannten auch Märkte für gute Horrornovellen: das eben erwähnte *F & SF* ist einer, *Twilight Zone* ein anderer, und es gibt verschiedene Anthologien von unheimlichen Geschichten, wie die von Doubleday veröffentlichte und von Charles L. Grant herausgegebene Serie *Shadows*.

Aber bei den meisten Novellen hat man, was ihre Vermarktung anbetrifft, einige Schwierigkeiten. Man betrachtet mißvergnügt sein Manuskript von 25 000 bis 30 000 Worten, macht eine Flasche Bier auf und hört im Kopf eine ziemlich ölige Stimme mit starkem Akzent: »Buenas dias, señor! Hatten Sie einen guten Flug mit der Revolución Airways? Willkommen in Novella, señor! Es wird Ihnen hier sehr gut gefallen. Dürfen wir Ihnen eine billige Zigarre anbieten? Brauchen Sie Pornobilder? Ich denke, Ihre Geschichte wird sehr, sehr lang hier bleiben... *qué pasa?* Ha-ha-ha-ha-ha!«

Deprimierend.

Früher gab es wirklich einen Markt für solche Geschichten – es gab Magazine wie die *Saturday Evening*, *Post*, *Colliers* und *The American Mercury*. Erzählungen – lange oder kurze – gehörten bei diesen und anderen Publikationen zum Wesentlichen. Und wenn die Geschichte zu lang für eine Ausgabe war, erschien sie in drei oder fünf oder neun Teilen als Serie. Die grauenhafte Unsitte, eine Novelle zu kürzen oder in Auszügen zu drucken, gab es damals noch nicht (*Playboy* und *Cosmopolitan* haben diese Obszönität zu einer wahren Wissenschaft zurechtgefeilt: man kann heute eine ganze Novelle in zwanzig Minuten lesen!). Die Geschichte bekam den Platz, den sie brauchte, und ich bezweifle, ob ich der einzige bin, der sich daran erinnert, den ganzen Tag auf den Postzusteller gewartet zu haben, weil die neue *Post* fällig war, die eine neue Kurzgeschichte von Ray Bradbury enthalten sollte, oder weil der Schluß einer Serie von Clarence Buddington Kelland fällig war.

Meine Ungeduld machte mich zur leichten Zielscheibe. Wenn der Zusteller endlich kam und mit schnellen Schritten, die Ledertasche über der Schulter, von Haus zu Haus eilte, rannte ich ihm bis an den Gartenzaun entgegen. Ich hüpfte, als müßte ich zur Toilette, und das Herz hüpfte mir in den Hals. Mit grausamem Grinsen reichte er mir dann eine Stromrechnung. Nichts sonst. Das Herz sank mir in die Schuhe. Endlich hatte er ein Einsehen und gab mir die *Post:* der grinsende Eisenhower auf der Titelseite, gemalt von Norman Rockwell, ein Artikel über Sophia Loren von Pete Martin, ›Er ist der wunderbarste Mensch der Welt‹ von Pat Nixon über – ja, Sie haben es erraten – ihren Mann Richard, und natürlich Geschichten. Lange und kurze und das letzte Kapitel der Serie von Kelland. Gott sei Dank.

Und das passierte nicht nur gelegentlich; das passierte *jede verdammte Woche!* Ich glaube, am Auslieferungstag der *Post* war ich der glücklichste Junge an der ganzen Ostküste.

Es gibt immer noch Magazine, die Erzählungen veröffentlichen – *Atlantic Monthly* und *The New Yorker* sind zwei mit besonders viel Verständnis für die Probleme eines Autors, der eine Novelle von 30 000 Worten veröffentlichen will. Aber keines der beiden Magazine hat sich für meine Sachen besonders empfänglich gezeigt, die simpel und wenig literarisch sind und manchmal (auch wenn es verdammt weh tut, das zuzugeben) ausgesprochen unbeholfen.

Ich glaubte, in gewissem Ausmaß waren gerade diese Qualitäten, so wenig sie zu bewundern sind, für den Erfolg meiner Romane verantwortlich. Die meisten sind einfache Erzählungen für einfache Leute, das literarische Äquivalent eines Big Mac mit einer großen Portion Pommes frites von McDonald's. Ich kann elegante Prosa erkennen und spreche darauf an, aber ich habe es schwierig oder unmöglich gefunden, sie selbst zu schreiben (die meisten meiner Idole als heranreifender Schriftsteller waren kraftvolle Romanciers mit einem Prosastil, der vom Entsetzlichen bis zum Nichtexistenten reicht: Kerle wie Dreiser und Frank Norris). Nimmt man der Kunst des Romanciers die Eleganz, bleibt ihm nur noch Gewicht. Deshalb habe ich mich immer sehr um Gewicht bemüht. Anders ausgedrückt, wenn man nicht wie ein Vollblüter rennen kann, sollte man wenigstens sein Gehirn anstrengen (eine Stimme von der Galerie: »*Welches* Gehirn, King?« Ha-ha, sehr witzig Junge, Sie können jetzt gehen).

Das Resultat ist, daß ich mich hinsichtlich der Novellen, die Sie gerade gelesen haben, in einer verblüffenden Situation befand. Ich war mit meinen Romanen da angelangt, wo die Leute sagen, wenn er wollte, könnte King seine Wäscheliste veröffentlichen (und es gibt Kritiker, die behaupten, daß ich genau das in den letzten acht Jahren getan habe), aber er kann diese Novellen nicht veröffentlichen, denn sie sind zu lang, um kurz zu sein, und zu kurz, um richtig lang zu sein, wenn Sie verstehen was ich meine.

»*Si, señor*, ich verstehe! Ziehen Sie die Schuhe aus! Trinken Sie ein wenig billigen Rum! Gleich kommt die Mediokre Revolución Steel Band und spielt einen schlechten Calypso! Ich denke, das wird Ihnen gefallen! Und Sie haben Zeit, *señor*! Sie haben Zeit, denn ich glaube, Ihre Geschichte wird sehr lang –«

– sehr lange hier sein, ja, ja, ja, warum gehen Sie nicht irgendwohin und stürzen irgendein imperialistisch-demokratisches Marionettenregime?

So beschloß ich endlich, Viking, meinen Verleger für Hardcovers, und New American Library, meinen Taschenbuchverleger, zu fragen, ob sie bereit seien, ein Buch mit Geschichten herauszubringen, über einen ungewöhnlichen Gefängnisausbruch, einen alten Mann und einen Jungen, die in einer auf gegenseitiger Abhängigkeit beruhenden Beziehung zueinander gefangen sind, vier Kleinstadtjungen auf Entdeckungsreise und eine wirklich grausige Geschichte über eine junge Frau, die ihr Kind zur Welt bringen will, ganz gleich, was geschieht (oder vielleicht handelt die Geschichte eher von einem seltsamen Club, der gar kein Club ist). Die Verleger sagten okay. So schaffte ich es, diese vier langen Geschichten aus der Bananenrepublik der Novelle freizubekommen.

Ich hoffe, sie haben Ihnen gut gefallen, *muchachos* und *muchachas*.

Oh, bevor ich schließe, noch etwas über das Abgestempeltsein.

Ich habe vor ungefähr einem Jahr mit meinem Redakteur gesprochen – nicht mit Bill Thompson, sondern mit meinem neuen Redakteur, Alan Williams, einem gescheiten und tüchtigen Mann, der aber gewöhnlich irgendwo mitten in New Jersey in einer Jury sitzt.

»*Cujo* fand ich sehr gut«, sagt Alan (die redaktionelle Arbeit an dieser wirklich haarigen Hundegeschichten war gerade beendet). »Haben Sie sich schon überlegt, was Sie als nächstes machen?«

Déja vu setzt ein. Eine ähnliche Unterhaltung habe ich schon einmal geführt.

»Nun, ja«, sage ich. »Ich *habe* schon darüber nachgedacht...«

»Und?«

»Was halten Sie von einem Buch mit vier Novellen? Die meisten, wenn nicht alle, sind ganz gewöhnliche Geschichten. Was halten Sie davon?«

»Novellen«, sagt Alan. Er registriert es mit Fassung, aber

an seiner Stimme erkenne ich, daß ihm ein Teil seiner guten Laune vergangen ist. Es ist, als habe er das Gefühl, zwei Flugkarten nach einer dubiosen kleinen Bananenrepublik gewonnen zu haben. Natürlich mit Revolución Airways.

»Lange Geschichten, meinen Sie.«

»Ja, das ist richtig«, sage ich. »Und wir nennen das Buch *Different Seasons*, damit die Leute wissen, daß es sich nicht um Vampire oder Spukhotels handelt.«

»Geht es im *nächsten* Buch denn um Vampire?« fragt Alan hoffnungsvoll.

»Nein, das glaube ich nicht. Was meinen Sie, Alan?«

»Ein Spukhotel vielleicht?«

»Nein, das hatte ich schon. *Different Seasons*, Alan. Hört sich das nicht gut an?«

»Es hört sich gut an, Steve«, sagt Alan und seufzt. Es ist der Seufzer eines Mannes, der Spaß versteht und der soeben im neuesten Flugzeug der Revolución Airways – einer Lockheed TriStar – Platz genommen hat und über den Sitz vor sich die erste Kakerlake laufen sieht.

»Ich hoffte, es würde Ihnen gefallen«, sage ich.

»Könnten wir nicht«, sagt Alan, »eine Horrorgeschichte darin haben? Frühling, Sommer, Herbst – und Tod?«

Ich lächle ein wenig – nur ein wenig – und denke an Sandra Stansfield und Dr. McCarrons Atemtechnik. »Das kriege ich wahrscheinlich hin.«

»Großartig! Und was ist mit dem neuen Roman...«

»Wie wäre es mit einem Spukauto?« sage ich.

»Sie sind unser Mann!« ruft Alan. Ich habe das Gefühl, daß ich ihn als glücklichen Mann in seine Redaktionskonferenz oder seine Jury in East Rahway zurückschicke. Auch ich bin glücklich. Ich *liebe* mein Spukauto. Und ich glaube, es wird eine Menge Leute nervös machen, wenn sie nach Einbruch der Dunkelheit eine belebte Kreuzung überqueren müssen.

Aber ich habe auch diese Geschichten alle geliebt, und irgendwie werde ich sie immer lieben. Ich hoffe, sie haben Ihnen gefallen, lieber Leser; ich hoffe, daß sie erreicht haben, was jede gute Geschichte erreichen sollte – daß Sie Ihre wirklichen Sorgen für eine Weile vergessen haben und daß

Sie an einen Ort geführt wurden, an dem Sie noch nie gewesen sind. Das ist die liebenswerteste Magie, die ich kenne.

Okay. Wir müssen uns trennen. Bis wir uns wiedersehen, behalten Sie einen klaren Kopf, lesen Sie ein paar gute Bücher, machen Sie sich nützlich und versuchen Sie, glücklich zu sein.

Alles Liebe und Gute
Stephen King
4. Januar 1982
Bangor, Maine

Dean Koontz

»Visionen aus einer
jenseitigen Welt –
Meisterwerke der modernen
Horrorliteratur.«
HAMBURGER ABENDPOST

01/6913

Eine Auswahl:

Mitternacht
01/8444

Schattenfeuer
01/7810

Die Augen der Dunkelheit
01/7707

Das Haus der Angst
01/6913

Das Versteck
01/9422

Flüstern in der Nacht
01/10534

Phantom
01/10688

Schwarzer Mond
01/7903

Tür ins Dunkel
01/7992

Brandzeichen
01/8063

Todesdämmerung
01/7810

Wenn die Dunkelheit kommt
01/6833

HEYNE-TASCHENBÜCHER